· 数据科学与商务智能系列 ·

Project Management

Achieving Competitive Advantage（4th Edition）

项目管理

（原书第4版）

[美] 杰弗里·K. 宾图（Jeffrey K. Pinto）著
宾夕法尼亚州立大学

鲁耀斌 赵玲◎等译

图书在版编目（CIP）数据

项目管理（原书第 4 版）/（美）杰弗里·K. 宾图（Jeffrey K. Pinto）著；鲁耀斌等译 . —北京：机械工业出版社，2018.10（2021.7 重印）

（数据科学与商务智能系列）

书名原文：Project Management: Achieving Competitive Advantage

ISBN 978-7-111-61131-8

I. 项⋯ II. ① 杰⋯ ② 鲁⋯ III. 项目管理 IV. F224.5

中国版本图书馆 CIP 数据核字（2018）第 228307 号

本书版权登记号：图字　01-2018-2515

Jeffrey K. Pinto. Project Management: Achieving Competitive Advantage, 4th Edition.
ISBN 978-0-13-379807-4

Copyright © 2016 by Pearson Education, Inc.

Simplified Chinese Edition Copyright © 2018 by China Machine Press.

Published by arrangement with the original publisher, Pearson Education, Inc. This edition is authorized for sale and distribution in the People's Republic of China exclusively (except Hong Kong, Macao SAR, and Taiwan,).

All rights reserved.

本书中文简体字版由 Pearson Education（培生教育出版集团）授权机械工业出版社在中华人民共和国境内（不包括香港、澳门特别行政区及台湾地区）独家出版发行。未经出版者书面许可，不得以任何方式抄袭、复制或节录本书中的任何部分。

本书封底贴有 Pearson Education（培生教育出版集团）激光防伪标签，无标签者不得销售。

本书在涵盖美国项目管理协会制定的项目管理知识体系的基础上，从战略层面阐释了项目管理的方法，并以整体的视角看待项目管理中多要素的集成；从项目管理的科学层面介绍了项目的风险管理、成本估算和预算、项目进度计划与关键链、资源管理、项目评估和控制等技术与方法；同时也从项目管理的艺术层面刻画了项目经理、项目团队的职责和作用，研究了团队建设、冲突解决、谈判协商的方法。本书通过设计基于 MS Project 的练习、项目管理研究精要、网上练习等多种方式，将现代项目管理理论、项目管理实践、研究和实例学习结合起来，读者可以从多视角理解项目管理过程。

本书既适合高等院校项目管理相关专业高年级本科生、研究生、MBA、MPA 等的教学，也可以作为相关从业人员的参考读物。

出版发行：机械工业出版社（北京市西城区百万庄大街 22 号　邮政编码：100037）
责任编辑：黄姗姗　　　　　　　　　　　　　责任校对：李秋荣
印　　刷：中国电影出版社印刷厂　　　　　　版　　次：2021 年 7 月第 1 版第 3 次印刷
开　　本：185mm×260mm　1/16　　　　　　 印　　张：35.25
书　　号：ISBN 978-7-111-61131-8　　　　　 定　　价：109.00 元

凡购本书，如有缺页、倒页、脱页，由本社发行部调换
客服热线：（010）88379210　88361066　　　　投稿热线：（010）88379007
购书热线：（010）68326294　88379649　68995259　读者信箱：hzjg@hzbook.com

版权所有·侵权必究
封底无防伪标均为盗版
本书法律顾问：北京大成律师事务所　韩光 / 邹晓东

译 者 序

我们就生活在一个"项目化"的世界里。项目管理的理念和方法被越来越多的组织用到几乎每一项工作中，已经成为每个组织管理模式中一个不可或缺的部分。很多使用传统的组织方法难以实现的目标，我们都可以通过项目管理的方式达成。通过项目管理，人们把宇航员送上了月球、成功组织了奥林匹克等世界体育盛会、完成了许多巨型的水利枢纽工程，项目和项目管理在社会及其各种组织中的应用越来越广泛。

自 2000 年以来，我国出版了大量的项目管理方面的译著和编著，以满足社会对项目管理知识的爆炸性的渴求。杰弗里 K. 宾图的《项目管理》不仅介绍了项目管理中计划进度编制、项目控制与项目收尾等科学性的理论、技巧和方法，又含有许多现代项目管理的艺术，如从战略的层面阐释了项目管理的方法、以整体的视角看待项目管理中多要素的集成以及从更有价值的角度阐述了项目管理过程等。它以其鲜明的特点满足了社会对项目管理知识的需求。本书在出版后得到了读者的积极反馈，如今已经更新至第 4 版，很荣幸我们的团队能一直承担该著作的翻译工作，在对每一版的翻译过程中，都可以看到更加贴合实践和商业需求的内容更新，足见作者在撰写此书过程中的尽心与投入。

从第 1 版开始，本书就集成了世界上最大的项目管理机构——项目管理协会（PMI）所制定项目管理知识体系（PMBoK）。PMBoK 被认为是识别项目管理关键知识领域最全面的框架，也已经成为 PMI 为职业项目经理人制定的项目管理职业（PMP）标准。本书各章所用的是最新第 5 版 PMBoK 的相关知识领域，所有的术语也都来自最新版的 PMBoK。

本书采用以商业为导向的方法来介绍项目管理。以当今现实世界中项目管理的实际例子（其中有些是取得了巨大成功的项目，有些是失败了的项目，还有一些是正在进行中但前景依然不甚明朗的项目）作为每一章的项目导读整合到书中。本书第 4 版更新了许多项目导读案例，增加了采用新兴 IT 技术的案例，例如 BBC 的数字媒体计划、奥巴马医保网站项目、Kickstarter 众筹平台项目以及引发舆论关注和讨论的案例，如特斯拉汽车电池"超级工厂"项目、索契冬奥会项目等，从项目管理的视角来重新审视这些出现在新闻报道中的案例，相信读者一定会受益颇多。

同时，本书第 4 版依然保留了 MS Project 练习、项目管理研究精要、网上练习等内容，强调将现代项目管理理论、项目管理实践、研究和案例学习结合起来，读者可以从多视角来理解项目管理过程。同时读者还能通过项目综合练习的引导，使用 MS Project 2013，自己开发一个详细复杂的项目计划，完成项目范围、进度、风险评估、成本估算和预算等内容，本书附录中还提供了 MS Project 2013 的两个深入教程，以帮助读者初步熟悉该软件。此外，附录中还新增了项目执行计划框架，这一框架涵盖了项目范围的所有关键元素和所处位置，能够帮助读者创建一个成熟的项目执行计划。

最后，本书第 4 版对项目管理职业认证考试样题和实践中的项目经理进行了保留和更新，项目管理职业认证考试样题能够加深学生对于 PMBoK 各知识点的理解，同时使读者了解考试中会出现的典型问题以及这些问题在本书中是如何得到解答的。实践中的项目经理包含了来自公司和项目环境中的多位真实的项目经理的信息，这些内容能够帮助学生认识项目经理在真实环境中可能遇到的挑战，了解他们所管理的各种项目，并为致力于以项目管理为职业的学生提供可能的就业机会。

近年来，我国出版的项目管理方面的译著和编著虽已为数不少，但从理论性和实践性兼顾、科学性和艺术性结合等方面来看，杰弗里·K. 宾图的《项目管理》仍不失为当今中国项目管理类书籍中的佼佼者。

本书适用于大学本科高年级和研究生、MBA、MPA 等的教学，也可以为研究人员和其他对项目管理的知识和经验感兴趣的人提供服务；它不仅是项目经理的一本很好的参考书，也可作为每一位涉足项目管理的人员的理论和技术工具。

本书第 4 版的翻译和校对的工作由鲁耀斌教授、赵玲副教授主持，范思、祝婷、黎燃、卢兴威、王坤、袁天卓等博士生和硕士生参加了初步的翻译及校对工作，赵玲完成了全书章节的集成和校对工作，鲁耀斌完成了全书最后的审校工作。

书中译释不当之处，恳请读者批评指正。

译者
2018 年 7 月 5 日

前　言

项目管理已经成为建筑、信息技术、工程、新产品开发等多种行业的一门重要技术，为此，本书在涵盖项目管理一般原理的基础上，引入各个行业的具体实例，介绍了项目管理在实际中的应用。书中的每一章都从两个方面来编写：一是对所有项目类型都适用的一般内容；二是只针对某些特定形式项目的详细内容。为实现这一点，本书用具有代表性的例子来阐述项目管理中的一般原则，同时使用案例和项目导读来集中讨论更为细节的问题（比如第5章中关于信息技术项目的"死亡之旅"的讨论）。

学习项目管理课程的人员有来自高校各个专业的学生，也有来自社会各个行业的职员。大学的医学院、商学院、建筑学院、工程系、信息系统专业、旅游管理学院，为了满足学生将来职业发展的需要，都把项目管理作为一门主要课程。为什么项目管理有如此大的吸引力和应用空间呢？简单的答案是：我们就生活在一个"项目化"的世界里。任何地方都可以看到参与项目管理的人员。事实上，项目管理已经成为每个企业商业模式中一个不可或缺的部分。

本书使用集成方法来讲述项目管理，探讨了在技术方面和管理方面具有挑战性的问题。本书不仅强调了项目执行的重要性，而且从战略的角度阐释了在大型项目和项目群层面管理项目的方法。

项目管理曾经是土木和建筑工程项目的专有技术，在这些行业中，进行项目管理需要精确的定量分析和先进的技术手段。但是，笔者认为："除了项目管理的科学性，它的'艺术性'同样重要。"今天的项目管理是一个整体的管理战略，不仅需要技术能力，还需要与人相关的管理能力。项目管理已成为对技术、人力、文化、项目干系人以及其他一切对项目成功必不可少的要素的综合管理。它需要各方面的知识，包括领导力、团队建设、冲突解决、谈判协商等。因此，本书除了介绍传统项目管理中的进度计划编制、项目控制和收尾外，还从更有价值的角度阐述了项目管理过程，大大拓宽了读者的视野。

第 4 版新增内容

1. 新特色
- 敏捷项目管理。
- 项目章程。
- MS Project 2013 分步教程。
- 附录 C：项目计划框架。
- 增加了几位"实践中的项目经理"。
- 风险分解结构。
- 极限编程。
- 每章的课后习题有更新。
- 新增"项目管理研究精要 敏捷是否有作用"。
- 所有 MS Project 实例与屏幕截图更新至 MS Project 2013。
- 所有的项目管理知识体系（PMBoK）引用更新至第 5 版。
- 新增项目管理中的最新案例与实例。

2. 更新的内容

第 1 章 概述：为什么需要项目管理
- 尼日利亚拉各斯的开发项目
- "拿钱打水漂"：BBC 的数字媒体计划

第 2 章 组织的环境：战略、结构和文化
- 特斯拉的 50 亿美元豪赌
- 美国艺电公司与设计团队中坚固的文化力量

第 3 章 项目选择和项目群管理
- 项目选择的程序：来自多个行业的项目选择实例

第 4 章 领导力与项目经理
- 伦敦奥运会的杰出领导者——约翰·阿米特爵士
- 伊拉图瓦拉皮尔·斯里达兰博士，印度的项目管理明星

第 5 章 范围管理
- 案例："我们就像傻瓜"——俄勒冈州失败的奥巴马医保网站
- 波音的虚拟围墙
- 加利福尼亚的高速铁路项目
- 远征战车

第 6 章 项目团队的建设、冲突和谈判
- 无国界工程师协会：项目团队改善生活

第 7 章 风险管理

- 可以熔化汽车的建筑
- 美国银行完全错估了客户
- 上海公寓楼倒塌
- 浮不起来的西班牙海军潜艇

第 8 章 成本估算和预算

- 索契冬奥会——国家声望值多少钱
- 基础设施项目的隐藏成本——建设大坝的案例

第 9 章 项目进度计划：网络、历时估计和关键路径

- 耗费巨资却一无所得：里海卡什干石油开采项目

第 10 章 项目进度计划：滞后、赶工和活动网络

- 扩建巴拿马运河

第 11 章 计划和排班的高级课题：敏捷和关键链

- 通过 Kickstarter 众筹平台来开发项目——交付日期意味着一切吗
- 美国礼来制药公司与其关键链项目管理的实现

第 12 章 资源管理

- 香港与世界上最长的天然气管道相连

第 13 章 项目评估和控制

- 纽约的 CityTime 项目
- 挣值在诺斯罗普-格鲁曼公司中的应用
- 波音 787"梦幻客机"停飞事件

第 14 章 项目收尾和终止

- 杜克能源取消莱维县的核电厂
- "疯狂喂养"的后果：迪拜和取消的建筑项目
- 被终止的哈德逊河隧道工程
- 海军终止旗舰战舰的开发

本书特点

本书采用以商业为导向的方法来介绍项目管理。因此，我们把项目导读整合到书中。

- **项目导读**——每一章包括一个或多个项目导读，这些项目都是当今现实世界项目管理的实际例子。其中有些是取得了巨大成功的项目，另一些则是失败了的项目。它们涵盖了多个行业（如 IT 项目、建筑、新产品开发等），每一章至少安排了一个项目导读。本书特意同时提供了关于项目成功和项目失败的案例，尽管成功的项目具有指导意义，但是我们通常会从项目的失败中学到更多。这些成功与失败

的案例尽可能地与所属的章节相匹配。比如，埃隆·马斯克为开发生产特斯拉汽车电池的"超级工厂"决定投入 50 亿美元，在学习如何使用项目来实施企业战略时，我们思考他的这一决策是有帮助的。

本书将项目管理与一些成功组织的运作联系在一起，不论公共组织还是私人组织，也不论它是否盈利，只要它是成功的，我们就考虑将它融合进来。这一点通过每章最后的案例分析可以体现出来。

- **案例分析**——在每章的最后，都有几个与本章内容相关的案例，应用本章中的知识可以帮助进行案例分析。虽然有些案例并不是真实的，但绝大多数案例都是以现实为基础的，甚至在很多案例中使用了组织或企业的真实名称。这些案例中还包括若干讨论题，可以作为课后作业，也可以用于课堂讨论。此外，还有一些"经典"的项目案例，突出了一些著名的（和声名狼藉的）项目的例子，这些例子的经验形成了我们对本学科及其最佳实践的理解。

此外，本书还尝试为读者提供管理个人项目的机会，使读者通过这样的练习，体会如何在更高层面进行项目管理，包括战略层面和项目集成层面。为此，我们要求学生使用专门的项目管理软件 MS Project 2013 自己开发一个项目计划。

- **项目综合练习**——许多章节的末尾都有项目综合练习，这也是本书的一个特色。该练习给学生提供了制订一个详细项目计划的机会。在项目管理课程中，有一项非常有效的练习，就是要求学生以个人或小组为单位，学习制订一个详细复杂的项目计划，包括范围、进度、风险评估、成本估算和预算。通过项目综合练习给学生分配任务，并描述完整的项目资料（比如 ABCups 有限公司），从而让学生有机会开发一个完整的计划。

最后，本书集成了世界上最大的项目管理机构的标准。项目管理协会（PMI）制定的项目管理知识体系（PMBoK），被认为是识别项目管理关键知识领域最全面的框架，这些关键知识领域是项目经理必须理解的。PMBoK 已经成为 PMI 为职业项目经理人制定的项目管理职业（PMP）标准。

- **与 PMBoK 的整合**——本书覆盖了 PMBoK 中的关键部分。通过阅读，读者会发现本书中的章节明确列出了来自最新的第 5 版 PMBoK 的相关知识。而且，所有的术语（包括本书最后的术语表）都是从最新版的 PMBoK 中直接摘录过来的。
- **新增项目管理职业认证考试样题**——项目管理职业认证代表了职业项目经理资格的最高水平，并由项目管理协会进行运作。截至 2014 年，全世界已有超过 60 万名职业项目经理通过认证。项目经理在获得职业认证之前，需要通过职业认证考试，该考试将全面测试考生对于 PMBoK 的理解。本书在一些章的结尾提供了部分项目管理职业认证的考试样题，以帮助读者了解考试中会出现的典型问题以及这些问题在本书中是如何得到解答的。

其他独具特色的地方

本书特别强调将当前理论、实践、研究和案例学习结合起来，通过这种方式，读者可以多视角地理解项目管理过程。下面就是为提高读者学习质量而在各章节中设计的内容。

- **MS Project 练习**——本书的一个特色是在部分章节最后提出了一些实例性的问题，要求学生使用 MS Project 产生相应的输出文件。例如，在关于进度计划的第 9 章中，学生必须用 MS Project 生成网络图。类似地，还要求学生生成相应的报告，从而对 MS Project 更精通。本书的目的并不完全是培养这些技能，而是为将来的实际应用做好准备。

- **项目管理研究精要**——本书一个独有的特点是包含了一些简短的专栏，用来介绍相关主题研究的最新成果。学生会发现阅读这些实际研究非常有用，它深化了书本内容，并提供了额外的信息，从而扩展了学生的视野。尽管并不是每一章都有"项目管理研究精要"，但大多数章节都包括了这一内容，而且有些章节还有不止一个这样的例子。

- **增加了几位实践中的项目经理**——本书新增了来自公司和项目环境中的多位真实的项目经理的信息。这些内容用来帮助学生认识项目经理在真实环境中可能遇到的各种挑战，了解他们所管理的各类项目，为致力于以项目管理为职业的学生提供可能的就业机会。

- **网上练习**——每一章都包括一组网上练习，要求学生上网搜索关键信息，并促进学生通过课外学习来开展其他活动。网上练习有着很好的辅助作用，尤其在项目管理领域，因为网上有大量与项目有关的可用资源，包括案例、新闻以及可用来分析项目活动的基于互联网的工具。

- **MS Project 2013 教程**——本书末尾的附录 B 提供了两个深入的教程，指导学生开发项目进度计划、资源均衡和开发关键路径的基本原理。第 2 个教程指导学生如何更新项目计划，如何生成诸如挣值矩阵之类的输出文档以及跟踪进行中项目活动的方法。这些教程并不是为了替代这个宝贵软件的更完整的操作指南，但是它们确实提供了一种初步熟悉该软件的重要的方法。

- **项目计划框架**——附录 C 提供了一个开发成熟项目执行计划的框架。使用本书之前版本的教师们在要求学生能够创建项目计划的时候，会意识到创建项目计划的价值所在，同时他们会需要一个可以使用的更为详细的框架。附录 C 中的框架不仅提出了项目范围的关键元素，还提供了一个将这些细节按合理顺序放置的方法。

教师资源

要获得本书配套的教师资源，请登录在线网站（www.prenhall.com/irc）进行注册，寻找教师资源中心进行下载。如果需要帮助，我们有专业的技术支持队伍，随时帮助教师解决与本书辅助资料相关的任何问题。请登录 http://247.prenhall.com 获得常见问题的答案，您还可以拨打免费用户支持电话。

教师可以使用如下所列的本书参考资料：
- 教师解疑手册
- 测试文档
- TestGen® 电脑测试文档
- PowerPoint 演示的电子讲义

致谢

在本书的撰写过程中，我得到了许多同事的大力支持。在此，我首先对我的研究生导师——匹兹堡大学卡茨商业研究生院的丹尼斯·斯莱文（Dennis Slevin）博士表示最深的谢意。因为在过去的30年里，我和丹尼斯合作进行了大量的项目，我们的合作非常愉快，也取得了令人满意的成果。此外，大卫·克莱兰（David Cleland）博士的支持和协助也为本书的出版做出了贡献。伦敦大学学院的彼得·莫里斯（Peter W.G. Morris）教授是我的长期合作者，他对我的思考与理解项目管理的方法有着深远影响。与他的合作充满了真正的快乐，同时也是我不断涌现的灵感源泉。除此之外，还有许多曾为我出谋划策的同事、朋友们，他们是塞缪尔·曼特尔（Samuel Mantel, Jr）、罗德尼·特纳（Rodney Turner）、埃里克·拉森（Erik Larson）、大卫·弗雷姆（David Frame）、弗朗西斯·哈特曼（Francis Hartman）、乔纳斯·索德朗（Jonas Soderlund）、杨·夸克（Young Kwak）、罗尔夫·伦丁（Rolf Lundin）、林恩·克劳福德（Lynn Crawford）、格雷厄姆·温奇（Graham Winch）、特里·威廉斯（Terry Williams）、弗朗西斯·韦伯斯特（Francis Webster）、特里·库克－戴维斯（Terry Cooke-Davies）、汉斯·泰姆汉（Hans Thamhain）和卡罗斯·阿图（KarlosArtto）。在我撰写本书的过程中，他们每个人都曾对我的思想或行为产生过巨大的影响，在此，一并对他们表示感谢。令人遗憾的是，在2014年，我们失去了3位杰出的项目管理学者，他们是汉斯·泰姆汉、萨姆·曼特尔（Sam Mantel）和弗朗西斯·哈特曼。我希望我的努力在一定程度上有助于延续他们的愿景和贡献。

这些年来，我有幸与一些优秀的职业项目经理人建立了深厚的友谊，他们是项目经理的典范，在项目管理领域不遗余力地、始终不渝地创造着奇迹。在此，我要特别感谢劳斯莱斯公司的迈克·布朗。GM公司的一些优秀员工也曾给予过非常大的支持，衷心地感谢他们。我还要感谢项目管理协会的朋友和同事们，包括卢·吉丹斯基（Lew Gedansky）、哈里·斯蒂芬诺（Harry Stephanou）和伊娃·戈德曼（Eva Goldman），感谢他们的支持和协助。

评审人员对本书提出了大量的批评和建议，这些批评和建议对最后的定稿有着巨大的帮助，在此我对他们表示最真挚的谢意，具体名单如下。

克瓦西-阿默克·吉帕（Kwasi-Amoako Gympah）——北卡罗来纳大学格林斯博罗分校（University of North Carolina, Greensboro）

瑞威·柏哈瑞（Ravi Behara）——乔治·梅森大学（George Mason University）

杰弗里·L. 布鲁尔（Jeffrey L. Brewer）——普度大学（Perdue University）

丹尼斯·乔菲（Dennis Cioffi）——乔治·华盛顿大学（George Washington University）

大卫·克拉普（David Clapp）——佛罗里达理工学院（Florida Institute of Technology）

布鲁斯·迪让兹（Bruce DeRuntz）——南伊利诺伊卡本代尔大学（Southern Illinois University at Carbondale）

艾克·爱里（Ike Ehie）——堪萨斯州立大学（Kansas State University）

迈克尔·H. 恩斯比（Michael H. Ensby）——克拉克森大学（Clarkson University）

琳恩·菲什（Lynn Fish）——Cansius 学院（Cansius College）

琳达·弗里德（Linda Fried）——科罗拉多大学丹佛分校（University of Colorado, Denver）

马里奥·吉马良斯（Mario Guimaraes）——肯尼索州立大学（Kennesaw State University）

理查德·冈瑟（Richard Gunther）——加州州立大学北岭校区（California State University, Northridge）

布莱恩·格尼（Brian Gurney）——蒙大拿州立大学比林斯分校（Montana State University, Billings）

加里·海克巴斯（Gary Hackbarth）——艾奥瓦州立大学（Iowa State University）

玛姆恩·M. 罕默德（Mamoon M. Hammad）——乔治·华盛顿大学

斯科特·R. 霍曼（Scott Robert Homan）——普度大学

约翰·霍克斯梅尔（John Hoxmeier）——科罗拉多州立大学（Colorado State University）

亚历克斯·哈钦斯（Alex Hutchins）——ITT 公司技术研究所（ITT Technical Institute）

理查德·詹森（Richard Jensen）——霍夫斯特拉大学（Hofstra University）

罗伯特·基（Robert Key）——凤凰城大学（University of Phoenix）

胡奥马·可汗默什（Homayoun Khamooshi）——乔治·华盛顿大学

丹尼斯·克拉姆威德（Dennis Krumwiede）——艾奥瓦州立大学

乔治·梅克林（George Mechling）——西卡罗来纳大学（Western Carolina University）

茱莉亚·宫冈（Julia Miyaoka）——旧金山州立大学（San Francisco State University）

拉旺达·莫兰特（LaWanda Morant）——ITT公司技术研究所

罗伯特·莫里斯（Robert Morris）——佛罗里达州立大学杰克逊维尔分校（Florida State College at Jacksonville）

詹姆士·穆勒（James Muller）——克利夫兰州立大学（Cleveland State University）

肯尼斯·E. 墨菲（Kenneth E. Murphy）——威廉姆特大学（Willamette University）

约翰·纳泽梅兹（John Nazemetz）——俄克拉荷马州立大学（Oklahoma State University）

帕特里克·彭菲尔德（Patrick Penfield）——雪城大学（Syracuse University）

罗纳德·普赖斯（Ronald Price）——ITT公司技术研究所

罗尼·理查森（Ronny Richardson）——南方理工州立大学（Southern Polytechnic State University）

约翰·舍洛克（John Sherlock）——爱欧纳学院（Iona College）

格雷戈里·施里夫（Gregory Shreve）——肯特州立大学（Kent State University）

兰德尔·G. 斯利史（Randall G. Sleeth）——弗吉尼亚联邦大学（Virginia Commonwealth University）

金伯利·斯奈德（Kimberlee Snyder）——威诺娜州立大学（Winona State University）

杰夫·崔勒（Jeff Trailer）——加州州立大学奇科校区（California State University, Chico）

利奥·特鲁德尔（Leo Trudel）——缅因大学（University of Maine）

欧亚·图克尔（Oya Tukel）——克利夫兰州立大学（Cleveland State University）

达里恩·昂格尔（Darien Unger）——霍华德大学（Howard University）

艾米·瓦伦特（Amy Valente）——卡尤加社区学院（Cayuga Community College）

斯蒂芬·怀特黑德（Stephen Whitehead）——希尔伯特学院（Hilbert College）

我还要感谢宾夕法尼亚州贝和学院（Behrend College）和塞缪尔·布莱克商学院（Samuel Black School of Business）的同事。此外，我要感谢密歇根理工大学

（Michigan Technological University）的达娜·约翰逊（Dana Johnson）准备了本版本的 PowerPoint 电子讲义，中央俄克拉荷马大学（University of Central Oklahoma）的杰夫·威尔斯（Geoff Wills）帮助准备了测试文档。我还要特别鸣谢克里·托马索（Kerri Tomasso）为我准备的最终版手稿以及她在权限研究和收购中扮演的角色，克鲁姆·布塔（Khurrum Bhutta）非常仔细地检查了本书。对他们的付出，我表示深深的谢意。如果此书还存在任何有误的地方，完全都是我个人的过错。

在编写新版书稿案例的过程中，我有幸结识了业内的许多专业人士。迪士尼公司的安德烈·芬格（Andrea Finger）和 Kathleen Prihoda 也从百忙中抽出时间协助我完成了关于迪士尼珠峰探险案例的撰写，在此对他们表示感谢。此外，我还要感谢斯蒂芬妮·史密斯、穆罕默德·阿尔－萨迪奇（Mohammed Al-Sadiq）、比尔·莫厄里、茱莉亚·斯威特和凯文·奥唐奈提供的关于如何成为成功的项目经理的宝贵经验。

最后，我希望将我真挚的谢意传达给培生公司的工作人员，包括编辑丹·蒂尔曼（Dan Tylman）和项目经理克劳迪娅·费尔南德斯（Claudia Fernandes），在本书的准备过程中，得到了他们的大力支持。我还要感谢培生公司编辑部、生产部、市场部的成员。

反馈

我和负责本书的小组成员期待着您的来信。为了让我们了解您对此书的看法，请发电子邮件至 college.marketing@pearson.com，标题请注明"给 Pinto 的反馈"（Feedback about Pinto）。

如果您有任何关于此书的问题，请登录 http://247pearsoned.custhelp.com，与我们的客户服务部门进行在线联系。

最后，当您开始学习项目管理时，一定要明白这个道理：在企业里，如果赋予您更多的管理职责，那么您就有机会进行项目管理。成功的项目经理人是维持企业生存的血液，在企业快速发展的历程中会留下深深的烙印。希望您能够取得成功！

杰弗里·K. 宾图博士（Jeffrey K. Pinto, Ph.D）

安德鲁·默柔和伊丽莎白·L. 布莱克研究所主席

科技管理系

塞缪尔·布莱克商学院

宾夕法尼亚州贝和学院

jkp4@psu.edu

简明目录

第 1 章　概述：为什么需要项目管理 1
第 2 章　组织的环境：战略、结构和文化 38
第 3 章　项目选择和项目群管理 78
第 4 章　领导力与项目经理 117
第 5 章　范围管理 148
第 6 章　项目团队的建设、冲突和谈判 189
第 7 章　风险管理 229
第 8 章　成本估算和预算 262
第 9 章　项目进度计划：网络、历时估计和关键路径 299
第 10 章　项目进度计划：滞后、赶工和活动网络 333
第 11 章　计划和排班的高级课题：敏捷和关键链 368
第 12 章　资源管理 400
第 13 章　项目评估和控制 431
第 14 章　项目收尾和终止 476
附录 A　累积标准正态分布 505
附录 B　MS Project 2013 指南 507
附录 C　项目计划框架 518
术语表 523

目 录

译者序
前言

第1章 概述：为什么需要项目管理 … 1
项目导读 1-1 尼日利亚拉各斯的开发
　　项目 …………………………………… 1
概述 ………………………………………… 3
1.1 什么是项目 ………………………… 4
1.2 为什么项目很重要 ………………… 9
项目导读 1-2 "拿钱打水漂"：
　　BBC 的数字媒体计划 ……………… 10
1.3 项目生命周期 ……………………… 13
实践中的项目经理 1-1 斯蒂芬妮·史密斯，
　　西屋电气公司 ……………………… 15
1.4 项目成功的决定因素 ……………… 17
项目管理研究精要 1-1 如何评估 IT 项目的
　　成功 ………………………………… 19
1.5 建立项目管理成熟度 ……………… 20
1.6 项目的基础和本书的组织框架 …… 24
小结 ………………………………………… 28
讨论题 ……………………………………… 29
案例分析 1-1 米格科技有限公司 ……… 30
案例分析 1-2 汉姆林医院的信息技术
　　部门 ………………………………… 31

案例分析 1-3 迪士尼珠峰探险 ………… 31
案例分析 1-4 智利矿工的救援 ………… 33
网上练习 …………………………………… 35
项目管理职业认证考试样题 ……………… 35
注释 ………………………………………… 36

第2章 组织的环境：战略、结构
　　 和文化 …………………………… 38
项目导读 2-1 特斯拉的 50 亿美元豪赌 … 39
概述 ………………………………………… 40
2.1 项目与组织战略 …………………… 41
2.2 干系人管理 ………………………… 43
2.3 组织结构 …………………………… 49
2.4 组织结构的形式 …………………… 50
项目管理研究精要 2-1 组织结构对项目绩
　　效的影响 …………………………… 57
2.5 项目管理办公室 …………………… 58
2.6 组织文化 …………………………… 61
项目导读 2-2 美国艺电公司与设计团队中
　　坚固的文化力量 …………………… 66
小结 ………………………………………… 67
讨论题 ……………………………………… 69
案例分析 2-1 劳斯莱斯公司 …………… 69
案例分析 2-2 经典案例：失乐园——施乐
　　公司的 Alto 个人电脑 ……………… 71

案例分析 2-3　项目任务估计和"扩大－压缩"文化 ····· 72
案例分析 2-4　WRU 公司 ····· 72
网上练习 ····· 73
项目管理职业认证考试样题 ····· 73
项目综合练习　制订你的项目计划 ····· 74
注释 ····· 76

第3章　项目选择和项目群管理 ····· 78

项目导读 3-1　项目选择的程序：来自多个行业的项目选择实例 ····· 78
概述 ····· 80
3.1　项目选择 ····· 80
3.2　项目审查和选择的方法 ····· 82
3.3　财务模型 ····· 92
项目导读 3-2　通用电气公司的项目选择和审查：关卡似的过程 ····· 98
3.4　项目群管理 ····· 100
小结 ····· 107
已解决的问题 ····· 108
讨论题 ····· 110
练习题 ····· 110
案例分析 3-1　凯夫拉维克纸业公司 ····· 113
案例分析 3-2　西部新星有限公司 ····· 114
网上练习 ····· 115
注释 ····· 115

第4章　领导力与项目经理 ····· 117

项目导读 4-1　伦敦奥运会的杰出领导者——约翰·阿米特爵士 ····· 117
概述 ····· 119
4.1　领导者与经理 ····· 120
4.2　项目经理如何领导团队 ····· 121
项目管理研究精要 4-1　领导力与情商 ····· 126
4.3　卓越的项目领导者的特质 ····· 127

项目导读 4-2　伊拉图瓦拉皮尔·斯里达兰博士，印度的项目管理明星 ····· 128
4.4　项目倡导者 ····· 130
4.5　新的项目领导力 ····· 134
实践中的项目经理 4-1　比尔·莫厄里，计算机科学公司 ····· 135
项目导读 4-3　全球化管理的挑战 ····· 136
4.6　项目管理职业化 ····· 137
小结 ····· 139
讨论题 ····· 140
案例分析 4-1　寻找高效的项目经理 ····· 140
案例分析 4-2　发掘情商，成为一个真正的领导者 ····· 141
案例分析 4-3　约翰的难题 ····· 142
网上练习 ····· 145
项目管理职业认证考试样题 ····· 145
注释 ····· 146

第5章　范围管理 ····· 148

项目导读 5-1　案例："我们就像傻瓜"——俄勒冈州失败的奥巴马医保网站 ····· 148
概述 ····· 150
5.1　概念开发 ····· 151
项目导读 5-2　工作说明：当时与现在 ····· 156
5.2　范围说明 ····· 157
项目导读 5-3　定义项目工作包 ····· 165
5.3　工作授权 ····· 167
5.4　范围报告 ····· 168
项目管理研究精要 5-1　信息技术项目的"死亡之旅" ····· 169
5.5　控制系统 ····· 170
5.6　项目收尾 ····· 173
小结 ····· 174
讨论题 ····· 175

练习题 175
案例分析5-1 波音的虚拟围墙 176
案例分析5-2 加利福尼亚的高速铁路项目 178
案例分析5-3 Dotcom.com的项目管理 180
案例分析5-4 远征战车 181
网上练习 183
项目管理职业认证考试样题 183
MS Project 练习 184
附录5A 项目章程样本 184
项目综合练习 制定工作分解结构 186
注释 187

第6章 项目团队的建设、冲突和谈判 189

项目导读6-1 无国界工程师协会：项目团队改善生活 189
概述 191
6.1 建设项目团队 192
6.2 高效项目团队的特征 194
6.3 团队失败的原因 197
6.4 团队发展的阶段 199
6.5 实现跨职能合作 203
6.6 虚拟的项目团队 205
项目导读6-2 远距离虚拟实镜技术让虚拟团队的交流变得容易 207
6.7 冲突管理 208
6.8 谈判 213
小结 218
讨论题 219
案例分析6-1 哥伦布器械公司 219
案例分析6-2 善于计算的人与牛仔 221
案例分析6-3 约翰逊&罗杰斯软件工程公司 222
谈判练习 224

网上练习 225
项目管理职业认证考试样题 226
注释 227

第7章 风险管理 229

项目导读7-1 可以熔化汽车的建筑 229
概述 231
实践中的项目经理7-1 马修·保罗，通用电气公司 233
7.1 风险管理过程的4个阶段 234
项目导读7-2 美国银行完全错估了客户 237
项目导读7-3 上海公寓楼倒塌 245
7.2 项目风险管理：一种集成方法 246
小结 249
已解决的问题 249
讨论题 250
练习题 250
案例分析7-1 经典案例：德哈维兰陨落的彗星 251
案例分析7-2 浮不起来的西班牙海军潜艇 254
案例分析7-3 经典案例：塔科马海峡吊桥 255
网上练习 257
项目管理职业认证考试样题 258
项目综合练习 项目风险评估 259
注释 260

第8章 成本估算和预算 262

项目导读8-1 索契冬奥会——国家声望值多少钱 262
8.1 成本管理 264
8.2 成本估算 268

项目管理研究精要 8-1 软件成本
　　估算 ⋯⋯⋯⋯⋯⋯⋯⋯⋯⋯⋯⋯ 275
项目管理研究精要 8-2 大型基础设施
　　建设中的欺诈行为 ⋯⋯⋯⋯⋯ 279
8.3 制定项目预算 ⋯⋯⋯⋯⋯⋯⋯⋯ 280
8.4 制定应急费用预算 ⋯⋯⋯⋯⋯ 283
小结 ⋯⋯⋯⋯⋯⋯⋯⋯⋯⋯⋯⋯⋯⋯ 285
已解决的问题 ⋯⋯⋯⋯⋯⋯⋯⋯⋯⋯ 287
讨论题 ⋯⋯⋯⋯⋯⋯⋯⋯⋯⋯⋯⋯⋯ 288
练习题 ⋯⋯⋯⋯⋯⋯⋯⋯⋯⋯⋯⋯⋯ 288
案例分析 8-1 基础设施项目的隐藏成本
　　——建设大坝的案例 ⋯⋯⋯⋯ 291
案例分析 8-2 波士顿中心干线/隧道
　　项目 ⋯⋯⋯⋯⋯⋯⋯⋯⋯⋯⋯⋯ 292
网上练习 ⋯⋯⋯⋯⋯⋯⋯⋯⋯⋯⋯⋯ 294
项目管理职业认证考试样题 ⋯⋯⋯⋯ 295
项目综合练习 制定成本估算和预算 ⋯ 296
注释 ⋯⋯⋯⋯⋯⋯⋯⋯⋯⋯⋯⋯⋯⋯ 297

第 9 章 项目进度计划：网络、历时估计和关键路径 ⋯ 299

项目导读 9-1 耗费巨资却一无所得：里海
　　卡什干石油开采项目 ⋯⋯⋯⋯ 299
概述 ⋯⋯⋯⋯⋯⋯⋯⋯⋯⋯⋯⋯⋯⋯ 301
9.1 项目进度计划 ⋯⋯⋯⋯⋯⋯⋯ 301
9.2 关键术语 ⋯⋯⋯⋯⋯⋯⋯⋯⋯ 303
9.3 绘制网络图 ⋯⋯⋯⋯⋯⋯⋯⋯ 305
9.4 历时估计 ⋯⋯⋯⋯⋯⋯⋯⋯⋯ 310
9.5 确定关键路径 ⋯⋯⋯⋯⋯⋯⋯ 313
项目管理研究精要 9-1 软件开发延时及
　　解决方法 ⋯⋯⋯⋯⋯⋯⋯⋯⋯ 323
小结 ⋯⋯⋯⋯⋯⋯⋯⋯⋯⋯⋯⋯⋯⋯ 324
已解决的问题 ⋯⋯⋯⋯⋯⋯⋯⋯⋯⋯ 325
讨论题 ⋯⋯⋯⋯⋯⋯⋯⋯⋯⋯⋯⋯⋯ 326
练习题 ⋯⋯⋯⋯⋯⋯⋯⋯⋯⋯⋯⋯⋯ 327
网上练习 ⋯⋯⋯⋯⋯⋯⋯⋯⋯⋯⋯⋯ 329

MS Project 练习 ⋯⋯⋯⋯⋯⋯⋯⋯⋯ 330
项目管理职业认证考试样题 ⋯⋯⋯⋯ 330
注释 ⋯⋯⋯⋯⋯⋯⋯⋯⋯⋯⋯⋯⋯⋯ 331

第 10 章 项目进度计划：滞后、赶工和活动网络 ⋯ 333

项目导读 10-1 扩建巴拿马运河 ⋯⋯ 333
概述 ⋯⋯⋯⋯⋯⋯⋯⋯⋯⋯⋯⋯⋯⋯ 335
10.1 活动中的滞后关系 ⋯⋯⋯⋯ 336
10.2 甘特图 ⋯⋯⋯⋯⋯⋯⋯⋯⋯ 338
实践中的项目经理 10-1 克里斯托弗·
　　富尔茨，劳斯莱斯公司 ⋯⋯⋯ 341
10.3 项目赶工 ⋯⋯⋯⋯⋯⋯⋯⋯ 343
10.4 双代号网络图 ⋯⋯⋯⋯⋯⋯ 350
10.5 使用网络的争议 ⋯⋯⋯⋯⋯ 355
小结 ⋯⋯⋯⋯⋯⋯⋯⋯⋯⋯⋯⋯⋯⋯ 358
已解决的问题 ⋯⋯⋯⋯⋯⋯⋯⋯⋯⋯ 358
讨论题 ⋯⋯⋯⋯⋯⋯⋯⋯⋯⋯⋯⋯⋯ 360
练习题 ⋯⋯⋯⋯⋯⋯⋯⋯⋯⋯⋯⋯⋯ 360
案例分析 10-1 布朗克切克建筑公司的
　　项目进度计划（A）⋯⋯⋯⋯⋯ 362
案例分析 10-2 布朗克切克建筑公司的
　　项目进度计划（B）⋯⋯⋯⋯⋯ 362
MS Project 练习 ⋯⋯⋯⋯⋯⋯⋯⋯⋯ 363
项目管理职业认证考试样题 ⋯⋯⋯⋯ 364
项目综合练习 制订项目进度计划 ⋯⋯ 365
注释 ⋯⋯⋯⋯⋯⋯⋯⋯⋯⋯⋯⋯⋯⋯ 367

第 11 章 计划和排班的高级课题：敏捷和关键链 ⋯ 368

项目导读 11-1 通过 Kickstarter 众筹
　　平台来开发项目——交付日期意
　　味着一切吗 ⋯⋯⋯⋯⋯⋯⋯⋯ 368
概述 ⋯⋯⋯⋯⋯⋯⋯⋯⋯⋯⋯⋯⋯⋯ 370
11.1 敏捷项目管理 ⋯⋯⋯⋯⋯⋯ 371

项目管理研究精要11-1 敏捷是否有
　　作用 ································ 378
11.2 极限编程 ···························· 379
11.3 约束理论和关键链项目进度
　　计划 ································ 380
11.4 关键链项目进度的解决办法 ····· 381
项目导读11-2 美国礼来制药公司与其
　　关键链项目管理的实现 ········· 386
11.5 使用关键链法解决资源冲突 ····· 387
11.6 关键链项目群管理 ················ 388
项目管理研究精要11-2 关键链进度的
　　优势 ································ 390
11.7 对CCPM的批评 ··················· 391
小结 ·· 392
已解决的问题 ································ 394
讨论题 ··· 394
练习题 ··· 395
案例分析11-1 这是敏捷的世界 ······· 396
案例分析11-2 德国战车产品有限
　　公司 ································ 397
网上练习 ······································ 398
注释 ·· 399

第12章 资源管理

项目导读12-1 香港与世界上最长的天然气
　　管道相连 ·························· 400
概述 ·· 402
12.1 资源约束的基础 ···················· 402
12.2 资源负载 ···························· 405
12.3 资源平衡 ···························· 407
12.4 资源负载图 ························· 416
实践中的项目经理12-1 凯文·奥唐奈上
　　尉,美国海军陆战队 ············ 418
12.5 多项目环境下的资源管理 ········ 419
小结 ·· 423
已解决的问题 ································ 424

讨论题 ··· 424
练习题 ··· 425
案例分析12-1 多任务处理导致的
　　问题 ································ 427
网上练习 ······································ 428
MS Project练习 ····························· 428
项目管理职业认证考试样题 ············· 429
项目综合练习 管理你的项目资源 ····· 429
注释 ·· 430

第13章 项目评估和控制 ············ 431

项目导读13-1 纽约的CityTime
　　项目 ································ 431
概述 ·· 433
13.1 控制循环:一个通用模型 ········ 434
13.2 监控项目绩效 ······················ 435
13.3 挣值管理 ···························· 440
13.4 使用挣值管理一组项目 ··········· 449
项目导读13-2 挣值在诺斯罗普－格鲁曼
　　公司中的应用 ···················· 449
13.5 有效使用挣值管理的注意事项 ··· 451
13.6 项目评估和控制的人为因素 ····· 453
小结 ·· 457
已解决的问题 ································ 458
讨论题 ··· 459
练习题 ··· 460
案例分析13-1 Kimble大学的IT
　　部门 ································ 462
案例分析13-2 超导超级对撞机计划 ··· 463
案例分析13-3 波音787"梦幻客机"
　　停飞事件 ·························· 465
网上练习 ······································ 467
MS Project练习 ····························· 468
项目管理职业认证考试样题 ············· 469
附录13A 挣得进度 ························ 470
注释 ·· 474

第 14 章　项目收尾和终止 ······· 476

项目导读 14-1　杜克能源取消莱维县的
　　　核电厂 ································· 476
概述 ··· 477
14.1　项目终止的类别 ······················ 478
实践中的项目经理 14-1　迈克·布朗，
　　　劳斯莱斯公司 ······················ 479
14.2　自然终止：收尾过程 ··············· 480
14.3　项目的提前终止 ······················ 485
项目导读 14-2　"疯狂喂养"的后果：
　　　迪拜和取消的建筑项目 ········ 487
项目管理研究精要 14-1　IT 行业的
　　　项目终止 ···························· 490
14.4　准备项目终期报告 ·················· 492
小结 ··· 493
讨论题 ·· 494

案例分析 14-1　被终止的哈德逊河隧道
　　　工程 ··································· 495
案例分析 14-2　永不结束的项目 ········ 496
案例分析 14-3　海军终止旗舰战舰的
　　　开发 ··································· 497
网上练习 ·· 499
项目管理职业认证考试样题 ················ 499
附录 14A　项目签署文件的样本页 ······ 500
注释 ··· 503

附录 A　累积标准正态分布 ········· 505

附录 B　MS Project 2013 指南 ····· 507

附录 C　项目计划框架 ················ 518

术语表 ·· 523

第1章

概述：为什么需要项目管理

本章目标

学习本章后，你将能够：
1．了解项目管理为何在企业中的地位越来越强大和普及。
2．认识项目的基本特征，包括其定义。
3．理解为什么有效的项目管理是一个挑战。
4．区分项目管理和传统的以流程为导向的商业职能。
5．识别促使企业采用项目管理的关键因素。
6．理解并解释项目生命周期、项目各阶段以及每个阶段的典型活动。
7．理解项目"成功"的概念，包括各种成功的定义以及可用的成功模型。
8．理解项目管理成熟度模型的目的和组织中基准比较的过程。
9．识别组织在熟练使用项目管理技术前所要经历的相关成熟阶段。

本章涉及的项目管理知识体系的核心概念

1．项目的定义（见 PMBoK 1.2 节）
2．项目管理的定义（见 PMBoK 1.3 节）
3．与其他管理学科的关系（见 PMBoK 1.4 节）
4．项目阶段和项目生命周期（见 PMBoK 2.1 节）

世界通过极端化来获得价值，而又仅依赖适度性来保留价值；极端主义者使得世界不断变大，温和主义者则使世界稳定发展。[1]

📋 项目导读 1-1

尼日利亚拉各斯的开发项目

尼日利亚首都拉各斯拥有 1 500 万～2 000 万居民，其人口数量比伦敦及北京都要大，同时拉各斯人口还在以每年近 60 万的速度增长。作为撒哈拉沙漠以南非洲地区最大且发展最迅速的城市，拉各斯亟须开发和维护其基础设施以适应人口增长，同时维系其作为非洲大陆高科技中心的地位。据统计，世界人口的85%都居住在发展中国家或经济转型国家，而其中近2/3的人口年龄在35岁以下，因此对于这些国家，需要大量的基础设施以满足其人口需求。在拉各斯，大约有70%的城市人口生活在贫民区，同时2006年的一份联合国报告也指出，拉各斯城市区域中仅有10%的住户能直接获得市政供水。尽管存在这些问题，在拉各斯经济发展的驱动下，尼日利亚已成为非洲最大的经济体，也成为电影与时尚产业、金融市场及消费产品制造商之乡。

为改进城市设施所要实施的关键项目数量庞大，例如，作为一座拥有超过1 500万人口的城市，拉各斯电力供应极度匮乏，现有电厂的发电量仅仅只有2 000兆瓦，比中型城市曼哈顿单个城市街区所能获得电力的一半还少。"我们每天也许只有两小时的公共电力供应，"尼日利亚海岸线国际能源公司首席执行官科拉·卡里姆（Kola Karim）说道，"这真令人难以忍受。"面对长时间的间歇供电，城市居民不得不利用汽油或柴油发电机进行供电。

此外，拉各斯的住房极度短缺。为了克服住房短缺问题，许多人选择居住在贫民区，而马科科就是其中之一。马科科位于大陆的拉各斯泻湖，有几十万居民，但其公共服务，如干净的饮用水、电力及垃圾处理装置都极度缺乏，整个城市面临着严重的环境和健康风险。马科科是分布在恶臭四溢的泻湖边上的众多贫民区之一，也是拉各斯近年来发展起来的混乱聚居地的典型代表，这些贫民区不断扩张延伸，它们离主要桥梁或发电塔过近时，政府会定期派出军队拆除这些临时房屋。

这座城市为何会陷入如此境地？最重要的原因是缺少远见和计划。在拉各斯，平均每平方千米的土地上有2万居民，而每天还会有上千人到达这座城市，但拉各斯原本坐落在大洋边壤的狭长土地上，其有限的自然条件使它难以容纳不断涌入的居民。缺乏城市规划，人口的不断增多导致城市无序地发展，到现在，拉各斯几乎不存在城市交通系统，仅仅只有少量运行中的红绿灯以及陈旧过时的道路系统。

问题不仅限于此，由于缺少商业发展的空间，拉各斯的土地价格非常高昂。然而，因为不可靠的电力供应，电梯使用成为问题，因此拉各斯很少有高层公寓或办公大楼，同时由于过去的失败和经济不稳定，银行也不愿意投资房地产市场。面对这一系列问题，巴巴通德·法什拉（Babatunde Fashola）自2010年执政起就发起了一系列城市开发项目以解决城市的各类需求。作为一名非常有远见的管理者，法什拉宣布在未来10年，将投入500亿美元用于拉各斯的基础设施项目，具体包括以下几个方面。

拉各斯地铁蓝线

地铁蓝线是由政府实施的拉各斯铁路轨道交通项目的一部分，它往返于马里纳和奥科科迈科之间，中途停靠13站。将拉各斯各辖区连接起来，以缓解交通拥堵和缩短城市居民出行时间。该项目最初在2008年提出，但资金问题使得蓝线计划推迟至最快2015年开始。该线路的建造成本达到12亿美元，将由拉各斯州政府进行资助。

大西洋新城

大西洋新城是一个野心勃勃的土地复垦项目，同时也是一个位于维多利亚岛沿高档沙坝滩海岸的开拓性的住宅和商业开发项目。该项目位于由大西洋填海造地形成的3.5平方英里①的土地上，预计可容纳 25 万人口，还可再为 15 万人口提供就业机会。该综合设施将成为城中城，涵盖娱乐设施、商业和购物区以及现代化的便利设施。

快速公交系统

为了缓解公共交通的拥堵（见图 1-1），拉各斯 10 年前引进了快速公交系统（BRT），以改善现有混乱的公交车服务局面。拉各斯长期受困于不受监管的运输系统，大量各式的"公交车"为争夺客户展开竞争，从破败的迷你巴士到老旧的黄色校车均是如此。票价同样也不受监管，司机可以随意叫价。"早上的单程票他们可能收费 1 美元，到了下午就能变成 3 美元。"拉各斯城区运输局的管理者戴奥·莫波利奥拉（Dayo Mobereola）说，这让通勤者们在交通上的平均支出占到收入的 40%。在该项目宣布之前，这个城市曾预计每天将运送 6 万名乘客，但是现在每天运送的乘客数目已经超过 20 万人。BRT 系统减少了居民在公交车站的等待时间，缩短了城市中的出行时间。

图 1-1　尼日利亚拉各斯拥堵的交通

资料来源：Femi Ipaye/Xinhua Press/Corbis

学校、桥梁和发电厂

积极的基础设施现代化部分还包括建设西非第一座吊桥，在城市中新建多所学校，为了给城市提供更可靠的电力来源，两座新的发电厂也在计划建设中，为街道路灯供电可以减少犯罪和其他问题。拉各斯还投放了一队全新的垃圾车，用来处理每天产生的 1 万吨垃圾。

拉各斯近些年在市政基础设施上的努力已取得成效，正如法拉德（Falade）教授所指出的，这些城市设施建设给拉各斯带来了新气象，拉各斯的城市面貌正在变得越来越好。[2]

概述

项目是人们用来改变世界的一种主要方式。不管目标是分裂原子、挖掘穿越英吉利海

---

① 1 平方英里 =2.589 99 × 10^6 平方米。

峡的隧道、采用 Windows 9 系统，还是筹备下一届夏季里约热内卢奥运会，要成功完成这些任务的方式是相同的：通过项目管理。项目管理已经成为一种最受组织欢迎的工具，通过项目管理，组织、公众或个人可以改善内部运作，快速响应外部机遇，取得技术突破，改进新产品开发，从而更有力地对商业环境中出现的各种机遇进行管理。畅销书作者和管理咨询专家汤姆·彼得斯（Tom Peters）指出项目管理在企业中的地位："项目不是单个的任务，而是企业最大的增值基础。"[3] 对当今世界上的企业而言，项目管理已经成为它们成功进行商业运作的重要组成部分。

现代企业的一个关键特征是必须面对由外部事件带来的各种机遇和威胁。企业从来没有像现在这样，既要面对国际竞争，同时还需要迅速抓住商业机会，公司必须不断调整并引入新产品，对客户的需求迅速做出反应，同时还要保持竞争成本和经营水平。完成所有这些任务可能吗？要同时完成，确实不可能，传统的看法认为企业可以通过低成本策略、产品创新或对客户服务进行关注来参与竞争，简而言之，也就是企业必须在竞争优势方面寸步不让，而在其他方面则可以有所妥协。然而在过去的 20 年间，什么东西都颠倒过来了。一些大公司，如通用电气、苹果、爱立信、波音公司以及甲骨文公司等都越来越明显地意识到这些目标都需要达到，而不仅仅是达到其中的一个。这些公司看起来在竞争模型的各个方面都做得比较成功：快速有效响应市场、成本关注和以客户为中心。那么它们是如何将这些不可能的事情付诸实施的呢？

显然，这个复杂的问题绝不只有一个答案。但毫无疑问的是，这些公司至少有一个共同的特点：它们开发并致力于项目管理，并将其作为竞争的手段。《财富》杂志曾经有过这样的描述：

> 传统的中层经理就如恐龙，而新式经理阶层则像哺乳动物，他们一旦设立了规则就会严格执行，他们就是项目经理。不同于哺乳动物的是，项目经理比其将取代的中层主管更加灵活，更有适应力，更能发挥他的才智，而不是占着位置仗势欺人。[4]

在不久的将来，高效的项目经理将是成功企业不可缺少的一部分，越来越多的公司得出了相同的结论并将项目管理作为企业生存的手段。事实上，在许多行业，如建筑、重型制造、保险、保健、金融、公共事业和软件等行业已经对项目越来越了解，并希望其员工也都能做到这一点。

1.1 什么是项目

尽管项目有很多一般性的定义，但在最开始我们必须认清**项目**（project）与其他组织流程的区别。**流程**（process）通常指的是持续的日常活动，组织利用这些活动来生产产品或提供服务，流程以连续重复的方式对现有的系统、资产和能力进行利用。[5] 而项目从外部取代了企业常规的以流程为导向的领域。尽管有些组织，如建筑公司、日常流程中心等组织就是以项目设计和开发为主，然而对于大多数组织来说，项目管理活动都是独特的，区别于其他以流程为导向的日常活动。项目工作是不断进行的过程，有着自己的工作规则，但又不是重复性的工作。因此，项目为许多企业提供了令人激动的选择，尽管挑战是巨大的，但成功的回报也是巨大的。

首先，要清楚地理解项目和项目管理的唯一性，看看下面一些关于项目的定义。

项目是具有开始和结束的一次性努力，由相关人员执行以达到符合一定成本、预算和质量要求的目标。[6]

项目是基于目标的、涉及协调交互活动、有期限，并且唯一的活动集合。[7]

项目是具有下列条件的任何行动和任务的序列：

- 有一个将根据某种技术规范完成的特定目标；
- 具有确定的开始和结束日期；
- 有经费限制（如果可行的话）；
- 消耗人力或非人力资源（如资金、人员、设备等）；
- 多功能的（如涉及多个职能部门）。[8]

项目是有预定目标，需要资源和努力，有预算和进度计划的一次性（因此也是有风险的）组织活动。[9]

美国项目管理协会（Project Management Institute，PMI）在项目管理知识指南（Project Management Body of Knowledge，PMBoK）中为项目所做的定义也许是最容易理解的表述。PMI是世界上最大、最专业的项目管理协会，到2014年，它已拥有遍及全球的超过450 000名会员。PMBoK认为项目是"为完成某一独特的产品、服务或结果所做的一次性努力"。[10]

下面从项目的一系列定义中来看组成项目的各个要素。

- **项目是复杂的、一次性流程**。项目总是为特定或既定的目标服务的。由于项目需要组织成员间进行大量的协调工作，因此显得非常复杂。项目成员可能来自不同的部门、其他的组织或者是同一个职能领域。比如，为铁路公司开发新应用软件的项目仅仅需要信息系统部门和市场部门的员工一起合作，但是如引进新产品的项目最好是能由来自多个职能部门的代表合作完成，如营销部、工程部、生产部和设计部。因为项目是要完成既定的目标，因此是一次性的。项目仅存在于目标完成前，一旦目标完成，项目便终止。

- **项目受到预算、时间和资源的限制**。项目要求成员在有限的时间进度期限内以有限的财务和人力资源来工作。财力、人力和时间都不可能是无止境的。一旦任务完成，项目组便解散。到任务完成的那一刻，所有的活动都是在预算和可获得的人力资源的约束下进行，项目是具有"资源约束性"的活动。

- **项目开发是为了实现一个或一组特定的目标**。项目团队绝不会致力于正在进行的没有确定目标的工作。项目的目标，也就是**可交付成果**（deliverable），定义了项目和项目团队的特点。实施项目是为了产生有形的结果，比如新的产品或者服务。不论是修建一座桥，实施一项新的应收款系统，还是赢得总统选举，目标必须是明确的，而项目工作必须是为实现这个既定目标而开展的。

- **项目是以客户为中心的**。不论是为了响应组织内部（如会计部门）的需求还是试图抓住组织外部的市场机遇，任何项目的根本目标都是为了满足客户的需求。以往，企业的这种目标往往被忽视，项目只要达到了技术上、预算内和进度计划的目标就被认为是成功的。然而越来越多的企业已认识到项目的主要目标是要满足客户的需求，如果这个目标被忽视，企业就会冒着"将错事做好"的风险，即一味注重高效地完成项目却忽略了客户需求，或者导致商业上的失败。

项目的一般特点

借助这些定义的要素，可以总结出所有项目共有的关键属性。这些特点有助于我们进一步理解项目，也为理解基于项目的工作奠定了基础，这些工作与绝大多数组织进行的其他活动是不同的。项目指的是任何组织的一项特定业务。无疑，正确执行这项业务是一个让人望而生畏的挑战。但尽管如此，企业要想在全球范围内经营业务，熟知项目已经不再是特殊要求，而逐渐成为企业的必要技能。

项目的一般特点可以归纳如下。[11]

（1）**项目是有确定生命周期的一次性努力**。项目具有非传统性，是由一系列活动组成的，这些活动是为满足某种需求而被发起的，它们必须在一定进度计划内完成，一旦超过了生命周期后项目便终止。项目是一次性处理的操作。

（2）**项目为组织战略的设计和执行奠定了基础**。在后面的章节中，读者将会了解项目能有助于组织战略的实施，是公司实现整体目标的主要手段。如英特尔公司是以开发更新、更小、更快的计算机芯片作为向市场渗透的策略，而该策略就是通过一系列稳定的研发项目来实现的，这些项目使得英特尔公司能不断跨越电子和计算机工程技术上的鸿沟。

（3）**项目主要致力于开发最新最先进的产品、服务和组织流程**。项目是创新的手段。由于项目改进（常常是转变）了传统的以流程为导向的活动，因此很多公司依靠项目来超越常规的活动，项目成为企业前进的阶梯。

（4）**项目为变革管理提供了方法和策略**。如果没有可行的方法能使我们对在做的或生产的产品进行变更，"变革"就只是一个抽象的概念。项目使得组织可以超越简单的目标要求而进行实际的创新。例如，不管是雪佛兰的电动车，还是苹果公司的最新款 iPhone，成功的企业都是先对用户的需求进行了解，再根据用户的喜好对产品进行改进。

（5）**项目管理需要跨越职能和组织边界**。项目需要将公司内不同职能部门的人员调集在一起，因此是组织内部协作的体现。以开发新产品为目标的项目需要整合工程部、财务部、营销部、设计部等部门的资源。同样，在商业全球化的新环境中，很多公司已经跨越了组织边界，它们为了获得更多的机遇而与其他公司保持长期的合作关系，同时也强调高效率和成本控制。项目是促进合作的最普遍的方法之一，既跨越职能部门又跨越组织。

（6）**项目管理需要传统的管理职能，如计划、组织、激励、指挥和控制**。项目经理必须精通技术，精通管理，愿意并能胜任领导职位，而最重要的是能以目标为导向；项目经理最主要的责任是对大局的把握。不能低估这些项目管理的职能，因为它们的功能多种多样，对项目的成功也非常关键。

（7）**项目的主要成果是在技术、成本和进度目标内满足客户需求**。项目都是受到限制的，如有限的预算、一定的进度计划和指定的标准。比如，大学课堂上的学期论文就可能包括对详细的格式、长度、引用的第一手资料和第二手资料的数量等方面的要求。在迪士尼珠峰探险的案例（案例分析 1-3）中，领导变革流程的主管也为期望的绩效制定了明确的指导方针。这些约束对项目的重点和项目团队可做的工作进行了限定，而正是因为这些特定的约束条件使得进行成功的项目管理变得非常具有挑战性。

（8）**一旦成功完成目标，项目便终止**——或者是在项目生命周期的早期发现结果并不能带来操作或战略上的优势，项目也会终止。项目不同于传统的流程，因为它有着有限的生命周期，有启动、完成和终止的过程，作为传统组织活动的重要选择，项目有时也被认为是"一次性的组织"。[12]

不同于熟知的组织活动，项目往往是不具有重复性的流程。大多数公司的传统模式是要不断执行一系列的组织活动。比如，零售服装的公司要购买、存储以及销售服装，钢铁公司则要预订原材料、炼钢、运输成品，然后再循环该过程。考察这些活动的性质，很容易发现它们都是"以流程为导向的"，也就是说，只需要以原有的方式尽可能有效地完成工作。如果对流程理解得比较好，组织就会寻求更好、更有效的方式来完成相同的基本任务。项目是离散的活动，因此与重复性相悖，是运作于正式渠道之外的一次性活动。它将具有不同职能专业知识的成员集中起来，并在不确定的情况下运作，通常还会对企业的常规活动带来"冲击"。由于项目具有唯一性，所以它并不遵循操作的常规标准，它以不同的方式来处理事务，因此也会常常展现一些更新更好的处理事务的方式。表 1-1 列出了基于项目的工作与传统的基于流程的活动的一些区别。需要反复强调的是：项目打破了组织标准的基于流程的操作方式。

表 1-1　流程管理和项目管理的区别[13]

流　　程	项　　目
重复流程或产品	新流程或产品
几个目标	一个目标
持续进行	一次性——有限的生命周期
同一部门的人员	不同部门的人员
利用已有的系统来整合资源	为了整合资源而创建系统
绩效、成本和进度的确定性较大	绩效、成本和进度的不确定性较大
直线集权型企业组织的一部分	跨越多个直线集权型企业组织
保护已建立的惯例	改变已有的惯例
维持现状	推翻现状

资料来源：R. J. Graham. (1992). "A Survival Guide for the Accidental Project Manager," *Proceedings of the Annual Project Management Institute Symposium*. Drexel Hill, PA: Project Management Institute, pp. 355–61. Copyright and all rights reserved. Material from this publication has been reproduced with the permission of PMI.

以苹果公司开发便携式 MP3 播放器 iPod 为例，该款播放器与苹果公司的流行站点 iTunes 整合在一起，从而可以方便地存储并播放下载的音乐。由于将音乐共享到互联网以供下载这种方式很受欢迎（也有人认为是臭名昭著），已故的前总裁史蒂夫·乔布斯（Steven Jobs）领导的苹果公司认识到了 MP3 的市场潜力。公司希望利用客户对 MP3 播放器的需求，同时对非法音乐下载给予合法化的选择。自 2003 年产品投放市场以来，消费者购买的 iPod 播放器已经接近 4 亿台，从苹果公司的 iTunes 网站上下载的歌曲超过了 250 亿首。事实上，iTunes 已经成为美国最大的音乐零售商，占全美音乐销售的 29% 以及数字音乐市场的 64%。

在一次访谈中，乔布斯认为苹果个人电脑旗舰店的销售虽然稳定，仍占有整个 PC 市场约 13% 的市场份额，但并不令人满意，因此苹果公司的业务需要一些调整。iPod 是苹果公司独特的风险投资，第 2 年就为公司创造了 10 亿美元的业务。iPod 变得如此受欢迎以致公司宣布计划要组成单独的公司，将与 iPod 相关的产品和员工从 Mac 集团公司分离出来。"不必说，iPod 很受欢迎，即使那些不喜欢苹果的顽固分子也中意于 iPod。"业内分析家保罗·佩斯卡托雷（Paolo Pescatore）在接受 News Factor 杂志的采访时谈道，他还提到苹果公司又成功引入了一款更小的产品。"总之，到目前为止他们都很成功，我想他们正在考虑重组，并将以此作为确保继续成功的方法。"[14]

围绕着苹果公司 iPad 平板电脑的引进与后续升级，一系列类似的活动正在展开。iPad 拥有众多功能，其中就包括直接从出版商处下载书籍（包括大学教材），这项能力有效地避开了传统的中间商（书店）。iPad 给竞争者们带来激烈冲击，他们已经引入了自己的模式（比如三星的 Galaxy 平板），希望能在这个市场中分得一杯羹。同时，大型书店也希望调整自己的商业模式，为自己的读者提供电子购书的新方式（如亚马逊的 Kindle）。专家们认为，在十年内，平板电脑和其他电子阅读设备将会淘汰传统书籍，从而占领出版业市场的绝大多数份额。这些就是以项目为导向的技术变革案例（如苹果公司），它正在重塑竞争格局。

考虑到近来很多公司对**项目管理**（project management）的狂热追捧，我们需要指出的是，使项目管理成为独特事务的因素实际上也是造成其实施困难的原因。项目管理的成功绝不是一蹴而就的，其中部分原因是在为适应"项目体系"而进行变革时，很多大公司都遇到了激烈的反对。事实上，近期对 IT 项目成功率研究得到的结果也是不容乐观的。

- 毕马威（Peat Marwick）咨询公司对 300 多家大公司做了一次调查，发现软件或者硬件开发项目失败的比率是 65%。调查还显示，这 65% 失败的项目要么成本超支，要么进度超时，要么运行结果没有达到预期效果，或是以上几种情况都有。半数项目经理都认为出现这些情况很"正常"。[15]
- META 咨询集团的一项调查显示，"半数以上的 IT 项目都半途而废——超出了预算和进度计划，同时目标也没有完成"。[16]
- 英国政府就业与养老金部门的首席信息官乔·哈利（Joe Harley）表示，目前税收正用于投资一个年预算达 140 亿英镑（折合超过 220 亿美元）的公共区域 IT 项目，而其中"只有 30%"基于技术的项目能获得成功，这笔资金等同于 1 年内建成 7 000 所小学或 75 家医院的成本。[17]
- 美国政府审计局报告称，美国核安全管理局在 10 个主要项目上累计超支 160 亿美元，进度滞后总计达到 38 年。比如，在洛斯阿拉莫斯国家实验室，一项长达 7 年价值 2.13 亿美元的安全系统升级计划以失败告终，该系统升级是用于保护实验室最为敏感的核弹制造设施。某熟悉该机构的党派称"容忍无底线的文化已经盛行"。[18]
- 2004 年，普华永道（PriceWaterhouseCoopers）对总项目金额达 72 亿美元，涉及多个行业不同规模的 10 640 个项目的调研发现，只有 2.5% 的全球商业项目获得了百分百的成功，而超过 50% 的全球商业项目失败了。斯坦迪什咨询集团（Standish

Group）进行的 2013 年混沌总结（Chaos Summary 2013）调查也显示出类似的结果。他们发现大多数项目要么是"问题重重"（原因包括交付成果延期、超出预算或者是不能按预期要求完成交付成果），要么就是"已经失败"，有些在完成之前就被中止，再或者项目开发出的产品从未被投入使用。研究者认为，商业应用关键开发项目的成功率是 39%，而且这一统计数据从 1994 年开始就一直保持着惊人的稳定。[19]
- 伊拉克重建特别监察长（SIGIR）的报告显示，五角大楼花费 530 亿美元用于数以千计的伊拉克重建项目，然而由于"欺骗、浪费和滥用"，其中有超过 80 亿美元不见踪影。数百个项目最终被取消了，这其中有 42% 的项目是因为管理不当或粗制滥造而被终止。在 2013 年的最终报告中，SIGIR 指出，"我们发现不完整的非标准化数据库使我们无法识别在项目上支出的数十亿美元的具体用途。"[20]

这些研究的结果都强调了一点：尽管项目管理变得流行起来，但是要在大多数公司传统的流程中生存并不容易。那些发现项目所带来优势的企业，也往往低估了在逐渐熟悉项目制的过程中所产生的问题。

这些研究也指出了项目管理的一个核心真理：既不应该高估项目管理带来的益处，也不能低估项目实施过程中遇到的问题。这种准则没有速成宝典，也没有应急措施。与其他任何价值活动一样，项目管理需要准备工作、知识、培训并遵守基本的准则。打算利用基于项目的工作的组织应该认识到，项目制的威胁在于：在操作过程中它往往会引起与以流程为导向的标准业务之间的冲突（如表 1-1 所示）。

1.2 为什么项目很重要

有很多原因可以解释为什么项目和项目管理对组织实现战略上的目标有着重要的作用。著名的项目管理研究者大卫·克利兰（David Cleland）认为这些原因都来自组织自身发展所面临的压力。[21]

（1）**缩短产品生命周期**。公司提供一种新产品并依靠它取得多年竞争优势的生存方式已经一去不复返了。新产品的生命周期越来越多地以月甚至是周来计算，而不再是年。人们能从电子或者计算机软硬件的新产品中看到这一趋势，但有趣的是，从传统的服务性企业也可以看到相同的征兆，因为这些服务性企业也认识到必须要快速地提供新服务并对其不断更新。

（2）**看准产品投放市场的时间**。另一个与时间相关的问题是时机。企业已经意识到失去投放新产品最佳时机会带来的损失，因此必须对新产品投放的时间有提前的预计。例如，从产品 A 的成功销售中获利的同时，明智的公司已经为产品 B 计划好了最佳的投放时机，产品 B 可能是作为产品 A 的更新产品，也可能是全新的产品。激烈的市场竞争使得产品的最佳投放时机只能以月来衡量，如果错过了这个时机，即使只是错过了几周，企业也可能会面临被市场淘汰的风险。

（3）**产品的复杂性和技术性越来越强**。事实证明，如今普通汽车的计算能力已经超过能让宇航员进行月球漫步的阿波罗 11 号太空舱。这阐述了一个很明确的观点：当今世界是复杂的，产品的构造也相当复杂，技术上更加精细，因此很难高效地生产。公众对"下一个更好的产品"的要求只会越来越高,任何人都希望新的商品模型要比旧的更好、更大(或更小)、更快、更复杂,为了满足这种需求,企业就要不断更新产品和服务线。于是在不断探索如何克服技术瓶颈的同时,也导致了在设计和生产过程中出现了许多问题。此外,很多公司在预计未来需求时,在研发项目中投入了大量的人力和物力,以弄清客户的偏好,然而结果可能只是错误地实施了昂贵的、技术复杂的并且只是它们所认为的顾客会需要的项目。如芬兰劳马公司(Rauma Corporation)开发了一种用于伐木业的最新水平的装卸设备,劳马公司的工程师在产品上使用了最新的计算机配件和技术,使产品看起来非常先进。但不幸的是,产品的主要客户在遥远的印度尼西亚工作,物流问题使得装卸机的服务和维修变得不切实际,即使是拆掉机器,也要空运 1 000 英里①以上才能到达服务中心。投放初期,该装卸机的销售业绩平平。劳马公司的失败揭示了一个重要的道理:除非公司能够找到控制流程的方法,否则这种为了"工程而工程"的情况马上就会变得无法控制。[22]

(4)**全球市场**。21 世纪初期,几乎每种产品或服务都出现了新的市场,从前封闭的国家,如巴西、越南和印度,也已经有了大量的消费者和竞争者参与到全球商业竞争领域中。经济全球化的加剧,伴随着消费者与供应商之间联系方式的改进,已经为商业带来了一系列新的挑战,这些挑战也为那些快速适应新形势的企业带来了独特的机遇。在全球环境中,项目管理技术使得公司能够将不同的商业伙伴联系起来,快速响应市场和供应商的需求,同时又能非常灵活地预测消费者偏好的快速变化,并对此做出响应。通过项目管理,未来的成功组织将会认识并学会迅速利用全球商业环境所提供的机遇。

(5)**低通货膨胀的市场经济周期**。经济健康发展的一个关键指标是通货膨胀处于控制范围内。特别是在发达的西方经济体内,过去 10 年低通货膨胀不仅有助于保持持续的经济增长和股市繁荣,同时也为发展中国家,如中国和印度的经济快速发展提供了驱动力。然而,由于成本持续增加,低通货膨胀也会限制商业的盈利,公司不能仅通过提高产品或服务的价格来继续增加利润率。未来的成功企业将是那些通过内部流程流线化来提高盈利的企业,这些企业通过"做得比竞争者更好"来节约成本。项目管理是实现多种目标的工具,包括提高企业的内部效率,同时它也是一种支持盈利的手段。

如今,企业面临着更为明显的挑战,而这些仅仅是其中的一部分。关键的一点是,在不久的将来,引发这些挑战的力量并不会有所减弱。为了迎接这些挑战,一些大型、成功的商业公司,例如,通用电气、3M、苹果、三星、柏克德(Bechtel)以及微软,已经将项目管理作为公司经营理念的一个关键方面。

项目导读 1-2

"拿钱打水漂":BBC 的数字媒体计划

英国广播公司(BBC)近日宣布取消用于更新他们庞大广播业务的一个主要信息技术(IT)项目,该项目被称为数字媒体计划(DMI),初始预算为 8 170 万英镑(约合 1.4 亿美元),开发该项目是为了淘汰过时的文件归档系统和避免使用老旧的模拟信号录像带进行昂贵的档案存储。BBC 是全世界最大且最广为人知的新闻媒体组织之一,它是一个公立组织,

---

① 1 英里 =1 609.344 米。

受到英国政府的监管（见图1-2）。DMI项目意图通过替换昂贵且过时的存储设施，实现为组织每年节省数百万英镑的目标，同时将所有的媒体内容转换成一种现代的数字格式。作为一个大型IT项目，DMI计划包括媒体资产管理、档案存储和检索系统以及媒体分享功能。

图1-2　BBC数字计划项目

资料来源：Roberto Herrett/Loop Images/Corbis

DMI项目始于2008年，BBC与技术服务供应商西门子签订合约，并由德勤提供专业咨询服务。有趣的是，BBC没有将合同进行竞价投标，理由是BBC和西门子已经有一个10年期的供应合同，因而他们相信西门子对项目开发的判断。BBC的管理者们赋予西门子对该项目的完全控制权，同时两个企业之间也几乎不存在互动交流。当西门子开始错过重要的交付时点以及遇到各种技术难题时，BBC终于开始注意它与承包商之间这种疏远的关系。一年之后，BBC终止了和西门子之间价值6 500万美元的合同，并且起诉该公司要求赔偿损失，最终在庭外调解中收回了大约4 700万美元。然而仅仅一年就浪费了纳税人将近2 000万美元却什么都没留下的项目，后续的发展也并不太好。

由于同外部承包商之间的关系破裂，BBC接下来尝试将该项目"内部化"，任命自己的员工和项目经理来继续开发DMI。该项目由BBC的首席技术官（CTO）约翰·林伍德（John Linwood）全权负责。原本寄希望于从上一轮项目的失败中吸取的教训可以帮助改进项目，在组织中推行该系统，但结果却不尽如人意。该项目在BBC的控制下并没有好转，在2011年就有报告指出该项目进度滞后，没有实现承诺，且大多数测试都以失败告终。尽管有人声称早在2011年，BBC就清楚地意识到该项目存在瑕疵，但对外始终对该项目保持乐观态度，就算在议会监督委员会面前也是如此。2011年，BBC总负责人马克·汤普森（Mark Thompson）出现在委员会上，告诉他们DMI绝对是按照计划进行中，并且已经初见成效。他告诉议会成员们，"DMI已经执行了许多规划，其中一部分规划已经公开，一部分将来会公开"。

问题是，该项目的效果完全不好，持续的技术失败在项目组和公司管理者之间已经广为所知，但是报告显示这些担忧被淹没在乐观的预测之中。实际上，后来由外部咨询公司提供的一份项目报告指出，整个 2012 年，DMI 日益恶化的处境既没有被准确地汇报至管理层，也没有被精确地传达给 BBC 信托基金。比如，BBC 自身的内部项目管理办公室在 2 月就发布了项目失败"红色代码"警告，然而此事在 6 个月之后才被汇报给信托基金。多年来，首席技术官约翰·林伍德始终坚称该项目确实有效，将会以一种更为高效、经济的方法来生产媒体内容。

关于为什么 DMI 没有进展的各种观点开始出现。对于"技术专家们"而言，该系统并没有任何问题，它确实提供了工作相关的技术，但是该项目被潜在用户破坏，这些人从来都不相信最初始的设想，并且持续不断地更改他们的需求。技术专家们认为 DMI 失败的原因并非是无效，而是内部政策所致。另一方面是那些质疑项目发展的人，他们认为不论是否成功交付，这项技术从来没有真正起过作用，当然也没有达到在整个组织实施所需要的规模。此外，有事实表明市场上存在着现成的技术能够实现 DMI 所承诺的部分功能，而这些技术很大程度上已经运行良好。那么，为什么 BBC 要花费如此多的时间和金钱再去创造一个新的系统呢？

有新闻报道指出，直到 2013 年 4 月，才有事件证实 DMI 存在的问题。在 BBC 对英国前首相撒切尔夫人的逝世和葬礼的报道进程中，为了制作关于这位前首相的生活和职业背景的素材，新闻工作人员加班加点地将旧存档的模拟录像带转换成数字格式。然而，新的数字档案系统表现得如此糟糕，以至于有报道指出这些录像带不得不通过计程车和地铁在伦敦市内进行物理运送才能到达它们的目的地，而视频转换工作则由一家私人制作公司完成。而上述这一切都是在 DMI 历经近 4 年的开发后发生的！

撒切尔夫人葬礼中出现的系统失败是最后一根稻草。2013 年 5 月，BBC 新任总负责人洛德·霍尔（Lord Hall）宣布取消该项目，在对 DMI 项目的管理层进行外部调查期间，BBC 的首席技术官约翰·林伍德被停职。之后有消息指出，早在该项目被取消的一年以前，一名 BBC 高级经理就已经向 BBC 主席洛德·帕滕（Lord Patten）表达了自己对 DMI 的强烈质疑。他同时还声称在 2011 年，英国国家审计办公室有关 DMI 的实际进程就已经被误导。在放弃 DMI 的大约两年以前，其他 BBC 高管也表达了类似的担忧。该项目给 BBC 以及英国纳税人造成的最终损失据估计已经达到 1.6 亿美元。BBC 信托基金成员安东尼·弗莱伊（Anthony Fry）评论道，DMI 已经成为"彻头彻尾的灾难"，他同时说到该项目"也许是我平生所见过的最严重、最尴尬的事情"。

对于 DMI 的失败，议会成员们也有一些非常尖锐的批评，其中涉及项目本身、DMI 的执行监管以及 BBC 的整体运营。作为英国公共会计委员会主席，议会成员玛格丽特·霍奇（Margaret Hodge）在她的议会报告中对该项目做出如下总结：

> BBC 的数字媒体计划是一个彻底的失败。纳税人为这个据称极为重要的系统花费了将近 1 亿英镑（约合 1.6 亿美元），最终却竹篮打水一场空。

DMI 的主要输出品是一个文档目录及排序系统，用于替代 40 年的旧系统，然而该系统的运行显得更为缓慢和烦琐。只有 163 名常规用户，该系统每年的运行成本却达到了 300 万英镑（约合 510 万美元），与之相比，旧系统则每年仅需 78 万英镑（约合 130 万美元）。

委员会在 2011 年检查 DMI 进程的时候，BBC 告诉我们 DMI 是"决不可少的"，BBC 的将来很大程度上与 DMI 的成功实施息息相关。

BBC 还告诉我们 DMI 正被用于制定多项规划，并且有望在 2011 年完成该系统，不会再有进一步的延迟，但事实并非如此。

BBC 对于在内部执行该计划的高风险过于漠不关心。没有一个人对 DMI 实施和利益达成负有全面的责任和义务，当问题出现时，也无人承担。

责任和义务缺乏明确的界定，这意味着当项目陷入困境时，公司无法对警告信号做出相应的反应。

糟糕的计划、管理不力、过度的乐观预测以及披上了一层神秘外衣的数字媒体计划的真实状态，这一切对于在世界范围内最受尊敬的广播机构之一的 BBC 而言，不啻为一记公开响亮的耳光。也许，DMI 项目失败的原因在今后的几年中还会被争论不休，但是对于正在开发复杂 IT 项目的组织，这个故事最起码应该是个警示。[23]

项目管理也是未来大多数组织高层管理人员的最优培训阵地。项目制的一个特点在于它融合了技术和行为的挑战。项目管理在技术方面要求项目经理要能熟练进行项目选择、预算和资源管理、计划和进度制定以及项目跟踪。这些技能在后面的章节中将详细讨论。同时，项目经理也面临着管理项目中行为的或者是"人的因素"方面的挑战。项目作为一次性的活动，要求项目经理要将跨组织的成员集中起来，迅速组成高效的团队，管理冲突、进行领导、参与协商并进行适当的政治行为，这些都是为了完成项目，本书在后面将再次针对这些行为方面的挑战进行说明。有一点是非常重要的：只强调技术而忽略行为，或者是只强调行为而忽略技术的项目经理，都不能算是成功的，只有同时强调这两方面才是成功的项目经理。为什么项目管理对高层主管培训非常有用呢？因为项目管理对个人掌握技术和人力挑战的能力进行了最真实的测试，而这些能力正是在商业环境中一个好的领导者所应该具备的。项目经理及其领导的项目对企业的生存和发展有着重要的意义。

1.3 项目生命周期

试想在大学课堂上我们被分配撰写学期论文的任务。采取的第一步是理解作业的要求：教授要我们做什么，报告要有多长，要求多少文献，格式上有什么要求，等等。一旦弄清楚了作业的要求，下一步我们就可以开始拟定一个计划，即如何在规定的时间内完成这个项目。我们可以大致估计一下做这项研究需要多长时间，完成初稿、校对到完成终稿要花多长时间，并利用这些信息开始创建报告各部分的初步里程碑。下一步就可以执行计划，到图书馆或者互联网上查找资料、拟出报告的大纲、完成初稿等。我们的目标是尽我们最大努力按时完成作业。最后，交完报告，将参考资料存档或者丢弃，归还图书馆的书籍，松了一口气，等待成绩。

这个例子虽然比较简单，却是项目生命周期的一个有效的例证，在这个例子中，项目的目标是在规定的时间内按规定的要求完成学期论文并交给教授。**项目生命周期**（project life cycle）是指项目发展的阶段，生命周期表现了进行项目管理的逻辑性，因此非常重要。生命周期也有助于制订执行项目的计划，还能帮助决定何时投入资源以及如何评价项目的进展等。图 1-3 是项目生命周期的简化模型，该模型将项目生命周期分为 4 个阶段：概念，计划，实施，收尾。

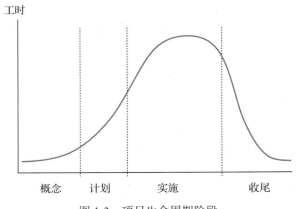

图 1-3 项目生命周期阶段

- **概念**阶段是指项目的初始目标和技术规格的发展。在这个阶段中，确定了工作范围，必要的资源（如人力、财力、物力）得到识别，并确定重要的组织成员或**干系人**（stakeholders）。
- **计划**阶段要制订详细的项目规范、图表、进度计划以及其他计划。项目的个人负责部分，通常也称为工作包，应该进行分解，指派好任务，并清楚描绘完成任务的流程。如在计划如何完成学期论文时，就要确定该流程中的所有必需步骤（搜索资料、初稿、修订等）。
- **实施**阶段要做的是项目的具体"工作"，开发系统或者生产产品。项目团队的大量工作正是在这个阶段完成的。如图 1-3 所示，在这个阶段项目的成本（以工时计算）迅速攀升。
- **收尾**阶段发生在项目移交到客户手中后，资源进行重新配置，项目正式收尾。当具体的子活动完成后，项目的成本和范围迅速减小。

这些阶段是项目团队评价团队绩效和项目整体状况的时间点。但值得注意的是，项目周期仅在项目真正开始后才有意义。项目的开始、计划和时间进度的制定、必要工作的实施、项目的完成和人员重置等都是项目生命周期的信号。用生命周期模型来评价项目时，会得到一些关于后续资源需求的提示，也就是说，要开始询问是否有足够的人员、材料和设备来对项目进行支持。比如，当开始准备学期论文时，你发现需要一台个人电脑或者雇用帮手来协助搜集相关主题的资料，因而在计划项目的生命周期时还需要获得与所需资源有关的重要信息。因此，生命周期模型具有双重功能，即确定项目进度计划和项目需求，从而使得项目团队成员可以更好地确定什么时候需要资源以及需要什么资源。

项目生命周期也可以用来预见项目生命周期内需要完成的活动以及将面临的挑战。图 1-4 列出了项目生命周期内这些活动和挑战的部分特点。[24] 可以看出，在项目生命周期中，项目的 5 个组成部分发生了变化。

- **客户兴趣**：项目预期的客户对项目的热情和关注度。**客户**（clients）可以是组织内部的，也可来自组织外部。
- **项目投资**：企业对项目的投资额。项目周期越长，投资就越大。

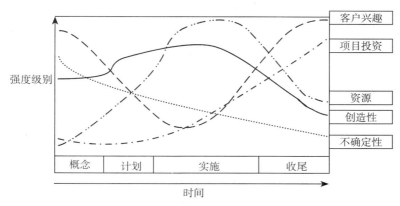

图 1-4　项目生命周期及其影响

资料来源：Victor Sohmen. (2002, July). "Project Termination: Why the Delay?" Paper presented at PMI Research Conference, Seattle, WA. Project Management Institute, Sohmen, Victor. "Project termination: Why the delay?" PMI Research Conference. Proceedings, p. 467–475. Paper presented at PMI Research Conference. Project Management Institute, Inc (2002). Copyright and all rights reserved. Material from this publication has been reproduced with the permission of PMI.

- **资源**：项目生命周期内所需的财力、人力和技术资源。
- **创造性**：项目所需的创新程度，特别是在特定的开发阶段。
- **不确定性**：项目涉及的风险程度。这里的风险反映了未知因素，包括项目可能面临的技术挑战。开始时期项目的风险最大，因为很多挑战还没有被识别，更不用说要如何应对了。

每种因素都有自己的动态性。如客户兴趣为一条 U 形曲线，说明客户一开始很有热情，开发期间兴趣减弱，到项目快结束时兴趣又上升。项目向前发展时项目投资迅速增加，这是因为为了支持正在进行的活动需要增加资源的投入。创造性通常被视为创新思想或独特观点的应用，在项目开始时创造性最高，此时项目团队和客户开始开发共有的项目版本。随着项目的推进，不确定性一直较高，创造性则一直保持着重要的作用。事实上，直到项目完全进入实施阶段，有了固定的目标后，创造性的重要性才会减弱。在之前的学期论文以及其他很多情况下，由于要识别目标并计划完成目标的流程，就需要用"创造性"来建立一种独特或者是有价值的开发方法，而且越早越好。一旦识别了目标，在实施阶段，即学期论文写作期间，创造性也就不那么重要了，而完成项目作业的具体步骤变得更为重要。

图 1-4 中简化的信息有助于理解项目团队在整个项目生命周期内可能面临的竞争问题和挑战。经过一段时间，某些因素（创造性、资源和不确定性）的重要性开始下降，而其他一些因素（客户兴趣和项目投资）则开始变得重要起来。平衡项目生命周期内这些因素的需求仅仅只是对项目团队众多要求中的一个。

□ 实践中的项目经理 1-1

斯蒂芬妮·史密斯，西屋电气公司

斯蒂芬妮·史密斯（Stephanie Smith）是核工业的一名项目经理（见图 1-5），就职于西屋电气公司，却居住在亚利桑那的凤凰城。她本科毕业于匹兹堡大学的生物科学专业，之后获得了教育学硕士学位。在结束了4年的生物与环境科学教学工作之后，斯蒂芬妮决定转行，被西屋公司聘为软件管理员。职责是管理由多个团队的工程师们为核电站设计的软件，同时，也会开发一些程序化文档，例如程序计划、程序质量计划、文档生成计划以及一个用于工程文件技术编辑的程序。在进行了大约1年程序级别的支持工作之后，她参与了核保护与安全监控的大型项目，在这些项目中，她除了要履行自己的工作职责，还需要与核管理委员会的成员打交道。

图1-5　斯蒂芬妮·史密斯，西屋电气公司

资料来源：Jeffrey Pinto/Pearson Education, Inc.

作为核工业的一名项目经理，斯蒂芬妮所参与的绝大多数项目都是为核电站开发产品，这要求拥有强大的技术能力。然而，斯蒂芬妮很快意识到，单凭技术能力无法做好项目管理，也无法让自己的专长在工作上得到充分发挥。"这份工作需要技术支持，但我大多数的时间都花在了利用自己的项目管理技能，依照客户、内部质量及管理要求，开发和实施项目上。"沟通技能非常关键，斯蒂芬妮表示，"我常常需要和我的项目组、高级管理层以及客户打交道，从时间、预算和质量方面跟踪项目进度。"

斯蒂芬妮需要确保技术问题能够尽可能地得到有效解决，这是她所面临的最大的挑战之一。鉴于行业的特殊性，她需要全面地考虑问题，对风险进行有效管理以及就产品安全性做出谨慎判断，所有这一切都是为了让客户和监管机构感到满意。"出于成本和安全性的考虑，必须有效地管理风险，尤其是在核工业中。因此，我一直认为我们做的任何决定都必须严格参照安全标准。"她同时也负责项目的合同管理，这意味着她除了要和客户及高级管理层打交道，还需要定义合同中的模糊语言，以确保工作可以按期完成。这些对于项目范围的定义与控制，以及项目经理每日使用的技能而言，也非常关键。

"如果没有强大的项目管理基础，我无法完成我的工作，"斯蒂芬妮说道，"我的日常工作主要是，在执行有效项目管理的过程中展现自己的硬/软技能（如，技术和人际导向的行为）。良好的沟通技巧和领导才能对我的日常工作非常重要。我每天都会与高级管理层、组员及顾客接收和传递消息。我的工作不断变化，富于灵活性，因为不论计划如何，总会有意想不到的事情发生，而这些问题的解决需要良好的沟通技巧与耐心。"

斯蒂芬妮认为，她工作中最大的机遇是支持世界范围内清洁能源的发展。核工业已经一改往日形象，以最清洁、最安全的能源形式出现在世人面前。核电与项目管理是快速成长的领域，它们需要人们致力于去适应其中独特的挑战。这份工作非常辛苦，但是报酬可观。"在这份支持全球清洁能源研发的工作中，我有幸可以和非常聪明且充满活力的人们共事，说实话，我每天都可以学到一点新的东西。我鼓励那些新手或者本科生找出自己的最大优势，试着想想如何利用这些优势获得自己想要的生活。你能想象自己在办公室里吗？你能想象自己在野外工作吗？你很难在其他室内办公的工作中感受到灵活性和自由，而这恰恰是项目管理工作的实际优势之一。项目管理充满了挑战，但是不论是从金钱，抑或是工作满意度来看，回报都令人难忘。"

1.4 项目成功的决定因素

成功的项目很难定义。[25] 因为有很多问题需要弄清：项目何时成功？项目何时盈利？是否在预算范围内完成？是否及时？开发出来的产品何时起作用以及何时销售？何时才能达到长期回收目标？一般来说，**项目成功**（project success）的定义必须考虑限定项目的本质因素，也就是时间（遵守时间进度）、预算、功能/质量和用户满意度。曾有一段时间，项目经理通常用3个标准来衡量项目是否成功。

- **时间**（time）。项目受到特定时间的约束，项目必须在规定时间内完成。项目不能无限期地进行下去，因此进行项目管理的第一个约束所涉及的基本要求是：项目必须在规定的进度计划内完成或者提前完成。
- **预算**（budget）。任何项目的第二个关键约束是有限的预算。项目必须在预算允许的范围内，要尽可能有效地利用资源。因此，项目的第二个约束引起的问题是：项目是否在规定的预算内完成？
- **绩效**（performance）。所有的项目开发都必须遵循既定的技术规范。项目开始前要知道项目预期是怎样的，最终产品应该如何操作，测度绩效就是衡量最终产品是否根据规范来操作的方法。项目的客户当然希望项目按照他们期望的要求开发出来。第三个标准的应用常常也指进行"质量"检查。

上述**三约束**（triple constraint）曾是项目绩效例行的评估标准。现在，在此基础上又增加了第4个标准（见图1-6）。

- **客户接受**（client acceptance）。客户接受的基本原理是：项目是为客户开发的，项目的目标也是满足客户的需求。如果客户接受是关键变量，那么就应该确定目标客户能否接受完成的项目。企业在严格遵循"三约束"标准的同时，很可能也会忽视最重要的一点：那就是客户对完成项目的满意度。

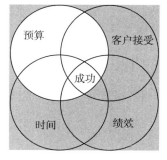

图1-6 新的四约束模型

此外，也可以从"外部"和"内部"两个角度来考虑项目成功的标准。当项目管理最初应用于建筑业或者其他重工业时，其主要价值是保持内部组织对资金和时间的控制。传统的三约束非常理想，它注重内部效率和生产力测度，为人员估算提供了一种定量测度方法，使得会计可以对费用进行控制。

然而作为项目成功的测度方法，传统的三约束准则近来受到越来越多的批判。比如，最终产品可能是败笔，但是如果项目及时交付，又在预算范围内，符合最初的规范（尽管规范有缺陷），项目仍然可以被称为成功的。在评价过程中加入客户接受这个外部准则就可以弥补上述明显的不足。首先，客户接受将企业的注意力再次拉到组织外部，放在会对失败或者有问题的最终产品不满的客户身上。其次，项目成功的最终评判者不是公司的财务人员，而是市场，只有给委托的客户带来利润的项目才是成功的项目。最后，客户接受标准需要项目经理及其团队在项目的开发过程中营造一种开放和交流的氛围。

下面举一个例子加以说明。在《抓住顾客的窍门》（*What Customers Really Want*）一书中，作者斯科特·麦克凯恩介绍过一家为音乐明星提供服务的长途汽车公司最初是如何计划投入大笔资金到一个车内装饰改善项目上，因为他们相信有了这些车饰升级，顾客们会愿意支付更多费用租赁他们公司的车。然而，在对车队进行全面翻修之前，管理者们决定问问老客户对于这个计划的想法。令人吃惊的是，该公司发现尽管顾客们想要精美的内饰，但是选择租车公司的一个最重要的影响因素却是司机（比如，一个好司机可以将音乐明星安全地送达目的地，同时也能担任乐队大使招待粉丝）。根据这些信息，该公司取消了他们的初始项目，取而代之的是一个司机培训计划，该计划教会司机如何更有效地和顾客进行交流，以及如何保持并提升顾客好感。该公司还根据司机们为客户服务以及与客户建立长期关系的情况，开始对司机进行补偿。公司这么做之后，它的市场排名就从第四升到了第一，所拥有的长途汽车也从 28 辆增加到了 56 辆。[26]

项目评价的另一个方法认为还应该将一个因素考虑进来：交付产品可以为组织带来的在未来商业或技术方面的机遇。[27] 也就是说，仅仅根据当前的成功来评价项目是不够的，评价项目时要考虑项目商业方面的成功，同时也要考虑项目带来新商业机遇的潜力。这种评价方法中项目成功的 4 个相关维度如图 1-7 所示。

- **项目效率**：满足预算和进度计划。
- **对客户的影响**：满足技术规格，针对客户需求，并创建满足客户需求的项目。
- **商业成功**：确定项目是否取得了显著的商业成功。
- **未来潜力**：确定项目是否开发了新市场、新产品线或者有助于开发新技术。

这种方法向传统的三约束原则项目评估方法提出了挑战。企业希望项目不仅能有效地运行（至少如此），还要能满足客户需求，取得商业成功，并能带来新的商业机遇。即使是纯粹的内部项目（如更新公司订单记录系统软件），项目团队既要关注客户需求，也要评价团队努力所带来的潜在的商业机遇或技术机遇。[28]

最近提出的最终模型也与传统的三

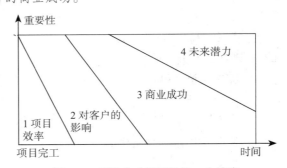

图 1-7　项目成功重要性的 4 个维度

资料来源：A. J. Shenhar, O. Levy, and D. Dvir. (1997). "Mapping the Dimensions of Project Success," *Project Management Journal*, 28(2):12. Copyright and all rights reserved. Material from this publication has been reproduced with the permission of PMI.

约束模型相悖。Atkinson [29] 认为受项目影响的所有成员（干系人）都应该参与到项目是否成功的评价中来。项目的背景和类型也与制定评价项目的标准有关，这些标准清楚地定义了项目是成功还是失败。表 1-2 展示了阿特金森模型，该模型认为传统的成本、质量、时间三约束仅仅是综合评价标准中的一部分。当然，评价项目的方法应该在项目实施前就确定，"能度量的，就能管理"，这条古老的公司格言暗示只有当项目团队了解了项目执行的标准，他们才会给予项目绩效更适当的关注。以信息系统安装为例，如果成功的标准是提高操作效率和满足用户需求，而且质量也被清晰地认定为最终产品的关键盈利优势，那么团队也将会在项目的这些特定方面付出更多努力。

表 1-2 理解项目成功的准则

项目成功的三约束	信息系统	效益（组织）	效益（干系人）
成本	可维护性	提高效率	满足用户需求
质量	可靠性	提高效力	社会和环境影响
时间	有效性	增加利润	个人发展
	信息质量	战略目标	专业学习，承包商利益
	使用	组织学习	资金提供者满意
		减少浪费	项目团队对周围团体有经济方面的影响

■ 项目管理研究精要 1-1

如何评估 IT 项目的成功

正如本章前面提到的，IT 项目在成功实施以前有着曲折的历史。造成这一现象的部分原因是没有用具体的术语来定义成功的 IT 项目所具有的特点。IT 项目成功的标准常常不够明确，缺乏对项目成功的清晰引导，因此大量项目达不到开发前的期望也就不足为奇了。在 1992 年和 2003 年，W. Delone 和 E. McLean 两位学者对以前关于 IT 项目的研究进行了分析，识别出 IT 项目成功的关键因素，在前人研究的基础上，他们提出至少可以通过以下 6 个指标对 IT 项目进行评价。

- **系统质量**。提供系统的项目团队必须向客户保证应用系统能够按预期那样正常运行。所有的系统必须满足一定的标准，如系统应该容易使用，并且能够提供优质的信息。
- **信息质量**。实施该信息技术产生的信息必须是用户要求的，并且必须是高品质的，能够被立即使用。也就是说，不应该产生需要额外转换或者分类的数据。系统用户可以感知产生信息的质量。
- **使用**。一旦安装，IT 系统就会被使用。显然，开发任何 IT 系统都是为了使用系统来解决问题、辅助决策和实现网络化。该标准是通过确定系统实施后用户使用系统的程度来评价系统的实际有用性。
- **用户满意度**。一旦 IT 系统完成后，项目团队必须确定用户满意度。而准确确定用户对系统的满意度是对 IT 项目是否成功进行评价最棘手的问题之一。由于用户就是委托人，是决定项目是否有效的最终评判者，因此测度客户对系统及其产出的满意度非常关键。

- **个人影响**。所有系统都应该易于使用，并能提供优质的信息。除了满足这些需求，是否还有特定的标准可用来评价系统对客户的有用性？决策是否更快更准？信息是否更容易获取、更容易提供、更容易理解？简而言之，系统是否以对用户最重要的方式使其受益？
- **组织影响**。最后，系统的提供者必须能够确定系统是否对客户的组织产生正面影响。如系统对客户的公司是否有集体效应或协作效应？是否感觉良好以及是否有显示系统效率或质量的财务和操作上的衡量标准？

Delone 和 McLean 的工作为认识 IT 项目的成功提供了重要的理论框架。设计和实施 IT 系统的公司要对上述标准尽早给予关注，并采取必要的措施来确保系统最终能使客户满意。[28]

1.5　建立项目管理成熟度

随着项目管理在全球企业中的广泛使用，近期出现了为项目管理企业服务的项目成熟度模型。**项目管理成熟度模型**（project management maturity models）使得企业能够用一定的基准来指导项目管理公司的实践。根据项目管理成熟度模型，可以识别企业当前处在其最佳项目管理实施级别中的哪一级。例如，实行项目制有着较长历史的企业，如波音公司（飞行器和国防系统）或福陆－丹尼尔公司（Fluor-Daniel）（工业建筑）在管理项目方面应该比最近才注重开发基于项目工作的企业更先进。

使用**基准比较**（benchmarking）的目的是为了对单个企业在一段时间内交付项目的改进过程进行系统的管理。[30] 因为项目管理中有很多不同的衡量维度，对于刚开始将项目管理引入操作中的新企业来说，普遍会提出此类问题，如"我们从哪里开始？"也就是说，这类企业首先需要了解应该调查、模仿以及应用众多项目管理流程中的哪一个流程到组织中。成熟度模型首先提供了必要的框架来分析和准确评价项目管理过程中当前的进程；其次，将当前的进程与主要竞争者或者一些普遍的行业标准做比较；最后，为改善这些进程制定系统的路径。

向更好的项目管理实践发展是一个逐步演化的过程，该过程不能一步到位，而是需要不断进行系统改善，成熟度模型就为定义并取得这些渐进的改善提供了模板。[31] 因此，最有效的项目成熟度模型既要提供目前所接受的最新标准，同时还要说明达到这些标准的过程。图1-8说明了一种定义目前企业项目管理实施情况的方法。[32] 这种方法采用"蛛网"方法，首先识别了在指定行业中企业的一系列重要的项目管理进程。在这个例子中，企业在分析了自身的需求并与本行业竞争公司进行基准比较的基础上，首先识别项目管理进程的8个组成部分。图中每个环代表对企业符合行业标准程度的评价，假设指定下列数字来代表不同程度的评价。

等级	意义	等级	意义
0	没有定义或定义很差	2	符合标准
1	定义了但不符合标准	3	行业领导者或最前沿

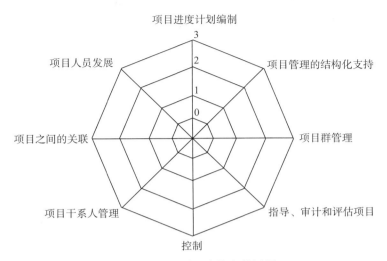

图 1-8　测量项目成熟度蛛网图

资料来源：R. Gareis. (2001). "Competencies in the Project-Oriented Organization," in D. Slevin, D. Cleland, and J. Pinto, *The Frontiers of Project Management Research*. Newtown Square, PA: Project Management Institute, pp. 213-24, figure on p. 216. Copyright and all rights reserved. Material from this publication has been reproduced with the permission of PMI.

继续分析上面的例子，从项目团队成员发展和项目控制系统两个方面看，项目进程与竞争者相比处于弱势，因此给定级别为 0，而项目进度计划编制是表现最佳的，因此级别是 3。图 1-9 显示了企业对自身项目管理各关键组成部分情况给予的评价。这种方法有助于根据项目管理复杂度来了解当前企业项目管理实施所处的阶段，它也是在任何一个成熟度模型中进入更高一级的关键阶段。

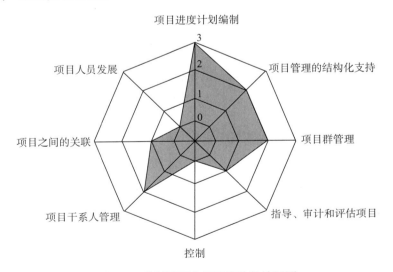

图 1-9　进行了深入组织评价的蛛网图

资料来源：R. Gareis. (2001). "Competencies in the Project-Oriented Organization," in D. Slevin, D. Cleland, and J. Pinto, *The Frontiers of Project Management Research*. Newtown Square, PA: Project Management Institute, pp. 213-24, figure on p. 216. Copyright and all rights reserved. Material from this publication has been reproduced with the permission of PMI.

一旦对企业当前项目管理实施状况以及存在的缺陷有了清晰的认识后，成熟度模型的下一个步骤就是开始制订逐步渐进的计划以实现要求的目标。表1-3列出了一些常见的项目成熟度模型以及到达整个组织专业化最高级别的各中间级别。其中有几个模型是由私人项目管理咨询公司或专业项目管理组织提出的。

对比表1-3中重点列出的这4个成熟度模型，这几个模型在该领域内是最为人熟知的，包括卡耐基梅隆大学的软件工程研究所的软件能力成熟度模型（SEI Capability Maturity Model）、哈罗德·科兹纳的项目管理成熟度模型（Harold Kerzner's Project Management Maturity Model）、ESI国际公司的项目框架（ESI International's Project Framework）以及商业实践中心（Center for Business Practices）开发的成熟度模型。[33] 将这些维度用金字塔的形式表示，我们可以看到项目管理成熟度进程（见图1-10）。尽管在术语上有所差别，但这些模型的共有模式还是比较清晰的，它们从一开始都假设企业中的项目管理实施没有计划也没有集中进行，事实上，这也就是因为项目管理的执行没有通用的规则或者方法。随着企业项目制的逐渐成熟，企业开始接受通用的做法，开始培训项目管理专业骨干，为项目的发起和控制制定程序和流程。最终，直到成熟度模型的最后阶段，企业不仅对项目管理非常了解，已经不再仅仅是简单地将项目管理应用到其日常的流程中，同时还能主动寻找持续改进项目管理技术和流程的方法。在最后的阶段，企业才能被认为是"项目成熟"的，此时它已经将所有必要的项目管理原则和在这些原则下积极寻找创新方式真正内部化了。

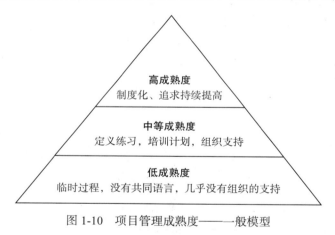

图1-10　项目管理成熟度——一般模型

项目成熟度模型近年来变得非常有用，项目成熟度模型反映了企业对项目管理不断增长的兴趣，同时它也指出了一个一直存在的问题：在公司采用、适应并改善项目成熟度模型最优流程方面缺乏清晰的引导。这些模型的关键特点是其识别了那些典型但又不是突然发生的变化，也就是说，想要熟练使用项目管理方法的公司不可能在缺乏对项目管理了解的情况下立即采取步骤达到最优实施阶段。相反，成熟度模型指出"成熟"是一个持续的过程，它建立在通过可辨认的增长步骤进行不断改进的基础上。一旦对在成熟度模型中所处的位置有了准确的了解，企业就可以开始确定达到期望水平所需的合理程序。从这种意义上说，任何组织，不管在刚开始对项目管理有多生疏，都可以开始制订一个进程和计划，来实现它所希望成为的项目组织类型。

表 1-3 项目成熟度模型和递增步骤的比较

模型	第1级	第2级	第3级	第4级	第5级
商业实践中心的成熟度模型	**初始过程** • 临时过程 • 管理认知	**结构、流程和标准** • 基本过程，并不是所有项目的标准过程 • 利用管理支持 • 基于专家知识进行评估并制订进度计划	**项目管理制度化** • 所有的项目过程都可重复 • 基于行业标准进行评估并制订进度计划	**管理过程** • 公司流程中的集成项目管理过程 • 项目绩效的静态分析 • 基于公司规范进行评估并制订进度计划	**优化过程** • 测量项目效果的过程 • 适当改善项目绩效的过程 • 公司注重持续改善
科兹纳项目管理成熟度模型	**通用语言** • 零星使用项目管理 • 企业内小规模的兴趣 • 没有项目管理培训的投资	**通用过程** • 有形收益明显 • 整个企业内支持项目管理 • 项目管理课程的发展	**单一方法** • 整合流程 • 文化和管理支持 • 从项目管理培训中获得财务收益	**基准比较** • 对实施进行分析和评价 • 建立项目办公室	**持续改进** • 学习经验、创建文档 • 团队间知识转移 • 指导活动
ESI国际公司的项目框架	**临时的** • 因为过程应用不完整导致过程定糟糕 • 组织几乎无支持	**一致的** • 组织致力于方法 • 没有项目控制过程或学习经验	**集成的** • 改善过程来改善项目管理的每个方面 • 跨组织地理解并使用方法	**综合的** • 跨组织地完全实施项目管理 • 使用信息评价过程并减小偏差 • 开发先进的项目管理工具和技术	**优化的** • 不断努力改进和创新项目能力 • 减少常见问题的失误
SEI软件能力成熟度模型	**初始的** • 临时的、混乱的过程	**被管理的** • 产生管理需求、编制项目计划、进行控制 • 进行过程质量担保 • 使用配置管理	**被定义的** • 需求开发并进行产品整合 • 过程核查和确认 • 强调风险管理	**定量管理** • 测量过程的绩效 • 强调项目管理定量的特点	**优化的** • 强调创新和配置 • 进行临时分析、决定解决方案

1.6 项目的基础和本书的组织框架

本书的目的是为项目管理提供一个全面的基于管理的方法。全面性表现在本书集中讨论了成功的项目经理应该具有的各种责任、义务和知识。项目管理覆盖的内容广泛且充满挑战性，它需要对制订进度计划、分配资源、监控项目等活动中涉及的管理科学知识进行充分了解。同时，成功的项目经理还应该结合行为科学方面的基本问题，这些问题涉及人类学、领导实践、动机和团队开发、冲突解决和协商技巧等。事实上，"偏重科学"的方法和过于注重"人为因素"的观点都不能取得未来项目管理的成功，项目管理是科学和管理艺术的结合，正是这种结合，项目管理自身才如此具有挑战性。

图1-11以甘特图的形式给出了本书组织框架的模型，甘特图是一种用来进行项目进度计划编制和控制的工具，具体的使用将在第10章进行详细介绍。这里将通过一个简单的甘特图来说明本书的架构。首先，本书的所有章节都列在左边第1列，在图底部从左到右是一条（简单）的时间线，说明了每章的主题将在何时被引入。为了简单起见，本书将X轴代表的时间按前面介绍过的项目生命周期的4个阶段来进行划分：①概念，②计划，③实施，④收尾。注意到有些主题仅仅与项目的特定阶段相关，而其他一些主题，如项目领导力，则在整个项目生命周期都会涉及。按照这种顺序建立本书框架的好处在于，首先，表明了将以人为本的主题（领导和团队建设）与项目管理中更具分析性和科学性的组成部分直接结合在一起的重要性，项目管理的方法不完全偏重技术或行为，因为这两者是同一问题的两个方面，必须结合起来理解。其次，该结构表明了各章节和项目阶段间的关联性，读者可以在相应的项目阶段关注相应的主题。如图中给出的一些概念就与项目计划阶段直接相关，而同时其他一些概念则在项目后面阶段会变得很重要。理解项目管理的各组成部分和它们之间的正确次序是重要的学习指导。最后，本图直观地突出了本书后面将介绍的主题结构和顺序。

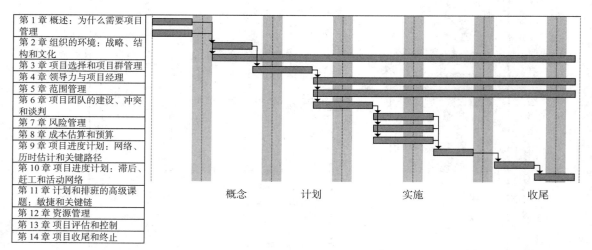

图1-11 本书的结构

项目建立阶段有助于理解什么是项目，以及如何在现代组织中管理项目。作为需要理解的一部分内容，有必要对创建、选择以及实施项目的组织环境进行关注。影响项目成功实施的重要问题包括企业的战略、结构和文化等企业环境问题。这些要素的提出有的是为了支持基于项目的工作，而有的不是。如果是支持基于项目工作的要素，项目的运行就更为容易，并能为组织取得积极的结果。因此，清楚理解组织环境在项目管理中的作用是非常有帮助的。

第 3 章对项目审查和选择的过程进行了分析。通常，组织选择开发项目的方式对项目成功实施和商业盈利的机会有着非常关键的影响。第 4 章从项目领导的角度介绍了项目管理所带来的挑战。项目管理是极度"领导集中"式的工作：项目经理是项目的焦点，职位相当于小型 CEO。项目经理对项目领导能力以及高效项目经理所必需的技巧了解得越多，企业在不同层次开始对项目经理的培训就会越有效。

前面介绍的第 2 个阶段是项目计划阶段。一旦决定实施项目，组织首先需要选择合适的项目经理来监督实施过程。项目经理立刻面临众多责任，包括以下几个。

（1）**选择团队**。团队建设和冲突管理是项目经理面临的第一个挑战。

（2）**制订项目目标和执行计划**。识别项目需求以及制订执行项目的合理计划非常关键。

（3）**实施风险管理活动**。在认真了解项目计划和实施过程中会涉及的风险前，不能进行项目开发。

（4）**成本估算和预算**。由于项目是受资源约束的活动，因此慎重地进行预算和成本估算非常关键。

（5）**进度计划编制**。项目计划的中心是制订清晰、积极且合理的进度计划，进度计划是对项目完成最有效的过程的描述。

（6）**管理资源**。项目计划的最后一步是仔细管理包括项目团队成员在内的项目资源，使其能够最有效地完成任务。

第 5 章讨论了项目范围管理，并介绍了整个计划的关键特征。"项目范围管理"是总括性的术语，在进行范围管理时需要对整个项目计划过程中许多不同的因素进行考虑。这一章详细说明了各种制订进度计划的不同方法，并介绍了使项目启动应遵循的正确步骤。

第 6 章提出项目经理在建立有效团队和冲突管理的过程中会面临的一些行为挑战，同时也考虑了有效人力资源管理中的另一个重要组成部分：建立和保持高绩效的团队。有效建立和培养团队成员（通常是来自不同背景的人员）是一个持续的过程，也是一项艰巨的任务，需要慎重考虑。冲突发生的形式很多，不仅团队成员之间会发生冲突，团队与项目干系人之间也会发生冲突，如高级经理与客户之间。本章还识别了冲突发生的几种主要原因，并提出了冲突的各种解决方案。

第 7 章涉及的是项目风险管理。近年来，很多企业希望尽可能保证项目选择是正确的，能考虑到所有的风险和不足，并提前制订好适当的应急计划，项目风险管理对这些企业来说已经变得越来越重要了。第 8 章包括预算和成本估算。因为项目经理和团队既要遵守绩效标准，也要考虑成本控制标准，因此了解成本估算和预算的关键特性是很重要的。

第 9 章和第 10 章着重介绍进度计划编制方法，这些方法是项目管理的关键特征。这两章对各种制订项目进度计划的工具进行了深入分析，讨论了制订项目进度计划的主要软件，并介绍了近期在这方面取得的一些突破性研究成果。第 11 章介绍了项目进度计划编制的一些重要近期发展，阐述了敏捷项目规划方法以及关键链项目进度计划编制的开发和应用。

第 12 章讲述的是资源配置所带来的挑战。在识别各种项目活动后，必须确保每项活动都有适当的资源来支持它们。

项目管理的第 3 个阶段是实施，也是最容易理解的阶段，在这个阶段项目的实际"工作"开始执行。比如，工程师和其他技术专家确定完成整个项目所必需的一系列任务，包括个人任务职责，每个任务都是由项目经理和团队管理，以确保不会有任何延误致使项目超出进度计划。第 13 章主要介绍项目的控制和评估。在实施阶段，如果不采取实际可行的具体措施来构建跟踪和控制项目的清晰方法，那么可能会出现很多关于项目状态的不确定性。

最后，项目收尾阶段反映了项目是组织中独特的一次性努力，有着明确的开始和结束。停止项目或者是因为项目不再可行而需要终止，或者是原先计划的结束步骤，不管是哪种原因，项目收尾阶段都会有其自身的困难和挑战，许多流程的开发也是为了保证这个过程能更加平稳和合理。第 14 章讨论了项目终止的因素，在这个阶段项目结束，资源（包括资金和人力）重新进行分配。

本书的目的是帮助培养新一代高效的项目经理人。通过研究项目经理的各种职责和他们面临的机遇及挑战，为更好地理解项目管理提供了综合全面的方法，这种方法对各种层次的战略、项目经理会面对的技术行为挑战以及其职责进行了研究。

在后面的相关章节，本书还设计了一系列活动来帮助学生制订综合项目计划。完成了项目管理的课程后，学生可以学到很多关于实际项目管理步骤的知识，包括创建项目、制订计划、监督项目工作等。对于未来的项目经理来说，学习必要的技能来将项目管理理论转化为成功的实践是非常必要的，遵循着这样的目标，本书同时也设计了一系列的练习题来帮助教师和学生制订全面的项目计划，这些练习题涉及制订项目计划的整个过程，包括叙述、风险分析、工作分解结构、活动估算以及绘制网络图、资源平衡和编制项目预算等。为了对现实环境中的这些过程有一个更好的理解，本书在后面的章节还包括了一系列假定的问题。在课程结束时，学生应该可以创建综合性的项目管理文档，详细描述将项目计划付诸实施并完成的必要步骤。

作为提供案例的模板，本书假定了一个 ABCups 公司，该公司打算启动一个重大项目，章末的练习，包括进度计划编制、预算、风险管理等，很多都要以 ABCups 公司的案例作为模型。使用这种方式，学生在逐渐建立他们的项目计划时既可以将其作为挑战，也可以将其作为产生自己的项目交付成果的范本。

许多软件包可用于计划和跟进项目的当前状态。其中有些软件（比如，SAP 和 Oracle 的产品）非常庞大且复杂，可以将项目管理的功能和公司的其他关键生产运作连接起来。其他的桌面软件更容易获得，对于有兴趣提高自身项目管理技术的普通新手而言，这些软件也更容易理解。本书使用的案例全部来自于 Microsoft Project 2013，包括屏幕截图，旨在于说明如何使用 MSP 2013 进行各种各样的项目计划和跟踪。此外，在本书末尾的附录中，我们提供了一些简单的教程，让读者了解软件的工作原理以及它提供的一些特性。作为学习软件功能的一种方法，这只是一个开始。对于那些致力于充分学习某种项目管理进度计划编制软件的人来说，我建议你选择其他软件，一旦选定了软件，那么接下来你需要的是一本完整的培训手册。

本书还有一个特点，就是将普遍讨论的概念和美国项目管理协会（PMI）的项目管理知识体系（PMBoK）中的概念联系起来。作为世界领先的项目管理专业组织，拥有近50万成员的项目管理协会一直致力于将项目管理标准化，并将在该领域内获得成功的必要技能进行编纂整理。第5版的项目管理知识体系将项目管理技能和活动分为10个关键"知识领域"，所有的项目管理从业者必须掌握这些领域涉及的知识。划分的知识领域如图1-12所示，这些领域对项目管理过程进行了概括。尽管作者写作本书的目的并不是为专业资格考试提供初级读本，而是希望读者能通过阅读认识到本书中所描述的技能都可以直接应用于专业的项目管理领域，但学生会发现本书和项目管理知识体系有一些直接的关联。首先，关键术语和定义来自更新的第5版项目管理知识体系术语表（书末附录中）。其次，章节导读也参考了PMBoK，本书将依次说明。读者将看到每一章既增加了项目管理的知识，又与PMBoK的各部分紧密联系。最后，很多章末的习题和互联网参考文献需要直接登录项目管理协会的网站与其取得直接联系。

图1-12　项目管理协会的项目管理知识体系中的知识领域

资料来源：Project Management Institute. (2013). *A Guide to the Project Management Body of Knowledge (PMBoK Guide)*, 5th ed. Project Management Institute, Inc. Copyright and all rights reserved. Material from this publication has been reproduced with the permission of PMI.

本书还提供了部分项目管理职业认证的考试样题，用于测试学生对 PMBoK 的掌握程度。约 20 年前，项目管理协会建立了项目管理职业认证体系，用于对具有专业知识管理经验的项目经理进行资格认证。项目管理职业认证代表了职业项目经理资格的最高水平，它要求对 PMBok 中的 9 个项目管理知识领域有深刻的理解。如今，全世界已经有超过 60 万名的项目专业人士获得了项目管理职业认证，而这个数字每年都保持稳定增长。本书在每章的结尾都提供了部分项目管理职业认证的考试样题，使学生有机会测试自身对课程的掌握程度，熟悉项目管理职业认证考试的形式，以及了解掌握这些内容还需要进行哪些额外的学习。

本书为刚开始掌握项目管理新技能的学生提供了机会，这些技能在全球现代企业中变得越来越有价值。项目经理代表了新式企业精英：一群熟练掌握技能的人，他们可以将日常混乱的局面有序化，为组织创造更多的利润，并在项目管理过程中提高自身的价值。在了解这些目标后，读者就可以进行本书的学习了。[34]

小结

1. **了解项目管理为何在企业中的地位越来越强大和普及**。项目管理为组织提供了很多实际的竞争优势，包括对市场的反应能力和有效使用组织资源的能力、取得技术突破的能力、提高新产品开发效率的能力、管理来自商业环境挑战的能力等。

2. **认识项目的基本特征，包括其定义**。项目是为完成新产品或新服务所做的一次性努力。项目的关键特点是：复杂性和一次性；在预算、进度和资源方面受到约束；其开发是为了完成一个或一组明确的目标；以客户为导向。

3. **理解为什么有效的项目管理是一个挑战**。项目是在常规组织流程之外进行的操作，代表职能组织部门完成的工作。由于项目的唯一性，因此需要不同的理解；项目是一次性的，要在限定的时间范围内完成明确的目标。项目是在明确的生命周期内的一次性努力。项目是设计和执行组织战略的基础，为变更管理提供了方法和策略。项目管理是一个挑战的另一个原因在于项目管理需要跨越职能和组织边界，同时还要设法满足时间、预算、功能以及客户满意等多个约束。

4. **区分项目管理和传统的以流程为导向的商业职能**。比较典型的项目涉及有一个或一组限定目标的新流程或新产品构想。项目是有着特定开始和结束的一次性活动，并由来自组织内不同部门的成员组成项目团队。项目在变化和不确定的条件下运作，但不以常规的组织渠道来实施，为了实现项目目标，在需要的时候，项目是为了改变现状、打破已有惯例做准备的。以流程为导向的职能僵化地遵守组织规则、沟通渠道和流程，职能部门的人员属于同质人群，用完全确定的系统和程序从事各种活动，他们代表了用于巩固组织现状的已有的操作惯例。

5. **识别促使企业采用项目管理的关键因素**。促进企业实施项目管理的关键驱动因素包括：①缩短项目生命周期；②缩短产品投放时限；③产品的复杂性和技术性越来越强；④全球市场的发展；⑤低通货膨胀的市场经济周期。

6. **理解并解释项目生命周期、项目各阶段以及每个阶段的典型活动**。项目生命周期将项目活动与时间联系起来，它是指项目发展的阶段。描述项目生命周期的各阶段一般包括：①概念，②计划，③实施，④收尾。各阶段会发生各种各样的活动，比如，在概念阶段，要确定项目的基本任务和范围，并指定支持项目开发的项目关键干系人。在计划阶段，要确定各种项目的计划和进度来指导开发过程。在实施阶段，要完成项目的主要工作。最后，在收尾阶段完成项目。项目工作都完成后，将项目交付给客户。

7. **理解项目"成功"的概念，包括各种成功的定义，如三约束模型及其他的项目成功模型**。项目成功起初以三约束模型为基础，即：如果项目完成并满足进度、预算和功能三约束就认为项目是成功的。但此模型忽略了客户的需求。更准确地说，项目成功应包含四个约束，除了进度约束、预算约束和项目质量（功能）等基本的项目测量标准以外，还应包括客户对最终产品的满意度。IT项目成功模型使用的测量标准包括：①系统质量；②信息质量；③使用；④用户满意度；⑤个人影响；⑥组织影响。

8. **理解项目管理成熟度模型的目的和组织中基准比较的过程**。要想和成功进行项目管理的企业所采用的最佳实施过程进行基准比较，就需要借助项目管理成熟度模型。根据项目管理成熟度模型，可以识别不同的组织当前处在项目管理实施级别中的哪一级。基准比较的目的是为了对单个企业在一段时间内交付项目的改进过程进行系统的管理。随着企业进行项目管理实践，成熟度模型通过不断递增的项目管理专业水平为企业提供了多级发展的过程。

9. **识别组织在熟练使用项目管理技术前所要经历的相关成熟阶段**。项目成熟度模型有很多，最常用的几个模型都有一些相同的关键特点。比如，大多数模型开始就假定组织单纯为特定目的而启动项目，而对整体共享知识和程序涉及甚少。当企业进行到中间步骤时，就开始启动项目管理过程，这些过程将项目管理技术和文化分散于整个企业中。最终，直到成熟度模型的最后阶段，企业已经不再是简单地学习项目管理技术了，而是在改进、提高和巩固项目管理方法体系上不断进行努力。

讨论题

1.1 项目管理在现代商业中变得如此流行的主要原因有哪些？

1.2 你所了解的大多数组织在引入项目管理方法时遇到的主要挑战是什么？也就是为什么很多公司很难将已有的方法转变为基于项目的方法？

1.3 使用项目管理的优缺点是什么？

1.4 所有项目共有的关键特点是什么？

1.5 描述项目生命周期的基本要素，为什么理解项目生命周期与理解项目相关？

1.6 想一想你熟悉的成功的项目和失败的项目，从开发项目的过程和项目的结果来分析两者之间的区别。

1.7 考虑本章结尾的迪士尼珠峰探险案例：迪士尼开发新游乐项目的方法有哪些方面让你觉得印象深刻？像迪士尼这样的企业如何能既高效又顺利地完成具有创造性的项目？在本案例中，指导其开发过程的原则是什么？

1.8 考虑成功IT项目管理的六个准则，IT项目的成功评价为何如此困难？举例说明哪些因素比其他因素更加重要。

1.9 当企业希望在管理项目方面做得更好时，通常会与同行业中其他企业进行基准比较。讨论基准比较的概念，它的目标是什么？如何进行基准比较？

1.10 解释项目管理成熟度模型的概念，并说明它有什么作用？

1.11 比较表 1-3 中 4 种项目管理成熟度模型，你认为每个模型的优势和劣势各是什么？

案例分析 1-1

米格科技有限公司

米格科技有限公司（MegaTech, Inc）是设计和制造汽车零部件的公司。多年来公司拥有稳定的市场份额，拥有少量但忠诚的顾客群和比较看好的发展环境。尽管年销售额增长较慢，但近年来也突破了 3 亿美元。米格科技的产品因其几乎不需要更新或每年重新设计而大受欢迎。市场的稳定性，加上产品的一致性，使得米格科技年需求预测非常准确，能依赖产品投放期较长的生产过程，并可以专注于内部效率。

随着北美自由贸易协定（NAFTA）和其他国际贸易条款的出现，米格科技感觉到了来自世界上不同国家的其他汽车配件供应商的竞争。公司面临着之前没有经历过的状况：必须以客户为中心并更快向市场提供新产品。面对这些巨大的商业挑战，几年前米格科技的高层决定将公司变革为基于项目的组织。

尽管这个转变很艰难，但公司也从中获得了很大的收益。例如，高级管理层决定产品更新频率必须更快，要达到这个目标意味着每年要重新设计，并使用新技术，也就是说，要在企业操作方面做出创新性的改变。为了实现上述调整并保持市场竞争优势，公司成立了专门的项目团队，该团队成员来自公司各条产品线。

同时，米格科技还想要保持其内部操作的效率。因此项目团队引入新产品时必须严格控制成本和时间进度。最后公司精心组建了研发团队，负责寻找技术变革的道路使公司在 5～10 年内沿着这条道路走下去。如今米格科技的项目运作团队不仅要管理当前产品线，还要通过应用研究寻求长期盈利。

米格科技已经找到了应对项目管理挑战的策略。首先，员工在重新考虑其分配时间和资源的方式。另外，虽然企业新项目的成功率仍然低于项目管理层期望的目标，但高级管理层认为，项目管理带来了挑战，也为企业带来了在全球竞争环境中超越竞争者所必需的竞争优势。米格科技的一位主管认为："项目管理绝不是取得成功的法宝，但是它让我们开始思考应该如何操作，结果就是我们正在用更快的方式去做更明智的事情。"

问题

1. 项目管理给米格公司带来的行业竞争优势是什么？

2. 在本例中，引导企业相信项目管理会改善其运作过程的市场因素有哪些？

案例分析 1-2

汉姆林医院的信息技术部门

汉姆林医院（Hamelin Hospital）是美国东北地区的一家大型医院（有 700 张床位）。医院信息技术（IT）部门有员工 75 人，经营预算逾 3 500 万美元。部门主要负责管理的项目有 30～40 个，项目规模从小型到超大型都有，小型项目如重新设计计算机界面，超大型项目如历时超过 1 年耗资几百万美元的开发型项目。汉姆林的 IT 部门逐渐壮大，反映了医院正在逐渐扩大其信息存储量并提高操作能力。IT 部门的两个主要职能是开发新的软件应用系统和维修当前的信息系统。项目管理是部门的日常工作。

IT 部门的职位主要分为 5 类：①服务技术员；②程序员；③高级程序员；④系统分析员；⑤项目经理。服务技术员主要解决计算机系统用户的咨询和其他大量的问题。很多新聘的员工都是从服务技术员做起，可以逐渐熟练使用系统，熟悉各种问题，能够理解用户的困惑并帮助用户解决问题，理解 IT 部门如何影响医院的运营。随着个人职位逐渐上升，他们就会加入项目团队，成为程序员或系统分析员。最后，由 5 个项目经理监督项目使其不断更新。此外，新项目的工作量总是在增加。团队员工完成了一项任务后马上转到另一项任务。典型的 IT 职员要参加处于不同阶段的 7 个项目。

汉姆林医院的项目管理系统很受推崇。它为扩展医院的信息技术能力充当了先锋，因此有助于医院相对其他地区性医院获得竞争优势。最近汉姆林医院开始以免费的形式"出租" IT 服务，包括进行信息的记录和管理，以及提供订单输入系统等服务，从而与需要 IT 支持的医院竞争。无疑，这样做的结果是大大改善了医院的盈亏底线：当越来越多的卫生保健组织认识到螺旋式上升的成本造成的影响时，汉姆林医院的 IT 部门已经协助医院保持持续的预算增长，扩充人员，扩大项目规模并追踪记录成功的项目。

问题

1. 招聘新员工担任服务技术员职位有何优缺点？
2. 要求项目团队成员同时参与多个项目有什么潜在问题？潜在优势有哪些？
3. 哪些现象表明"项目经理"在部门中居于最高职位？

案例分析 1-3

迪士尼珠峰探险

迪士尼世界度假胜地最新开发的刺激之旅令人印象深刻。在迪士尼 50 周年之际，迪士尼打算用一种独特的方式进行庆祝，即建立一个主题公园，从多个方面将迪士尼灿烂的过去和光明的未来连接起来。迪士尼已经准备全力以赴完成整个项目。

2006 年，迪士尼公司在佛罗里达州的纳维斯塔湖的迪士尼动物王国引入了珠峰探险项目。珠峰探险不只是一个过山车，它还体现了迪士尼精神——一种充满迪士尼式乐趣的旅行。旅行中会有意想不到的迂回曲折、令人难以想象的细节以及使人印象深刻的项目管理技巧。

  首先,让我们大家来看看珠峰探险项目的一些技术细节。

  旅途中包含了由迪士尼幻想家们设计的18座将近200英尺的高峰。

  该旅途含有将近1英里的轨道,包括了翻转、急转弯和陡降。

  迪士尼团队创造了一个全身长毛、形象逼真的大雪人。雪人的动作由液压系统提供动力进行操控,其中液压缸的推力相当于波音747客机。通过一系列的草图设计、电脑绘图、雕塑成形以及超过2年的测试,迪士尼建造了这个10英尺⊖高的雪人,并把它作为整个旅途中的一个重点。

  团队在沿途种植超过900种竹子、10种树木以及110种灌木,以此来营造喜马拉雅低地的感觉。

  建造这座雄伟的山峰要消耗1 800多吨钢铁,山峰外观使用了3 000多张预制"芯片",这些芯片由25 000个独立的铁板(由电脑建模形成)组成。

  团队将迪士尼村庄和沿途的假山作为整个旅途的背景,这些背景的配色使用了约2 000加仑⊜的染剂和颜料。

  来自亚洲的2 000多种手工艺品被用来制作小道具、家具以及建筑装饰等。

  对于迪士尼的幻想家来说,建造一个具有吸引力的娱乐项目是相当耗时耗力的。珠峰探险的开发就耗时多年,这是因为迪士尼多次派出团队,其中包括创意执行长乔·罗德,数次前往尼泊尔喜马拉雅实地调研当地的人文风情、建筑特点及生态环境,这些都是为了建造一个最真实的乐园。迪士尼的期望远远不只提供一次世界级别的旅行经历那么简单。他们展示了幻想家们讲述故事的渴望——这是一个关于住在世界最高山峰之下的尼泊尔人的独特历史故事,融合了雪人的神话。从背景与主题元素的设计,到项目的最终建成共耗时5年。

  游客们在珠峰探险的旅途中,能够深刻体会到迪士尼所付出的巨大努力。游客们的冒险旅程是从进入一个叫作"喜马拉雅逃亡"的旅行公司开始的。游客们从Norbu和Bob售票处获得旅行许可证,走出售票处,游客们可以看到尼泊尔寺庙的经幡旗在他们头顶随风摆动。随后,他们将会到扎西的百货商店,采购他们旅途中需要的各种物品。最后,游客们将穿过一个旧的茶叶仓库,这个仓库同时也是一个博物馆,陈列了大量尼泊尔史前古器物,这些古器物向游客们述说着尼泊尔的文化、喜马拉雅山的历史以及居住在珠峰之上的雪人的传说。参观完博物馆,游客们终于可以登上开往山峰的火车了,每一辆火车都是模仿20世纪的蒸汽机火车,限乘34人。

  接下来的几分钟,游客们将坐着过山车行驶在蜿蜒曲折的轨道上,直到与雪人邂逅。此时,一个非常刺激的场面出现了:火车像失去控制一样开始后退,在到达山顶后再以50英里/小时的速度冲下山,结束这场惊险刺激的旅行。之后,游客们安全回到尼泊尔村。

  在迪士尼,类似于珠峰探险这样的项目,都会编制详细的项目计划和预算。创造性是迪士尼开展新项目的关键因素,不少参与迪士尼项目的人员都是世界上出色的艺术家或者电脑动画专家。迪士尼所采用的技术常常令人印象深刻,但是我们应该看到,它每实施一个新项目都包括其对

  ⊖ 1英尺=0.304 8米。

  ⊜ 1英加仑=4.546 09立方分米,1美加仑=3.785 41立方分米。

基本业务的理解,包括市场预算、成本控制以及认真的项目管理。新景点的提议一般需要经过仔细筛选和研究,才能造就世界上最刺激最好玩的游乐项目。迪士尼很少在它们的主题公园内加入新元素,但是一旦决定加入,它们就会秉持风格,勇往直前!

问题

1. 假设你是迪士尼的一名项目经理。根据该案例提供的信息,你认为在设计新项目时,公司采用的成功关键标准是什么?换而言之,就项目成本、进度计划、质量以及顾客接受等需求问题的解决,你会如何进行排序?哪些证据可以支持你的观点?

2. 为什么迪士尼着重描述旅途的特殊性?公司是如何运用案例中描述的"氛围"来最大化用户体验,同时降低顾客对长时间等待的抱怨?

案例分析 1-4

智利矿工的救援

2010年10月13日,伴随着雷鸣般的掌声与"智利,万岁!"的欢呼声,工头路易斯·乌尔苏亚踏出了救生舱。至此,33名受困矿工全部获救,在此之前,他们已经在2 000英尺的地下被困70余天。一场灾难性的坍塌将矿工们困在了矿井底层,与地面失去联系,生死未卜,对这些矿工的救援过程充满勇气和智慧,堪称近年来最成功的项目之一。

智利北部的圣何塞金铜矿靠近科皮亚克,2010年8月5日,当矿工们正在紧张工作时,突然地动山摇,大面积的矿井通道开始坍塌,33名矿工被困井下。尽管生命安全暂时不受威胁,但他们被困于地下半英里,没有电,食物也仅能维持两天。更糟糕的是,他们无法和地面进行通信,对公司和家人而言,他们依然生死未卜。在这种情况下,他们的主要目标就是生存,依靠贫乏的食物度过17天后,他们终于迎来了第一个钻探,隧道顶部被钻出一个洞口。被困矿工们与地面取得了联系,并提供了他们近况的详细信息,随即,一场大型救援活动拉开帷幕。

救援的第一项挑战就是维持矿工们的生存。通过狭窄的通信通道运输下去的补给物资,包括大量的食品、水、氧气、药品、衣物、生活必需品以及帮助矿工们打发时间的物品。几组工作人员每天与矿工们保持联系,振作他们的精神,并将来自家人的信息传递给矿工,与此同时,其他的项目组开始研究援救计划。

援救形势严峻,急需解决的实际问题有:

(1) 如何定位被困矿工?

(2) 多久才能打通至被困位置的竖井?

(3) 如何将矿工安全带上地面?

矿井隧道在塌方中受到严重破坏,将矿工们救出可能需要几个月时间,只有开展全面的救援行动才可能尽快救出他们。莱恩·克里斯坦森公司下属的美智联合博伊尔斯兄弟地质技术公司从世界各地调来关键资源。在宾夕法尼亚西部,两家曾参与南美地区矿井坍塌事件救援的公司加入该项目。他们委托联合包裹服务(UPS)运来一台专业钻孔机,该钻孔机可钻出直径较宽的井筒,能让人从中通过而不会坍塌。钻孔机48小时之内就被免费送到了目的地。UPS总计共运送了超过50 000磅的专业设备至钻孔及救援地点。救援舱的设计来自美国航空航天局（NASA）工程师——克林顿·克拉格，他利用自己前海军潜艇舰长的经验，带领有20名成员的小组设计并开发了一套方案，可以每次将一名矿工运送至地面。

来自NASA的医生和美国潜艇专家在8月中旬到达矿区，他们负责对矿工的心理状态进行评估，并制定措施疏解由于身体长期隔离而引发的心理压力。这些医生和专家与当地官员一同为工人们设计了一套健身计划与活动安排，目的是让矿工们感受到救援的条理性从而振作起来。矿工们知道救援活动正在组织中，但对救援行动成功展开所面临的技术难题一无所知。通过最初钻开的通信通道，矿工们与地面建立了紧密联系，并且开始收到消息、了解地面的情况更新以及用一些物品来打发枯燥的等待时间。

美国同样也派出了一名临时召回的专业钻探工——杰夫·哈特（Jeff Hart），他曾在阿富汗通过操控专业钻探设备，帮助美军在前方作战基地寻找水源。这名40岁的钻探工连续工作了33天，克服了一系列困难，终于找到被困在矿井底下的工人们。总共有3个钻井平台从不同方向开凿救援竖井。直至9月17日，哈特的钻孔机（被称为"计划B"）到达了矿工所处的位置，此时钻孔直径只有5英寸，又耗费了数周时间，才通过逐渐加宽的钻头将救援竖井扩大到直径25英寸（这是救生舱可以顺利通过的必要宽度）。救援组对这个速度还是非常满意的。在采矿专业人士的特殊技能的帮助之下，这阶段操作耗费的时间大约比专家们预计的时间缩短了两个多月。

被命名为凤凰号的第一个救生舱，在9月23日到达事发地点，另外两个救生舱还在建造，并于两周内运到当地。凤凰号救生舱被设计成柱形圆管，有13英尺长，内部宽度为22英寸⊖，重达924磅⊜，装备有氧气、保持乘客直立的安全带、通信设备以及可伸缩的滑轮。救生舱的设计思路是舱体要足够窄，可以顺利通过救援竖井进入地下，同时，其宽度又要足够容纳一个人，从而将其带回地面。在最终准备完成前，为保证33名矿工都能够进入凤凰号，他们需要摄入特制的液体食物，同时进行身体锻炼。

最终，在经历大量测试之后，地面救援组认为竖井通道足够安全，可以支撑救援行动，于是将第一个凤凰号救生舱放入洞中。连续两个来回之后，救生舱将一名护理人员和一名救援专家送入地下，他们志愿进入井中开展矿工救援运输的协调工作。10月13日的午夜，在救生舱中度过15分钟旅程的第一名矿工被成功救出。约22小时之后，值班经理乌尔苏亚被带出矿井，这场紧张的救援成功结束。

智利矿工的救援活动是近年来最为成功的应急项目之一，它凸显了人们在人道主义领域的协同工作、资源安排、支持寻求以及创新技术使用方面的能力，让全世界铭记了这次经历。总结起来，在行动中需要克服的挑战是非常严峻的：第一，寻找幸存者，并与之保持联系是最大的技术难题；第二，设计安全解救被困人员的方案；第三，采取特殊措施确保矿工们的身体和精神健康；第四，需要所有成员研发从未使用过的最新技术。面对这些挑战，

⊖ 1英寸=0.025 4米。

⊜ 1磅=0.453 592 37千克。

救援组向人们展现了奇迹,让33名被困矿工回到亲人身边。11月7日,救援结束后的1个月,其中一名矿工,爱迪生·佩尼亚实现了自己的梦想:参加并完成了纽约市马拉松大赛。对于刚刚在地下半英里深处度过了两个多月的人来说,这确实是一个相当了不起的成就! 35

问题

1. 关于项目管理在现代世界中的多种用途,这则智利矿工的援救故事给了你什么启示?

2. 成功的项目管理需要明确的组织、仔细的计划和良好的执行。在这个救援案例中,这些特征是如何体现的?

网上练习

1.1 全球最大的专业项目管理组织是项目管理协会(PMI)。访问网站 www.pmi.org,考察你找到的链接。网站上的哪些链接表明项目管理是公司取得成功的先进、关键要素?至少选择3个相关链接并简要描述这些链接的内容。

1.2 访问PMI网站,考察"成员"(Membership)这个链接。在PMI相关的各章和合作组织间的导航条中,你有什么发现?这些信息如何让你重新考虑项目经理这种职业选择?

1.3 输入网址 www.pmi.org/Business-Solutions/OPM3-case-study-library.aspx,查看结果中的部分案例。这些案例指出进行成功的项目管理会遇到哪些挑战?当今的项目到底有多复杂?项目给了我们哪些振奋人心的突破和机会?

1.4 到你最喜欢的搜索引擎上(如谷歌、雅虎等)输入关键词:"项目"(project),"项目管理"(project management)。随机访问搜索结果中的3个链接。简要概述你的发现。

1.5 访问卡耐基梅隆大学软件工程协会的网站,从以下网址 https://resources.sei.cmu.edu/asset_files/SpecialReport/1994_003_001_16265.pdf 获得软件过程成熟度调查问卷。IT企业在评价其项目管理成熟度时要考虑的问题是哪些?

项目管理职业认证考试样题

1. 项目预算主要用于:
   a. 项目计划编制。
   b. 项目计划执行。
   c. 项目收尾。
   d. 项目沟通。
2. 以下哪项符合项目三约束的重要性排序?
   a. 时间,成本,质量。
   b. 质量,预算,时间。
   c. 范围最重要。
   d. 如无其他特殊情况,三者的重要性相同。
3. 下面哪项最符合对项目干系人的描述?
   a. 团队成员。
   b. 项目经理。
   c. 项目会影响到其工作领域的人。
   d. 以上都是。
4. 以下不属于项目定义所包含的内容的选项是:
   a. 项目受到时间约束。

b. 项目是独特的。

c. 项目由彼此不相关的活动组成。

d. 项目是为了达成一定的目的。

5. 以下不是项目区别于一般流程活动特点的选项是：

a. 项目和流程管理没有区别。

b. 项目管理具有更高的绩效、成本以及进度的确定性。

c. 流程管理在组织之外执行。

d. 以上都不对。

答案：

1. b。项目预算主要用于项目的执行阶段。
2. d。在没有其他特殊情况下，三约束模型中的所有元素同等重要。
3. d。所有的例子都属于项目干系人。
4. c。项目是由"彼此相关"的活动组成的。
5. d。以上所有的选项都没有正确区分"流程"管理和"项目"管理。

注释

1. Valery, Paul, quoted in "Extreme chaos" (Boston: Standish Group International, 2001).
2. Duthiers, V., and Kermeliotis, T. (2012, August 22). "Lagos of the future: Megacity's ambitious plans." *CNN*. http://edition.cnn.com/2012/08/22/business/lagos-urbanization-regeneration-infrastructure/; Walt, V. (2014, June 30). "Africa's Big Apple," *Fortune*, pp. 92–94; Ogunbiyi, T. (2014, February 6). "On Lagos' investment in infrastructure development," *Business Day*. http://businessdayonline.com/2014/02/on-lagos-investment-in-infrastructure-development/#.U6hKwPldV8E; Joy, O. (2013, October 10). "Tech cities and mega dams: Africa's giant infrastructure projects," *CNN*. http://edition.cnn.com/2013/10/10/business/tech-cities-dams-africa-infrastructure/; Curnow, R. and Kermeliotis, T. (2012, April 5). "The daily grind of commuting in Africa's economic hubs," *CNN*. http://edition.cnn.com/2012/04/05/world/africa/commuting-africa/index.html?iref=allsearch
3. Peters, Thomas. (1994). *Liberation Management: Necessary Disorganization for the Nanosecond Nineties*. New York: Fawcett Books.
4. Stewart, Thomas H. (1995). "The corporate jungle spawns a new species," *Fortune*, July 10, pp. 179–80.
5. Gilbreath, Robert D. (1988). "Working with pulses not streams: Using projects to capture opportunity," in Cleland, D., and King, W. (Eds.), *Project Management Handbook*. New York: Van Nostrand Reinhold, pp. 3–15.
6. Buchanan, D. A., and Boddy, D. (1992). *The Expertise of the Change Agent: Public Performance and Backstage Activity*. London: Prentice Hall.
7. Frame, J. D. (1995). *Managing Projects in Organizations*, 2nd ed. San Francisco, CA: Jossey-Bass. See also Frame, J. D. (2002). *The New Project Management*, 2nd ed. San Francisco, CA: Jossey-Bass.
8. Kerzner, H. (2003). *Project Management*, 8th ed. New York: Wiley.
9. Field, M., and Keller, L. (1998). *Project Management*. London: The Open University.
10. Project Management Institute. (2013). *A Guide to the Project Management Body of Knowledge*, 5th ed. Newtown Square, PA: PMI.
11. Cleland, D. I. (2001). "The discipline of project management," in Knutson, J. (Ed.), *Project Management for Business Professionals*. New York: Wiley, pp. 3–22.
12. Lundin, R. A., and Soderholm, A. (1995). "A theory of the temporary organization," *Scandinavian Journal of Management*, 11(4): 437–55.
13. Graham, R. J. (1992). "A survival guide for the accidental project manager." *Proceedings of the Annual Project Management Institute Symposium*. Drexel Hill, PA: Project Management Institute, pp. 355–61.
14. Sources: http://macs.about.com/b/a/087641.htm; Mossberg, W. S. (2004). "The music man," *Wall Street Journal*, June 14, p. B1. Project Management Institute, Sohmen, Victor. "Project termination: Why the delay?" PMI Research Conference. Proceedings, p. 467–475. Paper presented at PMI Research Conference. Project Management Institute, Inc (2002). Copyright and all rights reserved. Material from this publication has been reproduced with the permission of PMI.
15. Pinto, J. K., and Millet, I. (1999). *Successful Information Systems Implementation: The Human Side*, 2nd ed. Newtown Square, PA: PMI.
16. Kapur, G. K. (1998). "Don't look back to create the future." Presentation at the Frontiers of Project Management Conference, Boston, MA.
17. Ted Ritter (2007, May 17). Public sector IT projects have only 30% success rate - CIO for Department for Work and Pensions. Retrieved from: http://www.computerweekly.com/blogs/public-sector/2007/05/public-sector-it-projects-have.html
18. Clausing, J., and Daly M. (2013, September 14). "US nuclear agency faulted for laxity and overspending," *Boston Globe*. www.bostonglobe.com/news/nation/2013/09/13/nation-bloated-nuclear-spending-comes-under-fire/O2uP7gv06vTAEw0AIcCIIL/story.html
19. "How to establish an organizational culture that promotes projects," www.bia.ca/articles/HowToEstablishaProjectManagementCulture.htm; Standish Group. (2006). *The Trends in IT Value* report; Standish Group. (2013). *Chaos Manifesto 2013*. Boston, MA.
20. Kelley, M. (2008, November 18). "$600M spent on canceled contracts," *USA Today*, p. 1; Francis, D. (2014, June 12). "How squandered U.S. money fuels Iraqi insurgents," *Fiscal Times*. www.thefiscaltimes.com/Articles/2014/06/12/How-Squandered-US-Money-Fuels-Iraq-s-Insurgents; Mulrine, A. (2013, July 12). "Rebuilding Iraq: Final report card on US efforts highlights massive waste," *Christian Science Monitor*. www.csmonitor.com/USA/Military/2013/0712/Rebuilding-Iraq-Final-report-card-on-US-efforts-highlights-massive-waste
21. Cleland, D. I. (1994). *Project Management: Strategic Design and Implementation*. New York: McGraw-Hill; Pinto, J. K., and Rouhiainen, P. (2001). *Building Customer-Based Project*

22. Petroski, H. (1985). *To Engineer Is Human—The Role of Failure in Successful Design.* London: St. Martin's Press.
23. Hewlett, S.(2014, February 3). "BBC's Digital Media Initiative failed because of more than poor oversight," *The Guardian*. www.theguardian.com/media/media-blog/2014/feb/03/bbc-digital-media-initiative-failed-mark-thompson; Conlan, T. (2013, May 24). "BBC axes £98m technology project to avoid 'throwing good money after bad,'"*The Guardian*. www.theguardian.com/media/2013/may/24/bbc-technology-project-digital-media-initiative; Commons Select Committee (2014, April 10). "BBC's Digital Media Initiative a complete failure." www.parliament.uk/business/com-mittees/committees-a-z/commons-select/public-accounts-committee news/bbc-dmi-report-substantive/; BBC. (2013, December 18). "BBC 'not effective' in running failed £100m IT scheme. www.bbc.com/news/entertainment-arts-25433174; Daniel, E., and Ward, J. (2013, June). "BBC's DMI project failure is a warning to all organisations," *Computer Weekly*. www.computerweekly.com/opinion/BBCs-DMI-project-failure-is-a-warning-to-all-organisations
24. Sohmen, Victor. (2002, July). "Project termination: Why the delay?" Paper presented at PMI Research Conference, Seattle, WA.
25. Freeman, M., and Beale, P. (1992). "Measuring project success," *Project Management Journal*, 23(1): 8–17.
26. Morris, P. W. G. (1997).*The Management of Projects.* Thomas Telford: London; McKain, S. (2005). *What Customers Really Want.* Thomas Nelson: Nashville, TN.
27. Shenhar, A. J., Levy, O., and Dvir, D. (1997). "Mapping the dimensions of project success," *Project Management Journal*, 28(2): 5–13.
28. DeLone, W. H., and McLean, E. R. (1992). "Information systems success: The quest for the dependent variable," *Information Systems Research*, 3(1): 60–95; Seddon, P. B. (1997). "A respecification and extension of the DeLone and McLean model of IS success," *Information Systems Research*, 8(3): 249–53; DeLone, W. H., and McLean, E. R. (2003). "The DeLone and McLean model of information system success: A ten-year update," *Journal of Management Information Systems*, 19(4): 9–30.
29. Atkinson, R. (1999). "Project management: Cost, time and quality, two best guesses and a phenomenon, it's time to accept other success criteria,"*International Journal of Project Management*, 17(6): 337–42; Cooke-Davies, T. (2002). "The 'real' success factors on projects," *International Journal of Project Management,* 20(3): 185–90; Olson, D. L. (2001). *Introduction to Information Systems Project Management.* Burr Ridge, IL: Irwin/McGraw-Hill.
30. Pennypacker, J. S., and Grant, K. P. (2003). "Project management maturity: An industry benchmark," *Project Management Journal*, 34(1): 4–11; Ibbs, C. W., and Kwak, Y. H. (1998). "Benchmarking project management organizations," *PMNetwork*, 12(2): 49–53.
31. Reginato, P. E., and Ibbs, C. W. (2002). "Project management as a core competency," *Proceedings of PMI Research Conference 2002*, Slevin, D., Pinto, J., and Cleland, D. (Eds.) *The Frontiers of Project Management Research.* Newtown Square, PA: Project Management Institute, pp. 445–50.
32. Crawford, K. (2002). *Project Management Maturity Model: Providing a Proven Path to Project Management Excellence.* New York: Marcel Dekker; Foti, R. (2002). "Implementing maturity models," *PMNetwork*, 16(9): 39–43; Gareis, R. (2001). "Competencies in the project-oriented organization," in Slevin, D., Cleland, D., and Pinto, J. (Eds.), *The Frontiers of Project Management Research.* Newtown Square, PA: Project Management Institute, pp. 213–24; Gareis, R., and Huemann, M. (2000). "Project management competencies in the project-oriented organization," in Turner, J. R., and Simister, S. J. (Eds.), *The Gower Handbook of Project Management*, 3rd ed. Aldershot, UK: Gower, pp. 709–22; Ibbs, C. W., and Kwak, Y. H. (2000). "Assessing project management maturity," *Project Management Journal*, 31(1) 32–43.
33. Humphrey, W. S. (1988). "Characterizing the software process: A maturity framework," *IEEE Software*, 5(3): 73–79; Carnegie Mellon University. (1995). *The Capability Maturity Model: Guidelines for Improving the Software Process.* Boston, MA: Addison-Wesley; Kerzner, H. (2001). *Strategic Planning for Project Management Using a Project Management Maturity Model.* New York: Wiley; Crawford, J. K. (2002). *Project Management Maturity Model.* New York: Marcel Dekker; Pritchard, C. (1999). *How to Build a Work Breakdown Structure: The Cornerstone of Project Management.* Arlington, VA: ESI International.
34. Jenkins, Robert N. (2005). "A new peak for Disney," *St. Petersburg Times Online*, www.sptimes.com/2005/12/11/news_pf/travel/A_new_peak_for_Disney.
35. www.cnn.com/2010/WORLD/americas/10/15/chile.mine.rescue.recap/index.html; www.cnn.com/2010/OPINION/10/12/gergen.miners/index.html; www.thenewamerican.com/index.php/opinion/samblumenfeld/5140-how-americans-engineered-the-rescue-of-the-chilean-miners

第 2 章

组织的环境：战略、结构和文化

本章目标

学习本章后，你将能够：
1. 了解有效的项目管理是怎样发挥作用以实现战略目标的。
2. 了解公司战略模型的三个组成部分：制定、实施与评价。
3. 认识到识别关键项目干系人并在项目开发环境下管理他们的重要性。
4. 了解组织结构的三种基本形式的优势与不足，以及它们对管理项目的意义。
5. 了解企业怎样将它们的结构变为一个"项目型组织"结构，从而有助于开展有效的项目管理实践。
6. 识别项目管理办公室（PMO）3 种形式的特征。
7. 了解公司文化的关键概念，以及公司文化是如何形成的。
8. 认识到支持性的组织文化对项目管理实施的积极影响，并与那些阻碍项目管理的文化对比。

本章涉及的项目管理知识体系的核心概念

1. 项目采购管理（见 PMBoK12 节）
2. 干系人识别（见 PMBoK13.1 节）
3. 项目干系人管理计划编制（见 PMBoK13.2 节）
4. 干系人参与管理（见 PMBoK13.3 节）
5. 项目管理的组织影响（见 PMBoK 2.1 节）
6. 组织结构（见 PMBoK2.1.3 节）
7. 组织文化与形式（见 PMBoK 2.1.1 节）
8. 企业的环境因素（见 PMBoK 2.1.5 节）

项目导读 2-1

特斯拉的 50 亿美元豪赌

标志性的 Model S"电动运动型汽车"的开发者特斯拉（Tesla）汽车公司近日公布了"超级工厂"（gigafactory）的建造计划，该工厂是为了生产给本公司汽车充电的电池。"超级工厂"的概念由特斯拉创始人埃隆·马斯克（Elon Musk）提出，他声称该工厂将成为全世界最大的电池工厂，会雇用 6 500 名新员工，在建造过程中还会产生数千个辅助工作岗位。马斯克计划建设的工厂占地 1 000 万平方英尺，每年生产的总电池容量达到 35 千兆瓦时。而距离特斯拉最近的竞争者，位于田纳西州的日产电池工厂，仅有 300 名雇员，电池生产能力也只有 4.8 千兆瓦时。致力于建造世界上最大电池工厂，特斯拉（和埃隆·马斯克）孤注一掷地认为电动汽车的需求正在急速增长。在马斯克的计划中，该工厂将在 2017 年开始生产电池，因而 2014 年年底前工厂需要破土动工。

特斯拉的首款车特斯拉 Model S 是一款纯电动的运动型汽车（见图 2-1），它的性能、造型和质量都得到了巨大的关注。Consumer Reports 为该款车给出了有史以来的最高评分 99 分。该款车的售价超过 8 万美元，这将特斯拉 Model S 的目标市场限定在了富裕人群。因此，特斯拉宣布了中档价位汽车 Gen Ⅲ 的计划，该款车型的预计起始售价大约为 3.5 万美元。特斯拉面临的挑战在于降低电池成本，比如，Model S 85 千瓦时的电池组售价超过 2.5 万美元。很明显，为了生产中档价位的汽车，特斯拉必须找到降低电池成本的方法，最初的目标是降低 30% 成本。

图 2-1　特斯拉 Model S 在汽车底部安装扁平电池组的"滑板"（Skateboard）设计
资料来源：Car Culture/Corbis.

因为有着建设如此大规模工厂的承诺，以及该项目将会带来的数千个工作岗位，许多西部州都在积极竞争希望成为该工厂的根据地。亚利桑那、内华达、新墨西哥以及得克萨斯的官员们都提出了税收减免，承诺提供特斯拉在全州范围内开设自己的零售商店的机会，以及其他一系列的激励措施，就是为了争取在自己的州内建设工厂。

然而，并非所有人都对特斯拉计划充满激情，比如，大众汽车的CEO马丁·温特科恩（Martin Winterkorn）近期注意到由于电动汽车在美国市场的缓慢接受率，如今的汽车电池已经供大于求。电动汽车的销量仍然很小，全美市场的占比不足1%。作为奥巴马政府经济刺激政策的一部分，美国政府在新型电动汽车电池工厂的投入已经超过10亿美元，但是现如今那些工厂中的大部分产能仅为15%～20%。许多汽车公司的CEO、电池制造商以及其他的汽车产业相关人士对发展如此缓慢的市场投入巨额资本是否明智表示了担忧。

特斯拉去年的销售量刚刚超过22 400辆，但已经成为全世界最大的锂电池买家。50万辆汽车的销售计划意味着它自身对电池的需求将超过全世界销售出的所有笔记本电脑、手机与平板电脑的需求。为了满足该需求，同时也为了抵消超级工厂计划的部分成本，埃隆·马斯克正在与一些持怀疑态度的潜在合作伙伴进行谈判，包括松下汽车和工业系统子公司，让他们投资该新型超级工厂来生产电池。特斯拉管理层认为他们需要这么一座工厂来确保未来所需的数百万电池的供应，而电池成本降低则来自于规模经济与物流成本的节约。

该大型项目所承担的风险并不仅仅在于技术或需求方面。由于特斯拉对工厂的完成时间表安排得非常紧迫，有人担心在马斯克先生预想的时间范围内完成该工程不太可能。不过，该计划仍可能是可行的，对超级工厂的设想、设计与建造的展望毫无疑问使之成为一个伴随着极大风险的独特机会。[1]

概述

对于成功的项目管理而言，组织的设置十分重要——它的文化、它的结构以及它的策略都是一个不可分割的部分，这些一起构成了项目成功或失败的环境。比如，项目与组织整体战略的联系，对人员配备的关注度以及为项目制定的目标等都是非常关键的。同样，组织的政策、结构、文化与运作系统既能支持与促进项目管理，也可能妨碍有效的项目管理。环境为项目活动实施提供了背景，因此了解决定项目环境的因素，将有助于更好地了解如何进行项目管理。公司与公司之间，影响项目的因素大不相同。

在开始一个项目之前，项目经理与团队必须对组织结构有清晰的了解，因为它与将要完成的项目和任务有紧密的联系。因此要尽可能清晰地确定所有的汇报关系，建立项目运作的规则与流程，识别管理项目团队的所有问题。通用电气以170亿美元收购法国阿尔斯通（Alstom）集团的尝试是一项极其复杂的任务，其中涉及多方面的努力，包括多个业务部门、财务分析以及与阿尔斯通主要干系人保持持续沟通，尤其是与法国政府。作为他们战略的一部分，通用电气必须识别出能够与自己的组织融合的业务组、与通用电气业务无关的单元，并且还需找出一个合乎逻辑的组织结构，以尽可能高效的方式将合并的组织最佳地组合在一起。通用电气吸收了阿尔斯通近85 000名雇员，并且将它的全球业务部门与自身业务相融合，通用电气的这一尝试成为战略收购项目管理的明星案例。

对许多组织来说，项目与项目管理实践不是操作规范。实际上，在第1章中讨论过，在许多组织中，项目并不是那些正式的、基于流程的活动，因此，许多企业没有通过重组来确保项目以及其他企业活动的顺利完成。关键的问题是发现如何以最好的方式管理项目，而不论企业采取的是何种组织形式。各种组织结构的优缺点是什么？它们对项目管理有什么影响？本章将分析组织文化的概念、根源以及对有效项目管理的影响。通过仔细考察对项目管理最重要的 3 个环境问题——战略、组织结构与文化，读者将能看到不同的组织结构如何给企业项目管理带来正面或负面的影响。

2.1 项目与组织战略

战略管理（strategic management）是一门科学，它研究制定、实施与评价跨职能部门的决策，使得企业更好地达成**组织目标**（objectives）。[2] 本节在讨论项目管理时，将考虑这个定义的相关组成部分。战略管理包括以下部分。

（1）**制定愿景说明和任务说明**。对愿景和任务的说明描述了在未来的某一点上，组织或高层管理者所希望完成的任务。愿景说明描述了组织未来的发展方向。有效的愿景说明不仅鼓舞人心，还充满抱负。组织成员会发现自己被各种矛盾的需求拉向不同方向，因此企业愿景应该成为他们关注的焦点，在面对各种期望甚至是矛盾的努力方向时，最终的愿景能够充当"裁判"，这对于建立优先权来说是非常有好处的。愿景还是动机与目标极其重要的来源。正如谚语所说，"没有愿景，人们将消亡"。[3] 任务说明解释了公司存在的理由，并为愿景提供支持。许多企业应用愿景与任务作为首要的过滤方法来评价新的项目机会。例如，贝克特尔（Bechtel）公司是一家大型建筑企业，它的愿景是"成为全球杰出的工程、建筑与项目管理公司"。[4] 对于贝克特尔而言，这意味着①顾客和合作者将贝克特尔视为他们成功不可或缺的一部分；②人们将会为在贝克特尔工作而感到自豪；③社区将认为贝克特尔具有"责任性与回应性"。他们实施的项目必须支持该愿景，不支持公司这个愿景的项目将不会进行开发。

（2）**制定、实施与评价**。项目作为战略实施中的重要组成部分，在战略管理的基本流程模型中发挥着关键性的作用。通过建立企业愿景或任务、评价内在的优势与不足、外在的机遇和挑战、建立长期的目标以及在多个战略选项中进行选择，企业花费了大量的时间与资源来评价它所面临的商业机遇，所有这些都与战略的制定阶段相关。在这个背景下，项目是保证企业抓住机遇、扩大优势、实现企业整体目标的工具。例如，新产品开发就是很典型的例子，它是企业对商业机会的响应。有效的项目管理使得企业能够进行快速有效的响应。

（3）**制定跨部门的决策**。商业战略是整个企业的冒险，它需要所有部门履行责任与共享资源来实现整体目标。跨部门的决策制定是项目管理的关键特征，因为项目团队由具有不同的个性特征和背景的人组成，而聚集到这个团队的专家也来自不同的部门。项目管理工作是执行战略计划的一个自然环境。

（4）**达到目标**。不管组织是通过低成本、创新性产品、优质的质量还是其他方式来寻求市场的领导地位，项目都是达到目标最有效的工具。项目管理的一个关键特征是它允许企业在外部市场和内部操作中都保持有效，也就是说，不管组织的目标是提高生产效率，还是改善产品与流程的有效性，项目管理都是优化组织目标的一个重要工具。

项目被称为企业战略的"奠基石"。[5] 这意味着组织的整体战略愿景是项目开发的驱动力量。例如，3M 公司的目标是成为商业的创新者，因此，它每年要在多个国家的子公司创建并管理几百个新产品开发项目。同样，乐佰美公司也因不断开发新产品并投放市场而闻名。组织战略影响新产品引入的方式将在项目选择这一章（第 3 章）中进行详细介绍。项目是实施战略的手段，它们使企业在战略的大环境下能以活动为中心。表 2-1 列出了项目充当战略组成部分的几个实例，每个例子都传达了这样一种信息，即项目是战略愿景背后的"运作现实"，也就是说，它们充当了战略组成部分，创造与企业战略相联系的实际背景。

表 2-1 项目反映战略

战　　略	项　　目
技术或操作的动机（如新的分销战略或分散工厂的运作）	新工厂的建设或设施的现代化
为获得更高市场接受率而对产品进行重新开发	新产品开发项目
为提高效率和有效性而建立新的商业流程	重构项目
战略方向的变化或产品组合的重新配置	新产品线
创造新的战略联盟	与供应链成员协商（包括供应商与分销商）
匹配或改进竞争者的产品或服务	逆向的工程项目
改进跨部门沟通和供应链关系的有效性	企业 IT 投入
促进跨部门的互动，提高新产品或服务的引进效率，改进部门间的协调	同步工程项目

TOWS 矩阵（TOWS matrix，见图 2-2）是一种说明项目与组织战略选择关系的有效方法。TOWS 来自于"威胁 – 机会 – 劣势 – 优势"的英文首字母缩写，指的是公司在其内部环境（组织内部）与外部环境（公司外部）中面临的挑战。企业将项目作为一种手段来进行战略选择，首先识别出内部优势与劣势，以及外部机会与威胁，然后形成处理战略。如图 2-2 所示，组织只有决定了要采取的合适战略（如"最大化 – 最大化"战略），才可以识别并做出支持该 TOWS 矩阵项目的选择。项目为企业提供了创造实现战略目标具体方法的能力。[6]

	外部机会（O） 1. 2. 3.	外部威胁（T） 1. 2. 3.
内部优势（S） 1. 2. 3.	"最大化 – 最大化"战略 开发可以利用优势来最大化机会的项目	"最大化 – 最小化"战略 开发可以利用优势来最小化威胁的项目
内部劣势（W） 1. 2. 3.	"最小化 – 最大化"战略 开发可以利用优势最小化劣势的项目	"最小化 – 最小化"战略 开发可以最小化劣势及避开威胁的项目

图 2-2 TOWS 矩阵

对项目管理方法来说，组织的战略管理是首要的环境因素。由于项目是实施战略计划的"组成部分"，因此清晰地认识战略与已被选定的开发项目之间的关系是非常重要的。后面的章节将介绍一个新的因素：组织结构，以此来进一步了解为项目创造合适环境的重要性。

2.2 干系人管理

组织的研究与直接经历都说明，组织和项目团队的运作不能忽视影响决策的外部因素。干系人分析是了解项目经理及项目同组织其他部门关系的一种方法。**干系人分析**（stakeholder analysis）是对那些似乎无法解决的冲突进行有效说明的工具，这些冲突来自于新产品的规划和引入过程。**项目干系人**（project stakeholders）指的是那些与项目有利害关系的个人或群体，他们能够给项目的发展带来潜在的正面或负面影响。[7] 项目干系人分析包括形成对干系人的积极作用进行识别和管理的策略。

干系人能在不同程度上影响组织的活动，同时也受到组织活动的影响。[8] 在某些情况下，企业必须密切关注一些干系人群体所能施加的潜在影响，而在另外一些情况下，一个干系人群体可能没有足够的能力去影响企业的活动，这种情况值得注意。考虑这样两个例子：政府在管制烟草行业活动上发挥的作用；作为甲骨文公司新软件项目的小转包商所发挥的微弱作用。对于第 1 个例子，联邦政府在近几年通过法规与诉讼，大大限制了烟草公司的活动与销售战略。而在第 2 个例子中，甲骨文公司作为一家大型企业，能够非常容易地用一个小分包商替换另一个。

干系人分析对企业是很有帮助的，它使得企业承认他们的行为，不管是有意的还是无意的，都将对不同的干系人群体产生广泛的潜在影响。[9] 例如，基于成本–收益分析，企业做出一个关闭效率低下的制造厂的战略决定，从商业意义上来说该决定是合理的。然而它也可能引发一系列干系人的不满，包括来自于本地工会、工人、受到关闭影响城市的社区领导者的抗议，同时企业也可能要面对政治、法律以及环境方面的问题。精明的经理在衡量他们战略决策可能带来的后果时，必须要考虑干系人的反应。

正如干系人分析对了解主要战略决策的后果具有指导作用，项目干系人分析对于了解管理项目所带来的效果也是极为重要的。项目开发过程本身要直接受到干系人的影响，而反过来项目团队的活动也能够影响外部的干系人群体。[10] 客户干系人影响项目团队运作的一些常见方式包括：要求更快的开发、与团队紧密合作以减少项目移交问题、影响其母公司的高层管理者以继续支持项目。而作为这种支持的回报，项目团队会在项目开发和移交的过程中，与客户进行更密切的合作。

不同需求将使它们看上去是彼此互相冲突的，即为了响应一个干系人的需求，项目经理常常会在无意中违背了另一个干系人的意愿，因为不同的干系人对项目有着完全不同的期望。例如，在企业内安装新软件的项目团队，可能为了用户满意而对软件包进行无数次的修改，虽然客户满意了，但是在这个过程中，因为不断的修改导致整个项目的进度计划受到严重影响，却可能造成高层管理者为成本超支和进度滞后而烦恼。在项目管理中，项目经理总是要面临着这样的挑战：就是需要找到有效的方法，来平衡干系人的不同需求，同时还要与每个重要的干系人保持融洽的关系，以保证这些干系人能够持续支持项目。

2.2.1 识别项目干系人

内部干系人是所有干系人分析中的重要部分，他们的作用通常是正面的，也就是说，尽管他们经常是扮演限制和控制的角色（比如公司的会计），但大多数内部干系人都希望看到项目得以顺利实施。另一方面，一些外部干系人群体表现出的态度则非常有挑战性，甚至对项目开发持反对态度。以石油价格波动为例，在 2014 年的大部分时间里，石油价格持续不稳定，从每桶 60 美元到超过 100 美元，这对正试图走出大萧条期的全球经济产生了巨大的影响。美国的许多企业开始致力于减少对外国石油的依赖，例如海上探索以及新核能电站的开发。2012 年，美国的天然气进口量达到 1.5 万亿立方英尺⊖，作为开发全国页岩资源的一种方法，水裂压力（hydraulic fracturing，"fracking"）技术已经被广泛接受，由此推测，到 2016 年，美国将从天然气纯进口国变为出口国。但是环境组织却对此给予了强烈的反对，他们通过诉讼、政治游行及其他方式对这些新能源的开发进行抵制。例如，在从加拿大的油砂地区到得克萨斯炼油厂总长达到 1 700 英里的基石 XL 输油管道（Keystone XL oil pipeline）项目开发中，环保人士及其支持者通过引用墨西哥湾的深水地平线（Deepwater Horizon）石油泄漏事故，成功将该项目的开发推迟了数年。Cleland 称这些外部干系人为**干预群体**（intervenor groups），他们被定义为项目的外部群体，却拥有干预甚至中断项目发展的影响力。[11]

项目经理必须考虑的项目干系人包括以下两类。

内部干系人：
- 高层管理者；
- 会计；
- 其他职能部门经理；
- 项目团队成员。

外部干系人：
- 客户；
- 竞争对手；
- 供应商；
- 环境、政治、消费者及其他干预群体。

1. 客户

本书的中心思想是保持与增进同客户的关系。在大多数情况下，都需要特别关注外部客户和内部客户对项目的投资。客户关注的是尽可能快地获得项目成果，因为如果项目不移交到他们手中，那么对项目的投资也就无法产生任何回报。如果成本不由他们承担，客户一般很少过分关注项目开发的费用。但实际情况常常相反，成本由客户承担，因此客户非常关注他们能从项目中所获得的产品。此外，许多项目在顾客需求被充分定义之前就开始了，因此产品概念审查与分类常常是项目管理工作的一部分（参考第 5 章）。许多客户寻求对项目性质和操作特点提出建议和要求修改的权利，主要是出于两个原因：第一，客户认为要求一个项目可接受并有用是合乎情理的；第二，这样的做法为需求设置了一定的灵活性，同时也要求项目团队能积极响应特殊的变更。

在与客户群体打交道时要注意的另一个重要事实是，客户在这里并不一定指整个顾客组织，实际情况总是非常复杂。一个客户企业包括许多内部利益群体，在多数情况下，这

⊖ 1 立方英尺 =0.028 316 8 立方米。

些群体有着不同的需求。例如，很容易就可以对一个企业中的不同客户群体进行识别，它们包括高层管理者、工程师群体、销售团队、现场操作团队、制造或装配群体等。在这些正常环境下，对顾客组织进行干系人分析往往是一件非常复杂的事情。

因为可能需要采用不同的商业语言与多个顾客干系人群体进行沟通（参见图2-3），因此这个过程会变得更为复杂。例如若项目经理要向顾客企业的工程师进行讲解，就需要对项目的技术与规格细节十分精通。而另一方面，财务与合同人员则更看重所提交的数字。建立干系人管理策略首先需要意识到这些不同客户干系人的存在，然后建立一个协调的计划，来了解与处理每个群体的特定需求，并试着满足这些需求。

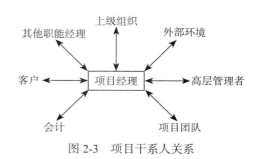

图2-3　项目干系人关系

2. 竞争对手

竞争对手是项目的一个重要干系人，因为他们受到项目成功实施的影响。比如，如果竞争对手向市场推出一个新产品，项目团队的上级组织将被迫改变、推迟甚至放弃其项目。在将竞争对手作为项目干系人群体进行评价时，项目经理应该尽力获取关于竞争对手项目状态的任何可获取的信息。此外，竞争对手所得到的显著教训对于想开始一个类似项目的项目经理来说，也是十分有用的信息。假如竞争者的项目发生了严重的实施问题，那将为新项目需要规避的方面提供有价值的信息。

3. 供应商

供应商是向项目经理提供完成项目所需原材料或其他资源的群体。当项目需要从外部大量购买部件时，项目经理就需要采取各种可能的方法来确保供应的稳定。在多数情况下，这是一个双向的过程。第一，项目经理必须确保每个供应商收到必要的信息，从而及时地实施其中的部分项目。第二，项目经理也必须对发货进行监控以确保其符合计划。理想的情况是，供应商自动从项目团队那里获取需求信息，然后发货，而不需项目经理的过度参与。例如，在大规模的建筑项目中，项目团队每天都需要处理大量的物资供应问题。供应链管理学科的基础就是通过有效地管理项目供应链来使物流过程流程化的。[12] 如果这个过程失败或被中断，后果会非常严重，就如2011年3月日本东北海岸遭受的灾难性海啸一样，日本企业的供应链与产品开发能力在这次天灾中遭到了严重破坏。经济学家估计此次自然灾害导致的国家经济损失超过了3 000亿美元，此外，无数的企业（包括日本公司和它们的供应链合作伙伴的公司）受到了此次灾害的影响。日本生产了全世界20%的半导体产品，这导致像英特尔、东芝与苹果等公司的产品出现了严重短缺和交货延迟。

4. 干预者群体

来自不同环境、不同政治背景、不同社会和社区，能对项目开发与成功启动产生正面或负面影响的消费者的群体，被统称为干预者群体。[13] 也就是说，他们有干预项目开发的能力，并能使他们的需求融入项目实施的过程中。关于项目干预者群体阻止大型建设项目的例子有很多，特别是在核电站建设行业。当美国的联邦、州甚至本地的规则制定者决定干预这些建设项目时，干预者能够利用相关法律来改变项目的规模或阻碍项目的进程，甚至可能使项目无果而终。比如，风力农场满足了丹麦全国一半以上的电力需求，而在美国，当可替代能源项目"风力农场"被提出将选址在马萨诸塞州科德角的海岸附近时，遭到了当地组织的强烈反对，他们认为这些农场会破坏当地的海景。诉讼持续了很多年，近期该项目仍没有得到批准的迹象。谨慎的项目经理需要对他们项目的性质进行评价，同时还要考虑干预者群体向开发过程施加其意愿的可能性。

5. 高层管理者

在多数组织中，高层管理者对项目经理有着很大的控制权并能限制项目经理的行动自由。高层管理者是这样一个群体，他们批准项目的启动，提供项目团队所需的额外资源，支持与保护项目经理及其团队免受来自其他组织的压力。高层管理者要求项目能迅速完成（他们希望项目快速进行）、保证成本有效（他们不想支付他们不愿支付的部分），并且尽可能少地打乱其他职能部门的工作。

6. 会计

会计在职能组织中的作用是保证项目团队的成本绩效。会计支持并积极监控项目预算，因此有时被项目经理看作敌人。然而这个感知是错误的，为了进行项目管理、做出必要的决策以及同客户沟通，项目经理首先要考虑的就是项目成本。有效的成本控制与汇报机制是非常重要的，会计为项目经理提供了重要的管理服务。

7. 职能部门经理

占据着发布命令位置的职能部门经理也是重要的干系人群体。大多数项目团队成员都是从相关的职能部门借调过来的。实际上，在很多情况下，项目团队成员可能在团队中仅仅是兼职，他们所属部门的经理仍然期望这些员工能够每周完成各自在职能部门中的任务。这个情况会带来大量的混乱和冲突，因此需要项目经理与职能部门经理之间进行协商，同时也导致了团队成员忠诚度的严重差异，特别是当员工的绩效评估由职能部门经理而不是项目经理主导时。为了自我保护，团队成员常常更效忠于他们的职能部门而不是项目团队。

项目经理需要认识到组织的职能部门经理作为干系人群体的力量。职能部门经理并不总是阻碍项目开发，相反，他们对其职能角色非常忠诚，并在企业结构的限制之内使用他们的资源。然而，作为一个令人敬畏的干系人群体，职能部门经理需要受到项目经理应有的重视。

8. 项目团队成员

对于项目结果，项目团队明显具有巨大的作用。尽管一些人对项目与他们的职能群体有着各自的忠诚度，但在许多企业中，团队成员都是自愿为项目服务，并希望接受具有挑战性的任务，以激励他们有效地工作。项目经理必须认识到项目的成功依赖于项目团队中每个成员的努力。因此，他们对项目的影响，在许多方面都比其他干系人群体所带来的影响意义更为深远。

2.2.2　管理干系人

项目经理与他们的公司需要认识到干系人群体的重要性，并积极管理他们的需求。

Block 提供了一个关于政治过程的有用框架，可用来有效管理干系人。[14] 在他的框架中，Block 提出了 6 个步骤：

（1）评价环境；
（2）识别主要参与者的目标；
（3）评价自己的能力；
（4）定义问题；
（5）制定解决方案；
（6）测试并改进解决方案。

1. 评价环境

项目是否受到限制？它是否具备吸引人们注意力的潜力？例如，当大型的电脑制造商 EMC 公司开始设计一种迷你型计算机与存储单元时，它面临两种结果：巨额利润或严重损失，因此企业首先要重点考察市场是否需要这种产品。直接走入消费者中间进行市场调查，是评价外部环境的关键。类似地，作为自动和近自动技术（无人驾驶车辆）的开发者之一的谷歌公司，与消费者展开紧密合作以确定他们对该技术的期望与满意程度。在迄今为止的测试中，自动驾驶车辆已经行驶了超过 70 万英里，仅发生了一起事故（该事故由人为导致）。目前的预测是，安全可行的无人驾驶汽车最早将于 2017 年发布。据估计，全球最终将有超过 10 亿辆汽车及卡车和超过 45 万架民用及军用飞行器会受到该新技术的影响。[15]

2. 识别主要参与者的目标

要制定策略以降低负面影响，第一步就是：项目经理应尽量清晰地了解干系人的要求。Fisher 与 Ury [16] 都曾指出，不同参与方采取的立场几乎总是基于他们各自需求的。那么对于项目来说，那些具有重要影响的干系人群体的需求是什么呢？最近的一个例子解释了这一点。一家主要提供网络解决方案与软件开发服务的小型 IT 企业，最近和一家大型出版社签订了合同，负责为其开发用于大学教室的模拟系统。软件企业愿意在此项目上接受一个稍低的价格，因为出版社表示，如果软件企业出色地完成这个项目，那么未来将给予其更多业务。软件企业出于对未来业务的兴趣，接受了较低的价格，因为他们更迫切的需求是进入出版业并与客户建立长期的关系。出版商需要一个低价格，而软件开发商需要新的市场机会。

项目团队必须寻找目标评估中隐藏的事项。通常部门和干系人群体都会提出一系列相关但不切实际的目标。[17] 在急于满足这些公开或受支持的目标时，项目团队常常犯的错误就是基于表面现象而接受这些目标，却没有考虑驱动这些目标的需求，也没有考虑这些需求是否会导致更难实现的目标。例如，一家基于项目的大型制造企业正在进行一个开发综合项目管理规划系统的项目。负责系统安装的项目经理同每个部门的负责人会面，这些负责人都表示愿意参与设计这样一个规划系统，也同意将该系统置于项目管理部门中。然而问题很快就产生了，尽管 IT 部门的成员公开表示支持，却开始使用各种可能的方法秘密地破坏系统的实施、拖延任务的完成时间并拒绝响应用户的需求。他们这么做的原因究竟是什么？原来他们以为输出信息的计算机将放在其他部门而不是 IT 部门，而若将计算机放在 IT 部门，将威胁到他们作为唯一信息发布者的地位。除了考察不同的干系人公开的目标与需求之外，项目经理必须寻找那些隐藏的因素或资源限制。

3. 评价自己的能力

罗伯特·伯恩斯（Robert Burns）曾说过："有某种更崇高的力量让我们能更客观地审视自己！"[18] 组织必须考虑到自己的优势在哪里，不足之处又在哪里？项目经理与团队是否对政治有所了解，因而更容易从干系人群体处获取支持？假如不是，是否能够联系这样的人？项目团队需要用这样的问题来了解自己的能力。例如，不是每个人都同高层管理者有接触，而高层管理者又是为项目提供稳定支持与资源的重要来源，因此如果项目团队中缺乏具有政治敏锐性的成员，就应该去积极寻找那些具有这方面技巧的人以获得帮助。

4. 定义问题

我们必须设法既从我们自己的视角出发，也要从对方的角度来定义问题。发展并维系强大的干系人之间关系的关键在于认识到不同派别在同一问题上可以有不同但合乎情理的观点。当我们定义问题的时候，不能仅仅从我们的观点出发，还要试图了解我们的干系人如何看待同一问题。在一开始，我们就要以"双赢"模式经营。然后，我们必须尽可能准确地关注问题的细节而不仅仅是概况。对问题的定义越准确越真实，就越能提出有意义的解决方案。

5. 制定解决方案

这一步有两点非常重要。首先，制定解决方案意味着，在考虑与其他干系人关系的情况下，尽可能针对不同干系人群体的需求，制订一个行动计划。这一步包括下面的步骤，即项目经理同团队一起，寻求管理协调过程。如何同高层管理者打交道？在实施这个战略过程中，将会引起会计、客户以及项目团队的何种反应？思索这些问题有助于项目经理在考虑相关干系人群体间的相互关系之后，制定出更好的解决方案。权力、政治行为、影响、协商的话题将在第6章进行详细讨论。

其次，有必要在制定解决方案之前收集足够多的信息。[19] 如果项目经理指望通过零散或不足的信息来进行项目管理，那么他将陷入困境。"准备、瞄准、开火"的哲学思想同干系人管理是一样的，其结果就是一个不断交战的过程，在这个过程中，项目经理如同钟摆，从一个危机摇摆到另一个危机。钟摆与这些项目经理所具有的共同特征就是：他们永远达不到目标。扑灭一个火源的过程将会创造新的火花。

6. 测试并改进解决方案

实施解决方案意味着，承认项目经理与团队正在非完备的信息条件下工作。可假定干系人将以可预测的方式对特定的动机产生反应。当然，这样的假定也可能是错误的。在测试并改进解决方案时，项目经理与团队应该认识到，方案的实施是一个反复的过程。项目团队可以做出最好的猜测，测试干系人的反应，然后重新修改方案。同样地，以前对不同干系人群体的需求与偏见的认识还有待修正。另外，某些假定可能是有害或不真实的。然而，这个干系人管理过程的最后一步使得项目经理进行关键的自我评价。它需要一定的灵活性来进行精确的诊断与恰当的中期修正。

如果做得好，这6个步骤能形成一种重要方法，来帮助认识项目干系人在成功的项目管理中所发挥的作用。它们使项目经理在考虑其他问题的解决方式时，也将干系人管理考虑进来，这是一个多元的问题，因为各干系人不仅对项目产生影响，同时也会彼此影响。对干系人管理的解决方案将变得更为丰富、广泛和准确。

一个可选择的、简化的干系人管理过程包括规划、组织、引导、激励与控制必要的资源，来管理不同的内外干系人群体。不同的干系人管理功能是彼此联系和重复的，也就是说，干系人管理过程最好被理解为一个循环。在你不断评估环境的时候，你会改进这些主要干系人的目标。类似地，当你在评估自身能力以及定义问题与可能的解决方案的时候，你需要不断地观察环境，以确保你提出的解决方案的有效性。最后，在测试与改进这些解决方案的阶段，考虑到环境可能发生的变化，确保它们是最优的可选方案是至关重要的。在开发与实施你的计划的过程中，你也可能发现新的干系人，这些干系人的需求也需要考虑。此外，当环境发生变化或当项目进入生命周期的新阶段时，需要再次重复干系人管理模型中的各步骤，以验证旧的管理战略是否依然有效。另一方面，如果新环境需要对这些战略进行变更，项目团队也必须重复这些步骤来更新相关信息。

2.3 组织结构

结构意味着组织。为使在一个组织中工作的人们能实现效率的最大化，他们被分成不同的群体。**组织结构**（organizational structure）包括 3 个关键组成部分。[20]

（1）**组织结构指定了正式的汇报关系，包括层级中的级别数量以及经理与主管的控制范围**。在结构层级中谁向谁汇报？这是企业结构的一个关键部分。控制的范围决定了直接向主管汇报的下属的数量。在一些结构中，经理可能拥有广泛的控制范围，也就意味着他有很多下属，而在其他的结构中经理的控制范围可能比较窄，因而只有较少的人直接向其汇报。对一些企业来说，汇报关系可能是刚性的、官僚主义的；对另一些企业来说，他们需要各层级间的灵活性与非正式性。

（2）**组织结构确定了构成部门的个人以及构成组织的部门**。个人如何组合成一个群体？结构的最小单元可与其他单元结合，形成大的群体或个人组织。这些被称为部门的群体，可以通过不同的逻辑形式进行组合。例如，组建部门最常见的理由包括：①**职能**——将从事相似工作的人组建成一个部门，②**产品**——将在相似产品线上工作的人组建成一个部门，③**地理位置**——将处在相似地理位置或物理位置的人组建成一个部门，④**项目**——将同一个项目中的人组建成一个部门。本章随后将详细讨论其中一些常见的部门安排。

（3）**组织结构包括设计系统来确保部门之间的有效沟通、协调和整合**。组织结构的这个特征指的是企业所依赖的用来加强与促进其结构的支持机制。这些支持机制可能简单也可能复杂。在一些企业中，确保有效沟通的方法非常简单，就是通过规则与程序来制定项目团队成员必须采用的沟通方式以及必须共享的日常信息。而其他一些企业则采用更为复杂的方式来促进部门协调，比如在远离企业的地方建立特定的项目办公室，在这里，项目团队成员为项目的发展共同努力。组织结构这个特征的关键点在于，仅为组织人员建立秩序或层级是不够的，同时还要得到确保部门之间清晰沟通与协调的系统支持。

还要强调的一点是，在项目管理环境下，有两个不同的组织结构同时在运作，并且它们都会影响到项目完成的方式。第 1 个是项目开发组织的整体结构。这个结构包括对所有参与项目开发的部门或利益团体的安排，它包括项目团队、客户、高层管理者、职能部门以及其他的相关干系人。第2个结构是项目团队的内部结构，它指定了项目团队成员之间的关系、角色与职责，与项目经理的交互方式。本章的大部分内容考察了组织的整体结构以及它如何与项目管理相符。本章同时解释了内部项目团队结构的含义，在第6章还将对其进行更详细的讨论。

2.4 组织结构的形式

组织可以采用多种结构形式，它们高度复杂或者极其简单，需要特别指出的是组织结构并不是偶然出现的，它是企业应对外界压力的结果。很多因素会影响企业采用特定的结构形式。运作环境是影响组织结构的最重要因素之一。一个组织的**外部环境**（external environment）包括组织外部的所有力量或群体以及它们对组织产生潜在的影响。在企业外部环境中对企业活动有显著影响的因素包括竞争者、外部市场顾客、政府及其他法律或管理机构、总的经济环境、人力或财力资源的可获取性、供应商、技术趋势等。同样，这些根据外部因素建立的组织结构，也会对组织内部的项目管理方式产生影响。可以看到，作为建立项目的环境，每种结构类型各自都有优势与不足。

大多数企业所采用的常见结构类型包括以下3种。

（1）**职能型组织**——企业的结构方式是将从事相似活动的人组成部门。

（2）**项目型组织**——企业的结构方式是将员工分组为负责临时任务的项目团队。

（3）**矩阵型组织**——企业的结构方式是创造一个双重的层级，即职能部门与项目部门具有同等的重要性。

2.4.1 职能型组织

职能型结构（functional structure）可能是目前最常见的企业组织类型，职能型结构的原理是将从事相似活动的人组织在一起，形成一个部门。在职能型结构里，建立诸如会计、营销、研发等部门是很常见的。在职能型组织中，劳动力的分配不是基于产品或支持的项目类型，而是根据所完成的工作类型。在采用职能型结构的组织里，成员通常同时从事支持多个项目或多个产品线的工作。

图 2-4 是一个职能型结构的例子。效率是职能型组织的主要优势，当每个会计都是会计部门的成员时，可以通过考虑每个会计的工作任务。确保不存在重复或没有利用的资源来更有效地在整个组织中进行服务。另外一个优势是当所有的专家资源都被整合到一个职能部门时，保持有价值的智力资产将变得比较容易。当需要了解全球外包项目中离岸税收的含义时，完全不必在全企业的范围里搜寻专家，直接去会计部门寻求帮助就可以了。

对项目管理而言，职能型结构最大的不足在于，通过这种方式组织的员工会产生这样的趋势：只关注本部门，在完成指派任务时忽略其他部门的要求。这种趋势被称为**职能孤立**（参见图 2-5）。当一个工作群体中的相似人群不愿意或不能从多角度考虑，也不愿意同其他群体协作或以跨部门的方式工作时，孤立就发生了。例如，在数据通用公司被 EMC 收购之前，工程部与销售部之间经常会发生争吵。销售部抱怨其对新产品开发的参与受到了限制，因为工程部常常在进行产品创新时没有向其他部门进行有意义的咨询。同样地，克莱斯勒公司前总裁罗伯特·鲁茨认为，该公司各职能部门无法相互协作，也不承认彼此所做的贡献。职能型结构另一个不足是，它对外部机会或威胁的反应非常迟钝。沟通渠道必须经过多个层级，而不是直接跨越职能边界。这个垂直的层级可能非常庞大，决策制定也需要花费大量时间。职能型结构由于其内在的设计问题，因此很难有较大的革新。由于孤立的职能群体考虑整个组织与目标时的角度受到限制，因此想实现跨部门的协作相当困难，而这种协作对于创新或快速响应市场机遇来说又是非常必要的。

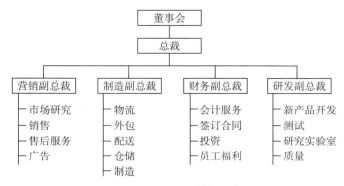

图 2-4　职能型组织结构的例子

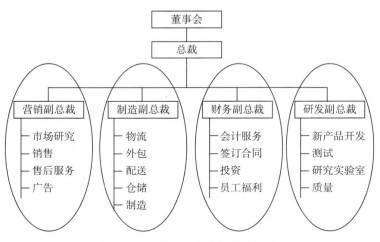

图 2-5　职能型结构中的孤立效果

对项目管理来说，职能型结构的另外一个不足是它没有为中央项目管理职能提供合理的地位。高层管理者可能将一个项目或项目的不同部分分配到各职能部门中，而整个项目的协调，包括组合各职能部门的工作，则需要更高的管理层来负责，如最高管理层。在这种环境下运行项目的严重缺陷就是项目被分配或指派给职能部门成员后，这些成员还要继续履行已有的职责。实际的情况是，被分配项目任务的员工的主要任务往往还是完成其所在部门的工作，当员工将主要精力投入到各自部门中时，他们的行为准则还是职能型的。从这个意义上来说，项目实际是一种干扰，耽误了完成"真正工作"所需要的时间。因此也就解释了为何团队成员积极性不高,以及为什么需要项目经理与部门主管就团队人员问题进行广泛协商等一系列行为问题。

职能型组织另外一个与项目有关的问题是项目开发过程很容易形成局部优化。[21]当项目由一个部门负责时,该部门的努力是充分并且有效的。然而同项目没有关系或从项目中无法获利的部门将只会尽可能担负最少的责任。一个基于项目成功的产品或服务,需要所有职能部门的整体参与并为项目的开发做出贡献。

另外一个问题是在职能型组织中,顾客不是每个人关注的中心。在这个环境里,对顾客的关注常会被看作别人的事情,特别是那些负责提供支持服务的人的事情。顾客需求必须得到满足,在创建项目时必须以顾客为中心。参与项目团队的任何部门代表,如果没有以"顾客为中心"的认识,将增加项目失败的可能性。

表2-2总结了职能型结构的特征。由于与外部环境相关,职能型组织结构比较适合那些外部环境不确定性较低的企业,因为稳定的环境不需要企业快速地变革与响应。当环境状态可以预测的时候,职能型结构将运转良好,因为它强调效率。但不幸的是,职能型结构企业中的项目管理活动常常具有很多问题,因为职能型结构无法在项目管理中发挥其优势。上面的讨论说明,尽管职能型结构在有些方面有利于项目管理,但从主要方面来说,如果想从项目管理中获得最大绩效,职能型结构可能是最差的一种组织结构形式。[22]

表 2-2 职能型结构的优势与不足

对项目管理的优势	对项目管理的不足
1. 项目在组织的基本职能结构中开发,不需要打断企业的日常活动,也不需要调整企业的结构 2. 促进知识深度与智力资产的开发 3. 为员工考虑到常规的职业发展道路。项目团队成员仅需完成要求的工作,同时与他们的职能部门保持最大的联系	1. 职能孤立使得实现跨部门的合作比较困难 2. 缺乏对顾客的关注 3. 由于结构问题、沟通缓慢、项目直接所有权的缺乏以及职能部门间优先权的竞争,导致项目常常要花更长时间来完成 4. 由于各职能部门的利益与履行义务的不同,导致项目局部优化

2.4.2 项目型组织

项目型组织(project organizations)是指那些将主要精力放在项目运作上的组织。建筑企业、大型制造企业如波音和空客(Airbus)、制药企业以及许多软件咨询与研发组织都采用纯粹的项目型组织结构。在项目型组织中,每个项目由专门的项目团队负责,是组织中独立的业务部门。在需要的时候,企业会从职能部门中直接划拨必要的资源给项目。在项目型组织里,项目经理对于本部门使用的资源具有唯一的控制权。职能部门的主要作用是同项目经理协作,并确保项目经理拥有足够的资源。

图2-6显示了纯粹的**项目型结构**(project structure)的一种简化形式。项目A与项目B的成员都来自于企业的各职能部门。项目经理是项目的领导者,所有的项目成员都要向他汇报。项目经理决定项目成员的引入与停留时间,他是整个项目权力的掌握者。如图所示,采用纯粹的项目型结构有以下几个优点。

第一,项目经理在组织结构里并不是处于下属的位置。所有的主要决策与权力都在项目经理的控制之下。

第二，职能型结构引发的孤立或沟通问题将不会发生。在项目型组织中，组织与项目团队内部的沟通得到改善。由于权力被项目经理与项目团队掌握，因此提高了决策的速度，从而不会发生需要向职能部门咨询或职能部门可以否决项目团队决策所带来的延迟问题。

第三，这种组织形式促进了对项目管理骨干人员的培养。因为组织内运作的焦点是基于项目的，组织中的每个人将了解项目并为同一个目标努力，从而确保了组织拥有绝对充足的项目管理资源。

第四，纯粹的项目型结构鼓励灵活、快速应对外界机遇。项目按照固定程序进行创建、管理和解散，因此在需要的时候也能很容易并迅速地组建项目团队。

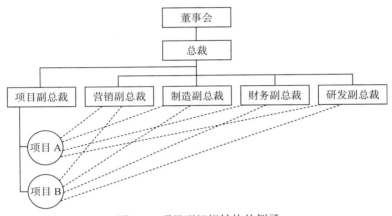

图 2-6　项目型组织结构的例子

尽管使用项目型结构组建专门的项目团队有很多优点（参见表 2-3），但这种结构同时也有一些不足。

第一，组建与维持一定数量的项目团队需要花费较大的成本。不同职能部门并不会控制他们的资源，而是为随时出现的不同项目提供全职员工。这就导致项目组织可能雇用过量的项目专业人员（比如工程师），从而产生规模经济损失。

第二，对于纯粹的项目组织来说，最大的不足之处在于无法充分利用资源。组织的员工数量可能随着企业项目数量的增减而浮动。因此，在企业有较多项目的情况下，组织资源得到充分利用，而当项目不多时，就会造成资源的浪费。简而言之，组织对人力资源需求的迅速变动加剧了人员配备问题的激烈程度。

第三，要维持技术或知识资产的供给相当困难，而这正是职能型组织的优势。由于资源不能在职能部门内停留很久，需要经常从一个项目转到另一个项目，因此不会形成统一的知识基础。例如，许多项目组织常常为不同的项目雇用专业人员，这些人员完成他们的工作，并在合同终止时离开组织，离开同时也带走了他们的专业知识。这些专业知识没有保存在整个组织中，而是掌握在被分配了项目任务的部分员工手中。因此就可能造成这样的情况：一些团队成员专业技能非常好，而另外一些人则缺乏足够的锻炼和能力。

项目型组织的第四个问题与项目团队成员在项目结束时的合理担心有关。团队成员担心一旦项目完成他们会怎么样？正如前文所述，项目成员是不同的，经常会发生这样的情况:当项目成员完成一个项目之后,却发现新的项目并不需要他们。职能专家在项目组织中缺乏"家"的感觉,因此他们的担心是合理的。此外,在纯粹的项目型组织里,团队成员常常将项目看作其忠诚的唯一来源。他们的兴趣在自己执行的项目中,而非整个组织,因此当项目完成时,他们可能开始寻找新的挑战,甚至离开企业寻找新的任务。

表 2-3 项目型结构的优势与不足

对项目管理的优势	对项目管理的不足
1. 将权力仅授予项目经理	1. 建立与维持项目团队的成本较大
2. 促进组织内与职能部门间的沟通	2. 项目团队成员可能只是对项目而不是整个组织忠诚
3. 促进有效、快速的决策	3. 维持知识资产的供给比较困难
4. 有利于培养项目管理骨干人员	4. 项目团队成员为其在项目完成后的去向担心
5. 鼓励对市场机遇的快速响应	

2.4.3 矩阵型组织

在过去 30 年里出现的一个颇具创意的组织结构是**矩阵型结构**(matrix structure)。**矩阵型组织**(matrix organization)是职能型结构与项目活动的结合,是在职能型组织与纯粹项目型组织之间寻求的平衡。同时强调职能与项目两方面是矩阵型组织达到这种平衡的方式。在现实环境中,矩阵型结构创造了一种双重层级,这种形式在仅仅强调项目和纯粹的职能化之间进行了平衡。

图 2-7 解释了矩阵型组织的结构,注意到项目副总裁的地位相当特殊,它不是职能部门结构的一部分,而是作为单独的项目部门主管,与各部门的 CEO 与部门主管地位相当。图 2-7 同时说明了企业组建项目团队的方式。项目副总裁控制项目经理的活动,但同时他们又必须与职能部门紧密合作,以便能从每个职能部门中借调人员组成项目团队。职能型组织中项目团队成员完全受职能部门控制,因而在某种程度上他们需要取悦其部门负责人;而在矩阵型组织中,这些人员由各自所属部门与所指派的项目共享,他们受到项目经理与职能部门负责人的共同管理。例如,项目 A 的项目经理同营销副总裁协商后从该部门获得 2 单位**资源**(resources)(人员),而后从制造部门获得 1.5 单位资源,依此类推获得其他资源。对于每个项目,项目经理与职能部门的主管一起确定最佳的人员需求,如需要多少人来完成必要的项目活动,以及什么时候可以获得这些人员。类似"这个项目需要完成什么任务?"这样的问题由项目经理做出回答无疑是最好的,然而,其他同样重要的问题,如"谁将完成这个任务"与"完成该任务将花多长时间",则必须由项目经理与职能部门主管共同协商来解决。

有必要区分 3 种常见的矩阵形式,包括**弱矩阵**(weak matrix,有时称为**职能型矩阵**)、**平衡矩阵**(balanced matrix)以及**强矩阵**(strong matrix,有时称为项目型矩阵)。在弱矩阵组织中,职能部门控制其资源,并负责管理项目中属于本部门的部分。项目经理的作用是协调各职能部门的活动,其实也就是典型的管理者。项目经理负责准备进度计划,更新项目状态,充当不同部门之间的连接桥梁,但对资源没有直接的控制权,也没有权力根据自己的意愿做出重大的决策。平衡矩阵的目标是在项目经理与职能部门负责人之间平等地分配权利与资源分配责任。而在强矩阵组织中,项目经理会拥有更多的权力。项目经理控制大多数项目活动与功能，包括任务分配与对项目资源的控制，并具有关键的决策权。尽管职能经理对从其部门抽调到项目团队的人员有一定的权力，但在大多数情况下他们都只是处于协调的地位。在矩阵组织环境中工作，会发现强矩阵可能更接近于"项目型组织"。

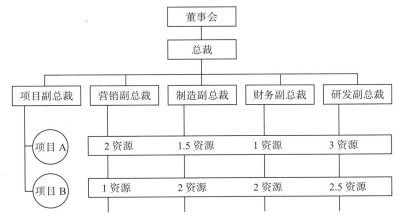

图 2-7　矩阵型组织结构的例子

创建具有两个上司的组织结构看上去有点棘手，但如果特定的条件得到满足，这种方法将具有相对的优势。矩阵结构在以下环境中是有用的。[23]

（1）**存在产品或项目机会多而资源却相对稀缺的压力**。当组织拥有的人力资源较少，而项目机会比较多时，它所面临的挑战就是要尽可能高效地利用人力与物力资源，以支持最大数目的项目。矩阵结构提供了这样一个环境，在这个环境下，企业能够充分利用资源来支持尽可能多的项目。

（2）**有两种或多种生产形式的需要**。例如，企业可能需要提高其技术能力（使用职能型结构），同时又要研制一系列的新产品（需要项目型结构）。在这种对绩效的双重压力之下，采用矩阵型组织可以在职能型和项目型两种结构中达到平衡，既能在职能工作中保证技术能力和效率，又能通过项目确保新产品的快速开发。

（3）**组织环境是复杂的、动态的**。当企业面临复杂与快速变化的双重环境压力时，矩阵结构促进了职能部门间的信息交换与协调。

矩阵结构的目标是同时关注对外部机遇的快速响应与对内部效率的提高。为了达到这个双重目标，赋予项目部门与职能部门的权力必须是等同的。而实际上，对于项目管理来说，矩阵结构的一个优势也就是将项目管理部门与职能部门放在了拥有同等权力的位置。这个优势突出了项目经理在组织中的地位，他将拥有与部门经理类似级别的权力和对资源的控制。另一个优势是矩阵被进行了专门的修正以鼓励部门之间的紧密协作，同时也强调了快速高效地实施项目，并且根据需要与其他项目共享资源。职能型结构中，项目分层的结构不必支持项目，矩阵结构则不同，它在外部响应和内部效率间取得了平衡，建立了一种使项目得以迅速执行的环境。最后，由于资源可以在多个项目间共享并且"移动"，因此与项目型组织一样，矩阵组织中的专业知识将更不会由有限的人群掌握，而是分散在整个企业中。

矩阵组织双层级结构的弊端是会形成多个权力点，从而给操作带来负面效应。项目组领导和职能部门的负责人都会向其成员传达信息，这些信息可能会发生冲突，而当这两个部门共享权力时，这些互相冲突的信息就会给同时在两个部门承担任务的人员带来极大的挫败感。假定项目副总裁要求员工要将所有精力放在5月1日之前必须完成的一个重大项目上，而同时，财务总监告诉他的员工缴税期即将来临，大家必须暂时将项目放在一边以完成相关的缴税工作，这时会发生什么情况呢？在项目团队成员看来，双重领导令人感到很沮丧。职员们每天都会感觉到被拉向不同的方向，因为他们收到了都是来自公司老板却不一致的指令——一个是关于项目，而另一个是关于自己所在的职能部门。结果，普通的工作往往变成一个争夺员工的时间的活动。

另一个不足就是项目经理需要在会议、谈判和其他协调性职能工作方面花费大量的时间和精力，以便在有着不同计划的多个群体间做出决策。表2-4列出了矩阵结构的优势与不足。

表 2-4 矩阵结构的优势与不足

对项目管理的优势	对项目管理的不足
1. 适合动态环境 2. 同时强调项目管理和部门效率的重要性 3. 促进各部门间的协作 4. 通过项目和部门职责间的竞争实现了稀缺资源的最大利用	1. 双重层次意味着有两个老板 2. 需要大量的时间来协调项目和部门之间对关键资源的共享 3. 会对同时担任项目和部门职责的人员造成挫败感

矩阵结构看来似乎是项目管理的一种重要解决方法，但它却需要在人力资源的协调上花费大量的时间。很多项目经理都指出，作为矩阵结构的一部分，他们投入了很多时间用于开会、解决和协调资源问题，以及寻找与部门领导共享权力的方法。矩阵结构对于管理项目来说，有着重要的优势，同时也存在明显的不足。它将项目管理与职能效率放在同等地位，并促进了跨部门的协作。但同时由双层级结构所带来的诸如权力或控制方面的行为挑战也一直处于变化的状态。[24] 在矩阵组织中，项目经理抱怨最多的就是需要花费大量的时间进行权力争夺，以及同职能经理讨价还价，从而得到所需的资源和支持。因此对项目经理来说，要想在矩阵组织中获得成功，谈判技巧、政治头脑以及关系网的构建是至关重要的。

2.4.4 迈向以项目型为主的组织

以项目型为主的组织（heavyweight project organization）涉及这样一种信念，即相信企业最终可以通过创建完全的项目型组织而获得巨大收益。[25] 迈向项目型组织基于这样一种观点，即成功的项目型组织不会偶然出现，也不可能凭运气获得，而是要在设计和操作方法中采取标准的步骤。以"臭鼬工厂"（Skunkworks）的模型为例，此模型的名称来自著名的洛克希德集团的项目，自治的项目团队代表了企业对那些基于项目工作的优先权的认可。在这些组织中，项目经理被赋予了绝对的权力、地位和责任，以确保项目能够成功。职能部门可以完全服从项目，或者与被给予了独立资源的项目团队合作完成任务。

为了实现项目型组织的灵活性和敏捷性，有几个关键点需要注意。首先，只有开始运行项目才能直接进入团队自治阶段。这种项目组织形式是在企业共同思考中进行有计划的系统转变的最后一步。而项目经理则需要不断探索如何改善项目运行的方式才能逐渐走到这一步。成功的项目企业在尽力扩大项目经理权力的同时，也经常会遭到职能主管的强烈反对，因为他们希望维持现有的权力平衡状态。给予项目经理更高的地位、评价项目团队成员绩效的权力、对项目资源的控制权以及与客户直接联系的权力，这些无疑都改变了现有的权力平衡状态。在现实中，项目经理常常被迫根据职能经理的意愿来安置团队成员、协调、配置财务和其他资源，因而会受到很大约束。

其次，项目型组织将市场机会放在了职能维持的前面，但也只有当快速响应市场机会所需资源是由项目团队控制，而不是由企业高层领导控制时，这种情况才会发生。最后，也是本书一直强调的，企业越来越关注基于项目的工作，这一思想的转变已经开始深刻影响项目组织、项目经理和项目团队运作的方式。对外部客户的关注成为运作的驱动力，而不再仅仅是简单地为项目团队指定几个竞争需求，然后让他们尽量去满足这些需求。

最终，决定使用哪种组织结构也是为了满足特定的要求，比如在给予项目经理最大灵活性和权力的结构中（纯项目型组织），对项目的管理可能是令人满意的，这也说明对很多项目经理来说，要影响重大决策来改变整个组织的结构，从而更好地支持项目，这几乎是不可能的。因此更恰当的问题是：在特定的组织结构中管理项目应该注意哪些问题？本章前面的部分已经将这个问题作为讨论的重点。如果必须在某种结构的组织中操作和管理项目，这种结构与项目经理出色完成项目能力相关的优势与不足有哪些？思考这个答案的过程，其实也是有效理解组织结构和成功项目管理之间联系的过程。

■ 项目管理研究精要 2-1
组织结构对项目绩效的影响

一般认为，项目在某些组织结构中比在其他类型的组织结构中运行得更平稳。越来越多的研究结果表明，一些组织结构能为项目成功完成带来更多优势，但这主要取决于启动项目的类型。例如，Gobeli 和 Larson 的工作就强调了这样一个事实：企业的组织结构会对项目的生存能力产生正面或负面的影响。

Gobeli 和 Larson 比较了在不同组织类型中完成的多个项目，包括职能型、矩阵型和纯项目型。根据企业对职能制或项目制的倾向（或介于二者之间），将矩阵型组织结构进一步细分为三类：职能矩阵、平衡矩阵和项目矩阵，并对其进行了区分。在从 1 600 个项目经理处收集了样本数据后，他们挑选出在这 5 种组织结构中执行项目的人员，并要求他们对其组织采用的结构给项目管理带来的正面或负面影响进行评价。研究结果如图 2-8 所示，该结果强调了这样一个事实：一般来说，项目型组织确实为支持成功的项目管理提供了更好的环境。

有趣的是，Gobeli 和 Larson 将样本进一步划分为新产品开发项目以及与建设相关的项目后发现，研究结果与之前大致相同，只是与建设相关的项目在矩阵组织中的边际效应更大。这表明组织结构在创建成功项目的过程中有着显著的作用。[26]

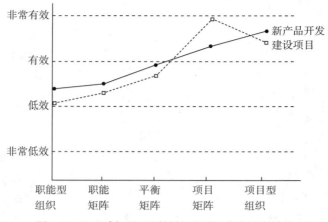

图 2-8　经理感知的不同结构对项目成功的有效性

资料来源：D. H. Gobeli and E. W. Larson. (1987). "Relative Effectiveness of Different Project Management Structures," *Project Management Journal,* 18(2): 81-85, figure on page 83. Copyright and all rights reserved. Material from this publication has been reproduced with the permission of PMI.

2.5　项目管理办公室

项目管理办公室（project management office，PMO）是指组织内或部门内对项目管理进行评审或改进的中心机构。[27] 在许多企业中，项目管理办公室被视为优秀项目管理的中心，是协助项目经理完成项目目标的独立组织实体或子部门，它在重大的项目管理事务方面提供直接的专业知识，如进度计划编制、资源分配、项目监控等。项目管理办公室最初被用来识别组织在运行项目时出现的不好记录。例如，本书第 1 章就从项目管理办公室的资料中引用了一些 IT 项目失败率的统计数据，这些数据表明大多数诸如此类的项目都可能失败。

之所以成立项目管理办公室，是基于这样一个公认的事实：企业内部的项目管理资源中心具有许多优势。首先，如前所述，项目经理承担的责任很多，从处理人际关系事务到解决重要的技术细节，都是项目经理的工作。然而很多时候项目经理可能没有时间或能力解决所有的技术细节问题，如进度计划编制、资源分配、过程监控等。而如果使用项目管理办公室作为资源中心，就可以将上述这些由项目经理负责的活动转移一部分给负责提供辅助服务的人员来完成，从而减轻了项目经理的负担。其次，虽然项目管理已经成为一种职业，但项目经理及其团队拥有的实际知识和期望值之间还存在很大的差距。简而言之，他们还没有完全掌握处理项目支持活动的技能或知识。通过项目管理办公室进行项目管理专业知识的培训，使项目团队在需要的时候能获得所需的专业知识。

项目管理办公室的另一个好处是它可以充当知识库，储存所有获取的经验、项目文档以及过去和现有项目的相关跟踪记录。这种功能使所有项目经理能直接迅速获得以前的项目记录和经验材料，而不是在整个组织中盲目寻找这些资料。项目管理办公室的第 4 个好处在于它成为改进企业内项目管理过程的重要中心。正因为如此，它也变成了项目管理中所有流程改进的中心，而后它再将这些改进传播到其他组织部门。项目管理办公室识别项目管理的改进之处、进行测试和优化，并最终将其传播到组织的其他部门。每个项目经理都可以将项目管理办公室作为一种资源，相信他们可以对所有项目管理的创新负责。

项目管理办公室可以被设置在企业内任何位置。[28] 如图 2-9 所示，项目管理办公室可以设置在企业级别（第 3 级）上，此时它的功能是对整个企业的支持。同样它也可以被设置在更低的级别（第 2 级）上，此时它是用来满足特定商业部门的需求。最后，项目管理办公室也可以分散设置到实际的项目级别（第 1 级）上，为每个项目提供直接支持。理解项目管理办公室功能的关键是要认识到成立项目管理办公室是为了支持项目经理和员工的活动，而不是取代项目经理或是对项目负责。在这种条件下，项目管理办公室承担部分管理职责，减轻了项目经理的压力，使项目经理可以更自由地关注同等重要的人员问题，包括领导、协商、建立客户关系等。

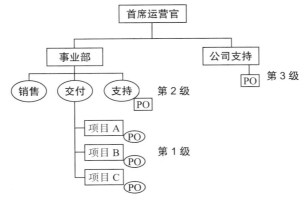

图 2-9　可以设置项目办公室的多个级别

资料来源：　W. Casey and W. Peck.(2001). "Choosing the Right PMO Setup," *PMNetwork*, 15(2):40-47, Figure on page 44. Copyright and all rights reserved. Material from this publication has been reproduced with the permission of PMI.

尽管图 2-9 给出了项目管理办公室在组织内的位置和范围，以及由其结构所决定的支持作用，但同时考虑不同形式的项目管理办公室也是很有用的。项目管理办公室在企业中主要有以下 3 种形式和目的：①监测中心，②控制中心，③资源库。[29] 项目管理办公室可以选择其中任何一种形式。

（1）**监测中心**——在这种形式中，项目管理办公室被用作典型的跟踪和监督工具。采取这种形式，通常只会有一种假设，就是高层管理者对大范围的项目投资感到紧张，因此将监测中心作为跟踪工具，对项目的现状给予密切关注而不必直接影响或者控制项目。这种项目管理办公室的目的是为独立的观察员提供场所，这些观察员几乎只须关注几个关键的问题，比如：

- 项目的进展如何？项目进展偏离原计划多少？完成了哪些关键里程碑事件？
- 目前为止对项目投入了多少资金？项目的挣值情况如何？有没有出现预算报警信号？
- 主要项目风险情况如何？是否已根据需要更新了应急计划？

（2）**控制中心**——控制中心这种形式将项目管理当作一种商业技能来保护和支持。它注重不断建立方法来提高项目管理的技能，如识别正在进行的工作、哪些地方存在缺陷以及如何解决现有的问题。最重要的是，它不像监测中心那样仅仅为了报告结果给高层管理者而监督项目管理活动,其目标是试图直接参与项目经理及其团队的活动并给予支持。控制中心主要有以下几个功能。

- **建立管理项目的标准**——项目管理办公室的控制中心形式被设计用来为所有的项目管理活动建立统一的方法体系,这些活动包括历时估算、预算、风险管理、范围建立等。
- **引导如何遵循标准**——除了确定运行项目的合适标准,在整个项目生命周期内,项目管理办公室还会在需要时提供内部咨询专家和项目专家,以帮助项目经理满足这些标准。
- **执行标准**——除非能将这些标准真正实施在项目管理的过程中,否则它们不会被真正当回事儿。控制中心有权执行它所建立的标准,可以通过两种方式来实现:对良好表现进行奖励,或对拒绝执行标准的行为进行制裁。比如,美国事故基金保险公司(Accident Fund Insurance Co.)的项目管理办公室,有权终止它觉得违反了惯例或无法为公司带来价值的项目。
- **改进标准**——项目管理办公室总是担负着改进现有项目管理流程的责任。当项目绩效提高到了新的水平时,在逐渐改进的原则下,项目管理办公室也应该已经开始了对新改进标准的探索。

(3)**资源库**——资源库项目管理办公室的目的是保持并在需要时提供受过训练的、熟练的项目专业人员。实质上项目管理办公室成为企业项目经理不断提高技能的培训所。企业启动新项目后,受到影响的部门向资源库项目管理办公室申请人员来组建项目团队。资源库项目管理办公室负责为企业项目提供项目经理和其他技术专业人员。为了成功实现这种形式,在组织内给予资源库足够高的地位是非常重要的,这样它就能与需要项目经理进行其项目的高层管理者处于同等的地位。再来看图2-7,资源库的作用能得到最大程度的发挥是当项目管理办公室作为第3级的支持部门时,此时项目管理办公室主管拥有适当的地位来控制受过培训的项目经理,同时也有足够的权力来为他们指派任务。

虽然项目管理办公室的概念被许多企业迅速接受,但也有人对它提出了批评。比如,一些批评家认为,将所有的项目管理专业知识都集中到项目管理办公室是错误的,这就像将所有的鸡蛋都放在一个篮子里一样。这种观点表明,项目管理办公室将项目技能集中在一起,实际上阻碍了这些技能在组织各部门间自然地、非正式地传播。项目管理办公室另一个潜在的缺陷在于,如果方法体系没有得到慎重说明,它很容易就会成为组织内另一阶层的官僚部门,起不到应有的作用。如果是这样,那么项目管理办公室不仅没有为项目团队的工作给予支持,反而会因为要求更多的行政控制职能而阻碍了项目的进行。此外,使用项目管理办公室还会引起的一个潜在问题是:这种模式会成为跨组织沟通流程的瓶颈,[30]特别是母公司和项目客户之间的沟通。

尽管对于项目管理办公室的一些批评反映了一些真实问题,但在特定的情况下不应该以此为借口而不采用项目管理办公室。项目管理办公室的核心是认识到了以下两点:首先是必须鼓励和加强对项目管理技能的发展,其次是很多组织都有将项目实践标准化的需求,其重要的支持功能是对项目技能进行不断改进的重要来源。这样看来,项目管理办公室在未来几年内将能成为普遍认同的概念。

2.6 组织文化

有效管理项目的第 3 个关键环境变量是组织文化。到目前为止，本书已经说明了企业战略影响其项目管理的方式，以及项目和项目群如何不可避免地影响企业愿景并成为战略运作化的选择。组织结构是第 2 个环境变量，我们证明了不同的组织设计是如何促进或阻碍项目管理过程的。现在来看第 3 个环境变量：组织文化及其对项目管理的影响。

组织的一个重要特点就是每个组织都有其独特的前景发展方法、政策和流程实施方式、思考模式、态度以及行为规范。这种特点如每个人的指纹或者 DNA 签名一样独一无二。同样，不管规模、产品、经营环境或收益率如何相似，没有哪两个组织是一样的。每个组织都建立了独特的方法来培训员工、响应市场的威胁和机遇、支持或阻止经营行为。在其他领域，如人类学，文化被视为一个群体所共同拥有的知识，同时它也会影响群体对不同环境可能的反应。这些思想也都被包含在**组织文化**（organizational culture）这个概念中。一位研究文化的作者将组织文化定义为"始终与群体保持一致，是解决群体内部问题和外部问题的方案，因此也是教导新成员如何感知、思考和探索这些问题的正确方式"。[31]

如果到欧洲旅游，游客很快就会陷入多种不同的文化中，会发现各个国家都有其独特的文化特点，如芬兰和瑞典。语言、社会行为、家庭组织甚至是宗教信仰的不同都清晰表现了其在文化上的差异。即使是在一个国家内，文化态度和价值观也不尽相同。如意大利南部和北部在准则、态度和共同行为方面就存在不同，因而导致这两个地区在穿着、语言模式甚至是晚宴时间方面都产生了差异。国际商务研究的关键领域之一就是意识到独特的行为模式是由文化差异所引起的，这样商务旅行者或是居住在其他国家的人可以认识到行为和文化态度的"合适"标准，即使这些文化模式和他们所在国家或地区的文化模式存在极大的差异。

对于参与海外项目或者通过互联网、电子邮件与来自不同国家的其他成员保持联系的项目团队成员，正确理解不同国家的文化差异是非常重要的。这些由不同文化所表达出来的价值观和态度对个人行为进行规范和纠正，它们定义了各组织的信仰体系和工作贡献，也定义了跨文化项目团队的职责能力。

工作地点的文化氛围对项目绩效会产生影响，也影响了各个项目团队成员决定是否要努力实现项目目标，目前关于这些方面的研究已经展开。笔者曾经遇到过两个案例，第一个是一家位居《财富》500 强的企业。在该企业中，对于项目经理的资源需求，职能部门经理多年来都是指派最差、最新或者是绩效最低的人员到项目团队。实际上，他们是将项目看作处理不满或能力极差员工的绝佳机会。在这个组织中，项目团队常常被称为"受蔑视的群体"，因此也不难想象当企业的员工听到他被分配到一项新项目时的反应。另一方面，笔者曾工作过的一家 IT 企业中有一条不成文的规定：当项目经理需要帮助时，所有的职能部门人员都要使自己成为专家资源。项目交付成果在这家企业享有最高优先权，其他的活动都要为这个目标服务。在特殊的时期，IT 成员每天要工作 12 小时以上，同时支援 10 个或更多的项目，公司里这样的现象很普遍。正如一位经理所说："在关键时期，头衔和工作种类都无关紧要。如果要求必须完成，我们就会团结在一起共同担负责任，以确保项目的完成。"

上述两个企业管理项目的差异很明显，因为不同的企业文化已经渗透到工作环境和完成项目的方法中。**文化**（culture）的定义可以直接应用到这两个案例中，表示不成文的行为准则或者规范，这些行为规范和准则由组织各部门的成员共同遵守，并被传授给所有的企业新员工。该定义中有几个重要的要素需要详细说明。

- **不成文的**——文化准则指导组织内每位成员的行为，但往往没有形成书面文字。采用这种方式，可以真正清楚地理解建立行为标准的文化，并在所有新员工中推行该行为标准，这与写在企业墙壁上的口号或者鼓舞性的海报有着天壤之别。例如，伊利保险公司（Erie Insurance）每年被评为最佳工作单位之一，它拥有强大的支持性文化，该文化强调并奖励职能部门之间的积极合作。尽管没有形成书面文字，但却众所周知，并得到了广泛实施，同时被告知给新的企业成员。有了这种文化，当项目需要多部门成员的协助时，就能及时获得支持。

- **行为规则**——文化准则对行为的指导主要通过两种方式：一是为理解、定义或者解释现象提供共同的语言，二是引导如何对这些现象做出最好的反应。这些行为规则力量强大，且能得到普遍执行：它们可以应用于管理高层，也可应用于车间的工人。但由于这些规则是不成文的，因此学习起来并不容易。比如，新聘的项目工程师工作起来比同事慢很多或快很多，同事中很可能会有人马上暗示他应该采用可接受的速度，这样就不会让他或其他任何人因为对比而显得表现太差。

- **被组织的某些部门坚守**——文化准则可能会在整个企业内传播，但也可能不会。事实上在同一组织内员工对文化态度的差异很大是非常正常的。比如，蓝领工人对高层管理者可能持有强烈的敌对态度，财务部人员可能反对市场部门，反之亦然。这种"亚文化"反映了组织中可能包含多种不同的文化，这些文化在不同地方的不同层次起作用。例如，必能宝（Pitney-Bowes）是邮资计算器和其他办公设备制造商。它的总部给人的印象是稳定、有序和有威望。然而，位于美国康涅狄格州谢尔顿市的一个分公司必能宝信用公司（Pitney-Bowes Credit Corporation，PBCC），却以有意识地采用非正式、开放和娱乐的态度而闻名。该公司利用仿煤气灯作为装饰，还建有一个法式咖啡屋和一个互联网冲浪棚，因此被称为"室内主题乐园"。必能宝信用公司有意识地创造一种亚文化来反映其处理业务的方式，而不是直接采用总公司的一般形象。[32]另外一个例子是苹果公司项目团队在开发苹果操作系统时创建独特文化的方法，当时他们在房内配备了不同于公司其他部门的设备，同时还在旗杆上升起了反盗版的旗帜！

- **告知所有新成员**——显然，由于文化准则往往是不成文的，因此不能以正式的方式传达给新员工。新员工通过观察其他成员的行为来学习这种文化。在某些组织，要对新聘员工进行正式的培训，以确保他们能够熟悉并理解企业的文化。比如，美国海军以其教导和培训新兵的方法为荣，他们通过这种方法来帮助新兵建立对海军陆战队的集体感和自豪感。谷歌也非常重视对新员工的培训（onboarding，"入职培训"），公司在 2013 年为超过 7 000 名的新员工进行了入职培训，他们利用入职培训程序来帮助新员工建立更多的社会联系，以及更快地进入工作角色。作为通用电气的员工，还要佩戴代表公司标志的徽章。

另一方面，当被允许摆脱控制时，文化可以很快变得有毒，同时还可能违背组织目标。比如，澳大利亚奥运游泳队一直以来都是夏季比赛中最强劲的竞争者之一，然而，在2012年的伦敦奥运会，游泳队最终仅获得了一枚金牌，这是一个出奇的差的结果。赛后展开的一项独立评估将责任归咎于失败的团队领导与文化，报告提出了一种"有毒"的文化，其中包括"欺凌、滥用处方药与缺乏自律"。团队成员缺乏道德权威与自律是导致这20年以来最差表现的直接原因。[33]

2.6.1 文化如何形成

如果两个组织的文化差异非常大，却生产着相似的产品，那么研究文化是如何形成的这一问题就变得非常有意义。通用电气的喷气式发动机分部和劳斯莱斯有很多共同点，包括产品线在内。两家公司都为商业和防御飞行器行业生产喷气式发动机。然而，通用电气为其竞争性、高度紧张的文化而自豪，这种文化鼓励进取和奉献行为，对工程师和中层经理的解聘率也很高。而劳斯莱斯正好相反，是更加家长式作风文化的代表，这种文化鼓励忠诚和长期工作。

研究者们考察了影响企业文化的一些重要因素，这些重要因素包括：技术、环境、地理位置、奖励系统、规则和程序、重要组织成员以及关键事件。[34]

1. 技术

组织的**技术**（technology）关系到将投入变成产出的转换过程。例如，很多项目组织的技术就是指项目开发的过程，这些项目是为了满足当前的需求或者预期的未来机遇。实施项目的技术方法可能高度复杂化、自动化，也可能相当简单、直接。此外，项目也可以是产品或服务的形式。研究表明，项目组织内使用的技术类型会影响组织所发扬的文化。"高技术"组织就是快节奏、以技术为基础的文化如何渗透到整个组织中去的典型例子。

2. 环境

组织在独特的环境压力下运行。企业的环境可能很复杂，瞬息万变，也可能很简单，一直保持稳定状态。有些企业是全球性的，因为它们要面对来自全世界的竞争，而另外一些企业则更专注于区域竞争。通常来说，企业环境会对其文化产生影响。比如，简单且变化缓慢的企业环境会产生规避风险、稳定且有效的文化。高度复杂的企业环境则会产生致力于促进对外部威胁和机遇的快速响应和侦测，并且鼓励承担风险的文化。因此，企业的运营环境影响了企业内公认的文化和行为的形成。又如，一家擅长商业房地产开发的小型区域性建筑公司，拥有环境的稳定度可能比像福陆-丹尼尔或柏克德这样在全球范围内承接建筑项目的公司还要高。

3. 地理位置

不同的地理区域都拥有其独特的文化风俗和态度。比如，某人到欧洲南部旅游，傍晚不久就用过晚餐了，而在西班牙，晚餐要在晚上9点以后才开始。同样，在商业环境中，基于文化的态度往往要与企业所处的地理位置保持一致。在同一国家内，也会发生这种状况，例如，施乐公司在将康涅狄格总部的公司文化与帕洛阿尔托研究中心员工更随意和实际的心理相结合的过程中，遇到了很大的困难。一个地方进行的项目与另一个地方进行的项目往往区别很大。当然，虽然地理位置确实会引起文化的分离，特别是企业在国内外多个地点设立分公司的时候，但也不要过分夸大它的影响。

4. 奖励系统

不管企业的正式方针是什么，企业向员工提供的奖励类型对于说明高层管理者真正重视的信仰和行为大有帮助。奖励系统支持这样一种观点，即企业付出什么，就会收获什么。公开表明支持环境保护和客户服务，却不断违背这些原则的项目经理，实际上就是在高调地声明了企业真正关心的是利益。由此带来的后果就是迅速引发欺骗和困惑等行为。看看关于企业不法行为的头条新闻，如安然（Enron）、世通（WorldCom）、高盛（Goldman Sachs）、阿德菲亚电缆公司（Adelphia Cable Company）的丑闻，从这些新闻中可以看到，组织的文化是如何对那些导致会计造假、公开曝光、最后损失几百万美元的行为进行奖励的。

5. 规则和程序

影响项目管理文化的一种方法是为员工制定规则手册或者程序系统来阐明可接受的行为。在这些规则和程序的背后，其实是向新员工声明企业的行为标准。当正式的公共规则与非正式的行为规则相冲突时，就会出现明显的问题。总部位于得克萨斯州达拉斯的德州仪器公司（Texas Instruments）有一条正式的规定：所有管理人员的工作标准是每周40小时。然而，非正式的规则却是公司希望每个员工每周实际工作至少45小时，正如高级经理向新员工所解释的："你每天在这里工作9小时，8小时为自己工作，1小时为公司工作。"尽管正式规则和非正式规则之间存在潜在的不一致，大多数用于建立支持基于项目组织的程序认为，改进行为方式的第一步是将期望的情形正式变成规则，从而改变功能紊乱的项目文化。因此，规则和程序代表了形成稳定的企业文化的良好出发点。

6. 重要组织成员

包括组织创始人在内的重要组织成员对企业文化的形成有重大影响。如果创始人是鼓励言论自由或灵活性的传统企业家，这种态度就会在企业中根深蒂固，并且影响深远。本杰瑞冰激凌公司（Ben and Jerry's Ice Cream）的创始人从前是两个公认的嬉皮士，他们创建了一种独特的公司文化，表达了他们要建立不同于原始资本主义的"乐趣"文化的决心。若某种企业高层执行者每天强调规则但行动与之不符，那么在这种企业文化中，应用于高层领导和其他人的规则就不相同了。

7. 关键事件

关键事件表达了文化，因为这些事件向所有员工表明，要在组织内取得成功需要采取什么措施。也就是说，关键事件告诉公众哪些规则真正有用，而不考虑企业正式支持的规则是什么。关键事件通常表现为与所有员工相关的事迹形式，表明了企业所要推崇的行为。不管好坏，关键事件都成为企业知识的一部分。2000年通用电气的运输系统部门接到了大量火车头订单，为了完成订单，整个公司加班加点。正如其中一名成员所说："如果你看到部门副总周六还来上班，穿着工作服，在飞沫四射的喷漆火车头工作车间与其他工人一起工作，你就会意识到这家公司下了多大的决心要按时完成订单了。"

2.6.2　组织文化与项目管理

组织文化对项目管理流程有什么意义呢？它至少在 4 个方面会对项目管理产生影响。第一，文化影响部门之间的交流方式，促进相互支持以实现项目目标；第二，文化影响员工平衡在项目目标与其他目标之间的投入水平，特别是潜在的竞争目标；第三，组织文化影响项目计划的制订过程，如工作评估方式、资源分配形式等；第四，文化影响经理评价项目团队绩效和项目成果的方式。

- 部门相互影响——本章引用的几个案例已经强调，在职能部门和项目团队间建立并保持支持性的稳定关系是非常重要的。在职能型组织和矩阵型组织中，权力可能直接由部门领导拥有，也可能是部门领导与项目经理共享。不管是哪种情况，部门领导按照其意愿支持项目的方式对新启动项目的成功或失败起着重要的作用。毫无疑问，与那些毫无意义甚至是对抗关系的文化相比，赞成职能部门和新项目之间积极合作的文化要成功得多。
- 员工对目标的投入——项目依靠人员对指派工作的投入和积极性来完成。比较两种文化：一种文化能够提高职员的投入，必要的时候鼓励其具有献身精神，加班工作或完成多项任务，而在另外一种文化中，不成文的规则暗示说如果没被发现，简单做做样子也没什么大碍。很明显，前一种文化比后一种要更加成功。例如，阿美科公司（AMEC）在对员工进行培训的时候特别重视对安全的承诺。阿美科公司是一家跨国工程建筑公司，总部设在加拿大。年收入将近 70 亿美元，雇有 29 000 名员工，阿美科公司是世界上最大的工程建筑公司之一。这家公司非常重视其对核心价值观的承诺，要求每位员工深刻认识到自身对客户、业务伙伴、同事、公司及更广的社会环境的责任。从员工进入该公司的那一刻起，他们就要意识到必须遵守这些指导原则：行为伦理、公平、对质量的承诺和安全问题。[35]
- 项目计划编制——虽然后面的章节还要对活动的历时估计进行介绍，但是现在就指出员工支持项目计划编制过程的方式是非常重要的。活动估计通常是不精确的过程，一些项目团队成员高估历时，从而给自己留下充足时间，这种现象很常见。这些人往往会支持加强了某种观念的文化，这种观念认为糟糕的历时估计总比延迟交付项目要好。而如果在项目团队成员中有一种信念，即更倾向于给出诚实的评价，而不用担心自己是否会错了，或者是否会因错误而受到惩罚。情况就会完全相反。
- 绩效评价——支持性的企业文化鼓励项目团队成员采取主动，即使是需要靠冒险来促进绩效。当企业文化暗示着企业的目标是提供创新性的新产品时，它就加强了一种激进并提供潜在高回报（偶然的重大损失）的项目管理文化。前面已经提到，组织要从付出中得到回报。如果奖励系统是积极的，并强调强烈的项目精神，就会获得大量的机会。而另一方面，如果奖励系统支持谨慎和小心的操作，这种原则同样也会在项目管理方式中得到体现。

文化会对组织内各部门看待项目管理流程的方式产生深远影响。文化也会影响员工致力于项目目标而反对其他目标（如潜在的竞争目标）的方式。通过树立楷模、宣传事迹等方式，企业传达了他们对项目管理所做贡献的信息。这些信息不会消失在项目团队成员中，因为他们会从来自监督者和其他典型的期望绩效中获得这些信息的线索。提倡跨部门协作的文化可能树立的典范是，那些为了实现项目目标而与其他部门积极合作的员工。同样，IT部门将一些成员描述成学习的榜样，因为这些人在日常工作中为处理系统用户投诉和问题付出了许多额外的劳动，公司同时也传达这样一种信息，那就是他们都为同一目标在工作，忽略其所属部门的差别。

试想一下文化是如何影响计划编制和项目监督的，假设在某企业中，项目如果延期完工将会受到严重的惩罚，那么项目经理及其项目团队成员很快就会明白，不能轻易承诺能够完成项目的日期。在一些企业中比较安全的方式是，将完成任务所必需的时间估计得高一些，这样可以保护自己。这种企业文化下就产生了欺骗。同样，在某些企业中，在项目出现问题时刻意隐瞒项目信息，用乐观或者错误的估计来误导高层管理者的行为可能是安全的。实质上，关键的问题是：公司文化对真实的信息和诚实的交流是否支持？在危急时刻，它向员工所提倡的是首先保护自己，而不是考虑这种行为对项目可能产生的影响吗？

项目导读 2-2
美国艺电公司与设计团队中坚固的文化力量

美国艺电公司（Electronic Arts）是全世界最顶尖的电脑游戏公司之一，以游戏机和畅销的个人电脑游戏而闻名，其产品包括疯狂橄榄球（Madden NFL）、国际足球（FIFA）、战地风云（Battlefield）、极品飞车（Need for Speed）、模拟人生（Sims）等。在电脑游戏产业，新游戏进入市场的速度是至关重要的。制作一流的游戏需要召集有才华的设计师、图形艺术家、程序员以及测试员，所有人都要为畅销游戏的持续更新做出努力。游戏开发的过程是快节奏的，无序和不断提出颠覆性的新技术和新观念是这一过程的常态，因此艺电Labels部门的前任负责人弗兰克·吉博（Frank Gibeau）发明了一种游戏设计的制胜公式，在游戏开发方面，他不信任大型团队，相反，他致力于通过为现有的人才提供支持，从而维护每个工作室的文化。

吉博相信最优秀的游戏来自拥有坚固文化的小型团队。他的原则之一就是限制项目组的规模，从而提升彼此之间的承诺与他们设计游戏的质量。吉博表示如果参与的人数过多，收益递减规律就会开始，因为过多的人与过多的问题会让一切都变得难以管理。此外，当团队维持着小型规模并且可以在很长一段时间内保持步调一致的时候，坚持一种独特的文化会更为容易。因此，艺电公司支持在较长时间内使用较小型的团队来完成游戏。吉博也因此小心确保工作室不会过度扩张，变得过大，他一直是"小即是美"理念的坚定信奉者，因为该理念支持动态文化与以行动为导向的态度。

艺电公司的游戏设计方法是以小型团队为核心，他们可以尽可能自由地工作，保持独特的群体身份，并由此推行了坚固的内部文化。艺电公司的管理层已经意识到这些独特的团队文化对鼓励创新和促进高科技游戏制作工作的承诺至关重要，因此，在这个高速发展的行业中，这些文化对保持竞争优势是非常必要的。[36]

有哪些案例能说明组织文化对项目团队的实际操作有何影响？又有哪些案例说明组织

文化带来的结果如何被感知？一般情况下会出现**承诺升级**（escalation of commitment）的现象。项目组织中这种流程运转不是很常见。尽管认识到项目会失败，没有必要再继续，或者被高深的技术问题或其他难题困扰，组织仍然要继续支持项目，而忽略客观的评估认为项目应该结束这一点，此时就会产生承诺升级的现象。[37] 虽然有很多理由解释承诺升级会引起失败的决策，但最重要的一条是：组织不肯承认失败，或者组织文化使那些原本会采取正确行动的关键决策者失去了判断力。

反之亦然，许多组织项目管理所处环境的文化都提倡并支持跨职能部门合作、为项目经理分配充足的资源使其积极地执行计划，同时还营造出一种优化项目管理的氛围。一个组织的文化可以促进（同样也可能抑制）该公司进行有效的项目管理，这样的影响使我们必须要对组织的文化进行管理，并且经常对其进行评估，在必要的时候，还要对其进行调整，使其促进项目的有效管理。

管理项目所处的环境决定了项目成败的可能性。3个关键的环境因素分别是组织的战略、结构和文化。战略驱动项目，项目使战略可操作化。两者是否能和谐地共同发挥作用，其关键在于保持整体战略和公司项目群之间清晰的联系，以确保包括愿景、目标、战略、目的和计划在内的所有关键因素保持一致。另外，公司需要意识到当他们采用支持项目的组织结构时，会产生更好的结果。同样，当组织的文化氛围有利于项目管理方法时，它们也更可能取得成功。这些项目管理方法包括承担风险的意愿，创造性思考，与其他职能部门密切合作等。越来越多成功的项目型组织意识到一个简单的现象，即项目所处的环境是项目取得商业和技术成功的关键性因素。

小结

1. **了解有效的项目管理是怎样发挥作用以实现战略目标的。** 本章将项目管理与企业战略联系起来。项目是战略的奠基石，因为项目是企业实施前期目标和战略的最基本工具。

2. **认识企业战略模型的3个步骤：制定、实施和评价。** 本章提出了项目企业战略管理广义模型，区分三个步骤：战略制定、战略实施和战略评价。每个步骤包括很多子项。比如，战略制定包括以下阶段：
   - 建立愿景和任务说明；
   - 实施内部审计（评估优势和劣势）；
   - 实施外部审计（评估机遇和威胁）；
   - 确定长期目标；
   - 产生、评价和选择战略。

   战略实施需要协调管理、技术、财务和职能资产来对它进行巩固和支持。项目常常作为实现战略的方法。最后，项目评价需要有测度结果并向所有相关部门提供反馈信息。

3. **认识到识别关键项目干系人并在项目开发环境中管理这些干系人的重要性。** 本章提出的最后一个战略问题是：企业与其干系人的关系。项目干系人既可以在公司内部（高层管理者、其他职能部门的人员、支持人员、内部客户），也可以是外部的（供应商、分销商、介入者、政府中介和规则制定者、客户）。每个干系人都必须进行系统地管理，管理流程从识别到需求评价、战略选择、日常评估和调整。与战略管理联系起来，干系人管理形成了一种首先评价项目然后管理项目的环境。

4. **识别3种基本的组织结构形式及其对项目管理的意义**。本章介绍了3种主要组织结构的优缺点，包括职能结构、项目结构和矩阵结构。本章还阐述3种结构类型的特点及其与项目管理的关系。组织形式中最常见的是职能结构，但由于这种形式有太多的局限性，对项目管理来说也许是最无效的形式。从项目管理视角来看，产品结构相对于职能形式具有优势，但也面临相同的局限性。项目结构中，组织使用项目作为组织主要形式，尽管也有一些一般性的局限，但项目结构对项目管理来说优势更大。最后，使用双层级结构系统的矩阵结构追求项目和职能之间的平衡，本章也对该结构对实施项目管理的优缺点进行了分析。

5. **理解公司如何将其结构转变为项目型组织，从而有助于开展有效的项目管理实践**。许多组织在项目管理操作中向以客户为中心转变，从而创建项目型组织，在这种组织中，项目经理拥有更多的权力以实现项目目标。因为客户满意是组织的目标，而在这种组织中项目经理能够更多地控制项目资源并直接与项目委托人联系，因此组织必须依靠项目经理来获得项目成功。

6. **识别3种形式的项目管理办公室的特点**。项目管理办公室是组织或部门检查或改进项目管理的中心部门。组织中项目管理办公室有3种主要的类型。监测中心主要用作跟踪和监督工具。用这种方法，项目管理办公室的作用是密切关注项目的状况而不用直接影响或者控制项目。第2种形式是控制中心，这种形式将项目管理作为受保护和支持的商业技能。它可以识别哪些工作在进行中、弊端在哪里以及解决现有问题的方法，从而专注于提出继续提高项目管理技能的方法。最重要的是，控制中心不同于监测中心，后者仅仅监视项目管理活动，将监视结果报告给高层管理者，而前者则是直接与项目经理及其团队一起工作，并支持他们的所有活动。最后一种模式是资源库，这种项目管理办公室用来保持并提供经过培训的熟练的专业项目人员。公司启动了新项目，受到影响的部门会将资源库项目管理办公室作为资产来组建项目团队。

7. **理解企业文化的关键概念以及文化是如何形成的**。组织文化是另一个环境因素，在影响组织内成员的态度及其共有的价值观方面起着重要作用，而成员的态度及其共有的价值观又影响他们对项目管理及其实施的贡献。文化被定义为对行为不成文的规范，或者是用来塑造和引导行为的规范，这些规范为组织内一部分成员共有，并传授给公司内所有新成员。当企业拥有坚固的支持项目的文化时，组织协作的可能性变大，而损害项目目标来保持部门忠诚度的情况将很少，同时也更可能为实现项目目标获得必需的资源。

   组织文化的形成受到多种因素的影响，包括技术、环境、地理位置、奖励系统、规则和程序、关键组织成员以及关键事件。每个因素都对决定组织文化是否坚固、是否有协作性、是否以客户为中心、是否以项目为导向以及是否鼓励高速发展等起着重要作用。

8. **认识到支持性组织文化对项目管理实施的正面影响和负面影响**。本章最后指出了支持性文化促进项目的方式以及文化阻碍项目管理的方式。"病态"文化的共同点在于其承诺升级的问题，即组织的关键成员继续支持明显会失败或者有问题的项目。承诺升级的原因有很多，包括：威信岌岌可危、深信离成功不远了、担心如果承认失败会被嘲笑以及组织文化本身的原因。

讨论题

2.1 本章认为战略管理的定义应该包含4个部分：
   a. 建立愿景和任务说明；
   b. 制定、实施和评价；
   c. 制定跨部门的决策；
   d. 达到目标。

   讨论这4个部分为什么对理解战略项目管理所带来的挑战具有重要意义。项目如何让组织认识战略管理中的每个部分？

2.2 讨论组织目标和战略的区别。

2.3 你的公司计划在俄勒冈州建一家核电厂。为什么干系人分析是是否应该实施该计划的重要前提？对软件更新项目进行干系人分析，其关键干系人有哪些？

2.4 假设一家中型企业决定开始在其运作中大幅度实施项目管理。作为运作转变的一部分，他们准备在企业内某个位置设置项目管理办公室。对应该采用哪种类型的项目管理办公室（监测中心，控制中心，资源库），大家争论不休。能帮助他们选择最佳模式的关键决策标准是什么？

2.5 影响发展和保持支持性组织文化的关键组织要素有哪些？某职能型组织过去是一种敌对文化，不同部门之间强烈反对互帮互助，现寻求转变成鼓励"项目为本"想法和跨职能合作的组织文化，作为顾问，你将会给该组织哪些建议？

2.6 假定你是XYZ公司的高级管理人员，过去公司采用的是职能结构，由5个部门组建而成：财务部、人力资源部、营销部、生产部和工程部。
   a. 画出简化的职能结构图，标出上述5个部门。
   b. 假设你已经决定将组织结构转变为项目结构，哪些环境压力促使你认为必须改变结构？
   c. 在采用项目结构后，公司近期有4个项目在进行中：立体声设备项目、使用仪器和测试设备项目、光学扫描仪项目、军用通信设备项目。画出新的结构图，使组织图中包含这4个项目。

2.7 假设你现在想将讨论题2.6中的结构转换成矩阵结构，从而强调对职能和项目或产品线的双重作用。
   a. 重新设计结构图，看看矩阵结构怎么样。
   b. 从上面设计的结构图来看，你预计会出现哪些行为问题？也就是说，在双层级结构中你能发现哪些潜在的问题？

案例分析 2-1

劳斯莱斯公司

尽管我们中大多数人在提到劳斯莱斯（Rolls-Royce）时不可避免地将其与超豪华

的汽车联系在一起，但是现代的劳斯莱斯公司正处于一个完全不同的竞争性环境。它是为航空航天、航海和电力公司提供动力系统的龙头企业，其市场定位于发展包括商业和军用等各种用途的喷气式引擎。在市场上它有两大竞争对手，通用电气（General Electric）和普惠（Pratt & Whitney）（联合技术公司拥有），当然也存在少数小的生产喷气式引擎的竞争对手，但是它们的技术和商业前景都比较弱。所以劳斯莱斯、通用电气和普惠为争夺军用订单和商业航空工业的客户展开了激烈竞争。两大飞机机身制造商波音和空客的持续购买决策对于飞机引擎制造商现在的成功来说是极为重要的，因为每笔订单的价值都是数百万美元。空客是一家由几个欧洲公司合伙创办的私人联合集团，近年来与波音公司在销售上持平。因为单个喷气式引擎包括备用部件的花费就可以达到几百万美元，对于"三巨头"中的每一个引擎制造商来说，不论是从军用还是商用飞机制造商方面获得大的订单都是挑战。

但航空公司在发展中国家发展航空业务通常既存在丰厚的利润又存在风险，因为这些国家保持不了高的外汇储备。众所周知，劳斯莱斯（或其竞争对手）采取部分现金支付配以日用品来保持平衡。所以它与土耳其国家航空公司的合同将采取部分现金支付再附以数吨阿月浑子果（一种植物）或其他外贸商品的方式。为了保证其销售和服务的目标，这些喷气引擎制造商采取了以创造性的融资、长期合同或是以资本为基础的交易方式。然而，喷气发动机市场正在以巨大的速度持续扩张。劳斯莱斯制订了一个20年的项目计划，该计划预计仅其国内航空对发动机的潜在市场需求将达到70 000套，价值4亿美元。如果把军用订单计算在内，其喷气式发动机销售的收入是非常可观的。劳斯莱斯计划，未来最大的市场增长点是为大型喷气式飞机设计的大型强推动力发动机。

劳斯莱斯正在进行一个可能带来丰厚利润或惨重损失的战略决策，这个项目是与空客公司合作开发的，开发采用其最新发动机技术的"特伦特系列"（Trent series），应用于远距离航行的超大型商业飞机。而空客最新设计的380系列，可容纳超过550人，远距离飞行（近8 000英里）。特伦特900系列，其发动机的每个引擎可产生70 000磅推动力，消耗大量成本后，目前这种机型已经被制造出来，并有望进入大型喷气式飞机市场。这一计划反映出劳斯莱斯和空客预计航空乘客量在今后20年内将增长3倍这一战略眼光。因此，未来的机遇将属于更大、更经济的飞机。自2007年起，空中客车总共向客户交付了40架A380飞机，仅2010年就有17架，现在订单量更是达到237架。空中客车和劳斯莱斯在共同进行一场风险投资，以证实它们对未来的战略预见是正确的。

问题

1. 劳斯莱斯公司的主要项目管理干系人有哪些？如何针对干系人关注的问题来设计干系人管理战略？

2. 考虑开发喷气发动机固有的财务风险，从正反两方面分析劳斯莱斯与其他喷气式发动机制造商建立类似于空中客车联盟的战略伙伴关系。建立这种联盟关系有哪些利弊？

案例分析 2-2

经典案例：失乐园——施乐公司的 Alto 个人电脑[38]

想象一下在个人电脑市场垄断技术的价值，对于一个企业来说，5年的技术优势意味着什么？简单地说，它意味着上百万美元的收益、稳固的市场地位、稳定的未来收入等。然而对于施乐公司（Xerox Corporation），在成为行业领导者的道路上却发生了一些奇怪的事情。1970年，施乐公司在办公室自动化上的巨大飞跃为其带来了独一无二的地位优势，但是由于其在战略上的目光短浅、缺乏勇气、结构不合理和错误的选择，导致它最终失去了该优势。这是关于施乐公司世界上第一台个人计算机 Alto 的故事，同时也是一个商业界历史上有名的"假如……将会怎样"的故事。

与其说 Alto 向前迈出了一步还不如说它是一次技术的飞跃。它是第一个综合了比特绘图、鼠标、菜单屏幕、图符、以太网连接、激光打印、字处理软件的独立的个人计算机，在1973年年底诞生并运行。它综合了施乐帕洛阿尔托研究中心（PARC）多位计算机科学天才的成果。Alto 激动人心之处在于它的创新吸引力。这是施乐的最高管理层命令要"来个本垒打"时，PARC 所给出的成果。施乐公司在这之前已经在类似的一次"本垒打"中盈利，那次是 Model 914 复印机，这个技术创新推动了 Xerox 在 1960～1969 年成为一个拥有数十亿美元资产的公司，而 Alto 是一个相似的成就。

既然如此，究竟是什么地方出问题了？是什么导致 Alto 的生产产量未超过2 000台并且没有一台投入市场？（它们只是用在公司内部或者一些大学里。）答案可以从施乐公司糊涂的策略中找到，他们认为当 Alto 还在发展阶段的时候，应该将重点继续放在施乐复印机的经营上。

施乐公司在这段时间的历史，显示了其从技术领导者的地位到渐进主义的转变，转变后的施乐，仅仅满足于在办公自动化方面追随 IBM 的领导地位。渐进主义指采用渐进的方法，这种方法安全，避免技术上的飞跃和大的风险，并且能保证有较大的收益。1974年施乐公司决定将 Model 800 磁带字处理器而非 Alto 投入市场，因为 Model 800 被认为是更安全可靠的选择。接下来的5年，一系列不合时宜的诉讼、改革又使 Alto 没有得到关注。哪些部门负责 Alto 的开发和生产？通常谁的预算会支持 Alto 和 PARC？丢下这些重要的决定没有处理，施乐浪费了宝贵的时间和技术优势。甚至当很明显的迹象表明它的竞争对手 Wang 准备推出它自己的办公系统时，施乐依然没有采取行动将 Alto 投入市场。直到1979年，它唯一的机会也失去了，Alto 不再是一项唯一的技术了，公司只好终止了所有关于它商业介绍的计划。

最终具有讽刺意味的是，一个以自己第1次成功创新产品（Model 914 复印机）命名的公司，竟然在第2次创新到来时，不知道如何处理这次机遇。简单说，Alto 真是太先进了，以致似乎无法预测它可能带来的机遇。主管人员的策略重心没有一个是继续创新。相反，他们只知道在竞争中采取渐进的方法，那就是，当 IBM 推出一个新的电子打印机时，他们也跟着做。施乐的组织结构阻碍了部门或者关键经理成为像 Alto 这样新技术的拥护者。

在1979年，苹果公司的总裁史蒂夫·乔布斯在参观 PARC 时发现了正在使月中的 Alto。Alto 的特征和运行能力给他留下了深刻的印象，当他问起 Alto 什么时候会投入商业生产时，却被告知 Alto 的许多技术在 1973 年就已经开发了。用乔布斯自己的话说，当他想到施乐所浪费的机遇时，他"全身都不舒服"。

问题

1. 施乐投入数百万美元来支持像 PARC 这样的研究机构，然后又拒绝在商业上推出其成果，其逻辑上的矛盾是什么？

2. 在支持或者反对开发像 Alto 这样非常新的技术时，施乐的战略愿景起到了什么样的作用？

3. 在 Alto 准备推出的时候，一些不可预见的事件联合起来，它们如何使 Xerox 的管理层不愿再冒新的风险？

4. "如果我们想在商业上取得成功，创新就不能太激进。"讨论应该支持还是反对以上说法。

案例分析 2-3

项目任务估计和"扩大－压缩"文化

你最近与一家公司在一起工作，这个公司采用的一种方法假定，让项目小组成员努力工作的最好方法是：将他们的任务估计历时减少 20%。设想老板要求你估计为一个专业软件产品编写计算机代码要花多少时间，你确定要花 80 个小时。如果你知道当你将这个信息告诉你的上级时，他将立即减掉你估计时间的 20%，那么你会怎么做？你很可能为了保护自己，首先加上 20% 到你估计的时间上。你和老板的对话将会是：

老板：你能估计一下写那些代码的时间吗？

你：可以，我要花 100 小时。

老板：那太长了，我只能给你 80 小时，最多！

你（夸张地叹息）：好，既然你这么说，我真的不知道怎么推迟！

一旦你离开办公室关上门，你会立即笑起来，同时轻声说一句："抓住你的弱点了！"

问题

1. 公司的文化是如何支持这种行为的？项目经理面对的压力是什么？下属面对的压力又是什么？

2. 讨论这样的观点："如果你不认真考虑我的估计，我将不会给你认真的估计。"在本案例中，该观点是如何得到表现的？

案例分析 2-4

WRU 公司

WRU 公司（Widgets' R Us）是一家中型企业，专门设计生产高级装饰品。装饰品的市场很稳定。以前，WRU 采用职能结构，设有 4 个部门：会计部、销售部、生产部和设计部。当时公司运行得很好，而且可以和低价公司竞争。

过去 3 年中，市场对装饰品的需求在持续增长，新的装饰品被不断开发出来以满足人们增长的需求。推出一个新装饰品的平均周期是 12～15 周。WRU 不幸地发现，自己已经不能在这个不断变化的市场成功地竞争。执行总裁指出了企业一系列的问题，如产品进入市场很慢；企业从市场上收集信息很慢，从而导致很多新的创新机会没有把握住；企业内部交流很少；许多信息在向上级递交时遭到反对，却没有谁知道原因是什么。对于这些问题的责任，各部门的负责人都互相推诿。

问题

1. 如果你作为顾问被邀请来分析WRU的运营情况，你将给出什么意见？
2. 可采取什么样的组织结构变化来改进企业的运营？
3. 企业采用不同组织结构的优缺点分别是什么？

网上练习

1. 韦格曼斯公司一直被美国《财富》杂志评选为100家最佳公司之一。事实上，自2005年起，它就被排在首位。看看它的网页，www.wegmans.com，点击"About Us"。韦格曼斯公司想通过它的网页表达什么，正式的还是非正式的？这个网页蕴含着什么样的组织文化？
2. 访问网站www.projectstakeholder.com，分析在该网站中找到的一些案例研究。这些案例如何说明在项目开发阶段之前评估干系人项目期望的重要性？换言之，在项目开始后才着手处理干系人关注的问题，会带来哪些风险？
3. 选择一个公司，登录该公司的网站，找到它的组织结构图。这个图说明该公司是以什么形式组成的：职能、项目、矩阵或者其他形式？根据我们在这个章节的讨论，该公司项目管理活动的优缺点是什么？
4. 访问福陆－丹尼尔公司的网页，查看它的"Compliance and Ethics"板块www.fluor.com/sustainability/ethics_compliance/Pages/default.aspx。"Fluor Code of Business Conduct and Ethics"是如何指导公司的业务执行的？从道德准则中可以看出其战略目标和方向是什么？在你看来，道德标准如何影响公司经营项目的方式？

项目管理职业认证考试样题

1. 职能经理的主要职责是什么？
   a. 控制资源。
   b. 当项目经理不在的时候管理该项目。
   c. 定义业务流程。
   d. 管理项目经理。
2. 高级管理人员在项目中的典型职责是什么？
   a. 支持项目。
   b. 付款。
   c. 支持项目，解决资源问题和其他冲突。
   d. 解决资源问题和其他冲突。
3. 管理和监督项目经理、文件和政策的组织是什么？
   a. 项目管理办公室。
   b. 强矩阵。
   c. 职能部门。
   d. 纯项目。
4. 一名业务分析员有一条对其十年的职业生涯非常重要的职业发展道路。她被安排到一个具有强矩阵组织结构的项目中。以下哪一项可能会对项目产生消极影响？

a. 远离团队或参与一个可能难以得到晋升的项目。

b. 与有相似技能的人一起工作。

c. 因为某项目具有较高的优先级而长时间地工作。

d. 因为她太忙了而不能参加她个人的认证考试。

5. 职能经理正计划与公司新任项目经理一起完成更换计费系统的项目。在讨论这个项目的时候，职能经理更关心系统创建后的运行成本，系统更新率是多少年？什么最能反映职能经理关心的问题？

a. 项目生命周期。

b. 产品生命周期。

c. 项目管理生命周期。

d. 程序管理生命周期。

答案：

1. a。职能经理负责其部门的日常运营和控制其资源。

2. c。因为高级管理人员往往职位上高于项目经理，他们能帮助解决一些资源或出现的其他冲突。

3. a。项目管理办公室（PMO）典型地具备以上所有的职责。

4. a。因为项目采用了强矩阵结构，离开她所在的职能团队可能会使她感到在项目中的努力没有被她的职能经理认可。

5. b。职能经理重点关注产品生命周期，它包含该产品的使用范围，是一个项目成功的前提条件。

项目综合练习

制订你的项目计划

练习1 建立方案的描述和目标

你被分配到一个项目小组为公司开发一个新的产品或者服务。你首先面临的挑战是必须决定开发的产品或服务的类型。方案的选择很灵活，而且种类繁多，比如建筑、新产品的开发、IT应用等。

建立一个你所选项目的范围报告，你的团队应该建立一个完整的项目历史记录，包括：项目的概要、明确的目标（包括项目目标）、采用的项目管理的一般方法以及重要的项目约束或者潜在的限制性影响。此外，如果可以的话，明确完成项目所需的所有资源要求（例如：人员或者专业的设备）。这一阶段最重要的是建立一个你所选择项目的历史记录或描述，包括一个详细而精确的目标或意图说明（例如：开发该项目的原因？该项目的内容是什么？它所针对的环境和机会是什么？）

报告应该完整解释项目的概念、约束和期望，但不必细化到项目的子活动或具体组成部分，关键是要针对目前的前景。

ABCups公司的案例背景分析和描述

ABCups公司成立于1990年，拥有并操作着10个注射浇铸机来生产塑料饮用器具。ABCups公司的生产线包括旅行杯、保温杯、啤酒杯和运动杯。旅行杯、保温杯、啤酒杯有两种型号：14盎司和22盎司，运动杯只有32盎司一种型号。除了啤酒杯，所有产品都有盖子。旅行杯、保温杯包括垫圈、杯身和杯盖。啤酒杯、运动杯没有垫圈。有15种颜色可供选择，而且可以使用任何几种颜色进行混合搭配。旅行杯、保温杯有一个需要焊接在杯身外面的垫圈；次承包商和印刷商将各个部分拼合在一起。ABCups公司不负责拼合，但是它负责将盖子附在杯子上。ABCups公司的顾客基础包括分销商以及推销商。其每年的销售增长率保持稳定,平均每年2%～3%。去年的销售总收入是7 000万美元。

目前的工序

ABCups公司目前的生产方法如下:
(1) 说明工作任务;
(2) 接受/处理订单;
(3) 根据订单安排生产日期;
(4) 浇铸各个部件;
(5) 根据生产规格向印刷商下订单;
(6) 将各个部件运给印刷商让其负责组装和艺术处理;
(7) 收回从印刷商处返回的产品,进行最后的装配和质量检测;
(8) 将产品运给消费者。

按现在的加工水平,根据订单大小、复杂性以及目前生产的特点,整个过程大约要花费2～4个星期。

方案的概况

由于大量来自顾客的抱怨和对质量不合格的反馈,ABCups公司决定首先解决最突出的质量问题。公司决定由自己负责组装和印刷,这样做将解决目前的质量问题,扩大市场,能更好控制交付和订单输出,并且对消费者更负责。该项目包括将3个新的工序(组装、印刷、进一步的质量控制)增加到公司现有的生产流程中。

ABCups公司没有组装和印刷的经验和设备,公司需要自己学习,考察租借还是购买厂房和设备,雇用受过训练的工人,实现从依靠次承包商到自己负责全部生产的过渡。项目需要一个明确的完成时间,来保证该过渡能顺利平稳地进行,同时减少产品在运送给顾客的过程中可能出现的问题。

高层管理者的战略是纵向集成各部门以节省成本、扩大市场份额、提高产品质量。目前,ABCups公司正面临与其销售商之间出现的许多问题,如产品质量差、进度延期等,这些问题导致ABCups公司运输货物中的20%错过了顾客的期望时间。对产品的开发周期保持完全的控制能提高ABCups公司的产品质量,并保证准时交货。

目标

目的	标准
1. 在不降低顾客满意度的前提下,在1年内满足项目的所有期限	优秀 = 错过0个最后期限 良好 = 错过1～5个最后期限 可接受 = 错过的最后期限小于8个
2. 在6个月的时间内,逐渐完全不依靠次承包商,并且不提高产品价格,不降低产品质量	优秀 =100% 独立 良好 =80%～99% 独立 可接受 =60%～79% 独立
3. 在不影响现在的顾客交付进度的前提下,在1年内,实现全部工序的改进	优秀 =0 运输延迟 良好 = 不超过5% 运输延迟 可接受 =5%～10% 运输延迟
4. 在1年时间内减少顾客的等待时间,并且不降低质量,不提高价格	优秀 = 减少2/3 的等待时间 良好 = 减少1/2 的等待时间 可接受 = 减少1/3 的等待时间
5. 保留10%的资金预算,不超过项目进度基准计划的20%	优秀 = 变动1% 良好 = 变动5% 可接受 = 变动10%
6. 在1年内,使顾客的抱怨减少25%	优秀 = 减少45% 良好 = 减少35% 可接受 = 减少25%

一般的方法

（1）**管理方法**——从外面的卖主那里买来设备，由 ABCups 公司内部的员工来完成装配工作。有了所需的设备，同时公司雇用了必要的维护人员来装备设备并进行设备的维护，此外卖主还提供了相应的培训，因此就不再需要次承包商。

（2）**技术方法**——设备制造商利用 CAD 来进行设备的设计。一开始，公司要求获得一系列部件，这样一旦设备到了就可以调试机器。固定器件将按要求设计，但由设备制造商提供。

约束条件

（1）**预算的限制**——这个项目最终要增加公司的利润。另外，它的预算被限制。无论是转变还是最终生产上增加的花费，该项目都要表明这些花费将增加公司的利润。

（2）**有限的厂房空间**——ABCups 公司假定这个转变不包括建设新的工厂或者大量增加设备的数量。提供给新机器、新员工以及颜料和产品的空间只能在现有厂房的基础上改造。如果需要新的空间，租赁或购买的选择就必须进行更进一步的调查研究。

（3）**时间**——因为这个方案要求公司解除与卖主的合同，任何错过的时间或者其他延迟都将导致对顾客的延误。所以在时间计划不是很确定的情况下，为了避免在竞争中失去消费者，必须有后备计划。过渡必须在全面的项目进度计划下进行。

（4）**安全管理**——安装和转换必须遵照几个代理商的规范进行，代理商包括 OSHA（职业安全和健康管理准则）、保险公司、金融代理，但不限于这几个。

（5）**当前的订单必须准时完成**——所有活动都必须避免延误目前的订单。公司的过渡应该让顾客认为很自然，从而避免失去任何一部分现有的顾客基础。

注释

1. Ramsey, M., 2014. Does Tesla Really Need a $5 Billion Battery? *Wall Street Journal*, April 2, pp. B1–B2.
2. David, F. R. (2001). *Strategic Management*, 8th ed. Upper Saddle River, NJ: Prentice Hall.
3. The Holy Bible, King James Version. Cambridge Edition: 1769; (Prov. 29:18).
4. Vision Statement of Bechtel Corporation
5. Cleland, D. I. (1998). "Strategic project management," in Pinto, J. K. (Ed.), *Project Management Handbook*. San Francisco, CA: Jossey-Bass, pp. 27–40.
6. Weihrich, H. (1982). "The TOWS matrix—A tool for situational analysis," *Long Range Planning*, 15: 54–66; Hillson, D. (2002), "Extending the risk process to manage opportunities," *International Journal of Project Management*, 20: 235–40.
7. Wheelen, T. L., and Hunger, J. D. (1992). *Strategic Management and Business Policy*, 4th ed. Reading, MA: Addison-Wesley.
8. Wiener, E., and Brown, A. (1986). "Stakeholder analysis for effective issues management," *Planning Review*, 36: 27–31.
9. Mendelow, A. (1986). "Stakeholder analysis for strategic planning and implementation," in King, W. R., and Cleland, D. I. (Eds.), *Strategic Planning and Management Handbook*. New York: Van Nostrand Reinhold, pp. 67–81; Winch, G. M. (2002). *Managing Construction Projects*. Oxford: Blackwell; Winch, G. M., and Bonke, S. (2001). "Project stakeholder mapping: Analyzing the interest of project stakeholders," in Slevin, D. P., Cleland, D. I., and Pinto, J. K. (Eds.), *The Frontiers of Project Management Research*. Newtown Square, PA: PMI, pp. 385–404.
10. Wideman, R. M. (1998). "How to motivate all stakeholders to work together," in Cleland, D. I. (Ed.), *Project Management Field Guide*. New York: Van Nostrand Reinhold, pp. 212–26; Hartman, F. T. (2000). *Don't Park Your Brain Outside*. Newtown Square, PA: PMI.
11. Cleland, D. I. (1988). "Project stakeholder management," in Cleland, D. I., and King, W. R. (Eds.), *Project Management Handbook*, 2nd ed. New York: Van Nostrand Reinhold, pp. 275–301.
12. Vrijhoef, R., and Koskela, L. (2000). "The four roles of supply chain management in construction," *European Journal of Purchasing and Supply Management*, 6: 169–78.
13. Cleland, D. I. (1988), as cited in note 12.
14. Block, R. (1983). *The Politics of Projects*. New York: Yourdon Press.
15. Manyika, J., Chui, M., Bughin, J., Dobbs, R., Bisson, P., and Marrs, A. (2013). *Disruptive technologies: Advances that will transform life, business, and the global economy*. McKinsey Global Institute. file:///C:/Users/jkp4/Downloads/MGI_Disruptive_technologies_Executive_summary_May2013.pdf.
16. Fisher, R., and Ury, W. (1981). *Getting to Yes: Negotiating Agreement Without Giving In*. New York: Houghton Mifflin.
17. Frame, J. D. (1987). *Managing Projects in Organizations*. San

Francisco, CA: Jossey-Bass.
18. Robert Burns, a Scottish poet and lyricist. (1759–1796).
19. Grundy, T. (1998). "Strategy implementation and project management," *International Journal of Project Management*, 16(1): 43–50.
20. Daft, R. L. (2001). *Organization Theory and Design*, 7th ed. Mason, OH: Southwestern; Moore, D. (2002). *Project Management: Designing Effective Organizational Structures in Construction*. Oxford: Blackwell; Yourker, R. (1977). "Organizational alternatives for project management," *Project Management Quarterly*, 8(1): 24–33.
21. Meredith, J. R., and Mantel, Jr., S. J. (2003). *Project Management*, 5th ed. New York: Wiley.
22. Larson, E. W., and Gobeli, D. H. (1987). "Matrix management: Contradictions and insights," *California Management Review*, 29(4): 126–37; Larson, E. W., and Gobeli, D. H. (1988). "Organizing for product development projects," *Journal of Product Innovation Management*, 5: 180–90.
23. Daft, R. L. (2001). *Organization Theory and Design*, 7th ed. Mason, OH: Southwestern; Anderson, C. C., and Fleming, M. M. K. (1990). "Management control in an engineering matrix organization: A project engineer's perspective,"

Industrial Management, 32(2): 8–13; Ford, R. C., and Randolph, W. A. (1992). "Cross-functional structures: A review and integration of matrix organization and project management," *Journal of Management*, 18: 267–94.
24. Larson, E. W., and Gobeli, D. H. (1987). "Matrix management: Contradictions and insights," *California Management Review*, 29(4): 126–37; Larson, E. W., and Gobeli, D. H. (1988). "Organizing for product development projects," *Journal of Product Innovation Management*, 5: 180–90; Engwall, M., and Kallqvist, A. S. (2000). "Dynamics of a multi-project matrix: Conflicts and coordination," Working paper, Chalmers University, www.fenix.chalmers.se/publications/2001/pdf/WP%202001-07.pdf.
25. Wheelwright, S. C., and Clark, K. (1992). "Creating project plans to focus product development," *Harvard Business Review*, 70(2): 70–82.
26. Gobeli, D. H., and Larson, E. W. (1987). "Relative effectiveness of different project management structures," *Project Management Journal*, 18(2): 81–85; Gray, C., Dworatschek, S., Gobeli, D. H., Knoepfel, H., and Larson, E. W. (1990). "International comparison of project organization structures," *International Journal of Project Management*, 8: 26–32.
27. Gray, C. F., and Larson, E. W. (2003). *Project Management*, 2nd ed. Burr Ridge, IL: McGraw-Hill; Dai, C. (2000). *The Role of the Project Management Office in Achieving Project Success*. PhD Dissertation, George Washington University.
28. Block, T. (1998). "The project office phenomenon," *PMNetwork*, 12(3): 25–32; Block, T. (1999). "The seven secrets of a successful project office," *PMNetwork*, 13(4): 43–48; Block, T., and Frame, J. D. (1998). *The Project Office*.

Menlo Park, CA: Crisp Publications; Eidsmoe, N. (2000). "The strategic project management office," *PMNetwork*, 14(12): 39–46; Kerzner, H. (2003). "Strategic planning for the project office," *Project Management Journal*. 34(2): 13–25; Dai, C. X., and Wells, W. G. (2004). "An exploration of project management office features and their relationship to project performance," *International Journal of Project Management*, 22: 523–32; Aubry, M., Müller, R., Hobbs, B., and Blomquist, T. (2010). "Project management offices in transition," *International Journal of Project Management*, 28(8): 766–78.
29. Casey, W., and Peck, W. (2001). "Choosing the right PMO setup," *PMNetwork*, 15(2): 40–47; Gale, S. (2009). "Delivering the goods," PMNetwork, 23(7): 34–39.
30. Kerzner, H. (2003). *Project Management*, 8th ed. New York: Wiley; Englund, R. L., and Graham, R. J. (2001). "Implementing a project office for organizational change," *PMNetwork*, 15(2): 48–52; Fleming, Q., and Koppelman, J. (1998). "Project teams: The role of the project office," *Cost Engineering*, 40: 33–36.
31. Schein, E. (1985). *Organizational Culture and Leadership: A Dynamic View*. San Francisco, CA: Jossey-Bass, pp. 19–21; Schein, E. H. (1985). "How culture forms, develops and changes," in Kilmann, R. H., Saxton, M. J., and Serpa, R. (Eds.), *Gaining Control of the Corporate Culture*. San Francisco, CA: Jossey-Bass, pp. 17–43; Elmes, M., and Wilemon, D. (1989). "Organizational culture and project leader effectiveness," *Project Management Journal*, 19(4): 54–63.
32. Kirsner, S. (1998, November). "Designed for innovation," *Fast Company*, pp. 54, 56; Daft, R. L. (2001). *Organization Theory and Design*, 7th ed. Mason, OH: Southwestern.
33. "Australian London 2012 Olympic swim team 'toxic'" (2013, February 19). BBC News Asia,. www.bbc.com/news/world-asia-21501881.
34. Kilmann, R. H., Saxton, M. J., and Serpa, R. (1985). *Gaining Control of the Corporate Culture*. San Francisco, CA: Jossey-Bass.
35. "The US must do as GM has done." (1989). *Fortune*, 124(2): 70–79.
36. Hillier, B. (2013, July 24), "Gibeau: 'You get the best games from small teams with strong cultures,'" *VG 24/7*. www.vg247.com/2013/07/24/gibeau-you-get-the-best-games-from-small-teams-with-strong-cultures/; Takahashi, D. (2013, July 23). "EA exec Frank Gibeau: Betting on next-gen consoles, mobile, and doing right by consumers," *Venture Beat*. http://venturebeat.com/2013/07/23/eas-frank-gibeau-on-interview-part-1.
37. Staw, B. M., and Ross, J. (1987, March–April). "Knowing when to pull the plug," *Harvard Business Review*, 65: 68–74.
38. Smith, D. K., and Alexander, R. C. (1988). *Fumbling the Future: How Xerox Invented, Then Ignored, the First Personal Computer*. New York: Macmillan; Kharbanda, O. P. and Pinto, J. K. (1996). *What Made Gertie Galdop?* New York: Van Nostrand Reinhold.

第 3 章

项目选择和项目群管理

本章目标

学习本章后,你将能够:
1. 解释一个有效的项目选择模型应符合的 6 个标准。
2. 知道如何使用检查表以及简化的评分模型进行项目选择。
3. 使用更精确的评分模型,如层次分析法。
4. 学习使用财务概念,如有效边界和风险/回报模型。
5. 使用财务分析和期权分析来评估新项目投资的潜力。
6. 识别企业在保持最优项目群过程中的困难。
7. 了解成功项目群管理的 3 个关键因素。

本章涉及的项目管理知识体系的核心概念

项目群管理(见 PMBoK 1.4.2 节)

☐ 项目导读 3-1

项目选择的程序:来自多个行业的项目选择实例

项目选择既是科学也是艺术,需要企业认真对待,来自不同行业的企业开发了相当复杂的项目选择方法,以保证所投资的项目能够成功。在这个选择的过程中,组织通常会使用各自独特的方法,而这些方法都是以技术问题、可获取数据、共同文化和偏好为基础的。下面通过一些实例来大致了解什么是项目选择方法。

- 赫斯特制药公司(Hoechst AG)在对项目机会进行评价的时候,采用了一种由 5 个主要类别共 19 个问题构成的评分组合模型。这 5 个主要类别包括:技术成功的可能性、商业成功的可能性、给公司带来的回报、是否符合商业战略以及战略层次(项目使用和提升企业资源与技能的能力)。在这每一类下又提出了一些有针对性的问题,这些问题采用十分制,由管理人员打分。

- 在德国工业巨头西门子公司中，位于190个国家的各个分公司都借助"PM@Siemens"系统，使用两位编码对项目进行分类。字母A～F表示项目对公司的重要程度，而数字0～3则表示项目整体风险水平。大型或者高风险型项目（如，"A0"）需要通过西门子德国董事会的同意，小型项目（如，"F3"）得到当地分公司的批准即可。项目群中如果有过多的A0则表示风险较大，但是如果F3项目过多，则是缺乏整体经济价值的信号。
- 加拿大皇家银行（Royal Bank of Canada）开发了一种用来评价项目机会的评分模型，其组合评分的标准包括项目重要性（战略重要性、影响的大小以及经济利益）和操作的简易性（开发成本、项目复杂度以及资源是否可获得）。每年预期的花费以及整个项目的支出也是对项目进行优先级排序的标准，此外，其他一些评判准则也被采纳进来，如将重要性很低同时又难以实施的项目划分到不执行的等级中。
- 维尔豪泽公司（Weyerhaeuser）为研发项目的选定和排序过程设计了共同的流程。这个流程包括3个类型的活动：技术评估（外部环境的变化以及对企业的影响）；研究（建立知识数据库以及在核心技术领域的资质）；利用特殊的商业机会。在进行优先级排序时有4个关键的输入因素需要考虑：外界环境的显著变化、主要客户未来的长期需求、商业战略、优先顺序、技术要求以及共同的战略方向。
- 美孚化工公司（Mobile Chemical）使用6种项目类型来对项目群中的项目进行排序，这6种类型包括：①成本减少和流程改进项目；②产品改进、产品修改和提高客户满意度项目；③新产品开发项目；④新平台项目和基础/突破研究项目；⑤设施支持项目；⑥客户技术支持项目。高级管理层对所有提议的项目进行审核后，就根据这6种类型来进行资金分配。这些决策中的一个重要步骤就是对"实际是什么"和"应该是什么"的比较。
- 得克萨斯交通运输部门在选择项目过程中拥有自己的衡量标准。基础设施和开发项目的选择基于以下几个标准：安全性、与现有系统的兼容性、对交通堵塞的缓解作用、接入灵活性、经济活力、有效系统管理和运作，还包含其他一些在全州长期运输计划中提出的运输目标。这些项目也必须遵守所有部门设计的章程，遵守州和联邦的法律和规定。[1]
- 在美国3M公司的交通控制物料部门（Traffic Control Materials Division），管理层在进行项目选择的时候，使用一份项目生存能力图来对所选择的项目进行打分。作为制图和打分过程的一部分，个人必须说明项目如何达到项目战略目标，同时还要解释影响目标市场中指定人群的关键商业问题。一般来说，提议项目的投资回报要能够弥补选择项目的风险。
- 埃克森化工公司（Exxon Chemical）的管理层根据事业部的战略和战略优先级来对新项目提议进行评估，全面考虑所有的项目，以决定需要的支出。每年所有的项目会用评分模型进行重新排序，对于那些计划支出和实际支出有显著区别的项目，高级管理层会做出一些调整以便于第2年的管理。[2]

概述

所有企业都需要从众多的项目中进行选择,那么选择项目的标准是什么呢?显然,这不是一个简单的决策,草率的决策很可能带来高昂的代价。最近的研究表明,在 IT 领域,企业 1 年大概要浪费 5 000 多万美元在那些从没被客户使用过的产品项目上。如何在选择项目时做出最合理的决策?需要收集什么类型的信息?项目决策能否严格按照财务分析或者其他参考的标准来进行?在本章中,随着对项目选择过程的深入了解,这些问题也将得到解答。

本章首先将对潜在项目的不同评估和选择方法进行介绍,这些项目选择方法主要是基于定量分析,而非定性分析,当然,在介绍过程中也将指出每种方法的优缺点。

接下来将会介绍与**项目群**(project portfolio)管理相关的问题。项目群是指企业在某个时期正在运行的项目的集合,如美国乐佰美公司(Rubbermaid, Inc)就经常需要同时运行数百个新产品开发的项目。当一个企业在运行多个项目时,由战略决策制定、资源管理、进度计划编制和流程控制等过程所带来的挑战也将会变大。

3.1 项目选择

企业会碰到各种各样的机会,但是,任何企业都不能拥有无限的资源来把握每次机会,因此就需要企业做出选择,同时还要确保所选择的项目是最可行的。许多经理开发了优先级系统,用来对每种选择所带来的机会和成本进行权衡,其目标就是在项目所需的时间和它所能带来的优势之间进行平衡。[3] 主要的决策都要受到时间和财力的影响,及时且有效地做出决策通常更易成功。例如,如果企业的销售部门发现一个很好的商业机会,那么它就需要快速地创建相关项目来将机会转化为利润,浪费时间也就是丧失机会。从另一方面来说,决策的过程也必须十分谨慎:必须保证,至少是尽可能保证做出的是最好的决策。因此企业的决策者们建立了项目选择模型,以在节省时间和资金的同时使成功的可能性最大。

对管理者来说,有许多可行的对潜在项目进行评估和选择的模型,正如大家所看到的,这些模型大多是定性的,而且相当复杂,所有企业都在尝试建立一个或多个筛选模型,来帮助他们在一定时间和资金的约束下做出最好的选择。

假设你正致力于建立一个项目选择模型,你如何保证整个模型能够在大批的可能项目中选出最有潜力的项目?在经过各方面考虑后,你决定减少筛选模型的关注点,只关注有最大回报的项目,核心指标是经济收益,于是其他的指标都被忽略。但是这样就会产生一个问题:这样的筛选模型真的是有效的吗?Sauder [4] 指出管理者在评估选择模型时需要注意 5 个问题。

(1)**实用性**。首先,一个有效的模型必须反映组织的目标,主要包括企业的战略目标和任务;其次,模型的决策标准必须要考虑资源上的限制,如财力和人力;最后,模型必须要考虑商业和技术上的风险,包括效率、成本和时间。这一条概括起来就是:这个项目是否在计划内?能否保证初始的预算?将来成本会不会增加?随着进度的推移是否会产生明显的风险?

（2）**功能性**。模型要能够应用于不同的环境，比如，模型要能让企业对不同类型的项目（长期和短期的项目，不同技术或性能的项目，不同商业目标的项目）进行比较。模型要能够接纳新的标准和限制，这意味着企业能更广泛地使用该模型对多种类型的项目进行选择。

（3）**灵活性**。如果在应用过程中需要改变，那么模型要便于修改，比如在利率、税法、建筑法规等发生变化的情况下，模型能针对这些变化进行相应调整。

（4）**易用性**。模型要简单，要能让企业所有部门的人员都可以使用，这些人员包括专业的项目组成员和处于相关职能部门的人员。另外，在使用选择模型时，它的选择结果以及得出这样结论的原因应该很容易被所有组织成员所理解。最后，模型还要具有及时性：能迅速产生筛选的信息，使人们在没有任何专业知识和技能训练的情况下能够理解这些信息的意义。

（5）**成本**。选择模型的成本不能太高。一个方法如果需要耗费较多的时间或财力，组织成员就会拒绝使用该方法。模型获得选择信息和产生最优结果的成本要足够低，以便于被广泛地使用。

一个成功的选择模型还要考虑下面一个标准。

（6）**可比较性**。选择模型应该能适用于不同类型项目的选择。如果一个模型的适用范围非常狭窄，那么它就不能用来对潜在的项目进行比较并为今后其他的项目选择收集信息。一个有用的选择模型应该能够支持项目选择的一般性比较。

项目选择模型一般分为两类：数学模型和非数学模型。[5] **数学模型**（numeric models）中的输入一般是数值，这些数值可能是主观获得的，也可能是客观获得的，比如，客观的外在的数值（"建这座桥需要 800 立方米水泥"），或者是主观的内在的数值（"你需要雇用两个检验员，以便在 8 周内完成软件的开发工作"）。以下两种数据没有必然的对错之分：比如专家对问题的看法是主观的，但很大程度上是准确的，反过来说，一个进行错误测量的测量员给出的数值是客观的，却是错误的，因而，在项目选择的大部分过程中都要不断对这两种数据进行评估，然后做出决策。**非数学模型**（nonnumeric models）所依据的信息不是数值，而是其他数据。

企业在项目的选择上投入了大量的时间和人力，并在考虑企业最高领导层基于战略计划而制定的目标后，做出最后的决策。这些目标可能相当复杂，也反映了一些能够影响企业运转的因素。比如，假设喜万年公司照明设备部的新主管将组织的新战略目标制定为不惜任何代价增加销售额，那么所有新的潜在项目都需要按照这个战略规则来进行评价。从这个角度来说，能够提供开发新市场潜力的项目就比能带来高额潜在回报率的项目要好。

表 3-1 列出了在进行项目评估时需要考虑的因素。这样的因素很多，表中将这些因素分为 4 大类：风险因素、商业因素、内部操作因素和其他因素。虽然这里列出的仅仅是企业进行项目选择时考虑因素的一部分，但是在实际情况中，管理层所强调的战略方向通常也只考虑这些因素。事实上，按照帕累托（Pareto）的 80/20 原则来看，即 20% 的因素是非常重要的，而另外 80% 是不重要的，那么就可以认为对许多项目来说，少于 20% 的项目选择标准最后决定了是否要实施该项目。

也就是说，在考虑使用何种项目选择方法之前，需要强调两点。首先，现今最完善的项目选择模型也只是反映了企业的部分实际情况，能够列出来的用于项目选择决策过程的信息也是有限的，因此，企业必须认清这一事实，从而避免错误地认为只要投入足够的时间或人力就可以识别所有可能产生影响的因素。其次，任何决策模型都要考虑主观因素和客观因素，比如通过客观的数据来进行判断，或者从主观的输入中形成复杂的决策模型，需要认识到，在任何有用的选择模型中都要同时用到主观或客观的输入信息。

表 3-1　项目审查和选择过程中要考虑的因素

1. 风险因素——对企业来说不可预知的因素，包括有： 　a. 技术风险——由新技术或未被测试的技术带来的风险 　b. 金融风险——对项目进行投资时所带来的经济上的风险 　c. 安全风险——项目开发者和使用者的健康风险 　d. 质量风险——完工的项目可能给企业形象和商誉带来的风险 　e. 法律风险——可能要面对的诉讼或法律责任 2. 商业因素——反映项目市场潜力的因素，包括有： 　a. 投资的预期回报 　b. 回收期 　c. 潜在市场份额	d. 长期市场优势 　e. 初始现金费用 　f. 产生未来商业/新市场的能力 3. 内部操作因素——涉及项目对企业内部操作的影响因素，包括有： 　a. 发展/培训新雇员的需要 　b. 人员数量或结构的改变 　c. 物理环境的改变 　d. 由项目带来的生产或服务流程的变化 4. 其他因素： 　a. 专利保护 　b. 对企业形象的影响 　c. 战略符合

3.2　项目审查和选择的方法

一个迅速有效且成本合理的**项目审查模型**（project-screening model）能够产生有用的信息，来帮助企业在众多的方案中做出最好的决策。[6] 下面将介绍一些较为普遍的项目选择方法。

3.2.1　方法一：检查表模型

项目审查和选择的最简单的方法就是建立一个**检查表**（checklist），或者是用于项目选择的标准列表，然后使用该表对多个可能的项目进行选择。例如，在某企业中，选择项目的关键指标是成本和产品推向市场的速度。出于对战略竞争地位和所处行业的考虑，该企业更倾向于低成本、并且能够在 1 年内就能将产品推向市场的项目。用这两个指标对各种可能的项目进行审查，从中选出最符合这两个指标的项目，但是具体考虑到项目的类型和大小，还要逐一考虑其他的相关指标。在对新产品开发项目进行选择时，企业应该对多个因素进行权衡，这些因素主要包括以下几个。

- **开发成本**：最合理的成本预算是多少？
- **投资的潜在回报**：期望的回报是什么？最可能的回收期是多长？
- **尝试新技术的风险性**：项目是否需要开发新的技术？达到期望标准的风险性有多大？
- **开发过程的稳定性**：母公司和项目团队是否稳定？是否会发生资金缩减或关键人员（包括高层管理发起人）离去的情况？
- **政府或干系人的冲突**：项目是否与政府的法规有冲突？其他干系人是否对项目持反

对意见甚至试图阻止项目的完成？例如，在自然资源开发项目中，环境组织就经常被认为是"干预者"，他们对项目持反对意见，并且采取行动对项目进行阻挠。[7]
- **产品的耐用性和未来市场潜力**：该项目仅仅是一次性的机会，还是预示着会为将来带来更多的机会？例如，一个为客户开发应用程序的软件公司，也会期望好的开发效率能够为它们带来更多的商机；另一方面，如果未来与该客户再次合作的机会很小的话，公司也可能只是把这个项目看作简单的一次性项目。

这些只是项目选择标准的一部分，检查表法对项目机会的评价来说是一个相当简单的方法，它对意见进行记录，同时也能促进讨论。因此，作为一种发起对话、促进讨论以及交流观点的方法，检查表法非常适用于在组织内部达成一致意见。

▶ 例 3-1　检查表

假设 SAP 公司是商业应用软件行业的领导者，它正致力于开发一种用于库存管理和运送控制的新应用程序包，并试图决定在 4 个项目中选择一个。基于过去的商业经验，该公司认为最重要的选择标准是：成本、潜在利润、投入市场的时间以及开发风险。表 3-2 是一个只有 4 个选择方案和 4 个选择标准的简单检查表模型，在决策标准的基础上，表中还增加了数值的计算，该数值反映了这几个项目符合标准的情况，对每个标准的符合程度有高中低三个等级，最后将每个项目符合标准的等级综合起来，有着最好符合情况的项目将被认为是最好的选择。

解决方案

基于以上的分析，项目 Gamma 是最好的选择，因为它在各项标准中符合等级最高的数目最多，分别是成本、潜在利润和开发风险。

表 3-2　简化项目选择检查表模型

项目	标准	标准符合等级		
		高	中	低
项目 Alpha	成本	×		
	潜在利润			×
	投入市场的时间		×	
	开发风险			×
项目 Beta	成本		×	
	潜在利润		×	
	投入市场的时间	×		
	开发风险		×	
项目 Gamma	成本	×		
	潜在利润	×		
	投入市场的时间			×
	开发风险	×		
项目 Delta	成本			×
	潜在利润			×
	投入市场的时间	×		
	开发风险		×	

当然，这个模型的缺陷就是高、中、低的评判标准带有很大的主观性，既不精确也容易错判。检查表审查模型也不能用于需要权衡的情况，如果每个指标的权重不相同，如某些指标更为重要的情况下该如何呢？如何在最后的选择中体现指标的相对重要性呢？比如，公司认为投入市场的时间是最重要的指标，在这个指标上，项目 C 表现为"低"，但项目 B 和项目 D 表现为"高"，但在其他非重要指标上项目 B 和项目 D 不如项目 C，那么哪个项目更好呢？公司是否愿意折中，为了在成本、利润以及开发风险中获得最高利益而接受投入市场时间最慢的项目呢？

因为检查表模型不能解决这些问题，所以下面将介绍一个更为复杂的选择模型，该模型为每个指标赋予简单的权重，从而将较为重要的指标从其他指标中区分出来。

3.2.2　方法二：简化评分模型

在**简化评分模型**（simplified scoring model）中，每个指标都按其重要程度进行排列，那么最终选择的项目就能反映某些重要指标对决策的影响。为每个指标赋予不同的权重后，就可以对简化检查表进行评分了。

标准	重要性权重
投入市场的时间	3
潜在利润	2
开发风险	2
成本	1

接下来用这种方法来重新考虑刚才使用检查表方法得到的结果。

▶ 例 3-2　评分模型

使用上面为每个指标所赋的权重，SAP 公司试图选出要进行投资的最优项目。如表 3-3 所示，尽管在简单的检查表上增加了打分的部分，使决策者的决策过程变得复杂，但是它却是一个更为精确的审查模型，能更真实地反映决策者对某些指标的重视。

表 3-3　简化评分模型

项目	标准	(A) 重要性权重	(B) 得分	(A)×(B) 加权得分
项目 Alpha	成本	1	3	3
	潜在利润	2	1	2
	开发风险	2	1	2
	投入市场的时间	3	2	6
	总得分			13
项目 Beta	成本	1	2	2
	潜在利润	2	2	4
	开发风险	2	2	4
	投入市场的时间	3	3	9
	总得分			19
项目 Gamma	成本	1	3	3
	潜在利润	2	3	6
	开发风险	2	3	6
	投入市场的时间	3	1	3
	总得分			18

(续)

项目	标准	(A) 重要性权重	(B) 得分	(A)×(B) 加权得分
项目 Delta	成本	1	1	1
	潜在利润	2	1	2
	开发风险	2	2	4
	投入市场的时间	3	3	9
	总得分			16

解决方案

从表 3-3 可知，每个指标的权重各不相同，因此也被赋予了不同的分值：**投入市场的时间**为 3，**潜在利润**为 2，**开发风险**为 2，**成本**为 1。

同时也对这几个指标的打分标准进行了规定：

高 = 3

中 = 2

低 = 1

表 3-2 中的 × 被得分以及被赋予的权重取代。例如：在项目 A 中，成本指标原来为"高"，因而得到的分值为 3，同样，投入市场的时间这一指标原来为"中"，所得分值就为 2。但是要注意到最后的加权得分那一栏，它是得分和重要性权重的乘积；如将项目 Alpha 中成本的得分 1 乘以成本的权重 3，就得到成本的加权得分 3，同样，如果将投入市场的时间的得分 3 乘以其权重就得到相应的加权得分 6，最后将每个项目各个指标的加权得分相加，就得到了该项目的最后得分，如表 3-3 所示，4 个项目的相应得分分别为 13、19、18 和 16，项目 Beta 的得分最高，因此相对其他项目来说，项目 Beta 是最好的选择。

简化评分模型主要包括以下几个步骤。

- **为每个指标确定权重**。确定区分不同重要性水平的逻辑，同时设计为每个指标赋以合适权重的系统，可以通过团体共同的价值判断来验证重要性水平的区分是否合理。同时团队也可以指定一些"必须"要满足的标准，比如安全就需要无条件保证，换句话说，所有的项目必须要达到一定的安全水平，否则就不再予以考虑。
- **根据不同的等级为每个指标打分**（如：高 = 3，中 = 2，低 = 1）。这些分值的大小往往会因采用的评分体系的不同而不同，比如，有些团队，会选择划分更细的评分体系，如 1～7 分体系，这样是为了通过分数对细微的差别进行更好的区分。由于采用的评分体系的不同，最后的决策结果也可能会不同。
- **将每个指标的得分与相应权重相乘得到加权得分**。加权得分不仅反映了团队对每个指标的打分，也反映了他们认为每个指标所处的等级。
- **加总所有指标的加权得分就得到整个项目的得分**。项目的最后得分就是将其在所有指标上的加权得分进行相加。

制药企业赫美罗公司（Hoechst Marion Roussel）就是采用评分模型进行项目选择，该企业的选择指标分为酬劳、与商业战略的一致性、战略影响、商业成功的可能性以及技术成功的可能性 5 大类，同时在每个大类下又划分了一共 19 个子指标，子指标使用十分制来进行打分，将子指标的得分进行平均就得到了该指标的得分，项目最后的得分就是将五大指标的分数相加。该公司将这种评分模型应用于项目优先级排序以及项目选择的决策中，并取得了巨大的成功。[8]

作为项目选择方法，简化评分模型有着它的优势。首先，它很容易将企业的关键战略目标与所选择的项目联系起来。在上面所举的制药企业的例子中，该企业为其项目选择制定了几个战略目标，包括与商业战略的一致性以及战略影响等，这些战略目标成为进行项目选择的关键因素。其次，简化评分模型很容易理解和使用。使用列出关键指标的检查表、评估选项（高、中、低）以及相应的分数，高级管理人员能很快掌握这种方法。

3.2.3 评分模型的缺陷

这里分析的简化评分模型仅仅是加权评分模型的简化，一般来说，评分模型是结合多个指标并将几种体系置于决策制定过程中的方法。

许多评分模型都有共同的缺陷，1～3分的评分体系很容易被理解和使用，但不够精确；从数学测量的角度来说，用这样的打分体系来进行评估是非常错误的。比如，如果 3 代表"高"，2 代表"中"，很容易判断 3 要优于 2，但是优出多少就不得而知了。另外，也不能假设 3 和 2 之间的区别与 2 和 1 之间的差别是一样的，如表 3-3 所示，项目 Alpha 的得分是 13，项目 Beta 的得分是 19，那是否可以认为项目 Beta 优出项目 Alpha 46% 呢？结论当然是否定的。评分模型的批评家们认为，评分模型的易用性很容易蒙蔽初学者的眼睛，使他们在错误的假设下使用这些模型。

从管理的角度来说，评分模型的另一个不足就是备选指标之间的实用性以及被赋予权重的准确性。换句话说，它不能保证所选择并被赋予权重的指标与原先发起项目的商业目标之间的联系是准确合理的。

例如，为了进行项目选择，一家大银行的信息系统指导委员会采用了 3 个指标：对质量的改进、经济效益以及服务。这家银行的战略主要关注的是以客户为中心，但是在委员会采用的这些指标中并没有得到反映。结果是，致力于改进潜在市场服务的项目在服务这个标准上获得了较高的分数，虽然很可能它并不是对现有顾客进行服务，而这些现有的顾客正是银行想要保留的。同时还要注意到的是质量改进和服务两个指标彼此交叠，从而使高层管理者对某些因素进行了两次评分而高估了其实际值。[9] 结果，该银行使用了一个既不能达到要求，也不符合整个战略计划的项目选择方法。

3.2.4 方法三：层次分析法

如上所述，使用评分模型进行决策容易产生技术和管理上的问题，而**层次分析法**（analytical hierarchy process，AHP）就是由美国著名运筹学家托马斯·萨提（Thomas Saaty）[10] 博士针对这些问题提出的一种方法，这种有效的方法被越来越广泛地应用在项目选择过程中，它主要包括 4 个步骤。

1. 构造层次结构模型

第一步是建立指标和子指标的层次结构模型。例如，假设某企业的 IT 指导委员会为评价项目提出了 3 项指标：①财务收益，②战略贡献，③对 IT 基础设施的贡献。财务收益指标主要关注的是项目的有形收益，可以再细分为长期收益和短期收益。战略贡献是无形的，又分为 3 个子指标：a) 提高产品 X 的市场占有率，b) 保持产品 Y 的现有消费者，c) 改进成本管理。

表 3-4 是对这些指标进行细分后的结果。这样的细分实际上是让管理者对指标进行分类和排序，从而得到一个容易理解的层级结构。高层的指标如战略贡献，就可以被分解为一系列用来支持该指标的要求，包括市场占有率、顾客保持和成本管理，从而建立了一个由抽象至具体的层级结构。由于该层级结构反映了组织战略的结构以及关键的成功因素，因此为通过判断项目与商业目标的一致性来进行项目证实和选择提供了一种可行的方法。[11] 该层级结构也说明了企业如何使用战略及关键因素来确立项目的选择指标及相关权重。

表 3-4 选择指标的层次结构

第一层	第二层
1. 财务收益	1A：短期收益
	1B：长期收益
2. 战略贡献	2A：提高产品 X 的市场占有率
	2B：保持产品 Y 的现有消费者
	2C：改进成本管理
3. 对 IT 基础设施的贡献	

最近，一家大型的美国公司使用层次分析法，对价值上百万美元的一百多个项目提议进行了分类。首先，来自财务、营销、管理信息系统以及操作层等不同部门的 10 位管理者花了一整天的时间建立了标准的层次结构模型，他们的困难在于如何在彼此相关的指示中选定能够用来指导项目选择的关键指标。在定义和建立好评估项目的指标体系后，他们也发现，这样一个过程实际上对组织战略进行了一次更为一致和连贯的描述。

2. 确定每个指标的权重

层次分析法的第二步包括对第一步中建立的指标指定权重，并在必要的情况下在子指标中分摊所有指标的权重。Mian 和 Dai [12] 推荐的是一种被称作**两两比较法**（pairwise comparison approach）的方法，该方法通过对所有指标的两两比较来确定指标的权重。研究者证明，这种方法每次只让管理者对两个指标进行区分和比较，因而能更精确确定权重。

图 3-1 是简化了的层次结构，它给出了表 3-4 中所示的 3 个主要指标的权重，如财务（即财务收益）相对总目标来说权重为 52%，而相对财务收益的指标，短期收益的权重为 30%，长期收益的权重为 70%，因此，长期收益相对于总目标的权重就为 0.52×0.7=36.4%。

使用层级的方法来确定指标及相关权重避免了评分模型中可能存在的二次评分问题。在评分模型中，诸如服务、质量和客户满意度的指标是基于组织目标的独立或者彼此交叠的因素，因此对某个指标的权重经常会被高估或者是低估。而使用层级分析法，就避免了这样的问题，因为每个指标都由不同的子指标组成，而同一指标下的子指标共同拥有其母指标的权重。

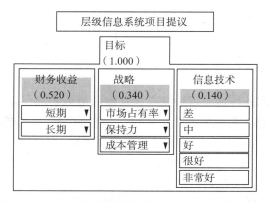

图 3-1　对主要选择标准进行分级的层次分析法模型

资料来源：J. K. Pinto and I. Millet. (1999). *Successful Information System Implementation: The Human Side*, 2nd ed., figure on page 76. Newtown Square, PA: Project Management Institute. Copyright and all rights reserved. Material from this Publication has been reproduced with the permission of PMI.

3. 为不同的评估等级指定分值

层级结构建立好以后，就可以使用两两比较法对各种不同的评估等级指定分值。图 3-2 列出了一个有 5 个等级的评价比例尺度：差、中、好、很好、非常好。图中为说明需要，为这 5 个不同的比例尺度赋予的分值为：0.0、0.10、0.30、0.60、1.00。当然，这些分值也可以根据实际情况进行调整，比如，如果某企业希望扩大"差"和"中"之间的差异，那么管理者也可以将这两个等级的分值差拉大。通过对数值的调整来满足不同的评估需要，管理者也避免了对分值间差异的错误假定，比如在 1～5 的比例尺度中，假定 4 与 5 间的差异与 3 和 4 间的差异是一样的。在层次分析法中，最好的结果得到最好的分值——1 分，而其他的结果都根据与该结果的比较得到相应的分值。

	得分	权重	条形图
差	0.000 00	0.000	
中	0.100 00	0.050	▬
好	0.300 00	0.150	▬▬▬
很好	0.600 00	0.300	▬▬▬▬▬▬
非常好	1.000 00	0.500	▬▬▬▬▬▬▬▬▬▬
合计	2.000 00	1.000	

图 3-2　为评价尺度赋予分值

资料来源：J. K. Pinto and I. Millet. (1999). *Successful Information System Implementation: The Human Side*, 2nd ed., figure on page 77. Newtown Square, PA: Project Management Institute. Copyright and all rights reserved. Material from this Publication has been reproduced with the permission of PMI.

在必要的情况下，管理者需要对指标使用不同的评价比例尺度，如在图 3-2 中的评价比例尺度是从差到非常好，假设在进行项目选择时某个指标是"受教育程度"，那么将相应的评价比例尺度改为"中学""专科""本科"等就更容易理解。通过比较来赋予权重，能加深对目标以及对为达成这些目标而采用的方法的理解。

4. 评估项目提议

将项目在每个指标上的得分与该指标的权重相乘，最后求总和就得到了最后的总分。图 3-3 是使用层次分析法对 5 个项目进行评价的例子，由专家选择（Expert Choice）这一决策软件制造商提供。[13] 下面列出的是该电子表格中几个需要说明的地方。

- 第 2 行指定了每个评价尺度的分值（从差 =1=0.000 到非常好 =5=1.000）。
- 从第 4 行开始是决策时要参照的指标以及相关的权重（财务收益 / 短期收益 =0.156 0，战略贡献 / 改进成本管理 =0.081 6，依此类推）。（注意到 3 个主要的指标被分解成了 6 个子指标。）
- 第 2 列列出了 5 个备选项目（最优项目、相符项目等）。
- 标注"合计"的第 3 列给出了每个备选项目的得分。该得分是将项目在各个指标上的得分乘以权重，最后进行加总得到的。

财务收益	短期				
差 1（0.000）	中 2（0.100）	好 3（0.300）	很好 4（0.600）	非常好 5（1.000）	

	备选项目	合计	财务收益		战略			技术
			短期 0.156 0	长期 0.364 0	市场占有率 0.102 0	保持力 0.156 4	成本管理 0.081 6	0.140 0
1	最优项目	1.000	非常好	非常好	非常好	非常好	非常好	非常好
2	调整后的项目	0.762	好	非常好	好	非常好	好	非常好
3	未调整的项目	0.538	非常好	好	非常好	好	非常好	好
4	较好的项目	0.600	很好	很好	很好	很好	很好	很好
5	混合项目	0.284	差	中	好	很好	非常好	好
6								
7								
8								
9								
10								

图 3-3 项目评级电子表

资料来源： J. K. Pinto and I. Millet. (1999). *Successful Information System Implementation: The Human Side*, 2nd ed., figure on page 78. Newtown Square, PA: Project Management Institute. Copyright and all rights reserved. Material from this Publication has been reproduced with the permission of PMI.

为了对计算过程进行分析，这里以调整后的项目为例。每个指标在不同的等级（非常好，很好，好等）上都有不同的分值，这些分值再乘以相应的权重就得到

$0.156\ 0 \times 0.3 + 0.364\ 0 \times 1.0 + 0.102\ 0 \times 0.3 + 0.156\ 4 \times 1.0 + 0.081\ 6 \times 0.3 + 0.140\ 0 \times 1.0 = 0.762$

再比如最优项目在 6 个指标上都得到了非常好的评价，因此最后得分为 1.000。同样，根据这样的计算方法也可以得出未调整的项目以及较好的项目的得分。尽管所有项目的综合评价都是非常好或者是好，但是调整后的项目是最优的，因为它在权重较大的指标上得到的评价最高。

和典型的评分模型的结果不同，层次分析法的得分更为显著。比如调整后的项目的得

分就为 0.762，几乎是混合项目得分（0.284）的 3 倍。层次分析法对更优备选项目的量化能力使管理者可以将该计算结果作为其他计算过程的输入数据。比如可以通过层次分析法的得分比例来计算项目的开发成本，从而对项目进行排序，基于这个比例，未调整的项目比调整后的项目启动成本更低。这个结果说明，从成本/利润的角度来看，未调整的项目比调整后的项目提供了更好的选择。

层次分析法同样也可以显著改进制定项目提议的过程。在使用层次分析法的企业中，新项目提议中必然包含作为核心信息的一个层次分析分解结构，而该层次分解结构列出了提议项目、备选方案以及相应的产出。相较于传统评分模型，层次分析法的优势之一就在于它减少了因为使用这种方法可能带来的技术问题和管理问题。

但是层次分析法也有一些缺陷。首先，最近的研究表明，该模型不能充分考虑"负效应"，也就是说，有些选项非但不能为决策带来积极的影响，反而会导致负面的结果。例如，假设某企业对项目选择有一个很关键的标准，如成本不能过高，那么就不能选择投资较大的项目。但是如果使用层次分析法，首先需要确定积极因素的权重，建立评分体系，然后再将这些分值与负面因素（比如成本）进行比较。因此计算结果可能会存在偏差。[14] 层次分析法的第二个缺陷是在开始选择时就要考虑所有的指标。而组织中那些能影响组织政策或青睐某些项目的人员可能会强烈抵制这种开放的选择过程。

3.2.5 方法四：风险/回报模型

风险/回报模型（profile models）分析各种备选项目的**风险和回报**（risk/return），而后从中选出在可接受的风险范围内风险最小而回报最大的项目。但是风险是一个主观估计，因此很难对一个特定项目的风险水平达成整体一致的意见，不过风险/回报模型还是为项目的评估、审查和选择提供了一种新的方法。[15]

再来看 SAP 公司项目审查的例子，假设现在该公司已经有 6 个备选的新软件项目，在前面的例子中是 4 个。为简单起见，经理们只关注两个指标：**风险**和**回报**。

在图 3-4 中标出了 6 个点，分别代表 6 个备选方案，图中的横坐标表示潜在的回报，纵坐标表示项目可感知的风险。同时图中也给出了公司可接受的最大风险和最小回报，以便与每个项目进行比较。风险/回报模型用图形表示出了每个备选项目（这里的风险值是为了便于分析而设定的），对 SAP 公司来说，它可以用很多方式来测量项目可能的回报，如折现现金流分析以及期望的内部收益率等。同样，它也可以对每个项目的风险进行量化，将它们在 y 轴上表示出来，风险/回报的关键就在于评估风险以及回报，将其量化并在图上表示出来，因为如果无法

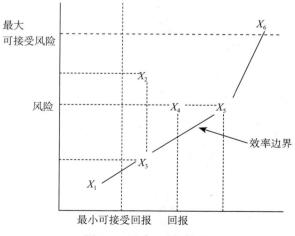

图 3-4　风险/回报模型

对项目与项目的风险进行比较，也就无法在图上把它表示出来。

在图 3-4 中，我们发现项目 X_2 和 X_3 有着相同的回报率，但是项目 X_3 明显是更好的选择，这是因为它的风险比项目 X_2 要小。同样，项目 X_5 要优于 X_4，虽然它们有同样大小的风险，但是项目 X_5 的回报大于项目 X_4。最后项目 X_6 虽然有着最大的回报，但它却超过了公司可接受的最大风险。

风险/回报模型运用了在财务管理和投资分析中被广泛使用的概念——效率边界。在项目管理中，**效率边界**（efficient frontier）指的是在给定风险水平时最大回报或者是在给定回报水平时最小风险的各种组合情况。[16] 再来看图 3-4 中的组合模型，项目 X_1、X_3、X_5 和 X_6 位于假定有着最优风险和回报组合的直线上，而项目 X_2 和 X_4 就被认为是较差的选择。效率边界通过建立项目必须满足的风险/回报组合极限来指导决策。

风险/回报的一个优点是它为备选项目的比较提供了一种新的方法，通过权衡项目的风险和回报来进行选择。有时通过评分或者其他量化方法来对项目进行评估和比较是很困难的，而风险/回报模型使管理者能够同时考虑项目存在的风险和可能带来的回报。通过这个模型，管理者可以排除一些风险过大或者是回报过小的项目。

但同时，风险/回报模型也存在如下缺陷。

（1）该模型的选择标准只有两个——风险和回报。虽然风险中也包括了诸如安全、质量、可靠性等因素，但是在决策者要考虑的指标上，该模型还是存在限制和不足。

（2）按照效率边界进行分析，模型中需要估计的值更多的是与风险相关，因为期望回报可以通过数学方法估计出来。然而风险不容易被量化，这就可能导致错误地将风险人为地定义为在各备选方案间进行比较的数值。

▶ **例 3-3 风险/回报模型**

考虑一个简单的例子，假设企业识别了两个潜在项目，并希望通过风险/回报模型从中选出一个最符合现有项目群的项目。回报可以通过项目的期望边际利润估算出来，而企业可能面对的风险包括以下几个方面：①技术风险——项目在技术上面临的挑战；②资金风险——项目需要的总投资额；③安全风险——项目失败的风险；④信誉风险——失去顾客以及企业形象受到损害的风险。用低、中、高三个等级来衡量这些企业可能遇到的风险的大小，同时为每个等级赋予不同的分值：高风险为 3 分，中等风险为 2 分，低风险则为 1 分。

在对两个项目的风险进行了估计并确定了项目最可能的收益率后，得到了右面的结果：

	风险	潜在回报
土星项目	10	23%
水星项目	6	16%

图 3-5 是企业当前项目群的效率边界。接下来如何比较这两个项目的优劣呢？

解决方案

考虑这两个项目，通过项目的风险和回报，可以将它们与现在正在进行的其他项目联系起来，从而在风险/回报模型中画出图形。图 3-5 显示了这两个新项目的位置，注意到，土星项目尽管处于最大风险限制的范围内，但是表现却不如当前的其他项目，因为对于同样的项目回报，它有着比其他项目更高的风险。水星项目的风险比目前的效率边界低，同时还有 16% 的回报率，因此可以看出，水星项目相对于土星项目来说是更好的选择。

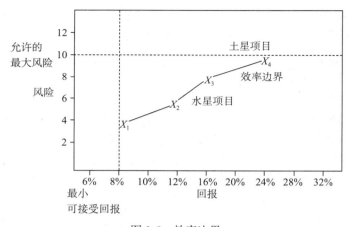

图 3-5　效率边界

3.3　财务模型

还有一系列的重要模型是依靠财务分析进行项目选择的，本章将介绍 3 个普遍的财务模型：折现现金流分析、净现值以及内部收益率，其他的财务模型还有很多，但是这 3 个财务模型是使用得最为广泛的。

财务模型以**资金的时间价值**（time value of money）这一原则为依据，该原则意味着今天的钱比明天的钱更有价值，也就是说，今天的 100 美元就没有 4 年前的 100 美元值钱了。举个简单的例子，将 100 美元存入银行，银行利率是 3%，那么 1 年后，最初的投入就值 103 美元，而两年后，当初的 100 美元就能值到 106.9 美元了，以后再依此类推。反过来推也一样：如果希望在 4 年后能从银行取到 100 美元，那么同样在 3% 的利率下，今天就只需要存入 88.85 美元。

我们认为相同币值的钱在未来的价值之所以会减少，是因为如下两个原因：①通货膨胀的影响；②资金的缺乏。众所周知，通货膨胀会引起物价上涨，进而削弱消费者的支出能力。比如，在 1900 年时，家庭年均支出不过几千美元而已，但是今天这个数字就相当大了。所以，由于通货膨胀的负面影响，4 年后 100 美元的价值会比今天的 100 美元低。另外，假如今天没有这 100 美元，那么未来能够产生的收入也就无从谈起，不能进行投资的资金就是没有收益的资金。因此，**净现值**（present value of money）必须根据一些因素折算成未来期望得到的价值。最后，假如项目 A 能在两年内得到 5 万美元的收益，而项目 B 要在 4 年内才能获得 5 万美元的收益，那么很明显，项目 A 是最好的选择，因为它能更快得到回报。

3.3.1　投资回收期

项目**投资回收期**（payback period）就是预计收回项目投资的最少时间，也就是收回项目最初投资并开始产生正的现金流所需的时间。为了计算项目的投资回收期，需要使用基于资金的时间价值的净现值分析方法。**折现现金流分析**（discounted cash flow，DCF）的目的就是估算项目的现金流出和期望的现金流入，估算潜在的成本（大部分已经包含在项目预算中），并在启动项目之前对资金流进行规划，然后将这些成本与项目可能的收益来源进行比较。比如，一个开发化学新药项目，它的收入与预期的生产量、生产水平、销售数量等因素相关。

计算过程中将使用到折现率，它的基础是企业的资本成本，并通过企业获得资金的来源（一般的来源是负债和所有者权益）来确定该折现率的值。而企业的资本成本可以通过下面的公式来进行计算

$$K_{\text{firm}} = (w_d)(k_d)(1-t) + (w_e)(k_e)$$

其中 w_d 和 w_e 分别表示来自债务和权益的资金所占的百分比，k_d 和 k_e 表示每单位债务和权益的成本，t 表示企业的边际税率，由于支付利息需要纳税，因此计算的是税后的债务成本。

下面是计算投资回收期的标准公式：

$$投资回收期 = 投资 / 每年现金节余$$

投资回收期的倒数就是项目的平均收益率。然而，上式仅可用于每年现金流（或年现金节余）相同的简单情况中。因此，举例说明，如果我们投资了 150 000 美元，每年收到 30 000 美元的现金节余，投资回收期很明确：

$$投资回收期 = 150\,000/30\,000 = 5（年）$$

另一方面，在现金流和年节余金额不相等的情况下，需要确定累计现金流变为正数的时刻。因此，

$$累计现金流（CF）=（初始投资）+ CF（第 1 年）+ CF（第 2 年）+ \cdots$$

▶ **例 3-4　投资回收期**

假设某公司想使用投资回收期的方法从两个备选项目中选择一个更适合投资的项目。计算出的两个项目的初始投资和期望收益如表 3-5 所示。应该选择哪个项目呢？

表 3-5　初始成本及期望利润　　　　　　　　　　（单位：美元）

年份	项目 A		项目 B	
	利润	成本	利润	成本
0		500 000		500 000
1	50 000		75 000	
2	150 000		100 000	
3	350 000		150 000	
4	600 000		150 000	
5	500 000		900 000	

解决方案

两个项目投资回收期的计算如表 3-6 所示，结果显示项目 A 的投资回收期为 2.857 年，比项目 B 的投资回收期 4.028 年更短，同时项目 A 的收益率 35% 也比项目 B 的收益率 24.8% 高，因此项目 A 是更好的选择。

表 3-6　项目 A 和项目 B 的投资回收期比较

项目 A	年份	现金流（美元）	累计现金流（美元）
	0	−500 000	−500 000

(续)

项目 B	年份	现金流（美元）	累计现金流（美元）
	1	50 000	−450 000
	2	150 000	−300 000
	3	350 000	50 000
	4	600 000	650 000
	5	500 000	1 150 000

投资回收期 = 2.857 年
收益率 = 35%

项目 B	年份	现金流（美元）	累计现金流（美元）
	0	−500 000	−500 000
	1	75 000	−425 000
	2	100 000	−325 000
	3	150 000	−175 000
	4	150 000	−25 000
	5	900 000	875 000

投资回收期 = 4.028 年
收益率 = 24.8%

3.3.2 净现值

进行项目选择时使用得最广泛的财务模型就是**净现值法**（net present value，NPV），净现值为正数，表明企业正从项目中获利。净现值同样也需要应用折现现金流分析，将未来的现金流折现为现在的币值。

简化的净现值计算公式如下

$$NPV_{（项目）} = I_0 + \sum_{n=1}^{t} F_t / (1 + r + p_t)^t$$

式中，F_t 为第 t 年的现金流量；r 为要求的收益率；I_0 为初始现金投资（第 1 年年初的现金支出）；p_t 为第 t 年的通货膨胀率。

进行 NPV 计算要建立相关时期内现金流入、现金流出、折现率以及折现现金流的表格。例 3-5 中给出了这样的表格（见表 3-7）。

▶ **例 3-5　净现值**

假设你正在考虑是否要对一个初始成本为 100 000 美元的项目进行投资，企业要求的收益率为 10%，估计的通货膨胀率为定值 4%。假定项目有 4 年的使用期，并且预期的现金流入如下所示：

第 1 年：20 000 美元
第 2 年：50 000 美元
第 3 年：50 000 美元
第 4 年：25 000 美元

解决方案

净现值的计算公式为 $NPV = I_0 + \sum_{n=1}^{t} F_t/(1+r+p_t)^t$

现在只要建立一个持续折现现金流表（包括现金流入和流出）来看项目是否值得投资。表中除了已知的几项：**年份**、**现金流入**、**现金流出**和**净现值**外，还要计算另外两项：

净现金流：现金流入和现金流出之间的差值；

折现因子：折现率的倒数（$1/(1+r+p)^t$）

在表 3-7 中，如果在折现因子那一栏中假设 $r = 10\%$，$p = 4\%$，就可以进行净现值计算了。注意这里的第 0 年指的是目前时间，第 1 年指的是项目正式运作的第 1 年。

表 3-7　持续折现现金流

年份	现金流入（美元）	现金流出（美元）	净现金流（美元）	折现因子	净现值（美元）
0		100 000	−100 000	1.000 0	
1	20 000		20 000	0.877 2	
2	50 000		50 000	0.769 5	
3	50 000		50 000	0.674 9	
4	25 000		25 000	0.592 1	

例如，第 3 年的折现因子就应该为

$$(1/(1+0.10+0.04)^3) = 0.674\ 9$$

接下来将现金流入、现金流出以及净现金流的值都填入表中。

最后，将净现金流与折现因子相乘，结果显示在表中净现值那一栏。所有折现现金流的总和就是净现值，如表 3-8 所示。最后的净现值为正，说明该项目是值得投资的。

表 3-8　折现现金流和净现值（Ⅰ）

年份	现金流入（美元）	现金流出（美元）	净现金流（美元）	折现因子	净现值（美元）
0		100 000	−100 000	1.000 0	−100 000
1	20 000		20 000	0.877 2	17 544
2	50 000		50 000	0.769 5	38 475
3	50 000		50 000	0.674 9	33 745
4	25 000		25 000	0.592 1	14 803
合计					4 567

净现值是目前最通用的项目选择方法之一，其主要优点是能将备选项目与财务指标联系起来，最大程度确保所要投资的项目能够盈利。它的缺陷在于不能保证长期预测的准确性。例如，假设某企业考虑是否要对一个在未来十年中有持续收益的项目进行投资，为此必须要对未来的利率、通货膨胀率以及**必要收益率**（required rate of return，RRR）进行假设，但是在不确定的经济时期，由于折现率可能发生变动，会给长期投资决策带来风险。

3.3.3　折现还本法

既然我们考虑了资金的时间价值，就像在 NPV 中计算的一样，我们可以运用这种逻辑对投资回收期模型进行改进，进而使这个模型更加准确。记住，我们可以运用按现值计算的现金流量来决定是否投资一个项目。现在，让我们将相同的原理运用在**折现还本法**

（discounted payback method）中。在折现还本法的计算中，我们感兴趣的是，按现值计算的现金总流量达到初始投资额所用的时间。

接下来，我们用一个简单的例子来说明直接投资回收期法和折现还本法的区别。假设我们要求一个新投资的投资回报率是 12.5%，现在我们有一个项目投资机会，初始投资 30 000 美元，年回报为 10 000 美元。在简单的投资回收期模型下，它只需要 3 年就可以收回初始投资。但是，如表 3-9 所示，当我们运用贴现现金流（投资回报率 12.5%）重新计算时，它需要 4 年来收回项目的初始投资。

表 3-9 折现还本法

（单位：美元）

年份	项目现金流①	
	折现	未折现
1	8 900	10 000
2	7 900	10 000
3	7 000	10 000
4	6 200	10 000
5	5 500	10 000
回收期	4 年	3 年

① 四舍五入到百位数字。

折现还本法的优势在于它可以更加合理地估计收回初始投资的周期。简单的投资回收法适合会计目的；折现还本法能更加准确地联系金融现实，因此任何组织在选择项目的时候都应该加以考虑。通货膨胀效应和未来的投资机会对个人投资决策很重要，对评估项目机会来说也同样重要。

3.3.4 内部收益率

内部收益率（internal rate of return，IRR）是另一种评估投资项目期望支出和收入的方法，它所要解决的问题是：项目的收益率是多少？在这个模型中，被选择的项目必须满足某个设定的收益率。在给出具体的计算过程前，只能说内部收益率就是使项目收益和支出的现值相等的折现率。假设项目生命为 t 年，那么 IRR 则通过下面的公式来计算

$$IO = \sum_{n=1}^{t} \frac{ACF^t}{(1+IRR)^t}$$

式中，ACF^t 为每年的税后现金流；IO 为初始的现金支出；n 为项目预期年限；IRR 为项目的内部收益率。

尽管需要将每年的现金现值列出以计算项目的收益率，IRR 的含义还是非常容易理解的，现在许多小型计算器都有计算内部收益率的功能，可以很快得出结果，否则就需要进行多次迭代来进行计算，找出最接近的项目内部收益率。

▶ **例 3-6 内部收益率**

举个简单的例子，假设一个项目需要的初始投资为 5 000 美元，并且在接下来的 3 年中产生的期望现金流入分别为 2 500 美元、2 000 美元和 2 000 美元，另外再假定公司对新项目要求的必要收益率为 10%，请问：这个项目是否值得投资？

解决方案

解答这个问题需要 4 个步骤。

（1）随意给定一个折现率，并用其确定现金流入的净现值。

（2）将现金流入的净现值与初始投资进行比较，如果它们相等，那么该折现率就是内部收益率。

（3）如果净现值大于（或小于）初始投资，那么重新选定一个更高（或更低）的折现率再次进行计算。

（4）确定现金流入的净现值，并将其与初始投资进行比较。继续第2～4步，直到找出符合要求的内部收益率。

从该例中可以知道：

现金投资 = 5 000 美元

第 1 年现金流入 = 2 500 美元

第 2 年现金流入 = 2 000 美元

第 3 年现金流入 = 2 000 美元

必要收益率 = 10%

第 1 步：用 12% 进行试算

年份	现金流入（美元）	必要收益率为 12% 时的折现因子	NPV（美元）
1	2 500	0.893	2 233
2	2 000	0.797	1 594
3	2 000	0.712	1 424
现金流入的净现值			5 251
现金投资			−5 000
差值			251

决策：在设定必要收益率为 12% 时净现值差值为 251，差值过大，应选择一个更高的折现率。

第 2 步：用 15% 进行试算

年份	现金流入（美元）	必要收益率为 15% 时的折现因子	NPV（美元）
1	2 500	0.870	2 175
2	2 000	0.756	1 512
3	2 000	0.658	1 316
现金流入的净现值			5 003
现金投资			5 000
差值			3

决策：在设定基准收益率为 15% 时差值为 3，可以认为 15% 是真实内部收益率的近似值。

如果内部收益率大于或等于给定的必要收益率，那么项目是值得投资的。在例 3-6 中，该项目的内部收益率为 15%，大于给定的必要收益率 10%，因此是一个值得投资的候选项目。使用内部收益率进行分析的一个好处就是能够从投资收益率（ROI）的角度对每个项目进行比较，一般来说，有着较高内部收益率的项目比较低内部收益率的项目要好。

但是内部收益率分析也有缺陷。首先，它不是项目的收益率，实际上，只有当由项目产生的现金流入能以相同的收益率投入到其他新项目的情况下，它才与项目的收益率相等。如果企业只能将该项目产生的收入再投资于低收益的项目，那么该项目的"实际"收益率是要低于计算出来的内部收益率的。内部收益率的其他一些问题也使得净现值成为项目生存与否的重要决定因素。[17]

- 内部收益率和净现值计算只有当项目彼此独立时才是一致的。如果项目之间彼此不独立,那么内部收益率和净现值对它们的分类也是不同的。原因在于净现值采用的是能够反映潜在再投资的加权平均资本成本作为折现率,而内部收益率则不是。由于这个区别,净现值就成为更实际的衡量投资机会的方法。
- 现金流不规则的时候,内部收益率计算就会得到多个解。例如,如果净现金流出在一个时期随着净现金流入变化,那么就会得到互相矛盾的结果。比如在进行了车间基础建设后,有必要再对土地的改造或其他非主要但开支较大的事项进行投资,但是此时计算出的内部收益率可能就有多个解,而这其中只有一个是正确的。

3.3.5 模型选择

从上面项目选择模型的介绍中能够得到什么结论?首先,也是最重要的一点,就是我们学会了项目选择的方法。我们在考虑各种备选方案时是否客观一致?本书作者在为许多公司提供咨询和培训服务的时候发现,这些公司都有过多次失败的项目选择经历,其中一个明显的原因就是他们没有客观公正地选择项目选择模型。许多被提议的项目大多来自高层领导或者是少数高级管理者一厢情愿的想法。团队成员预先都知道项目会失败,但为了使其能够与选择的标准相符合,项目的很多信息也都进行了改动,项目选择的关键就是要在选择的过程中保持公正和客观。如果选择的项目不正确却仍然继续进行,那么按照"无用输入,无用输出"的原则,迟早都会陷入困境而无法脱身。

其次,我们可以得出结论,尽管存在多个模型可以选择,但面对特定的企业和项目环境时应选择特定的一些模型。有些项目的实施需要精确的财务支持,而与其他备选方案相比,另一些项目可能只需要满足可接受的风险/回报组合即可。但是也要注意到,之前讨论过的所有选择模型都只能用于特定的环境。有些专家更青睐加权评分模型,因为这些模型能更好地反映企业的战略目标,而不会导致为了短期的财务收益而牺牲长期效率的情况。[18]同时他们也提出这些重要的非财务指标不能被排除在决策过程之外。事实上,研究表明即使是常用且收益高的选择模型,如果用户仅仅只是使用其中某一种,也并不能得到最优的结果。[19]也就是说,如果用户将加权评分模型加入到其他选择模型中进行更加综合的计算,他们能够得到更加优化的结果。根据不同的项目类型来选择更为合适的选择模型也是至关重要的一个环节。而在构建一个合适的选择模型的过程中,有一些问题也需要我们进行深入全面的思考。比如说,通过这个选择模型我们能否根据投资额来计算出未来的回报和潜在的风险。项目选择规则的重点可能也在于要同时兼顾财务和非财务方面的考虑。不管企业选择何种模型,能够肯定的一点就是:选择合理的项目是保障今后进行有效项目管理的关键步骤。

□ 项目导读 3-2

通用电气公司的项目选择和审查:关卡似的过程

通用电气公司(General Electric)为项目的评估和选择开发了一种非常复杂的方法,并将其称为**关卡过程**(tollgate process)。从图 3-6 中就可以看出,关卡涉及了 7 个随着项目发展而建立的正式过程检查点（如 100～700 标签所示）。同样，关卡不仅是一个项目选择方法，它也涉及对项目选择的控制，以及与项目整个生命周期相关的开发过程的控制，这个控制过程的每一步都被谨慎地监控。

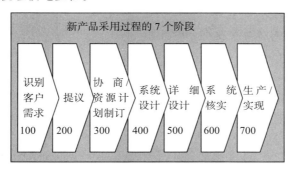

图 3-6 通用电气公司的关卡过程

注：该图的使用得到通用电气公司的许可。

关卡 7 个阶段的每一步都能够被分解为被称作过程图的指导手册，能够针对完成这一步的特定关键部分对经理以及团队成员给予指导。这些部分还包含了指导项目审查的子步骤，这样就保证了所有项目都能够遵循通用电气的统一标准。

图 3-7 显示的是作业流程图，它用来对项目在每个阶段的完成情况进行评估。注意到团队成员必须完成关卡步骤的所有子步骤。一旦他们完成了指定的步骤，跨部门的管理审查小组将会在审查会议上进行查漏补缺，只有这一阶段正式通过后，团队成员才能进入下一阶段的工作。如果审查小组对某个阶段存疑，那么团队成员必须重新解决那些审查小组未确认的问题。比如，假设在系统验收阶段项目未通过某项技术的一致性检测，那么这就要求团队成员返回到可能的点来分析导致失败的原因，并通过补救性的措施来进行更正。在项目团队得到审查小组的正式认可后，同时还要得到高层管理人员的批准才能进入下一阶段。如果被高层管理人员拒绝很可能就意味着项目的终止。

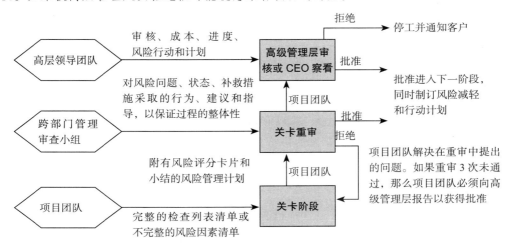

图 3-7 通用电气公司审核流程图

注：该图的使用得到通用电气公司的许可。

一些批评家认为，像通用电气这样正式和复杂的审查过程只不过为项目审查阶段增加了额外的官僚审批程序而已。然而事实上，关卡过程保证了清晰明确的行动、步骤、检查表以及管理层的审查，同时也能在项目需要紧急解决一个问题时给予项目足够的关注。另一方面，该技术的支持者认为，事业部的标准化、容易理解的分步风险分析以及与高层管理者的紧密联系所带来的好处能够弥补它的不足。从关卡过程中，通用电气自身也能更早发现问题，并能显著提高实时管理风险的能力。

3.4 项目群管理

项目群管理（project portfolio management）是对企业的项目集合进行选择、支持和管理的系统过程。根据项目管理协会的规定，一个企业的项目群应该包含有项目、程序、项目子群和操作，它是由一个小组进行集中管理来达到企业的战略目的。[20] 项目群在同一时刻被管理，它们之间可能彼此独立也可能互相关联。项目群管理的关键点是认识到企业的项目群有着共同的战略目标、分享同样的稀缺有限资源。[21] 例如，普惠喷气引擎公司是美国联合技术公司（United Technologies Corporation）的一家附属企业，和其他主要的喷气机引擎生产商一样，该公司要同时生产从直升机引擎到喷气式飞机引擎、从民用到军用的各类飞机引擎。尽管这些产品有着通用的特征，但技术上的挑战使得产品线非常分散。项目群管理的概念使企业不是将项目看作独立的个体，而是将其看作一个统一的整体来进行管理。虽然每个项目都有各自的目标，但是它们也有一些共同的目标。[22]

Cooper[23] 认为项目群管理应该达到 4 个目标：①最大化项目群价值——确保所有项目的总体价值最大化企业的价值；②保障项目群中的所有项目的权益平衡——包括高风险和低风险的平衡，长期和短期的平衡，新项目和产品成长型项目的平衡；③达到项目群的战略目标——帮助企业制定一个明确的产品创新战略来指导它们进行创新项目投资；④资源平衡——在一个项目群中分配合适数量的项目也是至关重要的，有非常多的企业同时投资很多的项目以至于它们没有办法提供足够的资源来支持所有的项目。而这种过度的业务扩张只会耗光企业资源并促使企业内的高级管理者不断去发掘新的项目但最终没有足够的资源来支持完成这些项目。

Artto[24] 指出在以项目为主导的企业中，项目群管理需要在长期战略目标和短期需求以及各种限制间寻找平衡。管理者会遇到下面这些问题：

- 企业应该投资哪些项目群？
- 企业是否有足够的资源来支持这些项目群？
- 这些项目群能否支持企业未来的战略目标？
- 这个项目是否具有商业可行性？
- 这个项目是对其他项目的补充吗？

3.4.1 目标和动机

上面列出的每个问题都有长期和短期的影响，综合起来，它们就构成了战略项目管理和有效风险管理的基础。因此项目群管理涉及了项目的决策、优先排序、审查、重新组合以及重新排序等多个过程，下面将对这些过程进行详细说明。

1. 决策制定

一个决策是否有具体的战略方向，往往受到市场行情、资金的可用性、可感知的机会以及可接受的风险等因素的影响。项目群管理不仅是选择一个项目，而是要选择多个项目的组合。

2. 优先级排序

由于企业的资源有限，因而不能对所有的项目进行投资，所以就必须对备选项目进行优先级排序，在排序的过程中可以参考以下标准。

- **成本**：有着较低开发成本的项目更为有利，因为伴随它们的风险也会相对较小。
- **机会**：巨大的收益机会往往是高额投资的诱因。
- **来自高层的压力**：来自高级管理层的行政压力（如管理者青睐的项目）往往能影响决策的制定。
- **风险**：项目的支出要考虑其可接受的风险水平，风险过高的项目应该被剔除。
- **战略一致性**：如果企业的目标是开发一整套产品，那么应该考虑所有的备选项目的战略是否与现有的产品线一致，以及它们能否提升现有产品家族的实力。
- **组合平衡的需求**：企业也许希望通过投资其他项目来抵消风险，例如波士顿咨询公司（Boston Consulting Group）的矩阵框架就是在考虑相关的市场份额以及产品发展后，对企业的产品线进行权衡，这意味着公司在不同性质产品的组合间保持着战略的平衡。企业可能用具有盈利性但发展前途小的产品来筹集资金，以投资于发展潜力大的产品。项目群管理支持发展一种战略，该战略使得企业能够平衡风险、探索可能的市场机会以及对其他产品线的革新进行投资。

3. 审查

所有的备选项目都通过排序来进行选择。根据排序结果，能够带来最大回报的项目被选入企业项目群。例如，在经济下滑初期，DHL快递就开始从新的角度评估项目群。该组织的项目群审查委员会决定，所有进行中的项目必须满足以下标准：2009 年产生投资回报，必须是业务运转中的"关键环节"以及可以解决维持业务运营所面临的政府或监管问题。经过大量的审查，一批项目被暂时叫停。

4. 重新组合

当有新项目需要加入到现有的项目群中时，管理者必须重新检查企业的优先选择。在有新项目添加进来时，有几个重要的问题需要考虑：新项目是与原有的项目群的战略目标一致，还是为企业指出了新的战略方向？新项目是否显著改变了企业的战略目标？新的项目群是否需要重新权衡比较？由于新增项目会给项目群带来变动，因此需要重新进行分析，以得到新的决策。在这个过程中，需要重新对项目群进行审查，看是否有不平衡或者是需要更新的地方。

5. 重新排序

如果战略重组给企业的关注焦点带来了冲击（如形成新的战略方向），管理者必须对企业的目标进行重新排序。从这个意义上来说，项目群管理实际上是对整个企业战略的管理。例如，全球制药巨头拜耳（Bayer）公司发现，由于大量并购其他品牌，公司自身的形象变得越来越不鲜明。公司近期宣布决定逐步减少"拜耳产品伞"下拥有的其他品牌，目的在于强化拜耳商标。他们通过彻底分析自己的品牌群，发现拜耳集团品牌的多样性会大大稀释主品牌。消费者会困惑于拜耳集团到底是生产什么产品的，而这种困惑会改变他们对拜耳集团产品质量的感知。

3.4.2　建立初始项目群

项目群管理是战略项目管理的重要组成部分。除了特殊项目的管理，企业一般按常规对收益率进行战略计划，而达到该收益率的过程往往贯穿整个战略项目管理过程。建立一个初始项目集合或是集成的项目群是排列利润目标以及战略计划的最有效的方法之一，通常这些项目都有着共同的战略目标。比起那种每次只考虑单个项目的方法，这样的项目群方法更能支持整体战略。

在项目群管理中，一个有用的模型需要考虑两个问题——潜在商业价值和技术可行性，来判断哪些潜在项目可以加入到企业的项目群中。项目群中的项目主要可以分为四类，取决于项目会归类到图 3-8 所示的项目群矩阵中的哪一个象限内。[25]

（1）**面包和黄油**项目是指那些拥有很强的技术可行性和一般的商业潜能的项目。这些项目是对于现有的产品线进行调整或是对现有的技术进行少量的提升。例如，某种软件产品的一个新版发布或者是生产新的改进版本的洗衣液都属于面包和黄油类项目。

（2）**珍珠**类型的项目则是指那些既拥有很强的商业潜能也拥有很高的技术可行性的项目。这些项目可以用来帮助企业在市场中获得更多的战略优势。珍珠项目是指那些依靠现有成熟技术同时具有能够完全改变某个领域的革命性潜能的商业应用。例如，利用声波成像系统来探测水下石油储备就属于珍珠型项目，它将现存的技术应用到了一个新的领域中。

（3）**牡蛎**项目指的是能够实现企业重要战略和商业优势的基础项目，这些项目可以解决一些技术性的问题。由于牡蛎项目会涉及未知的或改革性的技术，因此它们的成功率较低。如果这些技术性问题能够得到解决，企业就可以凭此获得巨大的利润。例如，为电动汽车开发可用的核能发电技术和强化电池寿命技术就属于牡蛎项目。

（4）**白象**项目指的是那些不仅技术可行性较低，商业潜能也较低的项目。既然如此，那企业为什么还会去选择白象项目呢？原因是企业也并不知道它们选择的项目就是白象项目。大部分的白象项目最初都类似于面包和黄油项目或牡蛎项目，不同的是面包和黄油项目与牡蛎项目最终没有辜负它们自己的潜能，而白象项目虽然最初拥有高期望但最终证明它只是在浪费时间并消耗企业的资源，然而这些项目最终也会被保留下来，原因可能是："我们已经为它投入了太多，现在结束它太不值得了"，或是"组织内一些权威成员支持这些项目"。

图 3-8 所示的项目矩阵对企业来说是一种十分有用的研究项目群状态的方法。使用该矩阵可以帮助回答以下几个问题：在项目群中的这些项目类型是否会存在某种平衡？是否会有一些明显的白象项目需要被结束掉？当企业损失了某些面包和黄油型项目时是否应该多（或少）投资一些战略型项目？这个项目群矩阵主要用来考虑要平衡技术风险和潜在回报，而企业也应该周期性地重复这个平衡过程以确保企业的项目群能够不断更新。

在对项目进行分类的过程中一定要避免对项目机会进行仓促的判断。将项目群中的项目根据矩阵进行分类意味着企业需要采用全面且谨慎的方法对项目进行分类，例如在这个过程中是否需要使用定量评分或选择模型、财务模型，还是多个模型结合？这些方法中的任意一种都能够帮助企业将当前项目群中的项目进行分类并认知到企业每一个新投资的价值。

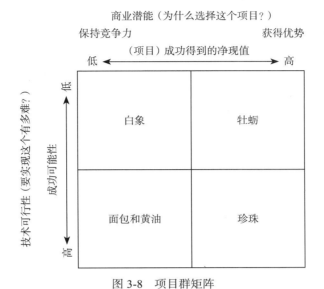

图 3-8　项目群矩阵

资料来源：D. Matheson, D. and J. E. Matheson. (1998). *The Smart Organization: Creating Value through Strategic R&D.* Boston, MA: Harvard Business School Press.

以大型制药公司辉瑞公司（Pfizer）为例，[26] 和其他许多竞争者一样，该公司使用集成的方式对众多不同类型的项目进行管理。项目管理的整体化使企业的管理者能够处理制药行业某些具体的实际问题，比如成本过高以及新产品交货时间较长。事实上，如表 3-10 所示，新药投入市场的交货时间（lead time）往往会延长到 15 年以上。此外，据估计，对于实际进入商业开发的药品，其成功率一般不高于 0.002%。

表 3-10　新药的开发阶段

阶段	历时	成功率	内容
探索阶段	4～7年	1%	在计算机模型和试管中对选择的成分组合进行研究
临床使用前期			通过动物及试管实验进行药品安全性、可能的疗效、毒性以及代谢作用的研究
阶段 I	1 年	70%～75%	对健康的志愿者进行小型临床试验，研究药品的安全性以及在人体内的吸收、分布、代谢和排泄特点（ADME）
阶段 II	2 年	50%	针对目标疾病患者进行小型的研究，研究药品的功效、剂量以及配方
阶段 III	3 年	75%～85%	应用于病人的大型临床研究，对阶段 II 加以确认，也是整个项目最耗资的阶段
行销申请阶段（MA）	1.5～3 年	75%～80%	向权威部门提出行销资格申请（MAA），获得许可后药品就可以投入市场
合计	12～16 年	小于 0.002%	

资料来源：M. Lehtonen（2001）."Resource allocation and project portfolio management in pharmaceutical R&D," in Artto, Martinsuo, and Aalt (Eds.), *Project Portfolio Management: Strategic Management Through Projects*, pp. 107-140, figure on page 112. Helsinki, Finland: Project Management Association.

因此，在任何时刻，辉瑞公司都有很多正在进行的新药研发项目，同时小部分项目处于临床试验阶段，而已投入市场的只有更小的一部分。在这个过程中的每一步都充满了风险和不确定性，药品在临床阶段是否有效？副作用是否最小？能否以经济的方式进行生产？它的投放时间是否很紧迫（比如说，可利用的市场机会很有限）？通常情况下，要解决这些问题，就要减少辉瑞公司正在进行的开发项目群。

在这样一个开发周期长、失败的财务影响大以及成功的不确定性很高的风险环境下，制药企业必须要进行高度精确的项目群管理。由于极低的成功率以及经常出现的失败，利用新产品的机会就变得尤为重要，只有在这种方式下，企业才能保证渠道中新产品的稳定供应。

图 3-9 分析了药品开发过程中的隐患和机遇。制药企业通过同时投资和管理大量的开发人员，来弥补新产品需要很长时间才能得到最后正式批准的缺陷，然而不幸的是，只有小部分研发项目群中的项目能够有较大的机会进入临床试验的阶段，而在接下来的过程中更多项目被剔除掉，只剩很少一部分能够进入商业展示阶段。

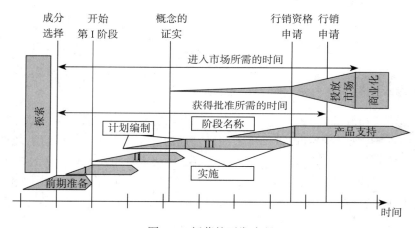

图 3-9　新药的开发流程

资料来源：M. Lehtonen.(2001). "Resource allocation and project portfolio management in pharmaceutical R&D," in Artto, Martinsuo, and Aalto (Eds.), *Project Portfolio Management: Strategic Management through Projects*, pp. 107-140, figure on page 120. Helsinki, Finland: Project Management Association.

辉瑞公司对新药开发项目采用项目群管理，与诺基亚和爱立信用来追踪包括手机、基带调制解调器以及防火墙系统在内的多个产品线的方法非常相似。之所以要建立项目群，是因为一部分项目在投资前就被取消，有些在开发的过程中被中止，还有一些在商业化过程中失败，这一过程使得只有极少数的项目能够为企业的全部投资带来回报。简而言之，任何企业的研发项目就如同放在篮子中的鸡蛋一样，面临着巨大的风险——要么在开发过程中失败，要么在投放市场时失败。通常，企业会通过不断创造和更新项目群的方式，来保障企业的选择余地、财务的稳定性及把握机会的可能性。

即使对于企业的项目群应该包含些什么并没有标准的规定，但是通过对企业项目群管理的分析研究发现，某些特定产业内的公司对于选择开发的项目都会有一些普遍的方向。例如，在 IT 产业内，企业的项目群预算平均会有 47% 花在基础设施项目上（用于组织的基础设施建设，如网络、电脑、开发工具、培训和服务支持以及维护）。而剩下的53%的IT项目群预算用于应用类型的项目，包括可以改变整个产业的竞争环境的"前沿"项目，帮助企业达到更好的绩效的改善类项目以及提升企业内部流程效率的效用类项目。对于大部分的IT企业，有将近67%的项目群预算用于基础设施和效用类项目，这些并不会直接创造商业价值，但是对于企业的运行是不可缺少的。[27]这说明对于其他产业也可以借鉴一些研究报告来帮助企业确定最优的项目类型组合。

3.4.3 项目群管理成功的关键

尽管存在很多企业管理项目群的成功实例，但是很少有研究者对他们成功的原因进行调查。Brown和Eisenhardt[28]对计算机行业的6家涉及多项目开发活动的企业进行了研究，他们认为成功的项目群管理通常具有下面3个要素。

1. 灵活的结构和自由的沟通

如果被限制于官僚主义作风、狭窄的沟通渠道或僵化的开发流程中，多项目环境就不可能很好地运作，成功的项目群都来自于鼓励灵活和开放的沟通环境中。当项目团队被允许随时对现有的产品进行试验时，创新性的产品概念才更有可能产生。

2. 低成本环境调查

许多企业花费大量的资金和时间，只为了在某一个产品上获得成功。在对各种机会或未来商业趋势缺乏足够分析的情况下，他们将信念（和财力）全部置于一个项目上，期望能一举占领市场。通常，成功的项目群战略要求对未来进行一系列低成本调查，在环境调查后，就可以通过与潜在伙伴建立战略联盟，以对试验产品模型进行开发和市场测试。成功的企业很少会孤注一掷，它们通常在全面开发前研究并测试新产品。例如乐佰美公司，它经常将许多新产品构想推向市场，从商业反馈中得到抽样信息，而后使用这些信息改进有潜力的产品，同时放弃那些不合格的产品。

3. 瞄准时机的转换

成功的项目群管理需要认清合适的时机，尤其是当企业从一个产品向另一个产品转换时。不管是多样化的产品线，还是在原有的产品线上继续更新，成功的企业都使用项目群计划来建立长期的领导地位，同时通过提前计划来平稳可能的产品转换过程。吉列（Gillette）公司就通过开发和销售新型剃须刀获得了巨大的商业成功，其产品生命周期计划相当周密，使企业能够精确地预测现有产品的生命周期和开始新产品开发项目的必要时机，从而保持了其产品的平稳发展。

3.4.4 项目群管理实施过程中的问题

在建立有效的项目群管理系统的过程中，需要注意哪些共同问题呢？会给项目群管理带来负面影响的因素有很多，下面仅列出一些较为典型的因素。[29]

1. 保守的技术团体

一些企业中有核心的技术专家，如项目工程师、研究员或者其他开发项目原型的人员。一个普遍现象就是由于这些人员的抵制而放弃风险高、成本大或是与现有战略目标不相符的项目提议，这种抵制情绪通常出于自尊心、组织惯性或者是对纯研究型项目的不支持。很多时候，当高层管理者出于战略原因要对现有的项目群进行调整时，工程师和研究人员往往会很不情愿接受他们的理由。生产计算机和IT产品的数据通用公司（Data General Corporation）发现自己越来越受到硬件设计部门的牵制，该部门不仅顽固坚持自己的新产品目标，同时还迫使整个组织接受他们的观点，终于在20世纪90年代中期，在产品接二连三的失败后，该公司由于无法独立运作而被美国EMC公司收购。

2. 不同步的项目和项目群

有时，即使企业已经开始对其战略观点进行重新组合和排序，却依然对那些不再精确反映企业新战略重点的项目或项目群持续进行投资和开发。战略和项目群管理必须要精确反映相同的战略观点，如果战略和项目群不相符，就很可能出现两种情况：要么该项目群为企业战略指出新的发展方向，要么企业战略重新回到它原有的目标。

3. 没有前途的项目

最坏的情况是发现企业正在实施低效或不必要的项目。比如说，本田公司已经花费了10年时间来推动在汽车领域引入氢燃料技术，而现在它也努力在南加利福尼亚州推广使用氢燃料的FCX汽车。即使氢燃料能带来非常强的动力，但是现实的技术困难使得FCX项目很难继续下去。这是因为氢气占用的空间非常大，所以需要使用高压气缸将氢气压缩，但这种高压气缸的重量是所装氢气的65倍。因此，一辆13吨的氢燃料运输车只能运输10个高压气缸！即使忽视这个严重的缺点，本田公司的这款产品相对于电动汽车仍然是一款低效的产品。本田FCX汽车的运行效率分析报告显示，特斯拉的电动汽车效率是该产品效率的3倍，而产生的二氧化碳排放量仅仅是该产品的1/3。[30]

当项目群管理应用于生产线时，管理者通常要重新权衡该项目群，以保证有足够多的不同类型的产品能够弥补那些有缺陷的产品可能带来的损失。例如可以用"金牛产品"，即厚利产品的收益投资于创新性的产品。当然，有时候项目群的关键分析会涉及艰难的抉择、项目的取消以及资源的再分配，但正是由于这种对项目群的持续关注，才避免了对不可能实现的项目给予过高的权重。

4. 资源的缺乏

对所有项目来说，人力资源是一个关键性的资源。事实上，人力成本是项目费用的最大来源之一。其他资源包括有原材料、财务资源以及其他对于成功完成项目的关键供给。在花费大量时间建立项目群之前，企业希望在需要的时候能够得到所需的资源，因此，项目群执行无效的一个重要原因就是缺乏足够的资源，尤其是用来支持开发过程的人力资源。

项目群管理是将企业的项目管理实践同整个企业的战略保持一致的过程，通过在项目群中各项目的互补，就能保证企业的项目管理团队齐心协力，而不会产生分歧。项目群管理同时也是战略方向和商业目标的可见标志，企业将所选择的要进行开发和实施的项目放在一起，就是向企业其他员工传达关于优先级、资源分配以及未来方向的信息。最后，项目群管理在众多不同类的项目中、在风险和回报间以及在有效运作和无效运作的项目间寻求持续的平衡，因此也为风险管理提供了一种方法。为了达到这些目标，企业越来越多地使用项目管理，这也意味着下一步将会有越来越多的企业采用项目群管理来进行项目管理。

小结

1. **解释一个有效的项目选择模型应符合的 6 个标准**。没有一个企业能够把握当前的所有机会，因此必须要做出选择，同时也要确保所选择的项目是最可行的，许多企业开发了优先级系统或指导原则，也就是项目选择/筛选模型（或一系列模型），以帮助它们在节约时间和资金的情况下使项目成功的概率最大。

    许多决策模型可供负责对潜在的项目进行选择和评估的管理者使用。管理者在评价项目评审模型时通常需要考虑 5 个重要因素。①实用性。一个有效的模型必须反映组织的目标，同时还要考虑到资金、人力等资源的限制。此外，模型还要考虑商业风险和技术风险。②功能性。模型应该有足够的灵活性来应对项目执行过程中的各种变化，同时也要适应各种新的标准和约束。③灵活性。在应用过程中需要改变时，模型应该易于修改。④易用性。模型应该易于被组织中的所有成员使用，同时要能迅速生成有用信息，并且成员不需要任何特殊培训或技巧就可以理解这些信息的含义。⑤成本。相对于所执行项目的成本，收集、存储以及整理信息（如报告、提议等）的成本应该比较低（换句话说，就是要低到能使其得到广泛使用，而不是减少它的使用）。我们在此基础上又新加了一条标准：⑥可比较性。模型必须适用于不同类型的项目选择，而且支持项目间一般性的比较。

2. **介绍了如何使用检查表和简化的评分模型进行项目选择**。检查表需要决策者建立一张表，这张表列出了进行项目选择时的一些重要标准。例如，一家企业可能认为接受一个项目需要考虑以下指标：投资回报、安全性、开发成本、商业契机以及干系人可接受度等。一旦建立了检查表，所有的项目都将按照该检查表来进行评价，对照每个标准并给出项目在该标准上的满足水平，如高、中、低，在相关标准上满足水平为高的项目最终被选择。检查表简单易用，也需要决策者在多个标准间进行权衡，以选出对新项目选择最重要的标准。但检查表已存在缺陷，如评价过程中的主观性。还有一个缺陷是在检查表中每个标准的权重被认为是一样的，但实际上，在决赛过程中，有些标准要比另外一些更为重要。

    简化评分模型大部分与检查表一样，但是在简化评分模型中，每个指标被给予了不同的权重，然后，所有的备选项目首先根据这些权重算出加权得分，然后再相互比较。这种方法的优点在于它区分了指标的重要性，从而能更好地进行决策，它的缺点在于对评分值的确定，如"高 =3，中 =2，低 =1"。其次，通过使用权重级别的简化评分模型得到的结果取决于他们解释的不确定性。最后，这些模型很大程度要依赖被选择指标的实用性以及被赋予的权重。

3. **使用更精确的评分模型，如层次分析法**。层次分析法（AHP）包括 4 个步骤，可以让决策者了解备选项目的本质并做出选择。层次分析法的第一步是建立在决策过程中使用标准的层次结构模型；第二步是为这些指标制定权重；第三步是为需要评估的领域打分；最后一步，使用这些得分对备选项目进行评价。层次分析法帮助决策者确定决策标准，并关每个指标赋以符合实际的权重，从而使其做出更为精确的决策。

4. **学习使用财务概念，如有效边界和风险/回报模型**。许多项目是在对其潜在风险/回报进行权衡后才被选中，从这点也可以看出，所有项目都会涉及风险（不确定性）。项目组织在决定是否要对项目进行投资时，都会试图在高风险和该高风险可能带来的高回报间进行权衡。效率边界可以通过比较每个项目的风险和期望回报来对项目进行评估。效率边界是一组提供不同风险水平下最大回报，或不同回报水平下最小风险的项目组合。

5. **使用财务分析和期权分析来评估新项目投资的潜力**。财务分析中使用折现现金流和内部收益率，将资金的时间价值概念应用于需要考虑备选方案吸引力的所有决策中。资金的时间价值表明，项目投资的未来收益至少应该收回最初的投资，并满足企业提出的必要收益率。期权分析在这个过程上更进一步，将企业是现在投资还是将来投资的决策考虑进来，这样的决策取决于企业在未来可以进行决策的投资选择。这些财务模型说明，决定是否对一个项目进行投资的主要标准就是该项目所能带来的收益。那么，要很好地使用财务模型，就要对未来收益进行准确的估计。

6. **识别企业在保持最优项目群过程中的困难**。与项目群管理有关的困难有很多，包括：（a）不支持新项目启动的保守技术团体；（b）与整个战略项目群计划不相符、不同步的项目和项目群；（c）与项目群不协调的未批准项目；（d）有限的资源。由于这些挑战，对新项目的支持变得不可能。

7. **了解成功的项目群管理的3个关键因素**。成功项目群管理包含3个关键因素。首先，公司需要通过减少官僚作风和行政疏漏，建立灵活的结构和自由的沟通，使得项目群管理团队能有最大的灵活性来挑选项目并对其进行投资。其次是采用成功的项目群管理战略进行低成本环境调查，低成本环境调查通过对未来进行一系列的调查来建立备选项目并进行市场测试。最后，成功的项目群管理还需要适时的转换战略，在合适的时机成功地从一个产品转换到另一个产品，不管这个新产品是原有产品的分支还是创新性的产品。

已解决的问题

3.1 净现值

假设你的企业正在决定是否要对一个新项目进行投资，现在知道在开始的两年总的现金流出为 250 000 美元，即企业希望最初投资 200 000 美元，然后在第 1 年后再投入最后的 50 000 美元。估计项目从第 2 年后开始盈利，每年的现金流入分别为 50 000 美元、100 000 美元、200 000 美元和 75 000 美元。必要收益率为 12%，同时估计在项目整个生命周期内，通货膨胀率会维持在 3%，那么，是否应该对该项目进行投资？

解答过程

为了回答这个问题，首先需要将这些数据用表的形式整理出来。

总现金流出 = 250 000 美元
总现金流入 = 400 000 美元
必要收益率 (r) = 12%
通货膨胀率 (p) = 3%
折现因子 = $1/(1+r+p)^t$

计算结果如表 3-11 所示。由于最后计算的净现值为正（11 725 美元），因此该项目是值得投资的。

表 3-11 折现现金流和净现值（Ⅱ）

年份	现金流入（美元）	现金流出（美元）	净现金流（美元）	折现因子	净现值（美元）
0	0	200 000	−200 000	1.000 0	−200 000
1	0	50 000	−50 000	0.869 6	−43 480
2	50 000	0	50 000	0.756 1	37 805
3	100 000	0	100 000	0.657 5	65 750
4	200 000	0	200 000	0.571 8	114 360
5	75 000	0	75 000	0.497 2	37 290
合计					11 725

3.2 折现还本法

你的公司将有一个初始投资为 75 000 美元的新项目机会，但是由于考虑到现金流问题，你的老板想知道什么时候可以收回初始投资。利用折现还本法，你认为在项目完成后的 5 年内将产生 30 000 美元、30 000 美元、25 000 美元、20 000 美元和 20 000 美元的现金流。你公司的必要收益率是 10%。

解答过程

为了回答这个问题，把题目中的信息归纳到如下的一个表格中，记住：

总现金流出 = 75 000 美元

必要收益率 = 10%

折现因子 = $1/(1+0.10)^t$

年份	现金流（美元）	折现因子	净现金流（美元）
0	−75 000	1.00	−75 000
1	30 000	0.91	27 300
2	30 000	0.83	24 900
3	25 000	0.75	18 750
4	20 000	0.68	13 600
5	20 000	0.62	12 400

投资回收期 = 3.3 年

3.3 内部收益率

假设一个项目最初投资需要 24 000 美元，在接下来的 3 年中每年产生的收益均为 10 000 美元。同时假设新项目的必要收益率为 12%，这个项目是否值得投资？当必要收益率为 15% 时，是否还是值得投资？根据已给数据回答问题。

现金投资 = 24 000 美元

第 1 年现金流入 = 10 000 美元

第 2 年现金流入 = 10 000 美元

第 3 年现金流入 = 10 000 美元

必要收益率 = 12%

解答过程

第 1 步：试算 10%。

年份	现金流入（美元）	10%时的折现因子	净现值（美元）
1	10 000	0.909	9 090
2	10 000	0.826	8 260
3	10 000	0.751	7 510
现金流入现值			24 860
现金投资			−24 000
差值			860

决策：在折现率为 10% 时的现值差为 860 美元，过高，因此再选择一个更高的折现率进行试算。

第 2 步：试算 12%。

年份	现金流入（美元）	12%时的折现因子	净现值（美元）
1	10 000	0.893	8 930
2	10 000	0.797	7 970
3	10 000	0.712	7 120
现金流入现值			24 020
现金投资			−24 000
差值			20

决策：在折现率为 12% 时现值差为 20 美元，说明 12% 为近似内部收益率。项目在必要收益率为 12% 时是值得投资的，但是当必要收益率为 15% 时就不能接受了。

讨论题

3.1 如果让你将衡量成功的项目审查模型的指标进行排序，你认为哪些指标应该排在最前面？为什么？

3.2 用来对备选项目进行审查的项目检查表有哪些优点和缺点？

3.3 层次分析法对项目选择有何帮助？层次分析法针对项目审查过程中的哪些方面进行了改进？

3.4 风险/回报模型的优缺点有哪些？在识别效率边界时容易产生的问题是什么？

3.5 财务模型与其他模型比较的优缺点是什么？

3.6 对于项目中无法收回的投资，期权模型是如何解决的？

3.7 你认为通用电气关卡审查方法的优点和缺点是什么？请说明原因。

3.8 为什么项目群管理在制药业应用相当困难？

3.9 成功的项目群管理的关键因素有哪些？

3.10 在成功地实施项目群管理的过程中，存在的主要困难是什么？

练习题

3.1 检查表。假设你需要在两个备选的IT项目中进行选择，你的公司使用了3个主要的选择指标来评价所有的IT项目：①检验技术，②转换难度，③项目成本节余。

第1个选择，项目 Demeter，评价结果如下：

技术	高
转换难度	低
项目成本节余	高

第2个选择，项目 Cairo，评价结果如下：

技术	中等
转换难度	高
项目成本节余	高

建立关于项目评价标准和评价结果的表格，通过你的分析，你更愿意选择哪个项目？为什么？

3.2 检查表。考虑下面的信息，并在4个备选项目（项目A、B、C、D）中进行选择。选择所参照的指标如下：

- 潜在回收期；
- 有无风险；
- 安全性；
- 竞争优势。

项目A的评价结果为：

潜在回收期	高	安全性	高
有无风险	低	竞争优势	中等

项目B的评价结果为：

潜在回收期	低	安全性	中等
有无风险	中等	竞争优势	中等

项目C的评价结果为：

潜在回收期	中等	安全性	低
有无风险	中等	竞争优势	低

项目D的评价结果为：

潜在回收期	高	安全性	中等
有无风险	高	竞争优势	中等

建立对这4个备选项目进行选择的检查表模型。根据你的模型，你会选择哪个项目？哪个项目是最差的？为什么？

3.3 评分模型。假设问题3.2中的各指标被给予了不同的权重，1代表最不重要，4代表最重要，如下所示：

评估指标	重要性权重
1. 潜在回收期	4
2. 有无风险	3
3. 安全性	1
4. 竞争优势	3

假设评价高的得分为3，中等为2，低为1。重新建立你的评分模型，并再对这4个项目进行选择，现在你认为最好的项目是哪一个？为什么？

3.4 评分模型。 现在假设问题3.2中每个指标的重要性权重如下：

评估指标	重要性权重
1. 潜在回收期	1
2. 有无风险	1
3. 安全性	4
4. 竞争优势	2

现在你的选择结果是什么？为什么？

3.5 审查模型。 假设进行项目选择和审查的指标如下所示（包括了每个指标的重要性权重）。

质量（7）

成本（3）

投入市场速度（5）

可见性（1）

可靠性（7）

某企业有4个备选项目，对这些关键指标的符合程度如下所示。

	项目 Alpha	项目 Beta	项目 Gamma	项目 Delta
质量	1	3	3	5
成本	7	7	5	3
投入市场速度	5	5	3	5
可见性	3	1	5	1
可靠性	5	5	7	7

建立项目评审矩阵，从这4个项目中选择最有可能被实施的候选方案。

3.6 审查模型。 假设进行建筑类项目选择和审查的指标如下所示（包括了每个指标的重要性权重）。

安全性（10）

完成速度（5）

可持续性发展（4）

基础设施修改（3）

交通拥堵（5）

成本（8）

我们企业有4个备选项目，对这些关键指标的符合程度如下所示。

	市中心区	住宅区	商业区	郊区
安全性	6	5	3	8
速度	3	4	2	5
可持续	7	7	5	4
基础设施	4	5	4	1
交通	2	4	1	8
成本	5	5	3	6

建立项目评审矩阵，从这4个项目中选择最有可能被实施的候选方案。

3.7 风险/回报模型。 假设项目的风险/回报模型如图3-10所示。定义效率边界。图中的两条虚线分别代表了企业可接受的最大风险和最小回报。哪些项目可以保留而哪些项目应该从企业的项目群中剔除？为什么？

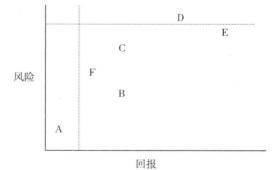

图3-10 项目风险/回报模型（练习题3.7）

3.8 风险/回报模型。 使用来自练习题3.7中风险/回报模型中的信息，说明为什么项目Beta要优于项目Gamma。

3.9 折现还本法。 你的公司最近打算投资一个项目，但是现金流紧张。该项目初始投资为 50 000 美元，高层想知道多久可以收回初始投资。你认为接下来 5 年的现金流如下：30 000 美元、30 000 美元、40 000 美元、25 000 美元和 15 000 美元。公司要求的必要收益率是 15%。需要多久收回初始投资呢？

3.10 净现值。 假设你的公司要在两个项目中进行选择。

- 项目 A 现在需要投资 500 000 美元，那么接下来的 5 年每年可产生 150 000 美元的收入。
- 项目 B 需要 400 000 美元的初始投资，但是其每年的收入分别为：第 1 年 0，第 2 年 50 000 美元，第 3 年 200 000 美元，第 4 年 300 000 美元，第 5 年 200 000 美元。

假设公司的必要收益率为 10%，通货膨胀率在项目生命周期中保持 3%，那么哪个项目更值得投资？为什么？

3.11 净现值。 管理信息系统（MIS）的副主管告诉你，她已经对企业订单系统自动化的可能性进行了研究，她认为该项目在接下来的 5 年中，每年可减少劳动力成本 35 000 美元，所需要的花费为 125 000 美元（包括安装和测试）。如果每年的折现率为 10%，该投资的净现值为多少？

3.12 净现值。 一家企业有 4 个投资备选方案，项目必要收益率为 20%，预计的通货膨胀率为 3%，每个项目的情况如下所示：

项目 Carol	年份	投资（美元）	收益（美元）
	0	500 000	0
	1		50 000
	2		250 000
	3		350 000

项目 George	年份	投资（美元）	收益（美元）
	0	250 000	0

（续）

项目 George	年份	投资（美元）	收益（美元）
	1		75 000
	2		75 000
	3		75 000
	4		50 000

项目 Thomas	年份	投资（美元）	收益（美元）
	0	1 000 000	0
	1		200 000
	2		200 000
	3		200 000
	4		200 000
	5		200 000
	6		200 000

项目 Anna	年份	投资（美元）	收益（美元）
	0	75 000	0
	1		15 000
	2		25 000
	3		50 000
	4		50 000
	5		150 000

哪个项目是企业的首选？如果该企业能对多个项目进行投资，列出选择的顺序。

3.13 项目群管理。 皇冠公司正致力于扩大其项目群，目前，该公司正在进行一批水土保持的项目。同时它针对目前能源产生和使用的方法，预计家庭能源电池的需求将会有一个较大的增长。尽管能源电池项目与当前项目使用的技术差别很大，但其潜在收益非常可观。请为皇冠公司建立一个项目群扩大后的潜在收益和风险清单。在你看来，这个行动带来的风险是否大于其带来的收益？证明你的观点。

3.14 项目评审。 假设你是一个大型城市卫生保健系统的 IT 项目经理，最近你发现要面对许多新项目的选择，包括系统更新、支持服务、保持自动记录、开具支票等。在平均有 50 个软硬件项目同时进行的情况下，你决定必须要建立一个系统，对来自保健系统各个部分的新项目需求进行评审。建立一个与通用电气公司关卡过程相似的选择和评审系统。该系统应该包括什么要素？你提议的步骤有哪些？过程中的关卡应该设置在什么位置？与建筑公司相比，软件开发公司的这个关卡系统有哪些不同之处？

案例分析 3-1

凯夫拉维克纸业公司

最近几年，凯夫拉维克纸业公司（Keflavik Paper Company）在它们的项目管理过程中出现了许多问题。例如，很多的商业项目启动太晚或预算超支，产品性能不一致。通过全面的分析，他们发现这些问题的来源是项目选择方法的不完善。

凯夫拉维克是一个中型企业，生产各种类型的纸张，包括专业用纸以及用于摄影和印刷行业的铜版纸。尽管企业受整体经济形势的影响处于低迷期，但其销售额一直在缓慢增长。大约在5年前，凯夫拉维克采用一种基于项目的方法来对新项目进行选择，其目的是为了在提高盈利的同时，通过快速开发满足特殊消费者的新产品的方式来增加销售量。到目前为止，结果仍不容乐观。该公司的项目开发记录参差不齐，有些项目及时交付而有些延期，预算经常超支，产品性能不一致，最后导致有些项目带来好的回报，而有些项目则造成亏损。

公司高层管理人员为此请来了一个咨询专家，来对该过程进行分析，并针对项目管理过程中存在的问题，制定最有效的解决方法。咨询专家认为该问题的原因不在项目管理过程本身，而是在于项目被加入到企业项目群中的方式。项目选择的主要方法几乎完全依赖于折现现金流方法，凡是能够带来利润收入的项目都被高层管理者所认可。

这样的选择过程带来的后果之一就是产生了几乎完全不相关的产品"家族"。没有人会询问新加入到项目群中的项目是否与其他项目相符。凯夫拉维克公司试图扩大产品类型，产品包括铜版纸、摄影产品、运送和包装材料以及其他偏离其最初目标市场的产品。项目管理人员很少通过企业的战略目标来衡量新项目，并且对项目的技术资源也没有进行评估。企业不仅要重新学习和培训，还需要新的技术专家，而这些都非常耗费资金和时间，因此很多新项目都失败了。最终的结果就是一个混乱的项目群，项目群中的项目互不协调，从而难以进行管理。

另外，产品线和开发过程的不断变化导致项目经理根本不可能轻易地从一个项目转入另一个项目的管理。同样，这些混乱的项目也很难利用来自其他项目的经验教训。由于项目中所需要的技能在很大程度上是不可转移的，因此当项目团队成员接受一个新项目时，他们不得不重新学习。

咨询专家建议凯夫拉维克公司重新考虑它们的项目选择和审查过程。为了增加项目群的一致性，企业需要关注项目审查机制。比如，所有新项目进入项目群之前，项目管理人员都要根据公司的战略目标进行衡量，并且要论证其与目前项目群的互补性。同时专家还指出，为了使项目经理能更好地胜任项目，需要对项目经理近期的表现进行分析。尽管凯夫拉维克公司已经开始实施这些建议，但到目前为止，进度还是非常缓慢。尤其是高层经理发现要放弃现金流为正的项目相当困难,他们同样还需要重新了解项目排序的重要性。但是,现在已有了一个新的排序配置计划,并且正在改进新项目选择以及企业管理这些项目的能力。

问题

1. 凯夫拉维克纸业公司是一个过多依赖一种项目审查技术(折现现金流法)而造成损失的典型例子。试想如果对本章中涉及的其他选择模型过分或完全依赖,将造成什么样的后果?

2. 假设你负责管理凯夫拉维克公司的项目群,将新项目加入现有项目群之前需要对其进行评估时,你认为这个过程中需要考虑哪些重要指标?

3. 本案例中,由于项目审查方法的不足而给企业有效管理项目的能力造成了哪些影响?

案例分析 3-2

西部新星有限公司

菲利斯·亨利(Phyllis Henry)是西部新星有限公司新产品开发部的副总裁,此刻正坐在办公桌前试图弄清员工提交上来的最新的项目提议。西部新星有限公司(Nova Western)是一家大型的商业软件和应用程序的开发商,在过去的3个季度,该公司在运作收益上一直处于低谷。高层管理团队已经感受到来自董事会的压力,并正在采取措施来增加收益和盈利。他们的一致意见是需要尽快开发一些新的产品。

菲利斯正在读的报告包括产品开发部两个独立小组进行的项目评估结果。经过几周的分析,两个小组关于最优项目的争议越来越激烈。其中一个被称作双面神的项目是由软件开发部门提议的,而另外一个项目——双子星项目是由商业应用部门支持的。菲利斯最初要它们准备两个项目的评估报告,以便从中做出选择。由于预算的限制,无法同时对两个项目都进行资助。

第1个评估小组使用了基于西部新星有限公司战略类别的评分模型,这些类别主要包括:①战略符合,②技术成功的可能性,③财务风险,④潜在收益,⑤战略作用(项目使用和增强企业资源和技术性能的能力)。使用这些类别,该小组对两个项目的评估如下所示,分值设置为:1 = 低,2 = 中等,3 = 高。

双面神项目

类别	重要性	得分	加权得分
1. 战略符合	3	2	6
2. 技术成功的可能性	2	2	4
3. 财务风险	2	1	2
4. 潜在收益	3	3	9
5. 战略作用	1	1	1
			得分 = 22

双子星项目

类别	重要性	得分	加权得分
1. 战略符合	3	3	9
2. 技术成功的可能性	2	2	4
3. 财务风险	2	2	4
4. 潜在收益	3	3	9
5. 战略作用	1	2	2
			得分 = 28

第一小组获得的结果显示双子星项目是接下来新项目的最好选择。

但是,菲利斯同样也得到了来自第2个小组的一份使用净现值分析的评估结果。评估者假设必要收益率为15%,预期的通货膨胀率为3%,第2小组的评估结果如下:

双面神项目

初始投资 = 250 000 美元
项目生命周期 = 5 年
预期现金流：
第 1 年 = 50 000 美元
第 2 年 = 100 000 美元
第 3 年 = 100 000 美元
第 4 年 = 200 000 美元
第 5 年 = 75 000 美元
累计净现值 = 60 995 美元

双子星项目

初始投资 = 400 000 美元
项目生命周期 = 3 年
预期现金流：
第 1 年 = 75 000 美元
第 2 年 = 250 000 美元
第 3 年 = 300 000 美元
累计净现值 = 25 695 美元

因此，根据以上分析，双面神项目更为合适。

不同的方法对两个项目进行评估得到了不同的结果。评分模型显示双子星项目是最好的选择，而净现值模型显示双面神项目最好。菲利斯今天下午就要给这两个高级管理团队提出建议，但仍然存在相当多的问题。

问题

1. 如果菲利斯让你进她的办公室来帮助她弄清这些项目评估结果之间的矛盾。你会如何解释造成这种分歧的原因？这两种模型的优缺点分别是什么？

2. 根据上面的分析，你认为西部新星有限公司会选择哪个项目？说明你的理由。

3. 上面的案例对企业中项目选择方法的应用情况进行了介绍，说明了什么问题？你会如何解决本案例中出现的矛盾？

网上练习

3.1 登录下面的企业网站。
   a. 德国默克制药公司：www.merck.com/about/
   b. 波音公司：www.boeing.com/companyoffices/aboutus/flash.html
   c. 劳斯莱斯公司：www.rolls-royce.com/default.asp
   d. 埃克森美孚有限公司：www.exxonmobil.com/Corporate/about.asp

   对照这些企业的战略目标，你认为它们应该从事什么类型的项目？如果你为其中的一家公司工作，并试图与它们建立项目群以保持战略联盟，那么你又会建议什么类型的项目？

3.2 登录网站：www-01.ibm.com/software/awdtools/portfolio/。该款软件产品所表明的 IBM 项目群管理理念是什么？它们声称将帮助客户"克服房间中最大声音带来的影响，利用客观的数据支持决策过程"，这是什么意思？

注释

1. Texas Department of Transportation (2013). Project Selection Process.
2. Foti, R. (2002). "Priority decisions," *PMNetwork*, 16(4): 24–29; Crawford, J. K. (2001). "Portfolio management: Overview and best practices," in J. Knutson (Ed.), *Project Management for Business Professionals.* New York: Wiley, pp. 33–48; Wheatley, M. (2009). "Making the cut," *PMNetwork*, 23(6): 44–48; Texas Department of Transportation. (2013). *Project Selection Process,* http://ftp.dot.state.tx.us/pub/txdot-info/fin/utp/2013_psp.pdf.
3. Pascale, S., Carland, J. W., and Carland, J. C. (1997). "A comparative analysis of two concept evaluation methods for new product development projects," *Project Management Journal*, 28(4): 47–52; Wheelwright, S. C., and Clark, K. B. (1992, March–April). "Creating project plans to focus product development," *Harvard Business*

Review, 70(2): 70–82.
4. Souder, W. E., and Sherman, J. D. (1994). *Managing New Technology Development.* New York: McGraw-Hill; Souder, W. E. (1983). *Project Selection and Economic Appraisal.* New York: Van Nostrand Reinhold.
5. Meredith, J. R., and Mantel, Jr., S. J. (2003). *Project Management,* 5th ed. New York: Wiley.
6. Khorramshahgol, R., Azani, H., and Gousty, Y. (1988). "An integrated approach to project evaluation and selection," *IEEE Transactions on Engineering Management,* EM-35(4): 265–70; Raz, T. (1997). "An iterative screening methodology for selecting project alternatives," *Project Management Journal,* 28(4): 34–39.
7. Cleland, D. I. (1988). "Project stakeholder management," in Cleland, D. I., and King, W. R. (Eds.), *Project Management Handbook,* 2nd ed. New York: Van Nostrand Reinhold, pp. 275–301.
8. Artto, K. A., Martinsuo, M., and Aalto, T. (Eds.) (2001). *Project Portfolio Management: Strategic Management Through Projects.* Helsinki: Project Management Association; Artto, K. A. (2001). "Management of project-oriented organization—Conceptual analysis," in Artto, K. A., Martinsuo, M., and Aalto, T. (Eds.), *Project Portfolio Management: Strategic Management Through Projects.* Helsinki: Project Management Association.
9. Pinto, J. K., and Millet, I. (1999). *Successful Information System Implementation: The Human Side,* 2nd ed. Newtown Square, PA: Project Management Institute.
10. Saaty, T. L. (1996). *The Analytical Hierarchy Process.* Pittsburgh, PA: RWS Publications.
11. Millet, I. (1994, February 15). "Who's on first?" *CIO Magazine,* pp. 24–27.
12. Mian, S. A., and Dai, C. X. (1999). "Decision-making over the project life cycle: An analytical hierarchy approach," *Project Management Journal,* 30(1): 40–52.
13. Foreman, E. H., Saaty, T. L., Selly, M., and Waldron, R. (1996). *Expert Choice.* McLean, VA: Decision Support Software.
14. Millet, I., and Schoner, B. (2005). "Incorporating negative values into the Analytical Hierarchy Process," *Computers and Operations Research,* 12(3): 163–73.
15. Evans, D. A., and Souder, W. E. (1998). "Methods for selecting and evaluating projects," in Pinto, J. K. (Ed.), *The Project Management Institute Project Management Handbook.* San Francisco, CA: Jossey-Bass.
16. Reilly, F. K. (1985). *Investment Analysis and Portfolio Management,* 2nd ed. Chicago, IL: The Dryden Press.
17. Keown, A. J., Scott, Jr., D. F., Martin, J. D., and Petty, J. W. (1996). *Basic Financial Management,* 7th ed. Upper Saddle River, NJ: Prentice Hall; Evans, D. A., and Souder, W. E. (1998). "Methods for selecting and evaluating projects," in Pinto, J. K. (Ed.), *The Project Management Institute Project Management Handbook.* San Francisco, CA: Jossey-Bass.
18. Meredith, J. R., and Mantel, S. J. (2003). *Project Management,* 5th ed. New York: Wiley.

19. Cooper, R. G. (2007). *Doing it Right: Winning with New Products.* Product Development Institute. www.iirusa.com/upload/wysiwyg/2008-M-Div/M2004/White_Papers/Doing-it-right.pdf.
20. Project Management Institute (2013). *A Guide to the Project Management Body of Knowledge,* 5th ed. Newtown Square, PA: PMI.
21. Dye, L. D., and Pennypacker, J. S. (Eds.) (1999). *Project Portfolio Management: Selecting and Prioritizing Projects for Competitive Advantage.* West Chester, PA: Center for Business Practices.
22. Elton, J., and Roe, J. (1998, March–April). "Bringing discipline to project management," *Harvard Business Review,* 76(2): 153–59.
23. Cooper, R. G. (2007), as cited in note 19.
24. Artto, K. A. (2001). "Management of project-oriented organization—Conceptual analysis," in Artto, K. A., Martinsuo, M., and Aalto, T. (Eds.), *Project Portfolio Management: Strategic Management Through Projects.* Helsinki: Project Management Association.
25. Matheson, D., and Matheson, J. E. (1998). *The Smart Organization: Creating Value through Strategic R&D.* Boston, MA: Harvard Business School Press; Cooper, R. G., Edgett, S. J., and Kleinschmidt, E. J. (2001), *Portfolio Management for New Products,* 2nd ed. Cambridge, MA: Perseus Press.
26. Lehtonen, M. (2001). "Resource allocation and project portfolio management in pharmaceutical R&D," in Artto, K. A., Marinsuo, M., and Aalto, T. (Eds.). (2001). *Project Portfolio Management: Strategic Management Through Projects.* Helsinki: Project Management Association, pp. 107–140.
27. Light, M., Rosser, B., and Hayward, S. (2005). *Realizing the Benefits of Project and Portfolio Management.* Stamford, CT: Gartner. www.atlantic-ec.com/edm/edm132/images/gartner_PPM_magic_quadrant_2009.pdf
28. Brown, S. L., and Eisenhardt, K. M. (1997). "The art of continuous change: Linking complexity theory and time-paced evolution in relentlessly shifting organizations," *Administrative Science Quarterly,* 42(1): 1–34.
29. Cooper, R., and Edgett, S. (1997). "Portfolio management in new product development: Less from the leaders I," *Research Technology Management,* 40(5): 16–28; Longman, A., Sandahl, D., and Speir, W. (1999). "Preventing project proliferation," *PMNetwork,* 13(7): 39–41; Dobson, M. (1999). *The Juggler's Guide to Managing Multiple Projects.* Newtown Square, PA: Project Management Institute.
30. Blakeslee, T. R. (2008, September 2). "The elephant under the rug: Denial and failed energy projects," RenewableEnergyWorld.com. www.renewableenergyworld.com/rea/news/article/2008/09/the-elephant-under-the-rug-denial-and-failed-energy-projects-53467; Baime, A. J. (2014, January 14). "Life with a Hydrogen Fuel Cell Honda," *Wall Street Journal.* http://online.wsj.com/news/articles/SB10001424052702304549504579320641877168558.

第 4 章

领导力与项目经理

本章目标

学习本章后，你将能够：
1. 理解项目管理为何是一个"领导密集型"的职业。
2. 区分经理和领导者这两个角色。
3. 理解情商的概念，因为它关系到项目经理领导的方式。
4. 识别与有效的项目领导力显著相关的特质。
5. 识别项目倡导者在项目成功上所扮演的关键角色。
6. 了解新的项目领导力的典型原则。
7. 了解项目管理职业在学科上的发展。

本章涉及的项目管理知识体系的核心概念

1. 项目经理的责任与能力（见 PMBoK 1.7.1 节）
2. 项目经理的人际关系能力（见 PMBoK 1.7.2 节）
3. 管理项目小组（见 PMBoK 9.4 节）
4. 项目协调管理（见 PMBoK 10 节）
5. 管理干系人干预（见 PMBoK 13.3 节）

□ 项目导读 4-1

伦敦奥运会的杰出领导者——约翰·阿米特爵士

约翰·阿米特爵士（John Armitt）是 2012 年伦敦奥运会奥林匹克交付委员会（Clympic Delivery Authority，ODA）主席，主要负责建造奥运会和残奥会的基础设施和场所。在接手该项目之前，他已经完成过多个建造项目，包括建造英国第一个高铁系统并将国家铁路基础设施公司从破产中挽救回来。

他说："我对奥运会这个项目非常感兴趣。"

伦敦获得2012年奥运会主办权之后，面临非常多的问题。伦敦是一个人口十分密集的城市，几乎没有空闲的土地能够用来服务于奥运会，因此无论是建造奥运会场所、确定比赛地点、奥运村的建设以及交通基础设施的完善都大大增加了这个项目的难度和复杂性，更何况还需要在规定的时间内完成。在成功完成总价值超过100亿美元的奥运会设施建造项目之后，伦敦奥运的声望开始得到提升。在低于16亿美元的预算下，600英亩的城市用地成功转化成了一个多功能的比赛用地和一个奥运村。更值得称道的是，在所有7 000万个工作时长期间，没用发生一起伤亡事例，项目的事故发生率也大大低于英国的平均值。正是由于这些卓越的表现，阿米特先生还得到了英女王伊丽莎白二世的表彰。

由于英国那些受到广泛关注的失败项目和经常出现超支的奥林匹克项目历史（见第8章索契冬奥会案例），这次的奥运会项目准备工作受到严格的控制。阿米特为了使他的团队能够投入到工作中，花费了大量的精力为团队创造安定的工作环境。

作为一个"能够稳定军心的项目领导者"，阿米特为他的项目团队提供了成功的信心。无论是与项目有关的政客还是企业主管都十分认可阿米特的领导。Laing O'Rourke建筑公司主席和首席执行官雷·奥罗克就认为2012年伦敦奥运会的成功离不开优秀的领导、坚持不懈的努力和对需求的精准认知。奥罗克认为，阿米特（见图4-1）的最大贡献在于他对于政策的把握和对众多项目干系人利益的管理能力。

图4-1　约翰·阿米特爵士

资料来源：Philip Wolmuth/Alamy.

当被问到伦敦奥运会项目成功的关键因素的时候，阿米特认为是他从自己多年的工作经历中获得的管理项目的能力。他指出："奥运会项目最大的挑战是同时协调所有子项目。"这就需要项目管理者具有较强的领导力。大多数项目的成功都离不开ODA清晰的远见和领导，以及项目开始前为期两年的计划和准备工作。阿米特也认为项目的成功离不开整个团队的努力。当2007年阿米特刚加入时，整个奥运会项目还处于非常初期的阶段，但是项目流程却"设计得很好"，阿米特说。

即使阿米特对于他在奥运会项目中做出的贡献非常谦虚，项目中的其他人仍认为阿米特对于所有子项目的整体控管能力对于项目的成功是至关重要的。他们指出，正是由于阿米特能够同时协调数百位专家的工作，才使得子项目能够一直在预定的时间内完成。他对于奥运会和残奥会基础设施项目的方方面面都起到关键作用,包括财务、工程、环境、管理和外部关系,同时他还兼任代言人的角色向公众介绍了项目的复杂性。而阿米特先生最骄傲的工作是"开发了一个在城市东边的面积为 600 英亩,受到污染非常严重的荒地,通过这个项目我们将它变成了一个可能在未来 100 年都会成为伦敦新坐标的建筑。"

在伦敦奥运会项目上取得了巨大成功的阿米特并没有停下他的脚步。他被任命为英国全国委员会的主席,主要负责指导如何改进英国国内项目计划和执行工作、预估当前的英国基础建设状态,包括交通、能源、通信和水利设施。例如,他近期对英国全国的能源管制发出警告,认为如果继续因为政治压力导致发电厂的建造延期,事情将会变得非常危险。自从阿米特先生从国际质量排名第 24 的某国家基础设施项目中发现了大量问题后,他认为政治家在项目失败中要负很大的责任。而政治家之所以逃避去做一些困难的选择、拖延进行国家性的基础设施建设或维修的决策,是因为他们要么在政治上没有太多的话语权,要么没有得到足够的支持。因此,阿米特提出了一个解决方案,成立一个独立于预算责任办公室和气候变化委员会的组织,这样就可以避免永无止境的投票过程并增加相关政府人员的决策权。

"我们需要有这样的部长,他们会对部门员工说,'不要怕犯错。你要相信你正在进行的项目只有 30% 的概率可能失败,却有 70% 的概率会成功,所以不要犹豫。即使你的项目失败了,我们也会赞扬你的勇气。只要我们不怕冒险,我们终会成功'。"就像阿米特先生强调的那样,创新肯定会带来风险,但同时也会带来巨大的成功。

"如果你想要创新,那就必须要接受它带来的风险,因此你也需要有一个十分弹性的预算计划。"阿米特说,"同时你也需要保持开放和诚实的态度。"[1]

概述

人的领导能力通常是通过他的成就体现出来的。史蒂夫·乔布斯在与合作者联合创办苹果公司之后连续几年都担任了该企业的形象代言人,同时也为公司的许多重要产品提供幕后指导。自 1984 年乔布斯开始开发苹果电脑并受到大众欢迎后,他粗暴和苛刻的领导方式越来越让企业的其他员工感到不舒服,在苹果公司成功创立两年后,乔布斯就被他创立的公司解雇了。10 年后,更加睿智的乔布斯重新回到了苹果公司,带领当时这个没有创意、没有战略规划、濒临破产的公司重新走向辉煌。他回到苹果公司时,公司市值只有 30 亿美元。然而经过 15 年的努力(直到 2010 年乔布斯去世),乔布斯开发出了一系列受消费者欢迎的创新型产品,并将公司市值提升到超过 3 500 亿美元。乔布斯对于那些标志性产品(iPhone、iPad 和 iPod)的重要影响使得他被认为是一个有远见的技术领导者,同时也帮助苹果公司成为世界上盈利最多、最具价值的公司之一。

相比之下,杰夫·伊梅尔特(Jeff Immelt)担任通用电气首席执行官(CEO)时的情况则截然不同。他的上一任首席执行官杰克·韦尔奇(Jack Welch)是一个充满魅力且非常成功的管理者,留给伊梅尔特的是一个能够作为美国商业成功典范的企业,它甚至被认为是全球最具价值的品牌。上任之后,伊梅尔特就开始迫不及待地根据自己的想法对企业进行改革。但是大部分人都认为,他对企业的贡献是有功有过的。在他的领导下,企业股票萎靡不振，公司的许多收购项目都不尽如人意以致需要重新出售（典型的就是收购 NBC 环球企业）。但另一方面，他又带领公司从 2009 年的美国大萧条中迅速复苏，并且成功将公司塑造成全球最值得钦佩的企业之一。在他的领导下，奥巴马政府的就业与竞争力委员会也被伊梅尔特打造成一个非常值得尊敬的组织。伊梅尔特说，虽然通用电气公司的工作极具挑战，但是他仍然希望在退休前能够为企业建立更坚实的根基。

领导力是一个难以阐述的概念，因为不同的人对此有不同的定义，有自己熟悉的关于领导者的实际案例，对于领导者的工作动因也有不同的理解。目前，对领导力进行研究的论文超过 30 000 篇，相关的书籍也成百上千。尽管对于领导力有许多不同的定义，本章所采用的一个定义是：**领导力**（leadership）是激发团队人员的自信、使组织获得他们的支持并实现组织目标的能力。[2] 对于项目经理来说，领导是一个过程，他通过这个过程来影响项目团队，使他们完成工作。

实践一再证明，项目经理真正的领导力是项目管理成功的一个重要原因。好的领导力将对团队发挥作用，同时也对其他部门经理和重要的项目干系人发挥作用。[3] 实际上，项目管理被认为是组织内最重要的"领导密集型"活动之一。[4]

4.1 领导者与经理

大多数领导者会很快否认这个观点：他们要对组织获得的成就或所发生的重要变化负责。对他们而言，领导力包括对合作关系的了解以及领导者与团队的积极协作。在项目管理中，成功的团队领导者常常是那些能够在他们自己与团队之间建立合作关系的人。彼得·布洛克（Peter Block）[5] 认为，承认合作关系是领导力的关键，这一点对于项目管理来说是至关重要的，因为它强调了所有领导者将最终依赖他们的团队来实现项目目标。至于如何促进项目经理与团队之间合作关系的形成，以下 4 点是必要的。

（1）**有目的的交流**。合作关系需要每个员工定义项目的愿景和目标。项目经理与团队成员之间的平稳对话将创造一个一致的、广泛共享的观点。

（2）**说"不"的权利**。要让项目团队的每个成员都感到他们能够表达不赞成的观点以及提出反对意见，这点是非常重要的。允许人们表达不赞成的观点是建立伙伴关系的基石。人们可以没有争论，但不能没有说"不"的权利。

（3）**共同的责任**。在伙伴关系中，项目团队中的每个成员对项目的结果与当前的情况都应该负责，而不管结果良好还是存在问题。多个参与者共同承担项目，同时共同面对项目结果。

（4）**绝对的诚实**。伙伴关系需要真实性。一个互相信任的氛围有助于形成所有参与者之间的坦率与诚实。要尊重每个团队成员在项目中的作用，可以制定一个内部协议：所有信息，不论好坏，都应当是整个团队共享的信息。就像诚实是成功婚姻的基石一样，它对项目团队关系也是非常重要的。

领导力相对于其他管理角色可从多个方面进行区分。经理是接受了组织头衔的个人，这个头衔允许他去计划、组织、引导和控制他的部门或所监管领域的其他成员的行为。领导团队成员这一职责可能是经理工作的一部分，但其他职责从性质上来说则更具有领导特色。另一方面，领导较少强调管理，而着重于人际关系。领导力涉及激发、激励、影响并改变其他人的行为，从而实现共同的目标。领导者拥护变革，经理则支持现状。领导者针对效力（effectiveness），经理则针对效率（efficiency）。图 4-2 表述了典型的管理行为与领导行为之间的一些差别。尽管领导者需要承认管理任务的重要性，但对于经理来说，让他们承认每个人的领导力本身就存在差异往往是困难的。然而，这不是说领导力是某些人天生就具有而其他人没有的特征。很多研究与一般的经验表明，领导技巧是可以被传授的。因此，领导能力可以通过学习获取，这显然是个令人兴奋的好消息。许多有关领导力的属性和模型对项目经理来说非常有用。

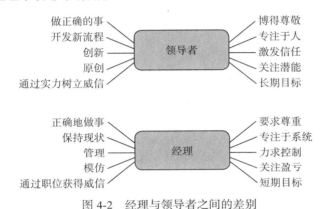

图 4-2　经理与领导者之间的差别

尽管在本章中将一直使用项目经理这个词，这样做是因为这个词已经成为项目团队的领导者或头儿的通用代称，其实，更合适的应该是"项目领导者"。成功的项目经理也是成功的项目领导者。

本章将考察组织领导力的一般概念，另外还将考察项目经理发挥作用的特定条件。是什么因素使项目成为独一无二的挑战？为什么领导力在成功的项目管理中发挥着整体作用？对领导力这一概念的变化性理解得越深刻，就越能有效地管理项目的实施，并更好地培养未来经理人，使他们具备完成工作所需的技巧。

4.2　项目经理如何领导团队

项目经理应承担的责任非常广泛，从直接指导到间接影响，从管理"硬"的技术细节到控制"软"的人员问题，从开发详细的项目计划和预算到协调团队成员间的分歧和干系人的利益。简而言之，项目经理的工作就是一个小型 CEO 的角色，即从整体上进行管理，并关注项目管理的整个过程。本节将阐述项目经理成功管理他们的项目所必须承担的多个任务与角色。

4.2.1　获取项目资源

项目资源是指为成功实现项目目标所必需的人力和物力资源。许多项目在概念阶段就处于资金不足的情况。缺乏资源支持的原因包括以下几个。

（1）**项目目标被有意模糊化**。有时候，一个项目在其整体目标尚不清楚时就开工，但后来可能缺乏足够的资源支持。如果出现特殊情况，比如在实验室进行的纯研究工作，或是一个信息技术项目，这些项目是用来探索是否可以设计新的芯片或提高计算机的速度。在这种情况下，公司要支持那些被有意模糊化目标的项目，以允许项目团队获得最大的灵活性。

（2）**项目缺乏高层管理者的支持**。组织的高层管理者中如果有项目的倡导者，对于项目的开发来说是非常有帮助的，特别是在为项目争取资源时。另一方面，当项目没有强有力的支持者时，该项目在同其他项目竞争有限的企业资源时，可能面临资金缺乏的问题。

（3）**项目需求被故意低估**。故意低估项目所需的资源以便让组织接受该项目，这是一种常见的做法。参与政府项目投标的承包商有时候会故意低价投标到该项目，然后在发现实际问题或发现能够提高利润幅度的方法后重新与政府谈判合同条款。

（4）**同时有多个项目在开发以至于没有足够的资金来运转**。项目缺乏资源支持的一个常见原因是，公司开发了多个项目，导致公司不可能都给予它们以足够的资助。相反，公司采取"要么接受要么放弃"的态度，给项目经理两个选择：要么接受资助不足的现实，要么得不到资助。

（5）**高层管理者与项目经理之间的不信任**。有时候，项目缺乏资金支持是因为高层管理者以为项目经理故意夸大他们的估算以获取额外的资助。

不管项目缺乏资源的理由是什么，有一点是可以肯定的，许多项目面临着非常紧张的预算和不足的人力资源的问题。

虽然，项目经理在寻求项目资源支持时，也会有其他可利用的选择。如果资源问题是人事问题，项目经理可以找到其他的途径来解决这个困难。例如，假如你是项目经理，负责升级公司已有的软件包，你的公司用该软件来控制制造过程中的物流与仓库管理。如果缺乏训练有素的程序员来进行该项工作，你可以雇用临时的合同员工，也可以寻找具有专门技术（如编程技术）的人，让他们完成同样的任务，来弥补企业内部人力资源的缺乏。值得一提的是，识别与响应资源需求是项目领导力的一个关键职能。

还有一个方法经常被项目经理用来解决资源不足的问题，那就是依靠协商或政治策略来影响高层管理者，以获取他们的额外支持。因为资源常常是通过与高层管理者协商来获取的，项目经理的谈判能力和向高层管理者施加影响的能力无疑是非常重要的。项目经理采取一定技巧来保证项目稳定进展，这些技巧恰好体现了项目经理的领导力，而不管他面对的是高层管理者、客户、项目团队，还是其他的干系人。

4.2.2 构建并激励项目团队

将一组部门专家组合为一个协作的团队，这个过程并不轻松。团队构建与激励团队将带来大量复杂的问题，而轻松处理人力资源方面的问题并不是每个经理的特长。例如，在工程领域或其他技术工作方面，出色的员工被提升为项目经理是一个常见的现象。他们对于技术挑战得心应手，而对于理解和掌握人力资源方面的问题则存在较大的困难。他们的背景、培训、教育以及经历使他们有足够的能力面对技术问题，却忽视了对于成功的项目管理同样重要的方面：行为。

在考虑如何激励项目团队成员的时候，有一点是非常重要的，即要承认工作的**动机**（motivation）最终来自于每个人的内心，而不是单单由外部因素所激发。每个人根据工作的特征、工作环境、提升的机会、同事关系来进行决策，而不管是否被激励去完成所分配的任务。但这是否意味着动机处于项目经理的能力范围之外呢？答案可以是肯定的，也可以是否定的。动机是个人的决策，我们无法使某个人变得积极，从这个意义上来说，答案是肯定的。但另一方面，正如一位军队的专业培训官员所说："在军队里，我们不能强迫人们去做任何事，但我们能使他们产生想做这件事情的愿望。"潜在的动机是团队成员所渴望的，不论它是来自一项具有挑战性的工作任务，还是得到承认与提升的机会，或仅仅是远离困境的愿望。成功的项目经理必须认识到，他们工作的一个关键任务就是发现人才，然后让他们加入团队，并且构建一个交互的、协同的团队，最后利用一定的技巧激励团队成员。

4.2.3　战略愿景和日常工作

成功的项目经理必须处理好边界上的问题。例如技术问题和行为问题，项目经理应该对这两项工作应付自如。另外一个边界是指一个战略制定者与日常工作人员的区别。项目经理提出概念计划，界定符合组织方向的项目范围，了解他们的项目如何适应公司的项目群。另外，他们将紧紧盯住最终目的：完工的项目。简而言之，项目经理必须能够从战略上进行思考，考虑项目的宏观规划。同时，每一天都会发生危机，以及其他的项目挑战。这些危机的解决通常需要项目经理迅速做出战略性的决策，而且需要关注细节。领导者应能做出一个转变，即从每天关注宏观规划转变为处理每天都会发生的紧急而琐碎的问题。

一个项目组织的执行者非常强调这个区别。他说："我们寻找那些能够看到整片森林的人，但同时他们对我们所种植的树的类别应该非常熟悉。如果那些树中的一棵病了，他们必须知道如何以最好的方式治好它。"这句话说明，只从战略角度分析项目的幻想家将无法处理每天的突发事件。同时，那些过于关注日常琐碎事务的人，可能会忽略项目的根本任务，忘记项目的整体规划或目标。这个战略愿景和日常工作之间的平衡代表了成功的项目经理需要关注的一个关键边界。

4.2.4　沟通

美国前总统罗纳德·里根曾被称为"伟大的沟通者"。他具有自然流畅的沟通能力，能清楚地表达他的观点、识别他的观众，准确传递信息而不偏离主题。项目经理需要同样的沟通能力。在第 2 章中阐述了干系人管理对于成功项目的作用。这些干系人对项目能否成功发挥着重要的作用，因此，在项目开发的过程中，同干系人保持密切的联系是至关重要的。在项目管理中，有一句格言是关于同公司高层管理者保持沟通的重要性的："假如他们对你所做的一无所知，那么他们将认为你什么都没有做。"这句话表明，项目经理在项目实施的整个过程中，必须认真对待项目的干系人，同他们建立并保持持久的、而不是断断续续的沟通关系。

谈判是另一种重要的沟通形式。我们将会在第 6 章重点介绍详细的谈判流程，而项目负责人必须熟练掌握与很多项目干系人进行谈判的能力。负责人需要与客户对关键项目规格进行谈判（例如，建筑商需要与房屋买主就房间窗户数量或厨房地板类型进行谈判），与关键企业成员（如部门主管）对资源和预算进行谈判；与供应商对材料价格和运送时间进行谈判。事实上，项目负责人参与谈判的方式数不胜数。他们也了解，在许多企业中，他们所拥有的权力并不足以实现他们的意愿。因此，对于高效率的项目负责人来说，谈判是一种常见和必要的沟通能力。

沟通也能发挥其他作用。有些项目经理被称为"迷你广告牌"，因为他们是项目状况的最显著的标志。项目经理沟通的方式、他们所传递的信息（有意或无意）以及他们讨论项目时的举止，都是在向其他重要的项目干系人传递信息。不管是通过会议与演讲、书面与口头通知，还是通过非正式的网络，项目经理必须认识到沟通的重要性，并且能够熟练地进行沟通。

项目经理所采用的一种最重要的沟通方式是召开具有建设性的会议。会议技巧是非常重要的，因为项目经理将在会议上投入大量时间，包括同各种项目干系人的会议，比如项目团队、高层管理者、客户以及其他关键的项目干系人。会议将给项目团队带来如下作用。[6]

（1）定义项目以及主要的团队成员。

（2）为会议参与者提供机会，使他们能够修改、更新、充实已有的信息库，包括事实、感知、经历、判断以及其他同项目相关的信息。

（3）帮助团队成员了解个人的努力如何适应整体项目，以及他们如何对项目的成功做出贡献。

（4）通过让干系人参与管理性会议，能增强他们对项目的责任感。

（5）提供讨论项目和决定个人工作任务分配的机会。

（6）提供观察项目经理在管理项目中所发挥作用的机会。

由于会议具有多种作用，所以，项目经理有效运用它们是非常重要的。会议是沟通项目状况、将个体团队成员的贡献集体化、建立整体感以及保证所有项目干系人及时获取关于项目状况信息的重要方式。[7]

要有效地利用项目会议技巧，有两种形式的领导力行为是关键的。第一种形式是面向任务的，即强调以下行为：完成项目任务、规划活动与资源、提供必要的支持与技术援助。面向任务的行为追求的是完成任务。同时，有效的项目领导者还应关注群体维护行为，群体维护行为是第二种形式，它意味着项目经理的行动不能以牺牲团队利益为代价。群体维护行为由支持活动组成，包括体现同情与信任、友好与支持性的行动、同下属一起工作来了解他们的问题以及肯定他们的成绩。群体维护行为增加了凝聚力、信任、承诺，满足了所有团队成员被承认和接受的需求。

表4-1列出了发生在建设性项目会议中的一些关键任务与群体维护行为。在面向任务的重要行为中，包括将讨论流程结构化、遵循会议议程、鼓励所有会议参与者进行交流、总结观点并表明决定、测试意见是否一致，进而识别正面和反面的观点。项目经理是有效实施面向任务的行为的关键，特别是在决定项目的时间与速度时。[8] 例如，为求得意见一致而急于推进会议，或者阻碍交谈与思想的自由流动，这对项目团队的发展以及会议的结果都是非常有害的。同样，在达成一致之后鼓励大家继续交谈，这样只会延长会议时间，反而可能影响到已经取得的建设性成果。

表 4-1 项目会议的任务与群体维护行为[9]

面向任务的行为	特定结果	群体维护行为	特定结果
1. 结构化过程	导引与序列化讨论	1. 守门	增进参与并使其平等化
2. 激励讨论	增加信息交换	2. 协调	减少紧张与不友好
3. 阐明沟通	增加理解	3. 支持	防止退却，鼓励交流
4. 总结	保证理解并评估进展状况	4. 设定标准	规范行为
5. 测试一致	检查是否达成一致意见	5. 分析过程	发现与解决过程问题

资料来源：Gary A. Yukl. *Leadership in Organizations*, 5th edition, p. 329. Copyright © 2002. Adapted by permission of Pearson Education, Inc., Upper Saddle River, NJ.

一名卓越的项目经理在召开会议时，需要考虑各种群体维护行为，包括确保员工的同等参与、协调气氛以减少紧张、促进团队建设、通过鼓励交流来获得支持、通过订立标准来规范行为，并识别与解决那些导致会议参加者不舒服的任何问题。群体维护行为与面向任务的行为同等重要，而且这些行为必须是成功的战略中的一部分。综上所述，任务与群体维护目标使得项目经理能从会议中获取最大利益，这些利益对于项目沟通来说是至关重要的，同时对项目经理的时间安排也提出了持续的要求。

尽管召开一个高效的会议是项目负责人必须具备的一种能力，但是他们也应该意识到面对面地交流有时候是很难实现的。当项目小组成员都分布在不同地区或分身乏术时，就很难将他们召集在一起开会。就像我们将会在第 6 章讨论的虚拟小组一样，当今国际业务经常需要通过 Skype 或者 Adobe Connect 来召开网络虚拟会议。这些电子媒体和新技术改变了很多商业交流的方式，也就是说，项目负责人需要掌握现代交流方式，包括邮件、Twitter、Facebook 等社交媒体，还有其他最新的线上交流方法。例如，现在已经有越来越多的项目负责人为他们的项目创建社交网站或组织协作网站，如项目小组 Facebook 账号、Twitter 交流页或 Yammer 协作空间。这些网站可以为项目小组创建一种合作的工作氛围并促进网络关系的建立，同时通过这些网站，项目负责人可以很方便地与项目成员进行沟通。简而言之，即使项目小组会议仍然是提高项目负责人与下属或其他干系人沟通效率的最佳方式之一，**也不一定需要通过面对面地沟通来实现**。

表 4-2 描述了项目领导者在项目成功上所发挥的作用，表中根据重要性列出了卓越的项目经理所必备的 9 个重要特征。数据来源于对美国成功项目经理的研究，这些成功都是项目团队成员能够感知的。[10] 应该注意到，其中最重要的一点是项目经理通过榜样进行领导的意愿，如强调项目的目标后自己先对可能遇到的挑战做出承诺，然后才能号召团队其他成员来做出类似的承诺。

表 4-2 作为领导者的项目经理的特征

排序	卓越的项目经理的特征	排序	卓越的项目经理的特征
1	通过榜样引导	6	能进行良好的激励
2	具有愿景	7	必要时能反对高层管理者的意见
3	具有技术专长	8	鼓励团队成员
4	处事果断	9	鼓励新的思想
5	能进行良好的沟通		

另外一个有趣的发现是关于何种原因导致人们认为项目经理是没有效率的。这些原因不仅包含个人能力的不足，还有其他一些导致绩效不佳的组织因素。表 4-3 列出了导致项目经理低效率的最重要的个人缺点与组织因素。这些因素根据被调查者识别的比例进行排序。

表 4-3　作为非领导者的项目经理特征

个人缺点	比例（%）	组织因素	比例（%）
树立不良的榜样	26.3	缺乏高层管理者的支持	31.5
缺乏自信	23.7	对变革的抵制	18.4
缺乏技术专长	19.7	不一致的奖励系统	13.2
差的沟通者	11.8	一个被动的、而不是主动的、有计划的组织	9.2
差的激励者	6.6	缺乏资源	7.9

■ 项目管理研究精要 4-1
领导力与情商

近年来，相关人员对有效的项目领导力所应具备的特质与能力进行了深入研究，并逐渐形成了一个研究领导力的有趣视角。技术技能、分析能力、智力等特征均被认为是项目经理的重要特质，此外还有一个概念值得注意，即情商。情商被认为是衡量领导力效力的一个更有意义的标准。情商是指领导者的这样一种能力，那就是要了解如何与下属建立感情和关系。情商包括 5 个要素：①自我了解，②自我规范，③动机，④共情，⑤社交技能。拥有这些特质的项目经理将能与团队成员发展一种直接的、支持性的关系，这种关系对于建立与指引一个有效的团队来说是关键的。

自我了解。自我了解意味着对个人的优点与不足、自我需求、动因、动机等有着深刻的认识，要做到自我了解，需要对自我有着清晰的视角，但这并不意味过于以自我为中心。当对自我有清晰认识的时候，你才能更好地同其他人进行交流，因为你对自己感觉与态度的了解恰好影响了你的行为。

自我规范。成功领导者的一个关键能力是他们对自我控制的意愿。每个人实施自我控制的方法表现为行动之前思考的能力，即推迟做出判断的时机。有效的领导者是那些建立**自我规范**（self-regulation）的人，即他们有这样一种能力：对事件思考，在仔细思考后才对事件进行响应，以避免冲动行为造成错误。

动机。卓越的项目领导者是那些一直保持高昂斗志的个人。为了成功，他们会发挥最大的潜能，而且他们认识到，必须与项目团队成员一起工作，使每个人产生最大绩效，只有这样才能保证项目的成功。在动机方面，一个卓越的经理有两种重要的特质：第一，他们总在寻找让项目持续发展的方法，即他们希望以具体的或清晰的里程碑来表明所取得的进步；第二，卓越的项目经理一直在面对越来越大的挑战。

共情。成功项目经理的一个重要特质是他们能够发现每个下属员工的独特之处，他们会考虑这些不同之处，以特定的方式对待每个成员，以鼓励他们发挥最大绩效。**共情**（empathy）就是在制定决策的过程中，考虑其他团队成员的感受。

社交技能。情商的最后一个特质是社交技能,即个人处理与他人关系的能力。社交技能不仅仅是友谊,它是带着目的的友谊。社交技能能够将人们引向我们所期望的方向。高超的社交技能体现为劝导、友善以及建立人际关系网。

情商反映了这样一个事实:许多重要的项目领导技能,它们与技术能力、分析能力无关,与智商也无关。相反,最重要的是自我管理技能,如通过自己的共情与社交能力体现出来,反映为自我了解、自我规范、动机与关系管理。记住:管理项目首先并且最重要的是管理人。一旦了解了领导力在有效的项目管理中发挥的作用,就能更好地利用领导力来促进项目发展的方式。[11]

4.3 卓越的项目领导者的特质

研究人员对组织领导力做了大量研究,力图发现领导者所具有的特质。因为领导者与经理在本质上并不相同,为了使研究更全面,研究者调查了各行各业处于组织各个层次的领导者。最近的一个研究特别有说服力,该研究试图发掘大多数经理所认为的领导者应具备的特质。这个大型调查的样本包括了 2 615 名美国公司的经理,他们被询问有效的领导者应具备的最重要的特征是什么。[12]

调查的结果非常有趣。大多数经理认为优秀领导者应具备的最重要的特征是诚实。他们寻求那些说话算话、信守承诺的领导者。此外,他们崇尚能力、智力、想象力、灵感、公正、愿景以及可靠性,还有一系列其他最重要特征。这些特质为更好地了解领导者如何行动,或者说项目团队或组织的其他成员期望他们如何行动,提供了非常重要的认识的基础。显然,在领导者身上发现的最重要的因素包括:信任、人格力量、成功的智力与能力。成功的预期也非常重要,绝大多数追随者并不会长时间追随令他们失望的项目经理。

对于在特定领域成功所需的项目经理与领导者的特质,也有专门的研究。有 3 项研究特别探索了项目经理需具备的特质,同时研究了他们必须具备的领导力特征。其中一项研究分析了多个来源的数据,综合成最有效的领导者应具备的因素集。[13] 这个研究发现优秀项目经理的 5 个重要特征是:口头沟通技巧、影响技巧、智力能力、处理压力的能力、多样化的管理技巧(包括规划、委托、制定决策的技巧)。这些发现也揭示了大多数项目经理并不具备施加权力的能力,这些权力来自于正式的职位权威。因此,他们不得不开发有效的影响技巧。

第 2 个研究也发现了作为有效的项目团队领导者应具备的 5 个特征。[14]
- **值得信赖**。项目经理是可信的吗?他是否得到项目团队与上级组织的一致认可?
- **能创造性地解决问题**。项目经理是否具备分析问题与识别问题的技巧?
- **对不确定性的容忍**。项目经理是否受到复杂或不明确(不确定)环境的影响?
- **灵活的管理方式**。项目经理是否能快速处理正在变化的环境?
- **有效的沟通技巧**。项目经理是否能够作为众多干系人沟通的中心?

最后一项研究是一个关于有效项目经理应具备的必要能力,这个研究从 58 个企业中收集了关于项目经理的管理实践与技巧方面的数据。[15] 研究者发现项目经理应必备 7 种能力。

(1)**在冲突环境下的组织能力**。项目经理需要授权给他人,管理他们的时间,处理冲突和批评。

（2）**经验**。具有项目管理与其他组织活动的丰富知识，有面对技术挑战的经历，有作为领导者的背景。

（3）**制定决策的能力**。项目经理需要具有正确判断、系统分析的能力以及制定决策的能力。

（4）**创造性**。项目经理需要表现出创造力，提出创新的观点并付诸实施，挑战已建立的旧秩序。

（5）**促进合作的能力**。项目经理必须愿意营造一个积极的团队氛围，使团队成员产生学习的意愿，并主动进行人际沟通。

（6）**合作领导力**。这个技巧指项目经理激励他人、与他人合作以及清楚表达观点的能力。

（7）**整体思考的能力**。项目经理需要进行分析性的思考，在制定决策的过程中考虑其他人。

4.3.1 对项目领导者特质的总结

基于以上多种观点，很有必要对这些研究的共性以及项目领导力的特性做一个总结。下面几个主题与选择和培养卓越的项目领导者具有实际的联系。

- 卓越的项目经理必须是良好的沟通者。
- 项目领导者必须具有在最小的压力下对不确定性和模糊性做出灵活响应的能力。
- 有力的项目领导者应该和项目团队一起工作，并充分利用项目团队的力量。
- 优秀的项目领导者能够熟练运用不同的影响策略。

尽管考察成功的领导者，尤其是项目领导者的特性是很有意义的，这里仅提出了特性的一部分。了解领导力行为的一个关键是关注领导者做了什么，而不是他们是谁。

□ **项目导读 4-2**

伊拉图瓦拉皮尔·斯里达兰博士，印度的项目管理明星

印度的德里是一个对比明显的城市，它拥有 1 700 万人口，其中大部分人生活穷困，但同时，这座城市还拥有许多在印度全国领先的高等教育中心和产业高科技中心。7 500 辆公交车在城市拥挤的街道上缓慢穿行，使得德里交通拥堵不堪，公交车排出的尾气也造成了严重的环境污染。与印度其他的城市一样，德里迫切地希望改善公共基础设施和拥有通勤铁路系统。不幸的是，印度以往的大规模投资项目表现都非常糟糕，很多项目严重透支且进度落后。近期的一个例子更是突显印度管理公共基础设施项目方面一直存在的问题。该项目是由德里发起的一个多年期项目，即主办 2010 年秋季联邦运动会，该体育赛事将会汇集来自前大英帝国 71 个殖民地和国家的运动员。不幸的是，公共卫生问题、数次延期与糟糕的规划，让这个国家颜面扫地，再一次加强了公众对印度在大规模公共基础设施项目上管理不善的印象。

在这个背景下，当印度决定建设地铁项目时，所有的人都在怀疑这个项目是否能够成

功完成。毕竟，加尔各答的铁路项目总共用时 22 年，完成的铁路长度达 17 公里，成本超出了原预算的 14 倍，还造成了建筑物倒塌和多名人员伤亡。那德里有什么理由可以做得更好？事实上，德里地铁项目取得了巨大的成功，总项目成本 23 亿美元，现在已经完成了该项目的第二阶段，日运载乘客数达到 220 万名，每天可以为地铁公司赚取 90 万美元的收益。不仅仅是这样，这一阶段的铁路线覆盖了将近 160 公里，有 132 个站点，并且是超前完成。这个不可思议的成功使得《商业周刊》杂志将该项目的负责人，伊拉图瓦拉皮尔·斯里达兰（Elattuvalapil Sreedharan）（见图 4-3），称为"创造奇迹的人"。

图 4-3　斯里达兰博士照于德里地铁其中一个隧道
资料来源：Prakash Singh/AFP/Getty Images.

斯里达兰在接手这个项目之前就已经有过在印度管理项目的经历。1963 年，他被委派用 6 个月时间来完成冈比亚大桥维修项目，而当时才 30 岁的斯里达兰，只用了 46 天就完成了这个项目。在 20 世纪 90 年代，他负责 Konkan 铁路项目，该铁路长达 760 公里，横穿了印度的西高止山脉，为这个项目总共建造了近 150 座大桥和 92 个隧道。从最初的调查开始，他共用了 7 年的时间来完成整个项目。显然斯里达兰先生已经完全掌握了项目成功的秘诀。那他的成功秘诀是什么呢，尤其是在那么多人都失败的情况下？

首先，他强调责任心的重要性。"如今印度公共基础设施项目按时竣工的最大障碍之一就是缺乏专注和责任心。"表现不佳的员工无须为此承担责任，所以按时完工的动机在哪里？据斯里达兰说，他的组织采取了一种不同的方法："组织的任务和文化包含了明确定义的目标和愿景，那就是在预算内按时完成项目，不给公众带去任何不便之处。"斯里达兰对"截止日期"近乎痴迷，地铁项目的每位负责人都有一个数字显示平板，用于显示距离达成下一个目标所剩的天数。他成功的另一个关键因素在于严谨的提前计划。斯里达兰表示："我们会对所有来自承包商的投标迅速地做出决定，有时在 18 或 19 天之内。对于提前解决投标问题来说，制定标准是非常必要的。"

最后，斯里达兰坚持认为要保持项目的透明性，以及和所有项目干系人进行持续沟通。

在他的监督下，该项目与所有的承包商保持开放沟通，及时通知他们相关计划，并频繁地举行会议和研讨。德里地铁项目的一个特殊之处在于它已经举办了近100次的"社区交流计划"（CIP），这些计划其实就是开放式论坛，使当地居民有机会对可能影响他们生活的建设工程进行讨论。CIP会议允许宣传小组、邻里组织和其他的干系人在项目进行的过程中共同分享观点、表达意见以及提出问题。斯里达兰对CIP会议的问题评论道："它们中的大部分立马就被解决了，与此同时，我们会采取必要的行动与补救措施处理剩余的问题。"斯里达兰的团队利用这种透明和开放的沟通方式缓解了受影响组织的担忧，从而促进了他们同项目的合作，而非敌对。

整个项目设计为4个阶段，完工长度为152英里，最终阶段将于2020年完成。该地铁项目现在正处于第3阶段。事实上，地铁的施工进度十分顺畅，80岁的斯里达兰认为这个项目并不需要他经常出现在施工现场，因为他为该项目制定的工作准则可以一直指导项目到它最终完成。因此在2011年12月他选择从这个项目中辞职，他想回到家乡，在马拉巴尔沿岸的邦纳尼小镇过一种安乐的生活。但就如很多成功人士很难享受规划好的退休生活，喀拉拉邦的外交部长已经请到了斯里达兰来帮助实施科钦铁路项目。

斯里达兰认为领导力是从每个人的基本品质上体现出来的。"我认为成功的一生需要三个基本品质"，他说，"那就是，守时、正直和良好的道德以及专业能力。如果我们国家的年轻一代能够坚持不懈地培养这些品质，那么印度将会拥有一个美好的未来。"[16]

4.4 项目倡导者

托马斯·辛普森（Thomas Simpson）博士（化名）最近参加了一个会议，这个会议是关于创新技术在医疗中的应用，他感到这项技术对他所在的医院非常适用。他亲眼看到通过使用新的信息系统技术，医生能够以无线的方式获取病历，检索文档，在网上开处方。利用该系统，医生能够直接在病房将症状与治疗方案输入其笔记本电脑。这个新系统显著改进了医院通过老式纸质记录来保存病历的方法，使得医生在治疗方案的选择上有了更大的灵活性。

作为医院的管理者，辛普森博士在格雷斯医院（Grace Hospital）有一定的影响力，但他不能简单地命令医院来接受这项技术。然而，在为期6个月的时间里，他不知疲倦地在医院推进这个系统，与软件设计师一起召开信息研讨会，同医院管理者及其他重要干系人召开问答形式的会议。最终，他的坚持得到了回报。医院采用了这项技术，到现在为止已经使用了两年。尽管在系统应用的早期，在将老式文档转换到系统的时候出现过一些问题，但格雷斯医院现在可以宣称它是"无纸化病历"，这都是辛普森博士的功劳。

在这个例子中，辛普森博士表现出了一个项目倡导者的各种特征。倡导者有时候也被称为项目发起人，这一角色不管是在组织理论文献还是组织内部都是众所周知的。一个**倡导者**（champion）是这样一个个体，他"识别一个新的发展（不管是否由他创造），竭尽所能来挑战组织的抵制。他在组织内发挥的是企业家的作用，由于他没有官方的权威来承担不必要的风险……他把他的工作置于组织内部（通常是按照他自己的立场）……他有巨大的精力与能力来面对与抵抗反对意见"。[17]

倡导者有一些显著的特征。第一，倡导者在操作时通常没有得到组织的正式批准。他们常常感到自己不适应已经建立的秩序或惯性的思维方式。标准的操作程序对倡导者来说是一个诅咒，而且他们通常并不畏惧官方的反对。第二，倡导者在承认创新观点或创新产品方面具备企业家的才能；他们能够看到普通组织成员看不到的事情。第三，不论从何种意义上来说，倡导者都是风险承担者。他们对真理孜孜以求，而不管真理采取什么形式，这往往导致他们与组织官僚或那些对新的产品、观点不感兴趣的人发生冲突。

要真正了解倡导者对他们观点的热情程度是比较困难的。畅销书的作者汤姆·彼得斯（Tom Peters）将倡导者描述为"狂热者"，因为他们一心想实现他们的观点。他进一步说："那些顽强的、忠实的倡导者经常是非常令人讨厌的人……但他们必须得到培养和鼓励，即便组织不喜欢这样的人。"[18] 这段话抓住了倡导者的个性和影响力的实质：他们是令组织讨厌的人，但同时也是对项目和组织的成功有着重大影响的人。

4.4.1 倡导者——他们是谁

倡导者并不一定是长期在同一个职位工作的人。当高级经理经常充当倡导者的角色时，组织的许多成员能够发挥实践倡导者的观点的作用，只不过面对的可能是不同的系统，或在不同的时间面对同一个系统进行的项目。倡导者的一般类型包括：创意发起者、主办人、教父或赞助者以及项目经理。[19]

1. 创意发起者

创意发起者（creative originator）通常是工程师、科学家或类似的人，他们是创意的来源和驱动力量。支持开发新观点或新技术的人能够充当项目倡导者，这个事实一点都不令人奇怪。组织内没有一个人对新的信息系统应该用于何处具有更多的专业知识或宏观认识，其他人也很少有技术或创新能力来努力实施项目，并一直持续到项目结束。这样一来，许多组织允许、甚至积极鼓励那些科学家或工程师提出新观点，这些观点往往是项目的依据。

2. 主办人

主办人（entrepreneur）是那些接受观点或技术并且积极推动系统在组织内实施的人，他们有可能最终将系统引向成功。在许多组织内，由于各种各样的限制原因，那些创意发起者或项目拥护者不可能充当项目倡导者的角色。通常的情况是，那些科学家、技师和工程师有自己的本职工作，因此不能成为项目实施团队的成员。在这种环境下，充当实施负责人的人被称为项目主办人。主办人是承认原创观点或技术的价值的组织成员，对他来说，在相关的组织单元内应用该技术是他的个人目标。主办人通常是那些中级或高级经理，他们有的有技术背景，有的没有。除了履行他们在组织内的职责之外，他们常常寻找新的、有创意的、有用的观点来进行开发。

3. "教父"或赞助者

项目倡导者作为一个"教父"（godfather），通常是高级经理，他将尽可能促进项目的发展，包括获取必要的资源、当问题产生时培训项目团队、平息争论、在必要时候保护项目。**赞助者**（sponsor）将支持对新技术的接受与实施，同时在他力所能及的范围之内尽可能地促进这个过程。"教父"的一个最重要的作用是让整个组织都知道，这个项目处于他的指导或保护之下。除了这个保护之外,他还会从事一些更具体的活动,以帮助项目的成功实施。当问题产生的时候,"教父"也使用他们的影响来培训团队,以减少那些阻碍项目的政治问题产生的可能性。

4. 项目经理

组织内充当倡导者的另外一个成员是项目经理。几乎每个项目经理都在某个时候充当了倡导者的角色。在考虑项目倡导者的定义和他们的角色所担负的广泛责任时,就会明白为什么项目经理需要从事倡导者的行为。当然,他们是项目的代表,在某种意义上说,他们的工作与项目的成功完成密切相关。然而,项目经理作为倡导者,如果他们不能在组织内拥有高级的职位,以便于能在更高的管理级别上充当项目倡导者,则他们发挥的效力可能十分有限。比如,一名项目经理可能无权得到额外的项目资源,或者获取更大组织的支持。

4.4.2 倡导者做什么

为了帮助项目的实施,倡导者需要做什么事情呢?表 4-4 列出了两组关于项目经理的研究中发现的倡导者活动集合。

表 4-4　项目倡导者的传统与非传统角色

传统职责	
了解技术	对开发项目的技术方面的知识
领导	领导项目团队的能力
协调与控制	管理与控制团队活动
获取资源	获取必要的资源以确保一个稳定的开发过程
管理	处理项目管理方面的重要事务
非传统职责	
拉拉队队长	为团队提供必要的激励(精神驱动力)
具有愿景者	对目标有清晰的认识,对项目需求有坚定的看法
政治家	采用必要的政治策略,构建关系网以确保项目被广泛接受,并使其他干系人愿意合作
风险承担者	愿意承担个人或职业风险来支持项目
项目大使	与所有的项目干系人保持良好的关系

资料来源:J. K. Pinto and D. P. Slevin. (1988). "The project champion: Key to implementation success," *Project Management Journal*, 20(4): 15-20. Copyright © 1988 by Project Management Institute Publications. Copyright and all rights reserved. Material from this publication has been reproduced with the permission of PMI.

第一个活动集合通常被认为就是"传统"经理的职责。倡导者通过解释技术细节、提供强有力的领导、帮助项目协调与控制等方式,积极支持项目管理过程,并对项目团队提供管理上的帮助。倡导者对项目的技术方面比较熟悉,这一点是非常重要的。项目倡导者的另一个重要活动是,获取必要的资源,从而使团队成员能够完成任务。倡导者通常处于一个非常好的位置上,他们可以为项目的物流提供源源不断的支持。

第二个倡导者将从事的活动集合指的是管理的"非传统"方面。非传统意味着这些角色并不是传统管理文献中提到的那些活动。然而,这并不意味着这些活动是不必要的或古怪的。事实上，有些倡导者认为，与那些经常被提及的、众所周知的活动相比，这些非传统活动对于成功的管理同样重要。履行诸如拉拉队队长、具有愿景者、政治家、风险承担者、项目大使的职能对于大多数项目经理来说都是重要的，然而这些职能在文献中、项目经理工作规范与培训程序中并没有得到强调。就像一个倡导者所说的："我们教人们那些传统技巧时感觉非常容易，但对于那些非传统职责内的工作，体验才是最好的老师。没有一个人能够帮你准备这个工作的非理性方面。你必须自己去体验。"

在许多组织中，倡导者大多数时间不是在从事项目管理职责的传统活动方面，而是从事那些"非传统的"活动。倡导者通常是具有愿景的人、或是拉拉队队长、或是项目的驱动力量。此外，人们期望倡导者发挥关键的政治作用、尽量做正确的事情、与恰当的人保持联系、与必要的人建立关系网以获取项目成功所必需的资源。最后，从定义上可看出，倡导者是项目的典型代表，他们的许多时间用在与其他组织单位、高层管理者、潜在用户建立沟通网络上。因此，他们在组织内发挥了一个重要的项目大使的作用。在许多情况下，倡导者将自己的工作置于危险中，来支持以及获取对新系统的接受，这样，他们通过传统的与非传统的活动来从各方面支持项目。

对于这类行为，人们经常会问这样一个问题：这些行为在成功的项目管理中是否真正发挥了重要作用？答案是肯定的。除了来自于轶事趣闻与案例分析中的信息，还有很多引人注目的研究帮助我们更好地了解倡导者在做什么，以及倡导者对于获得组织对新项目接受的重要性。[20] 例如，一项研究考察了在多个组织中一系列新产品的开发和启动过程。[21] 通过考察45个新产品开发项目，对项目成功与可识别倡导者的存在之间的关系进行了研究。在17个成功的新产品开发中，除了1个之外，其他的项目，也就是94%的项目都有一个容易识别的倡导者。这些具有风险的项目都是由一个人充当先锋，之后他就被那些项目参与者认为是项目发起人或倡导者。另一方面，在28个失败的项目中，仅有一个项目有可识别的倡导者。这清楚地表明倡导者在新产品开发中发挥着至关重要的作用。

4.4.3 如何培养一个倡导者

在寻找那些愿意承担项目倡导者角色的人员上，每个组织的做法均有所不同。尽管一些组织在各个级别都有愿意充当倡导者的热情之人，但在大多数组织中的实际情况则不是这么乐观。这种情况下，问题并不是这些组织缺乏有足够才干的人，而是组织没有认识到倡导者带来的好处。倡导者必须由组织去培养，其所处的氛围也必须由组织去营造。

在发掘和培养项目倡导者方面，有一些重要的原则和方法，包括识别与鼓励倡导者，鼓励与奖励风险承担者，牢记倡导者在情感上与他们的项目是紧密相连的以及不要将倡导者紧紧束缚于传统的项目管理职责。[22]

1. 识别与鼓励倡导者

许多企业都存在那些对新项目抱有热情的人。因此对于企业来说，建立一种宽容的文化是非常重要的，因为倡导者能够从这样的文化中得到激励。在许多组织内，创意发起人不断向高层管理者提出新的项目观点，这时常常会冒犯一些关键的高级管理者。然而，企业为了充分挖掘内在倡导者的潜力，必须建立一个支持性的文化，这样倡导者才会感到他们可以开展工作，而不会受到过分的批评与监管。

2. 鼓励与奖励风险承担者

通用电气的前首席执行官杰克·韦尔奇开展了一个关于个人的改革，他鼓励高级、中级甚至低级经理去承担风险。他认为没有风险，就不可能产生创新；假如一个人不能勇于承担风险，他将不能创新。鼓励风险承担的推论是避免下意识的反应，即马上去寻找项目失败的责任人并惩罚他们。从定义上看，创新是冒险。它们可能带来丰厚的回报，也可能带来失败。组织必须清楚了解在创新项目中鼓励个人承担风险与发挥倡导者作用而带来的积极结果。一个项目的成功往往抵得上 10 个项目的失败。

3. 牢记倡导者在情感上与他们的项目是紧密相连的

倡导者会对他们的项目设想投入大量的精力和情感。然而，强有力的倡导者存在的一个潜在问题是，他们往往拒绝放弃，甚至在面对项目真正失败的时候亦是如此。结果，许多企业一直抱有成功完成项目的希望，即使是在商业成功成为泡影的时候，他们仍然在资助那些"低等创意"。比如，微软在 2010 年推出"Kin"手机，市场定位瞄准青少年和社交网络粉丝。然而，Kin 并不是智能机，无法支持应用或游戏，成本也非常高。尽管微软尽了最大努力，Kin 在推出两个月之后还是退出了市场。Kin 设备的幕后策划人，微软执行官罗比·巴赫（Robbie Bach）随后离开了公司。

4. 不要将倡导者紧紧束缚于传统的项目管理职责

项目倡导者和项目经理可能是同一个人，但通常情况下不是。如表 4-4 所示，典型的倡导者常常在通过非传统活动支持一个项目的时候，才显得比较轻松。因为他们更多地在扮演愿景者、拉拉队队长、风险承担者，他们带着一种对新技术的整体设计与战略感一心盯住他们的目标。他们的真正价值并不在于处理项目管理的日常事务，比如规划、分配资源、处理管理细节等，而在于他们的政治关系与政治贡献，这些都是通过非传统的管理技巧体现出来的。

4.5 新的项目领导力

项目管理需要个人具有领导他人的能力。这些技巧可能是天生的，也可能不是（可能性更大），也就是说，对大多数人来说，领导力并不是天生就有的。然而，人们对领导力的挑战已经有了足够的了解。[23] 我们对领导力职责的认识和实践越多，就越容易产生这种领导他人的能力。著名作者沃伦·本尼斯（Warren Bennis）博士最近撰写了一篇关于组织领导力的文章，他在文章中归纳了成功的项目领导者需要具备的 4 种能力。[24]

（1）**新领导者理解并欣赏他人才干的能力。这些项目领导者是人才的鉴赏家，是监护人而不是创造者。** 欣赏来自于承认与奖励其他人的才能。领导者可能不是项目团队中最好、最有价值或最聪明的成员。他们的作用不是胜过别人，而是帮助其他人发挥他们的最大潜力。

（2）**新领导者要注意提醒人们什么是重要的。** 这句简单的话向项目经理传达了一个重要的信号，即他们需要记住在项目实施的过程中，大量的问题、困难、烦恼、技术与人力资源挑战都将出现。一个项目经常碰到无数的问题，这些问题在重要的工作开始后才显现出来。项目经理必须记住：他的一个最重要的贡献是提醒人们将注意力集中于最终的结果上，即不断提醒他们什么才是重要的。

（3）**新领导者树立并保持信任**。本章之前引用的 Kouzes 和 Posner 的研究强烈表明：每个人力图在领导者身上寻找的最重要的特征是诚实。[25] 如果领导者能够建立信任，以真实、公平、诚实、体贴的方式行事，那么，他将为项目团队成员创造一个能尽量发挥他们才能的环境。在建立有建设性的领导者与成员间关系的过程中，信任发挥着关键的作用。[26] 只有通过认识信任并应用信任，才能显示出对团队的忠诚与承诺，并发挥自己的最大才能。

（4）**新领导者与被领导者是亲密的联盟**。本章在前面已经介绍了领导者与跟随者之间的合作关系，这一点非常重要，它应该在有效的领导力行为上得到强调。项目管理领导力并不是为了控制与统治项目团队而提出的，而是作为支持团队努力的一种自然方式。在培养领导能力时，首先必须认识到领导力对于项目成功的必要性，然后采取具体的步骤去实现项目的愿景，这个愿景在领导者与团队的和谐相处下将更美好。

□ 实践中的项目经理 4-1

比尔·莫厄里，计算机科学公司

"作为一门学科，项目管理提供了无限的机遇，它涉及了行业、技能和方案之间几乎无穷尽的组合，除此之外，还提供了一条充满挑战与回报的职业道路。"这句话来自比尔·莫厄里（Bill Mowery），计算机科学公司（Computer Sciences Corporation，CSC）金融服务部（FSG）的交付保障高级经理（见图 4-4）。

图 4-4　比尔·莫厄里，计算机科学公司

资料来源：Jeffrey Pinto/Pearson Education, Inc.

莫厄里目前的工作涉及与公司的项目管理办公室（PMO）合作进行项目监管以及执行支撑战略目标的特殊项目。项目监管的职责包括监督和汇报金融服务部项目群的状态，同时还为项目管理的实践和方法提供指导。"商业架构师"也是莫厄里现在重要的角色之一,主要为金融服务部的专有项目跟踪汇报系统提供支持。该系统的开发是为了实现自动收集和发布项目绩效指标的高级功能。莫厄里表示:"也许我的工作最具挑战的部分与那些特殊项目有关,这些项目需要将金融服务部和公司两者的目标作为整体,从而提供支持。我和我的同事在全球范围内进行合作,展开技术和商业方面的尝试。这是一个机遇,它给我的职业生涯带来了挑战和变化。"

莫厄里选择项目管理工作的职业道路,在某种程度上是无心之举。在美国军队服役时,他接受了电子和计算机技术的培训,并获得了大专文凭。退役之后,他成为一名软件工程师,同时在攻读计算机科学与数学专业的本科学位。作为一名合同程序员,他第一次接触项目管理工作仅仅是因为他是资历最老的软件合同工。尽管是偶然地接触了这份工作,但是在过去的 25 年里,他一直沉迷其中。在此期间,莫厄里在许多行业工作过,其中包括电子产品开发、核燃料处理、金融服务以及物料运输系统。在他丰富多彩的职业生涯中,他学到了一件事,不论所处环境如何,项目管理的基本原理最为关键。他指出,"行业和技术可以变化,但是导向成功的项目管理原则却永恒不变"。

莫厄里的项目运营经验非常丰富,从业时间长,并且跨越了不同的行业,因此,在他的公司里,他成为初级项目经理的导师,这是他非常喜欢的一个角色。"我发现我的工作最具意义的方面,是可以和许多项目管理员工进行合作,并且成为他们的指导者。如果某个项目经理在项目管理中遭遇到独特的挑战,而我能够提出有助于解决问题的看法和建议,从而让他们少走弯路,这会让我感到非常满足。"

当被问及他可以给那些有志于从事项目管理职业的人们提出哪些建议时,莫厄里表示:"对于考虑从事项目管理工作的人,我所能给出的最好建议是要具备石头般的耐心、善解人意的性格以及学习的热情。项目管理是一个非常复杂的领域,我常常告诉别人,我学的越多,知道的就越少。这通常令人疑惑,但是简而言之,就是我学的越多,那么我就越明白在这个领域之中,还有更多事物需要我进一步去了解和发现。"

项目导读 4-3

全球化管理的挑战

项目管理已经变得越来越国际化,因此,与来自其他国家的项目组成员相处时,了解自己的管理风格并做出必要调整,对于成功的领导是非常关键的。现在的项目经理会发现国际化合作已经变得不再神秘和少见,实际上,它已经成为许多项目型组织项目经理的日常工作。在海外工作的项目经理都需要将哪些重要的经验教训铭记于心?作为一名成功的项目经理,简卡罗·杜兰蒂(Giancarlo Duranti)列出了一个清单。身为意大利人,杜兰蒂拥有在巴西、古巴和冈比亚领导团队的经验,对于在国外环境下做出正确的领导决定,他有如下建议:

(1)**充分了解所处环境**。通过浏览文档,阅读旅行指南、旅游书籍甚至是当地报纸,你可以了解自己工作的环境情况。当地的历史也同样重要:你对特定文化的过去了解越多,你就能越快地理解团队的态度与看法。

（2）**不要抱有成见**。我们很容易对国外的民众、文化、气候以及食物产生先入为主的看法。如果我们不允许自己"第一次"亲身体验所处环境，那就很难避免形成简单，最终毫无用处的观点。

（3）**对文化差异真正感兴趣**。人们渴望分享当地和本国的传统，同时，也会对你的传统表示好奇。对他们的文化表现出真正的兴趣，并且分享你自己的文化，可以帮助双方欣赏文化之间的差异，而不是被这些差异所分化。

（4）**不要认为只有一种（你自己的）沟通方式**。不同文化的沟通方式存在很大的差异。比如，你需要记住，不同文化对幽默的使用，给予反馈的方式（包含修正）都大相径庭。要学会其他信息交流的方式，并确认在各种各样交流中哪些话是"真实的"。

（5）**积极主动且设身处地倾听**。在倾听的时候，如果对情况存在偏见看法，尽量暂时不要做出判断。[27]

4.6　项目管理职业化

2003年年初，美国能源部开始了一个新的计划，在它的机构内建立项目管理职业。能源部的决定与许多组织类似，包括安永公司（Ernst & Young）、美国国家航空航天局（NASA）等。能源部的布鲁斯·卡恩斯（Bruce Carnes）简单解释了这样做的理由：

> 许多工作都是以项目的形式完成的。实际上，项目经理当前负责的项目超过100个，价值总额超过200亿美元，还包括在未来的几十年中对环境恢复项目投资的1 500亿美元。因此对他们来说，保证项目经理具备最佳技能是非常重要的，他们每个人都被当作能源部的关键资产。因此，需要一个职业管理计划来发展他们，将他们的技能与任务匹配，跟踪他们的绩效，同时适当地奖励他们。[28]

这个解释中包含了项目管理**职业化**（professionalism）的几个重要观点。[29]

第一，对越来越多的组织来说，项目工作正在成为标准。许多组织内的项目正在成为他们实现目标的主要方式，而不再是组织生活的非常规的附加部分。结果，伴随着对使用项目管理技术重要性的认同，出现了对获取、培训、保持项目管理专业人员队伍的需要。

第二，需要更新那些正在从事项目工作的人员的技巧。需要保证持续地将组织资源，特别是人力资源投入到项目中去，同时确保他们能从中学习和发展项目技能，并运用项目管理的知识基础来完成项目任务。简而言之，项目职业的一个方面就是认识到项目管理专业人员不是组织中事后发挥作用的角色，而是一个需要开发与保持的关键资源。因此，把项目管理专业人员当作资源，并进行持续的培训和技能发展，这是非常重要的。

第三，项目管理职业化承认有必要为那些项目经理与支持人员创造一个清晰的职业道路。起初，组织从它的管理部门中"发现"项目经理，然后给他们分配项目任务，并假定项目完成之后，他们将回到原来的工作岗位之上。项目管理是一个临时的工作，一旦完成，经理将返回到原来的岗位。在新的职业模型中，项目管理人员将项目工作当作一个永久性的职业任务，从一个项目到另一个项目。越来越多的企业正式区分了企业的职能部门员工与项目管理专业人员，而不是将人们在项目任务和职能岗位间调来调去。

美国国家航空航天局（NASA）的经历是项目管理职业化的典型例证，特别是在1986

年挑战者号航天飞机失事后。根据这次事件带来的教训，NASA 决定在组织内建立一个专门的全职项目管理专业人员团队。埃德·霍夫曼（Ed Hoffman）是 NASA 的程序与项目领导力研究院的主管，他认为："NASA 认为项目方式是从事商务活动的唯一途径。我们经常需要面对成本与时间的挑战，这些挑战需要许多学科的合作。坦白地说，我们的员工经常被职能部门的方法给弄糊涂了。"[30]

组织要发展核心项目管理人员，可以采取哪些实际的步骤？以下是一些建议性的策略。

- **开始将个性与项目工作进行匹配**。研究显示某些个性更适合于项目工作。[31] 例如，对人友好、外向的个人比那些喜欢安静的、内向的人更有可能很好地完成项目工作。同样，在非结构化、动态环境中具有更强适应能力的人，比那些需要结构化、正式工作规则的人更适合项目工作。因此在项目分配开始的时候，先对那些潜在的项目人力资源进行基本的个性分析，来考察他们对工作的心理接受度，这是比较有用的。
- **通过培训活动使组织将项目工作正式化**。毫无疑问，组织成员可以通过公司支持组织培训和技能拓展的意愿，来认识公司对项目的承诺。培训若要有效，需要几个条件。第一，应开展企业范围内的调查来决定运作项目所需的关键技巧。第二，调查应该决定组织成员拥有这些技巧的程度。第三，当需要的技巧与可获取的技巧之间存在差异时，项目管理培训首先应该减少那些差距，也就是说，将项目管理培训与项目管理需求联系起来。
- **建立项目管理奖励系统，以使它区别于常规工作的奖励计划**。奖励的类型，不管是升职、奖金，还是其他对项目管理人员的认可，都需要反映出他们所做的工作与组织内普通成员所做工作的不同。例如，在许多项目公司，项目组成员可以获得绩效奖金，但对企业职能部门的人员，则没有绩效奖金。同样，项目企业竞争力的提升经常建立在项目团队成员完成的项目结果之上。因此，在同一组织内，职能部门成员可能因为他们工作的年限而得到提拔，而他们的项目人员同事则由于在多个项目中的综合表现而得以升职。
- **区分项目专业人员之间不同的职业道路**。有一次，一个愤世嫉俗的项目经理告诉笔者："在我们的组织中，有两个职业梯子。不幸的是，仅有一个梯子有踏板。"他所表达的是，非常好的项目绩效不一定给这些人带来回报，特别是在晋升方面。在他的企业中，"项目是那些平凡的经理走向死亡的地方"。与这个例子相反的是贝泰工程公司（Bechtel Corporation），在该公司中，项目管理被看作一种关键的资源，项目管理人员得到认真的评价，出众的绩效将得到奖励。此外，贝泰工程公司有一个双重轨道的职业道路，即允许成功的项目经理与其他职能部门的经理得到同样的提升机会。

项目管理职业化表明，项目管理作为一个学科，正日益深入人心，这就需要大量受过培训的人才，以满足组织的需求。简而言之，人们正在目睹关于项目管理工作供求关系的发展状况。随着越来越多的组织开始应用项目管理技术，他们将需要更多受过培训的人来完成这些任务。假定组织愿意采取必要的步骤在项目管理团队中培养一种职业，那么项目管理专家的最好来源是组织内部。

本章前面曾提到，项目管理是"领导密集型"的工作，也就是说，在组织内很少有活动比项目管理更依赖领导者的绩效和承诺。本章通过对以下知识的介绍，包括项目经理必须履行的多个职责、有效的项目领导者的特征、在管理项目过程中情商的作用、项目倡导者行为的概念以及新的项目领导力的实质等，描述了项目经理为追求项目成功所必须承担的各种具有挑战性的职责。这些挑战是艰巨的，同时，当项目经理尽力将领导力技巧发挥到最大潜能的时候，回报也是巨大的。

小结

1. **理解项目管理为何是一个"领导密集型"的职业**。项目管理是领导密集型的工作，因为项目经理作为领导者，在项目实施中发挥核心作用。项目经理是信息流与沟通流的渠道，是主要的规划者与目标制定者，是团队开发者、激励者、冲突解决者。没有一个精力旺盛的项目领导者，项目不可能成功完成。

2. **区分经理和领导者这两个角色**。经理在组织中的角色被定义为同一个级别的权威。经理接受给予他们对别人施加控制权力的头衔，他们更关注项目的管理与组织，寻求效率与控制局面。领导者聚焦于人际关系，他们注重通过项目与未来愿景的方式来培养与激励他人。他们拥护变革，激励他人，通过言语与行为进行沟通，主要关注结果的有效性以及长期承担风险的效力。

3. **理解情商的概念，因为它关系到项目经理领导的方式**。情商的5个维度同项目领导力相关。①自我了解——个人对自身的优势与不足的了解；②自我规范——控制自我的能力，在行动与做出判断之前进行思考；③动机——所有成功的领导者在能用这种动机激励他人之前，首先应该展示他们自己拥有动机的程度；④共情——识别下属之间能力的差别，并区别对待每个项目成员，以获取最大的承诺；⑤社交技能——通过指导人们向希望的方向前进所表现出对该目标的友好程度。

4. **识别与有效的项目领导力显著相关的特质**。许多领导力特质与有效的项目领导力紧密相连，包括：①可信性或诚实，②解决问题的能力，③对复杂性或模糊性的容忍程度，④管理下属的灵活性，⑤沟通技巧，⑥创造性，⑦制定决策的能力，⑧经验，⑨与项目团队良好合作的能力，⑩有力的影响技巧。

5. **识别项目倡导者在项目成功上所扮演的关键角色**。倡导者是组织内的一些人，他们识别一个新的项目，使用他们能控制的各项资源来支持项目，即使面对组织的抵制。倡导者是风险承担者，因为在面对来自公司其他成员的抵制或敌意的情况下，他们仍然愿意坚持工作。研究结果明显表明，具有可识别倡导者的项目同那些没有倡导者的项目相比，成功的可能性更大。倡导者所发挥的传统作用包括：理解技术、领导力、协调与控制、获取资源与管理。倡导者的非传统性质的行为包括从事作为拉拉队队长、项目愿景制定者、政治家、风险承担者、项目大使等活动，这些活动将支持项目的开展。

6. **了解新的项目领导力的典型原则**。沃伦·本尼斯关于新项目领导力的观点是基于关系管理的，这是通过与项目团队的每个成员建立并保持相互承诺而达到的。新的项目管理包括四个原则：①理解并欣赏他人才干的能力；②通过让人们关注愿景，来持续提醒他们什么才是重要的；③与项目团队的每个成员建立并保持信任；④承认领导者与被领导者是自然联盟，而不是对手。

7. **了解项目管理职业在学科上的发展**。随着项目管理日益流行，它的成功导致许多组织培养了一批专业的项目经理。由于对项目管理专家需求的持续增长，供给也需要增长。不论公共组织还是私营组织，项目管理职业使组织内项目与项目管理"制度化"。大量支持项目管理的协会出现，这是人们对这个学科产生兴趣的另一个标志。

讨论题

4.1 本章强调了项目管理是一个"领导密集型"的工作。讨论这个观点在何种意义上是正确的。

4.2 项目经理的职责是如何加强领导力作用的？

4.3 领导者与经理之间的关键区别是什么？

4.4 讨论与项目经理职责相关的情商，为什么情商的5个组成部分对于成功的项目管理来说如此关键？

4.5 思考关于领导力特质理论的研究。在有效领导力的关键特征中，哪些对于项目经理来说更为关键？为什么？

4.6 思考本章项目导读案例中的项目领导者约翰·阿米特和斯里达兰博士的经历。如果要你总结他们项目成功的关键领导力，哪些行为和特点是至关重要的？为什么？对你自己的管理项目有什么启示？

4.7 为什么人们认为项目倡导者在处理领导力的非传统方面更有优势？

4.8 对"新项目领导力"进行讨论。假如你需要形成一个应用于项目领导力的原则，它将是什么？并给出理由。

案例分析 4-1

寻找高效的项目经理

　　Pureswing高尔夫用品公司（Pureswing Golf, Inc）制造与销售全系列的高尔夫设备，包括球棒、高尔夫球、休闲装以及辅助装备（袋子、雨量调节器、毛巾等）。公司处于一个高度竞争与快速发展的行业，面临着著名企业如耐克（Nike）、泰勒制造（Taylor Made）、克利夫兰（Cleveland）、Titleist公司、平豪高尔夫公司、Galloway公司等的竞争。在这个行业中成功的关键包括：持续引入新的球棒模型、创新性的工程与设计、上市的速度。作为一个想与强大竞争对手匹敌的小企业，Pureswing公司将重点放在项目管理过程上，以保持盈利。在任何一个时间点，公司都有超过35个项目团队在研究关于整个产品线的新思路。

　　Pureswing试图从组织内部发现有前途的工程师，并把他们提升为项目经理。它认为这些人由于已经了解了公司在竞争中成功的基本原理，所以能更好地负责新产品开发的项目。曾经有一段时间，Pureswing依靠志愿者来负责项目管理，后来它认识到这种方法是不够的，而且这些项目经理志愿者失败的比例是40%，对于Pureswing公司的规模来说这个比例太高了。在对志愿者进行逐步调整的过程中，成功的经理所面临的压力非常大，他们常常需要同时管理5～6个项目。高层管理者担心这些高绩效的经理过于疲劳，因此决定制订一个计划来寻找新的项目经理，包括在组织内创造项目管理职业道路。

问题

1. 想象你是Pureswing公司人力资源部门的员工，负责开发招聘新项目经理的程序。为该职位设计一个工作说明。

2. 作为一个项目经理，哪些特质与个性特征会带来更高的成功率？

3. 哪些特质与个人特征会增加成为一个成功的项目经理的难度？

案例分析 4-2

发掘情商，成为一个真正的领导者

凯西·史密斯（Kathy Smith）是一家大型工业建筑企业的项目经理，最近她被分配了一项任务：负责监管东南亚一个化工厂建设项目，项目耗资几百万美元。在过去的3年里，凯西在北美成功完成了许多小规模的建筑任务，后来她被任命负责这个项目。这个任务是她首次承担海外工作，考虑到项目的规模与范围，她希望给管理层留下一个良好的印象。成功完成这个项目将大大提升她在企业内部的知名度，并且会增大她晋升到高级管理层的机会。凯西具有良好的项目管理技能，尤其具有组织能力和自我激励能力。她过去所在的两个团队的成员曾开玩笑说，试图跟上她的步伐也将是一个全天候的工作。

凯西立即开始负责化工厂的开发项目。根据她习惯的工作方式，凯西要求她的员工与团队高级成员一起长时间工作，如果有重要的事情，就要放弃周末的休息时间，并对项目采取轮班的工作方式。不幸的是，凯西完全误解了她的组员，从由本地人组成的团队没能改变他们的工作习惯中就可以看出，他们强烈反对她的超负荷工作方式，不愿在关键问题上同她商量，并且远离她。团队成员不是直接面对她，而是对她的领导采取消极的抵制态度。他们故意放慢在重要任务上的节奏，并且在没有任何问题发生的时候谎报遇到了不可克服的问题。理所当然，凯西的反应是尽力将她与她的团队推向前进，要求下属更快产生绩效。但让她困惑的是，这样做似乎没有多大效果。

由于较差的团队绩效，项目很快就陷入停顿，结果因为推迟交货而使项目组织承受了巨额赔偿。凯西可能具有许多对自己有利的特质，但她缺乏了解他人感情与期望的能力，并且没有认真考虑这些问题。

问题

1. 讨论凯西在情商方面的缺乏是如何影响她对新项目的有效管理的。

2. 在情商的多个维度中，她看上去最缺乏哪个维度？并给出你的证据。

3. 上面的案例对企业中项目选择方法的应用情况进行了介绍，说明了什么问题？你会如何解决本案例中出现的矛盾？

案例分析 4-3

约翰的难题

约翰·詹姆斯（John James）已经在世界上最大的一个航空企业里面工作了15年，他在克林顿时代被聘进一家分公司，当时公司雇用了很多人。约翰当时还没有完成他的工程学位，因此他以技工的身份进入。同时进入该部门的其他人大多都完成了学位，因此他们的职位都是副工程师。在几年时间里，约翰迅速进入了工程师行列。同约翰一起被雇用的其他员工提升得更快，因为公司将他们的工程学位作为提升的必要条件。就职的年限可以来代替学位，但那将花费数年的时间。

几年前，约翰就开始对公司表示出不满的情绪。他公开对企业所做的各种事情发泄他的情绪。然而，他没有抱怨他的特殊情况。抱怨导致情况更糟。约翰显示出了情绪的不稳定。有时（尽管抱怨）他变得非常有激情，但过不多久他就会什么都不做了。在这些时间里，约翰在网上冲浪，寻找房屋维修项目的供应商或最新的呆伯特漫画。当这些事件发生的时候，他的同事不愿向管理者报告，因为团队的大多数人已经在一起工作了整整15年，他们是亲密的朋友。这就是约翰所做的事情没有成效的原因，团队里没有一个人愿意将此问题向更高管理层报告。随着时间的流逝，约翰的朋友也变成了他的上级，此时约翰仍然停留在较低的薪水级别。约翰的不稳定情绪变得更加严重，而且持续的时间也更长。

在最近的绩效评价过程中，约翰的经理（他的一个朋友）关注了他"有时注意力不集中"的问题。经理因为他的同事给出了许多意见，所以对他的问题进行了评论。这个问题不能继续被隐藏下去。约翰看到评语反馈后非常生气。他拒绝接受对他绩效的评价。他对他的队友的态度变得极为消极。他要求知道谁说了他的坏话，而他的工作效率下降到几乎为零的程度。

问题分析

很明显，约翰是不快乐的。为了了解原因，需要查看他在这个企业工作的历史。那个15年前就一起工作的团体具有类似的背景与能力。那时这8个人几乎都是22岁，都刚刚大学毕业，约翰是例外，他还需要两年才能得到工程学位。所有人都是单身，并在工作中获得了丰厚的回报。副工程师与技师之间的薪水差别非常小。图4-5显示了公司的薪水级别分类。

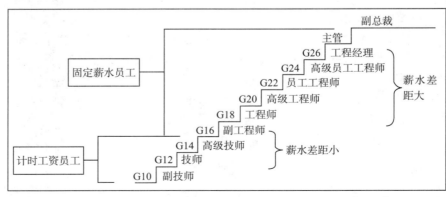

图 4-5　公司的薪水级别分类

这个团体每周三在一起打垒球，周末一起钓鱼，每个冬天花一周时间一起狩猎。因此他们之间建立了长期的关系和友谊。后来，这个团体的成员一个接一个地结婚，成立家庭。他们甚至在婚礼上轮流担任伴郎。他们的妻子与孩子也都成为亲密的朋友，家庭后院的野餐代替了每周的钓鱼活动。

同时，工作上的事情也向好的方向发展。这些朋友与同事具有强烈的工作责任感，并具有超过普通人的能力。他们都喜欢自己的工作，并不介意加班。努力与能力的结合给他们带来了回报与提升。然而，由于约翰没有像他计划的那样完成学业，他更难得到提升，并且没有他的朋友提升得那么快。薪水与职位的差别快速扩大，于是约翰开始变得不满意了。

这家大企业是一个职能型组织。所有的机械工程师对一个职能部门经理负责，约翰的部门经理了解了他的情况，建议他通过夜校的方式完成学位。尽管约翰有这个打算，但他从没有认真坚持下来去完成他的学位。当约翰的朋友在公司里以更快的速度升职的时候，他们的汽车与房子也变得更大、更好。约翰的妻子给他施加压力，要他跟上其他人，他们也买了一个更大的房子。这个举动意味着如果约翰仍然采用以前的方式工作，他将面临严重的财务危机。

直到这个时候，约翰仍然认为公司的政策与他的部门经理是他无法提升的根源。约翰公开发泄对这个经理的不满。接着，公司发生了一个巨大的转变。公司转为一个项目团队环境，放弃了原有的职能管理方式。这意味着约翰现在可以直接向他的朋友汇报。

即使约翰现在是在为他的朋友工作，公司的政策仍然有限制，提升也不是像他所希望的那么快。团队的领导经常给约翰现金奖励，希望这样能激励他。约翰的内心曾一度得到了抚慰，但这并没有真正解决问题。约翰想要金钱、权力与尊重，他并不满足，因为他周围的人得到了更多。尽管他擅长于自己的工作，但他没有真正做好。他似乎没有凭借专业知识或性格特点成长为一个领导者的能力。此外，由于没有工程学位，他不能通过时间来获取权力。到现在为止，约翰的态度已经恶化到了对团队造成干扰而必须采取措施的状态。团队领导者必须帮助约翰，但他也必须关注整个团队的健康发展。

这个详细的历史反映了约翰的态度在一段时间里慢慢恶化的过程。在他开始职业生涯时，约翰感到他与他的同事是平等的，当每个人都年轻、地位都相同时，他得到了他的朋友与同事的尊重，这让约翰感到一种自尊。随着时间的流逝以及他放弃为获取学位而进行的努力时，他丢掉了一些自尊。当企业中，他的朋友和他的地位差别变得越来越大时，他感到他失去了别人的尊敬。最后，当他为更大的新房子背上经济负担时，他的基本安全感都受到了威胁。在这种环境下，保持一定程度的满意是非常困难的。这个问题现在困扰着团队，开始影响他们的努力与结果。为了友谊，他们尽力保护约翰不受他近来行为的影响，这时，整个团队承受了不小的压力。

团队领导者必须尽力解决这个问题。挑战是巨大的：领导者必须尽力满足个人需求、团队需求以及任务需求。当约翰的个人需求不能得到满足时，团队的气氛与任务的完成将受到影响。现在对团队领导者来说，是做出决定性行动的时候了，并向高层管理者提出解决此问题的办法。

可能采取的解决办法

团队领导者就此事有多种选择。因为友谊与个人之间的关系，他知道不能轻易地下决定。他决定同团队成员进行私人谈话（这些成员是约翰的好朋友），然后再决定向上级汇报最好的解决方案。

在与团队成员谈话之后，团队领导者列出了以下可能的选择：

（1）不采取任何措施；
（2）不顾公司的政策，提升约翰；
（3）劝导约翰再回学校进修；
（4）将约翰调到一个不同的项目团队；
（5）解雇约翰。

第1个选择：不采取任何措施是团队领导可采取的最容易的方式，但这解决不了任何问题。这个决定就像将头埋在沙里面，期望问题自己消失。奇怪的是，这是团队成员的一个共同建议。看上去他们期望问题被忽略，就像过去一样，约翰不得不接受这个情况。如果采用这个选择，必须妥协的人是约翰。

第2个选择试图不顾公司的政策，将约翰提升到一个更高的级别。这个决定很难被管理层接受。约翰最近被提升到18级薪水（他的朋友现在是24级或26级）。这个提升是在他的朋友与团队领导者的一致努力下才达到的。但是让管理层如此快地批准进一步提升的概率将非常低。而且，如果团队领导者成功说服管理层提升约翰，那么长期的利益是什么呢？约翰同他的朋友仍然不在同一个级别上，可能并不会满意很久。这个方案可能只是一个对问题的临时修补策略。在提升的光环逐渐消失之后，约翰可能会再次相信他的努力超过了他受到的奖励。认为这个方法能够解决这个问题的想法是好的，但实际情况可能是另一回事。

第3个选择是尽力劝说约翰返回大学去完成他的工程学位。这个方案可能是问题最好的解决办法，但发生的可能性非常小。如果约翰能够完成他的学位，那么公司的任何政策都不会阻挡他的前进道路。他将在一个公平的起点与别人竞争。这将使得他合理地得到提升，重新找到自我。如果他没有得到他觉得应该获取的奖励，他将不得不考察自己的绩效，改进他的不足，而不仅仅是重复同样的理由。这个方案似乎让约翰回到工作满意的路径上，然而，这个方案存在的问题是之前它已经被尝试了几次，但都没有成功。那么这次有什么不同呢？公司在知道失败会再次导致不满意并可能对团队产生副作用的情况下，仍然会尝试这个方法吗？尽管第3个方案是每个人都想看到的愉快结尾，但成功的概率不大。

第4个选择是将约翰调到一个不同的团队，尝试打断约翰建立的与他的朋友与同事的竞争链。假如采用这个选择，约翰将在一个完全不同的团队里开始工作。这个选择也能够让约翰在他的朋友中保住面子，他能够告诉他们自己的许多成就与他所做的优秀工作，同时抱怨他的"新"老板一直在阻止他。尽管这可能被认为是"烟幕弹"，但它使约翰能够从新的视角来审视自己。假如他在工作中发挥出自己的能力，他应该能够得到其他人的尊重，最终获得自尊。团队可以认为这是一个胜利，因为它允许每个人在保持社会关系的同时，解决他们存在的职业问题。虽然问题将不会得到解决，但这个选择提供了使情况变得客观的机会。可以清楚地看出，这个方法不能真正地解决问题。尽管这个方法允许约翰将不满意发泄到他朋友之外的其他人身上，给予他一个影响新同事的起点，谁能保证问题不会重新出现呢？

第5个选择，解雇约翰，会令所有人都不愉快。这样做的理由不是说这个结果是约翰应得的。同时，由于这个选择将切断所有参与者之间的社会关系，并且会导致留下来的团队成员产生内疚感，导致团队的工作效率进一步下降，因此仅当其他选择失败并且情况已经恶化到对所有人来说都是不安全的条件下，才能采用这个选择。

问题

1. 作为团队领导者，你必须权衡这5种选择的得失，并向管理层提交解决这个问题的方案。你对此有何建议？

2. 考虑上述的每个选择。对每个选择，提出证据来证明你的观点。

3. 根据本章提到的几种领导力行为，哪一种与解决约翰的问题是最相关的？

网上练习

4.1 识别你心目中的企业领导者，在网上搜寻关于这个人的信息，在你收集的信息中，哪些使你认为他是一个领导者？

4.2 访问网站 http://www.debian.org/devel/leader，评价网站上列出的 Debian 项目中项目领导者的作用。项目领导者的哪些责任和背景使我们将他当作这个项目的领导者？

4.3 科纳特·维因（Knut Yrvin）是一个团队的领导者，他想用基于 Linux 的技术取代挪威学校里的其他操作系统（这个项目被称为 "Skolelinux"）。登录 http://lwn.net/articles/47510，阅读对他的访谈。在这个访谈中，从他关于项目领导者的观点和他自己如何领导项目的发言，你能得到什么启示？

4.4 项目倡导者能够显著提高项目成功的概率，但他们也会产生负面影响。例如，由著名的组织成员担任项目倡导者的项目往往很难停止，即使到他们惨败的时候亦是如此。阅读关于"盲目忠诚"的案例，案例网址是 www.computerworld.com/s/article/78274/Blind_Faith?taxonomyID=073，文章说明了当组织的高级成员作为项目倡导者时存在的一些缺陷，你发现哪些证据支持这个观点？

项目管理职业认证考试样题

1. 项目经理花了大量的时间与项目干系人沟通。以下哪一项是他的项目干系人？
    a. 高层管理人员。
    b. 客户。
    c. 项目团队成员。
    d. 职能部门负责人。
    e. 以上所有都是项目干系人。

2. 有效的领导包括以下情况，除了：
    a. 通过个人时间管理、压力管理和其他活动来管理自己。
    b. 通过激励、授权、监督和团队建设来管理团队成员。
    c. 保证项目资源的严格控制，只在需要时才提供给团队成员相关信息。
    d. 在项目需要的时候雇用一些项目倡导者为项目提供支持。

3. 一位项目经理正与他的团队第一次见面，他希望营造可以使团队关系积极发展的环境。他应该考虑以下哪条准则来为他的团队建立有效的伙伴关系？
    a. 否决权。
    b. 共同责任意识。
    c. 交换意见。
    d. 绝对诚实。

e. 以上所有都是。
4. 琼非常渴望为她的团队成员创造积极的项目经历，而她采用领导力而不是管理流程的方法也反映出了这一点。以下哪项领导力实践是她可以采用的？
   a. 专注于计划和预算。
   b. 设法维持现状和晋升次序。
   c. 激励人们克服困难，展现主观能动性。
   d. 维持短期时间表，避免不必要的风险。
5. 弗兰克一直关注情商对他领导项目有效性的影响。以下哪项不是情商可以帮助他表现更好的例子？
   a. 自我意识和自我调节。
   b. 动机。
   c. 社会技能。
   d. 结果导向（努力将工作做好）。

答案：

1. e。记住，干系人定义为任何群体，无论是内部的还是外部的，只要能影响项目运作的都是干系人。
2. c。有效的领导是要允许员工具有一定的灵活性，提供给他们所有相关信息、交流项目进展情况和其他相关信息。
3. e。以上所有都是在促进项目经理和团队的伙伴关系时必要的特征。
4. c。激励人们克服困难是领导力重要的组成部分，而不是一种管理理念。
5. d。虽然结果导向是项目领导技能中有用的要素，却不是情商的例子，情商往往通过与他人建立关系表现出来。

注释

1. Hansford, M. (2014, February 18). "Daring to be different: Sir John Armitt," *New Civil Engineer*; Reina, P. (2013, January 28). "Sir John Armitt: Delivering the London Olympics Complex on Time, Under Budget, and Safely," *Engineering News-Record*. http://enr.construction.com/people/awards/2013/0128-london-olympics-delivered-on-time-under-budget-safely.asp; Osborne, A. (2013, September 5). "Take warring politicians out of infrastructure planning, says Olympics chief John Armitt," *The Telegraph*. www.telegraph.co.uk/finance/economics/10287504/Take-warring-politicians-out-of-infrastructure-planning-says-Olympics-chief-John-Armitt.html; Engineering and Physical Sciences Research Council. (2012, July 2). "EPSRC congratulates Sir John Armitt on inaugural major projects award." www.epsrc.ac.uk/newsevents/news/2012/Pages/armittaward.aspx; Bose, M. (2012, February 7). " Sir John Armitt: We've made a magical place in London for the next 100 years." www.mihirbose.com/index.php/sir-john-armitt-weve-made-a-magical-place-in-london-for-the-next-100-years/
2. Kim, W. C., and Mauborgne, R. A. (1992, July–August). "Parables of leadership," *Harvard Business Review*, p. 123.
3. Posner, B. Z. (1987). "What it takes to be a good project manager," *Project Management Journal*, 18(1): 51–54; Pinto, J. K., Thoms, P., Trailer, J., Palmer, T., and Govekar, M. (1998). *Project Leadership: From Theory to Practice*. Newtown Square, PA: Project Management Institute; Slevin, D. P., and Pinto, J. K. (1988). "Leadership, motivation, and the project manager," in Cleland, D. I., and King, W. R. (Eds.), *Project Management Handbook*, 2nd ed. New York: Van Nostrand Reinhold, pp. 739–70; Geoghegan, L., and Dulewicz, V. (2008). "Do project managers' competencies contribute to project success?" *Project Management Journal*, 39(4): 58–67.
4. Pinto, J. K., and Kharbanda, O. P. (1997). *Successful Project Managers*. New York: Van Nostrand Reinhold.
5. Block, P. (1993). *Stewardship: Choosing Service over Self-Interest*. San Francisco, CA: Berrett-Koehler Publishers.
6. Verma, V. K. (1996). *Human Resource Skills for the Project Manager*. Newtown Square, PA: Project Management Institute.
7. Yukl, G. (2002). *Leadership in Organizations*, 5th ed. Upper Saddle River, NJ: Prentice Hall; Daft, R. L. (1999). *Leadership Theory and Practice*. Orlando, FL: Harcourt; Kouzes, J. M., and Posner, B. Z. (1995). *The Leadership Challenge*. San Francisco, CA: Jossey-Bass.
8. Slevin, D. P. (1989). *The Whole Manager*. New York: AMACOM.
9. Yukl, G. (2002). *Leadership in Organizations*, 5th ed. Upper Saddle River, NJ: Prentice Hall.
10. Zimmerer, T. W., and Yasin, M. M. (1998). "A leadership profile of American project managers," *Project Management Journal*, 29(1): 31–38.
11. Goleman, D. (1998). "What makes a leader?" *Harvard Business Review*, 76(6): 92–102; Clarke, N. (2010). "Emotional intelligence and its relationship to transformational leadership and key project manager competences," *Project Management Journal*, 41(2): 5–20.
12. Kouzes, J. M., and Posner, B. Z. (1995). *The Leadership Challenge*. San Francisco, CA: Jossey-Bass.
13. Pettersen, N. (1991). "What do we know about the effective project manager?" *International Journal of Project Management*, 9: 99–104. See also Javidan, M., and Dastmachian, A. (1993). "Assessing senior executives: The impact of context on their roles," *Journal of Applied Behavioral Science*, 29, 328–42; DiMarco, N., Goodson, J. R., and Houser, H. F. (1989). "Situational leadership in the project/matrix environment," *Project Management Journal*, 20(1): 11–18; Müller, R., and Turner, J. R. (2007). "Matching the project manager's leadership style to project type," *International Journal of Project Management*, 25: 21–32; Turner, J. R., and Müller, R. (2005). "The project

manager's leadership style as a success factor on projects: A literature review," *Project Management Journal*, 36(2): 49–61.

14. Einsiedel, A. A. (1987). "Profile of effective project managers," *Project Management Journal*, 18(5): 51–56.
15. Medcof, J. W., Hauschildt, J., and Keim, G. (2000). "Realistic criteria for project manager selection and development," *Project Management Journal*, 31(3): 23–32.
16. Hannon, E. (2010, September 27). "Problems fuel doubts about Commonwealth Games." www.npr.org/templates/story/story.php?storyId=13014949; Swanson, S. (2008). "Worldview: New Delhi," *PMNetwork*, 22(12): 58–64; Lakshman, N. (2007, March 14). "The miracle-worker of the Delhi Metro." www.rediff.com/money/2007/mar/14bspec.htm; www.muraleedharan.com/legends_sreedharan.html; Ramnath, N. S. (2012, June 2). "E Sreedharan: More than the metro man," *Forbes India*. http://forbesindia.com/article/leadership-award-2012/e-sreedharan-more-than-the-metro-man/33847/1
17. Schon, D. A. (1967). *Technology and Change*. New York: Delacorte; Maidique, M. A. (1980, Winter). "Entrepreneurs, champions, and technological innovation," *Sloan Management Review*, 21: 59–76.
18. Peters, T. A. (1985, May 13). "A passion for excellence," *Fortune*, pp. 47–50.
19. Meredith, J. A. (1986). "Strategic planning for factory automation by the championing process," *IEEE Transactions on Engineering Management*, EM-33(4): 229–32; Pinto, J. K., and Slevin, D. P. (1988). "The project champion: Key to implementation success," *Project Management Journal*, 20(4): 15–20; Bryde, D. (2008). "Perceptions of the impact of project sponsorship practices on project success," *International Journal of Project Management*, 26: 800–809; Wright, J. N. (1997). "Time and budget: The twin imperatives of a project sponsor," *International Journal of Project Management*, 15: 181–86.
20. Onsrud, H. J., and Pinto, J. K. (1993). "Evaluating correlates of GIS adoption success and the decision process of GIS acquisition," *Journal of the Urban and Regional Information Systems Association*, 5: 18–39.
21. Chakrabarti, A. K. (1974). "The role of champion in product innovation," *California Management Review*, XVII(2): 58–62.
22. Royer, I. (2003). "Why bad projects are so hard to kill," *Harvard Business Review*, 81(2): 48–56; Pinto, J. K., and Slevin, D. P. (1988). "The project champion: Key to implementation success," *Project Management Journal*, 20(4): 15–20.
23. Thamhain, H. J. (1991). "Developing project management skills," *Project Management Journal*, 22(3): 39–44; Pressman, R. (1998, January–February). "Fear of trying: The plight of rookie project managers," *IEEE Software*, pp. 50–54.
24. Bennis, W. (2001). "The end of leadership: Exemplary leadership is impossible without full inclusion, initiatives, and cooperation of followers," *Organizational Dynamics*, 28.
25. Kouzes, J. M., and Posner, B. Z. (1995). *The Leadership Challenge*. San Francisco, CA: Jossey-Bass.
26. Hartman, F. (2000). *Don't Park Your Brain Outside*. Newtown Square, PA: Project Management Institute.
27. Silver, D. (2009). "Abroad spectrum," *PMNetwork*, 23(1): 62–68.
28. Ayas, K. (1996). "Professional project management: A shift towards learning and a knowledge creating structure," *International Journal of Project Management*, 14: 131–36; Statement of Bruce Carnes, Chief Financial Officer, United States Department of Energy, Before the Committee on Science—U.S. House of Representatives—on the FY 2003 Budget Request for the U.S. Department of Energy. (2002, February 13). See also www.nap.edu/openbook/0309089093/html/82-91.htm
29. Ayas, K. (1996), ibid.
30. Hoffman, E. J., Kinlaw, C. S., and Kinlaw, D. C. (2002). "Developing superior project teams: A study of the characteristics of high performance in project teams," in Slevin, D. P., Cleland, D. I., and Pinto, J. K. (Eds.), *The Frontiers of Project Management Research*. Newtown Square, PA: PMI, pp. 237–47; Kezbom, D. (1994). "Self-directed teams and the changing role of the project manager." *Proceedings of the Internet 12th World Congress on Project Management*, Oslo, pp. 589–93.
31. Wideman, R. M., and Shenhar, A. J. (2001). "Professional and personal development management: A practical approach to education and training," in J. Knutson (Ed.), *Project Management for Business Professionals: A Comprehensive Guide*. New York: Wiley, pp. 353–83; Wideman, R. M. (1998). "Project teamwork, personality profiles and the population at large: Do we have enough of the right kind of people?" Presentation at the Project Management Institute's Annual Seminar/Symposium, Long Beach, CA.

第 5 章

范围管理

本章目标

学习本章后,你将能够:
1. 理解范围管理对于项目成功的重要性。
2. 理解建立项目范围说明的重要性。
3. 为项目建立工作分解结构。
4. 为项目建立责任分配矩阵。
5. 描述在确定项目范围过程中变更管理和配置管理的作用。

本章涉及的项目管理知识体系的核心概念

1. 创建项目章程(见 PMBoK 4.1 节)
2. 范围管理计划(见 PMBoK 5.1 节)
3. 需求收集(见 PMBoK 5.2 节)
4. 范围定义(见 PMBoK 5.4 节)
5. 范围认证(见 PMBoK 5.5 节)
6. 范围控制(见 PMBoK 5.6 节)

☐ 项目导读 5-1

案例:"我们就像傻瓜"——俄勒冈州失败的奥巴马医保网站

自从《平价医疗法案》(Affordable Care Act,ACA)在美国国会通过之后(并没有得到共和党的支持),一直都备受争议。在经过两年的激烈讨论之后,2010 年,时任美国总统的奥巴马将这一方案正式编入律法。因此《平价医疗法案》也被称为"奥巴马医改法案",反对者称它是一个失败的法案,但支持者认为它会使得数百万无法支付医疗费用的平民能够得到良好的医疗帮助。在经过无数次的讨论之后,双方决定先观察网上试行效果,试行从 2013 年 10 月 1 日开始。但这一网站上线前就已经存在很多的问题,如没有按时选择出合适的承包商创建网站、失败的网站前测、创建的网站要么瘫痪要么无法访问。在 10 月 1 日，奥巴马医保网站（www.healthcare.gov）发生严重故障，网站访问者中有数千名用户无法访问网站，注册时间过长和数不清的系统崩溃使得访问者需要不停重新载入网页。最终，当天全国仅有 6 个人借助该网站成功购买了医保。这个系统在很多个州运行的效果都非常不好，运行几个月也只有少数人能够成功完成注册。因此，政府不得不开通电话注册的方式帮助市民进行注册。而这个失败的事例也给反对者足够的理由去攻击奥巴马医改团队糟糕的管理能力。

在这些失败的州中，俄勒冈州是其中最为严重的。俄勒冈州是从 2011 年开始企图自建医保交易网站——Cover Oregon 网站，它也是想要自建医保交易网站的 14 个州之一。虽然自建网站得到了广泛的支持，但最终却成为信息技术系统实施历史中最失败的案例之一。记者调查发现了在这一过程中的一系列的错误，包括政治的过度介入、计划不完善、技术设计薄弱、网站承包商对于网站创建的难度准备不足等。因而最终没有一个俄勒冈州居民在网上注册成功，最终居民只能通过纸质申请完成相关的登记注册。2014 年 6 月初，俄勒冈州政府通知已经购买个人医疗保险的 80 000 名市民需要在当年 11 月之前在联邦医疗网站上重新注册。这些市民的医疗保险将转由联邦政府来负责，因为俄勒冈州政府还在犹豫是否要对网上医疗系统进行彻底检修，而这一检修可能要持续到 2015 年。俄勒冈州估计 Cover Oregon 网站的失败可能给它们带来了超过 2.5 亿美元的损失。

在创建医保交易网站项目时，俄勒冈州选择甲骨文公司作为主要承包商，并聘请了马克西姆斯（Maximus）咨询公司进行质量控制。在最开始，马克西姆斯公司就预言了几乎所有会使得项目失败的问题。

失败的时间线

2011 年 11 月：仅有两年的项目完成期限就已经带来了很多的问题。甲骨文公司提出，这个期限使得它们无法对系统做出更多的创新，同时项目预算方面也存在一些问题。而咨询顾问也认为在这个没有通过任何专业计算确定的期限内完成项目"在实际操作上不可行"。并且在这个时间点上，该项目已经超出预算 300 万美元，但是还有大部分的工作没有做，甚至将近 75% 的工作人员还没有到位。

2012 年 7 月：在这个时间点上，已经有超过一半的预算被用掉了，而咨询顾问认为现在的网站还是非常不完善的。软件已经经过数次迭代以致信息技术团队非常担心该网站的安全性。更糟糕的是，不同项目小组的项目经理都私自创建自己的项目进度计划和路线，既没有咨询其他项目小组也没有进行任何的进度计划整合。这就造成工作的冗余和小组之间互相的不配合。咨询顾问已经就这种工作氛围批评过项目经理，警告说这种沟通不畅带来的冲突会使得整个项目越来越糟糕。

2012 年 9 月：项目已经进行 1 年多了，而这个网站仍然存在着很多问题。咨询顾问为了使得项目回到正轨上提出了很多的建议，如缩紧项目范围、创建突发事件计划防止截止期前出现更多的问题。但是由于这个项目并不是按照常规方法来进行管理的，因此很难找出最紧急的问题来重点解决。最终，经过很多次的更迭、更新和调整之后，项目虽然完成了，却无法对整个系统做出综合评测。

2012 年 12 月：Cover Oregon 网站管理者向法律监管委员会通报了他们的进展。到目前为止，工作人员已经在这个项目上发现了多达 108 处的风险。同时，该州政府与甲骨文公司签订的合同也被认为是失败的理由，合约规定甲骨文公司是按小时计费而不是按项目整体收费。这也导致甲骨文公司没有尽快完成该项目的动力。

2013 年 5 月：在这个时间点上发生了一件导致失败的最关键的事件，那就是这个项目从网站创建者手中被保险小组接管。这两个组织已经在这个项目上共同工作过几个月了，因此这次交接被认为是自然和平缓的。但是，事实上这次交接非常糟糕。网站的技术模块完全不能正常工作，用户根本无法使用这个网站。这也是第一次从专业层面证实这个项目存在着严重问题，而持续增加的成本和超出计划的进度也都使得这个项目面临严峻的考验。

2013 年 6 月：6 月在进度计划中是要进行系统测试，表明系统已经能基本运行。但事实上，网站员工不仅认为网站无法按时完成，他们也只关心：这个网站最终到底会有多糟糕？大多数项目工作人员也只是试图在项目 10 月 1 日的截止日期前尽可能加入更多的元素到系统中。而项目的总负责人，洛奇·金（Rocky King）已经在为他的失败找借口了，如项目规模过大、时间太紧。

2013 年 9 月：洛奇·金对项目现状有一个不同以往的乐观观点："重要的是：我们将要投入运行。"然而除了这一个正面表述外，没有任何一个其他项目工作人员愿意对项目的真实状况发表看法。当时的状况是，针对甲骨文公司的批评越来越多而俄勒冈州正准备为网站聘请第 2 个咨询公司——德勤。在经过一个月的系统培训之后，项目小组准备对系统进行多达 780 项软件测试。但事实上，最终只进行了 74 项测试。更糟糕的是该系统没有通过其中任何一项测试。即使是依然保持乐观态度的洛奇·金也意识到这个项目可能会彻底失败。

2013 年 10 月：整个系统已经开始运行并遭遇了惊人的失败。没有任何一个市民可以访问这个网站并进行注册。同时，俄勒冈州也正式起诉甲骨文公司，期望能够讨回一些赔款。

2014 年 1 月：洛奇·金因为身体原因辞去了项目负责人的身份。他从前一年的 12 月份开始就一直在请病假了，他的辞职也是这个项目进行过程中第 2 个引起大量关注的辞职事件，第 1 个是卡洛琳·罗森（Carolyn Lawson）辞去了俄勒冈州医疗部首期信息官职务。

在这个医疗网站花费了将近 2.5 亿美元之后，俄勒冈州不得不放弃这个失败的网站，进而另外支付数百万美元雇用临时工来帮助市民采用纸质申请系统进行医疗保险注册。在聘请另一个承包商检修网站和向联邦政府寻求帮助两个选项中，俄勒冈州希望由联邦政府全权接管它们的医疗系统。这个项目失败的关键原因就是关键干系人之间缺乏协作和沟通、项目承包商轻易做出承诺，低估新系统带来的风险、给超大型复杂系统项目限定完成期限、没有准确了解项目的复杂性这些也都是项目失败的原因。对于俄勒冈州医疗网站的失败我们终将忘记，但是这次项目带给我们的启示值得我们继续思考。[1]

概述

项目范围（project scope）是关于项目工作内容和期望产出的所有信息。项目范围包括所有要执行的活动、耗费的资源以及最终的产品，还包括产品的质量标准。[2] 范围包括项目的目标、约束和局限。**范围管理**（scope management）是指对项目目标和目的的概念建立、完全定义、执行和终止过程进行控制。它是项目所有工作的基础，同时也是开发前计划的终止。范围管理的过程由一些显著的活动组成，这些活动都是基于项目制订的系统计划的。

达拉斯牛仔队（Dallas Cowboys）前全明星跑卫，同时也是职业橄榄球名人堂（Pro Football Hall of Fame）会员的埃米特·史密斯（Emmitt Smith）将其成功归结于建立一系列个人目标并不断努力的结果。他很喜欢讲述他在高中时的生活以及那些日子如何对他日后的成功产生影响。当埃米特·史密斯还是佛罗里达州彭萨科拉郡埃斯堪比亚中学的一名学生时，他的橄榄球教练曾经说过一句话："只有当你把梦想写下来的时候，它才会成为目标。"

要想成功，全面地进行计划是非常重要的。除非对详细的规格进行了阐述和记录，以及制订了控制计划，否则项目只能是空谈。从一般意义上来说，项目计划是对需要做什么、谁来做以及什么时候做进行规定，以便对责任进行分配。[3] 项目必然会涉及操作的层面，也就是要进入开发阶段，但是这只能是在制订了系统的计划，即实施了范围管理之后才能实行。范围管理的6个主要活动包括：①概念开发，②范围说明，③工作授权，④范围报告，⑤系统控制，⑥项目收尾。[4] 这些步骤中的每一步都对全面计划和项目进行有着至关重要的作用（见表5-1）。

本章将详细阐述项目范围管理的关键组成部分。范围管理的目标就是通过对计划或系统进行非常完善的定义和执行，从而使效率最大化。

表 5-1 项目范围管理中的组成部分

1. 概念开发	2. 适用范围说明	3. 工作授权	4. 范围报告	5. 系统控制	6. 项目收尾
问题陈述	目标标准	合约规定	成本、进度、技术性能状态	配置控制	历史记录
需求收集	管理计划	有效审议	S 曲线	设计控制	项目后分析
信息收集	工作分解结构	签约条款	挣值	趋势监测	财务收尾
约束条件	范围基准		偏差及异常报告	文档控制	
替代分析	活动分配矩阵			获得物控制	
项目目标				规格控制	
商业探察					
工作说明					
项目章程					

5.1 概念开发

概念开发（conceptual development）是通过寻找最好的方式来实现项目目标的过程。[5] 为了准确进行项目的概念开发，项目管理团队必须收集数据并得出不同的信息。概念开发的几个关键步骤如下所示。

- **问题或需求说明**。项目的范围管理从目标的说明开始：为什么有寻找解决方案的必要？本质的问题是什么？项目打算要做的事是什么？比如，思考一个虚构的需求声明：

    2014年马里兰州卫生部门的一篇报道指出斐凡镇连续5年来婴儿死亡率、

出生婴儿体重、早产率、进入产期护理时间、未婚先孕、未成年怀孕和贫困的平均水平都是整个州里面最差的。克拉里恩县医疗卫生关注小组报道发现，这主要是由于家庭和医生之间缺乏有效沟通，因而关于分娩教育机会，可用的支持性服务，新生儿事前准备和产后忧郁症的信息并没有得到很好的收集和传播。关注小组指出斐凡镇公共图书馆是一个可以收集相关信息和指导新父母获得资源的重要场所。为了充分满足这一需求，图书馆提出了一个资助计划将图书馆与当地主要的医疗卫生提供机构以及斐凡镇纪念医院联系起来，为孕妇和产后妈妈提供服务。

- **需求收集**。需求是指项目干系人对产品（项目结果）提出的要求、需要和规格，是消费者的需求列表。一旦问题明确了（我们在哪儿），下一步就是确定（用消费者的话说就是）我们希望去哪儿。组织从潜在消费者那里收集的需求一般可以分为多种类型，包括①产品相关需求——他们希望项目有哪些特性，②质量需求——对整体项目质量的最低标准，③性能需求——他们希望项目达到标准。例如，要收集用户对一个新汽车开发项目的需求，保时捷公司可能需要对现在和之前使用过高性能汽车的用户进行访谈，收集消费者对质量、价格和性能的要求。

  需求收集阶段最应该注意的是项目小组不能公然或无意识地用自己的理解代替消费者的需求。也就是说，许多项目组织（例如信息技术产业组织）认为自己是某新软件的专家，十分了解它能够做什么和用户如何使用它。因此他们会高估自己在需求收集过程的作用，导致他们是通过自己想象中的用户需求来创建系统，但事实上开发出来的系统可能完全不能满足用户需求或者用户只需要使用系统中很有限的一些功能。为了避免出现这种情况，在第 11 章我们会详细讨论需求收集过程中"倾听用户的声音"的重要性。

- **信息收集**。接下来的一步是收集与项目相关的所有信息。只有项目经理对目前事件的状态有清晰的了解，项目才能得到有效执行，这些事件包括指定的目标日期、可以选择的供应商、高层对项目的支持度等。在这些步骤中，项目经理应该注意确保自己没有对信息搜寻进行限制。继续上面那个例子，作为我们信息收集工作的一部分，设想我们确定了马里兰州卫生部门中 5 个潜在的资金来源方，他们将会是我们资金的最佳来源。接下来，进一步的信息搜索向我们表明，这些资助是具有竞争性的，而且必须在今年年底提交申请，我们可以从当地的政治人物比如州代表和县委委员那里得到支持。所有这些信息都必须考虑到，并且要在项目计划书里有所体现。

- **约束**。作为目标说明的一部分，项目经理必须理解任何能够影响项目开发的约束。时间限制、预算缩减以及客户需求都可能成为项目开发的约束条件。继续刚才的医保资助项目，一些重要的约束条件将会影响我们按时开发这个资助项目的能力，因此我们有必要寻找一个医学专家来充当项目的主要创始人，来关注全州范围内的预算以及撤回对于类似于此社区方案的支持，同时我们还需要一个图书馆内部学识渊博的人来担任产期、产后保健信息的主要收集员。

- **可选方案分析**。问题通常存在多种解决方案。在项目管理中，可选方案分析包括对问题的准确理解以及制定相关的解决方案。这个过程有两个功能：它使团队对项目的特征有更清晰的认识，同时也为项目该如何进行提供多种选择。可选方案分析的结果可能是一个更具创新性的开发方案，它使得企业能够在启动一个项目前对所有的可选方案进行仔细审查后再进行选择。

- **项目目标**。概念开发在对输出、需求资源以及时间进行考虑的情况下，对项目的最终目标进行了清晰的总结说明，概念开发过程的所有步骤作为一个系统来工作，从而影响最后的结果。当每个步骤都很好地完成时，项目的目标也会通过这个分析过程变得更合理。在上面的医保案例中，我们的最终目标应该包括确定的预期，比如，预期会获得 10 万美元以资助信息收集工作、印刷成本以及为医疗服务提供者举办信息会议和研讨提供支持。资助方的管理部门要求研讨会要在 90 天内开始，图书馆关于这个领域的图书的收集量和订阅量要增加 25%。这样一来，这些需求就刺激了该项目从其动机到预期效果的一步步递进地发展。

- **商业探察**。**商业探察**（business case）指的是企业对是否应该进行某个项目的分析。无论企业是想要主要负责该项目还是为该项目提供资源，都需要对它的商业必要性有一个清晰的认知。例如，像谷歌这样的信息技术企业如果去进行住宅建造项目就没有什么意义，除非这个项目对谷歌的战略目标和商业活动有所帮助。项目的商业探察应该包括：①确定该项目的商业必要性；②在投入资金之前确认该项目的可行性；③考虑影响项目的内部和外部战略因素（见第 2 章讨论的项目与企业战略关系矩阵）；④评价和比较该项目与其他企业活动的成本（包括货币的和非货币的）；⑤估算企业需要在什么时刻向项目注入资金。

　　商业探察最后通常会形成一个详细的文档，包括对需要为该项目注入的资金、选择该项目的理由以及项目成本，最重要的是不做这个项目会带来的损失。例如，在马里兰州案例中，我们的商业探察结果是，由于斐凡镇严重的婴儿死亡率，我们必须立刻采取行动，否则情况会变得更加严重。一个好的商业探察会考虑项目的所有特性以帮助企业做出更好的决策。简单来说，商业探察是企业（或项目投资人）选择某一个项目最有力的支持。

概念开发从降低项目整体的复杂度开始。项目管理必须要清楚地认识问题，以便为项目做尽可能充分的准备，在这些问题说明中，要对项目目标和目的进行清晰的定义，并且能够容易为团队成员所理解。

许多项目在对要解决的问题没有清晰理解的情况下就启动了，结果导致预算超支和进度拖延，其根本原因就在于团队成员没有清晰地理解项目要达成的目标。例如，某家大型保险公司最近开展了一个信息技术项目，其"改善支付和档案记录的操作流程"这一目标就非常模糊。信息部门对它的理解就是该项目要提供一个复杂的解决方案，而这个解决方案需要多种交互界面、昂贵的客户再培训以及产生大量的报告。然而实际上，企业的目标仅仅只是需要在支付功能和最后的报告输出功能间建立合理的连接。由于对要解决的问题描述不清，致使信息部门开发了一个过于复杂而昂贵的系统。实际上，最优的解决方案首先就是要建立合理和完善的问题说明，对项目的本质、目的以及各种有形的目标进行确认。

只有充分地理解问题，才可能使项目符合预先制定的目标。问题说明的关键一环就是对混合选项的分析。过早锁定在一种解决方案中可能导致后面的失败。

同样，为了更加有效，问题说明应该尽量简洁，而且应该以清晰理解解决方案为基础，这样才能保证它的有效性。比如，一个清晰的项目目标"将计算机的处理速度提高20%"，就比"显著提高计算机的效率"这样的目标更好一些。在项目进行过程中，当不可避免的问题发生时，一组简单的目标能够为项目团队重新审查提供参考标准。反过来说，模糊和过于乐观的项目目标（如"在保证资源质量和效率的同时提高整体的盈利性"）看起来不错，却没有为问题的解决提供清晰的参考标准。

5.1.1 工作说明

工作说明促进一个项目的开始。**工作说明**（statement of work，SOW）是对完成项目所需工作的详细描述。[6] 一份有用的工作说明包括项目目标的关键信息、对要执行的工作所做的简要和一般性的描述、期望的项目结果以及所有资金和进度的约束。在后面的例子中我们会发现，要在很粗略的层次列出只包括开始和结束时间以及一些主要里程碑的进度需求是非常困难的。

一个工作说明也可以非常详细，像美国国防部在新的军队通信设备的需求建议书（RFP）中的工作说明就是这样的，"长、宽、高分别不大于15英尺、15英尺和9英尺，重量不超过12磅，发射和接收的范围至少为60英里，在全部浸入水中后的30分钟内还能使用，从至少25英尺的高度落下而无损坏"。工作说明也可以相对简单，仅仅只指定最后的性能要求，而不进行详细的描述。工作说明的目的就是为项目组织和项目经理提供工作要求和项目完成时结果类型的明确指导。

工作说明是概念开发的重要组成部分，因为它识别了企业内部的需求或来自外部资源的机会，如商业市场。有效的工作说明包括以下内容。

（1）**概述和背景**。对组织历史的简短介绍，或者是对启动一个项目的根本原因进行说明。

（2）**项目的技术描述**。用清晰的语言，对期望的项目技术能力以及项目试图要解决的技术挑战进行的分析。

（3）**时间线和里程碑**。对项目完工和关键的项目可交付成果（结果）的预期时间框架的讨论。

一个有用的工作说明应该对项目客户的期望、项目所针对和要解决的问题以及完成该项目要做的工作进行详细定义。

最近联邦地理数据委员会（Federal Geographic Data Committee）以一个独立承包商的身份为从政府或私人企业那里购买商业服务的项目建立了工作说明，它们的工作说明包括下面几部分。

（1）**背景**。笼统地介绍这个项目；为什么要进行这个项目以及它与其他项目的联系。这里面必须简要介绍法定权限或适用规定，以及附录或参考文献里背景材料的版权。

（2）**目标**。提供简明的项目概述以及项目的成果或最终产品如何使用。

（3）**范围**。包括承包商将要完成的工作范围。

（4）**任务或要求**。描述具体的工作和管理要求，准确地说明对承包商在执行工作中的期望。

（5）**选择标准**。确定承包人可接受的客观绩效标准。

（6）**交付成果或交付日期**。描述承包商应该提供的成果，明确承包人的义务，确定需要的专业知识或服务、培训以及文件。除此之外，要清楚地阐述需要的可交付成果、交付计划、交付数量以及向谁交付。最后，要说明合同的生效日期和项目的交付日期。

（7）**安全**。提出适当的安全要求，如果可以的话，说明要做的安全工作。

（8）**履行地点**。指明工作是在政府场所还是在承包人的场所执行。

（9）**履行时期**。指明项目的运行周期。

注意到上面的工作说明从抽象到具体，首先是对项目背景的准确表达，包括对实施项目原因的简短介绍，然后是对任务的识别，接下来则对这些任务的目标和完成其所需的必要方法进行详细的讨论。[7]

表 5-2 是一个更为详细的一般性工作说明的例子。该工作说明涵盖了项目提议中的关键要素，包括项目描述、可交付成果、资源需求、风险、期望成果、估计的时间和成本限制以及其他的待定事项。表 5-2 也可以作为大多数项目建立工作说明的模板。

表 5-2　全面工作说明的各项元素

提交时间	
修改编号	
项目名称	
项目识别编号	
工作说明起草人	

1. **描述和范围**
   a. 工作概述
   b. 背景
   c. 主要组成部分的描述（可交付成果）
   d. 期望收益
   e. 范围中没有涵盖的条款
   f. 项目中各部分的优先级顺序
2. **方法**
   a. 预测的主要里程碑／关键事件

日期	里程碑／事件

   b. 预计要使用到的特殊标准或方法
   c. 对现有系统或项目的影响
   d. 项目的关键假设
   e. 提供状态报告的计划
   f. 范围或工作努力的变更流程
3. **资源需求**
   a. 资源需求的详细计划／根本原因

人员	职责和理由

（续）

  b. 其他资源需求（硬件、软件、材料、资金等）
  c. 期望来自其他部门的支持
  d. 与人员计划相关的事件或可选方案
4. 风险和利害关系
  a. 环境风险
  b. 客户预期风险
  c. 竞争风险
  d. 项目开发过程中的风险（技术风险）
  e. 项目限制
  f. 整体风险评估
  g. 风险减轻或缓解的策略
5. 接受标准
  a. 详细的接受过程和标准
  b. 测试/资格认证方法
  c. 项目终止
6. 估计时间和成本
  a. 估计完成项目工作所需时间
  b. 估计完成项目工作所需成本
  c. 预期的不断变化的成本
7. 突出的问题

  工作说明非常重要，因为它是项目计划中概念开发阶段的典型总结。准备好了工作说明，项目经理就能从抽象到具体，识别应对详细工作说明的必要步骤。

5.1.2 项目章程

  在完成了全面的项目说明工作之后，许多企业会创建项目章程。项目章程是由核准了该项目的项目倡议人或赞助商来制定的，并授权项目经理可以利用企业资源来完成该项目。[8] 事实上，创建项目章程需要项目支持者们确定已经完成项目的商业探察、工作说明（由此说明项目成员完全了解项目中的所有要素），并且已经开始为该项目投入很多的企业资源。项目章程表明企业正式批准了该项目，也说明概念开发所需的所有资料都已经准备好了。有些企业会直接利用工作说明来形成项目章程，而另一些企业选择创建独立的项目章程文档。本章末的附录 5-1 就是一个项目章程案例。

☐ **项目导读 5-2**

工作说明：当时与现在

  现代武器系统相对于过去有更多的规格说明和更详细的工作说明。我们来比较 1908 年陆军通信部队对莱特兄弟的飞行器所做的工作说明和 2001 年美国空军对联合攻击作战机所做的工作说明。可以看到 1908 年的工作说明只用了一页就介绍了如何拆卸飞行器进行运输、如何在 1 个小时内对飞机部件进行组装和其他的合同条款。而 2001 年空军联合攻击作战机的工作说明则长达 100 页，有超过 300 个说明项。现今的工作说明更加复杂，需要详细列出大量的注意事项，这可能是因为现今的产品更加复杂、装备和使用材料更加专业，法律条款也需要更多的说明。[9]

5.2 范围说明

范围说明（scope statement）是范围管理的核心，体现了项目团队在开发阶段之前对所有重要项目参数的文档和方法所做的最大努力。[10] 范围说明的主要步骤包括以下几个。

- **建立项目目标标准**。目标标准包括成本、进度、效率和可交付成果，以及重要项目干系人（尤其是客户）审查和批准的关键标准。**可交付成果**（deliverables）通常被定义为"完成这个项目或项目部分必须要产出的可测量、可见以及可检验的成果、后果或条款"。目标标准是项目团队需要花费更多精力来满足的项目限制和目标。
- **为项目建立管理计划**。管理计划包括项目团队的组织结构、团队成员操作中需要遵循的流程和规定、成员工作的描述以及对团队每个成员来说容易理解的报告结构。为保证所有团队成员了解其职责和同行关系，项目建立了控制系统的行政步骤，管理计划则是这些行政步骤中的关键。
- **建立工作分解结构**。作为必不可少的计划制订方法之一，**工作分解结构**（work breakdown structure，WBS）将项目分解成多个子步骤，从而建立起活动之间的关系。一个项目只有通过了工作分解结构阶段，才可能确定大量活动之间的相互关系（如哪些步骤应该先完成，哪些步骤与之前的任务彼此独立等）。只有准确和全面进行工作结构分解，才能进行精确的进度计划制订。
- **建立范围基准计划**。范围基准计划（scope baseline）是一份对项目目标各个组成部分进行概括描述的文档，包括每个活动的基本预算和进度信息。范围基准计划的制订是系统输出所有工作预先信息的最后一步，识别项目的每个工作部分而后指定其成本或进度的控制参数。

5.2.1 工作分解结构

对于第一次完成项目的团队来说，任务是比较艰巨的，项目团队应该如何开始？首先努力的方向是什么？解决这些问题的最好办法之一就是将项目看作一组独立的步骤或活动的集合，这些步骤或活动的集合加起来就是总的可交付成果。实际上，项目就是一步接着一步、一个活动接着一个活动完成的，没有特殊的捷径可走。

PMBoK 将工作分解结构定义为"针对可交付成果对项目要素的分组，它归纳和定义了整个项目范围，每下降一层代表对项目工作做更详细的定义，这些工作可能是产品或者服务"。重新定义一下的话，工作分解结构其实是对项目范围进行设定的过程，它将项目的总体任务分解成为一组同步并越来越明确的任务。[11] 该过程的最后结果是一份反映该工作且容易理解的文档。

工作分解结构展示了构成整个项目的各个部分，它将项目分解为很小的部分，而每一部分都代表了完成整个项目计划的必要步骤。在项目的开始就对项目成功所需要的要素和任务进行识别是相当困难的，但实际上，这种在任务层面上对活动进行分解能够加强整个项目计划。

考虑最简单的例子，一个学生团队要准备大学短期培训班的期末论文并做最后的陈述。那么第一步就是将最终目标分解成一系列任务，并将这些任务分配给团队成员。当项目被描述成一组明确的产品——最后的论文和陈述，则项目更容易管理，因为它被降低到一系列更简化的层次上，如：

任务1：确定主题。
任务2：分配图书馆查阅资料的任务。
任务3：为论文和演讲建立最初的提纲。
任务4：指派团队成员集中陈述内容。
任务5：起草论文。
任务6：校对和修改草稿。
任务7：确定课堂的陈述内容。
任务8：完成论文并进行当堂陈述。

在定义项目步骤的过程中，工作分解结构可以被定义得更加具体和细致，上面的例子让我们看到如何将整个项目分解为一系列行动步骤。在接下来的章节中可以看到，这些行动步骤还要被重新评价，以估算完成它们所需要的时间。

图5-1形象地展示了这样一个过程。图中不仅给出了开始的日期和最后的目标，同时还给出了这个中间过程的一系列检查点。这些检查点通常针对的是项目中预示着活动开始或结束的特定步骤。工作分解结构同时体现了项目的局部和整体，这样就能对构成完整项目的多个层次有一个全面的认识。

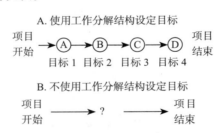

图5-1 有工作分解结构和无工作分解结构的目标设定

5.2.2 工作分解结构的作用

工作分解结构有6个主要作用。[12]

（1）**反映项目目标**。给定项目任务后，工作分解结构能识别实现目标所需要进行的主要工作。工作分解结构中涉及的就是项目中需要完成的。

（2）**项目的组织结构图**。企业的组织结构图一般用来理解企业的结构（如汇报关系、沟通流程、部门责任人等）。工作分解结构也为项目提供了同样的逻辑结构，列出了需要关注的关键因素、各种子任务以及活动与活动之间的逻辑关系。

（3）**为项目中每个部分的成本、进度以及绩效情况建立了标准**。工作分解结构中所有的项目活动都能被指定相应的预算和绩效标准，这也是建立容易理解的项目控制方法的第一步。

（4）**可以用来提供项目状态的信息**。一旦确定了要完成的任务以及每项任务的责任分配，就可以确定哪些任务是在进行中、哪些任务是关键但仍处于待定状态以及谁为这些任务的状态负责。

（5）**可以用来改善整个项目的信息交流**。工作分解结构不仅说明了如何将项目分解为小的组成部分，同时也显示了这些小的组成部分是如何互相配合来形成一个整体规划方案的。正因为如此，团队成员开始更关注他们的工作是否与整个项目相符、谁将负责他们上游的工作以及这些工作将会如何影响后面的工作。在团队成员希望活动能够顺利交接的情况下，工作分解结构促进了团队内部的沟通。

（6）**说明了项目将会被如何控制**。项目的一般结构显示了项目控制应该关注的因素。例如，项目的目的是要生产一个可交付成果（新产品），还是要改进组织内部某个过程或服务（提高效率）？无论是哪种情况，工作分解结构为项目的控制方法提供了很好的参考。

继续用一个简单的例子来对工作分解结构进行分析。假设一家大规模的本地医院决定要引进一种用于组织内部的信息系统技术，用于支付、核算、病历管理、个人查询以及医护过程控制。启动该大型安装项目的第一步就是识别引进该技术的重要因素。下面列出的是在安装新信息系统项目中所识别出可交付成果的关键步骤（如图 5-2 所示。）

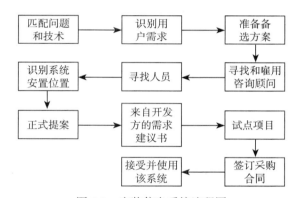

图 5-2　安装信息系统流程图

（1）将信息技术与企业的任务和问题相匹配。
（2）识别信息技术使用者的需求。
（3）就信息技术的价值向高级管理层（或其他决策制定者）提交一份非正式的提案。
（4）寻找并雇用一名专业顾问。
（5）寻找该信息技术的员工和部门。
（6）确定在组织内部最适合安装该信息技术硬件的位置。
（7）为引进该信息技术准备一份正式的提案。
（8）理解来自信息技术开发方的需求建议书。
（9）进行小规模的试点项目（或者是一系列使用不同信息技术的试点项目）。
（10）进入正式合同阶段。
（11）安装并使用该信息系统。

简单起见，上面列出的仅仅只是完成该项目的第一层中涉及的任务，但上面的 11 个步骤以及图 5-2 的流程图都会有支持该步骤的相应子任务。如第二步，识别信息技术使用者的需求，就有 3 个子任务。

（1）访谈潜在的使用者。

（2）列出建立该系统的好处。
（3）使用户主动参与系统的提议。

图 5-3 展示了工作分解结构的一部分，虽然只显示了部分的任务和子任务，但是其中的逻辑关系是相似的。

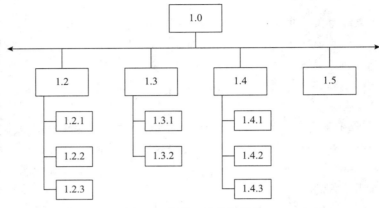

图 5-3　部分工作分解结构

接下来我们将加入更多的信息来使这个工作分解结构更加具体。图 5-4 是一个更为完整的工作分解结构，这里展示了如何将项目分解为子模块的逻辑。图 5-4 中的第 1.0 层代表整个项目。在这一层的下一层（如 1.2、1.3 等）则是支持项目完成的主要可交付成果。再接下来的一层就是支持项目可交付成果的"工作包"。

分解	描述	工作分解结构	代号
信息系统安装项目			1.0
可交付成果 1	将信息技术与企业的任务和问题相匹配		1.1
工作包 1	进行问题分析	1.1.1	
工作包 2	建立信息系统技术的信息	1.1.2	
可交付成果 2	识别用户需求		1.2
工作包 1	与潜在的使用者进行访谈	1.2.1	
工作包 2	列出建立该系统的好处	1.2.2	
工作包 3	使用户主动参与系统的提议	1.2.3	
可交付成果 3	提交正式提案		1.3
工作包 1	建立成本/利润信息	1.3.1	
工作包 2	获得高层领导支持	1.3.2	
可交付成果 4	寻找并雇用一名专业顾问		1.4
工作包 1	委派寻找项目开发商的成员	1.4.1	
工作包 2	建立选择标准	1.4.2	
工作包 3	面试并选择顾问	1.4.3	
可交付成果 5	寻找该信息技术的员工和部门		1.5
可交付成果 6	确定在组织内部最适合安装该信息技术硬件的位置		1.6
工作包 1	与实际生产工程师进行商讨	1.6.1	

图 5-4　项目工作分解结构举例

工作包 2	识别可选的位置	1.6.2
工作包 3	获得安全许可	1.6.3
可交付成果 7	**为引导该信息技术准备一份正式的提案**	**1.7**
可交付成果 8	**获得开发方的需求建议书**	**1.8**
工作包 1	建立决策标准	1.8.1
工作包 2	联系合适的开发方	1.8.2
工作包 3	选出中标者同时通知未中标者	1.8.3
可交付成果 9	**进行小规模的试点项目（或者是一系列试点项目）**	**1.9**
可交付成果 10	**进入正式合同阶段**	**1.10**
可交付成果 11	**接受并使用该信息系统**	**1.11**
工作包 1	进行雇员培训	1.11.1
工作包 2	为技术问题建立监控系统	1.11.2

图 5-4 （续）

工作包（work packages）被定义为相互隔离并可以分配给"工作中心"来执行的工作分解结构中的组成部分。[13] 在物理学中，原子是物质最小的不可再分的微粒，同样对工作分解结构来说，工作包就可以看作它最小不可再分的组成部分。也就是说，工作包是工作分解结构的最底层，它由一些短期任务组成，这些任务已经规定好开始时间和结束时间、分配好成本，并且需要耗费一定的资源。例如，在图中 1.2 层识别信息技术使用者需求（一项可交付成果）中，需要 3 个活动来支持：①访谈潜在的使用者，②列出建立该系统的好处，③使用户主动参与系统的提议。最底层（如 1.2.1，1.2.2 等）是完成可交付成果的必要工作包。

由于"工作包"和"任务"都与项目和工作分解结构的建立有关，因而两者常常被混淆，实际上，对许多组织来说，这两者之间的区别非常小，因此常会被项目管理组织替代使用。由于术语指代的本质是一样的，因此对组织的不同部门来说，不管是技术资源还是管理资源，它们的意思是一样的。

总之，对于一般的项目，工作分解结构的层级分解逻辑应遵循下面的形式。

层级	工作分解结构内容	描述
第 1 层（最高层）	项目	当前开发的整个项目
第 2 层	可交付成果	主要的项目组成部分
第 3 层	子可交付成果	支持可交付成果的部分
第 4 层（最底层）	工作包	独立的项目活动

图 5-4 提供了一个项目活动分解的例子，图中详细列出了可交付成果层和工作包层的活动，同时对每项活动进行了简短的描述，最后，该工作分解结构还包括了每项活动的编号。企业的结算体系为每项活动都分配了**工作分解结构代号**（WBS codes），这样就可以更精确地分配资源，跟踪活动现在是超出预算还是在预算之内，以及对整个过程进行财务控制。

有时有必要对子可交付成果以及支持该成果的工作包进行区分。可交付成果一般被认为是两个或多个工作包的产出，但是，和工作包不同，子可交付成果没有自己的工作历时，不消耗资源，也没有直接可耗费的成本。所有属于子可交付成果的资源或成本都是其工作包资源和成本的简单加总。

大多数组织都要求每项可交付成果（并且通常包括与其相关的任务或工作包）都要附有相应的描述性文档，该文档用来支持项目的目标，并且也是进行项目批准和制订资源使用计划的基础。图 5-5 是关于图 5-4 中工作包 1.4.1 的一份任务描述文档，该任务是"委派寻找项目开发商的成员"。当这样的支持性文档是作为项目进行过程中的一种控制手段时，它就不会被提前准备好，而一旦项目结束就不会再使用，换句话说，这是一个动态的文档。该文档同时具体指定了项目进行过程中的审查会议，任务描述文档应当完成并归档，同时要经常进行重审，以确保所有的相关信息都是有效的。

项目任务描述格式				
任务识别				
项目名称：安装信息系统　　项目编号：IS02　　项目经理：威廉姆斯				
工作包名称：委派寻找项目开发商的成员				
工作包编号：1.4.1　　　　工作包负责人：苏珊·威尔森				
可交付成果：指派进行 IT 开发的人员				
修改次数：3　　　　日期 10/22/12　　　　前次修改：2（已存档）				
资源需求				
劳动力		其他资源		
类型	工作天数	类型	数量	成本（美元）
系统管理员	5	软件 A	1	15 000
高级程序师	3	设备	N/A	
硬件技术员	2	装置	1	500
采购管理员	3	其他	N/A	
系统工程师	5			
所需先决条件：可交付成果 1.1、1.2 和 1.3（已存档）				
接受测试：不需要				
任务完成所需天数：5				
可能的风险事件。可能给任务成功完成带来损害的事件：＿＿＿＿				
在建立项目进度计划后完成				
任务最早开始时间：1/15/13　　　　任务最早完成时间：2/15/13				
召开会议对里程碑进行审核				
里程碑名称	可交付成果	会议日期		参与者
识别系统用户需求	系统工作需求	8/31/12		威尔森，博伊德，肖
＿＿＿＿＿	＿＿＿＿＿	＿＿＿＿＿		＿＿＿＿＿
任务设计批准				
任务负责人：苏珊·威尔森　　　签名：＿＿＿＿　　　日期：＿＿＿				
客户联系人：斯图·巴纳斯　　　签名：＿＿＿＿　　　日期：＿＿＿				
项目经理：鲍勃·威廉姆斯　　　签名：＿＿＿＿　　　日期：＿＿＿				

图 5-5　项目任务描述

MS Project 软件可以为项目建立工作分解结构。在输入项目任务的同时，通过菜单栏中项目下的工作分解结构选项，可以为每项任务分配编号。图 5-6 显示的是用 MS Project 软件建立的医院 IT 项目工作分解结构的一部分，使用工作分解结构选项，可以将"项目层""可交付成果层"以及"工作包层"区别开来。

		Task Mode	Task Name	
1			1. IT Installation	
2			1.1 Match IT to org. tasks	
3			1.1.1 Conduct problem analysis	
4			1.1.2 Identify info on IT technology	
5			1.2 Identify IT user needs	
6			1.2.1 Interview potential users	
7			1.2.2 Develop presentation of IT benefits	
8			1.2.3 Gain user "buy-in" to the system	
9			1.3 Prepare Informal Proposal	
10			1.3.1 Develop cost/benefit info	
11			1.3.2 Gain top management support	

图 5-6　使用 MS Project 2013 软件建立工作分解结构

资料来源：MS Project 2013 by Microsoft Corporation.

5.2.3　组织分解结构

建立工作分解结构过程的另一个好处就是：各项工作能够在各自**成本控制账户**（cost control accounts）内执行，成本控制账户分别分配给组织中用于完成公司内部项目活动的各工作单元。该过程的一个输出就是**组织分解结构**（organization breakdown structure，OBS）。简而言之，组织分解结构就是企业定义要完成的工作以及负责各工作包的部门。[14] 这些活动的预算就直接划拨到负责该活动的部门账户中。

例如，假设某个 IT 项目需要来自 3 个部门的资源支持——IT 部门、采购部门以及人力资源部门。现在需要制定一定的标准，用来衡量这个工作包及其成本是否都被正确地配置给了相应负责的个人和部门，这样就能确保项目成本控制的精确性和实时更新。图 5-7 是

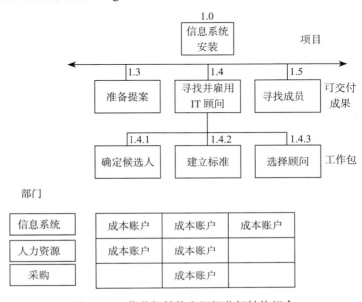

图 5-7　工作分解结构和组织分解结构组合

某个信息系统安装项目的工作分解结构和组织分解结构的一部分。图中每一行表明该项目涉及的一个部门，而每一纵列表示其中一可交付成果下的工作包。注意到只有部分方框中有内容，这说明对于一些工作包来说，需要涉及多个部门，每个部门都有自己的成本核算，而对于另外一些工作包，就只有一个负责的部门。

如图 5-8 所示，使用组织分解结构的好处在于它一开始就很好地将项目活动及其预算联系起来，不论是在部门层还是更直接在个人的层次上。在这个案例中，每个工作包的直接成本指定到了具体的个人。图 5-9 则将具体的成本分配到了组织分解结构中。

工作分解结构代号	预算（美元）	责任人
1.0	700 000	鲍勃·威廉姆斯，信息系统部门经理
1.1	5 000	沙龙·托马斯
1.1.1	2 500	沙龙·托马斯
1.1.2	2 500	戴夫·巴尔
1.2	2 750	大卫·拉库彻
1.2.1	1 000	大卫·拉库彻
1.2.2	1 000	肯特·萨菲
1.2.3	750	肯·格雷特
1.3	2 000	詹姆斯·蒙哥马利
1.3.1	2 000	詹姆斯·蒙哥马利
1.3.2	0	鲍勃·威廉姆斯
1.4	2 500	苏珊·威尔森
1.4.1	0	苏珊·威尔森
1.4.2	1 500	苏珊·威尔森
1.4.3	1 000	辛茜娅·希伯度
1.5	0	拉尔夫·斯宾思
1.6	1 500	特里·卡普兰
1.6.1	0	肯德拉·艾约特
1.6.2	750	特里·卡普兰
1.6.3	750	肯德拉·艾约特
1.7	2 000	鲍勃·威廉姆斯
1.8	250	贝丝·德佩
1.8.1	0	肯特·萨菲
1.8.2	250	詹姆斯·蒙哥马利
1.8.3	0	鲍勃·威廉姆斯
1.9	30 000	黛比·莫夫
1.10	600 000	鲍勃·威廉姆斯
1.11	54 000	大卫·拉库彻
1.11.1	30 000	大卫·拉库彻
1.11.2	24 000	肯德拉·艾约特

图 5-8 成本和人员分配

范围说明需要事先在准确合理的估算基础上制订进度和预算计划，而项目经理只有制定了全面的工作分解结构和项目目标说明，这种估算才可能得到适当的执行。很少有情况比建立一个草率而不完整的工作分解结构更容易导致项目失败的了，如果在建立工作分解结构阶段，某些步骤被遗漏、忽视或低估，那么在制订进度计划阶段也会对它们预算估计不足，最后必然导致项目进度拖延、预算快速膨胀以及开发阶段混乱。如果项目经理在范围说明上投入了足够的时间来保证没有遗漏的因素，那么大部分的问题都可以避免。

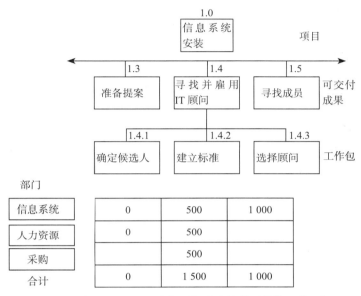

图 5-9　使用组织分解结构进行成本核算（单位：美元）

5.2.4　责任分配矩阵

在项目进行过程中，**责任分配矩阵**（responsibility assignment matrix，RAM）被用来确定各项任务的负责人（有时候责任分配矩阵也指线性责任图）。尽管责任分配矩阵被认为是一个独立的文档，但是它经常与建立工作分解结构一起进行。图 5-10 是本章所举的项目实例的活动责任矩阵，注意到该矩阵不仅列出了团队中对每项活动负责的成员，同时还包括了在不同阶段对活动给予支持的其他重要成员。责任分配矩阵不仅确定了每个人可向谁寻求任务支持，而且确定了每个阶段被告知任务完成状态和结束要求的人员。这个工具使得团队成员的分工更为明确，同时也避免了由于团队成员只完成自己的任务而不向其他人提供信息而可能带来的危害。

□ 项目导读 5-3

定义项目工作包

在定义项目工作包时有 7 点要注意。[15]

（1）工作包的典型形式就是工作分解结构的最底层。虽然有些项目会使用如子任务这样的词汇，但是大多数情况下认为工作包层的活动是工作分解结构中最基础的组成部分。

可交付成果	项目领导人员任务和代号	鲍勃,信息技术部门	大卫,信息技术部门	苏珊,人力资源部门	贝丝,采购部门	詹姆斯,工程部门	特里,法律部门
匹配IT技术和组织任务-1.1	问题分析-1.1.1	○	■			☆	□
	建立信息系统技术的信息-1.1.2	☆	○	■			
识别信息技术的用户需求-1.2	访谈潜在的使用者-1.2.1	□		○	☆		
	列出建立该系统的好处-1.2.2	○	☆			■	
	获得用户对提议系统的主动参与-1.2.3			☆	■	○	
提交提案-1.3	建立成本/利润信息-1.3.1	□			○		☆

○负责　　☆支持　　■通知　　□批准

图5-10　责任分配矩阵

（2）工作包的产出要有可交付成果。每个工作包可以有自己的产出，工作包之间不能互相代替和修改，所有的工作包组合起来就是完成项目所需要的全部工作。

（3）一个工作包只有一个负责人，因此就需要指定项目团队成员中谁对工作包的完成承担最大的责任。尽管其他成员可以在需要的时候提供支持，但是只有一个人直接对工作包负责。

（4）工作包应该被当作一个小项目来对待。所有工作包的历时和预算有限，同时还能产生具体的可交付成果，因而可以被看作小型项目。

（5）工作包可能包括有多个里程碑。**里程碑**（milestone）被定义为项目中的显著事件。基于规模和复杂程度，项目工作包可能包括有几个显著的检查点，或者是影响项目进程的里程碑。

（6）工作包应符合组织的流程和文化。支持项目的任务应该与组织的整个文化保持一致，这样，任务的执行才不会导致项目成员偏离企业的政策（显性或隐性），也就是说，活动的指派必须符合道德标准，同时也要与组织可接受的行为及流程一致。

（7）工作包的大小最好用工时、日历时间、成本、报告期以及风险来表述。所有的工作包都应该是可跟踪的，也就是说它们应该被结构化，以便于项目经理对项目进展进行监控。项目进度通常是一个可测度的概念，用成本或时间等标准来描述。

在建立责任分配矩阵的过程中，项目经理应该考虑项目团队内部以及项目团队与组织内其他人员的关系。在组织的内部和外部，部门领导和外部职能经理都会对项目成员的工作完成产生影响。因此，一份详细的责任分配矩阵能够帮助项目经理就资源与职能经理进行协商，尤其是当项目团队成员来自各个不同部门的时候，责任分配矩阵的作用就更为重要。

项目经理通过使用责任分配矩阵可以最大化地提高项目小组成员的效率。在创建责任分配矩阵文件上，项目经理有着天然的优势，他们了解小组成员的优势和弱势、工作责任和工作时间。许多企业都花费大量的金钱开发或使用现有软件来管理项目活动，却没有多少时间来监测小组成员之间的交互行为。而责任分配矩阵可以帮助项目经理协调小组成员的工作，使得所有的小组成员相互为其他成员的项目职责提供支持、说明和核准以实现高效率。

5.3 工作授权

范围管理阶段自然遵循两个步骤。**工作授权**（work authorization）是指范围已经定义好，计划文档、管理计划以及其他合同文档都已经准备好且通过批准后，使项目正式开始的步骤。工作授权包括对所有项目计划的核准，包括对项目可交付成果的细节定义。在一些为外部客户进行的项目中，工作授权主要针对的是合同义务，而在内部项目中，则是指通过将预算和资源需求与组织的正式成本核算系统联系起来而建立的检查跟踪系统。虽然项目组织和客户之间的合同义务有很多，但是大多数合同文档都有以下几个共同的关键特征。[16]

- **合同要求**。所有的项目都需要对它们将满足的具体功能以及性能标准做出保证。当然，由此也产生了一些问题，如什么才是合同双方都认可的"具体绩效"，双方是否都对绩效的含义有了明确而清晰的认识。
- **有效性考虑**。哪些条款的承诺只是出于与另一方的互惠？工作授权合同是否对双方达成共识的义务进行了清晰的描述。
- **合同条款**。包括对可以容忍的延期、超支以及未取得预期利润赔偿的说明，谁要对缺陷的修复负责和解决争议必不可少的步骤。合同条款通常具有明确的法律效力，用以促进合同双方的有效沟通。

有许多合同样式能够系统化项目组织和客户之间的关系。虽然对于合同细节以及法律支持的探讨已经超出了本章的范围，但是在范围管理中，有很多标准合同格式值得探讨。从项目组织的角度来说，较为通用的合同类型包括**固定总价合同**或**总承包合同**（turnkey contracts），也即项目组织对项目的成功承担所有责任，以及**成本加成合同**（cost-plus contracts），此类合同对企业的利润进行了提前规定。我们先讨论第2种合同。

有时候，在某些项目中很难提前确定项目的可能成本。例如，人类登月计划、在英吉利海峡下面新开一条隧道或者是建立战略防御提案，这些项目都有着巨大的技术挑战，因此要估计这些项目的成本就变得相当困难。那么在这些项目中，项目企业普遍来说都会选择成本加成合同，使自己的利润有一定的保障，而无须考虑在项目进行过程中可能发生的成本超支。成本加成合同也有可能被滥用，事实上，已经有很多明显超支的政府合同的例子，都是由于滥用成本加成合同而产生的对合同的失察所导致。但是，假设合同双方对达成的共识有很好的理解，也就是项目组织的表现如预期一样，并且有对项目账目的最终审计，那么在企业承担具有潜在不确定性的高技术项目时，成本加成合同能减少企业可能遇到的项目风险。

另外一种合同是固定总价合同（有时也指总承包合同），在这种合同中承包方要在最初协商好的价格下完成所有的工作。当项目的所有因素都能被双方很好理解（如住宅建筑项目），以及随之的项目成本也能在某种程度上得到精确估计的前提下，固定总价合同能对工作进行很好的规定。在固定总价合同中，最初的成本估算非常关键，如果最初的估算过低，而承包方遇到了无法预见的问题，那么项目的利润就可能减少或者消失。固定总价合同对于顾客的好处在于被选的项目承包方能够承担项目中的大部分风险。从另一方面说，由于成本估算非常重要，因此在固定总价合同中初始估算的成本通常会相当高，这就需要承包方和客户之间不断协商和重新定价。

工作授权的关键在于它是以项目开发过程中规定项目的性质作为基础的。管理者必须草拟出合同，该合同要对双方都认可的工作、项目进展过程的性质、解决争执的步骤以及衡量项目是否成功完成的标准进行规定。当需要与包括供应商和客户在内的外部干系人打交道时，这一点尤其重要。准确表达的工作授权术语能为项目接下来的发展提供重要的支持。另一方面，模棱两可的术语表达或者不正确的里程碑设置可能引起完全相反的结果：分歧、谈判以及可能的法律纠纷，都会使得项目进展缓慢或者是为后期的项目完成增加巨大的额外成本。

5.4 范围报告

项目开始时，项目团队和关键客户就应该确定他们对项目信息更新的需求：需要多少信息？每隔多长时间提供一次信息？需要提前确定定期报告的信息的类型、向谁报告该信息以及如何获得和传播这些信息，**范围报告**（scope reporting）可以满足这一需求。

什么类型的信息是可获得的以及什么信息是适合报告的？很明显，答案是有很多种不同的项目报告类型。尽管这些观点在接下来的章节中会有更详细的介绍，但是包括在项目报告中最通用的项目信息大致是以下几种。[17]

- 成本状态：对预算效率的更新。
  - S 曲线：与项目进度比较的对成本（包括工时和其他成本）的图形表示。
  - 挣值：同时考虑时间和成本（已完成工作的预算值不考虑实际发生成本）的项目状态报告。
  - 偏差或异常报告：文档化与计划标准相比在时间、绩效或者成本上的变动。
- 进度状态：对进度信息的更新。
- 技术效率状态：对技术问题和解决方案信息的更新。

项目中所有参与者之间的持续沟通是有效的范围报告中最重要的方面，以避免项目信息限于向少数人报告的情况。很多项目团队经常使用"不需要知道"的借口，对项目状态信息保密，即使在项目已经陷入了困境（见"项目管理研究精要"）时。项目经理需要考虑谁会从这些经常性的项目信息中获益，从而制定合适的报告结构。在常规项目状态报告中会包括以下一些干系人。

- 项目团队成员。
- 项目客户。
- 高层管理者。
- 组织内部受到项目影响的其他团队。
- 与项目开发有关的外部干系人，如供应商和承包商。

所有这些团体都与项目的进行有着利害关系或者会受到实施过程的影响。在短期内，有限的信息可能看起来会有效率或节约时间，但是从长期来看，它可能会导致误会、谣言，甚至是组织内对项目的抵制。

■ **项目管理研究精要 5-1**

信息技术项目的"死亡之旅"

每年，全世界有数以亿计的美元花在了 IT 项目上。考虑到 IT 产品的重要性，以及软硬件的更新换代，这个领域如此火热也就不足为奇了。在这种环境下，我们很自然地就会认为，由于 IT 项目在企业和日常生活中的重要性，这些关键的 IT 项目都得到了很好的实施，然而真的是这样吗？不幸的是，答案明显是"不是"。实际上，正如许多调查表明，IT 项目的交付记录是很糟糕的。究竟有多糟呢？IT 项目平均完工日期延迟了 6～12 个月，而且预算平均超出 50%～100%。当然，对于不同规模的项目来说，这些数据可能会不同，但是这些结果都表明 IT 项目导致了企业财力的浪费、巨大的延迟以及为项目赶工所牺牲掉的节假日。

我们这里讨论的是"死亡之旅"的项目。"死亡之旅"项目是一种典型的没有把握好公司的需求和项目的期望，最后只能期待奇迹出现的项目。"死亡之旅"使我们想到这样一个画面：团队成员们一步一步地在疲倦中挣扎，没有止境，也看不到成功的希望。一般将"死亡之旅"项目定义为"各项指标都会超标 50%"的项目。在实践中，这就会意味着：

- 项目计划时间至少会被压缩至理性评估过程所得时间的一半。（比如：计划表明项目完成需要 1 年的时间，但是高层管理者会将计划缩减至 6 个月。）
- 项目团队人员会被缩减至同等规模项目所需人员的一半。（比如：一个项目经理需要分配 10 个人力，但是高管们仅仅提供 5 个。）
- 项目预算以及其他必要的资源也会减半。（比如：公司裁员和一些其他成本削减导致的结果就是，公司被期望用更少的报酬来换取员工更多的劳动，但是通过这种竞争型的投标方式来赢得合同是很危险的，因为以这种折价赢得合同的公司将无法通过雇用足够的员工来完成这个项目。）

只要上述起始条件中出现任何一个，项目就必败无疑。"死亡之旅"项目如此盛行，使得我们不得不思考一个问题：为什么"死亡之旅"项目如此常见，又为什么会一直继续出现？根据调查，有以下几个原因。

（1）政治因素。"死亡之旅"项目可能是两个野心勃勃的高管相互争斗的结果，也可能是某些管理者用故意失败来复仇的方式。在这些情况下，项目经理就会陷入危险的境地。

（2）销售主管或者缺乏经验的项目经理人做出的天真承诺。项目经理人缺乏经验就会导致他做出很多承诺，包括那些他们不可能完成的事情。为了给上级留下深刻印象，一个新的项目经理的承诺可能会超过他所能交付的成果。关注销售并致力于提高销售额的营销经理可能会认为："如果协议达成，承诺夸张一点也没有关系啊。"

（3）新人的盲目乐观。一个野心勃勃而且自大的技术高手可能会做出夸大的承诺，从而使项目超出了团队的能力范围。乐观且谨慎的规划是必不可少的。

（4）新兴创业公司的创业心态。创业公司充满活力、激情，并且有积极和勇往直前的态度。但是当这些心态转变为具体的项目时，就会出现问题。用这些创业的方法来管理项目时就会忽略关键性的计划和一些细节性的事前准备，而一个经验丰富的管理者是绝对不会忽略这些因素的。

（5）"海军陆战队"心态，真正的程序员是不需要睡觉的。这种心态强调用虚张声势来代替理性评估。超级乐观的计划或预算并不是偶然，这是好胜心的一种刻意表现：如果解决不了这个问题，也就不用待在这里了。

（6）全球化导致竞争加剧。对于第一次经历项目管理的公司，新兴竞争者以及国际竞争者的出现往往会使他们如梦惊醒。面对这种情况，许多公司就会采取激进的方式来应对技术的快速发展和其他公司的"追赶"行为，结果就是导致了许多的"死亡之旅"项目。

（7）新技术的出现导致竞争加剧。新技术的发展同时带来了新的机会，一些公司迫不及待地投入新技术的浪潮中，却没有事先了解自身的能力以及对于大型项目的可延展性和自身的局限。结果就是它会无休止地利用一切"机会"，却没有完全了解自身以及它们对于新技术的学习曲线。

（8）意想不到的政府法规导致的压力加剧。当高管们没有预期到新法规和指令的出现，或者更糟糕的是高管们意识到新法规要来临，但是在项目截止日期确定前却不采取任何行动来遵守它们，这时政府法规导致的"死亡之旅"项目就会出现。比如，新污染法和碳能源控制法将会导致截止日期迫在眉睫，因为不到最后一刻，公司是不会采取任何行动来进行自我规范的。

（9）意想不到的和计划外的危机。大部分危机都可以被预料到并做出充分的事前计划。比如在项目的发展过程中关键项目团队人员的流失以及关键供应商的破产都是能够严重影响项目交付的危机的例子。当然，某些危机很明显不能够预测，但是一般能对项目中的所有工作造成破坏的危机都可以预见一些的。这些破坏性危机常常导致更多的"死亡之旅"项目。

"死亡之旅"项目不仅仅出现在 IT 产业中。实际上，从前面列出的导致"死亡之旅"项目的原因中，我们可以从不同行业的众多项目中看到相似的影响。最终的结果通常都是相同的：大量的精力被浪费在从最开始就注定失败的项目中，而这些项目的条件原本是他们预期会达到的。为了避免未来出现这种"死亡之旅"项目，我们需要在最开始就考虑结果，并扪心自问，这些目标和条件（预算、人员分配、工期安排）是否有助于项目成功，还是我们仅仅在播种无法避免的灾难的种子？[18]

5.5 控制系统

如果要问一个项目在 1 年后会变成什么样，那么它的回答很可能是：一天一个样。如果不给予项目进程足够密切的关注，任何事情都可能发生（而且通常都会发生）。项目控制是范围管理中的一个关键因素。**控制系统**（control system）对于保证项目基准计划的任何变动都能以系统而精确的方式进行是至关重要的。项目经理能使用一系列不同类型的项目控制系统来跟踪项目的状态，包括以下几个。[19]

- **配置控制包括对项目范围相对基准计划变动的监控**。项目是否还遵循初始的目标，或者初始的目标是否已经随着项目状态或环境的变化而发生了改变？
- **设计控制与监控设计阶段项目的范围、进度以及成本系统有关**。克莱斯勒公司建立了平台设计团队（Platform Design Teams，PDTs），它由来自不同职能部门的成员组成，用来确保新的汽车设计方案能够迅速得到来自设计、生产以及营销专家的评估。事实也证明，这种即时的反馈避免了在方案设计好后由于生产部门认为无法制造而耽误的时间。
- **趋势监控**是跟踪估算的成本、进度以及所需资源并与计划值相比的过程。趋势监控显示出正在进行中的项目与其他重要的项目标准间的明显偏差。
- **文档控制**确保重要的文档能有序并及时地准备和传播。文档控制是保证所有合同或法律的信息能被文档化并分发。例如，文档控制应该保证建筑委员会对某个新建筑项目的审查报告能被发送至相关的监察小组。
- **获得物控制**用来对获得设备、物料或服务等项目开发和实施所必需的物资系统进行监控。
- **规格控制**保证项目规格的准备，并将其清晰传达给相关的组织，同时这些规格只有在得到许可后才能被修改。

对项目经理和成员最重要的忠告是：在项目一开始就建立和保持合理程度的控制（包括清晰的职权层级）。合理程度的控制在这里意味着要避免过度的发展和控制。处理过多的控制系统报告会削弱项目经理管理日常活动的能力，因为这些大部分都是文书工作。从另一方面来看，也不能认为控制系统只是浪费时间而低估它的作用。了解如何恰当地使用项目控制系统以及使用这些系统的频率，可以消除在处理项目延期或成本超支问题时的猜测。比如，最近一个大型办公室建筑项目将其项目团队成员和与建筑设计有关的承包商聚集起来，该团队成员由架构设计小组、暖气、通风以及空调设备（HVAC）承包商、电路及管道架设承包商、混凝土和钢筋供应商以及施工管理者组成。在项目最初的会议中，该建筑项目小组就对清晰的项目范围以及一种合理的控制和报告程序达成了共识，该程序包含了趋势监控、配置管理和规格管理等在项目审查周期中的关键因素。由于与一些独立承包商已经有长期合作的经历，彼此间建立了信任，因此项目小组认为最简化的控制流程是最合适的。本例中，项目团队在过度控制及无控制间找到了合适的项目控制流程。

配置管理

项目管理知识体系（PMBoK）将配置管理定义为"监控项目范围变动流程的系统，它要求对基准计划的任何变动都要获得管理层批准并文档化"。**基准计划**（baseline）是在指定的某个时间点（如项目计划的开始日期）所规定的项目范围。因此基准计划也被看作项目的配置。范围基准计划只是对项目初始内容以及最后产品的概括性描述，同时也包括预算和时间约束等数据。简单地说，因为项目通常是由各种功能部分组成，它们应该能独立开发并最终汇集或配置起来，产出最后的产品或服务，而**配置管理**（configuration management）的任务就是设计、制造和汇集这些组成部分。但是，为了保证项目的正确进行，这个过程往往需要重复进行并不断调整和更正，配置管理实质上就是对项目变更进行系统地管理和控制。[20]

将计划与项目范围联系起来后，从项目一开始就进行项目变更的管理是最有效的。在仔细定义了项目后就开始进行变更管理的原因在于，项目变更管理通常是计划制订过程中的一部分。一些变更是已了解需求的结果，而另一些变更则是在项目进行阶段突发产生的。例如，在项目执行阶段，许多项目都会出现最初指定的技术规范在特殊的环境下不再适用（如高地、潮湿的环境等）的情况，这就需要在中途对项目要求的功能进行变更。

配置管理是尽可能在项目生命的早期对变更过程进行规定，而不是以不妥当的方式来解决接下来的变更。进行项目变更或规格调整的原因通常有以下几个[21]。

- **最初技术或人力的计划错误**。许多项目涉及技术风险，而要考虑到所有可能的问题或技术障碍是不可能的。比如，美国海军和船舶公司（Marine Corps）在尝试开发新型螺旋桨驱动的飞艇时，就产生了一系列没有预料到的技术问题，包括模型测试中的悲剧性事故。最初的设计没有或没法预料到这种新技术会产生的问题。此外，由于遇到了使用现有资源无法解决的问题或其他无法预期的困难，许多项目需要中途对技术标准进行变更。计划的错误也可能归结于人员的错误或是对开发过程缺少全面的认识。在由非技术原因引起的变更中，改造也许是为了适应新项目现状而对初始计划做出的简单调整。

- **项目或环境的具体情况**。项目团队或关键干系人，如客户，只有参与到项目中才能发现如何根据项目、商业、经济或自然环境的具体特征在中途对范围进行变更。比如，对深水石油开采钻架的技术设计就要随着水流强度以及风暴特性、水下地形信息以及其他不可预测的环境特征而做出显著改变。

- **不可控的指令**。在某些情况下，随着项目的进行，必须要将发生在项目团队控制之外的事件考虑进来。如 2001 年欧盟为保障乘客安全而宣布的政府指令就使得波音公司不得不对其新 777 飞机现有性能进行重新设计，从而导致该项目向国外航空公司的销售暂时延期。

- **客户需求**。随着项目的发展，客户试图增加新的需求从而导致显著变更的情况是非常普遍的。如在软件开发项目中，客户作为潜在使用者，在面临计划的软件更新时，会提出许多对新特性、返工特性等内容的不满或要求。IT 项目也常常会因为客户不断提出新的需求或变更请求而延期。

配置管理可以追溯到由美国国防部在 20 世纪 50 年代提出的变更控制技术。美国国防部承包商在政府组织尤其是武装部队的需求上对多种防御系统进行变更。在这个过程中，很少的变动进行了文档化或可追查，因此当引进新的防御系统时，武装部队发现很难加以使用和维护，缺少记录导致当问题或变更发生时与相关承包商的沟通不畅。最后，国防部发现有必要重新制定阻碍它们及时获得执行修正信息的变更请求制度。在历经多次失败后，美国国防部最终制定了新的制度，要求所有的组织供应系统必须提供可理解的变更控制和文档化程序。[22]

图 5-11 显示了配置管理的 4 个阶段，同时包括了每个阶段中需要完成的任务。[23]

步骤	行动
1. 配置识别	1. 建立详细的项目分解 2. 识别该分解结构和整个项目的组成部分所要遵循的规范
2. 配置重审	获得所有项目干系人对现有项目定义的一致认可
3. 配置控制	1. 如果达成一致，重复前三步，建立更详细的分解结构和规范说明，直到定义完整个项目 2. 如果没有达成一致，则选择以下步骤之一继续： • 回到之前的配置重审阶段，重新对配置进行审查，然后重复步骤1、2、3，直到达成一致为止； • 修改上一次由过程变更控制所认可的规范说明，直到满足现在所有干系人对它的要求
4. 状态记录	目前和以往的配置记录都应该保存下来，这样一旦在某些时刻无法获得干系人一致认可时，项目团队就可以回到上一配置并重新开始。同时，所有的配置原型也应该被保存下来

图 5-11　配置管理的 4 阶段

资料来源：© Turner, R. (2000), "Managing scope-configuration and work methods," in Turner, R. (Ed.), *Gower Handbook of Project Management*, 3rd ed. Aldershot, UK: Gower.

5.6　项目收尾

有效的范围管理同时包括对项目结束的适当计划。有效的项目结束过程将在第 14 章中详细介绍，在这里提出是为了强调即使是在项目的计划阶段，对项目结尾的计划也是很有必要的。**项目收尾**（project closeout）阶段需要项目经理考虑自己和客户在项目结束时所需要的记录和报告的类型。[24] 在建立项目范围阶段，越早做出这样的决策，那么在项目进行过程中收集的信息也就越有用。收尾信息之所以重要是因为：①在项目完成后如果发生对合同的争执，那么项目记录越全面，组织需要对莫须有的诬陷所要承担法律责任的可能性就越小；②是对过去项目的成功或失败进行分析的有用工具；③通过记录出入项目各个账户的费用流来协助项目的审计工作。

收尾文档应该包括如下内容。

- 应该**对历史记录**，或者是用来预测趋势、分析可行性以及强调在同类型项目中问题的项目文档进行保存。
- 在正式报告完成之后准备关于项目**事后的分析结果**，包括将成本、进度以及技术规格执行情况考虑在内的项目绩效分析和文档。
- 建立**财务收尾文档**，或者是对资金是如何在项目中进行分配的结算分析。

对于成功的项目经理来说，最重要的一课就是"在开始的时候同时考虑结尾"。在项目一开始就有清晰的目标使得项目结束所需的成果更为明朗。项目收尾要求项目经理提前考虑在项目进行过程中需要通过可靠的项目跟踪和支付系统来收集的信息类型和数量。通过这种方式，当项目结束时，就不需要浪费时间来收集遗漏的项目记录和其他信息。

写下来的项目目标才是真正的目标，否则就只是空谈。也只有安排好项目的计划、规划好目标、考虑所有的限制及其可能的结果，项目才有希望获得成功，而范围管理是将希望变成现实的系统步骤。就像灯塔，一个详尽的范围说明为项目团队指明了前进的方向，虽然这期间还会经历各种不确定，只要项目经理能按照项目范围中定义的因素来管理项目的进行，那么项目成功的可能性将会非常大。

小结

1. **理解范围管理对于项目成功的重要性。** 本章将项目范围管理作为计划制订的重要工具。项目范围管理是对项目计划的细化,它对项目的工作内容和结果、需要完成的活动、所需的资源以及项目过程中需要遵循的标准——进行了说明。建立项目范围管理的6个步骤为:概念开发、范围说明、工作授权、范围报告、系统控制和项目收尾。

   概念开发是选择实现项目目标最佳方法的过程。项目的概念开发使得项目经理将项目从设想变为一系列客观具体的目标。问题说明、信息收集、限制识别、可选方案分析以及最后项目目标的建立都是在概念开发阶段完成的。

   范围说明是对项目成功的必要因素的定义。虽然有很多因素能对建立有效的范围说明产生影响,但是最关键的因素还是工作分解结构。工作分解过程使得项目团队能根据活动优先级建立活动的层级结构,建立完成整个项目需要的工作包、任务以及子任务。当将工作分解结构和责任分配矩阵结合的时候,项目经理和团队就能根据指派给个人的职责开始逐项完成自己的任务。

   工作授权,是项目范围管理的第三步,是指对项目工作进行批准的过程。该步骤涉及对开发商、供应商以及客户的合同责任的规定。

   项目范围报告是指用来评估项目整体状态的控制系统和文档。范围报告的例子包括控制文档的建立和预算进度的跟踪。

   控制系统包括配置管理,它是指对项目状态适时的跟踪、与基准计划相比较以及为项目状态跟踪提供衡量标准的过程。

   最后,项目收尾阶段描述了项目团队关于保证项目平稳交付给客户所需的必要信息和过渡资料。

2. **理解建立项目范围说明的重要性。** 项目范围说明体现了项目团队在开发阶段之前对所有重要项目参数的文档和方法所做的最大努力。项目范围说明使管理者清晰地明确了项目的组成部分、项目的目标以及项目的关键特征。范围说明包括以下几个部分:①建立项目目标标准——确定什么因素会使项目成功以及评估可交付成果的决策关卡是什么;②为项目建立管理计划——确定项目团队的结构、将被保留的关键规定和流程以及承担监控工作的控制系统;③建立工作分解结构(WBS)——将项目分成不同的子步骤,从而建立不同项目活动之间的相互关系;④建立范围基准计划——对项目目标各个组成部分进行概括描述,包括每个活动的基本预算和进度信息。

3. **为项目建立工作分解结构。** 工作分解结构其实是对项目范围进行设定的过程,它将项目的总体任务分解成为一组同步的明确任务。工作分解结构被定义为"归纳和定义了整个项目范围,并针对可交付成果对项目要素的分组",同时它也是项目团队在准备任务时最重要的组织工具。

   工作分解结构主要有6个作用:①反映项目目标,②项目的组织结构图,③为项目中每个部分的成本、进度以及绩效情况建立了标准,④用来提供项目状态的信息,⑤可以用来改善整个项目的信息交流,⑥说明了项目将会被如何控制。工作分解结构是将项目的可交付成果分解为更多的子层，从而确定所有需要完成的活动。首先确定项目的通用术语，然后是主要的可交付成果，最后确定为达成每项可交付成果需要完成的工作。

与工作分解结构密切相关的是组织分解结构，组织用它来确定需要完成的工作以及指定对每个工作包负责的人员。接下来这些活动的预算就被分配到对该工作负责的部门的账户中。

4. **为项目建立责任分配矩阵**。责任分配矩阵有时也指线性责任图，用来确定项目进行过程中各项任务的负责人。责任分配矩阵确定了人员所需要支持的活动、下一个被告知任务完成状态以及结束要求的人员。责任分配矩阵的目标在于促进项目团队成员间的交流，从而减少项目推进过程中可能产生的损害。责任分配矩阵的另一个优点就是在项目经理和职能经理间进行协调，从而更好地利用那些只是被安排进入项目团队工作一段时期的成员。

5. **描述在项目范围评估中变更和配置管理的作用**。显著的项目变更发生的原因有以下几个：①最初技术或人力的计划错误，②项目或环境的具体情况，③不可控的指令，④客户需求。

配置管理的4个步骤包括：①配置识别——分解项目并识别每个组成部分的具体内容，②配置审查——与干系人开会并对项目的定义达成共识，③配置控制——在得到干系人的同意后，进行更深入的分解和说明，④状态记录——记录以前和目前的配置信息以便日后参考。

讨论题

5.1 进行项目范围分析的主要作用是什么？

5.2 工作包的主要特点是什么？

5.3 为你正在进行的学期论文或其他与学校有关的项目建立工作分解结构。你建立工作分解结构的步骤是什么？你能识别每个步骤的子步骤吗？

5.4 为项目建立责任分配矩阵的作用是什么？

5.5 说明建立范围报告机制的理由。至少要列出你在项目的文档控制中需要考虑的报告类型，并说明为什么。

5.6 配置管理的主要目的是什么？在你看来，为什么在近些年配置管理作为项目管理过程的一部分变得越来越流行？

5.7 为什么在项目启动之前需要制订项目收尾计划？

练习题

5.1 选择下列项目中的一个在班内进行准备。
 a. 建筑项目。
 b. 软件开发项目。
 c. 事件管理项目（比如一个颁奖典礼）。
 d. 新产品开发项目。

遵循下面的格式：①背景，②任务，③目标，④方法，⑤输入资源，为该项目建立工作说明书（SOW），下一步，建立工作分解结构（WBS）。在建立工作包、任务以及任何相关的子任务中关键的步骤是什么？

5.2 针对练习题5.1中你所分析的项目，

为其建立责任分配矩阵，至少要包括6个假定的项目团队成员。

5.3 通过图书馆或互联网研究一个真实的项目，为该项目建立简洁的范围说明、工作分解结构以及其他任何与该项目范围管理相关的信息。

案例分析 5-1

波音的虚拟围墙

2011年1月14日，美国国土安全部部长珍妮特·纳波利塔诺（Janet Napolitano）发表官方声明：正式取消虚拟围墙项目。纳波利塔诺在对该决定的解释中，指出了创建一个统一的、高度一体化的安全系统的难度，并承诺"寻求新的方法"。但是纳波利塔诺却并没有提及导致这个最终决策的主要原因——苦苦纠缠于一个过于复杂的技术系统不仅不能解决问题，反而会带来不断膨胀的成本。

近年来沿墨西哥边境的非法入境已成为一个令人头疼的问题，由于害怕毒品走私、非法移民和潜在恐怖分子的入侵，在华盛顿和南部边境各州甚至是毗邻加拿大的各州的政坛上，国土安全都成为一个"热门话题"。美墨两国之间冗长的边界使得该问题变得更加复杂。墨西哥和美国的边界绵延近2 000英里，大部分是沙漠荒地和动乱的偏远地区。在"9·11"恐怖袭击之后，以何种形式建立边境安全，是一个国家必要但艰巨的任务。

在世贸中心恐怖袭击事件发生后，美国成立了国土安全部（Department of Homeland Security，DHS），人们指责国土安全部应该承担禁止所有非法进入美国的边界和地点以及保护海关和边境的责任。为防止非法移民、毒品走私以及潜在恐怖分子的继续入侵，作为其职责的一部分，国土安全部提出了一项建立更加安全稳定的美墨边境的计划。在这个计划的第一阶段，国土安全局提出了一个价值数十亿美元的项目，旨在从物理和电子上控制美墨两国的边界，这个项目叫安全边界行动网（Secure Border Initiative Net，SBINet）。2006年5月，时任美国总统布什称SBINet是"美国历史上最有技术前瞻性的边界安全提议"。项目的试验阶段在以诺加利斯和得克萨斯为中心的长达28英里的荒漠进行，这个项目最终将会用来监控和管理美国与墨西哥和加拿大之间长达6 000英里的边界。

2006年年末，波音被选为SBInet项目的承包商。尽管波音公司的军事武器系统更为出名，但是它们最终选择了集成防护系统（Integrated Defense Systems Unit）来承担这个庞大的系统的整体协调工作，这个系统中包括控制塔、监听设备、运动传感器、摄像机和雷达等，这些都是用来监测和逮捕非法入境人员的。实际上，美国政府将全部项目外包给了私人企业，也就是说，项目承包商将完全负责项目的设计、建设和监管。

简单来说，这个系统使用了一连串的100英尺高的塔，每个都可以对半径10英里以内的范围进行360度的扫描。地面的雷达传感器也会试图监测脚步、自行车和车辆。测试阶段价值2 000万美元并命名为项目28，这一数字正好也是项目预期覆盖的荒漠长度，该项目在2007年7月中旬完工。波音挑选了100多个子承包商来分别建设系统的不同部分，它自己的项目管理者则负责整个开发过程的整体控制。不幸的是，它们的结构很冗杂，波音公司也曾经试图整合项目中的众多元素和技术系统，最终却放弃了。系统整合的技术挑战包括观察塔、传感器、雷达和专业相机，其复杂程度远远超过波音曾整合过的系统。正如一篇文章中提到的："在任何一个包括众多复杂子系统的项目中，要想成功地整合复杂的元素都会面临巨大的风险。尤其是在整合基本上决定了整个项目的情况下（就像本案例），这种整合风险将会更加明显。如果子系统本身又包含新的、未经检验的系统时，整合风险会进一步增加。"所以系统的复杂性是一项挑战，实际上，虚拟围墙在一系列的初始试验中都失败了，因此大大延迟了项目28的整体部署。

不幸的是，这些技术和协调问题始终没有解决。围墙第一部分的最初测试完成后的近3年来，SBINet项目花费了政府6.72亿美元，却没有结果。尽管整个项目的预算是11亿美元，国会监督小组却表示如果这样下去，项目最终成本将会高达300亿美元。实际上，这个项目从开始申办起，成本就是一个痛处。波音公司最开始承诺用11亿美元完成SBINet，随后经评估修改为25亿美元，1个月后，又增至80亿美元。快速上升的成本最终引起了国会监督委员会的关注，因此波音公司还要忍受国会代表们的尖刻批评，他们质疑波音公司申请更多的金钱和时间来完成项目的动机。在此期间，由于被后续问题所困扰，波音对完成日期重新评估并将其修改到2016年，这比最初的计划整整晚了7年。

有评论家指出，波音公司金字塔形的管理结构是缺乏清晰的职责分配导致混乱的一个主要原因。更糟糕的是，这种管理结构会使得承包商无法做出精确的成本估算。由于波音公司在虚拟围墙开发中采用的是多个分包层级方法，使得每一层都能够自由增加成本。更严重的问题是由于波音公司也负责监督而导致的利益冲突，他们不仅管理分包同时也监督整个项目的进度。在这种配置下，成本超支和进度延误信息的不透明使得只有当问题严重到无法忽视时才会彻底爆发，否则就是问题被彻底隐藏。

不可否认，导致SBINet项目搁浅的问题不仅复杂而且来源广泛。除了管理100个子承包商的技术挑战，波音公司还要整合所有提供关键支持的元素，这个项目成功地将大多数联邦机构和监督组织拒之门外。政府将边界安全外包给私人承包商，就很难再去获得和项目现状相关的信息。结果就是，国会调查员发现当波音公司表示"项目充满了无法解释的异常，所以才会呈现出不合格的承包商管理和监督数据"时，国土安全官员无动于衷。此外，许多评论家质疑项目本身最初意图的可行性，他们对有效封闭贯穿北美一些最不友好地区边界的可能性持怀疑态度。无论从糟糕的监管力度和过于乐观的范围预期这一标准来衡量，还是无法正确引进最前沿的技术来衡量，SBINet都是失败的，是一个使用纳税人税收进行的失败经典项目案例。[25]

问题

1. 在SBINet项目中，政府允许承包商自己确定项目范围，管理所有子承包商之间的关系，并来决策如何与监督部门共享项目状态信息。你从这个案例中发现了哪些问题？

2. 思考以下两个观点："SBINet的失败应归根于薄弱的范围管理"和"SBINet的失败是由于缺乏项目监督和控制"。选择你所支持的一个观点，并进行论证。

案例分析 5-2

加利福尼亚的高速铁路项目

随着加利福尼亚州声明将交付 43 亿美元给连接中央山谷中博登镇和科克伦镇的 65 英里的高速铁路项目，至此，加利福尼亚州 20 年对高速铁路的诉求终于实现。成立于 20 世纪 90 年代中期的加利福尼亚高速铁路局（California High-Speed Rail Authority，CHSRA），长期以来一直致力于实现洛杉矶以北的旧金山湾大都市区与圣迭戈的连通。经奥巴马总统批准，联邦政府撤销对经济刺激计划资金的投入，来资助包括威斯康星州、佛罗里达州、俄亥俄州、伊利诺伊州和加利福尼亚州的高速铁路计划。而俄亥俄州和威斯康星州的州长竞选导致该州重新考虑这个项目，怀疑铁路项目不但不必要，而且可能花费巨大、超出限度（由纳税人承担），最终他们拒绝了联邦政府的种子基金。因此，交通部秘书长瑞·拉胡德（Ray LaHood）提议将这些州的 12 亿美元分给其他 13 个州。

加利福尼亚州在重新分配联邦政府资金的过程中是获益最多的，这也因为它野心勃勃地提出要启动城市间大众高速铁路项目，事后却被证明是不明智的决策。CHSRA 推动高速铁路建设的历史非常有趣，它的支持和反对者各占一半。项目伊始，CHSRA 认为该铁路系统会有多重收益，如只需 55 美元，洛杉矶的游客就可以在 3 小时内到达海湾地区或者在 80 分钟内到达圣迭戈。CHSRA 估计每年将有 9 400 万游客乘坐高速铁路；高速铁路的发展也会产生大量的长期工作岗位。利用这些美好蓝图，CHSRA 说服选举人通过了一个接近 100 亿美元的大议案，并在 2008 年公投中支持了项目的开展。它引用的其他好处还包括，通过铁路线运输数百万的本应使用汽车或飞机往返城际的游客，能减少污染排放和矿石燃料的使用。

项目预估成本至少为 690 亿美元，整个项目会首先在阿纳海姆和旧金山建设时速 220 英里，长达 520 英里的铁路，到圣迭戈和萨克拉门托的延长线会在后期进行。到目前为止，联储基金已经批准了总计 31.8 亿美元给该州的子弹头列车提案，更多的资金留给联邦未决的其他铁路项目。据 CHSRA 所说，项目可用资金为 55 亿美元。

自其批准开始，一系列事件的发生使得相关人员开始重新考虑推动高速铁路项目是否明智。第一，根据其他高速铁路项目，CHSRA 下调了乘客数量，表示在高速铁路运行的第 10 年将服务于 3 900 万乘客，这是它最初获批时估计数量的 40%。第二，最初商业模式的变化还有：单程票价涨至 105 美元，也有评论家表示，对比欧洲和日本相类似工程的每公里成本，实际票价更接近 190 美元。第三，涉及中央山谷两个社区间 65 英里的铁路项目启动决策，那就是，尽管高速铁路项目是为了连接大城市而专门设计的，但是第一条线路应该建设在人口最少的地方。这个决定不仅遭到了先前反对者的强烈反对，甚至之前的支持者也反对这个决定，而且支持者意识到需要做出有意义的声明来回应批评者。美国众议员丹尼斯·卡多撒（Dennis Cardoza）在给交通部秘书长瑞·拉胡德的信里写道："让火车行驶在偏远地区是对逻辑和常识的否认，它不能满足乘客的需要和证明项目费用使用的正确性。"

第 4 个被质疑的是项目最终的成本。尽管 CHSRA 和该州官员依旧打着 690 亿美元的旗号（自2008年投票通过了330亿美元成本估价后，这一数字已经翻倍了），但包括基础设施管理集团（Infrastructure Management Group）的交通咨询师在内的许多专业人士都指出，根据历史数据，这极大地低估了最终的成本，同时也夸大了可能的乘客数量。经济学家认为，项目的最终成本可能在1 000亿～2 500亿美元，而更可能的年乘客数量估计为500万。如果这些数字接近精确数据（CHSRA对此表示异议），那么项目不仅不会盈利，还需要年度补贴，这将会使已经资金缺乏的州政府陷入更深的财务深渊。该州政府在同意削减150亿美元公共开支时避免了一次预算危机，它声称将提供和联邦政府开支1:1配套的资助，并希望获得私营机构的投资。然而，随着加利福尼亚州的失业率持续稳定在接近8%的数值，这些声明都是未知数。

一份由3位经济学家撰写的报告指出，CHSRA的商业模式存在巨大缺陷，包括太过于依赖联邦政府的津贴和未能处理好票价波动带来的危机。"CHSRA的一份声明中说道，你会在运行的第1年赚到运营剩余的3.7亿美元，在第3年获利15亿美元，而任何投资者在看到这份声明时都会哑然失笑"，世界银行前分析师威廉·格林德列（William Grindley）说道，"因为它没有通过投资者的初步评估。"这份新报告称CHSRA的收入估计"不理性的乐观"，理性基金会2013年的报告也证实了这一观点，这份报告指出CHSRA为了维持它的运营每年还需要超过3500万美元的补贴。例如，维持可持续发展的关键之一是CHSRA从联邦政府获取数以亿计美元的额外津贴的能力。而对于CHSRA来讲，要从联邦政府获取额外津贴，一个可工作的高速铁路网络是必不可少的。

最近的法院判决决定停止这一项目。加利福尼亚州第三联邦地方法院裁定该州不能继续通过出售债券的方式来支持这个项目，因为CHSRA并没有遵循它自己的财务政策。投票人最初被告知州政府财政投入的资金是有限的，大部分的资金是由联邦政府或天使投资人提供，但是这个承诺到目前为止并没有兑现。华盛顿只承诺提供几亿美元，该项目无法从联邦政府获得更多的支持。而法院裁定州政府试图通过出售68亿美元的债券来支持这个项目的做法违反了2008年全民公投时做出的承诺。加州政治家杰瑞·布朗（Jerry Brown）则立誓要继续为通过债券出售申请做斗争。可是，与此同时，这个项目已经因为资金短缺不得不停止第一段铁路的建设，它是铁路中长达29英里的一段延长线。这个项目也同时面临着财务危机：如果联邦政府发放的资金没有按时用在CHSRA项目中，华盛顿将要回收这一笔资金。

现在，人们可以说这个项目的未来不过是"两方经济学家"的辩论，然而，毫无疑问，加利福尼亚州的高速铁路的未来难以确定。这个项目最终能否成为目的和经济现实完美结合的案例？只有时间才知道。[26]

问题

1. 评估高速铁路的优点和缺点。在你看来，是优点多还是缺点多？为什么？请说明你的答案。

2. 你认为实施一个规划不足、未来10年不一定会实现的项目有何意义？

3. 你能从公共事业创办的角度评价加利福尼亚州的高速铁路项目吗？换句话说，有哪些其他的因素影响该铁路项目的开展？为什么它们这么重要？

案例分析 5-3

Dotcom.com 的项目管理

Dotcom.com 是一家软件设计和系统开发咨询公司,为医疗保健、金融服务以及旅店管理行业提供多种基于互联网和计算机的资源计划、行政管理和网络核算解决方案。一般是服务提供商向 Dotcom.com 提出它所面临的问题以及组织希望改进的目标。由于 Dotcom.com 的大部分客户对计算机并不精通,因此都非常依赖 Dotcom 能够正确诊断问题的原因,提出建议来解决它们的问题,并实施新的技术。Dotcom 所在的行业竞争非常激烈,因而很多成功企业都通过压低报价来获得咨询合同。在这种环境下,项目经理对 Dotcom 的成功是非常关键的,因为对项目的管理不善很快会耗尽所剩不多的边际利润。

不幸的是,Dotcom 的主要管理团队发现最近项目的运作成本在持续上升,而利润直线下降。尤其是 Dotcom 的执行部门被给予了很大关注,因为刚完成的 7 个项目几乎没有盈利,这主要是因为软件系统转交的延误以及多次对软件的漏洞进行修复导致的。该公司决定利用周末的时间私下了解项目经理为什么在这些项目的执行中表现得如此之差。

项目经理都将他们的问题归结到客户身上。一份典型的回答是由苏珊·凯莉(Susan Kiley)提供的,这位有着 5 年以上经验的项目经理说道:"我们被置于一个非常尴尬的境地,大多数客户不知道他们到底需要什么,所以我们需要花费大量的时间来和他们沟通,以得到合理的工作说明,这样我们才能建立范围说明,这需要时间。事实上,在与客户沟通上花费的时间越多,后期开发的时间就越少了。这是没办法的事——因为如果我想把事情做好,就不得不从他们那儿获得更多的信息。我对他们的问题理解得更好,那么用来开发和运行项目的时间就更少!"

另一位项目经理吉姆·克仁霍(Jim Crenshaw)说道:"不幸的是,问题不止如此。我最大的问题常常不是项目本身。我们辛苦建立起一个满足客户需求的系统,然而他们仅仅看了一遍,点了几个按钮,就告诉我们这完全不是他们所想要的!如果他们都不知道自己的问题是什么,我又如何能建立一个系统来解决他们的问题呢?如果现在他们'认为'自己了解自己的需求,然而当我们建立好系统后他们又立即反过来拒绝我们的解决方案,这又该怎么办呢?"

经过两个小时对项目经理意见的倾听,高层管理者发现项目管理中的问题并不是偶然的,而是已经深入到了企业的操作层中了。很明显,是时候对公司的流程采取措施了。

问题

1. 你如何重新设计 Dotcom 公司的项目管理流程,从而减少范围管理不善的问题?

2. 公司的咨询客户在项目范围扩大或改变的过程中起了哪些作用?如果要你来主持一个与潜在客户的会议,你希望客户了解什么?

3. 你如何在满足客户需求和尽量保持项目范围的稳定间找到平衡?

4. 为什么配置管理和项目变更控制在复杂的软件开发项目中(比如 Dotcom 公司所执行的项目)如此难以实施?

案例分析 5-4

远征战车

最近几年美国国会最为复杂和困难的预算决策之一应该是：海军陆战队的远征战斗车计划（EFV）。经历过多次的推迟、测试、有条件批准和再测试，这一提案引起了无数的争吵。即使五角大楼的高级官员都非常支持这一提案，但是由于战车在测试中差劲的性能表现和高额成本，越来越多的人表示反对。就如一个报告中指出，"10年和17亿美元的投资给海军陆战队带来的是这样的两栖登陆战车：平均4.5小时发生一次故障，会渗漏，有时还会发生路线偏离。"最大的问题是：如何保证在许多年之后它还会是海军陆战队的最优方案？

远征战斗车计划早在20年前就被提出了，为的是用这种两栖装甲车替换20世纪70年代的两栖攻击战车。这种远征战斗车主要是为军方在对敌方海岸沿线进行两栖攻击的初期提供装甲支持。它由海军攻击舰携带，能够以每小时20英里的水上速度航行25英里，搭载17名海军陆战队步兵穿越敌方海域实行登陆。这类远征战斗车装配有直径30毫米的大炮来进行火力支援。它通常被称为是布雷德利战车的海军陆战队变种。

远征战斗车最初被认为是国防部最先进的装备计划。这个计划开始于1988年，在经过一段时间的概念探索阶段确定项目可行性后，它进入到计划定义和降低风险阶段，在此期间它仍然被认为是最先进的防卫装备计划，并因为优秀的成本和技术管理获得过两次国防部表彰。该计划的工程和设计工作都交由通用动力公司负责，并在1996年6月正式签订合同，在2001年7月续约继续将系统开发与展示工作交由该公司完成。这是一个最关键的阶段，需要成功展示所有设计制造、系统开发的成果和计划内设计的功能。但不幸的是，通用动力公司仅仅预留了27个月的时间来完成所有的测试和系统核实工作。

这种太过逞强的进度安排立刻就为通用动力公司和远征战斗车计划带来了麻烦，因为在这一阶段浮现出了一连串的技术问题。由于这些出乎意料的问题的出现，系统开发与展示工作又延长了两年。到2004年10月，远征战斗车样品的测试又出现了新的问题。测试结果显示，战车主板存在一些问题会使得战车突然停下来。能够驱动战车的调气舌阀以使得战车能进行海上航行的水利系统也出现漏水无法工作。在计划最初，希望战车出现故障的平均时间间隔是70小时，但由于大量的可靠性问题，海军陆战队将这一时间间隔调整为43.5个小时。基于这次的战车样品测试，又另外花费了两年的时间来进行战车改进。

2006年对远征战斗车计划来说是糟糕的一年。该战车进行了重要的军事行动评估以验证它是否满足了所有的性能需求可以开始投入量产。在这次可靠性评估中，该战车表现极为糟糕，出现了大量的系统故障和崩溃。在测试中，平均每过4.5个小时战车就会出现一次故障，每运行1个小时就需要花费3.5个小时来进行矫正性维修。整个测试过程中，战车共出现了117次任务失败和645次非计划性维修。仅仅只成功完成了11个两栖作战测试中的两个、10个火炮测试中的1个，而3个登陆灵活性测试则是全部失败。样品的其他问题还包括1吨的超重、有限的能见度和需要驾驶员佩戴耳塞的噪声，而一旦佩戴耳塞，驾驶员也就没有办法听到战车指挥员的指令。这次军事行动评估的糟糕的结果也使得海军陆战队决定对远征战斗车进行重新设计，预计在2011年前完成新的系统开发与展示工作，而那时已经距离这个计划的开始有8年了。

与此同时，这个计划的成本也在不断增加。在远征战斗车计划最初提出的是，海军陆战队计划总投入85亿美元来得到1 025辆战车。随后，国防部评估该计划成本应该超过140亿美元，而这时海军陆战队已经将他们的订单降低到了573辆。事实上，即使这些成本数字最终保持不动，战车的成本也已经从每辆830万美元提升到每辆超过2 300万美元。而在没有购买任何一辆战车的情况下，五角大楼估算花费在开发与测试上的费用就已经高达29亿美元。

为错误的战争开发错误的武器？

远征战斗车计划的失败引出了一些关于发展装备的目的这样更加根本性问题的思考。反对者认为远征战斗车在现代海军陆战队任务中并不会起到重要的作用。

他们论点如下：

- 现代战争形式与老一辈海军陆战队想象中不同，并不需要"抢滩登陆"。低层次、区域或城市间冲突使得两栖攻击在现今已经是过时的战斗方法。就如纳税人组织中的国防分析专家劳拉·彼得森所说："这种方法是用来打上个世纪的战争而不是现在的战争的。"
- 巡航导弹技术的发展使得"离岸25英里"的战斗模式彻底失效。如果远征战斗车建造完成，海军为了保护船舰就必须将船舰停在地平线下，而战车则需要横跨这个距离进行登陆作战。反对者认为新的巡航导弹射程可达100英里，如果还是采用老式作战模式会使得远征战车与海军船舰都非常容易受到攻击。
- 远征战斗车底部是平滑的，为的是战车能够从海上过渡到陆地上来。这也使得战车很容易被简易爆炸装置造成的有棱角攻击物破坏掉，而这种简易爆炸装置在伊朗和阿富汗非常普遍。通用动力公司认为如果重新设计战车底部构造，则会改变战车的两栖作战属性。

有许多五角大楼的官员，包括海军陆战队指挥官，都支持远征战斗车计划，他们认为无论现在还是在可预见的未来海军陆战队的"远征"任务都会一直存在，而远征战斗车计划对海军陆战队的部署和攻击能力都是至关重要的。

在最后的几轮资助中，政府开始限制远征战斗车计划的资金投入，并缩减了对战车可靠性和整体系统有效性测试的支持。例如，2010年参议院拨款委员会批准了3 800万美元的拨款用于新一轮的战车测试，但又一次的测试失败促使它驳回了1.84亿美元拨款申请使得该计划不得不暂停。该计划资源的大量裁减出现在2011年年初，当时盖茨秘书长向国会提出了他的初步预算提案。而远征战斗车计划是所有成本削减对象中的一员。该计划已经长期处于濒临被放弃的状态，因此面对众多的五角大楼预算提案和愈加强硬的计划监管，远征战斗车计划最终不可避免地滑到了边缘区域。[27]

问题

1. 确定项目中的哪个关键任务应该优先完成对项目来说是非常重要的，远征战斗车计划的故事表明了什么？

2. 远征战斗车计划被认为是"在错误的时间为错误的战争发展错误的武器装备"。你同意这个观点吗？为什么？

3. 为什么远征战斗车计划的失败说明了对武器系统项目来说过长的投产前研制周期是危险的？换句话说，如果某一个项目的开发周期从开始到结束需要20年，当项目最终运行时，项目开发者会面临哪些问题？

网上练习

5.1 访问 http://4pm.com/category/project-plan/wbs/，阅读关于开发工作分解结构的手册。防御部门是如何使用第一层、第二层等概念来对项目进行分层的？在进行工作分解结构的过程中有哪些有利与不利之处？

5.2 点击 http://www.docstoc.com/docs/ 8583-1907/Proposal-for-Professional-Services-or-Sow，查看描述和创建明尼苏达职业银行升级项目工作说明的过程。在你看来，这份工作说明的关键因素是什么？为什么？该网站还包含一个"IT Professional Services Master Contract Work Order"，为什么这份工作清单如此详细？

5.3 访问 https://www.mtholyoke.edu/sites/default/files/datawarehouse/docs/dwprojectprocessanddocumentation.pdf。分析数据仓库项目的全面范围说明，并回答：这个项目在试图解决什么问题？提出了什么解决方案？

项目管理职业认证考试样题

1. 在工作分解结构中，最低的分解层次是什么？
    a. 工作包。
    b. 可交付成果。
    c. 子可交付成果。
    d. 项目。

2. 以下所有项中对工作包描述错误的是（   ）。
    a. 工作包有一个可交付成果
    b. 其所有者可能认为它本身如同一个项目
    c. 工作包可以包含几个里程碑事件
    d. 工作包可以不顾其他组织程序的文化考虑而被创建和处理

3. 乔治被任命为你的项目的项目经理。他希望有一个良好的开端，并想知道哪些活动应优先开展。你有什么好建议？
    a. 从工作分解结构（WBS）开始。
    b. 从明确的范围说明开始。
    c. 从问题陈述和工作说明（SOW）开始。
    d. 从明确的工作授权开始。

4. 项目经理想确定他的项目是否沿着正确的顺序在推进，因为他要求为他的项目制定明确的范围。在范围定义时，他应该做什么？
    a. 考察干系人，确保他们都在为项目的开展而投入。
    b. 制定他自己的WBS和OBS。
    c. 行动尽可能快地决定范围报告方法。
    d. 确定必需的外包商。

5. 某社区一家医院计划扩展。作为项目范围的一部分，关闭急诊室通道以完成大的改造是有必要的，然而，这是方圆50英里内唯一一家接待外伤病人的医院，因此不可能完全关闭急诊室。项目小组需要寻求一种方法，既可以改造急诊室，又不耽误接待病人。以上案例主要体现了项目管理中的哪点？
a. 与所有者协商的要点。
b. 约束条件。
c. 初始假设。
d. 发展里程碑。

答案：
1. a。工作包是工作分解结构的最低层次。
2. d。工作包应该适应组织程序及文化。
3. c。项目首先应该提出明确的问题陈述和理解以支撑它的工作说明。
4. a。确保所有干系人在范围定义阶段都有机会为项目做贡献是很关键的。
5. b。在改造过程中需要保持急诊室继续运营是围绕现有项目约束条件下工作的例子。

MS Project 练习

使用下面提供的信息，为给出的项目例子建立一个简单的工作分解结构。

项目大纲——改造一种工具

Ⅰ. 研究阶段
　　A. 准备产品开发建议书
　　　　1. 进行竞争分析
　　　　2. 审查本领域销售报告
　　　　3. 进行产品性能评估
　　B. 建立中心小组数据
　　C. 进行电话调查
　　D. 识别相关的规格改进
Ⅱ. 设计和开发阶段
　　A. 与市场销售人员互相配合
　　B. 等等
Ⅲ. 测试阶段
Ⅳ. 生产阶段
Ⅴ. 销售阶段

附录 5A

项目章程样本

项目章程
历史版本

项目 #	实施方	修订日期	审核方	核准日期	原因
0.1	萨拉·休斯	9/1/15	乔治·布兰肯西普	10/4/15	章程初始草案
0.2	萨拉·休斯	10/1/15			项目倡议人的修订
0.3	萨拉·休斯	10/15/15			项目执行委员会的修订

项目名： 项目管理资源训练与部署

范围和目的： XYZ 公司缺少受到良好训练和拥有资源部署能力的项目经理人才。因此当前最紧急的任务就是从公司内部找出有潜力的员工，通过课程训练来培养项目经理人才，而且也让这些项目经理认识到企业存在一条从项目经理职位到企业高层的职业发展路径。

概述： 从 2010 年开始，与企业有关的商业项目增长了 55%，导致用于项目活动上的时间高达平均每周 31 个小时。而同时企业的平均项目表现也出现了大幅度的下降：平均成本超出 24%，平均计划进度超出 34%，质量降低导致的成本增加达到 24%。企业的项目经理人数也从 2010 年的 112 人降到了 2015 年的 87 人（流失率达到 22%）。人力资源部门预测在未来 3 年企业还会继续流失 41 位项目经理。XYZ 公司无法继续承受项目成员的流失，尤其在缺少资深项目人才的情况下。

总体目标：
- 从工程部门、商业部门和供应链部门发掘潜在项目经理。
- 确定 XYZ 公司所需要的项目经理应该具备的关键能力列表。
- 为培养员工的项目经理关键能力创建训练课程。

具体的目的：

（1）发掘潜在的项目经理。

a. 通过以往的项目来发掘优秀候选人。

b. 说服这些候选人将项目管理作为职业生涯规划的一部分。

c. 创建"已确定候选人"表和"待定候选人"表。

（2）确定项目经理的关键技能。

a. 向以往成功项目的项目领导和小组成员进行问卷调查。

b. 与本地大学院系合作创建关键技能数据库。

（3）创建项目经理训练课程。

a. 保障训练所需的管理支持和资金投入。

b. 联系合适的人力资源教职工和大学院系为候选人进行培训。

明确条件和限制： 项目管理资源的培训和部署训练计划应在获得批准后 6 个月内开展。该计划主要分为三个阶段：①项目管理技能调查问卷阶段，②候选人确定阶段，③课程开展阶段。在正式开始培训之前必须完成调查问卷和候选人确定。训练阶段将由行业专家和大学教职工共同合作完成。

项目组织： 项目小组关键成员：

（1）倡议者：乔治·布兰肯西普，人力资源副总裁

（2）项目经理：萨拉·休斯，资深工程师

（3）培训课程代表：特蕾莎·康莱利，供应链

a. 特蕾莎·康莱利，供应链和采购

b. 文斯·沃尔特斯，商业部

c. 伊娃·泰雷曼，工程部

（4）小组成员：除去培训课程需求，只需要根据培训课程代表的推荐招聘不超过两名小组成员。所有的小组成员在该项目期间都需要全职服务于该项目，预计工作时间不少于 90 个工作日。

项目经理责任：

（1）人员配备。项目小组所有成员的工作表现最终责任承担人是项目经理，他有权与每个成员的当前课程管理者一起制定年度绩效考核规则。同时在项目期间他还可以每星期从办公室文职人员中选择 1 人，占用其一半的工作时间（20 小时）处理项目相关的工作。根据需要也会提供其他的人员支持。

（2）预算。包括项目全职员工的工资，该项目总预算预计为 24 万美元，这相当于 3 个月的人资费用。若项目经理和倡议者一起向执行委员会提出正式申请，该项目可能还能够增加预算。

（3）状态更新。所有关于项目状态的信息都必须报告给首席执行官。另外，每月的定期项目状态更新都需要经过执行委员会会议的讨论。

（4）计划/规划。企业项目通常会使用标准的企业规划软件（项目管理软件 MS Project），这一款软件会形成进度报告、异常报告、延误报告和性价比报告。另外，挣值矩阵（SPI 和 CPI）的使用也会贯穿整个项目。

（5）变更控制和说明。项目经理对于一些不影响项目进度计划的项目元素有一定的自主变更权，如决定是否超支 2500 美

元。但是要想变更项目范围或进展则必须要经过倡议者的批准。

（6）项目计划。一个正式的项目计划应该包括工作说明（SOW）、风险评估和降低方案、工作分解结构（WBS）、进度计划和预算。在 6 月 15 日之前必须上交一份完整的项目计划给项目倡议者。

权力： 项目经理有权分配工作和使用资源来完成任务。如果发生了资源冲突就要交由倡议者或其他培训负责人来解决。

批准：

工程部副总裁 ＿＿＿＿＿＿＿＿＿＿＿＿＿

供应链与采购部副总裁 ＿＿＿＿＿＿＿＿

商业部副总裁 ＿＿＿＿＿＿＿＿＿＿＿＿＿

人力资源部副总裁 ＿＿＿＿＿＿＿＿＿＿

董事会主席与首席执行官 ＿＿＿＿＿＿＿

项目综合练习

制定工作分解结构

为你事先指定的项目目标建立工作分解结构。为项目的各个组成部分进行细节分析，一直从工作包阶段到任务和子任务阶段（如果合适的话）。下一步，分析项目的人员需求。有多少核心成员是完成项目目标必不可少的？他们在组织内部的职位如何？记住使用项目范围作为决定项目所有因素、每个组成部分的责任分配以及各个任务预算的基础。

识别项目任务和关键人员需求，此外，建立责任分配矩阵，以说明项目团队成员之间的相互关系。

工作分解结构的例子——ABCups 公司

人员表

姓名	部门	职称	姓名	部门	职称
Carol Johnson	安全部	安全工程师	Marty Green	生产部	商店主管人
Bob Hoskins	制造部	生产工程师	John Pittman	质量部	质量工程师
Sheila Thomas	管理部	项目经理	Sally Reid	质量部	初级质量工程师
Randy Egan	管理部	车间经理	Lanny Adams	销售部	市场营销经理
Stu Hall	生产部	维护主管人	Kristin Abele	采购部	采购代理
Susan Berg	会计部	成本会计			

工作分解结构——ABCups 的流程修改项目

过程修改项目			1 000	过程修改项目			1 000
可交付成果 1	可行性研究		1 010	可交付成果 3	设计		1 030
工作包 1	进行可行性研究	1 011		工作包 1	厂房室内场地重新设计	1 031	
工作包 2	获得技术批准	1 012		工作包 2	制图	1 032	
工作包 3	获得行政批准	1 013		工作包 3	批准新设计方案	1 033	
可交付成果 2	选择开发商		1 020	可交付成果 4	制造		1 040
工作包 1	设备研究	1 021		工作包 1	进行流程评估	1 041	
工作包 2	检验供应商是否合格	1 022		工作包 2	确定设备安置点	1 042	
工作包 3	从供应商处获取报价	1 023		工作包 3	设备重组	1 043	
工作包 4	价格和相关事项谈判	1 024		工作包 4	获得最终布局批准	1 044	
工作包 5	批准并签订合同	1 025					

（续）

过程修改项目		1 000	过程修改项目		1 000
可交付成果 5	原型测试	1 050	工作包 4	批准新包装设计	1 064
工作包 1	建立库存	1 051	可交付成果 7	销售和服务	1 070
工作包 2	准备测试	1 052	工作包 1	产品测试	1 071
工作包 3	测试	1 053	工作包 2	获得销售批准	1 072
工作包 4	质量评估	1 054	工作包 3	消费者认可	1 073
工作包 5	过程文档	1 055	可交付成果 8	初始变更	1 080
可交付成果 6	新包装设计	1 060	工作包 1	调集库存	1 081
工作包 1	设计新包装	1 061	工作包 2	取消承包商合同	1 082
工作包 2	与市场营销部协调	1 062	工作包 3	项目收尾	1 083
工作包 3	部件组装	1 063	工作包 4	总结经验教训	1 084

责任分配矩阵

	Sheila	Susan	Bob	Lanny		Sheila	Susan	Bob	Lanny
可交付成果 1010	○	□		☆	可交付成果 1050	○	☆	□	
可交付成果 1020	☆	○	□		可交付成果 1060	□		⊕	↻
可交付成果 1030	☆		□	○	可交付成果 1070	○	☆	□	
可交付成果 1040	⊕	□	○	☆	可交付成果 1080	⊕		○	☆

注：○ = 负责；☆ = 支持；□ = 通知；⊕ = 批准。

注释

1. Thorp, F. (2013, October 31). "Only 6 able to sign up on healthcare.gov's first day, documents show," *NBC News.* www.nbcnews.com/news/other/only-6-able-sign-healthcare-govs-first-day-documents-show-f8C11509571; Reinen, J. (2013, September 9). "Obamacare is the worst new-product rollout in memory," *Minnpost.* www.minnpost.com/health/2013/09/obamacare-worst-new-product-rollout-memory; Jones, W. (2013, October 7). "Obamacare exchange sign-ups hobbled by IT systems not ready for prime time," *IEEE Spectrum.* http://spectrum.ieee.org/riskfactor/computing/it/obamacare-exchange-signups-not-so-much; Lane, D. (2014, January 15). "Cover Oregon head: State might scrap all or part of failing website," *KATU.com.* www.katu.com/news/investigators/Cover-Oregon-head-State-might-scrap-all-or-part-of-failed-website-240348071.html; Lane, D. (2014, January 30). "'We look like fools:' A history of Cover Oregon's failure," KATU.com; www.katu.com/news/investigators/We-look-like-fools-A-history-of-Cover-Oregons-failure-239699521.html; Shepheard, C. (2014, June 4). "Oregon's health exchange failed so terribly, there's now a federal investigation," *Care2.* www.care2.com/causes/oregons-health-exchange-failed-so-terribly-theres-now-a-federal-investigation.html

2. Project Management Institute. (2013). "Scope Management," *Project Management Body of Knowledge* (PMBoK). Upper Darby, PA: Project Management Institute; Westney, R. E. (1993). "Paradigms for planning productive projects," in Dinsmore, P. C. (Ed.), *The AMA Handbook of Project Management.* New York: AMACOM.

3. Kerzner, H. (2001). *Project Management: A Systems Approach to Planning, Scheduling, and Controlling,* 7th ed. New York: Wiley; Mepyans-Robinson, R. (2010). "Project scope management in practice," in Dinsmore, P. C., and Cabanis-Brewin, J. (Eds.), *The AMA Handbook of Project Management,* 3rd ed. New York: AMACOM, pp. 79–87; Cleland, D. I., and Kimball, R. K. (1987). "The strategic context of projects," *Project Management Journal,* 18(3): 11–30.

4. Project Management Institute (2000), as cited in note 2.

5. Stuckenbruck, L. C. (1981). *The Implementation of Project Management: The Professional's Handbook.* Boston, MA: Addison-Wesley; Laufer, A. (1991). "Project planning: Timing issues and path of progress," *Project Management Journal,* 22(2): 39–45.

6. Martin, M. G. (1998). "Statement of work: The foundation for delivering successful service projects," *PMNetwork,* 12(10): 54–57.

7. www.fgdc.gov/geospatial-lob/smartbuy/understanding-statement-of-work.pdf

8. Project Management Institute (2013), as cited in note 2.

9. Department of Defence, Handbook For Preparation of Statement of Work, USA. MILHDBK-245D. (1996, April 3) Superseding MIL-HDBK-245C (1991, Sep 10). https://www.acquisition.gov/comp/seven_steps/library/DODhandbook.pdf

10. Duncan, W. R. (1994). "Scoping out a scope statement," *PMNetwork,* 8(12): 24–27; Wideman, R. M. (1983). "Scope management," *Project Management Quarterly,* 14: 31–32; Pinto, J. K. (1999). "Project scope management," in Pinto, J. K. (Ed.), *The Project Management Institute's Project Management Handbook.* San Francisco, CA: Jossey-Bass,

pp. 109–18.
11. Lavold, G. D. (1988). "Developing and using the work breakdown structure," in Cleland, D. I., and King, W. R. (Eds.), *Project Management Handbook,* 2nd ed. New York: Van Nostrand Reinhold, pp. 302–23.
12. Obradovitch, M. M., and Stephanou, S. E. (1990). *Project Management: Risks & Productivity.* Bend, OR: Daniel Spencer.
13. Project Management Body of Knowledge. (2008). Project Management Institute: Newton Square, PA.
14. Meredith, J. R., and Mantel, Jr., S. J. (2003). *Project Management,* 5th ed. New York: Wiley.
15. Globerson, S. (2001). "Scope management: Do all that you need and just what you need," in Knutson, J. (Ed.), *Project Management for Business Professionals.* New York: Wiley, pp. 49–62.
16. Obradovitch, M. M., and Stephanou, S. E. (1990). *Project Management: Risks & Productivity.* Bend, OR: Daniel Spencer.
17. Project Management Institute (2010), as cited in note 2.
18. Yourdon, E. (2004). *Death March,* 2nd ed. Upper Saddle River, NJ: Prentice-Hall.
19. Kidd, C., and Burgess, T. F. (2004). "Managing configurations and data for effective project management," in Morris, P. W. G., and Pinto, J. K. (Eds.), *The Wiley Guide to Managing Projects.* New York: Wiley, pp. 498–513.
20. Meredith, J. R., and Mantel, Jr., S. J. (2003), as cited in note 14.
21. Frame, J. D. (2001). "Requirements management: Addressing customer needs and avoiding scope creep," in Knutson, J. (Ed.), *Project Management for Business Professionals.* New York: Wiley, pp. 63–80.
22. Kidd, C., and Burgess, T. F. (2004), as cited in note 19.
23. Turner, R. (2000). "Managing scope—Configuration and work methods," in Turner, R. (Ed.), *Gower Handbook of Project Management,* 3rd ed. Aldershot, UK: Gower.
24. Antonioni, D. (1997). "Post-project review prevents poor project performance," *PMNetwork,* 11(10).
25. Kouri, J. (2010, November 11). "Border 'virtual fence' project a costly failure." http://island-adv.com/2010/11/border-%E2%80%9Cvirtual-fence%E2%80%9D-project-a-costly-failure/; Krigsman, M. (2007, August 23). "Boeing virtual fence: $30 billion failure." www.zdnet.com/blog/projectfailures/boeing-virtual-fence-30-billion-failure/36; Krigsman, M. (2007, September 24). "Update: Boeing's virtual fence 'unusable.'" www.zdnet.com/blog/projectfailures/update-boeing-virtual-fence-unusable/403; Lipowicz, A. (2010, April 21). "Senate committee chairman suggests killing Boeing's virtual fence." http://washingtontechnology.com/articles/2010/04/21/lieberman-calls-sbinet-virtual-fence-a-failure.aspx; Richey, J. (2007, July 7). "Fencing the border: Boeing's high-tech plan falters." www.theinvestigativefund.org/investigations/immigrationandlabor/1243/fencing_the_border%3A_boeing%27s_high-tech_plan_falters

26. California High-Speed Rail Authority Web site, www.cahighspeedrail.ca.gov/home.aspx; Castaneda, V., and Severston, A. (2010, October 11). "Economists say high-speed rail system won't make money." http://menlopark.patch.com/articles/economists-say-high-speed-rail-system-will-never-achieve-positive-cash-flow; Enthoven, A., Grindley, W., and Warren, W. (2010). "The financial risks of California's proposed high-speed rail." www.cc-hsr.org/assets/pdf/CHSR-Financial_Risks-101210-D.pdf; Garrahan, M. (2009, October 6). "California keen to set the pace." *Financial Times,* www.ft.com/cms/s/0/1c0b3676-b28a-11de-b7d2-00144feab49a.html#axzz18CGc6USH; Mitchell, J. (2010, December 13). "At start of rail project, a tussle over where to begin." *Wall Street Journal,* http://online.wsj.com/article/SB10001424052748703727804576011871825514428.html; "Subsidy trains to nowhere." (2010, December 11–12). *Wall Street Journal,* p. A14; Weikel, D. (2010, December 10). "U.S. shifts $624 million to California bullet train." *Los Angeles Times,* http://articles.latimes.com/2010/dec/10/local/la-me-high-speed-money-20101210; Rosenberg, M. (2013, April 3). "California high-speed rail costs soar again—this time just for planning." *San Jose Mercury News.* www.mercurynews.com/ci_22929875/california-high-speed-rail-costs-soar-again-this; Reason Foundation (2013, April 11). "Study: California high-speed rail system would lost $124 to 373 million a year." http://reason.org/news/show/study-california-high-speed-rail.

27. Feickert, A. (2008). "The Marines' Expeditionary Fighting Vehicle (EFV): Background and issues for Congress." Congressional Research Service, Library of Congress. www.dtic.mil/cgi-bin/GetTRDoc?Location=U2&doc=GetTRDoc.pdf&AD=ADA486513; Hodge, N. (2010, August 27). "Marines question craft needed to hit the beach," *Wall Street Journal,* p. B8; www.wired.com/dangerroom/2008/08/marines-swimmin/; Merle, R. (2007). "Problems stall Pentagon's new fighting vehicle." www.washingtonpost.com/wp-dyn/content/article/2007/02/06/AR2007020601997.html; Ackerman, S. (2010). "Senate may finally sink Marines' swimming tank." www.wired.com/dangerroom/2010/09/senate-may-finally-sink-marines-swimming-tank/; www.aviationweek.com/aw/jsp_includes/articlePrint.jsp?storyID=news/asd/2010/11/08/01.xml&headLine=null; www.aviationweek.com/aw/generic/story.jsp?id=news/asd/2010/10/12/08.xml&channel=misc.

第 6 章

项目团队的建设、冲突和谈判

本章目标

学习本章后,你应该能够:
1. 了解项目团队建设所包含的步骤。
2. 了解高效项目团队的特征和团队失败的原因。
3. 了解团队建设的阶段。
4. 描述怎样实现团队的跨职能合作。
5. 明白虚拟项目团队的优势和挑战。
6. 了解冲突的本质和评估响应的方法。
7. 了解在项目管理中谈判技巧的重要性。

本章涉及的项目管理知识体系的核心概念

1. 规划人力资源管理(见 PMBoK 9.1 节)
2. 获取项目团队(见 PMBoK 9.2 节)
3. 建立项目团队(见 PMBoK 9.3 节)
4. 管理项目团队(见 PMBoK 9.4 节)

☐ 项目导读 6-1

无国界工程师协会:项目团队改善生活

2000 年,科罗拉多大学博尔德分校的土木工程教授伯纳德·阿马迪(Bernard Amadei)访问了伯利兹的圣巴勃罗,看到那里很多小女孩没有去上学,却要帮忙运水,这令他感到很心碎。回到了博尔德分校后,阿马迪教授招募了 8 个土木与环境工程专业的学生,与他们一起设计并安装了由当地瀑布供电的纯净水系统。这项工程的总成本——算上他们师生的机票费,共计 14 000 美元。

对于阿马迪教授而言,这才仅仅是个开头,他又在 2002 年找到了美国无国界工程师协会（EWB-USA）。该组织拥有遍及全美的 250 多个分会，现有成员近 14 000 名。目前正在进行的 350 多个项目都与土木工程关系密切——比如玻利维亚的一个农场灌溉系统，以及南达科他州原住民部落的一个地热采暖系统，但有些其他的项目，比如小规模的水电系统及屋顶太阳能板的安装，还需要电气工程学的知识。据最新计算，EWB-USA 已经在全球范围内改善了超过 250 万人的生活。

这一美国组织的成立要追溯到 20 世纪 80 年代起源于法国，随后传播到西班牙、意大利、加拿大及许多其他国家的一场运动。作为一个独立的组织，EWB-USA 只拥有一个共同的称号和使命，在 2004 年，阿马迪教授创立了一个非正式的网络——国际无国界工程师（WEB-International）。时至今日，国际无国界工程师已有 45 个成员小组，其中科索沃、卢旺达和伊朗各有一个。

EWB-USA 旧金山分会（第一个全部由专业人员而非学生组成的分会）的创始人兼土木工程师彼得·科茨（Peter Coats）说："阿马迪激发了美国工业界前所未有的人道主义热情。"这一更高的目标对女性尤其有吸引力，她们在学生志愿者中占比超过 40%，是工程专业女性毕业生比例的两倍。EWB-USA 的执行董事兼土木工程师凯西·莱斯利（Cathy Leslie）说："女性对于人类和人道的认同度更高，她们不会仅为了技术而致力于发明技术。"

社区或地方非政府组织（NGOs）会向 EWB-USA 提供需求愿望清单，EWB-USA 则扮演配对者的角色，负责将分会与具体项目进行两两配对。纯净水的需求位列榜首——需要建立排污系统、收集和处理废物的卫生系统及灌溉渠道（见图 6-1）。此外，便宜的可再生能源也是常见需求。

图 6-1　EWB 项目团队和当地工人在铺设水管

资料来源：Dieter Heinemann/Westend61/Corbis.

这些项目没法在一天内完成，并且像几乎所有的工程项目一样，这些项目也需要维护和升级。因此，向当地的协会成员及 NGOs 传授知识就成了一件很重要的事情。为此，除了工程师，项目团队还有培训师和商务人士。威斯康星大学麦迪逊分校的学生分会主席艾琳·周（Eyleen Chou）说："你与他们建立了一种强有力的信任，你没有理由不在那儿呆十年或者更久。"

莱斯利说，成功的分会比如艾琳·周所在的分会，即使在新老成员交替进出的情况下，还可以建立并维持许多项目。他们设立了培训计划及导师制度，为新人提供指导，并寻找可持续供应的资金。分会需要自行筹集大部分项目资金，同时也要在基本准则下进行这项工作。在项目开始的时候，团队需要咨询 EWB-USA 的技术咨询委员会来调整和确定计划，并且必须为一个项目负责 5 年。

除了大学里的学生分会，EWB-USA 在全美还拥有多个专业分会。然而，维持一支高效的临时团队是一个挑战，尤其是对一个志愿者组织而言。专业分会面临的问题在于，要在老成员退出的情况下带领新的志愿者跟上进度，同时还有另一个棘手的问题，即成员们需要在全职工作和项目工作之间来回切换。比方说，旧金山分会的成员通常每个星期会投入至少 5 个小时在项目工作中，但在特殊活动或实地考察的情况下工作时长还会飙升。除了正常工作，分会成员有时每周会花费超过 30 个小时在 EWB 的活动上。

在改善他人生活的过程中，EWB 同时也创造了一个更好的工程师品牌，莱斯利说道。"我们所做的工作对学生是有教育价值的，"她说，走出办公室去实践"可以培养出一个更加成熟的工程师"。[1]

概述

在组建和协调高效的项目团队时遇到的困难可能会是非常复杂和令人沮丧的。精通进度安排、预算和项目评估是项目经理必须具备的技能。尽管如此，项目经理能够识别并主动承担工作中最具挑战性的部分也非常重要。**团队建设**（team building）和冲突管理是项目经理必须培养的两项最重要的**人际交往能力**，同时也是两项最困难的任务。项目经理必须利用他们的领导技能与部门经理进行谈判，使具备技能的人能够进入项目团队，但同时要指出的是，没有哪个项目团队是"完全组建"好可以随时待命的。简单地将一组闲散人员组合起来都不是一件容易的事情，更不用说一个项目团队的组建。

本章总结了项目经理面临的一些关键行为任务：组建一个项目团队，营造一种为共同目标努力的氛围，共同承担责任，鼓励团队成员之间进行跨职能合作以及识别项目干系人之间冲突产生的原因并及时解决冲突。但不幸的是，这并不是一个容易的过程，与任务历时估算一样，它不包括公式或者计算。人类行为"规则"通常由很多概括性的原则组成，而这些原则常常被视为合理的管理行为。只要对项目人员进行有效地管理，并进行仔细地评价，就能与任何一项技术性工作一样，可以有效促进项目的成功，并为项目带来一定的效益，这也是项目成功的一个重要因素。

在项目管理中，项目人员的配置、团队的建设、跨职能的合作和冲突管理不是作为辅助管理而存在，对这些技能的研究使我们能够精通高度复杂且富有挑战性领域的中心环节。本章不仅分析了团队建设和冲突过程，同时也为读者提供了改进这些过程的一些规范性建议以及在管理人员行为方面的一些技巧。我们的目的是明确的，然而，要完成某项工作或项目，就必须在与一个项目团队共同承担项目责任时，学习怎样使人员团结成为一个高效的工作团队，怎样控制随时可能出现的不必要的冲突，这是至关重要的。

6.1 建设项目团队

高效的项目团队并不是偶然产生的。在第一次配备人员和组建项目团队前需要大量细致的准备工作,在项目团队组建好以后,他们才能联合起来共同工作,并发挥最大的效益。对于项目经理来说,最好的情形是接管一个项目,同时拥有一个统一的团队,并且团队成员相互欣赏相互鼓励。遗憾的是,在大多数组织中,项目团队都是根据其他标准组建而成的,最典型的例子就是不管所处的环境,只要某人可用,就被吸纳到项目团队中来。项目经理面临的挑战是将一组零散人员改造成为一个高效的、有凝聚力的项目团队。上述过程应当尽可能结构化,尽管如此,人员配置与项目经理对于"什么对项目最好?"这一问题的判断是密切相关的。

图 6-2 显示了项目团队成员是怎样调配的。正如第 2 章中所述,在多数企业中,这个过程导致的结果是与各职能部门进行长期的谈判。图 6-2 所示的流程图表明了组建一个项目团队的几个关键决策点或关键面。[2]

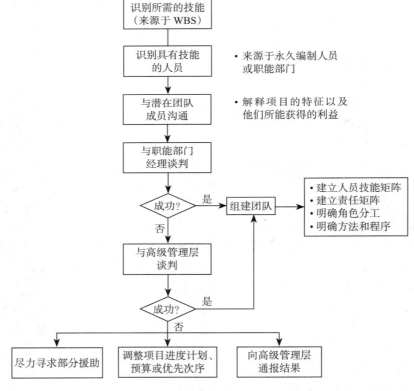

图 6-2 组建项目团队的基本步骤

资料来源:V. K. Verma.(1997). *Managing the Project Team*, p. 127. Upper Darby, PA: Project Management Institute. Copyright and all rights reserved. Material from this publication has been reproduced with the permission of PMI.

6.1.1 识别必要的技能

组建项目团队的开始阶段应对项目团队成员所需技能的类型进行真实的评估，这样才能达到成员之间能力的互补，也使他们能够尽可能高效地完成项目任务。比如，在一个技术高度复杂的项目中，有必要确保拥有所需的技术人才及他们有能力为项目的开发增加价值。在没有清楚地了解项目的每一个技术步骤之前，没有人会愿意从事一个软件开发项目。

6.1.2 识别具有必要技能的人员

一旦确定了项目所需的技能，就需要对具有必备技能的人员的可获得性进行评估。一般来说有两个选择：①雇用新工作人员（比如，在很多项目中，公司在项目生命周期内雇用合同工）；②将现有的工作人员培训成精通项目所需技能的人员。最后一般是通过对成本/利润进行估算决策的：谁能做这项工作？雇用或培训工作人员哪一个成本更低？一旦某人被雇用或培训成所需的工作人员，他们所拥有的技能能否为公司带来持续的收益？

6.1.3 与潜在团队成员沟通并与职能部门领导谈判

组建项目团队的第三个步骤包括与潜在团队成员进行沟通，了解他们对参与项目的兴趣。在某些情况下，团队成员对于如何分配他们用于项目上的时间具有很大的自主权。但是，在大多数情况下（特别是在职能性组织中），所有的职能专家都是由部门主管控制的。所以，在某些时候，项目经理为了使项目团队成员更好地为项目服务，就必须与相应的部门主管进行谈判。与部门主管的谈判可能是一个复杂的长期过程。

部门主管一般是不会反对部门人员参与项目的，但是他们主要关心的是组织的平稳运作。对于他们而言，将一个部门核心人员抽调到项目团队中对该部门的平稳运作是有害的。因此，谈判是必需的。谈判中需要讨论的问题有以下几个。

（1）**团队成员需要工作多长时间**？项目团队成员的工作时间形式可分为全职（一周 40 个小时）和兼职（一周少于 40 个小时）。另外，团队成员也可以在固定的一段时间（比如 6 个月）或在项目历时期间服务于项目。

（2）**谁来选择适合项目的人员**？由谁来选择项目团队成员也是一个谈判的要点。部门经理从其自身角度出发有其最好的选择，同时项目经理也有自己不同于部门经理的选用标准。

（3）**当特殊情况出现时怎么办**？当出现一些紧急或特殊情况时，职能部门经理可能希望保持对团队成员的控制或者有权招回这些人员从事部门活动。"紧急事件"如何定义？如果团队成员被招回，相应部门应该怎样为项目团队提供替代者？项目团队成员离开项目的最长时间是多少？所有这些问题都是非常重要的，都应该在指定项目团队成员之前解决。

绝大多数项目资源都是与部门经理谈判得来的。有一点非常关键：对大部分项目经理而言，他们对项目团队成员的控制权可能会受到限制，尤其在项目团队刚刚组建的时候。在这个时候，项目经理最好的办法就是仔细考虑为了成功完成项目所需要的专门知识和技能的类型，带着明确的目标与部门经理谈判，将部门经理视为盟友而不是对手。组织支持项目，各职能部门也就会支持，但它们的支持程度必须提前计划好。

6.1.4 建立撤退的阵地

当没有可获取的资源时,你作为项目经理要如何进行选择?比如,项目需要3个训练有素的设计工程师,但工程部主管不愿意将他们调配给项目组或谈判不成功。如图6-2所示,在与职能部门经理和高级管理层谈判不成功的情况下,项目经理有3个基本的选择。

1. 尽力寻求部分援助

如果项目经理对调配到项目团队中的成员具有完全控制权的要求遭到拒绝,那么最好的选择就是寻求部分援助,从而使项目得以开展。一旦人员被调配到项目组,即使不受完全控制,但给项目经理提供了迟些时候再向部门主管寻求帮助的机会。虽然这样会减缓项目的进度,但总比什么都不做更有利。

2. 适当调整项目进度计划和优先次序

当关键资源不能够获取时,就必须调整项目进度计划。正如第12章"资源管理"中将要提到的,如果项目所需资源得不到充分支持,那么制订一个复杂的进度计划是没有意义的。换言之,直到找到合适的人完成项目任务,项目才能进展下去。在不能确保职能部门经理一定支持项目能够获得所需资源的情况下,都必须严格和如实地调整所有项目计划,包括范围文件、进度计划、风险评估等。

3. 向高级管理层报告

在不能获取必要的资源时必须向高级管理层(也就是项目的最初发起人)报告。他们可能是资源和人员问题的最终决策者。面对职能部门经理的长期不合作,唯一的办法就是尽可能如实地向高级管理层求助,表明得不到足够的支持来推动项目。这样高级管理层可能会做出3种决策:①支持该项目并按照项目要求进行人员配置;②提出一种折中的方案;③支持职能部门经理。在前两种情况下,项目得以继续,在第3种情况下,他们最好在项目开始之前就终止它。

6.1.5 调配团队成员

当项目人员配置完成后,最后一个步骤就是对项目团队成员进行调配。这包括建立人员技能矩阵,用于定义项目所需的技能以及团队所拥有的技能,并使用**责任分配矩阵**(**RAM**)的方法建立责任矩阵(详细讨论见第5章)。同时,所有项目团队成员担当的角色和承担的责任,连同项目团队使用的所有方法、期望以及标准运作程序都必须明确。如果有任何一项不存在,就有必要建立它。

6.2 高效项目团队的特征

大量研究调查了高效项目团队所具备的特征以及效率低的团队是怎样逐渐失去这些特征的。成功的项目团队具有以下一些共同特征,包括明确的职责、较高的相互依赖、凝聚力、高度信任、激情以及以结果为导向。

6.2.1 明确的职责

具有明确的职责是项目成功的一个关键因素。[3]也就是说，使命感必须为所有成员理解和接受。研究发现，项目开始时，清楚了解项目任务是项目成功的第一要素。[4]其原因有两点：首先，项目有一个明确的目的或目标时，项目团队会更好地完成任务；其次，团队理解并共同参与完成项目目标的范围越广，项目绩效就越好。如果将项目经理看成车轮的轮轴，团队成员作为单独的轮辐，成员仅仅与项目经理交流，这种安排就不是那么有效和成功，因为在这种环境下，团队成员无法了解项目的整体目标，也不知道他们的工作是如何为实现目标服务的。

项目经理经常犯的错误是将团队按照职责进行划分，给每个小组安排一项专业的小任务，这样，他们就意识不到他们所做的工作对整个项目的进展有何贡献。这种做法是非常错误的，主要有以下几个重要原因。首先，项目团队是项目经理解决潜在和实际问题纠纷的最好来源。如果团队成员之间一无所知，即使有成员能够通过参与到其他方面的工作来推动项目平稳发展也有心无力。其次，如果团队成员对他们所从事项目的各种特征都一无所知的话，他们会渐渐对项目产生抗拒。无论有意还是无意，当成员认为他们被孤立并且只做一些琐碎的事情时，他们要么不再信任整个团队，要么认为团队没有能力从事需要全部人员参与执行的事情。最后，从"军事交战"的角度来讲，项目经理使团队成员及时了解项目的最新动态将很容易营造一种良好的氛围。在项目团队建立的初期阶段，在明确目标和角色分工上花费的时间越多，在后期用于解决问题和平息随时出现的争论的时间就越少。

6.2.2 较高的相互依赖

相互依赖反映的是团队成员之间共同行动的程度，它是成功完成项目所必需的。例如，如果一个项目只需一个小组或者企业中一个部门的人员来完成，那么相互依赖的必要性就会降低。尽管如此，在大多数情况下，项目经理必须将组织中不同职能部门的人员组成一个团队。比如，在一个大型公司的IT项目介绍会上，通常会极力要求来自于管理信息系统部、工程部、会计部、市场部以及行政部门的人员组成的项目团队共同参与和努力。正如**差异化**（differentiation）概念所表达的一样，每一个成员给团队带来他们对每一个人应该担当的角色以及各种贡献重要性的看法，当然还有其他一些狭隘的个人思想。

相互依赖（interdependency）涉及团队成员的知识程度以及他们对其他相关工作的依赖程度。培养对相互依赖的理解意味着对每个成员给团队带来的优势和贡献表示感激和认可，这是项目成功的一个必要条件。团队成员必须意识到，他们不仅要为项目做出自己的贡献，还得认识到他们的工作应该怎样配合项目计划的实施以及怎样与其他工作相联系，如来自其他部门成员的工作。

6.2.3 凝聚力

凝聚力（cohesiveness）从根本上反映了团队成员对彼此和他们任务的相互吸引程度。它也是所有成员为维持一个团队而表现出的期望程度。对于项目团队的多数成员来说，他们需要一个或多个理由将他们的技能和时间用于完成项目。虽然他们被分配到项目组，但对大多数人来说，项目可能是与其他任务或职责同时进行的。项目经理尽力将团队建设成一个有凝聚力的团队，就像任务刚开始时一样。既然凝聚力是维持一个团队的有效因素，项目经理就应该充分利用一切可能的资源，包括利用激励机制、赏识、绩效评估以及企业奖励等调动团队成员的积极性，使他们将时间和精力用于完成项目目标。

6.2.4 信任

不同的人对信任有不同的理解。[5]对于项目团队来说，**信任**（trust）被理解为每个成员对团队感到的舒适程度。考虑到心理舒适度，在团队中，信任是项目团队区别对待每个人不同的观点、价值观和态度的能力和意愿的表现。信任是团队建立的基础，如果没有信任，团队凝聚力和赏识也会变得没有任何实际意义。关于信任，有趣的一点是，它会导致成员之间意见不一致甚至引发冲突。当成员在团队中心情舒畅时，即使他们与别人在观点上有差异，他们也愿意相信别人的观点，当然也可能反对并与之讨论甚至争论。因为成员之间相互信任，意见产生分歧不会被看成个人攻击，同时成员也会意识到，不同意见是有价值的，并且能够促进项目的进展。当然，在意见的不一致产生积极结果之前，必须先培养成员之间的信任。

有很多方法可以使团队成员彼此信任。第一，项目经理创造一种"有事当场解决"的意识是很重要的，这样成员就不用担心他们会遭到背叛或他们的意见会被泄漏。信任首先要由项目经理职业性地加以示范，并成为其对待所有项目成员的一种方式。第二，信任需要循序渐进地培养，在人与人之间不存在跳跃式的信任，我们必须持续地让别人觉得我们是值得信任的。第三，信任是一种"是或不是"的问题，一个人或者值得信任，或者不值得信任，不存在稍微值得信任这种情况。最后，信任通常产生于几个层面。[6]①信任与专业性的**互动**（interaction）和对对方能力的期望有关（"我相信你能够完成这项任务"）。②信任产生于一个完整的层面（"我相信你尊重你承担的义务"）。③信任产生于基于人本能的感情层面（"让你来做决策是正确的吗？"）。所以，清楚认识团队成员之间的信任是很复杂的，也是很重要的，需要很多时间去培养。信任依赖于过去的历史，并可能产生于几个层面，而每一个层面对建立一个高效率的团队都是重要的。

6.2.5 激情

激情是产生促进项目高效进展的能量和精神的关键所在，使团队具有激情的一个方法是鼓励提倡功效这一概念，建立只要我们努力就能实现目标的信念。激情是积极地、精力充沛地朝着项目目标前进的催化剂。当项目经理能够创造符合以下要求的环境时，就更有可能激发团队的激情。

- **挑战**——项目团队的每一位成员认为，他们在团队中的角色为他们的职业发展和个人成长提供了机会，从项目中可以学到新知识，并且可以提高专业技能。
- **团队支持**——项目团队成员能够感受到一种团队精神，并且能够感觉到在项目团队中自己是唯一的。所有的团队成员相互协作，经常交流，将遇到的困难看作一个共同解决问题的机会。

- **个人奖赏**——随着项目的成功完成，团队成员的收益也在增加，他们会更加充满激情。将个人收益的提高与项目团队的绩效联系起来，这样使成员对项目有一种归属感，从而尽力完成项目任务。

激情在团队成员之间的重要性可由一个例子来很好地加以说明。一个团队领导者负责对位于新西兰的一个大型制造厂的制造流程进行改造。尽管他最初比较有激情，但逐渐对其负责的项目团队感到灰心，分配给他的多数成员没有在各自的任务上做出什么成绩。渐渐地，他主要的任务就是不断处理各种琐碎的事情。每次他提出改变一下方法或者尝试一下新鲜事物都会听到"我们做不到"之类的话。一个星期一的早晨，团队成员走进他的办公室看见了办公室墙上印着"YES WE CAN"几个字。（上个周末，项目经理曾经来过，并对办公室做了一点小小的改变。）从那以后，"YES WE CAN"成了团队的主题，并对项目的成功产生了重要的影响。

6.2.6 以结果为导向

以结果为导向是指项目团队中的每一个成员都应该致力于实现项目的目标。项目经理可以在多方面影响项目的执行，但都是通过持续地强调任务绩效和项目**结果**（outcome）的重要性，从而让所有团队成员联合起来为同一个**目标**（orientation）而努力。有些人称这种现象是"关注目标"态度，这也是成功项目团队的一个共同特征。以结果为导向的好处在于它能持续给予团队成员力量，以使其朝着重要而有意义的方向努力，从而避免他们将时间和精力浪费在对整个项目目标的实现并不重要的事情上。

6.3 团队失败的原因

建立一个高绩效的项目团队所包含的挑战是难以预测的，所以项目团队在很多情况下不能完成任务不足为奇。团队没有取得佳绩一般有以下几个原因，包括目标不明确、项目团队成员的角色和依赖关系定义不明、项目团队缺乏动力、缺乏沟通、领导力不足、项目团队成员流失和行为紊乱。[7]

6.3.1 目标不明确

项目团队失败最普遍的原因之一是对项目目标缺乏明确的了解。在项目执行过程被打断、目标不停更改或者缺乏沟通时，项目产生的结果将会是不明确的。这种情况会使项目团队成员感到极度受挫。

1. 目标不明确产生多种不同的理解

目标不明确产生的最普遍的问题是导致成员之间产生隔阂，并经常产生与项目目标不一致的理解。这样制定的目标不但没有帮助团队将精力集中在项目上，反倒加剧了团队成员间意见的不一致，因为每一个团队成员对项目目标都有不同的理解。

2. 目标不明确阻碍团队成员共同工作的意愿

当团队成员面对不明确的目标时，每个成员都从对自己有利的一面去理解它。目标被用来支持个人利益而不是团队利益，这就经常导致这种情况的发生：一个人期望**如他所理解**的那样实现项目目标，而这就与另外一个人从其自身利益出发理解的项目目标相冲突。

3. 目标不明确增加冲突

当可以对项目不明确的目标进行多种以自我为中心的解释时，冲突就会增加。在这种情况下，项目成员不是为了完成项目而工作，而是将精力和时间花费在与其他成员的冲突上。

6.3.2　项目团队成员的角色和依赖关系定义不明

团队依赖是指团队成员之间相互合作相互补充。在某种程度上，所有成员都必须依赖于其他成员并相互合作以实现项目目标。高效的团队都是标准化的，在个人角色和职责的定义上几乎不存在模糊的情况。当团队成员的任务或职责不明确时，就很容易产生不一致，从而将时间浪费在对任务的阐明上。角色定义不明产生的另外一个重要问题就是在项目各种活动之间会浪费很多时间。如果团队成员不清楚他们的角色，也不清楚与其他成员的依赖关系，在当前任务已经完成、后续任务即将开始时，就会浪费更多的时间在过渡阶段上。

6.3.3　项目团队缺乏动力

项目团队绩效低的一个普遍原因是团队成员缺乏动力。动力是一种典型的高度个人主义现象，一些因素（比如对技能的挑战和晋升的机会）可能会激励一个成员，但可能对另一个成员就没有激励作用。当整个项目团队缺乏动力时，项目的绩效就会因为成员个人工作绩效低下而受到影响。为什么项目团队缺乏动力？主要有以下几个原因。

1. 感到项目不必要

当团队成员认为项目一点都不重要时，他们想要工作好的动力自然会受到影响。不管团队成员认为项目"不必要"是否正确，如果企业和项目经理任由这种观点长期存在，那么将很难让团队感到有动力。项目经理需要尽可能坦诚地与团队成员进行交流，向团队成员解释项目的利益、目标以及对企业的重要性等。

2. 项目的优先级可能很低

组织中的项目团队成员经常关注哪些项目的优先级较高、哪些项目的优先级较低。此时就应充分利用企业内部的交流工具，比如实时通信、电子邮件以及其他一些方法，向项目团队说明他们所做的项目是高级领导层非常重视的。当团队成员认为他们所做的项目优先级很低时，他们就不会积极投入到项目中去，也就没有动力好好工作了。

6.3.4　缺乏沟通

缺乏沟通通常是由多种原因造成的。例如，如果团队成员对项目的结果以及成员之间的依赖关系不了解，那么他们就不知道应该与谁分享信息。团队内部沟通不畅的另一个原因是有些成员不愿意与别人共享信息，因为他认为自己所掌握的信息比起其他成员来说是一种优势。团队成员不同的职能和专业背景也可能是阻碍沟通顺利进行的原因。技术人员（比如工程师）使用专业术语非常轻松，但这对于非技术人员就很难理解。类似地，具有财务背景的人员可能使用与贸易相关的术语，但技术人员对此却无法理解。

解决沟通问题的关键在于项目经理积极主张建立团队成员之间信息共享的标准，在团队中营造一种公开坦诚交流的氛围。关于鼓励跨职能合作的其他机制将在本章后面进行详细讨论。

6.3.5　领导力不足

第 4 章详细分析了项目经理领导方法的重要性。由于项目经理是对团队负责的关键人物，所以项目经理选择的领导方式可能会成为项目团队绩效的一个推动因素，也可能成为一个阻碍因素。认为"一种方法适合所有项目团队"的项目经理没有认清这样一个事实：为了从团队成员那里得到最好的绩效，必须根据不同的情况使用不同的领导方式。此外，一些项目经理采取一种与团队完全对立的领导方式，比如吓唬、威逼、威胁团队成员是他们取得高绩效的主要方式，但与此同时也在项目团队中营造了一种紧张、担忧的氛围。成功的项目领导人懂得依据项目团队内的多种准则来适当调整他们的领导方式，这些准则包括团队组成方式、动力水平、成员经验和技能水平。

6.3.6　项目团队成员流失

组织中普遍存在着这样一个问题：将团队成员临时调配到一个项目中后，就很难再将其调至其他项目中去。项目团队成员流失率越高，项目经理想增强项目团队的凝聚力就越困难。此外，不断地增加或减少项目团队成员会产生团队需要重新学习和重新划分职能的问题。根据学习曲线效应，研究发现向一个正在进行的项目的项目团队增加人员通常会产生延迟项目进度的效果。新成员需要时间去赶上项目进度，他们不清楚项目的构成和团队成员之间的依赖关系，同时他们也不明白团队的内部动态。

虽然对项目经理来说最好的情况是在没有成员流失的情况下开展项目，但实际情况却是不得不考虑人员的流失，并且还要考虑在人员流失时为使项目进度变更最小而需采取的对策。为了避免这种情况，项目经理应尽早让团队中的每一个成员明白，因为人员流动，不仅仅是他们自己的任务，还包括他们支援的另一个项目，都将延迟。项目经理的另外一个选择是与各职能部门经理保持良好的工作关系，以便能及时知晓项目团队成员的动态，从而提前做好替换人员的准备。

6.3.7　行为紊乱

行为紊乱指的是一些成员由于个性问题、隐秘的动机或人际关系问题所引发的混乱行为。有时候，可以简单地要求找出参与这些活动的人员，并采取措施纠正问题。由于行为紊乱导致严重问题时，可能就会要求这些成员离开项目团队。

6.4　团队发展的阶段

团队的发展是一个动态的过程。[8]在发展过程中，团队会经历几个阶段。这些阶段很容易识别，在各种企业中都存在，而且几乎涵盖了由于各种目的而组建的团队。具体阶段如表 6-1 和图 6-3 所示。[9]

表 6-1 团队组建的阶段

阶 段	特 征
成立	成员开始相互熟悉，为项目和团队制定基本规则
冲突风暴	随着成员开始反抗权威，并透露幕后的动机和偏见，冲突出现
规范化	成员在操作程序上达成一致，寻求共同工作，建立起密切的关系，致力于项目的进展
实施	团队成员一起工作，完成他们的任务
中止	团队随着项目的完成或团队成员的重新分配而解散

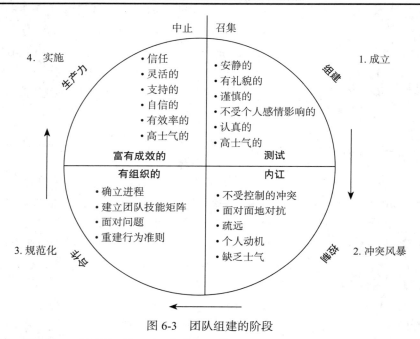

图 6-3 团队组建的阶段

资料来源：V. K. Verma.（1997）. *Managing the Project Team*, P. 71. Upper Darby, PA: Project Management Institute. Copyright and all rights reserved. Material from this publication has been reproduced with the permission of PMI.

6.4.1 阶段一：成立

成立（forming）包括使一组独立的个人形成一个有凝聚力的项目团队所经历的过程以及所使用的方法。这个阶段有时被看成"挣扎"的阶段，因为团队成员对项目目标不了解，不认识其他团队成员并且对他们自己的任务也感到迷惑。[10] 团队成员渐渐开始变得熟悉，他们讨论很多问题，包括项目的目标、如何确认自己的角色、团队中将会用什么样的方式交流以及哪些行为是可以接受的。在成立阶段，行为的一些初步标准开始形成，包括交互行为的规则（谁真正对此负责，成员应如何进行交互）和具体的行为（成员的效率应如何）。该阶段完成得越早，效果越好，这样在以后就能避免模糊不清。在早期的会议中，项目领导者的任务就是制定标准并为此后的合作和成员积极的态度营造氛围。

6.4.2 阶段二：冲突风暴

冲突风暴（storming）表示成员对初始规则的自然反应。成员开始试探限制和约束他们行为的规则。这个阶段是一个充满冲突的阶段，最初的领导形式、报告的关系、工作规范以及成员之间的行为都可能受到质疑，可能还会重新制定。在这个阶段，团队经理将会开始看到团队成员表达个人的动机、试图抵制或重新制定团队规则，并且对来自其他部门的团队成员表示偏见。比如，一个成员可能单方面地认为她没有必要参加所有的团队会议，提出当团队"真正需要"她时再投入到团队中去。其他一些行为还包括对来自其他部门成员的轻视（"哎呀，你们这些市场部的人在一个技术型项目中能做什么？"）或个人之间重新出现的旧怨。每个团队都要经历冲突风暴。本章的后半部分将介绍处理各类冲突的方法。

6.4.3 阶段三：规范化

规范是用于约束行为的习惯准则。对团队行为进行规范化意味着团队成员需要形成一致的习惯和态度。规范有助于团队确定如何制定决策、会面的频率、成员之间应该相互坦诚和信任的程度以及冲突应该怎样解决。研究显示在**规范化阶段**（norming stage），团队的凝聚力达到顶峰。成员之间建立了密切的关系之后，就形成了相互关心、相互欣赏的氛围，那么同事之间的友情以及责任的共担也就自然产生了。规范化阶段为团队实际工作的开展奠定了稳定的基础。

6.4.4 阶段四：实施

在**实施阶段**（performing stage），项目的实际工作真正开展起来。项目团队要达到成熟的状态并有信心有效地履行职责，那么只有在前三个阶段完全完成的基础上才能实现。在实施阶段，团队之间的关系是高度信任的，相互欣赏彼此的绩效和贡献，并自愿积极地寻求合作。项目开发周期到了这个阶段，士气会持续增加，所有的团队成员都能安心、有效地工作。只要以任务为导向的团队标准在团队组建初期被确立而且冲突得以解决，那么实施阶段就是士气最高、绩效最好的阶段之一。

6.4.5 阶段五：中止

中止（adjourning）表示项目和团队不可能永远持续下去。在某些时候，项目完成，团队解散，于是成员回到组织的相应职能部门。有时候，团队会有意慢慢地减小规模。比如，在一个设计系统工程项目中，随着系统各个部分的完成，团队中就不需要设计工程师了，因此设计工程师将会被重新调配。在其他一些情况下，团队完成任务后，会立刻解散所有的成员。不管是在哪个项目中，在项目的最后阶段，团队成员很可能对他们将来的任务或新职责表现出担忧，项目经理及时了解这个问题是非常重要的。项目经理需要关心团队成员的真实顾虑，如果有可能的话，尽力使团队成员向新任务平稳过渡。

6.4.6 中断平衡

在 20 世纪 80 年代后期，加州大学洛杉矶分校（UCLA）的研究者康妮·盖尔西克（Connie Gersick）对项目团队发展的标准模式提出了质疑。[11] 经过一系列研究，她发现了一种完全不同的项目团队发展过程。康妮·盖尔西克基于斯蒂芬·古尔德（Stephen J.Gould）教授提出的一个类似的科学模型，将新模型命名为**中断平衡**。该模型可以用来解释自然界的宏观进化。**中断平衡**（punctuated equilibrium）认为进化不是以一种稳定的状态逐步发生的，真实的自然变化往往经历了长期停滞之后才发生，而且一些推动进化向前发展的大事件也会导致进化中断。

中断平衡现象也经常出现在与团队动态相关的领域中。盖尔西克的研究工作表明，团队过程变更中的时机选择在不同类型的团队和环境中具有稳定性。她发现在大多数组织中，在第一次会见中仅仅凭借有限的互动和对彼此或项目任务的有限了解就能很快建立一套运作规范。但这些规范通常不是最优的，一般只对项目生命周期中一段时间内的团队行为和绩效有引导作用。盖尔西克发现团队会按照制定的标准运作直到危机发生，此时几乎正好是初次会见和项目结束的中间（如图 6-4 所示）。危机事件可能是因为项目进行到此无法继续下去，也可能是个人之间敌对情绪的爆发或其他外部原因。然而，一旦发生，它就成为修正团队规范的动机，从而需要建立更好的团体内部工作程序，以促使他们取得更好的任务绩效。它经常发生在项目生命周期的第 2 个阶段，那时大部分的实际工作已经完成，成员开始更多地发挥团队的功能，而不仅仅是个人的集合。

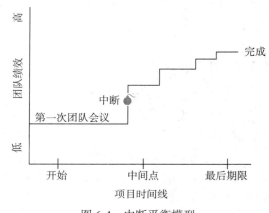

图 6-4 中断平衡模型

中断平衡对于项目团队领导者有着非常重要的指示作用。首先，它表明随着早期行为和标准的快速形成，这些行为标准成为团队行为的控制力量，这种初始印象一般能持续很长时间。所以项目团队领导者需要努力研究怎样召开第一次团队会议，以及怎样传达关于任务和个人之间行为的信息（内部或其他）。其次，模型还表明在执行项目的过程中，团队合作必定会经历一个"中年危机"阶段，因为缺乏具体的成果，伴着逐步升级的个人之间的紧张情绪，容易形成一种不满的状态，最后在项目进行的中间过程爆发，将问题显露出来。领导者需要提前为这些行为做好计划，识别出危机临近的警告信号，并采取必要的措施以取得更为积极的结果。最后，盖尔西克的研究发现当团队成员不能及时了解项目目前处在什么状态时，会容易产生挫败感。因此，如果项目经理希望避免由于项目中途变更带来的不利影响，就需要认识到这个事实：他们为过渡事件和影响进程的其他一些迹象所做的计划越多，就越能减轻由于项目团队分裂而带来的负面影响。

6.5 实现跨职能合作

经理们使用哪些策略建设有效的项目团队？一项对项目团队的研究揭示了有利于**跨职能合作**（cross-functional cooperation）的一组关键因素。[12] 图 6-5 是一个两阶段模型：第一组因素影响合作，第二组因素影响结果。影响合作和行为的关键因素是最高目标、规则和程序、物理位置上的接近以及交流的可接近性。通过跨职能合作，这些因素同时影响任务的结果（确保项目彻底完成）和社会心理结果（高绩效项目团队具备的情感影响和心理影响）。

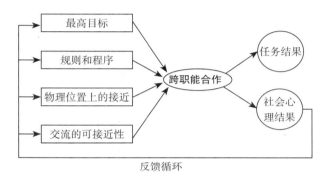

图 6-5 项目团队跨职能合作

资料来源：M. B. Pinto, J. K. Pinto, and J. E. Prescott.（1993）. "Antecedents and consequences of project team cross-functional cooperation." *Management Science*, 39: 1281-97, p. 1283. Copyright 1993, the Institute for Operations Research and the Management Sciences, 7240 Parkway Drive, Suite 300, Hanover, MD 21076 USA. Reprinted by permission, Project Team Cross-Functional Cooperation.

6.5.1 最高目标

最高目标（superordinate goal）指的是对所有参与的团队（所有与项目有关的职能团队）都很重要的整体目标或目的，但要达到这些目标或目的需要所有团队的资源和努力。[13] 当苹果公司开发它们的 iPad 平板电脑时，这个项目衍生了许多子项目，包括创建一个易使用的操作系统和图形化的用户界面、开发一系列支持多程序运行的功能和应用、实现 4G 和无线功能等。每一个子项目都由多个电子工程师、IT 技术人员和程序员、编码专家、界面设计员、市场调研人员和运营人员等共同协作完成。如果这些项目仅有一部分成功的话，iPad 是不会取得成功的。因此，所有的项目都必须成功，要求所有的开发者彼此之间维持稳固的合作关系。

最高目标是对各职能小组设立的目标的补充，而不是作为替换。当来自于不同职能领域的项目团队成员有一个整体或共同的目的时，他们就易于朝着最终目标合作努力。为了更清楚地说明这个问题，以一个为商业市场开发新软件的项目为例。这个项目团队的最高目标是"开发质量高、界面友好、易于使用、能提高各部门运作效率的系统"。整体目标试图集中那些不同职能的特殊目标，从而达到成本有效、进度一致、高质量和创新的共同目标。它提供了整个项目团队能够为之奋斗的中心目标或高于一切的目标。

6.5.2 规则和程序

规则和程序是所有讨论跨职能合作的中心话题，因为它们为合作（协调）或整合各职能部门的活动提供了一种方法。[14] 规则和程序在组织中被定义为形式化、规范化的过程，它们以团队的成员关系、任务分配和绩效评估等形式命令或控制团队成员的活动。多年来，组织依靠规则和程序将组织成员的活动联系起来。规则和程序被用于分配任务、评估绩效、解决冲突等工作。为实施项目的绩效，组织会正式制定规范化的规则和程序，同时也会制定加快项目团队运作的项目特有的规则和程序。

规则和程序的价值表现在当团队成员之间缺乏合作时，公司能够简单地命令他们合作。如果团队没有运用组织范围内的明确规则和程序来帮助成员完成任务，他们就必须制定他们自己的规则和程序以加快项目的进程。比如，可能存在这样一个规则，即所有项目团队成员都必须和除自身以外与项目有关的每一个人接触。

6.5.3 物理位置上的接近

物理位置上的接近（physical proximity）表示团队成员感到他们在物理或空间上的位置很接近，有利于他们彼此间的相互交流。当物理或位置上的特征允许个人相互交流时，他们是非常乐意的。[15] 比如，房屋的大小和空间布局可能影响成员彼此间的工作关系。在一个小的房间或将一个工作组都集中在同一楼层时，由于物理位置上的接近，人员之间的关系可能会更亲密。当人员沿着走廊分布或位于不同的房间中时，交互要么很少，要么不是自发的。在这种情况下，就很难与同一部门或其他部门的人员进行交流。

许多公司都认真考虑过物理位置上的接近对项目团队合作的潜在影响。实际上，一些项目组织将工作在一起的人员分配在同一办公室或楼层。"作战室"有时就用来表示这种情况，即特意将项目团队成员重新安排到一个集中的位置。当团队成员的工作位置接近时，他们更有可能相互交流、相互合作。

6.5.4 交流的可接近性

物理位置上的接近是促进跨职能合作的一个重要影响因素，另外一个因素——交流的可接近性，也是同等重要的。**交流的可接近性**（accessibility）是指其他人感到一个人平易近人并愿意就有关项目的问题或想法与之进行交流。与物理位置上的接近不同，交流的可接近性表示可能影响组织成员之间交流频率的附加因素（比如，个人的动机、在组织中的地位或办公室外的任务）。这些因素经常会影响组织成员之间的交流的可接近性。比如，在一个公共事业部门的组织中，尽管工程部门的一个成员在物理位置上与城市统计部门的一个成员接近，但由于不同的工作进度计划、职责和优先次序，他们几乎从不交流。这些因素经常造成个人之间交流的不可接近性。

6.5.5 合作的成果：任务和社会心理结果

如图 6-5 所示，推进成员之间的跨职能合作的目标不仅如此（促进成员之间进行跨职能合作的目标并不是终点），还有取得更好的团队绩效并最终取得更好的项目结果。有两种类型的项目结果需要重点考虑：任务结果和社会心理结果。**任务结果**（task outcomes）与包含在项目实施过程中的因素有关（时间、进度、项目的功能）。另一方面，**社会心理结果**（psychosocial outcomes），则表示团队成员对项目工作经历的评估，包括认为值得为项目付出努力，对项目工作比较满意，收获也比较多。比如，有可能一个项目在完成任务结果方面是"成功"的，但是所有的成员可能会由于冲突和糟糕的经历而感到气馁，对于他们来说除了糟糕的回忆什么都没有得到。社会心理结果是很重要的，因为这将决定项目团队成员以什么样的态度投入到下阶段的项目中去（如图6-5反馈循环所示）。项目经历是否令人满意？是否有价值？如果是的话，比起在前一个项目中有过糟糕经历的状况，成员们更有可能以一种积极的心态开始新的项目。如果成员以一种消极的心态进入新项目，那么无论制订的计划多么详细，团队成员的选择和团队的发展过程执行得多么审慎，最后所有的努力都可能付诸东流。

最后，为了建设高绩效的团队，有哪些一般的结论可以引用？根据以往的研究，在组建项目团队阶段项目经理可以采取以下3个步骤。[16]

（1）**尽可能使得项目团队真实确切**。高效的团队一般会建立自己唯一的标识。通过宣传、促进交互、鼓励采用统一的技术和语言以及强调项目结果的重要性等方式，项目经理就可以营造出一种团队的真实感。

（2）**奖赏表现优异的成员**。有很多非金钱的方式可用来奖励表现优异的成员。关键在于：①灵活性——认识到每个人以不同的方式看待奖励，②创造力——提供选择性的方法使消息能被准确理解，③实用主义——认可给成员的奖励，并确保团队的优异表现是可信的。

（3）**鼓励成员间一对一的交流**。项目经理需要在项目团队成员之间建立一对一的关系。如果项目经理以身作则，为团队成员提供积极的反馈，公开承认优秀的绩效，表现出对团队工作的兴趣，坚持使用工作规则，那么项目团队成员将会觉得你的投入和他们的工作都是有价值的。

以上的建议将在复杂的项目管理环境下为团队的组建营造一个良好的开端。项目具有临时性的特征，以及成员进出团队具有动态性，在很多组织中，团队的一些成员同时为其他项目工作，为了实现项目目标他们需要一致、高效地工作，因此，建立一支有凝聚力的团队，是非常有价值的。[17]利用这些指导方针项目经理能够更快地建设好一支高绩效的项目团队。

6.6 虚拟的项目团队

商业的全球化对当今项目的运作有着重要的影响。假设有一个数百万美元的项目，主要是在北大西洋设计、建造和安装一个石油钻探平台。项目需要来自俄罗斯、芬兰、美国、法国、挪威和英国等合作组织的专家。每一个合作组织都必须参与项目团队，所有的决策都要尽可能取得一致。项目的成功需要项目团队所有成员之间持续不断的交流。听起来的确很难，其实这种情况经常发生。直到最近，项目经理最大的挑战仍是找到一种方法使成员之间保持密切的联系。团队成员不断出差加强沟通是唯一的选择，但最近，越来越多的组织开始组建虚拟团队。

虚拟团队（virtual teams），有时也被称为成员分散在不同地理位置的团队，指使用电子媒体（包括电子邮件、互联网和远程电信会议），将不在同一物理位置的项目团队成员联系在一起。虚拟团队是在由于物理障碍或空间分散使得团队成员不能以面对面形式交流的情况下出现的。因此，虚拟团队包括确定可供选择的交流媒介，以使所有团队成员保持联系，为项目持续地做出贡献，并同项目团队其他成员一起交流与项目有关的各类信息。虚拟团队使用技术手段解决了棘手的问题，成功地将分散在不同地方的成员联系起来。

虚拟团队面临两大主要的挑战：建立信任和确立最好的交流模式。[18] 信任，在前面讨论过，是将一组不同的人组合成一个完整的项目团队的关键因素。物理上的距离使得信任的建立比较慢。交流媒介可以创造一种正式的没有人为因素影响的环境，人性化的交流媒介仍需要时间去开发。这就延缓了成员之间信任的建立。

如何改善虚拟团队会议的效率和效益？随着项目团队开始使用虚拟技术，下面是项目团队可以选择的一些方法。[19]

- **如果有可能，应尽量寻求面对面交流的机会**。不要一味地依靠虚拟技术。即使只能在项目的开始和关键里程碑事件之后，创造机会使团队聚集在一起交换信息、联谊以及建立个人关系，依然是非常有效的。
- **不要让团队成员缺席**。虚拟团队的问题之一在于成员很容易长时间不进行交流，尤其是在没有确立定期的交流日程时。解决问题的最好方法是确立包括定期会面和临时聚会两种形式的交流，或者通过视频会议、电子邮件和互联网交流。
- **确立团队成员之间的行为准则**。团队成员之间需要共享的信息类型相对来说容易取得一致，因此制定一些规则也同样重要，比如何时应该进行联系，对信息反馈的可接受和不可接受的滞后时间是多长。
- **使所有团队成员参与交流**。虚拟团队需要高度警觉，项目经理需要保持交流通道随时通畅。当团队成员懂得怎样适应大环境时，他们就更乐意保持联系。
- **建立一个解决冲突、意见不一致和团队规范问题的清晰过程**。当项目处于虚拟环境中时，项目经理要判断团队成员对项目和其他成员的反应和感觉是非常困难的。建立一套指导团队成员之间自由表达疑虑或反对意见的方针非常有用。比如，让一个由几个大型组织的成员组成的项目团队召开诉苦会议，让团队成员每周有两个小时的时间发泄情绪、表达不一致的意见。会议的唯一准则是会上所说的每一件事情只能在项目团队内部说，不能传到项目团队外部。会议开始两个月内，成员会感觉这种会议是项目交流最有效的部分，比起参加正式的项目会议，他们更期待参加这种会议。

对虚拟团队而言，除了在建立信任和确立交流方法方面的挑战，还有一些其他值得考虑的问题需要解决。[20] 比方说，选择合适的交流工具就是一个重要的问题，并没有"一个最好的"方法适用于所有场合下所有团队成员间的交流。交流的方式包括同步（实时发生）和异步（非实时发生），例如与另一方进行即时通信就是同步交流，异步交流的方式则可能包括邮件，或者在某人的 Facebook 上发布留言，不同的交流方式的背后可能是出于社交或者信息沟通的目的。利用这些交流工具可以让团队成员建立联系，同时传递重要的项目信息。

有效利用技术来管理虚拟团队的其他建议包括以下几种。[21]
- 没有一项技术适用于所有的工作；应使用适合手头任务的技术。
- 采用多种团队会面的方式；总是使用电话会议会变得常规又无聊。
- 尽量采用多种团队会面的方式，目的在于以保持团队体验的新鲜。过分强调某一种会面形式（社交媒体或信息沟通）会导致团队成员认为只有这种会面形式才值得让大家碰头。
- 交流技术可以按多种方式进行组合。比方说，虚拟白板与视频会议的搭配就很好。
- 由于团队成员跨时区合作越来越普遍，异步交流技术逐渐成为主流，所以要尽可能增加异步交流的工具。
- 了解技术的适用性对有效使用技术至关重要。推动会议的人必须是该会议所采用的沟通技术方面的专家。

项目导读 6-2

远距离虚拟实镜技术让虚拟团队的交流变得容易

对于许多使用视频会议技术的用户来说，这种交流方式的优势和劣势有时看起来是均等的。视频会议使人们能够与远距离的人即时联系，这一点是毋庸置疑的。但目前关于视频技术能够得到多大程度的应用，还存在很大疑问。正如一个作者最近写道：

> 我是一个习惯使用视频会议的人，但我并不愿意使用它。人类的交往包括语言部分和非语言部分，视频会议看起来正好忽略了非语言部分。使用它不可能与其他与会者实时地进行眼神交流，比如，在当今的视频会议系统中，由于摄像机和显示屏幕不可能在同一地点，这通常会使得相互交流变得死气沉沉、形式化，眼神交流是一种普遍存在的建立信任的潜意识方法。此外，视频会议的参与者不能建立一种相对于彼此的位置感，所以也就无法清楚地表示直接关注、赞成或不赞成。[22]

为了解决视频会议出现的这些问题，现在出现了远距离虚拟实镜技术。它是一项新的数字技术交流媒介，即使其他的参与者远在几千里以外，该技术也能创造一种交流双方在同一个物理空间的幻觉。使用新的实镜技术将影像显示与虚拟现实相结合，它克服了摄像机的传统局限性。这样所有的参与者，尽管相距很远，也能拥有一个与面对面交流一样的交流空间。

这项吸引人的新技术是在最近几年内才出现的，它或许可以完全解决虚拟团队交流的困难。远距离虚拟实镜技术是由国家远距离虚拟实境先导计划（National Tele-Immersion Initiative，NTII）的高级网络及服务部门（Advanced Network & Services）提出的，它使分散在不同地理位置的人员能够在一个共享的虚拟环境中进行实时交流，而且感觉好像置身于同一个空间内。远距离虚拟实镜技术通过使用高级计算机图像和成像技术实时精确抽样和定位，远距离传输与真人同样大小的三维综合影像。使用这种复杂的三维模式，视频会议呈现了一种新的面貌，项目团队成员感觉像在一个实时、真实的环境中，就像所有人都沿着会议室桌子而坐。

随着带宽的增大和技术的成熟，与目前使用的二维技术标准相比，远距离虚拟实镜会议有了巨大的飞跃。在目前的应用中，远距离虚拟实镜技术要求参加视频会议的人员佩戴偏振眼镜和一种银色的头部追踪装置，这种装置可以四周移动，借助它可以看到其他参与人员的 3D 立体影像。产生的结果就是利用目前存在的影像技术可以完全模拟真实世界环境。至于这种技术将来可能发展到什么程度，现在无法预测，但是没有一个人反对它成为指导虚拟团队会议的新方式。[23]

如图 6-6 所示，最新技术的发展使得远程会议可以无须使用额外的设备，如连接镜或跟踪设备。该技术可以转化和传输清晰的人物图像、设计图或高度渲染的三维模型图像，这是该技术独一无二的优势，也使它成为标准电话会议外一个极佳的选择方案。

虚拟团队，尽管有着一定的局限性和挑战，但通过使用远距离通信领域的高端技术可以解决全球化、地理位置分散的项目团队所遇到的问题。有效使用这些技术的关键在

图 6-6　虚拟实镜技术
资料来源：HO Marketwine Photos/Newscom.

于认清哪些技术可以使用，哪些不能使用。同样，虽然目前的视频会议技术能够实现面对面的实时交流，但这并不能完全代替真正的面谈。然而，虚拟技术的发展使项目团队受益良多，团队在组建过程中逐步全球化的时代已经到来，项目组织的合作模型也渐渐成为许多项目团队首先要面对的挑战。

6.7　冲突管理

一项研究表明，项目经理一般要用 20% 的时间来解决冲突。[24] 因为解决冲突以及遗留问题需要占用大量的时间，所以需要了解冲突在项目管理环境中的特点。这一节将系统探讨冲突产生的过程，分析项目团队和经理之间产生冲突的本质，建立一个冲突行为模式，了解减少冲突的常见方法。

6.7.1　什么是冲突

冲突（conflict）是一个过程，开始于当你感到受到阻碍、失望或破坏你最关心的事情时。[25] 在这个定义中包含两个重要的因素。首先，认为冲突不是一个状态，而是一个过程，冲突发展包含一个重要的动态过程。[26] 此外，冲突发生的原因可能会随着时间而改变，这也就是说，起初两个人或团队之间发生冲突的原因可能发展到后来就不再是原因了。然而，由于冲突过程是动态的、不断变化的，一旦冲突发生了，冲突背后的原因就不再起作用了。冲突的过程还有其他重要的方面，这将在后面详细探讨。

定义中第 2 个重要的要素是冲突本质上是与感知有关的。换句话说，最后它并不关系到一个团队是否真正做错。重要的是他们**感知到**已经发生的状况和事情。这种感知就足够了，因为对于团队来说，感到受挫就决定了他们的真实想法。

总的说来，大部分冲突类型都属于下面 3 个类型中的一种，[27] 有些冲突可能是几种类

型的混合。

基于目标的冲突（goal-oriented conflict）与最终结果、项目的范围、绩效说明和标准、优先次序和目标等方面的意见不一致相关。基于目标的冲突通常是由对项目有多种不同的看法所引起的，模糊不完整的项目目标使得团队成员坚持他们自己的理解，从而引发冲突。

管理上的冲突（administrative conflict）来自管理阶层、组织架构或企业文化。这些冲突经常集中在对汇报关系的理解不一致上，也就是谁对职能、项目任务和决策拥有权力和管理控制力的问题。管理上的冲突主要发生在矩阵型组织中，在这种组织中，每一个项目团队成员听命于两个上司，即项目经理和职能部门经理。事实上，这种组织结构加剧了管理冲突的持续产生。

个人之间的冲突（interpersonal conflict）源于成员之间和项目重要干系人之间的不同个性。个人之间的冲突来源包括不同的工作规范、行为类型、自负以及项目团队成员的个性。

最后，关于冲突应该怎样看待和解决存在 3 种观点。不同的个人或组织在这一点的差异会非常大。[28]

冲突的第 1 种观点是**传统的**观点，即认为冲突对组织有负面的影响。传统主义者，他们认为冲突是不好的，应该尽量避免冲突的产生，当冲突发生时，应尽早解决。传统主义者强调的是抑制和消灭冲突。

冲突的第 2 种观点是一种**行为**观点。行为理论家认为冲突是组织生命周期内自然的、不可避免的部分。职能部门的差异和不同的目标、态度和利益在公司成员之间普遍存在，所以冲突的产生也是自然而然的。行为理论家认为解决冲突的办法是有效地管理冲突，而不是消灭或抑制它的发生。

冲突的第 3 种观点是一种**相互作用**的观点，它采用的行为态度使人们对冲突的看法更进一步。当冲突发生时，持有行为观点的人接受冲突，但相互作用主义者则鼓励冲突的发生。对于相互作用主义者来说，冲突可以避免组织变得停滞不前和缺乏激情。冲突营造一种紧张的气氛，激发成员的创新能力、创造力并产生高的绩效。相互作用主义者并不主张在没有控制的情况下让冲突继续存在，然而，他们坚持认为存在一个最佳的冲突水平，在这个水平上，冲突能够改善组织的绩效。超过这一水平，冲突就会变得过于激烈和严重，以至于会对公司产生破坏作用。相互作用主义者的诀窍就是找到冲突的最佳水平——太小会导致组织的惰性，太大则会引起混乱。

6.7.2 冲突的来源

在项目中有很多潜在的冲突来源，最常见的冲突来源包括缺乏资源的竞争（对稀缺资源的竞争）、违背团队或组织的规范、目标意见的不一致以及取得目标的方法不一致、个人对工作安全的轻视和威胁、长期存在的偏见和嫉妒等。许多冲突来源于项目管理本身。也就是说，项目本身的特征引发了项目干系人之间的冲突。

1. 组织上的原因导致冲突

组织上引起冲突的一些最普遍的原因有奖赏体系、资源的缺乏、不确定性和差异化。**奖赏体系**是一些组织建立的具有竞争力的过程，它促使团队之间或职能部门之间相互竞争。

比如，如果职能部门经理的评估是依据下属在部门内的表现，那么他们就不愿意让最好的员工长时间投入到项目工作上。组织无意识地形成了一种状态，在这种状态下，经理们就会感到不管是项目团队还是部门都会因为高的绩效而得到奖赏。这样，他们将会很自然地将最好的人员留下，同时将不受他们器重的人员分配到项目工作中去。另一方面项目经理也希望在项目和职能部门之间取得竞争优势，项目经理也因此渐渐对部门经理形成一种憎恶的情绪，他们认为部门经理将他们自己的利益置于整个组织之上。

资源的缺乏是冲突产生的又一个自然起因，因为个人和组织总是将现有的资源与他们认为要完成工作需要的资源相比较。由于组织中许多不同的团队都存在资源缺乏的现象，争取获得更多的资源是组织解决冲突的主要方式。只要资源的缺乏在组织中仍然是一个自然的状态，团队就会尽力寻求谈判和商议以便在资源分配时取得优势，这样组织就会陷入冲突中。

权限不明也是产生冲突的一个原因。从本质上讲，这相当于问了一个带有戏谑性质的问题，"这里由谁负责？"在项目环境中，由于对正式的权限含糊不清导致项目中的问题渐渐恶化是很常见的现象。在许多组织中，项目经理和成员都置身于组织权力等级之外，尤其是在职能性组织中。结果，他们发现他们所处的职位拥有很多自主权，但没有实质的权力，还必须对各自的职能部门经理负责，因为他们需要部门经理为团队提供人员。当一个来自研发部门的团队成员面临职能部门的命令与项目经理的指示相矛盾时，他就处于一个进退两难的局面，从而不得不在两个有名无实的权力形态中寻求（如果可能）中间立场。在很多情况下，项目经理无权对团队成员的绩效进行评估，这项权力被留在职能部门内。在这种情况下，当来自于研发部门的成员面临由于权限不明而产生的角色冲突时，他们将更愿意服从部门经理，因为部门经理拥有"评估他们绩效的权力"。

差异化表示不同的职能部门都有他们自己的思考模式、态度、时间框架和价值体系，这与其他部门就可能冲突。简单地说，差异化表明了这样一个事实，当某个专业职能部门的人员加入到一个组织中时，他们就会开始接纳那个职能部门的观点和态度。比如，当一个财务部门的人被问到对市场部的看法时，他们可能这样回答："他们所做的就是到处旅行花钱，他们是一帮如果需要资金就会放弃储备的牛仔。"市场部可能会这样反击："财务部就像一群数豆子的人，他们不懂得公司的成功取决于能卖出多少产品。他们只关注边际收益，不知道现实世界是如何运行的。"两种观点中有趣的一点是，在他们狭隘的认识中，本质上他们都是正确的：市场部主要关注销售产品，财务部门致力于维持高的边际收益。然而，这些观点也不完全正确，它们仅仅反映了两个不同职能部门的态度和偏见。组织内部的差异化越大，个人和组织被分成"我们"对"他们"阵营的可能性也就越大，这样就会不断引发冲突。

2. 人员之间的原因导致冲突

错误的归因是指错误地理解了一个人行为的原因。当人们感到他们的利益受到其他人或其他团队的阻碍时，他们就会设法判断为什么另外的团队会那样做。为了弄清另一个人行为的原因，需要判断他们的动机是否基于个人的恶意行为、是否有隐藏的个人动机等。个人和团队时常从自己最方便的角度将动机归因于他人的行为。比如，当一个团队成员的愿望受到阻碍时，以最易获取的原因去理解另一团队行为背后的动机是很普遍的。对于失败的人来说，认为其他人因为个人原因（比如，他仅仅不喜欢我）挑起矛盾比承认人们的观点不同来得更加容易。这种归因便于获得一个显而易见并且心理上"安全"的原因，如果我们认为其他人有正当的理由反对我们，这就表示我们自己存在缺陷。很多人都没有勇气承认并接受客观的不一致，总愿意将他们的**挫败**（frustration）归咎于个人关系。

    人员之间产生冲突的第 2 个普遍存在的原因是**错误的交流**。错误的交流通常体现为两种交流方式：以模糊不清的方式交流，从而导致不同的理解，进而产生冲突；以惹恼或激怒其他团队的方式无意识地交流。缺少清晰表达可能会发出混淆的信息：信息发送者所要表达的意思与信息接受者理解的信息不一致。这样，项目经理可能会对下属所做的工作感到惊讶和恼怒，但下属坚持认为他是按照项目经理的要求做的。同样，项目经理经常批评团队成员，希望以此修正和改进项目团队成员的绩效。不幸的是，如果信息没有被准确有效地传达，项目经理可能会将建设性的意见当作恶意的、不公正的批评。

    个人怨恨和**嫉妒**是人员之间产生冲突的又一主要原因。每一个人都会将自己的工作态度带到工作状态中。这些态度是由过去长时间在某一点的经历和取得的经验教训所引发的。这些态度往往是在不经意之间形成的，人们可能都没有意识到自己已经形成了这些态度，当受到质问或被指责持有偏见时，人们就会真切地感受到冒犯。然而，这些怨恨或嫉妒无论是否是针对另一个种族、性别或职能部门，都会削弱大家共同所在团队的能力，同时也可能破坏团队凝聚力，并影响到随后的项目结果。

    表 6-2 显示了两项关于项目团队冲突来源的一些研究结果。[29] 虽然这些研究是 10 多年前进行的，但是研究结果在很多方面都与现在的情况一致。进度计划和优先级顺序方面的冲突是产生不一致的最普遍的来源。有趣的是，比起 Thamhaim 和 Wilemon 的早期研究，Posner 的研究发现成本和预算问题在引发冲突的原因中占有更大的比重。随着项目的实施，项目的优先次序或其状态的转变导致了冲突来源及其强度排序发生了显著的变化，这使得需要更加关注冲突带来的成本问题。[30] 表 6-2 清楚地显示了一些项目团队内冲突产生的主要来源以及这些冲突的强度等级（1 表示等级最高；7 表示等级最低）。

表 6-2 项目冲突的来源和强度等级

冲突的来源	冲突强度等级	
	Thamhaim & Wilemon	Posner
项目优先次序冲突	2	3
管理程序冲突	5	7
技术意见和绩效平衡冲突	4	5
人力资源冲突	3	4
成本预算冲突	7	2
进度冲突	1	1
个性冲突	6	6

6.7.3 解决冲突的方法

    解决团队冲突的方法是由项目经理决定的。在决定使用哪种方法之前，项目经理需要考虑大量的问题。[31] 比如，项目经理将会支持一方而排挤另一方吗？冲突本质上是专业性质的还是个人性质的？项目经理是否介入冲突？团队成员能否自己解决问题？项目经理是否有时间和意向去调解冲突？所有这些问题在确定怎样解决冲突方面起着重要的作用。项目经理必须学会灵活处理冲突，明白什么时候应该介入调解，什么时候要保持中立，他们可以从如下 5 个方面管理冲突。[32]

1. 调停冲突

项目经理把注意力集中在团队之间的冲突上并积极寻求解决方法。项目经理在商议解决冲突的方法时，既可以使用解除策略，也可以使用对峙策略。**解除策略**指项目经理不太关注冲突的来源，而是找到一种大家都能接受的解决方法。他可能使用"我们都处于同一个团队"此类的话表达他希望在不探究冲突来源的情况下缓和冲突。对峙主要用于解决两个团队一起工作时引发的冲突。这种方法更容易被感情所影响，也更容易使冲突发展的时间集中化，因为在短时间内，随着双方差异的增大，可能会快速恶化冲突。长期来看，对峙作为一种调停机制可能更为有效，因为它需要确定冲突产生的根本原因，纠正错误的地方。当项目经理宁愿与两个团队一起工作达到意见的统一，而不愿强制别人接受自己的见解时，就可采用调停的解决方法。

2. 仲裁冲突

选择对冲突进行仲裁时，项目经理必须将自己的判断强加给敌对的双方。在听取双方的情况后，项目经理要做出自己的决策。就像法官一样，项目经理在决策过程中需要尽量降低个人的影响，将焦点集中在判决本身上。比如，"菲尔，在这里你是错的，苏珊是对的"此类的话必然会引起菲尔的负面情绪。项目经理要做出客观的判断，只需坚持描述问题的细节而不要牵扯到个人。比如"公司政策规定，所有客户必须在三个工作日内收到项目修正规则的拷贝"，就是一个客观判断的例子，没有将矛头指向任何一个团队成员。

3. 控制冲突

不是所有的冲突都能（或应该）被快速解决。在某些情况下，对冲突有效的回应是给予双方一些时间让其冷静下来。这并不是胆怯的反应，相反，它强调项目经理必须选择适当的方法来解决这样两个问题：怎样调解以及用哪种方法进行调解最好。另一个控制冲突的方法是限制双方的交互。比如，如果团队的一个成员与客户长时间相互敌视，最好的办法是不让他们在没有严格控制的环境中进行直接的交流。

4. 接受冲突

不是所有的冲突都是便于管理的。有时候两个项目团队成员的个性决定了他们不能和谐共处。他们在项目开始之前就讨厌对方，在项目结束后长时间内也会继续讨厌对方。

5. 消除冲突

必须准确地对项目中不断发生冲突的本质和重要性进行评估。在某些情况下，为了项目的利益，需要调任一个成员或者做出其他的改变。如果一个人犯了明显的错误，普遍的做法就是惩罚他，使其离开项目团队。如果对目前的冲突有两人或多人都要共同承担责任的话，最有用的做法是开除所有这些人，表示你是在尽可能公正地运作项目团队。

需要牢记的一点是，上述每一种方法都可能只适合于各自不同的情况。不要指望一种方法能解决所有问题，也不要忽视冲突，因为忽视是一种"懒散的"管理。当开始处理冲突时，项目经理必须学会了解自己的偏好。一旦取得了良好的自我意识，首先就处于一个有利的位置，这样就能积极地解决自己的冲突并且能够更有效地解决下级的冲突。但关键是要灵活，不要受限于任何一种特殊的冲突模式，也不要偏爱一种解决问题的方法而排斥其他方法。每一种方法都有优势和劣势，都可能成为项目经理解决冲突方法中一个重要的组成部分。

冲突往往也能反映项目团队的进程。将一组拥有不同职能背景的人组建成一支项目团队时，各种冲突就开始出现。团队冲突是无法避免的，但是需要明白的是我们所选择用来处理冲突的方法也可以说明我们自身的很多问题，例如我们是宽容的、独裁的还是不妥协的？我们是否真的愿意寻找双赢的解决方法？通过我们处理团队建设和冲突管理的方式，可能向团队中的其他成员传递很多有意或无意的、清晰或混乱的信息。

6.8 谈判

这章所讨论的核心观点之一是：项目的成功在很大程度上取决于团队重视和管理各种关于"人"的问题的能力，这些问题对项目的存在也是至关重要的。**谈判**（negotiation）是基于项目经理有效利用自身影响力能力的一个过程。

谈判技巧是非常重要的，因为项目经理大部分的时间被用来在各种类型的会议上进行谈判。事实上，干系人管理可被看成多方进行有效谈判的持续过程。通过谈判，项目经理可以获得额外的时间和资金、防止额外的冲突和客户要求的规格变动，并能从职能部门经理那里获得重要的项目团队成员等。谈判代表着一种最高层次的影响力艺术。因为有效的谈判是成功的项目管理所必需的，所以项目经理必须懂得谈判在项目中扮演的角色，以及如何使自己变成优秀的谈判代表，此外理解谈判过程中的重要因素也是非常重要的。

6.8.1 谈判前需要考虑的问题

任何一个即将进行谈判的人都需要考虑3个问题：我有多大的权力？有什么样的时间压力？我是否信任我的对手？[33]

在正式谈判开始之前，对力量和任何限制约束条件做一个真实的自我评估是绝对重要的。一个重要的原因是这样能够显示出谈判者的优势在哪里，更为重要的是，能了解他们的弱点是什么。下面是一个项目经理的故事：

> 6月初，在开始一个建设项目前，我们与投资商就地点的选择展开了激烈的谈判，那时是谈判开始的第2个星期。不幸的是，投资商发现我们在做会计清算账目的时候存在财务偏差，做账目时我们以6月30日为终止日期。但投资商指出我们只记录月底前的交易是极其不合理的。在接下来10天投资商表示他们将不参与谈判。6月21日，老板由于这个导致心脏病发作。最后，我们还是妥协地回到了谈判桌前，给予了投资商所要求的一切。

在这个例子中项目经理失去了权力和时间上的优势。

这就引出了第1个问题：你有多大优势可以使得谈判继续？你没有必要寻求一个有支配权的位置，但必须处于一个易防守的位置，也就是另外一方不能支配你。第2个问题是：你有多少可支配的时间？日程安排是很难克服的。例如是否有一个专横的老板让你不断"解决和研发部、市场部或其他人的问题"？一旦你说出你有时间约束，你的对手就会减缓步伐，并以此作为条件要求你同意他提出的条款，而不是就你所提出的条款达成一致。

能否信任对方？对方公司是否会遵守它的诺言？对方公司是否会事后改变协议？它们是否使用了准确的信息？他们在谈判中会不会使用难以对付的手段？需要注意的是，上面这些问题并不是表示某人不值得信任。事实上，偶尔在谈判中使用难以对付的手段是合适的。另一方面，本质问题是，你是否相信双方对共同问题的解决给予了同样程度的关注，是否愿意和你的对手坐在谈判桌前来协商。如果答案是否定的，那么在谈判过程中，双方的热情程度或对对方公开的程度就不可能是一样的。

6.8.2　原则性谈判

最近关于谈判最有影响力的书之一是《谈判力》（*Getting to Yes*），这本书是由罗杰·费希尔（Roger Fisher）和威廉·尤里（William Ury）所著。[34] 他们在**原则性谈判**（principled negotiation）方面提供了很多有益的建议，要在与对方意见达成一致的同时保持一种原则性的、双赢的态度。为了制定一种有效的谈判战略，他们提供了如下的一些建议。

1. 将当事人与问题分开

谈判最重要的一点是首先要明白谈判者也是普通人，这是指谈判者与其他任何一个人在自我、态度、偏见、教育、经历等方面都没有什么不同。谈判者都会对直接攻击做出反抗，都会反击无根据的指控和指责，都倾向于从个人角度而非从自己所代表的立场去理解对方的观点，常会认为对方的目的就是针对自己。在了解了谈判者首先是普通人这一重要观点之后，就必须寻求方法使得我们能将当事人（连同他们的个性、防卫、自我主义等）与问题分开。谈判双方在谈判过程中越多地针对问题而不是问题的当事人，就越有可能取得积极的谈判结果。

从他人的角度去思考。谈判的一个良好开端并不是讨论自己的立场，而是在谈判过程早期阐明对对方立场的理解。当对方听到一个对双方立场都有道理的阐述时，就会：①建立信任的基础，因为对方发现我们愿意在谈判一开始就公开讨论自己的认知；②它将谈判重塑成一个双赢而非胜者单赢的模式。

不要从自己的立场出发推断对方的意图。在谈判过程的早期，几乎所有谈判的一个普遍现象是为对方建立一个固定的模式。比如，在与会计部门商议增加项目资金时，我们也许会采用这样一种思考模式：所有的会计人员都是一毛不拔的，是一群"数豆子的人"，一直在等待取消项目的机会。这样在谈判开始前，基于自身错误的理解和顾虑，我们已经给会计部门和他们的思考模式创造了一个固定的印象，但这并不是客观存在的。当我们设想他们会按照确定的方式行事时，我们开始与他们进行谈判，并下意识地认为钱是他们唯一关心的问题。这样在我们了解对方之前，就已经为自己创造了一个对手。

不要因为你的问题去责怪他人。在谈判中，对项目中遇到的困难加以指责是最影响效率的事。放弃推卸责任的想法，寻求解决问题的"双赢"方法会更有效。假设一个公司开发了一个用于内部报告和控制的软件系统，在运行中途却瘫痪了。恼怒的会计部门经理采用的方法就是召回项目开发团队的主管，并对其进行口头责备："你设计的程序真是讨厌之极。每次你都说已经修改好了，它又给我们带来了麻烦。如果你们不能在两个星期内将问题解决，我们将会重新使用旧系统，并保证让每个人都知道这样做的原因。"

会计部门经理这样做可能会在心理上感到满足，但这并不能解决问题，尤其是关系到软件项目开发团队方面。比较好的解决方法是少些对抗，将出现的问题看成相互都需要解决的问题。比如，"这个报告系统在运行中途又崩溃了，每次它运行中断，我们部门的工作人员都需要重新输入数据并耽搁其他事情。我需要你们的建议来解决这个问题。是需要重新测试还是我们操作有误，或其他原因？"在这个例子中，会计部门经理很小心地没有公开指责。他避免了通过指责要求对系统进行修正，而是将出现的问题当作需要合作解决的问题。

认知和了解对方的和我们自己的情绪化。 虽然在谈判过程中谈判者很容易情绪化，但是应该尽可能控制住冲动。[35] 在一个艰难的长期谈判过程中，情绪爆发是很普遍的，经常是因为为对方的策略或态度而感到恼怒或受挫。然而，情绪化通常不是一件好事，即使对方已经变得情绪化了。他们可能是将情绪作为一种战术逼得你的团队以同样情绪化的方式响应，渐渐地，你的大脑受到你的心态的控制——这是一个很危险的过程。虽然情绪化是长时间谈判产生的一个自然现象，但我们需要清楚地知道什么使我们不高兴、感到有压力、紧张或生气。此外，我们是否敏锐到能够感觉对手的情绪化，在这时我们需要意识到我们所做的就是使对方更加心烦易怒。

积极聆听。 积极聆听意味着我们完全投入到与对手的交谈中，即使对方一直在夸夸其谈。多数人凭经验知道什么时候人们是真正地在听，什么时候只是在控制自己的情绪。在后一种情况下，当看到对方对我们所处的境况漠不关心时的挫折感是引发不良情绪的一个重要来源。比如，假设一个客户与项目经理商议要提高制造设备的性能，推迟产品发布的时间。同时，项目经理希望不再负责这个项目，因为这个时候任何结构上的变化都会延误最终产品的发布，并且会额外花费大量的钱。每次客户提出他的问题，项目经理就大声说道："我清楚你说的什么，但……"在这种情况下，这个项目经理根本没有听进去客户所说的任何话，只是简单地口头敷衍。

积极聆听意味着不仅要努力听懂对方所说的话，还需要懂得对方潜在的动机。一个有效的办法是适时打断并问一个有针对性的问题："据我所了解，你正在说……"采取这样的战术使将你的对手确信你正在试图弄明白他在说什么，而不是只坚持公司的要求而不理会他提出的争论或问题。需要明白的是，你清楚了解对方所处的境况并不代表你同意它，其中可能存在很多你不赞同的地方。一个具有建设性的谈判开始于完全客观的信息交流，而不是预先就形成了自己的想法或者坚持自己的立场绝不妥协。

建立一个工作关系。 谈判就像你正在和你想与之维持长期关系的一方打交道一样，这一观点是有效谈判的关键。与个人或组织的长期关系值得重视，因此，就应该努力去维持。工作关系越牢固，信任程度也就越高。

2. 注重利益而不是立场

每一方持有的立场和利益之间存在很大的差异，利益形成了这些立场。"利益"是形成各方立场的根本动机。如费希尔和尤里所说："利益定义问题。"[36] 当然并不是每个当事方的立场都导致谈判，但利益才是他们关注、需求和期待的源泉。

为什么要寻找潜在的利益而反对仅仅以谈判中显而易见的立场为中心？当然，与对方谈判时如果从自身立场出发，会容易得多。但是，为什么选择以利益为中心而不是以立场为中心？有一些非常有说服力的理由，它们可以为我们取得谈判成功提供重要的帮助。首先，不同于立场，每一个利益的获得通常都有几种不同的选择。比如，如果我方的主要利益是保证本公司能在未来几年内持续营业，就可以寻求其他的解决方法，而不是仅仅通过谈判从对方身上榨出每一个利润点。例如，我方可以与合约人保持长期关系，在这种关系中，我方自愿放弃一些利润，而将对方作为唯一的合约商，与之签订未来3年的协议。此时，对方可以获得额外的利润，我方获得比期望（立场）少的利润但赢得了提供我方长期工作的机会（利益点）。

以立场出发进行谈判，谈判双方都试图找出对方的立场但同时也暴露了自己的立场，这样就导致了谈判障碍，这是以利益为中心的另外一个原因。一方面，我方消耗了宝贵的时间和资源来表明我方的不同立场，但同时尽量隐藏真实的意图。但另一方面，在以利益为中心时，我方以一种伙伴心态承认双方利益的合理性，并试图寻找解决方法使得双方的利益都得到满足。

6.8.3 寻求双方受益的选择方案

经理们经常自己设置一些障碍，使得在谈判时很难做出双赢的选择，具体如下。

项目经理可能做出不成熟的判断。例如，我方快速地给对方下结论，对方所说的每一句话通常会加深我方对他们的印象；或者在谈判初期不是寻找多种选择方案，而是执着于某一个方案上我方愿意在多大程度上"放弃"、愿意走多远等问题。我方做出的每一个不成熟的判断都限制了行动的自由，并且使自己深陷一种对抗的、非胜必败式的交流方式中。

一些经理仅仅寻求最好的解决方法。人们普遍犯的一个错误是认为将所有的谈判策略和立场隐藏起来才是一个"最好"的解决方法，事实上这些都将会在最后出现。大多数谈判，尤其是为实现双赢进行谈判时，要求扩大视野，而不是局限于某一个观点。比如，我们可能会错误地定义"最好"的解决方法，实际上是对我方最好的方法而没有考虑到对方。认识到所有的问题都有多种解决方法是很重要的。事实上，正是在多种解决方法中，我们选择其中的一个来实现双赢。

经理们可能认为只存在一个"固定的馅饼"。是否真的只有一套固定的方法？其实不然，在谈判中遇到"我赢，你输"这种现象是很常见的，事实上造成这一结果的原因是在谈判中坚持强硬的立场，并且几乎没有做出什么努力去寻求一个创造性的方法实现双赢。

认为"解决他们的问题是他们自己的事"是另一个障碍。谈判产生自我中心主义，在谈判中越重视自己的利益，就越不愿意寻找任何双赢的解决方法。我们的立场迅速将我们自己变为一个单纯的自利主义者。

如果存在一些阻碍实现双赢结果的共同问题，哪些方法可以帮助改进谈判过程？利用一些重要的指导方针可以加强双方的联系并提高产生积极结果的可能性。简单地说，寻求有利选择的方法包括积极和广泛的头脑风暴、扩大选择和识别共同的利益等。

使用**积极和广泛的头脑风暴**表示一旦谈判开始，在我方**寻求解决问题**的方法时，需要让对方参与进来以便识别其他可供选择的方法。这种方法与典型的战略是相背离的，典型的战略都是针对对方而制定的。在头脑风暴会议中就让对方参与进来，我方试图使对方确信我们是以合作解决的方式来看待问题的，需要双方在发挥创造力的基础上投入大量精力。

邀请对方参加头脑风暴会议这种形式能从很大程度上消除对方的防卫意识。这也表示我们针对的并不是对方，而是解决问题。更进一步说，这也强调了前面所述的关于将当事人与问题分开的必要性。这样，通过双方合作，不但一起找出了双方都满意的解决问题的方法，而且加强了双方的联系。

扩大选择的概念也是头脑风暴概念的一个分支。扩大选择要求我方对另一方公开立场，并且以利益为中心而不是以立场为中心。我们对对方要求的利益知道得越多，就越乐意分析我们自己的利益并且越有可能将两者联合起来，比起最初封闭自己，更能获得广泛的选择。

最后，提高取得双赢结果可能性的第三种方法是**识别共同的利益**。一个有经验的谈判者常采用的谈判方法是：在谈判过程中，将大问题放在后面解决，先解决一些小的或不重要的问题，这样为双方取得一致提供了可能性。一旦双方开始识别他们共同的利益，并从相互合作的工作中获得了一些信心时，就可以开始着手解决棘手的大问题了。因为在这个时候，双方已经建立起一种工作关系，并在一定程度上达到和谐一致，这使得在解决大的问题的过程中更容易识别共同的利益。

6.8.4 坚持使用客观的标准

确保谈判按照正常的程序进行下去最好的办法之一是使用客观标准。[37] 不要迷失在争论各自的理解或主观的评价中。例如，一个项目经理最近差点让他的新产品开发项目被取消，原因在于就"可接受"的成果原型问题，他与客户进行了漫长的谈判。显然，项目经理与客户在对于"可接受"这个词的理解上存在很大的分歧。项目经理认为可接受包括正常的程序缺陷和细小的技术问题，但客户的"可接受"是指没有任何错误。他们都希望把责任推给对方，没有一方愿意因为对"可接受"这词的模糊解释而妥协退让。

客观的数据和其他可测量的标准是形成准确谈判的基础。当公司或个人在争论成本、价格、工作时间等问题时，他们使用双方都明白的确定的标准和概念，从而使误解降到最低程度。从另一方面来说，使用的条款越模糊或语言越主观，就越有可能因为彼此误解而产生争论，即使双方都认为对方是在解释同一个问题。

建立客观的标准和程序。在谈判中，需要清楚说明使用什么样的标准作为谈判的基础，并提出双方容易产生歧义的条款。这一点在跨文化谈判中尤其重要，因为在不同国家和文化的背景下，相同的条款或概念通常有不同的意义。比如，美国几个重要的建筑公司，包括贝泰工程公司（Bechtel Corporation），最近对一些日本建筑公司提出抗议，原因是在东京湾一个大型机场项目动工之前，这些日本公司密谋操纵投标。但日本公司反击说它们只是在履行自由竞争协议的条款，同时仅仅允许贝泰工程公司投标。因为在日本社会中，参与操纵投标这种行为本质上是不违法的，也并不触犯道德。显然，双方对公平投标行为的理解存在很大的差异。

公平的标准和程序要求双方聚在一起谈判，从而使双方对条款和责任有相同的基本理解。在项目管理中，这个概念尤其重要，因为拟定合同需要了解一整套的条款和标准。当双方以一定的标准进行谈判时，就可以有效地减少产生误会或误解的潜在来源。

要能熟练地进行团队建设、冲突管理和谈判，很重要的一点是要明白这个事实：项目经理在管理项目时面临的最大挑战是各式各样的关于"人"的挑战，这些挑战产生于使一组分散人员组成一个统一合作的团队的过程中，他们的共同目标是取得项目成功。组建一个团队和开始一个项目将会在项目干系人之间产生各种各样的冲突。这些冲突是不可避免的。它们不但应该被看作一项义务，更应该看成一个机会。冲突可能产生积极的结果：它可以巩固团队成员的责任和动机，并产生动力完成项目活动。

尽管如此，以适当的方式引导冲突仍需要项目经理的积极参与。熟练进行谈判的能力是保证团队发展和有效处理冲突的一个巨大优势。冲突是不可避免的，但不是灾难性的。事实上，冲突破坏项目开发进程的程度取决于项目经理有效处理冲突的程度。

小结

1. **了解项目团队建设的阶段**。项目团队建设的第一个阶段是选择人员组成项目团队。产生冲突的高度可能性以及与可能保留对项目团队成员有效控制的部门经理进行谈判，使这个过程变得很复杂。在对技能需求和人员可获取性进行分析后，团队组建过程主要包括将最好的人员配备到特定的项目工作中，并且明白需要与高级领导层或部门主管合作进行人员决策。

2. **了解高绩效项目团队的特征和团队失败的原因**。高绩效项目团队的典型特征有：①明确的职责，②较高的相互依赖，③凝聚力，④信任，⑤激情，⑥以结果为导向。从另一方面来说，团队失败经常是由目标不明确、团队成员角色定义不清、缺乏动力、缺乏沟通、领导力不足、较高的团队流失率和行为紊乱等原因造成的。

3. **了解团队发展的阶段**。项目团队一开始并不是一个统一的、有凝聚力的、充满激情的团队。团队的组建是一项挑战，如果想要获得高绩效，必须对其进行有效的管理。团队在组建过程中需要经历一些确定的阶段，项目经理需要识别并有效管理这些阶段。团队组建一个典型的模型包含5个步骤——成立、冲突风暴、规范化、实施和中止，每一个步骤都具有特有的挑战和团队行为。另外一个模型也已通过研究得到证实，它认为团队组建是一个"中断平衡"的过程。

4. **描述了怎样实现团队的跨职能合作**。最高目标、规则和程序、交流的可接近性和物理位置上的接近是激励人们相互合作的重要因素。跨职能合作的影响表现在两个方面：既可积极影响项目任务结果也可影响社会心理结果。任务结果对正在进行中的项目有积极的影响，而社会心理结果表明，如果团队成员对之前的项目经历保持高度积极的态度，那么其将会带着向往成功的强烈动机投入到下一个项目中去。

5. **明白虚拟项目团队的优势和挑战**。虚拟团队被定义为使用电子媒体（包括电子邮件、互联网和远程电信会议）将分散在不同地理位置的成员联系在一起，虚拟团队的出现主要是因为项目管理的全球化。随着地理位置分散的各国公司参与到项目管理中，他们迫切需要尖端的媒体技术支持他们之间的交流和联系。全球化引起的物理上的障碍以及多重组织项目团队的增加导致了虚拟技术的频繁使用。有效建立和管理虚拟团队的两个最大挑战是确立和加强团队成员之间的信任和建立有效的沟通方式。

6. **了解冲突的本质和评估响应的方法。** 当具有不同职能背景、个性、经历以及态度的成员聚集在一起并期望能够共同工作时，冲突的产生是一个不可避免的结果。冲突在组织上的原因有缺乏资源、权限不清以及差异化。人与人之间的原因包括：错误的归因、错误的交流以及个人怨恨和嫉妒。冲突可通过调停、仲裁、控制、接受或消灭得到解决。

7. **了解在项目管理中谈判技巧的重要性。** 项目经理需要经常与很多组织干系人就资源、契约因素、条款和细则等问题进行谈判。一个高效的项目经理经常以一种系统的方式进行谈判，花时间仔细分析谈判的本质，他们期望完成什么，为了达到目标他们愿意有多大程度的付出。在原则性的谈判中，主要的目标是寻找一个双赢的办法使得双方能通过谈判实现各自的目标。

讨论题

6.1 本章讨论了高绩效项目团队的特征。列举可以描述这些团队特征的因素，并各举一例。

6.2 "信任事实上可以助长导致团队成员间的分歧和冲突。"解释为什么会这样。

6.3 识别团队发展的阶段。为什么项目团队必须要经历这些阶段才能组建起来？

6.4 盖尔西克的中断平衡模型提出了群体发展的另一种观点。为什么她认为一些关键时刻（如情绪发作）常常发生在项目的一些转折点上？转折事件为团队带来了什么影响？

6.5 解释项目的"任务"和"社会心理"概念。为什么对于项目团队的成员，社会心理很重要？

6.6 区分传统观点的、行为观点的和相互作用观点的团队冲突。每一种观点是如何解释和看待项目团队中的冲突事件的？

6.7 指出解决冲突的5种主要方法。举例说明如何将其应用到假设的项目团队中的冲突事件中。

6.8 采用"原则式谈判"策略的准则是什么？

6.9 解释这样的观点：我们应该将"注意力集中在利益上，而不是立场上"。你能举出你成功运用这一原则与别人谈判的例子吗？

案例分析 6-1

哥伦布器械公司

近几年内，哥伦布器械公司（CIC）（化名）的新产品不断被开发出来，由此导致公司出现了许多问题。最后6个知名度很高的项目或者由于过高的成本与进度延迟被彻底废弃，或者一旦推向市场就意味着商业灾难。在过去两年的时间里，CIC公司估计已经在那些开发绩效差或失败的项目中浪费了1 500万美元。每次尝试新项目失败后，公司都召开事后审查会议，并进行文档分析与市场研究，试图发现潜在的原因。迄今为止，公司所能发现的仅仅是，问题看上去出在项目管理与开发流程上。项目的某些地方出现了严重问题。

你作为咨询师被企业聘请，任务是找到导致企业士气消沉的问题根源。在与高级项目管理职员与技术员工交谈之后，你确信问题并不是出在流程上，该流程是最新的，也是逻辑化的。另一方面，你对项目团队的生产力怀有疑问。不管项目经理如何有经验，每个项目似乎都没有按时完成、超过预算，而且功能也不是最优的。这个信息提示你，该项目团队运作的方式存在问题。

在分析 CIC 公司的项目开发流程时，你注意到几个有趣的地方。第一，公司的组织结构形式是严格的职能型组织。项目成员来自于各职能部门，并且需要项目经理与部门主管进行协商。第二，CIC 公司的文化没有给予项目经理什么地位或权力。实际情况是，他们甚至没有权力去写关于项目团队成员的绩效评价报告，这个权力只有职能部门经理才有。第三，许多项目需要团队成员专属于项目，也就是说，一旦职能部门人员被分配到某个项目组，他们在项目的整个周期内，都将待在团队里。每个项目平均耗时 14 个月。

一个早上，当你走在走廊上时，你看到一个项目团队"作战室"，该地方是为企业最新的开发项目而设立的。"作战室"的概念意味着项目团队成员被集中到一个地点，远离他们的职能部门，他们在整个项目周期内都将待在此处。会让你感兴趣的是作战室门上的一句话："疯子俱乐部"。当你向周围的人询问这句话的含义时，企业的一些成员笑着答道："噢，我们喜欢对新分配到项目的人开玩笑。"

进一步对项目团队成员进行调查后，你发现他们并不认为这句话好笑。一个工程师耸了耸肩说："那只是他们让我们了解我们被分配到何种任务的一种方式。上周他们张贴了另外一个词，是'炼狱'。"当你哪天再问项目经理时，他确认了这个故事，并补充了一些有趣的信息："在这里，我们的项目团队是松散的。我无权过问谁将被分配到这个项目，而职能部门经理将项目当作他们倾倒差员工的垃圾场。"

当你进一步向他询问时，项目经理说："想想吧，对于谁将被分配到团队，我没有发言权。我甚至不能对他们的绩效进行评价。现在，假如你是一个部门负责人，并力图将那些捣乱的人或能力不够的人从部门内除去，那么还有比将他们分配到一个项目团队中待一年更好的解决办法吗？当然，你能够想象当他们知道自己被分配到项目团队时的感受。这就像你签署了他们的死刑执行令。这种情况下，难道你还要求他们充满能量与活力？"

当你就项目经理的观点向不同的部门经理询问时，他们否认了项目经理的观点。就像财务经理所说："当他们发出请求时，我们将最好的人才提供给项目团队。"然而，他们也承认自己对于人事分配具有最终决策权，而项目经理则不能自主挑选项目团队的成员。

当你向 CEO 建议说，这是导致 CIC 公司新产品开发项目绩效较差的一个潜在原因时，他就他的组织在为项目提供人员的方式方面陷入了沉思。"好的，"他最后说，"那么你认为我们应该怎么做呢？"

问题

1. CIC 公司指派项目团队成员的方式给了你什么启示？他们是将项目团队当作杰出人才的培训基地，还是当作倾倒差员工的垃圾场？

2. 你将如何建议 CEO 来解决问题？从什么地方着手？

3. 讨论组织结构与权力在导致 CIC 公司项目管理低效方面起到了什么样的作用。

案例分析 6-2

善于计算的人与牛仔

早上的项目团队会议必定是一个有趣的会议。营销代表苏珊·斯科特与财务代表尼尔·沙因之间的紧张关系已经持续几周了,事实上,是从项目团队组建的时候就开始了。作为项目经理,你知道苏珊与尼尔的看法不一致,但你认为随着时间的推移,他们将逐渐欣赏对方的观点并且开始合作。不幸的是,到目前为止,这个情况还没有发生。实际上,几乎每天你都会听到他们俩关于对方行为、缺乏承诺、合作及假冒绩效发出的抱怨。

当团队聚集起来召开日常项目状态交流会时,你要大家讨论项目任务、迄今为止团队成员遇到的问题以及他们对项目绩效的评价。在你开始会议后不久,苏珊打断了你的讲话,说:"约翰,我在今后的10天内将离开本地去拜访客户,因此我在接下来的两个星期五都不能参加日常项目状态交流会了。"

"这个要考虑。"尼尔大声嘀咕,几乎每个人都听到了。

苏珊急速转过身:"我在这里有其他的工作,你知道,这包括销售。对你来说,放下所有的事情来参加会议是方便的,但我们中的一些人还有其他的任务。"

尼尔反驳道:"那是你至今缺席半数会议的理由?我只是出于好奇心。"他继续讽刺道,"你多少次说要扩大市场,而结果销售额仍只是依靠外面的少数几个客户?"

苏珊的脸变得更红了:"我不能容忍你的这些话。你这个精打细算的人,看上去对这个企业运作的方式及谁创造了价值一无所知。你对每个便士斤斤计较,这将使你的眼睛永远陷入疲劳!"

尼尔反驳道:"如果我不必总是支持你这个牛仔的销售工作,我可能会注意保养眼睛。我敢说如果让你管理你的季度销售数据,你将放弃我们的产品,甚至会将我们带入绝境。"

当尼尔与苏珊之间的争论慢慢演化成双方的敌对,并有失去控制的可能时,你感到非常吃惊,但没有采取任何行动。其他团队成员正等着看你的反应。来自于工程部门的乔治的脸上有愉快的表情,好像在说:"好的,你带我们到了这一点,现在你将就此做些什么呢?"

你用力拍了一下桌子,然后说:"够了,今天的会就开到这里。半个小时后,苏珊与尼尔到办公室来见我。"

当每个人都出去的时候,你斜靠在你的椅子上,考虑你将如何处理这件事情。

问题

1. 尼尔与苏珊之间的争论是真正的冲突,还是一个表象?你有什么证据表明这只是一个更大问题的表象?

2. 解释差异化对苏珊与尼尔之间的矛盾产生的影响。

3. 在30分钟内,就你的会议建立一个冲突管理程序。创建一个简单的脚本,来帮助你预测可能来自于双方的评论。

4. 在这个例子中,哪种冲突解决形式是可用的?为什么?其他的一些解决方法在这个情况下为什么是不合适的?

案例分析 6-3

约翰逊 & 罗杰斯软件工程公司

凯特·托马斯，作为约翰逊 & 罗杰斯软件工程公司（Johnson & Rogers Software Engineering, Inc）的一名项目经理，盼望她的首次项目团队"会议"的举行。将会议加上引号是因为她不能与项目团队的其他成员真正坐在一张桌子上开会。她负责一个大型软件开发项目，这个项目的成员包括公司内与公司外的成员，并且没有一个成员与她处于同一地理位置——位于加州红地市的办公室。实际上，当她在便笺簿上列举出这些名字的时候，她不知道自己是否对将要开始的项目做好了准备。

维格利希·拉曼努金（高级程序员）——新德里，印度。

安德斯·布罗姆奎斯特（系统设计员）——乌普萨拉，瑞典。

萨利·多德（系统工程师）——亚特兰大，佐治亚州。

彭妮·琼斯（初级程序员）——布里斯托，英国。

帕特里克·弗林（初级程序员）——圣安东尼奥，得克萨斯州。

艾瑞克·韦斯特伏尔特（转包商）——比勒陀利亚，南非。

和也敏郎（顾客代表）——京都，日本。

她很快意识到问题就是如何将这些人组合为一个团队整体，而她与这些人中的大部分以前都没有打过交道。除了萨利与帕特里克在其他地方为约翰逊 & 罗杰斯公司工作过，团队的其他人对她来说都是陌生人。来自于南非的艾瑞克对于项目来说是关键人物，因为他的公司已经开发了项目所需的一些特定流程，因此被当作一个企业伙伴。团队的其他人或者通过艾瑞克聚集起来，或者通过凯特公司的高级成员聚集。她将很快就能够发现他们对项目的感受以及他们的努力程度。

首次虚拟项目会议定于上午9点（太平洋标准时间）开始，这导致了第一个问题。当凯特盯着视频监控设备上安装的摄像机时，她常常扫视一下屏幕，看团队的其他成员是否已经登录。最后，在9:15，萨利加入进来了，随后和也敏郎登录进来。他们交谈并且继续等待其他成员登录。时间很快就过去了，在9:30，其他人没有一个登录进来，凯特要求秘书打电话确认团队的其他人是否在尝试访问该系统。最终，在10:25，团队里有了5个成员：安德斯、萨利、彭妮、帕特里克、和也敏郎。为了完成预定的计划，他们决定登录进来的人立即开始会议。凯特前天准备好并通过电邮寄出的议程被取出来，会议同时开始。在10分钟内，与彭妮的视频连接突然断了，其他的团队成员等待了5分钟，并对等待彭妮的再次登录表现出了不同程度的不耐烦。而维格利希或艾瑞克仍然没有连接上系统的迹象。

会议很快就技术细节陷入停顿，因为参加会议的人意识到如果缺席的团队成员不参与进来，这些技术问题将不可能得到解决。尽管和也敏郎尽力隐藏，但看得出来他对这次会议缺乏进展感到沮丧。凯特建议暂时休会，在11点钟的时候，她将再次尝试连接那些缺席的成员。和也敏郎对此表示反对："在我的国家，那时是凌晨3点钟，现在这里已经过了午夜了，我今天在这里待了15个小时，现在我想回家。"最后大家同意明天同一时间再次集合。和也敏郎同意了，但有点勉强："难道我们不能找到一个更适合我所在时区的时间吗？"

凯特承诺会注意这一点。

第二天的会议是成功与失败兼而有之。尽管每个人都在一段合理的时间内登录了系统，但彭妮的连接时时出现问题，这使得作为高级程序员的维格利希感到恼火。尽管大家都耐着性子在开会，但很明显没有一个人愿意就项目、目标以及团队如何完成他们的任务，而坦白地表述各自的意见。在向团队成员询问他们内心的意见时，也只能得到很少的响应，凯特最终放弃了。此外，凯特也隐约感到在帕特里克与萨利的相互沟通过程中，有一种未说出口的愤怒。

在讨论了一些总目标的设定和团队责任分工后，凯特询问他们下次什么时候碰面。接下来的时间一片沉静，安德斯大声说："好了，你希望我们多长时间开一次会？老实说，对我来说，经常参加这种会议是非常不便的，因为我们的电信设施在斯德哥尔摩，每次我开车去那里必须花1个小时的时间。"

和也敏郎也大声说："我对重复这一点感到抱歉，但这个会议的时间对我来说是极为不方便的，我们能否找到大家普遍接受的时间？"

凯特回答道："好的，那么就我这边而言，下午5点如何，那时……"凯特快速向她的个人计划员咨询，"对您来说是上午9点。"

这个建议得到的是一片反对声，彭妮首先反对："啊，凯特，在英国那将是凌晨1点。"

很快安德斯、艾瑞克、维格利希都提出了反对意见："凯特，在斯德哥尔摩与比勒陀利亚那个时候将是凌晨2点。""凯特，在新德里那时候将是早上6点。"

就这样反反复复，团队成员尽力去找到所有人都能接受的一个时间。最后，在就开会时间问题进行了几次努力后，艾瑞克大声说："可能我们并不需要在同一个时间会面。凯特，你为什么不定一个同我们每个人单独会面的时间呢？"

凯特表示反对："艾瑞克，这个远程会议的主要目的是将团队召集在一起，而不是同你们每个人举行一对一的会面。"

艾瑞克回答说："但就我所知，这是第一次视频会议，却已经成为一个负担了。"

彭妮说道："你是幸运的，至少你的系统还能正常工作，我的系统一直在出问题。"

"好的，那用电子邮件怎么样？这样的话，我们所处地方的时间就没有影响了。"

其他的团队成员同意这个观点，看上去接近于支持使用电子邮件作为沟通的方式。在这个时候，凯特返回讨论并坚定地说："注意，采用电子邮件是不行的，我们需要一起交流的机会，电子邮件不能做到这一点。"

接下来的是更多的争论，最后，团队成员离开了系统，并同意他们对于这些问题需要进一步沟通。凯特的反应是失望与沮丧。她感受到了团队其他成员的勉强态度，这个态度表现在他们讨论这些问题的时候，还有以她所想象的方式来使用视频会议系统的时候。当凯特坐下来吃午饭时，她就如何解决这些问题陷入了沉思。

问题

1. 你将如何劝导凯特去解决这些问题？分析她上午的谈话。哪些地方是正确的，哪些是错误的？
2. 凯特的下一步行动应该怎样做？
3. 她如何使用互联网与远程会议技术来促进团队的发展并提高绩效？

谈判练习

以下是关于SFI（钢材公司）公司与BCT（托莱多建筑承建商）之间的一个谈判场景。你可以选择两个公司的任何一方，假设自己作为该公司的谈判代表。你将如何准备这次谈判？你将如何为双方创造一个双赢的结果？

钢材公司的角度

你作为BCT的项目经理，负责一个新的钢铁制造厂的建设项目。你的客户是一个跨国的钢材制造商SFI公司。时间进度表要求你在18个月内完成项目，你可支配的预算是600万美元。在最后几周里，满足客户的现场需求变得越来越困难。SFI公司坚持要进行一系列的修改来满足他们对工厂布局设计的即时需求。SFI公司的代表说，因为他们支付了几百万美元，因此有权对项目做出合理的修改，只要这样做是正确的。你关心的是在项目修改上花费大量的时间，会延迟你完成项目的期限，因为工程部门必须批准该修改，设计部门必须调整计划，制造部门必须改变结构。

BCT公司已经因为该项目陷入了困境。他们以远低于竞争对手的报价才赢得了这个项目，在最优情况来看，利润已经十分微薄了。但现在由于一系列的修改变动，不管是从预算还是从进度来看都接近了极限。你受到了来自于高管的越来越大的压力，要求你完成项目并实现预期的利润。你还有5万美元可以支配。高级管理层正密切关注你在这个项目上的绩效，因为你最近3年的表现不容乐观，几个项目都预算超支、进度延迟。尽管没有明确的通知，但你清楚地明白，如果在这个项目上还是那样的话，你将失去这份工作。

因为你将SFI公司看作一个潜在的长期顾客，你不愿意拒绝他们的需求。你明白一个双赢的结果是极有可能获得与SFI进一步的合作的，未来5年甚至更久的时间，SFI都可以为公司提供潜在的可盈利订单。销售部门得知这个消息后，也频繁施压要求你满足SFI公司的要求。如果这一切能如此顺利进行的话，你将在客户与公司里拥有一席之地。每个人都希望你能成功完成这个项目达到大家的期许。

周末你收到了SFI公司关于最新修改要求的邮件。他们要求修改工厂的布局以此协调舒缓进出工厂的火车车流。想要满足这些要求就需要中止目前的建设工作，然后让工程师与政府监管人员聚集商讨重新设计新的装配区和运输区。根据你的经验，这些改动至少会增加15万美元的预算同时使得项目延期6周。更糟糕的是，在仔细查阅了这些修改后，你很确定如此复杂的改动是完全没必要的，对于工厂的设计也不会增加多少价值。最令人头疼的还在后头，SFI希望立即开始这些修改工作，而且他们不允许任何的延迟。事实上，他们提到这个工厂按进度完成后会马上投入运营。唯一的好消息大概就是销售部门发现SFI可能愿意为这些改动提供额外的资金，但具体会有多少依然是未知数。

你发出通知，这周三将召开一个会议，就要求的修改进行协商并达成一致。你处于强大的压力之下，既要保持BCT公司的利润，又要使SFI公司满意。这个周日的下午，你坐在家中电脑旁边，期盼着明天早上的工作会有转机。你将如何应对即将到来的谈判？

SFI公司的角度

你是SFI公司的项目经理，负责监督俄亥俄州西北区域制造厂的建设工程。最近高管那边通知你说，因为现在时机刚好，这个工厂对你们公司来说极其重要。如果分叉铁路与货运铁路系统相连,就可以改进用以操作大容量火车出入。这个工厂是你的公司在美国中西部的一个重要投资,已经与当地政府商讨了几年,试图提高当地就业率。所以,你觉得你应该充分利用好这个机会,对项目进行必要的调整。你认为,这些修改要求是合理必要的,而且不会花费很多钱。但从近几周的效果来看,BCT 的项目经理似乎不太配合。他总是试图减少这些修改请求,要么对这些修改需要视而不见,要么改为使用低成本的方案,或者就简单地否定了这些调整。所以,你很肯定新的调整方案也会被拒绝,而且同 BCT 项目经理的关系也越来越紧张。

你曾经告诉 BCT 公司的销售代表,未来 10 年内你们将在五大湖区建造一系列这样的工程,这个项目只是这些建造项目中的第一个。尽管你没有承诺将来与 BCT 公司做生意,你已经清楚地表明,如果他们在这个项目上的表现使 SFI 公司感到满意,那么在未来的项目上,他们将优先考虑 BCT 公司。毕竟,他们知道你的需要而且有成功的项目经验在背后支持。

你受到了来自布鲁塞尔总部高管越来越大的压力。事实上,你现在最关心的是这个项目能否准时完成。SFI 公司在五大湖区有很多竞标的建设项目,很多大规模建筑合同在后面等待着。另外,地方选举在即,地方政治家都很急切地想要将这个项目的成功作为友好公共/私营伙伴关系的表现,所以不断在问项目何时完工。若项目无法按时完成,你就可能会失去一系列的建筑合同,同时要放慢招聘的步伐。如果真是这样,你和当地政府都会陷入很尴尬的境地。由于公司的建设投标合同仍在重申过程中,所以你需要保守这个秘密以避免引起你的竞争者的注意。

你已向高管保证,而且你自己也热切地希望能将预算降到最低。你现在有 25 万美元的预算,可用来补偿进行必要的修改而导致的额外成本。然而,因为公司的其他竞标项目和各方的压力,你不能同意延迟计划进度。来自于行业的信息表明 BCT 公司正处于财政困难时期,需要在将来获取更多的合作项目。

你的工程师已经修改了对新工厂的运输能力要求,并建议调整运输区以适应更大的火车车流。这些修改都是至关重要的,因为你公司的商业模式规划要最大化利用并受益于这个新的制造厂。你上周六晚上已经给 BCT 公司的项目经理发去一份邮件,提供了需要修改的要求列表。她刚给你回了简讯,说这个周三上午,他们将开会商讨这些修改要求,并试图解决你们在项目中的分歧。你知道这意味着她正考虑如何回应你的这些修改要求。你承受着来自布鲁塞尔总部的压力,思考着应该采用何种战略来进行应对。

网上练习

6.1 点击网页查看项目团队资料 www.projectsmart.co.uk/five-step-to-a-winning-project-team.php.,这 5 步中哪几步项目经理执行起来相对容易一些,哪几步则困难一些?为什么?查看网页 www.projectsmart.co.uk/5-essentials-to-project-team-success.php.,比较本章对于"项目团队成功的 5 个必要条件"的观点与该网页中的观点。这说明在团队发展中为项目设置阶段对项目成功具有哪些重要意义？

6.2 访问一个职业运动团队的网站。针对团队与团队工作的重要性，你能从网站上发现什么线索？给出两三个特定的例子。

6.3 访问一家制药企业的网站。查找关于研究方面的新资料。在制药企业里应用的是哪种类型的项目团队？至少识别成功开发一种新药所组建的项目团队所需的 5 个职能部门。

6.4 访问网站 www.ebxml.org/project_teams/project_teams.htm，研究列出来的项目与项目团队，注意这些项目团队的规模和多样性。在将这些个人组合为一个项目团队的时候，他们遇到了什么挑战？一些团队由来自不同组织的员工所组成，这将给组建项目团队的工作带来什么影响？

6.5 查看网页 http://tele-immersion.citrisuc.org/，探讨远程沉浸系统开发项目的特点。点击链接"Projects"，查看远程沉浸系统在不同领域的应用。该项目在未来会有怎样的发展呢？

项目管理职业认证考试样题

1. 项目经理正在经受两个核心团队成员间根深蒂固的严重冲突。显然，这些冲突来自于对项目范围的不同理解。哪种冲突解决办法对项目经理来说是最有效的？
   a. 妥协。
   b. 回避。
   c. 惩罚。
   d. 解决问题。

2. 以下哪一项不是团队发展策略的例子？
   a. 为项目创建工作分解结构。
   b. 绩效评估。
   c. 项目团队外出运动。
   d. 团队午餐会。

3. 在一次冲突中，程序员威胁说要扰乱项目的开发。项目经理将两个程序员叫到办公室，提醒他们，在为公司开发软件应用的工作中，他们都是"站在同一边"的。以下哪一项描述她解决冲突的风格最恰当。
   a. 仲裁。
   b. 化解。
   c. 冲突控制。
   d. 消除冲突。

4. 嘉莉来自市场营销部门，她对项目团队中生产成员安德鲁的态度感到越来越不满。他似乎不仅忽视她的意见，而且每次嘉莉提出观点时，他总是给以轻蔑的评论，或者以不愉快的方式评论她的营销。以嘉莉和安德鲁之间关系为例，该项目团队正处于群体发展的哪个阶段？
   a. 规范期。
   b. 执行期。
   c. 激荡期。
   d. 休整期。

5. 以下都是激发不同职能部门间的团队合作意识的有效方法，除了：
   a. 工作场地设于同一地点（物理距离接近性）。
   b. 共同目标。
   c. 组织规范控制他们的相互合作。
   d. 弹性工作时间。

答案：

1. d。当不是个人问题时，解决问题将是最好的选择（基于项目范围的解释），妥协不是好的解决办法，因为这将削弱成功的可能性。
2. a。其他活动都会促进团队的发展。
3. b。由于项目经理强调团队与合作，所以项目经理采用的是通过化解来解决冲突的办法。
4. c。案例清楚地展现出他们正处于激荡期。
5. d。弹性工作时间对部门间成员的合作意愿并没有影响。

注释

1. Patel, P. (2009, December 9). "Engineers without borders," *IEEE Spectrum*. http://spectrum.ieee.org/geek-life/profiles/engineers-without-borders
2. Verma, V. K. (1996). *Human Resource Skills for the Project Manager*. Upper Darby, PA: Project Management Institute; Verma, V. K. (1997). *Managing the Project Team*. Newtown Square, PA: Project Management Institute.
3. Hoegl, M., and Parboteeah, K. P. (2003). "Goal setting and team performance in innovative projects: On the moderating role of teamwork quality," *Small Group Research*, 34: 3–19; McComb, S. A., and Green, S. G. (1999). "Project goals, team performance, and shared understanding," *Engineering Management Journal*, 11(3).
4. Pinto, J. K., and Prescott, J. E. (1988). "Variations in critical success factors over the stages in the project life cycle," *Journal of Management*, 14(1): 5–18.
5. Hartman, F. T. (2000). *Don't Park Your Brain Outside: A Practical Guide to Improving Shareholder Value Through SMART Management*. Newtown Square, PA: Project Management Institute; Karlsen, J. T., Grae, K., and Massaoud, M. J. (2008). "The role of trust in project-stakeholder relationships: A study of a construction project," *International Journal of Project Organization and Management*, 1: 105–118; Lander, M. C., Purvis, R. L., McCray, G. E., and Leigh, W. (2004). "Trust-building mechanisms utilized in outsourced IS development projects: A case study," *Information and Management*, 41: 509–28; Kadefors, A. (2004). "Trust in project relationships—inside the black box," *International Journal of Project Management*, 22: 175–82; Smyth, H. J., and Thompson, N. J. (2005). "Managing conditions of trust within a framework of trust," *Journal of Construction Procurement*, 11(1): 4–18.
6. Hartman, F. T. (2002). "Update on trust: A collection of trust-based research findings," in Slevin, D. P., Pinto, J. K., and Cleland, D. I. (Eds.), *Proceedings of the PMI Research Conference 2002*. Newtown Square, PA: Project Management Institute, pp. 247–53.
7. Gido, J., and Clements, J. P. (2003). *Successful Project Management*, 2nd ed. Mason, OH: South-Western.
8. Tuchman, B. W., and Jensen, M. A. (1977). "Stages in small group development revisited." *Group and Organizational Studies*, 2: 419–27.
9. Tuchman, B. W., and Jensen, M. A. (1977), ibid.
10. Verma, V. K. (1997). *Managing the Project Team*, p. 71, as cited in note 2.
11. Gersick, C. (1988). "Time and transition in work teams: Toward a new model of group development." *Academy of Management Journal*, 31: 9–41; Gersick, C. (1989). "Making time predictable transitions in task groups." *Academy of Management Journal*, 32: 274–309.
12. Pinto, M. B. (1988). *Cross-functional cooperation in the implementation of marketing decisions: The effects of superordinate goals, rules and procedures, and physical environment*. Unpublished doctoral dissertation, University of Pittsburgh, PA; Pinto, M. B., Pinto, J. K., and Prescott, J. E. (1993). "Antecedents and consequences of project team cross functional cooperation," *Management Science*, 39: 1281–97.
13. Sherif, M. (1958). "Superordinate goals in the reduction of intergroup conflict," *American Journal of Sociology*, 63(4): 349–56.
14. Galbraith, J. R. (1977). *Organization Design*. Reading, MA: Addison-Wesley.
15. Davis, T. E. (1984). "The influence of the physical environment in offices," *Academy of Management Review*, 9(2): 271–83.
16. Frame, J. D. (2002). *The New Project Management*, 2nd ed. San Francisco, CA: Jossey-Bass.
17. Tjosvold, D. (1993). *Teamwork for Customers: Building Organizations That Take Pride in Serving*. San Francisco, CA: Jossey-Bass; Logue, A. C. (2002). "Building and keeping the dream team," *PMNetwork*, 16(3): 30–36.
18. Adams, J. R., and Adams, L. L. (1997). "The virtual projects: Management of tomorrow's team today," *PMNetwork*, 11(1): 37–41; Kostner, J. (1994). *Knights of the Tele-Round Table*. New York: Warner Books; Delisle, C. (2001). *Success and communication in virtual project teams*. Unpublished doctoral dissertation. Dept. of Civil Engineering, Project Management Specialization. University of Calgary, Calgary, Alberta; Fagerhaug, T. (2002). "Virtual project organizations—design of and challenges for," in Slevin, D. P., Pinto, J. K., and Cleland, D. I. (Eds.), *Proceedings of PMI Research Conference 2002*. Newtown Square, PA: Project Management Institute, pp. 217–23.
19. Coutu, D. L. (1998). "Organization: Trust in virtual teams," *Harvard Business Review*, 76(3): 20–21.
20. Smith, P. G., and Blank, E. L. (2002). "From experience: Leading dispersed teams," *Journal of Product Innovation Management*, 19: 294–304.
21. Smith, P. G., and Blank, E. L. (2002), ibid.
22. Lanier, J. (2001, April). "Virtually there: Three dimensional tele-immersion may eventually bring the world to your desk," *Scientific American*, 284(4): 66–75.
23. Ditlea, S. (2001, January). "Tele-immersion: Tomorrow's teleconferencing," *Computer Graphics World*, www.cgw.com; (2008). tele-immersion.citris-uc.org/video
24. Posner, B. Z. (1986). "What's all the fighting about? Conflicts in project management," *IEEE Transactions on Engineering Management*, EM-33: 207–11; Thamhain, H. J., and Wilemon, D. L. (1975). "Conflict management in project life cycles," *Sloan Management Review*, 16(3): 31–50; Thamhain, H. J., and Wilemon, D. L. (1977). "Leadership, conflict, and program management effectiveness," *Sloan Management Review*, 19(1): 69–89; Chan, M. (1989). "Intergroup conflict and conflict management in the R&D divisions of four aerospace companies," *IEEE Transactions on Engineering Management*, EM-36: 95–104; Adams, J. R.,

and Barndt, S. E. (1988). "Behavioral implications of the project life cycle," in Cleland, D. I., and King, W. R. (Eds.), *Project Management Handbook*, 2nd ed. New York: Van Nostrand Reinhold, pp. 206–30.

25. Thomas, K. W., and Schmidt, W. H. (1976). "A survey of managerial interests with respect to conflict," *Academy of Management Journal*, 10: 315–18.
26. Thomas, K. W. (1992). "Conflict and negotiation processes in organizations," in Dunnette, M. D. (Ed.), *Handbook of Industrial and Organizational Psychology*, 2nd ed. Palo Alto, CA: Consulting Psychologists Press, pp. 889–935; Pondy, L. (1968). "Organizational conflict: Concepts and models," *Administrative Science Quarterly*, 12: 296–320.
27. Thamhain, H. J., and Wilemon, D. L. (1975), as cited in note 24.
28. Verma, V. K. (1998). "Conflict management," in Pinto, J. K. (Ed.), *The Project Management Institute's Project Management Handbook*. San Francisco, CA: Jossey-Bass.
29. Verma, V. K. (1996), as cited in note 2; Robbins, S. P. (1974). *Managing Organizational Conflict: A Nontraditional Approach*. Englewood Cliffs, NJ: Prentice-Hall.
30. Thamhain, H. J., and Wilemon, D. L. (1975), as cited in note 24; Posner, B. Z. (1986), as cited in note 24.
31. Verma, V. K. (1998), as cited in note 28.
32. Ware, J. (1983). "Some aspect of problem-solving and conflict resolution in management groups," in Schlesinger, L. A., Eccles, R. G., and Gabarro, J. L. (Eds.), *Managing Behavior in Organization: Text, Cases, Readings*. New York: McGraw-Hill, pp. 101–15.
33. Slevin, D. P. (1989). *The Whole Manager*. New York: AMACOM.
34. Fisher, R., and Ury, W. (1981). *Getting to Yes: Negotiating Agreement Without Giving In*. New York: Houghton Mifflin.
35. Fisher, R., and Ury, W. (1981), ibid.
36. Fisher, R., and Ury, W. (1981), ibid.
37. Fisher, R., and Ury, W. (1981), ibid.

第 7 章

风险管理

本章目标

学习本章后,你将能够:
1. 定义项目风险。
2. 识别项目风险管理的 4 个关键阶段和必要步骤。
3. 理解项目风险的 5 个主要来源,识别风险的 4 条途径。
4. 识别 4 个主要的风险缓解策略。
5. 解释项目风险分析和管理(PRAM)过程。

本章涉及的项目管理知识体系的核心概念

1. 风险管理计划编制(见 PMBoK 11.1 节)
2. 风险识别(见 PMBoK 11.2 节)
3. 定性风险分析(见 PMBoK 11.3 节)
4. 定量风险分析(见 PMBoK 11.4 节)
5. 风险应对计划编制(见 PMBoK 11.5 节)
6. 控制风险(见 PMBoK 11.6 节)

□ 项目导读 7-1

可以熔化汽车的建筑

谁也没想到,一栋即将建成的摩天大厦能让在伦敦开车变得更加危险,因为这座大厦竟然可以燃烧和熔化汽车!这栋建筑由国际知名的建筑师拉斐尔·维诺力(Rafael Viñoly)设计,是一栋拥有弧线型外墙的奇特大厦。这栋 38 层的摩天大厦地处伦敦金融区中心的芬乔奇街 20 号,并因其独特的外形被当地人戏称为"对讲机"(Walkie-Talkie)(见图 7-1)。

其弧线外形正是造成问题的根源所在,这一弧度使得建筑物南外墙上的反光玻璃形成了一面凹镜,并将阳光聚集到一个小区域内。来自英国物理学会的克里斯·谢泼德(Chris

Shepherd）说道："其实这就是反射。如果一栋建筑物拥有一系列由平面窗玻璃所组成的曲线外形，那么它们就像镜子一样，可以令所有反射的光线都汇合并聚焦在一个点上。就像用抛物面镜来生火一样。"

图7-1 伦敦的"对讲机"建筑

资料来源：Lionel Derimais/Corbis.

由这栋大厦聚焦所产生的太阳光在9月份能够达到约110℃的高温。截至目前，该大厦要为以下事故承担责任：部分损毁一辆停放的捷豹XJ豪华轿车、使附近商店的地毯着火以及损坏当地餐馆的面砖石板。对于处在这栋大厦强烈反射光照射范围内的任何建筑物来说，这种情况很可能是一个会反复出现的问题。

由于该影响是太阳在全年特定时间所处的特定高度所造成的，因此专家们预测这种强烈的光线和危险的加热效应会持续3周，每天持续约两个小时。为了在短期解决这一问题，这栋大厦的业主与地方当局签约，禁用了在太阳光反射路径上的部分停车位。长期的解决方案则更加棘手，因为大厦的设计和太阳光的照射方向都没法改变。

这已经不是维诺力的建筑首次饱受争议了：他在拉斯维加斯设计的维达拉酒店就被批评使阳光聚集在游泳池的露台上，热得足以熔化塑料和人们的头发。人们将其戏谑为"维达拉死亡射线"，维达拉酒店利用大型太阳伞解决了"死亡射线"带来的问题，但是对于伦敦这栋建筑来说，问题要复杂得多。诺丁汉大学建筑系的高层建筑专家菲利普·奥德菲尔德（Philip Oldfield）说："过去就有建筑不得不重建外墙的例子。如果这次的情况真的很严重的话，我不敢想象这笔重建费用会有多高昂。"

建筑评论家格兰西·乔纳森（Jonathan Glancey）指出，这样的例子并非没有前例。在2003年，由建筑师弗兰克·盖里（Frank Gehry）设计的洛杉矶迪士尼音乐厅落成后，也存在类似问题。"这座建筑外墙都是由不锈钢板制成的，因为紧挨着人行道，它会将炙热的阳光反射到人行道和周边地区，温度可达60℃。当地居民抱怨说，他们必须把空调开到最大才能让温度降下来。"格兰西说道。刺眼的强光还影响到了开车驶过这座建筑的司机。专家们在利用电脑模型和传感器设备识别出造成影响的钢板后，对钢板使用了喷砂处理来减弱太阳光的折射。

克里斯·谢泼德指出，解决伦敦"对讲机"大厦问题的可行措施包括：通过给窗户涂层来减弱反射，这个解决方案成本较低，但是这样做的缺点在于它同时也会减少进入建筑物的光线。另一个解决办法是将窗框错开，稍微挪动大概一毫米，但是这样做的成本将非常高。[1]

概述

项目的运作环境存在很多不确定性。这些不确定性可能是项目资金问题、必要资源的可得性问题、客户变化的期望或者是潜在的技术问题，要将它们一一列举出来几乎是不可能的。这些不确定性构成了项目风险的基石，使风险管理成为必然。**风险管理**（risk management）承认任何项目都可能会陷入困境，它是指在项目的生命周期中识别、分析并应对风险因素，以更好地实现项目目标的一门科学和艺术。失败的项目和成功的项目的不同点，并不在于前者出现了问题而后者没有出现问题，关键在于面对出现的问题编制应对计划。项目管理协会将**项目风险**（project risk）定义为"一个不确定的事件或条件，一旦发生则会对项目的至少一个目标（如范围、进度、成本或质量）产生积极或消极的影响。风险可能有一个或多个构成原因，而风险一旦发生则可能会造成一种或多种影响。"这个定义很重要，因为与以往不同，它没有默认项目风险只能带来的消极的影响，而是把项目风险视作既可以带来机遇也可以带来威胁的源头。因此，虽然过去前沿的项目管理研究人员认为项目风险是"对导致损失的大量不确定情况出现的可能性所做的估计"[2]，以现代的观点来看，任何项目中存在的不确定性既可能导致消极的结果，也可能导致积极的结果。项目经理必须承认同一个风险事件可能会带来多种结果，对项目可能同时产生积极或不利的影响。这些定义的言下之意就是：在组织内部和组织控制范围之外，随时都可能发生具有不确定性的事件，这些事件影响了项目团队对项目成功所做的努力。

风险管理包括在项目初期预测那些可能出现的、超过项目经理控制范围的不可预料的情况。这些情况会严重影响到项目最终的成功。从广义上来讲，对项目经理而言，风险管理过程需要解决以下问题：

- 有哪些可能，事件会发生（其可能性和影响）？
- 采取什么行动才能把这些事件的可能性和影响降到最低？
- 有哪些线索表明应该采取行动（例如，应该积极寻找哪些线索）？
- 这些问题和应对措施会带来哪些可能的结果？

本章将详细阐述项目风险管理的思想，探索项目的不确定性（即风险）及其主要来源。本章还会提出几条重要的建议，这些建议主要针对如下几个方面：制定项目风险管理策略、评估风险影响力的方法以及减轻消极影响的过程。

项目风险是基于以下的等式

$$事件风险 = 事件的可能性 \times 事件的后果$$

换句话说，所有风险必须从两个方面来评价：事件发生的可能性和事件发生的后果或影响。在你的公司，项目经理辞职当然会对项目造成很大影响，但是这种问题发生的可能性很小，因此你不必过于担忧。另一方面，现在的人们经常更换工作，所以，在项目实施阶段，一名关键项目团队成员如果中途辞职，其后果将是严重的，而且在很多组织中发生这种事件的可能性也很大。因此，在这种项目环境下，事件发生的可能性很大，其消极影响也很严重，此时合理的做法就是制定风险缓解策略。比如，项目经理可以对仍然留职的项目团队成员发放奖金，或者采取其他激励措施，这都是针对项目关键人员缺失非常有用的应对方案（风险缓解）。

风险和机遇就像硬币的两面——机遇来自于有利的项目不确定性，风险则来自于不利的项目事件。图 7-2 表示的是项目生命周期中风险和机遇的动态变化。在项目早期阶段，风险和机遇都很高。概念可能是有价值的，但机遇和负面风险并存，并且都是巨大的。其原因是在项目的早期阶段存在很多不确定性，但一旦到了项目的实施阶段，如果许多问题尚未解决，则又增大了项目的不确定性。另一方面，消极影响的严重性（即"代价"）在项目的早期阶段很小，因为此时投入项目中的资源很少，所以公司的受影响水平也很低。随着项目的推进，更多的预算资金被投入其中，消极影响可能造成的损失也在快速增长，但与此同时风险继续降低。项目呈现出一个更加清晰的发展态势，许多先前未解决的问题（"技术有效吗？""项目实施的时间计划可行吗？"）也逐渐找到了答案。最后会出现这样一种情况：所有的机遇和风险（按照不确定性来划分）都消失了，同时公司在项目上付出的代价也变大了。

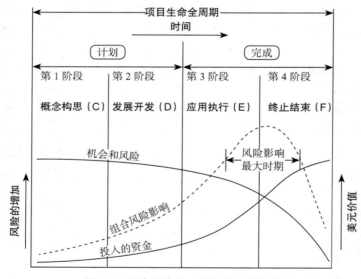

图 7-2　风险和代价：风险管理的挑战

资料来源：R. Max Wideman.（2004）. *A Management Framework for Project, Program and Portfolio Integration.* Victoria, BC, Canada, 2004. Copyright © 2004 by R. Max Wideman, AEW Services Vancouver, BC, Canada: Trafford Publishing. Figure from page 64. Reproduced with permission of R. Max Wideman.

如图 7-2 所示，最令人担心的阶段是项目的执行和终止阶段，在这两个阶段，不确定性相对较高，代价也迅速增长。风险管理的目标是将公司受影响的程度降到最低，这些影响是由不确定性和潜在的消极后果造成的。

实践中的项目经理 7-1
马修·保罗，通用电气公司

马修·保罗（Mathew Paul）任职于宾夕法尼亚州伊利市的通用电气公司（GE），是该公司运输系统集团下液化天然气（LNG）机车的项目负责人。他目前的职责是从技术功能的角度，将 GE 的天然气机车引入到美国国内市场。马修于 1998 年在印度的喀拉拉邦大学取得了机械工程学士学位后，又在印度的科钦港务局和朗讯科技公司待了一段时间，随后去了塔斯卡卢萨州的阿拉巴马大学继续攻读机械工程硕士学位。与此同时，马修不仅获得了田纳西州孟菲斯大学商学院的工商管理硕士学位，还取得了 PMP 认证和六西格玛绿带。

马修的职业生涯开始于康明斯公司（Cummins）的工程师，他工作的内容是引进新的内燃机，以满足顾客要求和环境法规。他的具体工作包括确定燃料配方，并满足发动机的性能要求。然而在 2008 年的经济衰退期间，他的职责转为领导成本的削减工作，以及找到可盈利的业务项目。由于发动机的广泛应用和客户基础，识别发动机中需要去掉的零部件或者重新设计发动机以获得规模经济并不是一件容易的事。这就要求必须运用项目管理的方法来执行任务，并向客户展示项目可以带来的好处。正是在面对这些挑战的过程中，马修认识到了项目管理的艺术，并决定要将职业转向项目管理。

在 2010 年，马修率先在中国的卡车市场推出了一款低成本的康明斯燃油喷射系统，希望以此占据市场份额并减少市场对其他公司产品的依赖。这是康明斯燃料系统的第一款产品，马修的团队迅速意识到他们需要采用不同的策略才能在中国市场取得成功。马修的具体工作包括管理由中国和美国人组成的项目小组来共同设计、开发、测试和制造燃油系统。由于该项目的规模较大，康明斯燃料系统首次应用了项目管理的方法。用马修的话来说，"我们面临的主要挑战是要使用基于数据的方法与客户、供应商和团队成员进行沟通，因为中国文化大多以客户为中心，对客户说'不'是不受欢迎的。由于单位产品的边际利润率非常低，项目盈利主要依靠成交数量，因此对项目质量和成本风险的管控，对于项目的成功至关重要。"

在康明斯成功实施了低成本燃油系统后，马修回到了 GE 运输系统集团，进一步向澳大利亚和韩国推广 PowerHaul™ 系列的机车。马修说道："同样的产品在不同国家面临的挑战不同。在澳大利亚，将产品尽快准时送达是最重要的；但在韩国，维护客户关系、提供最高质量的产品才是第一需求。"此外，马修还负责领导 GE 运输系统集团下首个国内市场的天然气机车项目。由于页岩气在美国的储量丰富，自然也成为机车项目主要燃料的首选。然而作为一项新技术，人员安全和环境安全是最重要的考虑因素。"这无疑是个大项目，因为我有部分工作是要协调来自 5 个不同国家的 250 人一起工作，并且这个项目的初始投资超过了 7 000 万美元。为此，我们进行了风险分析并制订了风险规避计划，同时几乎每天都对计划进行持续更新。这个项目是资金密集型的，受到客户、政府和竞争对手的热切关注。"

马修回忆道，迄今他负责的项目都不尽相同，因此使用项目管理方法来标准化项目管理流程至关重要。他指出，制订计划对项目的成功十分关键，执行计划也相当重要；然而，对所有的项目经理来说，成功的关键在于拥有对潜在风险的"第六感"，并能尽早做出回应。

这样的话，即使遇到挑战，项目经理最终也能取得令人满意的结果。"当第一批天然气机车按要求的速度起动和拉动载货时，我不禁热泪盈眶。我在人生中经历过几个第一次：从西摩发动机厂生产出的第一台康明斯3级19L发动机；从康明斯武汉工厂制造出的第一个燃料系统；在澳大利亚的客户财产中公布的第一台PowerHaul™ GE发动机等，还有好多。"正如马修所认识到的，那一刻是他多年辛勤工作、饱受案牍和会议之劳的心血结晶。同时他也认识到，只有项目经理可以预见到最终的产品，并且要日复一日地朝着这个目标奋勇前进（见图7-3）。

图7-3　马修·保罗领导的下一代GE机车示例

资料来源：Sean Gallup/Getty Images.

7.1　风险管理过程的4个阶段

系统地实施风险管理包括以下4个阶段。
- **风险识别**（risk identification）：识别可能影响项目的风险因素。
- **可能性和后果分析**（analysis of probability and concequences）：分析风险因素发生的概率，以及如果它们发生将对项目产生何种影响。
- **风险缓解策略**（risk mitigation strategies）：对极有可能威胁到项目的风险因素采取措施，从而使它们潜在的负面影响达到最小。
- **控制和文档化**（control and documentation）：将现在实施项目的经验教训总结成文档，为将来的项目创建一个知识库，从而便于今后对项目进行控制。

7.1.1　风险识别

风险识别的一个有效方法来自对相似风险的分类。要记住，风险意味着项目可能同时面临着积极和消极的影响。风险一般分为如下几类。[3]
- **财务风险**（financial risk）。当企业实施一个项目时，它不得不公开相关的财务状况，这时涉及的风险即为财务风险。如果项目开工之前就需要大量的资金，比如波音或空客公司开发新机型，公司自然就面临着很大的财务风险。建筑公司承建"投机性"的施工项目也与之类似，这种项目施工时，并没有已签订合同的买方，这些公司必须独自承受巨大的财务风险，因为他们完全寄希望于建筑完工后能够销售出去。

- **技术风险**（technical risk）。当新项目需要独特的或未被证实的技术支持时，实施这些项目就存在巨大的技术风险。当然，这些风险有一定的等级，在某些情况下，技术风险比较小（比如对一个已经完成开发的产品进行修改），但还有些情况下技术风险可能非常大。例如，古德里奇（Goodrich）公司对它的电子提升机系统进行了改装，使用电缆提升机来营救直升机。因为这家公司已经完成了开发，只需小幅度增加提升机的动力就可以达到目标，这时，技术风险就非常小。反之，西班牙造船厂纳凡蒂亚（Navantia）公司目前正在为其最新一代的S-80系列潜艇的严重性能问题焦头烂额，因为他们在船上做了过多的新技术升级。S-80系列的严重问题引发了安全顾虑，因而也无法进行下一步的海上试航（见本章末尾的案例分析7-2）。一般而言，项目的技术风险越大，该项目无法满足特定需求的可能性就越大。

- **商业风险**（commercial risk）。对于具有明确商业目的的项目，一旦它们被引入市场，那么项目管理人员对商业环境的未知度就决定了项目的成功度。商业风险是不确定的，如果无法准确预测消费者对新产品或服务的接受程度，那么实施项目的企业就必须接受这种不确定性所带来的商业风险。

- **执行风险**（execution risk）。哪些与项目计划执行相关的细节是未知的？例如，地理或物理条件对项目的执行是否有影响？再比如，如果要在菲律宾的活火山地带建一个发电站，就必须考虑岩浆可能对该项目产生的影响。同样，缺乏培训或低效的项目团队成员也可能对项目的执行带来阻碍。执行风险是一个宽泛的概念，它涉及在项目执行过程中，对项目产生负面影响的环境或不确定性的评定。

- **合约风险或法律风险**（contractual or legal risk）。这种风险通常发生在需要执行合约的项目上，并且这些合约具有严格的条款和条件。一些合约条款（如成本外加费用条款、固定成本、清算损失等）可能会导致巨大的项目风险。虽然企业可以通过法律保护来规避合约风险，但有时要避免来自其他组织的合约风险是不可能的。例如，即使美国铁路在运送项目所需的配件延时了，它们也不会接受惩罚，因为它们在铁路运输市场处于垄断地位，所以只要企业利用铁路来运输，就必须接受所有的运输风险。

了解风险的分类后，下面介绍项目中最常见的风险形式。下面所列出的风险，虽然没有包括所有的风险因素，却是绝大多数项目都可能遇到的最普遍的风险。

- 缺勤；
- 辞职；
- 调离；
- 缺乏人员/技能；
- 培训没有达到预期的效果；
- 最初的需求说明不明确、不完整；

- 由于各种问题导致需要订购的部件成倍增加；
- 宣传过程比预期的时间更长。

上面所列的风险仅仅是项目可能面临风险的一部分，除此之外，还需要考虑同行业中不同类型项目的特定风险。有很多方法都可以用来对行业特定风险因素进行识别，包括一些定性和定量方法，具体如下。

- **头脑风暴会议**。将项目组成员、高层管理者甚至是客户聚集在一起，通过头脑风暴会议，产生一个潜在风险因素的清单。头脑风暴法是一种定性产生各种观点的方法，但并不用于决策的制定。为了使头脑风暴会议更有效，必须对他人的观点不做评价和批判，也不应采取强压措施促使大家保持一致。只有这样，一个小型的风险管理假想推断过程才能发挥作用。试想一下，面对其他 10 个人，如果你处在可能立即被批判的风险中，你是否还愿意将你最有创意的想法表达出来？或者，如果你的上司只允许提出非常成熟的想法，你是否要考虑将你的想法再保留更长的时间？简而言之，使用头脑风暴法的环境必须非常安全，鼓励所有成员畅所欲言，提出各种意见，而不用承担任何风险。

- **专家建议法**。使用这种技术评价项目风险有两种不同的方法。一种是更强调定量的方法，通常称为德尔菲法，它收集整理处于隔离状态的匿名专家的判断，而且这种判断是可以定量分析的。为了使得德尔菲法更有效，必须对专家进行选择。这种将一组专家的意见聚集在一起的"智慧"就可以作为制定决策的基础。另一种更简单的方法则更强调直觉，它以专家的经验为基础。但最关键的问题在于，需要在组织内识别这样一些人：他们在过去有负责类似项目的经验，或者他们在企业中工作的时间足够长，从而对能够进行项目风险分析的机制有一个清晰的认识。显然，这种方法对每个人可能并不公平，尤其当一个企业中管理人员发生变更或是新雇员还未了解企业的项目历史时，合适的人选可能会被遗漏。

- **历史信息**。在很多情况下，认识将来风险的最好信息来源就是历史记录。当实施项目时必须考虑公司是否遇到过类似的问题？什么是"暴风雪信号"或者说是问题发生之前的事件？这些事件是否已经被察觉？过去的经历不仅能够用于识别风险因素，而且还能充当风险的指示器。但是，过去经历的问题并不能作为将来事件的保证。因为发生在过去 10 年、1 年甚至是 1 个月内的项目，其发生的环境或条件也可能与当前的市场条件或现在实施项目的工作状态没有关联。所以，只有在一定条件下，能够利用过去事件来评估当前项目时，历史信息才对识别关键的项目风险因素有指导作用，才能为项目干系人提供合理的风险警告。例如，芬兰劳马有限公司（Rauma Corporation）曾开发过技术含量很高的伐木搬运设备，这种设备在具有良好基础设施的地方能较好地工作，并可以频繁使用。但当该公司试图在遥远的印度尼西亚热带雨林中使用这种设备时，甚至不能解决一些常规的问题，比如无法飞越几百公里将设备从雨林运送到服务中心。经验在新出现的风险面前无能为力。

- **多人评估**（或称基于团队的评估）。由于个人的潜在偏好而使用单一案例的资料来识别项目风险是非常危险的。[4] 需要注意的是，任何个人，无论他是不是某个领域的专家，都不可能识别所有的项目风险。很显然，一个工程师很可能更熟悉技术风险，而一个成本会计师则更了解预算风险。除此，项目经理的经验再丰富，也不可能完全知晓所有领域的风险。因此，基于团队来识别风险的方法，可以促进对项目潜在风险进行更全面更完整的识别。同时，这种协作的方法能够使那些没有权力的项目成员更有归属感，从而更加支持项目的完成。[5]

项目导读 7-2

美国银行完全错估了客户

美国银行（BofA）决定于 2012 年起，客户使用借记卡必须缴纳 5 美元月费，而这一决定引发了客户远超预料的强烈反对。美国银行在 2011 年 9 月宣布了这一新的收费政策以后，预计客户可能会有一些负面的反应，但在最初的怒火消退之后，客户应该就会循规蹈矩地接受这笔费用。令 BofA 认为这项政策可行的原因可能在于，它最大的一些竞争对手如富国银行（Wells Fargo）、太阳信托银行（SunTrust）和摩根大通（JPMorgan Chase）也都决定采用这项政策。如果这一政策顺利推行，那么美国银行将收益颇丰。

银行推出这一新的收费政策直接引起众怒，客户们纷纷声明绝对不会接受这笔新的费用。这些最初非正式的民间抗议迅速发展成燎原之势，反对者通过创建病毒式的互联网站和 Facebook 站点形成了一个自发组织，并将 11 月 5 日和 11 月 8 日定义为"银行转账日"和"转储您的银行账户日"。富国银行、太阳信托银行和摩根大通在这些集体抗议下都放弃了原本的收费计划，只剩下美国银行继续坚持这项借记卡收费政策。到了 2011 年 10 月，由华尔街网站（TheStreet）进行的一项民意调查显示，有多达 83% 的美国银行客户称他们真的打算抽空去银行实施转储。此外，针对金融机构的"占领华尔街"抗议运动持续发酵，也愈发显得 BofA 公布新政策的不合时宜。

意识到了这次的失误以后，BofA 于 2011 年 11 月宣布取消这笔 5 美元的借记卡费用。尽管我们不知道这个错误的决定让 BofA 流失了多少客户，但可以确定的是这损害了大量客户对美国银行的好感。在经济衰退期间，当所有美国人都在紧盯着自己的财政支出时，BofA 的这项政策没有任何意义。5 美元的银行账户使用费触怒了太多人，加之宣布取消收费的声明发布得如此之晚，最终导致了美国银行大量客户的流失。[6]

当项目风险因素的分析过程完成后，就需要对更广泛的环境或资源进行分析，从而对潜在风险的影响进行评估。

7.1.2 风险分解结构

在对项目风险进行识别和分类时，一个有用的工具就是**风险分解结构**（risk breakdown structure，RBS）。RBS 被定义为"基于来源进行的项目风险分组，它组织并定义了项目中出现的全部风险"。[7] 在第 5 章中，我们开发了工作分解结构（WBS）。通过将可交付成果分解成越来越多的不同元素（即工作包），我们用 WBS 的方法分层组织并定义了项目范围的不同元素。RBS 也采用了类似的方法，但不同的是，RBS 是自顶向下将风险分解为更具体的类别，从而构建出项目风险的层级组织。例如，在最顶层，我们有外部和内部风险。更具体一点的话，我们可以定义出"市场风险""技术风险""环境影响风险"和"质量风险"作为第二层的类别。从这一层开始，项目团队就可以分解出与这些宽泛概念相关的具体风险类型了。图 7-4 给出了这一假设项目的 RBS 示例。为了得到具体的风险类型，我们还可以将"市场风险"往下分解成客户认可和利润潜力风险。同样，我们可以将"环境影响"分解为两个具体的风险类型：污染风险和社区抗议的可能性。可以看到，RBS 的优势在于它为项目团队提供了对项目关键风险的可视化表示，并突出了这些风险的具体组成部分。这种识别方法有助于项目风险管理的下一步，即对每种风险相关的可能性和后果进行分析。[8]

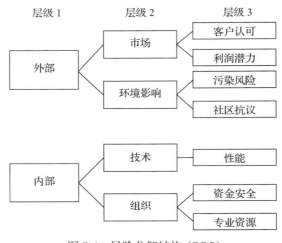

图 7-4　风险分解结构（RBS）

7.1.3　可能性和后果分析

项目风险管理过程的第 2 个阶段是可能性和后果分析，即对每种风险事件发生的可能性和后果进行合理的估计。图 7-5 就是一个风险影响矩阵，[9]这个矩阵反映了所有已识别的项目风险，并且根据它们发生的概率大小、对项目潜在的负面影响进行排序，项目团队以及发起者都应该考虑最坏的情况。各风险因素发生的可能性和产生的后果为项目干系人提供了整体的风险影响概况。有了这样一个排序，项目团队就能集中精力处理危害性最大的一些风险。

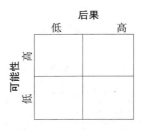

图 7-5　风险影响矩阵

图 7-6 是目前被许多《财富》500 强的企业使用的风险影响矩阵。它并没有像传统方法那样将风险分为高低两类，而是分为了三个等级：高、中、低，即在这个矩阵里，风险被分为了三类：高风险、中等风险、低风险。之所以要采用这种更为完整的矩阵，其根本原因在于它为描述各种风险提供了一种等级的概念。

当项目团队完成这样一个细化的矩阵后，他们就为识别在项目中可能遇到的各种风险以及风险的危害程度做好了准备，而这些风险的危害程度取决于它们在项目实施过程中的潜在负面影响。显然，与制订项目计划最相关的风险类型是这样一种风险：不仅发生的可能性大而且对项目的危害性也非常大，即概率大危害也大的风险。针对这类风险，需要细致地制订风险计划，以保证项目开发周期不受影响。图7-6还说明了如何根据项目的潜在风险影响来对它们进行分类。项目团队首先需要识别风险因素，然后利用矩阵来评估它们的影响。从下面的例子可以看出高—中—低分类机制是如何使用的。

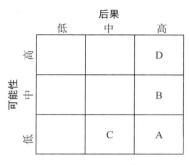

图7-6　项目风险分类

再次回顾之前提到的观点：项目风险的不确定性可能会带来潜在的机遇。也就是说，当分析风险事件的可能性和后果时，也应该将这些不确定因素可能会为组织带来的新机遇考虑在内。例如，假设项目团队已经识别了几种项目风险（市场、技术、政治等），头脑风暴会议可以帮助确定哪些风险明显是负面的，哪些风险可以转化为机遇，从而提高找到创新、双赢的解决方案的可能性。比方说，一家公司可能会面临来自政府法规的风险，如要求企业减少温室气体的排放。在这种风险下公司可以采取以下两种行动：①防守型——雇用一些游说者，尝试违反法规并维持正常业务，②机会主义型——在法规出台之前，通过改造业务部门采用非传统、可持续的解决方案来解决技术难题，最后可以向遇到类似困难的其他公司销售新的产品或工序流程。因此，在分析风险的可能性和后果时，应该考虑到负面或积极的后果都有可能存在。

表7-1通过一个例子描述了这种定量分析方法，这个例子是某企业为零售业开发一个新型软件产品的项目。该例同时考虑了项目失败的可能性以及失败带来的后果两个方面。在考虑**失败可能性**时，企业最关注的是识别那些对新项目成功的可能性有巨大影响的因素。分析这类风险因素时，必须集中精力研究会引起项目失败的潜在风险。表7-1所示的例子中，假设已识别的潜在风险有：①软件设计的成熟度——这是一个新产品还是基于已有软件平台的再开发产品？②产品的复杂性——它在结构上的设计相对简单还是高度复杂？③依赖性——能否随时在公司已有的任何系统上独立开发该产品？或者说该产品是否受操作系统的限制？许多因素都会对新项目的成功完成产生影响。虽然该例已识别了项目的3个风险（成熟度、复杂度和依赖性），但实际上项目团队还能够识别很多其他独特的风险因素，这些因素也会增加项目失败的可能性。

表7-1　计算风险的可能性和制订应对计划

失败的可能性（P_f）

分　数	成熟度	复杂度	依赖性
非常低（0.1）	现有软件	简单设计	对现有系统或客户没有限制；没有外部事件或不可控事件会对项目产生影响
较低（0.3）	重新设计可能性较小	复杂性增加的可能性较小	进度或性能依赖于现有系统，但对成本或进度的影响较小
中（0.5）	改变的可能性中等	增加的可能性中等	因为对现有系统、设施或流程的依赖性，进度或性能存在中等程度的风险
较高（0.7）	技术可行，但是设计复杂	增加的可能性较高	进度或性能依赖于新的系统或流程，存在较高的成本或进度风险
非常高（0.9）	有些研究需要重新进行	极其复杂	进度或性能依赖于新的系统或流程，存在非常高的成本或进度风险

(续)

分 数	成 本	进 度	可靠性	性 能
非常低（0.1）	没有超出预算	对项目的影响可以忽略，对关键路径没有影响	没有可靠性风险或风险非常小	没有性能风险或风险非常小
较低（0.3）	超出预算 < 5%	较小的进度延迟 < 5%	可靠性降低程度较小	系统性能降低程度较小
中（0.5）	超出预算 < 15%	进度延迟，开始影响到关键路径	可靠性降低	系统性能降低，可能需要进行调试
较高（0.7）	超出预算 < 30%	开发时间延迟超过 1 个月，需要对关键路径重新调整	可靠性降低程度较高	系统性能降低较多，保证书处于风险状态，需要大量的调试
非常高（0.9）	超出预算 > 50%	大幅时间延迟，将不能满足客户的进度要求	按照当前计划，可靠性目标将不能实现	性能目标将不能实现，产品可能不能使用

表头：失败的后果（C_f）

分析**失败所产生的后果**时，需要关注那些会扩大负面**影响**的方面，也就是说，项目干系人必须从关键维度入手，审慎地评估项目成功或失败的后果。在这个例子中，识别了 4 个项目失败的后果：①成本——资金上超支；②进度——时间上严重超时；③可靠性——产品的有用性较低，质量不合格；④性能——新软件达不到设计功能的要求。上面列举了很多会引起项目失败的因素，实际上每个项目都可能有一组与失败的后果相关的因素，而这些后果应该被非常清晰地识别。

表 7-2 阐释了对项目风险评分的过程。首先对各个风险因素进行评分，评分从可能性和后果两个维度进行考虑，然后将所有因素的评分相加求和，再除以风险因素的个数，即得到整个项目的风险分数。例如，对于**失败的可能性**，评分由 3 部分组成（成熟度、复杂度和依赖性），将 3 个分数相加，再除以 3，就得到可能性的分数。表 7-2 采用定量评估的方法，列出了该样板项目的最后累积风险得分。通常认为，如果项目评分小于 0.3，则被认为是低风险的；评分介于 0.3 和 0.7 之间，具有中度风险；评分高于 0.7，则项目具有高风险。

表 7-2 项目风险分数的计算

1. 采用项目团队成员大多数人的意见，决定失败可能性各个维度的分数： 成熟度（P_m），复杂度（P_c），依赖性（P_d）
2. 将 3 个维度的分数相加，再除以 3，得到 P_f $P_f = (P_m + P_c + P_d) / 3$
3. 采用项目团队成员大多数人的意见，决定项目失败的后果各个维度的分数： 成本（C_c），进度（C_s），可靠性（C_r），性能（C_p）
4. 将 4 个维度的分数相加，再除以 4，得到 C_f $C_f = (C_c + C_s + C_r + C_p) / 4$
5. 利用下面的公式求出项目的整体风险因素值 $RF = P_f + C_f - (P_f)(C_f)$
判定原则： 低风险　　　$RF < 0.30$ 中度风险　　$RF = 0.30 \sim 0.70$ 高风险　　　$RF > 0.70$

7.1.4 风险缓解策略

项目风险管理的第 3 个阶段是制定有效的风险缓解策略。一般来说,应对风险的方式有 4 种:①接受风险;②最小化风险;③分担风险;④转移风险。

1. 接受风险

项目团队必须考虑风险是否大到必须要采取措施来应对。任何数目的小概率风险出现在项目里都是可能的,但是,它们发生的概率非常小或者它们的影响非常小,因此可以被认为是可接受的或是可忽略的。对这种风险所做的理性决策就是什么都不做。类似地,在很多类型的项目中,一些特定的风险是整体风险的简单构成部分,是必须要考虑的。例如,据估计,美国唱片公司每年需要花费几百万美元用于发掘、包装并宣传新人,为扩大新人的知名度,唱片公司每年还要生产成千上万张唱片,但最终能盈利的项目只有 5%。[10] 同样地,第 3 章详细介绍了制药工厂为了能在药物市场中获得小部分的成功,必须接受大部分的失败。所以,这种项目本身就存在巨大的商业风险,但要在这个行业中生存,就必须接受这种风险。

2. 最小化风险

使风险最小化是另一种策略。比如波音公司在开发诸如 787 型飞机时需要数以百万计的零部件,其中绝大多数都需要供应商供货。波音进而尝试在整个机身中使用复合材料来代替铝质材料。波音面临的供应商风险是巨大的,因为它可能导致整个项目的失败。例如,因为日本 GS-YUASA 集团生产的飞机锂离子电池熔化,波音在早期出现过几次飞行事故。所以,选择高质量高效率的供应商对波音公司非常重要。波音公司为使供应商风险降到最低采取的方法是:坚持让所有重要的供应商与波音公司的质量检测部门保持持续的直接联系。同时,考虑到新的潜在供应商,波音公司坚持对供应商的生产流程进行控制和干预,从而保证所有供应商生产的零部件都符合既定的标准。配置一架飞机所需的零部件不计其数,而波音公司不可能生产所有的部件,所以它必须通过对供应商生产过程直接控制的策略来确保风险最小化。

3. 分担风险

分担风险指将风险分摊到与项目相关的多个组织中。例如,欧洲航天局(European Space Agency,ESA)和空客协会(Airbus consortium)研制开发的一个项目,因为巨大的进入壁垒,欧盟的任何一个国家都没有足够的资本和技术承担 Ariane 卫星传输火箭的研发,也不能承担新型飞机机身的研发,因此它们不能与波音的商用飞机竞争。但来自多个国家的 ESA 和空客成员后来联合起来,不仅聚积了资源,也共同承担了投资的风险。

除了合伙性质的项目风险分担,还能通过合同来实现风险分担。很多项目组织与它们的供应商和客户建立了这种关系,包括通过法律来保障项目风险的分担。实施如石化或电力设施这样的大型工业项目的东道主国家,已经开始要求在合同上强制所有参与项目的企业共同参与实施并分担风险。处于主导地位的企业负责工厂建设,拥有最初的所有权,直到项目成果被证实,并且所有的问题在所有权转交给客户之前全部解决。在这种方式下,从项目开始一直到完成并验收合格,负责项目的企业和国家都需要共同承担项目风险。

4. 转移风险

在一些环境中，当不能通过规避或者是减轻的方法来改变风险性质的时候，可以将风险的结果连同与风险对应的权利一起转移给另一方。在可行的情况下将风险转移给其他方的选择，并不能消除风险，如果存在其他可以躲过风险的方法，这种选择并不会被项目组织接受，企业用来转移风险的方法取决于他们与客户组织相关的力量和他们面对的风险类型。例如，如果目标是控制预算，一个直接转移风险的好方法就是签订**固定总价合同**（fixed-price contracts），固定总价合同是指在项目开始之前就确定价格，那么一旦项目的预算有所变动，项目组织就必须按规定承担因为预算超支而带来的费用。同样，如果目标是保证项目的功能（质量和效率），违约赔偿金则提供了一种通过合同来转移风险的方法。**违约赔偿金**（liquidated damages）对在项目发展和执行的过程中双方达成共识的赔偿条款进行了规定。例如，一个承担安装大型信息系统项目的组织，就需要同意这样的条款：如果系统在一段时间后失效，该组织就需要支付违约赔偿金。最后，保险也是一些公司用来转移风险的一种普遍方法，特别是在建筑行业，作为一种减轻风险的工具，保险将财务风险转移给了保险代理。

7.1.5 应急储备金的使用

应急储备金（contingency reserves）是用于缓解项目风险的常用方法之一，它包括许多形式，例如财务应急储备金以及管理应急金。它们是指在已定义了的项目范围下对未知成本要素的特殊预备。虽然可以从很多不同的角度来认识应急储备金，但它更多地取决于承办项目的类型以及执行该项目的组织。在建筑项目中，通常是留出建筑价格的 10%～15% 来作为偶发事件基金，一个 500 万美元的建筑合同实际上大约只有 450 万美元用作建筑成本，而剩下的 50 万美元会被用作应急储备金。然而在其他行业，项目团队因为担心客户或其他项目干系人认为应急储备金是计划不周或范围定义不全的信号，而不太愿意承认在项目开始之前就有建立应急储备金的需要（见第 5 章）。

消除客户疑虑的最好方法是利用一些文档加以证明，这些文档记录了需要应急储备金的风险事件、不可预见或不可控的环境因素。同时，如果项目团队做好了关于应急资金使用的详细演示计划的准备工作（如果项目团队能展示关于应急资金使用的详细计划），这样的疑虑将更有可能被消除。建立应急资金的目的是为了预防不可预知的风险，因此，有效利用这些资金的关键同样在于对使用它们的合理原因提前进行详细的计划编制。[11]

1. 任务应急金

任务应急金（task contingency）可能是应急储备金最普遍的形式，它被用来抵消产生于个人任务或者是项目工作包的风险，如预算的削减、进度的延迟或者是其他不可预知的环境。这些预算准备金是进行风险管理非常有价值的形式，因为它们为项目团队在战胜困难完成任务时提供了有力的支持。例如，一些项目的组件或者工作包非常特殊，或者说具有创新性，那么关于它们的发展及相关成本评估的浮动范围必须为 ±20% 或者更高。因此，当项目团队不能准确确定预算时，任务应急金成为弥补这一不足的重要方法。

▶ **例 7-1　计算应急期望成本**

假设估计完成一个项目需要 10 000 美元，但是这个任务是一个高风险的操作。使用任务应急金乘数就可以得到应急期望成本

$$任务评估成本 \times 任务偶发事件乘数 = 期望成本$$
$$10\ 000 \times 1.20 = 12\ 000（美元）$$

随着项目向前推进，由于项目范围变得越来越清晰同时项目不断取得进展，因此对用于任务应急的预算储备金的需求变小，也就是说，需要使用应急费用的事件很多已经完成了。因此，为项目划拨一定的预算储备金对项目组织来说是最基本的要求，同时这些储备金也会随着项目的推进而逐渐减少。

2. 管理应急金

如果说任务应急金解决的是与个人工作任务或工作包相关的风险，那么**管理应急金**（managerial contingency）就是运用于项目层次的安全缓冲器。管理应急金是针对更高水平风险的预算安全措施。假设一个项目团队遵循技术方针开始开发一个新的无线通信设备，从某种程度上来说，在开发过程的中期，主要客户需要改变项目的范围，而这些更改可能完全改变项目的技术性质，管理应急金就是典型地被用于应对这一问题的储备金。管理应急金被应用的另一方面就是用来应对具有不可预见性和高破坏性的自然灾害等。

无论是任务层还是管理层，关于预算储备金的最后一个重点就是：在高级管理层和项目经理之间关于偶发事件储备基金的可获得性及沟通渠道的开放性是非常重要的。项目经理必须充分关注对以下两方面的指导：是否需要增加基金，如何分配额外的项目预算。如果高层领导或项目经理将应急储备金用作一个政策工具或者是保持控制的方法，那么其他部门就会很快形成利用小伎俩获取这些储备金的心态，在这样的情况下，这些关键干系人之间的沟通和气氛就会被不信任和保密所充斥，而不信任和保密是很可能导致一个项目失败的两个因素。

7.1.6　其他风险缓解策略

除了上面所说的用来缓解风险的方法，很多组织运用实践的方法来缓解风险，如建立能有效训练项目团队所有成员的系统。一个应对项目风险的成功方法涉及对新项目经理和团队成员的**指导**（mentoring）。在一个指导（的）环节中，初级或者是没有经验的项目人员被分配给高级（的）管理人员，这样做是为了帮助这些新手学习最好的实践经验。指导的目标就是通过帮助这些新手认清问题、提供解决方法并且提升他们技能的熟练程度来使他们更容易进入角色。另外一种减轻风险的方法是通过**交叉训练**（cross-training），使项目团队成员具有在无法预料的情况下临时替补其他人的能力。交叉训练需要项目团队的成员不仅要学习与他们自己职责相关的内容，同时还要了解关于团队其他成员负责的内容。在这样的情况下，即使一个团队成员调离该团队的时间超过了预期，该项目团队的其他成员也能填补空缺，这样就减小了由于项目计划被打乱而带来的时间损失。

7.1.7 风险控制和文档化

一旦项目的风险分析结束，开始为分类和日后参考建立一个报告和文档化的系统是非常重要的。控制和文档化方法可以帮助经理们分类和整理企业会面对的各种风险、对这些风险的回应以及这些回应策略可能带来的后果。表 7-3 是一个在某些企业中被应用的风险管理报告的简单形式。经理们可以将这些分析全部打印成文本，或是将它们存入数据库以方便日后调用。

表 7-3　风险管理报告示例

客户：_____　　项目名称：_____
预算：_____　　项目团队：_____
上次估算日期：_____
风险描述：_____
_____
_____
_____

风险分析：_____　　风险因素：_____
讨论：_____
_____
_____

减小风险计划：_____　　拥有者/提出者：_____
_____
下次风险分析时间：_____
预期结果：_____
_____
_____

尤其对于项目经理新手来说，虽然他们意识到了风险管理的重要性，却不知如何进行风险管理甚至不知从何入手，因此过去风险分析事务的纪录对他们有着不可估量的价值。例如，作为办公人员项目管理训练的一部分，美国陆军试图建立一个可理解的关于项目风险因素和减小风险战略的数据库，并已在这个数据库上投资了大量的预算。新加入军队招募和项目管理办公室的办公人员被要求掌握这些信息，以便于在执行新程序前熟悉风险管理的战略。图 7-7 展示了一个调整项目计划的突发事件文档。

作为风险缓解战略的一部分，建立**变更管理**（change management）同样也需要一个有用的文档化系统，这样项目中的所有成员就能随时获得他们需要的文档。任何旨在减少项目风险因素的策略，以及对采取的行动负责的项目组成员都应该被清楚地确认。表 7-3 展示了一个风险管理报告的例子，它包括了在变更管理中的重要因素。为了使之有效，

可能事件	计划调整
旷工	
辞职	
人员调动	
难以获得的人员或技术	
规格变更	
增加的工作	
需要更多的培训	
卖方延误	

图 7-7　调整项目计划的突发事件文档

报告必须提供这样一些内容：对于问题可理解的分析、减少风险的计划、目标日期以及一旦这个策略实施所带来的预期后果。简而言之，作为一个有用的控制文档，报告必须清晰区分几个关键的信息：是什么，谁做，何时做，为什么做以及如何做。

- **是什么**——清楚分辨已知风险的来源。
- **谁做**——指派一个项目团队直接对接下来的情况负责，并根据解决方案确定负责人。
- **何时做**——建立一个清楚的时间框架，如果必要的话，需要包括决定什么时候实施预期减轻风险计划的里程碑。如果不能提前确定实施的时间，那就要确认在到达最终风险减小点的过程中合理的过程目标。
- **为什么做**——详细列出最有可能产生风险的原因，这样就能保证所有为减小风险而做的努力都与产生风险的原因适当相关。
- **如何做**——为如何减轻风险做一个详细的计划。项目团队成员为减轻风险而讨论出来的方法步骤是什么？它们是可行的还是牵强的？是否需要花费过多的时间或财力？减小风险的特殊策略最好是在项目团队成员的集体努力下产生，团队中最好包括技术和行政管理方面的专家，这样就能确保解决问题的步骤在技术上合乎逻辑，在管理上可行。

风险分析的文档化是整个风险管理过程中的最终关键部分。

📖 项目导读 7-3

上海公寓楼倒塌

建设简单公寓楼的科学与工程原理是众所周知的，也经过了几个世纪的实践。但是，即使是在最基本的建设项目中，有时也会发生令人震惊的事故。比如 2009 年 6 月底在中国发生的一件事——上海一座 13 层的公寓高楼发生倒塌（见图 7-8）。新开发项目"莲花河畔景苑"包含 11 座复式公寓楼，这座快完工的公寓楼是其中之一。由于这座 629 户的公寓楼并没有完工，因此它基本上是空的。尽管这起事故只导致了 1 人死亡，但是如果这栋楼旦住满了人，那么这将会是个更糟糕的悲剧。

图 7-8　上海公寓楼倒塌

资料来源：Imago stock&people/Newscom。

当时，中国城市对房屋的需求已经达到了历史最高峰。随着经济的繁荣发展，像上海这样的大城市对工人的需求也越来越多，因此可用房严重短缺。私企和一些政府机构都在加快建造新公寓楼的脚步以满足如此巨大的需求。但是，这种快速建造的方式所带来的一个风险就是有些建筑单位"走捷径"和"草草了事"。当速度至上时，一个很明显的问题就是建筑的质量是否达标。

很不幸的是，在"莲花河畔景苑"项目中，建筑公司选择了一个通常不被大家接受的方法。这种方法并没有把关注点放在支撑整座楼的地基上，而是把一批预制的混凝土木桩当作锚直接将这座大楼插入土地里。尽管这种方法对小型建筑比较有效，但是如果用于大型的高层建筑却是不安全的。

当建筑工人在公寓楼的南面开始挖掘一个深近 5 米的地下车库时，问题变得更严重了。挖出的土在楼的北面堆有 10 米高。由于挖掘使地下木桩开始承受更大的侧面压力，而暴风雨则使事态更加严重。暴风雨破坏了公寓楼南面的地基，引起了更严重的水土流失，使得锚桩系统承受了更大的侧面压力（估计有 3 000 吨，见图 7-9）。于是

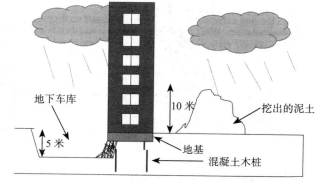

图 7-9 倒塌原因图解

地下木桩突然折断，大楼倒向了一边。当地官员指出在这场倒塌事故中唯一值得庆幸的是当时这栋大楼是一座空楼。试想如果其他的复式公寓楼都用这种方式建造，那么就像多米诺骨牌一样，极可能出现一连串大楼倒塌的事件。

中国政府立即开始积极追踪这起倒塌事故的原因，并质疑私人承包商雇用非技术工人，对其施工方法和全面质量控制也提出疑问。中国的官方通讯社新华社在报道了该公司的建筑许可证已经在 2004 年到期之后，又说当地官员对包括开发商、建筑承包商、项目监督人在内的 9 个法人采取了"控制措施"。尽管已经确定会有人为这座公寓楼的失败承担责任，但是等待其他复式公寓里住户的将是一个不确定的未来。毕竟，还有什么比看见一栋"姐妹楼"倒在旁边更能证明这些复式公寓楼是不安全的？有上百个"准住户"要求退还他们用来购买这种相同复式公寓的钱（最高达 60 000 美元），因为他们对住在这样的楼里感到恐惧。

发生这样一起倒塌事故的事实向所有的开发商和权威机构发出了一个警告，那就是要确保建筑项目没有偷工减料，不要危及人们的生命安全。[12]

7.2 项目风险管理：一种集成方法

欧洲项目管理联合会开发了一种进行风险管理的集成方法，它的基本思想是将风险管理扩展到项目的整个生命周期，这种方法被称为**项目风险分析与管理**（project risk analysis and management，PRAM），它提出了一种通用的能够适用于多种项目环境并涵盖项目风险

管理关键要素的方法。[13] 像 PRAM 这样的模型，其最终收益是它们展示了一种可选的系统方法，利用特别的方式来进行风险分析。也就是说，模型能够帮助那些没有清晰理解风险管理过程而只认识到了一两个方面（如风险识别或可能性及结果分析）的组织。PRAM 模型以一种渐进的方式来建立一个针对项目风险的可信而有逻辑的分析和程序方法。

PRAM 方法的关键性质如下。

- **认识到风险管理的生命周期同项目的生命周期几乎是一样的**。风险管理贯穿于整个项目的生命周期。
- **在项目生命周期的不同时期运用不同的风险管理策略**。PRAM 模型为项目生命周期不同时期的风险管理制定了不同的策略。
- **多种风险管理的方法被集成为一个有条理的综合方法**。PRAM 模型提出相关的风险管理工具应该在需要的时候使用，而不是随便被使用。

PRAM 中的 9 个阶段分别基于不同的目的，同时要求一组综合目标的实现（可交付成果）。PRAM 使项目团队有一个参照的模板，由此可以更好地进行风险管理，同时也帮助他们以最有效的方式执行项目。同时，PRAM 也为项目整体计划和风险管理的结合产生相关文档，这使得风险管理和整体计划的协作更紧密。

项目风险管理的 9 个阶段包括以下的步骤。

（1）**定义**。确定项目已经被定义，包括所有的可交付成果、工作说明以及项目范围。

（2）**集中**。像计划一个项目一样计划风险管理过程，同时根据所执行的项目的特性来决定应对项目风险的最佳方法。

（3）**识别**。在项目一开始就分析风险的特殊来源以及选择合适的应对措施。这一步首先需要寻找所有的风险源及其应对措施，然后在一定程度上对这些风险进行分类，以便于排序或者分组。

（4）**结构**。回顾并改进现有的项目风险分类，确定在各种风险中是否还存在没有被包括进来的共同特点（从更高水平提出风险的共同起因），同时针对这些风险建立一个优先级排序。

（5）**澄清风险所有权**。将项目组织准备接受的风险以及相关的应对策略，与客户期望接受的风险与相关应对策略以及被划分出去的风险及相关的应对策略区分开来。

（6）**估计**。对识别的风险以及相关解决方案给项目带来的影响进行合理评估，什么才是最可能的情况以及与这些情况相关的潜在费用。

（7）**评价**。审慎地评价估计阶段的结果，以决定最有可能应对潜在风险的计划，并开始对风险及相关应对措施进行排序。

（8）**计划**。当需要时，制订一个可以提前为项目提供风险缓解策略的风险管理计划。

（9）**管理**。监督项目的实际进展以及相关的风险管理计划，对这些计划中的任何可变因素做出反应，为将来制订更好的计划。

表 7-4 展示了一个遵循 PRAM 方法的一般风险管理过程。在风险管理过程的每一阶段，都有着不同的可交付成果，这就需要项目团队在不同的时期都要建立可理解的项目风险管理文档。这些可交付成果非常重要，因为它们明确指出了项目经理在项目不同阶段需要收集的信息类型，以及需要交付给相关干系人的成果。

表 7-4　遵循 PRAM 方法的一般风险管理过程（RMP）

阶　段	目　　的	可交付成果
定义	巩固关于项目的相关信息	对项目文档、验证和报告各主要方面清晰、明确和一致的理解
集中	1. 确定风险管理过程的范围并提供战略计划 2. 制订具有可操作性的风险管理过程计划	对项目管理过程、文档、验证和报告所有关键方面清晰、明确和一致的理解
识别	1. 识别风险可能在哪里产生 2. 识别针对这些风险可能采取的措施，即主动应对措施还是反应性应对措施 3. 识别应对措施可能出现的问题	对所有主要风险以及应对措施，包括威胁和机会进行识别、分类、归档、验证和报告
结构	1. 测试简单的假想 2. 在合适的时候提供更加复杂的结构	对有关风险关系、反应和基准计划行为的重要简单假想含义的清晰理解
所有权	1. 风险及应对措施的所有权和管理权在客户和承包商之间的分配 2. 将客户的风险分配给具体的人员 3. 批准承包商对风险的分配	对所有权和管理权进行明确的分配、有效和充分的定义，并使之在法律上具有可实施性
估计	1. 识别明显存在显著不确定性的区域 2. 识别可能存在显著不确定性的区域	1. 理解重要风险和应对措施的基础 2. 按照具体的情况和数字对可能性和影响进行估计
评价	对估计阶段的结果进行综合分析和评价	判断出存在的所有困难，并比较分析针对这些困难的应对措施的含义，特定可交付成果如风险优先级清单
计划	用于实施的项目计划和相关的风险管理计划	1. 以活动的形式制订基准计划以达到实施所需的详细水准 2. 根据威胁和机会所做的风险评估，建立风险的优先级别，对其影响进行评估 3. 以活动的形式制订主动性和应对性的应急计划
管理	1. 监督 2. 控制 3. 制订用于立即实施的计划	1. 判断对以前计划进行审查以及在合适情况下重新制订计划的需要 2. 发生重大事件时编制意外报告，以及对计划进行重新制订

　　PRAM 模型对风险管理来说是非常有用的，因为它向项目经理展示了一个使用风险评估和风险缓解策略的最佳系统过程。通过这 9 个步骤建立起来的逻辑顺序，PRAM 模型建立了一个能进行有效风险管理的统一结构。由于 PRAM 模型与项目的生命周期紧密结合，因此它不是一个一次性的活动，而是一个将项目发展与精确的风险分析及管理直接联系起来的持续累进的过程。最后，在这个过程的每一阶段对关键可交付物的识别中，PRAM 模型确保了结构的相似性，使高级管理层能够从组织的角度对所有项目进行比较。

　　作为一种提前计划，并且可以有效减缓一系列可能在未来各个点上给项目带来不良影响的方法，[12] 项目风险管理显示了提前为项目进行计划的价值。这种疑难排解过程的价值就在于需要用挑剔的眼光去思考问题，当检查如何计划一个项目时，通过不断争论来发现可能存在的问题。研究和常识都表明——预防胜于补救，项目风险管理过程越详尽越系统，那么随着项目从计划阶段进入后面的执行阶段，项目团队对为保证项目成功所做的一切工作就越有信心。

小结

1. **定义项目风险**。项目风险是指任何可能给一个项目的发展带来负面影响的事件。通常使用这样一个公式来描述风险：事件风险 = 事件的可能性 × 事件的后果。有效的风险管理对项目的顺利进展有很大帮助。但是为了使之有效，在项目生命周期早期就需要进行风险管理。如莎士比亚笔下麦克白所说："如果事情能够速办速了，那当然好。"作为整体项目计划的一个重要部分，风险管理会识别将对项目性能产生不良影响的特殊风险，并且量化这些风险可能带来的影响。风险因素的影响可以定义为，事件发生的可能性产物或可能导致的不良结果。在项目的早期，存在着大量的未知因素，因而是风险最大的时期，随着项目的不断推进，项目团队就可以使用技术的、行政的以及预算的方法来应对风险。

2. **认识项目风险管理的4个主要阶段以及管理风险的必要步骤**。项目风险管理有4个阶段：①风险识别，②可能性和后果分析，③风险缓解策略，④控制和文档化。风险识别的关键是确定项目可能面对的各种风险因子，而在分析可能性与后果的阶段，项目团队则通过比较影响因子的大小来对各种风险因子以及它们产生的后果进行优先级排序。影响因子可以通过矩阵或头脑风暴等定性的方法来确定，或者是使用更为专业的量化方法，即将所有相关的可能性与结果参数全部列出，再使用这些参数对整体项目风险进行评估，一旦风险因子被确定，项目团队就可以开始制定缓解风险的战略。如果风险管理战略能形成条文，并且被当作标准执行程序的一部分，那么风险管理战略将更为有效，而风险控制正是以此为基础的，它的目标就是要为项目风险管理创建系统的可重复执行的战略方法。

3. **理解项目风险的5个主要来源以及识别风险的4个主要方法**。引起项目风险的几个主要来源包括：①财务风险，②技术风险，③商业风险，④执行风险，⑤合约风险或法律风险。一般用来识别风险的方法有：①头脑风暴会议，②专家建议讨论，③历史信息，④多人评估，或称基于团队的评估。

4. **认识缓解风险的4个主要战略**。风险能通过4个主要的方法得到缓解，首先，在没有其他选择，或者是在评估后认定风险可以被接受的情况下，项目团队可以接受风险；其次，为了减少公司面临的风险，可以尝试通过合伙或者合资来最小化风险；然后，还可以与其他组织或项目干系人共担风险；最后，如果合适的话，还可以将风险转移给其他项目干系人。

5. **理解项目风险分析和管理（PRAM）过程**。PRAM是一种通用的项目风险管理方法，它为项目团队进行风险管理提供了一种基于生命周期的模型。在PRAM模型中有9个独特的阶段，每个阶段都对应不同的过程，并且都有与其相关的可交付成果。

已解决的问题

7.1 定量风险评估

参照表7-1中的风险因子。假设你的项目团队已经确定了以下风险值：

$$P_m = 0.1 \quad C_c = 0.7$$

$P_c = 0.5 \quad C_s = 0.5$
$P_d = 0.9 \quad C_r = 0.3$
$\quad\quad\quad\quad C_p = 0.1$

你想使用定量风险分析方法确定项目的总体风险。根据表 7-2 中的公式，可以计算项目风险的可能性得分和后果的得分，如下所示：

$P_f = (0.1 + 0.5 + 0.9)/3 = 0.5$
$C_f = (0.7 + 0.5 + 0.3 + 0.1)/4 = 0.4$
$R_F = 0.5 + 0.4 - 0.5 \times 0.4 = 0.70$

结论：项目的总体风险为中等。

讨论题

7.1 "如果计划合理，消除项目的大部分或全部风险是可能的"。你同意这句话吗？为什么？

7.2 在评估跨行业的项目时，有时候可以将它们面临的风险进行分类。考虑一个软件产品的开发项目，把它同诸如学校舞会这样的事件进行比较。在这两种情况下，你的项目团队将会遭遇哪些形式的风险？

7.3 分析图 7-2（项目生命周期中的风险程度）所示的模型，这个模型有什么显著特点？它对风险管理有哪些启示？

7.4 本章所提到的各种风险识别方法（如头脑风暴会议、专家建议等）的优缺点是什么？

7.5 使用定性风险评估矩阵可以将项目风险进行分类，这种方法的优缺点是什么？

7.6 使用定量风险评估工具（如本章提到的一种工具）有哪些优缺点？

7.7 给出使用各种风险缓解策略（接受、最小化、分担、转移）的项目实例。这些策略是如何成功实施的？采用另一种策略效果会更好吗？

7.8 解释管理应急金和任务应急金的不同。

7.9 使用系统的风险管理方法（如 PRAM）的优点是什么？你认为使用这些方法有缺点吗？

7.10 思考下面这句话："风险管理的问题在于项目在发展的过程中会出现各种各样的问题。你什么时候确定时间线？换句话说，你在风险带来危害之前的多久开始风险分析？"你如何回答这些问题？

练习题

7.1 **评估风险因子**。有一个项目是在休斯敦市区修建一个事务所，那时正是事务所过剩（供大于求）的时期。思考这个项目的计划。对它的各种风险（技术、商业、财务等）进行风险分析。如果事务所严重过剩，你的分析将有何变更？

7.2 **定性风险评估**。有一个项目是为住宅建筑行业开发新产品。假设你是项目团队的一员，使用定性风险分析矩阵，根据以下信息对这个项目进行风险评估。

已识别的风险因子	可能性
1. 关键项目团队成员从项目中撤离	1. 高
2. 经济低迷	2. 低
3. 资金来源被切断	3. 中等
4. 项目范围变更	4. 高
5. 绩效不好	5. 低

根据上面的信息，你怎样确定每个风险因子的等级？为什么？构造风

险矩阵，并将每种风险因子归入矩阵的风险类别中。

7.3 **制定风险缓解策略**。为7.2题的每种风险因子制定一个初步的风险缓解策略。如果由你来决定，你将先考虑哪种风险因子？为什么？

7.4 **定量风险评估**。假设以下信息：

失败的可能性	失败的后果
成熟度 = 0.3	成本 = 0.1
复杂度 = 0.3	进度 = 0.7
依赖度 = 0.5	绩效 = 0.5

请计算这个项目的总体风险因子。你将风险定为哪种水平，高、中还是低？为什么？

7.5 **定量风险评估**。对一个IT项目假设以下信息：

失败的可能性	失败的后果
成熟度 = 0.7	成本 = 0.9
复杂度 = 0.7	进度 = 0.7
依赖度 = 0.5	绩效 = 0.3
客户顾虑 =0.5	未来业务 =0.5
编程技能 =0.3	

请计算这个项目的总体风险因子。你将风险定为哪种水平，高、中还是低？为什么？

7.6 **制定风险缓解策略**。有一个基于新技术的高度复杂的项目，这种技术在市场上尚未得到直接的验证。假设你是这个项目团队的一员，你需要许多分包商来完成项目的设计和实施。如果项目产品不能按时上市，你将面临严重的惩罚，所以你的上司要求你和你的项目团队制定风险缓解策略，力图把公司可能受到的风险影响程度降到最低。讨论你可能会遇到的各种形式的风险。你的公司将如何处理它们（接受、分担、转移还是最小化）？证明你的结论。

7.7 **评估风险和收益**。有一个项目团队正在评估潜在承包商的报价，假设你是这个团队的一员，你的上司明确表示，任何成功的报价必须要在风险和价格之间达到平衡。解释以下情况：在选择承包商时，为什么价格和风险同等重要，却是完全相反的两面？可以接受一个低价格/高风险的报价吗？高价格/低风险呢？为什么？

案例分析 7-1

经典案例：德哈维兰陨落的彗星

彗星客机的开发

英国的德哈维兰航空公司（De Havilland Aircraft Company）由于自身的创新以及高性能设计一直在飞机制造业备受尊敬。由于其在"二战"中的优秀表现，德哈维兰公司认为他们在商用飞机市场也离成功不远了。德哈维兰的设计师和高管们准确地感知到了下一代飞机将是喷气推进式飞机。因此，德哈维兰宣布他们的最新商用飞机（暂命名"彗星"）使用了喷气式推进以及一些其他的尖端技术。

相比螺旋桨飞机，喷气式飞机有更多优势，最明显的就是它的速度。喷气式飞机可以每小时巡航450英里，而螺旋桨飞机仅能达到每小时300英里。对于海上飞行，这一点尤其重要。它可以将长途飞行的时间从令人烦心的两三天减少至仅仅几个小时，这就鼓励了越来越多的商旅人士选择飞机作为他们的出行方式。此外，喷气式飞机比螺旋桨飞机更安静，这就为乘客营造了一个更舒适的舱内噪声环境和乘机环境。

德哈维兰的工程师力图建造一个流线型的飞机,使它能在舒适地搭载50名乘客的同时,保持空气动力和高航行速度。在经过了一系列的设计筛选工作后,彗星客机开始成形。实际上,它的设计是很特别的:4个喷气引擎被插入了一对机翼的根部,这个插入点正好连接机身。从前面看,就好像飞机的机翼正好被插在它的引擎上。这种创新的工程设计的结果就是飞机在飞行时特别稳定,飞机表面很光滑,而且速度很快。

彗星客机另一个独有的特征就是密封机舱,这是为了使乘客能在飞机巡航高度达到30 000英尺以上时感到舒适。在飞机最初的安全测试中,德哈维兰的工程师以超过建议空气密度5倍的气压对机身进行压力测试以保证其密封良好。所以,他们自信飞机的增压系统能在相对较低的标准环境下有良好的表现。最后,为了给设计增添一些色彩,乘客舱的每个窗户都采用方形设计,而不是使用常用的小型的圆形或椭圆形状(见图7-10)。

图7-10　德哈维兰彗星客机
资料来源:Heanly Mirrorpix/Newscom.

德哈维兰公司知道他们在进入商用喷气式飞机市场的道路上面临着来自波音公司的竞争,因此德哈维兰的目标就是尽快地推出他们的新机型,从而建立商用航空产业的标准。起初看来,它已经取得了成功:英国海外航空公司(British Overseas Airways Corporation,BOAC)预订了几架彗星客机,法国航空公司(Air France)和英国军方也订购了数架。德哈维兰同时也收到了几家对彗星客机感兴趣的美国航空公司的询问,尤其是泛美航空公司(Pan American Airlines)。看起来好像德哈维兰的策略起作用了,它以全新的设计和一批最先进技术的使用率先进入市场。1952年5月2日,BOAC的首批9架彗星一代客机投入航空服务。彗星客机前景一片大好。

灾难

1953年5月初的某天下午,BOAC一架崭新的彗星客机从印度加尔各答起飞驶向天空。6分钟之后,在距离加尔各答达姆达姆机场仅22英里的地方,飞机发生爆炸并坠落,43名乘客和机组人员全部遇难。技术飞行员那里并没有显示任何的问题和警告。英国和印度的调查员倾向于认为坠机原因是"驾驶员失误和天气恶劣"。飞机残骸(包括机尾)表明飞机似乎被重物撞击过,却没有任何额外的信息。权威机构和德哈维兰都把这起事故归因于外部因素。

1954年1月10日是一个晴朗的日子,乘客在罗马登上BOAC的飞机想要完成他们从新加坡到伦敦航线的最后一站。当飞机达到飞行高度和时速时,它在靠近厄尔巴岛的地中海上空解体了。机体大部分沉入海底,在漂浮的残骸里发现了15名乘客和机组人员的遗体。一位检查遗体的当地医生说:"他们看起来一点都不恐惧,死亡一定是在没有任何预警的情况下到来的。"作为安全防范,BOAC发布了一项禁令,在彻底排查之前,不准再使用彗星客机。技术人员并没有发现飞机有任何问题,经过重新认证,彗星客机又重新投入使用。

很快,灾难又发生了。4月8日,在彗

星客机重新投入使用仅16天之后，由南非航空公司运营的第3驾飞机从罗马钱皮诺机场起飞飞往开罗，这是由伦敦至约翰内斯堡日常航线中的一站。在完美的飞行天气之下，飞机迅速达到它的飞行高度26 000英尺和几乎500英里/小时的飞行时速。这时，飞行电台突然没有了声音，多次呼叫都没有回应。搜寻人员在意大利斯特隆博利岛附近的海域里发现了一些海上浮油和飞机碎片。由于水太深，而且到达出事地点也需要足够的时间，所以搜寻人员在事发地点什么也没有发现。这次仅有的发现就是5具遗体，但是与第2次灾难中怪异的相似之处就是：遇难者的面部表情都没有恐惧感，好像死亡是突然到来的一样。

到底哪里出问题了

调查人员开始一窝蜂地对找到的飞机残骸进行检查，并对第1次加尔各答事故中的碎片进行重新检查，同时在第2次事故地点厄尔巴岛附近海域进行水下搜索。在水下摄像机的引导下，调查人员收集了足够多的飞机碎片（实际上，他们最终共发现了近70%的飞机残骸），得出了惊人的发现。最重要的发现就是，从复原的整个完整的机尾来看，是整个机身发生了爆炸。其次，调查人员发现引擎故障不是导致事故的原因。另外有一个同等重要的发现：从机翼和机身上发现了明显的金属疲劳，后来证实这就是3起航空事故的原因。这一点是至关重要的，因为这说明了这是结构设计上的问题，而不是简单的局部故障。

英国民用航空委员会（Civil Aviation Board，CAB）立即叫停了全部彗星客机，并迅速推迟了广泛审核和适航认证。接下来的5个月，民用航空委员会开始了一系列广泛的测试来确定这些离奇事故的确切原因。其中一架彗星客机在测试完成之前轻易地被破坏了，另外一架油箱破裂，第3架在所有70多次测试飞行中，有50多次都失败了。广泛测试的结果显示出了大量结构和设计上的缺陷。

尽管飞机的设计师坚信在飞机需要进行主要结构改革之前，它的结构可以飞行10 000小时后仍然保持完好，但是模拟测试表明飞机在飞行仅仅3 000小时后，就出现了明显的金属疲劳的迹象。专家表示，即使飞行疲劳水平下调至3 000小时以下，在超过了1 000小时的飞行时长后彗星客机也是不安全的，如果按照商用客机期望达到的使用时间，这个数字低得离谱。此外，测试为事故的原因提供了一个令人不安的线索，即爆裂开始于机舱窗户的角落，然后机舱的重复加压和降压使这些爆裂加剧。调查人员指出爆裂在靠近机身窗户的铆钉线处最为明显。

测试同时证明了机翼的抗疲劳性很低，在一系列的测试后就出现了严重的爆裂，从轮舱附近的铆钉孔开始，最终导致了顶翼表面铆钉头的断裂。工程师和调查人员在找到的残骸碎片中发现了无可争议的证据证明：导致飞机突然解体的原因只能是机舱压力过大。工程师猜想致命故障出现在随后的突然降压，这是由于一扇或多扇窗户被吹出飞机所致。

尽管当时不会有人承认这些，但是事实将被历史永远地记录下来。两年内，彗星客机搭载了超过55 000名乘客，航程起过700万英里，最终彗星一代客机再也没能起飞。在谁先向市场投入喷气机的竞赛中，德哈维兰确实赢了——但他们却希望从未参加过这场比赛。[16]

问题

1. 风险管理如何在彗星客机的开发项目中发挥作用？

2. 讨论与彗星客机相关的各种风险类型（技术、财务、商业等）。为这些风险因子制定一个风险矩阵,并从可能性和后果两方面对它们进行分析。

3. 英国政府仍然在使用改良后的彗星客机(彗星Ⅳ)作为对抗潜艇的战斗机。由于有充分的时间,设计缺陷已经被纠正了。

那么,你认为德哈维兰在开发彗星客机的过程中所犯的主要错误是什么?

4. 评论这句话:"失败是我们为技术进步付出的代价。"

案例分析 7-2

浮不起来的西班牙海军潜艇

在 2003 年,西班牙的国营造船厂纳凡蒂亚造船公司(Navantia)与海军签约,要造建 4 艘最先进的潜艇。S-80 系列潜艇将成为一个工程奇迹,它拥有最新最先进的技术,包括一个比其他船舶轻 20%、但能够多发电 50% 的柴油电动推进系统。但随着升级列表和新型技术小件的增加,以纪念水下船舶发明者命名的艾萨克·佩拉尔号(Isaac Peral),即 S-80 系列的领头潜艇,却一直无法交付。但给该项目最后致命一击的不是不断延期的交付时间,而是来自纳凡蒂亚公司工程师的警告:萨克·佩拉尔号根本无法下水航行。萨克·佩拉尔号船体超重了 75~100 吨,这使得该潜艇很难或者几乎不可能在下水后再浮出水面。因此,西班牙海军遇到了一个挑战,即如何修复这艘一旦下水就会发生灾难的潜艇!

纳凡蒂亚公司承认船舶中存在"与重量平衡相关的偏差",预计将花费 2 年多的时间来纠正这一问题,也因此将新的交付日期推迟到了 2018 年年底。该公司的工程师正在努力确定最佳方案,最有可能的两个解决方案包括:一是找到对整艘船进行调整及重新设计的方法,而这在建造阶段是非常困难的一件事;二是延长这艘已经 233 英尺的潜艇,以补偿船体多余的重量。根据设计师对潜艇每延长一米的费用估算,第 2 个方案的费用将达到 1 000 万欧元(约合 1 400 万美元)。独立机构报告称,艾萨克·佩拉尔号的建造已经投入了 6.8 亿美元,对 S-80 系列 4 艘潜艇的总投入更是达到了 30 亿美元。

浮力问题并非这个项目面临的唯一困难。一位分析师表示,该潜艇的空气独立推进(AIP)系统反应堆也表现不佳。一位战略研究小组的发言人说,这个 AIP 系统本来可以支持潜艇运行 28 天,但现在只能运行一周了。该小组的内部会议纪要显示:"不考虑推进系统的问题,仅仅解决浮力问题所需的重新设计和额外建设成本就已经高达 5 亿欧元。"

当时,西班牙首相马里亚诺·拉霍伊(Mariano Rajoy)正身陷腐败丑闻,亲眼见证支持自己的票数在 2013 年创下新低,可以说,潜艇项目的挫败来得太不是时候了。由于西班牙的经济状况不佳,拉霍伊实施紧缩政策,削减了西班牙在 2012 年军事预算的 30%,这使得潜艇压舱物增加的空间变得更少了。报道称 S-80 项目将推迟大约两年交付,而下一次大选是在 2015 年,拉霍伊很可能没有机会看到潜艇的成功出航了。

当西班牙军方的整个特种武器项目受到了 98% 的预算削减时,这样一个高成本的项目是如何得到资助的?纯粹的民族自豪感可能是一个原因:西班牙政府希望 S-80 系列可以在没有任何外援的条件下,成为本土自创的一个突破性成就。目前,纳凡蒂亚公司已经与美国通用动力的电动船部门签订了1500万美元的合同，以帮助潜艇进行重新设计。[17]

问题

1. 用谷歌搜索"Spain's S-80 class submarine"并阅读相关报道。在你看来，技术风险会对重大的国防工程带来什么问题？

2. 为什么国防项目承包商在现行计划中增加新功能和修改是很常见的？换句话说，为什么国防项目签订的合同，往往在项目上线后依然会增添新的条款？

3. 如果你是西班牙政府请来的顾问，你会对他们的国防工程给出什么管理上的建议？

案例分析 7-3

经典案例：塔科马海峡吊桥

1940年，塔科马海峡吊桥仅仅在建成4个月之后就戏剧性地坍塌了，这对大跨度桥梁的设计和施工是一次沉重的打击。塔科马吊桥的坍塌被视作工程学历史上里程碑式的失败，事实上也是大多数土木工程项目中一个深刻的教训。对于吊桥坍塌事件，项目失败的一个重要原因是：在工程学中，错误地估计了各种自然力量对工程项目（特别是在建筑行业中）的影响。

塔科马海峡吊桥于1941年7月通车，耗资640万美元，主要由联邦政府的公共管理处拨资修建。吊桥修建实质上是一项军事防御工事，它利用位于布雷默顿的普吉特湾海军造船厂，连接西雅图和塔科马。[18]作为世界上第3大单行吊桥，塔科马海峡吊桥主跨距达2 800英尺，两端各接近1 000英尺。

在开幕和通车之前，吊桥就已经表现出了一些奇怪的问题，但被及时发现。例如，最轻微的风都能使桥身产生持续的摆动。从桥的一端开始，整个桥身都处于摆动的运动状态中，也正是这种摆动，使得桥的长度看起来也在发生"变化"。根据风的强度的不同，照相机最多能够捕捉到该桥在摆动时形成的8个独立的垂直点。许多乘客都抱怨由于桥梁上下起伏而带来晕车感！该吊桥在当地非常有名，人们给它起了个外号叫"舞动的格蒂"（Galloping Gertie）。

参与这项工程的所有人都清楚项目遇到了越来越多意料之外的问题。安装在吊桥外部的重钢电缆是尝试用来减少由风引起的摆动效应的，但事实上，随着时间由夏转秋，吊桥的晃动变得更厉害了。在第1次尝试中，电缆被安装在预定位置之后就被扭断。秋后进行了第2次尝试，这次尝试最初看起来似乎缓和了这种摇晃。但不幸的是，结果证明重型电缆对于这种由动力（风）引起的摆动还是无能为力，最后它们在关键的扭转振荡之前扭断了，而这种扭转振荡正是导致吊桥坍塌的罪魁祸首。

1940年11月7日，差不多在吊桥通车4个月以后，当时的风速稳定在每小时42英里，但280英尺的吊桥主体已经开始出现明显的扭动，并出现了一系列垂直方向上的扭转振荡。令人震惊的是，振幅持续增大，吊梁开始松动，支撑结构发生变形。主体开始断裂。形象地说，吊桥看起来就像突然有了生命一样，像一只被绑起来的动物一般挣扎，扭动着它身体的各个部位。恰巧遇上震动的汽车司机不得不弃车而逃，爬离吊桥，因为从一边向另一边的摆动已经变得非常明显（此时，桥摆动的角度已经达到45度，导致桥面的起伏高度达到30英尺），以至于不可能步行穿过这座桥。

转眼间，波浪形的震动变得极其猛烈，吊桥已经抵抗不住这种重创而四分五裂。目击者震惊地站在桥的两端，眼睁睁地看着先是路面的一大块，接着是整个吊桥落入下面的塔科马海峡。幸运的是，由于及时制止了车流，没有人员伤亡。

吊桥细长的12米宽的主甲板是由大批130米高的钢塔支撑的，这种钢塔由335英尺长的桥跨组成，尽管主桥坍塌了，但这些桥跨仍是完好的。之后的第二座桥（TNB II）在短期内建成就是使用了这些桥跨，不过采用的是加固的网状钢架。

在这次灾难性事故后，由3名科学家组成的委员会被立即召集起来负责调查这次塔科马吊桥坍塌的原因。委员会由当时世界上顶尖的科学家和工程师组成，他们分别是奥特马尔·安曼（Othmar Ammann）、冯·卡门（Theodore von Karman）和格伦·伍德拉夫（Glenn Woodruff）。尽管已经确定吊桥的基本设计是安全的，建造过程也符合要求，然而他们却依然迅速查明了吊桥坍塌的原因。

- **设计特点**。吊桥的物理构造直接导致了它的失败，同时也是自完工后不断出现问题的根源。与其他吊桥不同，塔科马海峡吊桥的一个显著特点是宽度和长度的比例太小——比世界上任何同类的其他吊桥都小（尽管它的长度接近1英里，这座桥却只在两个方向上分别修建了一个车道）。很简单，这个比例表明，相对于长度来说，桥的宽度太窄，因而桥身显得极其狭窄，这在很大程度上导致桥梁的剧烈震动。

- **建造材料**。构造上的另一个特点也是导致吊桥坍塌的重要原因，那就是替换了关键的结构部件。最初的方案要求在建造两侧面时使用敞开的大梁。不幸的是，当地的一个建筑工程师换用了扁平、实心的大梁，这种大梁使风向发生偏转，而不是像敞开的大梁那样让风通过。结果，吊桥乘着风，"像风筝一样"一直在摆动。从工程学的角度看，扁平的两侧面不能让风通过，降低了它抗风的能力。实心、扁平的桥梁两侧面将桥梁推向一边，直到它的摆动幅度足以让风通过，好似一艘帆船在乘风而行。

- **吊桥选址**。关于初始计划的最后一个问题是修造吊桥的实际选址。尽管调查委员会并没有将吊桥的物理选址视作它坍塌的原因之一，选址确实通过它对风流的影响在吊桥坍塌中扮演了辅助角色。由于河两侧的土地慢慢变窄，建造于塔科马海峡上的吊桥特别容易遭受强风的袭击。桥梁所在之处的独特地形特征实际上使风速加倍，其作用就像一个通风隧道。

在这次坍塌之前，人们对吊桥结构上的动态负荷影响所知甚少。那时候，人们理所当然地认为，在修建桥梁时，静态（垂直的）负荷和大型构造足以保护桥梁免受强风的影响。这次事故在工程设计师的脑海中留下了深刻的印象，他们认为动态的而非静态的负荷，才是设计的关键因素。

工程专业人员将这些教训铭记在心，并开始从根本上反思他们惯用的设计实践。这次事故最惊人的部分并不是如此频繁的振荡，而是这种蔚为壮观的方式：从沿着主桥的波浪运动，到不断循环的破坏，最终导致桥面被扭曲到偏离原来位置最远的地方。突然，支撑的悬索断了一根，然后吊桥开始散落成越来越大的碎片直至被完全破坏。

塔科马海峡吊桥：事后的检视

吊桥崩塌之后，调查委员会的最终报告将吊桥坍塌直接归咎于设计上的缺陷，即它被认为是一个纯粹的静态设计问题，而未将风力的动态性质纳入考虑。尽管纵向振荡已经被充分理解并且已经在吊桥建造的初期经历过，但是直到吊桥经历了额外的扭转翻滚运动之后，它的坍塌才变得不可避免。

事故调查委员会成员西奥多·冯·卡门博士，由于推动空气动力学在桥梁建设科学上的应用而遭到了工程专业人员的怀疑。在此情境下，他在随后写下的回忆录中公开表明了自己在这方面的困境："桥梁工程师，无论他们有多么优秀，都不能理解如何将科学应用到一件多变的小事上，如同飞机侧翼也能被用于像桥梁这样巨大、坚实且不会飞的结构上。"

塔科马海峡吊桥的教训主要在于要确保在项目设计中意识到技术上的缺陷。技术上的进步经常导致不断突破设计范围的边缘，以试图达到设计上的最大效率。激进的设计或者是以不熟悉的方式进行熟知的设计所存在的问题在于，它们的影响无法用熟悉的公式来预测。这种尝试需要设计者和工程师协作开发出一种新的方法来测试这些设计。假定在某种情境下正常运行的技术在其他的情境下同样会正常运行是十分危险的，尤其是在公式中其他变量可能发生变动的时候。

塔科马海峡吊桥的坍塌如戏剧般开始，又如闹剧般结束。随着吊桥的垮塌，华盛顿州发现当它试图兑现 600 万美元的保险用于吊桥重建时，保险代理已经私吞了政府的保险金，连保险单也没有开具。毕竟，谁能想到一个像塔科马海峡吊桥这种规模的吊桥会倒塌呢？正如冯·卡门挖苦的那样："他（指保险代理）最后进了监狱，真是世上运气最差的倒霉蛋。"[19]

问题

1. 这个工程项目的计划编制和范围管理在哪些方面是合理的？计划者何时开始承担未知或不必要的风险？讨论在这个桥梁的风险管理过程中的项目约束和其他特点。这些问题被纳入考虑范围了吗？为什么？

2. 对这个项目进行定性或定量风险分析。识别你认为的对吊桥建筑来说最重要的风险因素。你如何评估这个项目的风险？为什么？

3. 你认为这个项目可以采用哪些形式的风险缓解策略？

网上练习

7.1 访问页面 http://www.informationweek.com/whitepaper/Managing/ROI-TCO/managing-risk-an-integrated-approac-wp1229549889607?articleID = 54 000 027，查看文章"Managing Risk: An Intergrated Approach"，结合本章末的案例，思考提前做好风险管理的重要性。德哈维兰彗星飞机项目（案例分析 7-1）或者塔科马海峡吊桥项目（案例分析 7-3）中组织是如何违背这些准则的？结合实例或网上搜索的信息论述你的观点。

7.2 联邦应急管理局（Federal Emergency Management Agency，FEMA）主要负责减轻或应对美国国内的自然灾害。访问 www.fema.gov/about/divisions/mitigation.shtm。查看网页并下拉滚动条，阅读与该机构有关的项目例子。FEMA 在风险管理中如何使用各种缓解策略（例如接受、最小化、分担以及转移)?

7.3 访问 www.mindtools.com/pages/article/newTMC_07.htm，阅读有关风险管理的文章。文章是如何描述建立系统方法来对项目风险进行管理的？它与本章论述的定性风险评估法相比较有什么区别？它与我们采用的方法有什么不同？

7.4 使用关键字"项目风险管理实例"（cases on project risk management）在网上搜索，找到一个最近遇到风险的项目实例。在这个实例中，项目组织采取了哪些措施来识别和缓解风险因素。

7.5 访问 www.project-management-podcast.com/index.php/ podcast-episodes/episode-details/109-episode-063-how-do-risk-attitudes-affect-your-project，收听关于项目风险态度的节目。项目管理认证的发言人科尼利厄斯·菲彻特纳（Cornelius Fichtner）认为当涉及风险管理问题时，什么是项目失败的原因？

项目管理职业认证考试样题

1. 项目经理刚刚召集她的团队进行了头脑风暴会议，讨论在即将开展的项目中可能会遇到的问题。今天的会议目的在于提出可能出现的问题，以及让每个人思考一旦项目开始运作，他们应该做些什么。该会议是项目风险管理中什么过程的例子？
   a. 风险减轻。
   b. 控制和文档化。
   c. 风险识别。
   d. 可能性和后果分析。

2. 托德在项目筹备工作中负责资源调度工作。然而，在工作中存在一个潜在问题，与工会的新劳资双方工资问题谈判还没有形成最终定论。托德决定继续完成资源调度工作，同时希望工资问题能得到满意的解决。托德的方法是风险处理方法中哪种方法的例子？
   a. 接受风险。
   b. 最小化风险。
   c. 转移风险。
   d. 分担风险。

3. 一家小型制造商已经与美国军队签订了合同，开发战场使用的新一代卫星电话。由于该项目重大的技术挑战以及该公司自身规模的限制，同时缺乏处理这类涉及军队合同的经验，公司决定与另一家公司合作，联合开发该卫星电话。这一决定是风险处理方法中哪种方法的例子？
   a. 接受风险。
   b. 最小化风险。
   c. 转移风险。
   d. 分担风险。

4. 以下除了哪项以外都是应该考虑的重大项目风险？
   a. 财务风险。
   b. 技术风险。
   c. 商业风险。
   d. 法律风险。
   e. 以上都是重要的潜在项目风险。

5. 假设你的公司使用三级可能性及后果（高、中、低）的质量风险评估矩阵。在评估一个项目风险的时候，你认为商业风险发生的可能性很小，但其后果风险很大。另一方面，法律风险发生可能性很大而结果风险为中级。如果你有兴趣给风险排个序，哪一个风险应该优先被考虑？
   a. 商业风险。
   b. 法律风险。
   c. 两者应视为同样重要。
   d. 两者实际上对项目都没有很大的威胁，所以如何排序并不重要。

答案：

1. c。头脑风暴会议常常是一种有效的方式，让项目团队成员开始认识到潜在的风险。
2. a。托德选择接受了将来可能出现的潜在问题，他通过继续从事其资源调度工作的方式以希望在合约谈判上能有较好的结果。
3. d。该公司决定与其他公司一同分担新项目的风险。
4. e。以上所有都是重大潜在的项目风险的例子。
5. b。法律风险具有更高的整体意义（高概率、中级结果），因此应优先考虑。

项目综合练习

项目风险评估

对你的项目进行初步风险分析。使用两种技术来支持你对项目风险的评估，即定性方法和定量方法。在这样做之前，你需要：

- 归纳出一系列的风险因素；
- 从可能性和后果两个方面讨论这些因素；
- 制定初步的风险缓解策略。

一个有效的风险分析方法将会详细解释相关的项目风险和它的潜在影响（可能性和后果），以及制定将负面影响降到最低的初步策略。

风险分析实例——ABCups 公司

在这个项目中，已经确定了如下的潜在威胁和不确定性。

（1）车间重组消耗的时间比预期长。重组过程可能更加复杂，或者在备选方案刚刚起步时出现无法预见的困难。

（2）关键项目团队成员被分配新的任务，或者不再参与项目。由于其他要求或者高层管理者的资源改组，项目有可能失去重要的核心成员。

（3）由于公司其他部门的预算减少，项目的预算有可能被切断。在项目实施过程中预算有可能被削减。

（4）供应商可能无法履行合同。在对供应商进行资质认证并同他们签订合同后，项目组织可能发现供应商无法履行合同责任，迫使项目团队对合同重新报价，或者接受产品质量低劣的供应商。

（5）新的设计过程有可能在技术上不可行。工程师可能在项目实施的中途发现，项目的技术目标无法按照计划实现。

（6）新产品可能无法通过 QA 评估测试。项目团队可能发现，购买的设备质量不过关，或者车间人员的培训不到位，从而导致产品质量不合格。

（7）供应商发现了公司的意图而切断供应。当前的供应商可能发现公司的目的是取代他们的工作，因此减缓或停止供应，以期公司取消合同。

（8）营销计划可能不支持公司的产品模型。销售和市场部门可能会认为产品的质量或"性能"低劣，因而不可能在市场上销售。

（9）新工厂的设计可能无法通过政府安全检查。工厂有可能不符合职业安全与卫生条例管理局（OSHA）的要求。

定性风险评估

	可能性		
结果	高	中等	低
高	5		8
中等	3, 9	2	1
低	4	6, 7	

定量风险评估

失败的可能性

- 成熟度（中等）= 0.50
- 复杂度（较小）= 0.30
- 依赖性（中等）= 0.50

失败的后果

- 成本（较大）= 0.70
- 进度（中等）= 0.50
- 可靠性（较小）= 0.30
- 绩效（中等）= 0.50

P_m	P_c	P_d		P_f
0.50	0.30	0.50		0.43
C_c	C_s	C_r	C_p	C_f
0.70	0.50	0.30	0.50	0.50

风险因素 = 0.43 + 0.50 − 0.43 × 0.50 = 0.715（高风险）

风险缓解策略

高风险	减轻策略
1. 车间重组消耗的时间比预期的长 2. 营销计划不支持公司的产品模型	1. 开发一个合理的项目跟踪计划来监控进度 2. 和销售部门保持密切联系——让他们参与项目的实施和质量控制循环过程
中等风险	
3. 新的设计过程在技术上不可行 4. 关键项目团队成员被分配新的任务，或者不再参与项目	3. 在模型设计阶段分配足够的时间进行质量评估 4. 根据员工的工作制订交叉培训计划，或者在组织内确定合适的替代资源
5. 项目预算可能被切断 6. 工厂没有通过 OSHA 的检查 7. 供应商无法履行合同 8. 新产品未能通过 QA 评估测试 9. 供应商发现公司的意图，切断供应	5. 和高层管理者就项目进展保持密切联系，包括挣值分析和其他控制文档 6. 安排初步的中途检查计划，消除顾虑 7. 在建模阶段对多家供应商进行资质认证 8. 分配人员到 QA 部门，安排中途视察计划 9. 在项目实施过程中保持保密的环境

注释

1. Lallanilla, M. (2013, September 3). "This London skyscraper can melt cars and set buildings on fire." www.nbcnews.com/science/science-news/london-skyscraper-can-melt-cars-set-buildings-fire-f8C11069092; Smith-Spark, L. (2013, September 3). "Reflected light from London skyscraper melts car," CNN. www.cnn.com/2013/09/03/world/europe/uk-london-building-melts-car/; Gower, P. (2014, February 12). "London walkie talkie owners to shield car-melting beam," Bloomberg. www.bloomberg.com/news/2014-02-12/london-walkie-talkie-owners-to-shield-tower-s-car-melting-beam.html; BBC News Magazine. (2014, September 3). Chris Shepherd, BBC News Magazine, (2014, Sept. 3). "Who, what, why: How does a skyscraper melt a car?" http://www.bbc.com/news/magazine-23944679. Reprinted by permission from BBC Worldwide Americas Inc.

2. Wideman, M. (1998). "Project risk management," in Pinto, J. K. (Ed.), *The Project Management Institute's Project Management Handbook*. San Francisco, CA: Jossey-Bass, pp. 138–58.

3. Chapman, C. B., and Ward, S. C. (1997). *Project Risk Management: Process, Techniques, and Insights*. Chichester, UK: John Wiley; Kahkonen, K., and Artto, K. A. (1997). *Managing Risks in Projects*. London: E & FN Spon.

4. Chapman, R. J. (1998). "The effectiveness of working group risk identification and assessment techniques," *International Journal of Project Management*, 16(6): 333–44.

5. Martin, P., and Tate, K. (1998). "Team-based risk assessment: Turning naysayers and saboteurs into supporters," *PMNetwork*, 12(2): 35–38.

6. Scheid, J. (2011, December 5). "Risk management meltdowns: A look at some real-world examples." www.brighthubpm.com/risk-management/126793-risk-management-meltdowns-a-look-at-some-real-world-examples/; Bernard, T. (2011, November 1). "In retreat, Bank of America cancels debit card fee," *New York Times*. www.nytimes.com/2011/11/02/business/bank-of-america-drops-plan-for-debit-card-fee.html?_r=0

7. Hillson, D. (2002a, June). "The risk breakdown struc-

ture (RBS) as an aid to effective risk management." Proceedings of the 5th European Project Management Conference (PMI Europe 2002), Cannes, France.

8. Viswanathan, B. (2012, June 14). "Understanding the risk breakdown structure (RBS)," *Project Management.com*. http://project-management.com/understanding-the-risk-breakdown-structure-rbs/; Hillson, D. (2002b, October). "Use a risk breakdown structure (RBS) to understand your risks," Proceedings of the 33rd Project Management Institute Annual Seminars & Symposium, San Antonio, TX.

9. Graves, R. (2000). "Qualitative risk assessment," *PMNetwork*, 14(10): 61–66; Pascale, S., Troilo, L., and Lorenz, C. (1998). "Risk analysis: How good are your decisions?" *PMNetwork*, 12(2): 25–28.

10. "MCA spent millions on Carly Hennessy—Haven't heard of her?" (2002, February 26). *Wall Street Journal*, pp. A1, A10.

11. Hamburger, D. H. (1990). "The project manager: Risk taker and contingency planner," *Project Management Journal*, 21(4): 11–16; Levine, H. A. (1995). "Risk management for dummies: Managing schedule, cost and technical risk, and contingency," *PMNetwork*, 9(10): 31–33.

12. http://blogs.wsj.com/chinarealtime/2009/06/29/shanghai-building-collapses-nearly-intact/; http://news.bbc.co.uk/2/hi/8123559.stm; Peter Foster (2009, 29 Jun) Nine held over Shanghai building collapse www.telegraph.co.uk/news/worldnews/asia/china/5685963/Nine-held-over-Shanghai-building-collapse.html.© Telegraph Media Group Limited 2009.

13. Chapman, C. B. (1997). "Project risk analysis and management—The PRAM generic process," *International Journal of Project Management*, 15(5): 273–81; Chapman, C. B., and Ward, S. (2003). *Project Risk Management: Processes, Techniques and Insights*, 2nd ed. Chichester, UK: John Wiley.

14. Artto, K. A. (1997). "Fifteen years of project risk management applications—Where are we going?" in Kahkonen, K., and Artto, K. A. (Eds.), *Managing Risks in Projects*. London: E & FN Spon, pp. 3–14; Williams, T. M. (1995). "A classified bibliography of recent research relating to project risk management," *European Journal of Operations Research*, 85: 18–38.

15. The Tragedy of Macbeth: Act I Scene VII: The same. A room in Macbeth's castle. by William Shakespeare.

16. "Fatigue blamed in Comet crashes." (1954, October 25). *Aviation Week*, 61: 17–18; "Comet verdict upholds RAE findings." (1955, February 21). *Aviation Week*, 62: 16–17; Hull, S. (1954, November 1). "Comet findings may upset design concepts," *Aviation Week*, 61: 16–18; "Fall of a Comet." (1953, May 11). *Newsweek*, 41: 49; "A column of smoke." (1954, January 18). *Time*, 63: 35–36; "Death of the Comet I." (1954, April 19). *Time*, 63: 31–32.

17. Govan, F. (2013, May 22). "£2 billion Spanish navy submarine will sink to bottom of sea," *The Telegraph*, www.telegraph.co.uk/news/worldnews/europe/spain/10073951/2-billion-Spanish-navy-submarine-will-sink-to-bottom-of-sea.html; El Periodico (2013, May 30). "The most modern Spanish submarine sinks for excess weight," www.elperiodico.com/es/noticias/politica/problemas-peso-construccion-submarino-ejercito-espanol-2404561; Davis, C. (2013, May 24). "Spain's S-81 Isaac Peral submarine cost $680 million to build… and can't float," *Huffington Post*. www.huffingtonpost.com/2013/05/24/spain-submarine-s-81-isaac-peral-cant-float_n_3328683.html; "GD to help fix Spanish Navy's overweight issue of S-80 submarine." (2013, June 7). Naval-Technology.com www.naval-technology.com/news/newsgd-to-help-fix-spanish-navy-overweight-issue-s80-submarine

18. "Big Tacoma Bridge crashes 190 feet into Puget Sound." (1940, November 8). *New York Times*, pp. 1, 3.

19. Kharbanda, O. P., and Pinto, J. K. (1996). *What Made Gertie Gallup?* New York: Van Nostrand Reinhold.

第 8 章

成本估算和预算

本章目标

学习本章后,你将能够:
1. 了解一般项目成本的各种类型。
2. 区分不同类型项目成本之间的不同点。
3. 在项目工作中应用一般形式的成本估算法,包括粗略估算法和最终估算法。
4. 理解成本估算中参数成本估算法的优点和学习曲线模型的应用。
5. 识别项目成本估算失败的各种原因。
6. 在成本管理中应用自上而下和自下而上两种预算方法。
7. 理解在成本估算和控制中基于活动预算法和分阶段预算法的使用。
8. 承认在成本估算中使用应急费用的合理性。

本章涉及的项目管理知识体系的核心概念

1. 计划成本管理(见 PMBoK 7.1 节)
2. 成本估算(见 PMBoK 7.2 节)
3. 制定预算(见 PMBoK 7.3 节)
4. 成本控制(见 PMBoK 7.4 节)

□ 项目导读 8-1

索契冬奥会——国家声望值多少钱

冬奥会每四年举办一次,大家关注的焦点通常都在运动员身上,但 2014 年的索契冬奥会似乎有所不同,预算超支、恐怖主义威胁、高层的贪污腐败和犯罪活动成为这次奥运会人们关注的焦点。虽然初始预算只有 120 亿美元,索契冬奥会的最终成本估算却超过了 510 亿美元,这使得许多人百思不得其解,冬奥会的成本为何这么高,钱都去哪儿了呢?

在此之前,2008 年在北京举办的夏季奥运会的成本远低于索契冬奥会。夏季奥运会通常都比冬季奥运会的成本更高，因为夏奥会的比赛项目更多，所以运动场建设和大型匹队的住房成本也更高。在举办奥运会时，往往最初的成本预算很快就会被抛弃，随之而来的是越来越高的费用支出。各国都将举办奥运会视为展示国家实力的一个机会，所以不会太在意开销高低。但是，即使按照这些标准来衡量，索契冬奥会也为过分挥霍开创了新的篇章。从历史上看，1960～2012年间所有奥运会的平均预算实际上超支179%，名义上超支324%；而索契冬奥会的成本超支比例依然远远高出这些历史平均水平。

在2007年，俄罗斯击败了韩国和奥地利两个同台入围者申奥成功，并承诺将斥资120亿美元举办冬奥会。虽然这个数字在当时来看是合理的（甚至可能还多了），然而在索契开发运动场的各种活动很快就令预算超支了。120亿美元的初始预算最后怎么就成了510亿美元？以下有一些索契冬奥会成本超支的原因。

（1）尽管索契是冬奥会的主办城市，它的气候类型却是亚热带。在冬季，索契的平均气温为11摄氏度；而在夏季，索契的平均气温为23摄氏度，这里甚至还长有棕榈树。所以，大部分的滑雪运动都在距索契大约25英里的地方，即卡拉斯拉雅波利亚纳的山上举行。建设道路和基础设施的成本，以及载送运动员和观众往返的成本相当惊人，达到了94亿美元。每公里道路就需要2.2亿美元，这比2010年温哥华冬奥会的整个成本更高。

（2）俄罗斯总统普京的目标是将索契开发成世界一流的滑雪胜地，以吸引冬季的旅游者前往俄罗斯。因此，他在整个项目的开发过程中经常会对已完工的活动给出批评和建议。对一些运动场和设施的返工增加了项目的最终成本。

（3）为了防范恐怖主义和其他破坏，索契的安全防护强度前所未有得高。例如，俄罗斯内政部的部队将奥运地区封闭了近20公里，以保证奥运地区的安全，这些安保措施也大大增加了索契冬奥会的成本。

（4）由于地形或资源管理的困难，项目经历了多次重建。比如，规划者没有考虑到位于运动场地下的河流，这一疏忽使得奥林匹克公园附近的堤岸因持续的洪水反复发生塌方，每次都要重建。再比如，跳台滑雪设施的建造预算为4 000万美元，但是由于地形复杂，跳台的位置必须经过多次调整，此外，项目在开工前没有进行必要的地质测试，场地原有的树木被移走后导致滑坡频发，不得不多次进行重建。最终，跳台滑雪设施项目花费了2.65亿美元，而不是最初估计的4 000万美元。

（5）据传言，在项目开发的这几年里贪腐猖獗，通过行贿就可以从政府拿到项目，同时任人唯亲之风盛行。

那么贪腐到底有多严重？正如记者布雷特·福雷斯特（Brett Forrest）所言："索契内政部门已经对俄罗斯奥运组委会进行了大量调查，并提出刑事诉讼，指称组委会在奥运体育场馆建设、主要的曲棍球场建设以及许多项目中向承包商收取回扣。根据检察机关的统计，这笔偷漏的资金总额接近有8亿美元。"

而这可能仅是冰山一角。除了这些推测的回扣，围绕索契的所有开发计划都有绿灯放行。承包商试图把他们的项目都贴上"奥运会"的标签，这样就可以拿到一笔慷慨的资金，并且分区制和建筑法规对这些项目的管制也会更松。受到普遍指控的还有裙带关系，比如高级克里姆林宫官员的朋友们和商业伙伴都拿到了油水最多的合同。反对派政治家鲍里斯·内姆佐夫（Boris Nemtsov）批评了奥运预算的严重超支，指出这些朋友们通过贪污或合同获得的投资总额在25亿～300亿美元，占了奥运会总预算的一半以上。赢得了合同的建筑公司将不得不夸大预估的成本，以便向最初授予合同的俄罗斯国家管理人员提供回扣。根据内姆佐夫的说法，建筑公司是否拥有工程所需的充足资源和技能并不重要，重要的是公司是否愿意给这些贪腐官员提供回扣。

许多问题都导致了这届奥运会的高昂开销。尽管大多数举办奥运会的国家都超出预算，但都没有俄罗斯在2014年冬奥会的超支程度大，时间的紧迫性使得所有费用都必须用于索契奥运会的筹备。尽管大量的（还有未知的）款项因贪污腐败和管理不善被浪费，但索契冬奥会如约举办，并为所有参赛的选手和观众提供了顺畅的参会经历。这场花费了510亿美元举办的冬季奥运会给我们留下了一个问题，那就是维护和提高国家声望到底需要多少钱呢？[1]

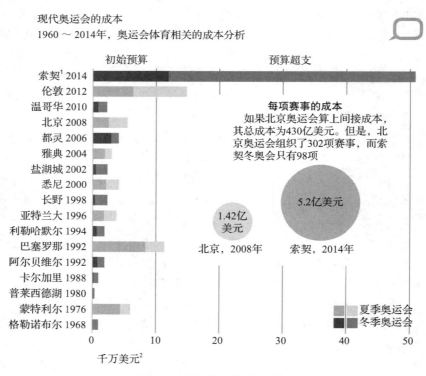

图 8-1　索契冬奥会的成本

注：1. 包含了间接成本。
　　2. 除了索契，其他数字都根据2009年的美元值进行了调整。

资料来源：B. Flyvbjerg and A Stewart. (2012). "Olympic proportions: Cost and cost overrun at the Olympics 1960–2012." Said Business School Working Papers, Oxford: University of Oxford.

8.1　成本管理

成本管理对项目的成功运行尤为重要，它从各个方面反映了项目组织的战略目标、任务说明和商业计划。**成本管理**（cost management）的定义包括数据收集、成本核算和成本控制，[2]它需要记录财务报告信息，并以一定的合理方式应用于项目中，以保证项目财务管理有条不紊地进行。[3]成本核算和成本控制是识别和控制项目成本的主要机制。

成本估算是决定一个项目是否可行的第一步，即项目能否盈利？**成本估算**（cost estimation）过程为项目提供了合理的预算基准计划，也确定了项目资源（人力和物力），并按照资源在项目过程中的参与程度进行分阶段预算。成本估算和项目预算是息息相关的：将项目各个部分的成本估算整合成一个全面的项目预算文档，以实现项目跟踪和成本控制。

在项目的发起阶段，承包商就开始识别与项目相关的所有可能成本，并将这些成本估算纳入最初的项目建议书。虽然一个简化的成本估算模型只需要一个最后的概要数字，但是大部分客户希望清晰地了解项目是如何标价的，以及所有相关成本的详细列表。例如，一个建筑商可能只向潜在客户透露建筑总成本，但是客户很可能会要求分解成本，以确定哪些成本用在哪些地方。项目成本的一般来源有以下几个。

（1）**人工成本**。人工成本就是项目雇用人员和支付工资所耗费的成本。这种成本会因为项目所需人才的类型（技术型、半技术型、体力劳动型）而变得复杂。项目成本估算至少要考虑雇用员工、薪水、每小时工资率以及其他日常开支，如养老金、医疗保险费等。要对人工成本进行合理的初始估算，还需要估计员工在项目中投入的时间。

（2）**材料成本**。材料成本就是项目团队为了完成任务而花费在具体设备和原材料上的成本。对建筑项目而言，材料成本相当高，包括木材、壁板、绝缘材料、油漆、铺路材料等。对许多其他项目而言，材料成本可能相对较低，例如，购买一个能快速编译计算机代码的软件包。同样，许多服务行业的项目，其材料成本可能很低甚至没有。有些材料成本可以反映在日常开支中，例如，大型计算机的使用费可以按照"已经使用"的方式预先提取。

（3）**分包成本**。当分包商为项目提供资源（包括咨询服务和专业技术）时，其费用就应纳入初始成本估算，并反映在项目预算中。例如，分包成本可能是雇用一个营销专员来设计促销计划的费用，也可能是工业设计师设计具有吸引力的产品包装的费用。

（4）**器材和设备成本**。项目可能不在公司办公室进行，而要求员工在户外工作。办公室设备的租借费就包含在项目成本中。例如，在扩展时期，石油公司会定期派遣由四五个人组成的团队到主要分包商的总部工作。所有设备的租金和占地费用都是项目的成本。

（5）**差旅成本**。如果有必要，差旅费用（汽车租赁费、飞机票、住宿费、餐饮费）都应该作为项目预先提取的费用。

项目估算的另一种方法是查明各项成本的实质。项目成本可按照以下标准划分：类型（直接成本或间接成本）、发生频率（经常性成本或一次性成本）、变动机会（固定成本或变动成本）、进度（正常成本或加速成本）。下面来看看各种形式的项目成本。

8.1.1 直接/间接成本

直接成本（direct costs）是指直接分配到项目各个方面中所产生的成本，例如人工成本和材料成本。建筑工人的人工成本就是直接成本。但是，并非所有的人工成本都被视为项目的直接成本。例如，像成本会计或其他项目资源等，这些支持人员的成本可能没有直接分配在项目中，尤其当他们同时监督多个同步进行的项目时。

在非工程性环境下，例如制造业，工人一般都分配到指定的机床上，负责某些具体的操作或生产过程。这时，人工成本可以直接根据具体的工序来计算，计算直接人工总成本的公式可简化如下

$$直接人工总成本 = 直接人工费率 \times 总工作时间$$

同样，只要确定完成项目所必需的材料，就容易计算直接材料成本。例如，搭建一座大桥，或为 300 名宾客准备一个会议晚宴，其成本就可以精确地计算。在项目中，这些成本可以用一种系统的方式跟踪。例如，根据物料清单或销售收据制定项目采购单，这种成本就可以直接体现在项目中。

另一方面，**间接成本**（indirect costs）则主要包括两个方面：日常开支和销售管理费用。日常开支是一种最普遍的间接成本，估算比较复杂。日常开支成本来源于间接材料，如器械、税款、保险、道具、修理、设备折旧以及员工的医疗和退休补助等。销售管理费用则包括广告费、运输费、销售人员工资、销售和秘书支持、销售佣金以及类似的费用。跟踪这些成本并不像跟踪直接成本那样容易，不同组织的情况有所不同。有些组织会在直接成本的基础上，按照一个固定的比例计算日常开支和管理费用。这个间接成本计算乘数的范围是 20% ~ 50%。还有些公司会逐个分析，将间接成本分摊到多个项目中。无论使用哪种方法，需要强调的一点是，成本估算既包括直接成本也包括间接成本。

▶ **例 8-1　计算直接人工总成本**

假设一个软件项目要聘用一名高级程序员，试对其进行合理的成本估算。该程序员年薪 75 000 美元，折算成每小时工资率就是 37.50 美元/小时。预计他在整个项目中的工作时间是 80 小时。但是，这里还要考虑日常开支。例如，公司要支付合理的医疗和退休补助、设备的使用要进行折旧等，公司使用 65% 的乘数来计算间接成本。使用日常开支乘数可看作直接人工的**满载价格**（fully loaded rate）。因此，项目中该程序员的成本最精确的计算是：

每小时工资率　　工作时间　　日常开支乘数　　直接人工总成本
（37.50）　×　（80）　×　（1.65）　=　4 950（美元）

有人认为：要对每个员工的直接总成本进行更精确的估算，就必须考虑到员工每天工作的时间并没有 8 小时。在工作时间，应该考虑合理的个人活动，包括私人电话、喝咖啡、上洗手间等。Meredith 和 Mantel（2003）认为，如果最初估算人工总成本时没有考虑个人活动时间，那么就应该乘以个人时间乘数 1.12，这名程序员的直接人工总成本修改如下[4]

每小时工资率　　工作时间　　日常开支乘数　　个人时间乘数　　直接人工总成本
（37.50）　×　（80）　×　（1.65）　×　（1.12）　=　5 544（美元）

还要考虑的一点是，不同类型的工作，其日常开支（间接成本）是不同的。例如，在有些公司，薪职人员和非薪职人员就是有差别的。因此，要根据人员的类别制定不同的日常开支乘数。假定一家公司对计时工人的医疗和退休补助较低，就可以使用较低的乘数（35%），其直接人工总成本（考虑个人时间）计算如下

每小时工资率　　工作时间　　日常开支乘数　　个人时间乘数　　直接人工总成本
（12.00）　×　（80）　×　（1.35）　×　（1.12）　=　1 451.52（美元）

是否考虑个人时间取决于项目委托人的输入。无论采用哪种方法，都可以制定出初步总人工成本预算表。假设一个只有 5 名成员的小型项目团队，要计算出直接人工总成本，那么制定出的直接人工初步成本估算如表 8-1 所示。

表 8-1 直接人工总成本初步估算表

人员	头衔	工资（美元/小时）	工作时间（小时）	日常开支乘数	直接人工总成本（美元）
琳达	总建筑师	35	250	1.60	14 000.00
亚历克斯	初级起草者	20	100	1.60	3 200.00
杰西卡	实习设计师	8.50	80	1.30	884.00
托德	高级工程师	27.50	160	1.60	7 040.00
托马斯	工头	18.50	150	1.30	3 607.50
合计					28 731.50

8.1.2 经常性/一次性成本

按照发生频率，成本可以分为经常性成本和一次性成本。**一次性成本**（nonrecurring costs）是指发生在项目开始或收尾阶段的一次性费用，比如市场调查、人员培训、（员工解雇后的）新职介绍等。**经常性成本**（recurring costs）是指在项目生命周期中重复发生的费用。大部分的人工、材料、物流和销售成本都是经常性成本，这些费用预算在项目实施过程中占了相当大的比例。在预算管理和成本估算中，有必要重视经常性成本和一次性成本。在后面内容中将会看到，这对实施分阶段的预算非常重要，即将基准计划应用于项目费用估算的预算方法。

8.1.3 固定/变动成本

在项目预算中，要注意区分固定成本和变动成本。**固定成本**（fixed costs），顾名思义，就是不随使用量变化的成本。[5] 例如，当租借大型设备或其他项目硬件时，租赁价格可能不会随着使用量的大小而上升或下降。一台机器，无论使用 5 小时还是 50 小时，租金都是相同的。项目经理在决定签署租借合同时，往往会考虑该设备创造的价值是不是大于其成本。**变动成本**（variable costs）是随使用量的变化而增加的成本，即与使用程度成正比。例如，假设在一个开采项目中使用一架昂贵的钻孔机。钻孔机由于使用而磨损，尤其是在地理条件艰苦的地方，磨损程度更严重。在这种情况下，它的变动成本与使用量成正比。有时候，变动成本还有多种类型，既有按固定比例变动的，也有按变动比例变动的。

8.1.4 正常/加速成本

在项目的开始阶段，所有干系人对初始项目进度计划达成共识，**正常成本**（normal costs）就是按照计划进度发生在项目工作中的成本。当然，计划进度也可以加快，但是加快进度会增加额外的成本。不过，这些成本都是以项目基准计划为基础的。**加速成本**（expedited costs）是指在加快项目进度时所发生的计划外成本。例如，假设项目进度拖延，为了弥补失去的时间，管理层决定"赶工"。**赶工**（crashing）过程中可能涉及的成本包括：

员工加班、雇用临时员工、联系外部资源或组织的帮助、在加速运送材料的过程中还会产生更高的运输和物流费用。

以上所有成本分类方法如表8-2所示。[6] 首行是各种分类标准，即类型、频率、变动性和进度。最左边的一列列举了几种项目成本。从中可以看出，一种成本可按多个标准分类，例如，直接人工成本既是直接成本，也是经常性成本、固定成本、正常成本；而厂房租金则既是间接成本，也是经常性成本、固定成本、正常成本。由此，应该注意到一种项目成本可以归入多个成本类别中。

表 8-2 成本分类

成本	类型		频率		变动性		进度	
	直接成本	间接成本	经常性成本	一次性成本	固定成本	变动成本	正常成本	加速成本
直接人工	×		×		×		×	
厂房租金		×	×		×		×	
加速成本	×			×		×		×
材料	×		×			×		

8.2 成本估算

估算项目成本是一项富有挑战性的活动，它既讲究科学性，又讲究艺术性。成本估算有两条重要的原则，也可称为成本估算法则。第一，在项目开始阶段各种成本定义得越清晰，成本估算出错的概率就越小。第二，成本估算越精确，制定一个能确切反映实际项目的预算就越容易，在预算范围内完成项目的可能性就越大。进行成本估算的关键步骤之一是基于成本分解原则识别各个成本项，即按照可交付成果和工作包将项目分解，估算每个任务的成本。例如，对于一个包含4个工作包的可交付成果，不是做整体的估算，而是分别确定完成每个工作包的成本，然后再估算可交付成果的成本，如表8-3所示。

表 8-3 分解项目活动以制定合理的项目估算

项目活动	估算成本（美元）
可交付成果1040——站点准备	
工作包1041——调查	3 000
工作包1042——功能安装	15 000
工作包1043——站点清理	8 000
工作包1044——碎片移除	3 500
可交付成果1040的总成本	29 500

很多公司使用多种方法来估算项目成本，既有技术性方法，也有定量性方法。一般的成本估算方法有以下几种。[7]

（1）**粗略估算法**，有时也称量级估算法。它主要应用在信息或时间不充分的情况下。公司常用这种方法进行资源需求估算，或决定是否为项目合同投标。例如，客户对项目提出招标邀请报价（RFQ），由于时间紧迫，管理层可能没有时间对这家公司的要求和条件做出完整而精确的估算，但他们仍然可以使用粗略估算法来决定是否投标。粗略估算法的精确度一般是±30%。从这么大的波动范围可以看出，这种方法不适用于精确而具体的成本估算。

（2）**比较估算法**。比较估算法假设类似项目的历史数据可作为目前项目成本估算的依据。例如，波音公司定期进行**参数成本估算**（parametric estimation），管理层以过去的工作数据为依据，用一个乘数代表通货膨胀、劳动力和材料价格上涨的影响，来估算目前项目的成本。波音公司如果谨慎运用这种参数估算法，就可以精确预算新机开发项目所需的成本。即便是在采用新技术或旧技术明显升级的情况下，都有可能根据以前的历史数据，准确地获得开发成本。

波音公司并不是唯一一家成功运用参数成本估算法的机构。图 8-2 表示的就是 20 世纪 60 年代协和式飞机开发项目的参数估算数据图。协和式飞机是一种独特而新颖的机型，要估计完成飞机设计图的时间具有相当大的难度。但是，根据参数成本估算法和最近飞机开发项目的经验，开发者发现，所有人员投入设计的周数（项目组称之为"人工周"）和巡航速度之间存在线性关系。该图表明，飞机的巡航速度和设计图的完成时间成正比。使用这些数据，可以合理而精确地预算设计过程。这表明，尽管在过去的几十年间，飞机设计技术产生了巨大的变革，但是，巡航速度、飞机大小和设计投入三者之间的关系却始终相当稳定。

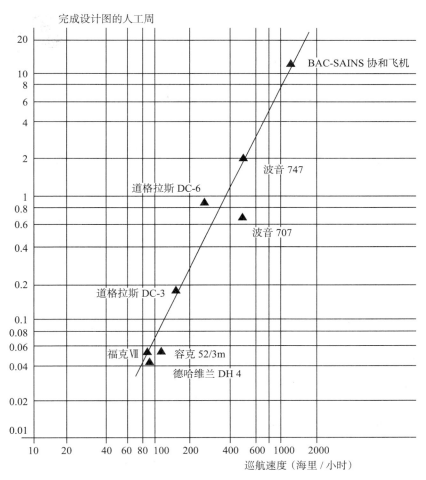

图 8-2　参数估算——协和式飞机项目的设计成本

注：重要商业机型的设计投入/巡航速度散点图。

有效的比较估算要依赖于以前类似的项目和具体的项目数据，包括技术、预算和其他成本数据。根据通货膨胀率适当地调整成本也是很有必要的。要使比较估算法有意义，关键是现在的项目和以前的项目之间具有可比性。当比较两个项目的直接人工成本时，如果被比较的项目发生在国外，而那个国家具有不同的工资水平和日常开支状况，那么这种比较将毫无实际意义。有人认为，比较成本估算法的精确度不可能达到 ±15%，而事实上，在有些情况下，这种估计法比图中所示可能更加精确和实用。

（3）**可行性估算法**。这种估算法是以实际数据为依据的，也可以从最初的项目设计工作中获取数据。确定项目范围后，特别是在开始决定项目基准计划时，项目组织可以邀请供应商或分包商报价。可行性估算法常用于建筑项目，因为在建筑项目中，根据估计的材料需求数量，可以列出材料成本表，进而精确地估算各种项目活动的成本。由于可行性估算贯穿于项目的整个生命周期中，其精确度一般可达到 ±10%。

（4）**最终估算法**。最终估算仅在大部分的项目设计工作已完成且项目的范围和内容明确界定以后才进行。因为在这个时候，所有的主要采购单已提交，其价格和有效性已清楚明了，项目说明书中几乎没有模糊的部分，完成项目的步骤已确定，合理的项目计划也已出台。一般认为，成本估算应该随时间而改进，因为随着项目的进行，信息越来越多，不可解决的问题也越来越少。在项目完成时，估算值应该正确地反映期望成本，除非有不可预料的情况发生。所以，最终估算的精确度可达到 ±5%。在前面的章节中，我们发现有些项目的边际利润非常低，例如，在固定总价合同案例中，项目组织假定完成项目的所有风险几乎都定义在该合同中。因此，成本估算工作做得越好，保持边际利润的可能性就越大。

项目组织应该使用哪种预算方法呢？要回答这个问题，就要考虑这个公司所属的行业（例如，软件开发和建筑业）、成本管理能力、成功的项目管理历史经验、过去完成类似项目的数量、项目经理的知识和才能以及公司的预算要求。在有些情况下（例如，创新型的研发项目），其成本估算的精确度几乎不可能保证在 ±20% 以内。另一方面，在事务型项目中（例如，组织一次会议或宴会），在项目的早期就能够形成精确的预算。例如，对一些特定类型的项目来说，成本估算可能会涉及大量计算和一些猜测；但在有些情况下，项目经理和成本估算师可以对项目成本进行更准确的计算。有许多建筑项目，特别是标准住宅和商业建筑的项目，可以基于相对稳定的历史数据进行成本估算，这种方法更简单也更准确。为了说明这一点，像里德建筑数据（Reed Construction Data）开发的如 RSMeans.com 之类的网站，或者 CostDataOnLine.com 上的建筑成本计算器，都能够较为准确地预测建筑成本（包括关于人工费率、因地点调整的居住成本、平方英尺、建筑物类型的假设，见图 8-3）。

总之，成本估算的关键在于项目的类型，制定成本估算的速度以及管理层对成本估算的容错程度。如果信息充分，项目团队就应该尽可能早地制定尽可能精确的成本估算。图 8-4 就是一个项目成本估算表的例子。

RSMeans 快速成本估算器	
项目名称：示例项目 模型：公寓，1～3 层 建筑：面砖与混凝土块支撑 / 木桁架 地点：加拿大温哥华 层数：3 每层高度（l.f.）：10 建筑面积（s.f.）：2 500 数据发布：2012 年第 3 季度 工资率：统一 地下室：不包括	 这是对仅包括基本组成部分的建筑估算后的成本。地域和市场条件的差异都能导致成本差异很大。

成本范围	低	中	高
合计（美元）：	826 650	918 500	1 148 125
承包商的开销和利润（美元）：	206 550	229 500	286 875
建筑费用（美元）：	82 800	92 000	115 000
建筑总成本（美元）：	1 116 000	1 240 000	1 550 000

您需要用当前的成本数据和您定义的详细项目规格进行更复杂的估算吗？

访问 Custom Cost Estimator，它是一个付费订阅服务，其中可以引用更新和本地化的美国全方位平方英尺模型库，以创建一个专属于您个人项目的个性化在线估算！——全部来自 RSMeans，行业来源！

点击此处可查看样本报告

重要提示：这些成本并不准确，仅作为可能的项目成本的初步指导，实际项目成本可能因许多因素而有所不同。RSMeans 用智能的方式呈现这些信息。RSMeans 对数据的准确性、正确性、价值、充分性或完整性或所产生的项目成本估算不做任何保证或担保。RSMeans 对因本页信息引起的任何损失、费用或损害概不负责。

图 8-3 用 RSMeans.com 网站进行成本估算的示例

资料来源：Copyright RSMeans 2014- RSMeans Square Foot Models www.rsmeans.com/estimator/qce/qce_result.asp

估算和报价表				
项目编号	描述		型号	
工作包编号	任务编号		估算编号	
工作包描述		任务描述		
内部人工成本				
技能	类别	工资率	工作时间	成本（美元）
高级测试工程师	TE4	18.50	40	740.00
测试工程师	TE3	14.00	80	1 120.00
装配工	PF4	13.30	30	399.00
起草人	DR2	15.00	15	225.00
设计检验员	DR3	16.50	3	49.50
时间和成本小计			168	2 533.50
人工应急费用（10%）			17	254.00
直接人工，时间和成本			185	2 787.50
日常开支乘数（80%）				2 230.00
总人工成本				5 017.50

图 8-4 项目活动成本估算样本

采购成本	
材料（详细）：螺钉和夹板材料	20.00
制成品（详细）：无	
服务设施：租用实验室 　　　　　仪器加报告	12 300.00
委托加工（详细）：工作夹具和螺钉修形	250.00
小计	12 570.00
应急费用（15%）	1 885.50
采购总成本	14 455.50
费用	
详细：现场支持的住宿和差旅费用	340.00
总的成本和费用	14 795.50
利润（%）：无	
报价总和：总人工成本加上采购总成本和费用	19 813.00
制表人	
审批人	日期

图 8-4 （续）

8.2.1 成本估算中的学习曲线

成本估算通常假定工作完成的速率是稳定一致的，尤其是在估算员工投入项目工作的时间时。但是，在从事多个活动的情况下，完成第一个活动的必要时间通常不等于完成第 n 个活动的必要时间。例如，在软件开发项目中，标准的做法是：彼此隔离相关的项目活动，单独估算每个活动的成本。因此，当一名程序员要完成 4 个相似但又彼此不同的编程任务时，许多成本估算者可能单凭经验直接相乘

$$\underset{8\ 000}{\text{活动成本}} \times \underset{4}{\text{活动重复的次数}} = \underset{32\ 000\,(\text{美元})}{\text{总估算成本}}$$

如果计划每个编程任务要花费大约 40 个工时，就可以制定更加正式的直接成本预算线。假设日常开支乘数是 0.60，使用该程序员的成本是 35 美元/小时，可以提出一个直接核算方法

$$\underset{35}{\text{工资率}} \times \underset{4}{\text{单位数}} \times \underset{1.60}{\text{日常开支乘数}} \times \underset{40}{\text{小时/单位任务}} = 8\ 960\,(\text{美元})$$

但这种经验法可能过于简单。例如，在从事相似的活动时，如果假设第 1 次编译一段代码的时间和第 4 次编译同一段代码的时间相等，这样的假设合理吗？那么，是否第 4 次重复该任务所花费的时间（当然涉及人工成本）会比先前的几次少呢？这就是**学习曲线**（learning curves）如何影响项目成本估算的问题。[8] 简而言之，经验和共识告诉我们，随着时间的推移，重复某项活动会导致完成该活动的必要时间逐渐减少。[9] 有些研究表明，实际生产中，当产品产量翻一番时，生产效率会按照固定的比率提高。

例如，假设第 1 次编译某一段软件程序需要 20 个工时，第 2 次编译需要 15 个工时。

前后两次的时间差别说明学习率是 0.75（=15/20）。现在，可以应用这个数据来估算多次编码活动的成本。在要求的 4 次任务中，前 2 个任务完成后，完成下一个任务的时间估算如下

$$15 \times 0.75 = 11.25（小时）$$

这种时间和成本估算遵循一个明确定义的公式，[10] 该公式计算的是单位产量的生产时间，表示如下

$$Y_x = aX^b$$

式中，Y_x 为在最终稳定状态下，生产第 x 单位产品所需的时间；a 为生产第一单位产品所需的时间；X 为达到稳定状态需要生产的产品数量；b 为学习曲线的斜率，表示为 log（十进制学习率）/log2。

假设现在对建筑行业进行项目成本估算，在这个行业，一种资源可用于多个同质的项目活动（例如，装配、铆接、测量）。工人总共要做 15 次这样的活动才能达到稳定状态。再假设最后一次完成这个活动的时间是 1 小时（最终稳定状态），工人根据过去的经验，认为这种经常重复的活动的学习率是 0.60。要计算第 1 次完成该活动的必要时间，可以使用上面的公式来求 a，即

$$b = \log 0.60 / \log 2$$
$$= -0.221\ 9 / 0.31$$
$$= -0.737$$
$$1\ 小时 = a\ (15)^{-0.737}$$
$$a = 7.358（小时）$$

注意到第一次完成该活动的时间是 7 个多小时，而最终稳定时间是 1 小时，前后的时间差距非常明显（当然就会导致成本差距）。特别是在包含大量重复性工作的项目和相似活动的"产品流"上，这种差距更为明显。

▶ 例 8-2　学习曲线成本估算

现在回到前面估算高级程序员的时间成本的例子中。在不考虑学习曲线效应的情况下，初步线性估算如下

$$35 \times 4 \times 1.60 \times 40 = 8\ 960（美元）$$

在了解了学习曲线理论之后，就可以对这种成本估算加以改进。例如，假设该程序员的编程学习率是 0.90。最终稳定时间是 40 小时。第 1 次编程时间估算如下

$$b = \log 0.90 / \log 2$$
$$= -0.045\ 8 / 0.301$$
$$= -0.152\ 1$$
$$40\ 小时 = a\ (4)^{-0.152\ 1}$$
$$a = 49.39（小时）$$

因此，第 1 个单位产品消耗的时间比最终稳定状态的 40 小时要多出 9.39 个小时。对于这个编程案例，我们可以通过 $a = 1$ 计算学习曲线系数（乘数）表，从而计算出初始的单位数，进而确定合适的单位数和总时间乘数。如已知产量为 1～3 单位（编码序列）的单位时间乘数，同时学习率为 0.9，我们可以计算出最佳单位数量和总时间乘数。我们之所以选择 1～3 单位的原因是，到第 4 次迭代时，已经达到 40 小时的稳定状态。当 $a = 1$ 时，单

位时间学习曲线系数为 $1^{-0.1521} = 1$，$2^{-0.1521} = 0.90$，$3^{-0.1521} = 0.846$，总时间乘数为 2.746，则前三次编程的总时间是

总时间乘数		完成第1次任务的必要时间		前3次编程任务的总时间
2.746	×	49.39	=	135.62（小时）

因为 40 小时的最终稳定值发生在最后一次编程活动中，所以 4 次编程任务的总时间是

$$135.62 + 40 = 175.62（小时）$$

所有编程任务的直接人工总成本是

工资率		日常开支乘数		总工作时间		
35	×	1.60	×	175.62	=	9 834.72（美元）

将这个数据与第 1 次计算的 8 960 美元比较，容易发现第 1 次低估了 874.72 美元。这次的估算考虑了学习曲线效应，因而更精确、更实际地反映了该程序员在项目活动中的人工成本。

有些行业可以描绘出重复性活动的成本曲线，这样可以更加精确地进行学习曲线成本估算。注意图 8-5 中的曲线，[11] 表示的是活动重复次数和时间（或成本）的关系。这种学习曲线效应表明，在许多项目中，随着活动重复次数的增加，完成活动所需的时间逐渐缩短。有些运筹学书籍提供时间乘数表，该表是基于学习率和活动重复次数的。[12] 使用这个时间乘数表，根据学习效应修改成本估算，会发现这两次估算的成本差额非常明显。但是，有一点值得注意：学习曲线发生作用的方式会随不同性质的项目而有所不同：如果项目包含大量重复性的工作，则可以使用时间乘数；如果工作经常变化，则最好不要使用。这就是为什么学习曲线效应在有些行业应用很广（比如说，建筑业），在另一些行业则几乎没有应用（例如产品研发）。总之，在学习曲线效应发生作用时，项目预算就应该调整，成本估算也要考虑到这种效应的影响。

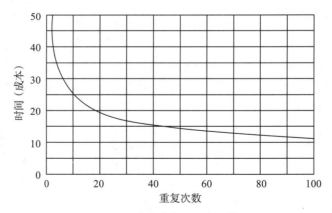

图 8-5　学习曲线 log 线性模型

注：该图经过数学方法调整。

资料来源：J. P. Amor and C. J. Teplitz. (1998). "An efficient approximation for project composite learning curves," *Project Management Journal*, 29(3), pp. 28-42, figure on page 36. Copyright © 1998 by Project Management Institute Publications. Copyright and all rights reserved. Material from this publication has been reproduced with the permission of PMI.

如今，越来越多的项目合同体现了重复性活动的学习效应。例如，在自动化行业，一家液压汽缸制造商在第 1 年接到产品单价为 24 美元的订购合同。假设学习曲线发生作用，单位汽缸的成本每年下降 1 美元，制造商将逐年以越来越低的成本进行生产。这样，学习曲线将成为长期合同中应该考虑的重要因素。[13]

8.2.2 软件项目估算——功能点

本书第 1 章内容和下文有关软件成本估算的项目管理研究精要都凸显了大型软件项目中实际估算的困难，而我们追踪到的情况也不乐观：越来越多的软件项目都严重超出其预计的工期和成本。原因之一是这些项目具有不确定性，我们可以估算成本，但是如果对软件性质、程序规模、软件功能没有清晰的认识，这些估算都只是"美好"的猜测，并很快显示出其不足。

■ 项目管理研究精要 8-1

软件成本估算

谈到项目的绩效，软件项目行业是臭名远扬的。斯坦迪什咨询集团（Standish Group）[14]曾有研究表明，在大公司，按照进度计划和预算完成的 IT 项目不足 9%。其中，50% 以上的项目的实际成本是初始预算的 189%，而平均进度拖延 202%。麦肯锡公司和牛津大学对 5400 个 IT 项目进行的一项近期研究发现，大型 IT 项目平均会超支预算 45%，进度拖延 7%，同时比预期创造的价值少 56%。事实上，有 17% 的 IT 项目完全是灾难，甚至会威胁到公司的生存。[15] 显然，从成本估算和进度计划的角度来看，软件项目行业被不切实际的期望所困扰。最近，在投标软件项目合同的时候，联邦政府的几个部门要求使用构造性成本估算模型（COCOMO II），尽管这对成本和时间管理有所帮助，但是，正确估计软件项目的成本仍然是一个严重的问题。[16]

最近，Construx 软件公司（Construx Software）的史蒂文·麦康奈尔（Steven McConnel）在他的一本著作中，[17] 披露了软件项目失败的几个主要原因。他认为项目失败的一般原因有：预算时间不充分和项目活动的资助经常变更，而这些都取决于项目的大小。他把软件项目分为 6 个部分：①框架搭建，②详细设计，③编码和调试，④开发者测试，⑤系统整合，⑥系统测试。麦康奈尔认为，对少于 2 000 行代码的小型 IT 项目，80% 的项目工作只包括 3 个活动：详细设计、编码和调试、单元测试（见图 8-6）。但是，随着项目难度的加大，这 3 个活动所覆盖的项目总成本的比例却急剧下降。对于超过 128 000 行代码的项目，更多的成本是耗费在框架搭建、系统整合和系统测试上（约占总成本的 60%）。

这项研究结果表明，在估算 IT 项目每个部分（工作包）的成本时，估算者要考虑项目的大小。在包含几十万行代码的大型项目中，相对于实际构造成本（即设计、编码和单元测试的成本）而言，较多的预算应该分配在软件设计和测试上。

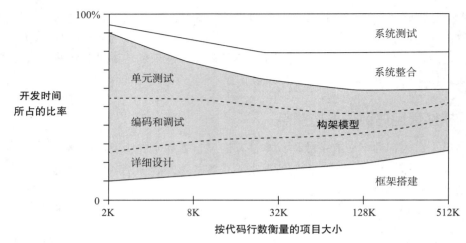

图 8-6　软件开发项目活动（基于项目大小）

资料来源：From *Code Complete*, 2d ed. (Microsoft Press, 2004), by Steve McConnell. Used with permission of the author.

功能点分析（function point analysis，FPA）是一个依据软件功能来估计软件项目系统规模的方法。建立任何系统，都需要创建保存信息的文件和接口（用来连接其他文件和接口），同时需要创建输入窗口（输入）、查询窗口（查询）和报告窗口（输出）。计算所有的文件、界面、输入、查询和输出窗口数量，就可以开始估计整体的工作量，而估计值与软件需要处理的业务需求直接相关，因此，该方法很容易应用在一个更大范围的开发环境中，从需求定义至操作应用，贯穿于软件开发的整个生命过程。

简单来说，**功能点**（function point）是一种测量的标准化单位，它能表示软件应用功能规模的大小，就像用平方尺来丈量房屋面积一样，一个应用的大小能够用它呈现给用户的应用程序的功能点数量来度量。这一解释的关键在于，软件规模的测量是以"用户视角"为基础的，是基于用户的需求，而不是软件现有功能。同时，它也关注用户和系统的交互，包括用户用来输入的界面和接收的输出报告。

我们知道，开发不同的功能需要花费不同的时间，例如，创建接口窗体可能会花费创建输入窗体两倍的时间。一旦我们对软件系统每个功能对应的时间都有了基本的认识，我们就必须考虑衡量这些时间预期的附加因素，而这些因素权重的确定则主要基于"技术复杂度"（technical complexity）和"环境复杂度"（environmental complexity）。技术复杂度描述所开发应用的复杂程度，如我们是要开发复杂的模型来确定地球同步卫星的多种路径，还是仅仅创建一个存储客户名字和地址信息的数据库？环境复杂度则考虑系统运行设置的性质，是单用户、单 PC 还是一个广域网？系统用什么计算机语言编写？精简的语言（如 VB）相对于复杂语言来说，工作量更小，我们就可以假设程序员此时产出更高（能产生更多功能点）。功能点依照这些复杂因素进行调整，加总起来，最终确定开发软件系统的合理成本估算。

举个简单例子：假如一个餐馆委任我们公司来开发一个补货和点餐系统，以保证在任何时候都尽可能保存最少的食物和饮料，而餐馆要求这个应用程序有适当数量的输入界面、输出界面、少量的查询选项和界面,但是不需要生成大量详细报告的能力,同时,我们依据经验知道,公司的一个程序员每月(1人/月)平均可以编写10个功能点,最后,基于公司过去的经验,我们有一套适用于所有功能的系统技术复杂度和环境复杂度平均参数的计算方法(见表8-4)。例如,创建一个输入功能,高复杂度系统的耗时是低复杂度系统的3倍以上,也需要花费更多的精力。

表 8-4 功能点分析的复杂度权重

功　能	复杂度权重			总　计
	低	中	高	
输入数量	2 × ___	4 × ___	6 × ___	
输出数量	4 × ___	6 × ___	10 × ___	
接口数量	3 × ___	7 × ___	12 × ___	
查询数量	5 × ___	10 × ___	15 × ___	
文件数量	2 × ___	4 × ___	8 × ___	

根据上述信息,我们可以利用客户的特殊系统需求来估计待建项目的功能点。假设我们确定(通过与餐馆所有者的面谈)评估相关的复杂度为:输入(中度)、输出(高度)、接口(低度)、查询(中度)和文件(低度),并且,我们知道客户的每种功能的数量为:输入界面(15)、输出界面(20)、接口(3)、查询(6)、报告文件(40),综合这些信息和我们以往的复杂度权重参数,可以得到表8-5。

表 8-5 餐馆点餐系统的功能点计算结果

功　能	复杂度权重			总　计
	低	中	高	
输入数量		4 × 15=		60
输出数量			10 × 20=	200
接口数量	3 × 3=			9
查询数量		10 × 6=		60
文件数量	2 × 40=			80
总计				409

表8-5给出的数据是我们对不同功能程序的复杂度估计和客户对系统特征的要求(包括界面数目和每个功能的其他要素)相结合所得到的结果,我们估计该项目需要大约409个功能点。根据前述的每人/月完成10个功能点,因此,我们完成任务所需"人/月"为409/10=40.9,如果委派4名程序员,需要大概10个月的时间,另一方面,如果指派我们全体的10名员工,我们预期4个月可完成任务。利用这个方法进行成本估算非常直接:如果程序员人均工资为5 000美元/月,将这个数字乘以40.9,则我们完成任务的费用估算为204 500美元。

功能点分析并不精确,复杂度的判断有赖于我们过去的估计,它会随着时间变化,这就要求不断地进行更新。由于评估程序的不同和技术复杂度的标准不一,组织之间没有可比性,但功能点分析确实给难以精确估计成本的软件项目提供了一个评估成本的有效方法。[18]

8.2.3 成本估算中的问题

尽管项目管理能力不断完善，现实中仍然有许多问题会影响到成本估算的合理性与准确性。创新型项目就是难以制定成本估算的典型。但是，即便是结构化程度很高的项目，比如建筑项目，也可能遭遇成本超支的灾难。成本超支的一般原因有以下几个。[19]

（1）**初始估算偏低**。较低的初始估算是一把双刃剑，一般是对项目范围的误解造成的。在项目的开始阶段估算偏低，就直接导致了在项目的后期管理层无法满足事先所制定的成本约束。所以，造成初始估算偏低的原因可能是有意的（认为高层管理者不可能为预算太高的项目提供资金），也可能是无意的（由于估算错误或疏忽）。不论是哪一种原因，都会导致成本超支。初始估算偏低的另一个原因可能是忽略了项目与其他组织的关系。如果不考虑组织环境，只是单纯地列出项目活动的成本支出，这样其实是假设项目团队能够在一段不切实际的时间内完成任务（见第 11 章关键链项目进度）。

较低的估算也可能是由企业的低估倾向造成的。例如，在有些组织中，员工们都知道，成本超支就像一个技术性的错误，并不会结束一个项目经理的职业生涯。因此，为了使项目获得批准，经理们普遍低估项目成本，在项目实施过程中还要求补充资金，结果导致严重的成本超支。政策因素也会导致项目团队或高层管理者对成本过于乐观，最近完工的丹佛国际机场就是对成本估算过分乐观的最好例子，为了完成项目，其成本严重超支。

（2）**无法预料的技术困难**。成本估算中的一个普遍问题是：低估将会面临的技术困难。也就是说，成本估算通常采用这样一种形式："其他条件不变，这项任务要花费 ×× 美元。"事实上，其他条件不变的情况是很少的。一项估算要有意义，就必须严格发掘潜在的技术难题、初始运转问题或其他技术风险。不能否认的是，新技术、创新措施和技术进步常常伴随着设计和测试上无法预料的风险。这些风险有时候会导致巨大的财产损失，甚至有时候是悲剧性的生命损失。例如，服务美国海军及陆军的波音 V-22 鱼鹰运输机采用了一种彻底的"空心回转轴"技术，飞机模型测试中发现了技术错误，结果导致几名测试飞行员死亡。

（3）**缺乏定义**。范围定义不完善，往往导致项目的特征、目标甚至意图模糊不清（见第 5 章范围管理）。缺乏对项目的透彻理解很容易导致成本估算失败和惊人的成本超支。应该认识到，成本估算和预算过程必须严格遵守范围说明书和工作分解结构的要求。倘若这些步骤没有做好，任何对项目成本的合理估算的尝试都是徒劳的。

（4）**规格变更**。项目管理中成本估算和控制的致命伤之一就是中途规格变更（有时称为"范围蔓延"），许多项目都出现过这种情况。例如，IT 项目就经常由于增加功能、重大改变和更新处理等要求而变得面目全非。面对项目范围和规范的突变，许多项目经常出现成本超支的现象也就不足为奇了。事实上，在很多公司，尤其是那些惯于中途调整项目范围的公司，其初始估算成本很可能是毫无实际意义的。

（5）**外部因素**。通货膨胀等经济因素可能导致项目成本超支，甚至是超支数倍。例如，由于无法预料的世界性原材料短缺或金融危机，事先没有考虑这些因素所做出的成本估算，将很快变得没有实际意义。例如十年前，印度雄心勃勃地发展现代化和工业化，加上美元疲弱，曾一度把原油价格拉升至接近历史新高。这是因为原油以美元为基准，而美元的持续疲软使得采购石油需要花费更多的美元。此外，印度对石油的需求也导致石油的国际价格上涨。由于这一关键资源的成本大幅增加，需要大量原油供应的项目成本必须自底向上重新进行计算。还有其他的外部因素，如政治问题，也有可能影响项目的实施过程。这种现象经常出现在政府项目中，尤其是那些军事采购项目，由于受到政府监督委员会和多种因素的干预，以及遭遇众多的中途变更请求，这些项目常常会发生成本超支。

■ 项目管理研究精要 8-2
大型基础设施建设中的欺诈行为

现在是基础设施建设项目的黄金时期，最近一期的《经济学人》指出，这些项目接下来 10 年的预期投资将达到 22 万亿美元，为"史上之最"。因为基础设施改善是个长期的过程，而且成功完成这些项目的成本极其庞大，政府部门及其承包商对其进行正确地设计和管理就显得尤为重要，换句话说，管理这些项目的过程中瓶颈和难点甚多。

然而，正如本章前面案例所述，私营机构和公共部门在大型基础设施项目的成本和绩效管理方面都表现不佳，这样的例子屡见不鲜，如悉尼歌剧院（最初项目成本预计 700 万澳元，最终成本是 1.02 亿澳元）、欧洲隧道（最终成本是初始计划的两倍还多）和波士顿"大挖掘"项目（开始估算成本是 25 亿美元，最终成本接近 150 亿美元）。这一长串的成本超支项目引出了一系列的简单问题：这些项目究竟发生了什么？为什么成本估算表现总是这么差？哪些因素导致无法进行正确的成本估算？

牛津大学项目管理研究者本特·傅莱杰格（Bent Flyvbjerg）教授和几位学者研究了历年来的大型基础设施项目，得出了成本偏离原因的初步结论：在多数情况下，偏离的原因主要有三种，包括过于乐观的倾向、蓄意行骗或者只是运气不佳。

（1）乐观倾向。傅莱杰格的著作指出，高管在面对项目时常常陷入错觉，他称为"规划谬误"（planning fallacy）。在规划谬误下，经理通常会将问题最小化，依据幻想中的乐观主义倾向（低估成本和困难）来做决定，而且会不自觉地幻想成功时的情景，从而做出最优选择和最好结果的假设。同时，乐观倾向使得即使拥有以往经验的项目经理和高管，在项目活动中仍会出现成本低估、时间预计不足的错误。简而言之，关于计划和项目成本等，人们会形成过于积极的倾向，并做出相应估计。

（2）蓄意行骗。为获得审批，大资本投入项目通常都要经历复杂的决策过程，例如，政府部门必须与负责最初成本计划的私人承包商和其他机构合作进行决策。傅莱杰格发现，当项目股东动机不同时，欺骗就会发生，比如，建筑集团想要这个项目、政府部门想要给纳税人和选民一个交代、银行家想要获取长期的投资，等等。在这种情况下，承包商为了获得这个合同，会刻意低报估算。他们知道，"真实"的成本会吓跑政府部门，所以采取蓄意欺骗的策略首先赢得合同。他们很清楚，即使将来会面临一系列的成本估算增加，但只要政府部门做出了决定就很难改变他们的主意。换句话说，这里的目标是项目合同的签订，因为合同一旦签订就极难变动。

（3）运气不佳。最后一个项目成本增加的原因就是运气不佳。运气不佳是指尽管估算合理、项目相关的部门都恪尽职守、承包商和客户都真心实意，但是经常会有这样的情况：

环境影响和不幸等一同使项目偏离正轨,项目开展陷入瘫痪。毫无疑问,霉运时有发生,傅莱杰格提醒到,我们容易将项目中的问题归因于运气不佳,但实际上,成本超支和进度延期更多地是由上述前两个原因造成的。

这一研究为我们分析成本超支的原因提供了一些线索。它同时指出,低估成本和高估收益通常带来两个问题,要么我们可能会选择开展没有经济可行性的项目,要么我们会因此丧失开展有更高回报的备选项目的机会。从根本上来说,关于大型基础设施项目的超支、延期等问题,对于大多数组织来说只能从其自身寻找原因。[20]

8.3 制定项目预算

制定项目预算的过程是估算、分析、直觉和重复工作的结合。预算的中心目标是支持项目和组织的目标,而不是与之产生冲突。**项目预算**(project budget)是一个计划,该计划需确定资源分配、识别项目目标并进行进度计划编制,来帮助组织实现目标。有效的预算需要部门目标与公司总目标相结合,短期目标与长期计划相结合,宽泛、战略性的任务与具体、基于需求的问题相结合。有用的预算由多种数据源汇集而成,并需要相关人员进行深入的交流。最重要的是项目预算和项目进度计划的协同编制,有效的预算决定了项目能否顺利进行。

项目预算作为项目计划的基石之一,必须按照工作分解结构中的活动来编制(详见第5章)。如图8-7所示,WBS为制定项目进度创造了条件,然后,项目预算分配必要的资源,以支持进度计划。

图8-7　WBS、进度和预算的关系

制定项目预算涉及许多重要问题,包括项目团队和组织为成本估算、预算计划、现金流入和流出以及期望的收益收集数据。不同的组织有不同的数据收集和分配方法:有些项目组织不考虑时间,根据收入和费用线性分配,而另一些组织则使用精密的系统。成本数据如何收集和解释,主要取决于公司是采用自上而下还是自下而上的预算方法。采用完全不同的方法收集相关的预算信息,其结果很可能是截然不同的。

8.3.1　自上而下的预算

自上而下的预算(top-down budgeting)需要组织高级管理层的直接输入,实际上,这种方法需要弄清高级管理层的成本管理意见和经验。假设高级管理层具有过去项目的丰富经验,他们不仅能提供精确的反馈,还能为将来的项目风险做正确的估算。他们估算出项目的总体成本和主要工作包的成本。然后,这些项目规划逐层传递到下一级职能部门,因为这些部门能够收集到更具体的信息。沿着这个层级,项目被分解成更详细的部分,直到最终从事该工作的人员能够清楚每个任务的具体成本。

这种方法可能会在组织内部产生一定摩擦,既有高层与低层之间的摩擦,也有低层管理者之间的预算竞争。当高级管理层确立项目总预算时，他们实际是在孤注一掷地说："这是我们所有愿意花的钱。"这样，所有成功的预算过程必须满足初始建立的预算额。这种方法很自然导致不同部门之间的竞争，因为他们是在进行一个零和博弈——设计过程的预算越多，实施过程的预算就会越少。

当然这种预算方法也有积极的一面，研究表明高层管理者的成本估算通常相当精确，至少在总量上是这样。[21] 以这个总量为基础，按照工作包和个人任务分配成本，这样，预算和成本控制就得以顺利进行。例如，一个建筑承包商打算签订一个修建会议中心的合同，在知道建筑的特色、地点以及其他的施工阻碍和约束的情况下，他通常能够合理地估算建筑成本。根据这个总合同，按照自上而下的方法，所有的分包商和项目团队就能够制定各自的预算。

8.3.2 自下而上的预算

自下而上的预算和自上而下的预算是完全不同的两种方法。**自下而上的预算**（bottom-up budgeting）方法汇总工作分解结构中各项活动的成本，产生项目活动的直接和间接成本。首先把各个工作包的成本相加，形成可交付任务，再把每个任务的预算加在一起，产生更高一级的工作项估算，这样把每个活动的总成本加在一起，最终完成整个项目的预算。

这种预算方法要求项目经理准备一份项目预算，这份预算确定了项目的各个活动以及完成各个活动所需的资金。以这份预算为第一标准，职能部经理需要仔细制定本部门的预算文档，制定时既要考虑公司要求，也要考虑本部门的需要。这些信息最终递交给公司高层管理者，他们合并某些活动，使之更简单，以消除重叠或重复计算的活动。然后，他们为项目制定最终预算。

自下而上的预算法强调编制详细项目计划是预算分配的第一步，尤其是工作分解结构。这种方法促进了项目管理者和部门领导人之间的协调，因为它强调针对不同的项目制定预算，在互相竞争资源的项目中，也能够使高层管理者清晰地区分先后次序。另一方面，这种方法的不足之处在于，它削弱了高层对预算过程的控制，使他们只是预算的监督者，而不是直接发起人，这可能导致战略层和运作层之间的巨大差距。而且，这种自下而上的预算需要良好的协调，这是相当耗时间的，因为高层管理者需要不断调整，而低层管理者则需要不断重新提交数据，直到预算被接纳。

8.3.3 基于活动的成本核算

大部分的项目预算采用基于活动的成本核算方法。**基于活动的成本核算**（activity-based costing，ABC）首先把成本分配给各个活动，然后按照每个项目所使用的资源，把成本分配给各个项目。要记住：项目团队所从事的项目活动是一系列离散的任务。因此，基于活动的预算方法是基于这样一种理念：项目消耗活动，活动消耗资源。[22]

基于活动的预算法包括如下4个步骤。

（1）识别消耗资源的活动，将成本分配给这些活动。这一点与自下而上的预算相似。
（2）识别与各个活动相关的成本驱动因素。项目人员和材料，这些形式的资源就是关键的成本驱动因素。

（3）计算每单位成本驱动因素的成本率。例如，人工成本率就是每小时的人工成本，如下所示：

$$成本率／单位成本（美元／小时）$$

（4）将成本率与成本驱动因素的单位数相乘，把成本分配给各个项目。例如，假设一名高级程序员的成本是 40 美元／小时，她将在项目中工作 80 小时。项目的成本就是：

$$40 \times 80 = 3\,200.00（美元）$$

正如本章前面讲述的一样，项目成本（即成本驱动因素）有许多来源，这些成本项在直接成本和间接成本中都出现过。基于活动的预算是大部分项目预算都采用的一种技术，要求尽早识别这些变量（成本驱动因素），才能制定有意义的成本控制文档。

表 8-6 表示的是部分项目预算。初始预算的目标是识别直接成本和日常开支费用。有时候，有必要进一步分解日常开支成本，以说明各自的预算线。例如，调查的日常开支费用是 500 美元，它可能包括健康保险、退休补贴以及其他形式的费用，这些费用都可以分解成更详细的项目预算。

表 8-6　项目预算实例

（单位：美元）

活　　动	直接成本	预算管理费用	总成本
调查	3 500	500	4 000
设计	7 000	1 000	8 000
站点清理	3 500	500	4 000
站点建立	6 750	750	7 500
构架系统	8 000	2 000	10 000
测量和布线	3 750	1 250	5 000

表 8-7 为预算表，是实际发生的费用与表 8-6 中总计划费用的比较。由于周期性的更新，该预算可用于偏差报告，包括积极偏差和消极偏差，以反映每个活动的基准预算和实际成本之间的差异。这种方法将所有相关的项目成本数据列表显示，并帮助制定初始偏差报告。另一方面，这种预算是一种静态预算文档，既不能反映项目进度，也不能反映活动是按阶段执行的，还是遵循网络排序的。

表 8-7　预算计划跟踪和实际活动成本实例

（单位：美元）

活动	计划成本	预算管理费用	偏　　差
调查	4 000	4 250	250
设计	8 000	8 000	- 0 -
站点清理	4 000	3 500	−500
站点建立	7 500	8 500	1 000
构架系统	10 000	11 250	1 250
测量和布线	5 000	5 150	150
合计	38 500	40 650	2 150

表 8-8 是分阶段预算的一个例子，该表中每个活动的总预算按照进度计划分解。**分阶段预算**（time-phased budgeting）就是既按照项目活动分配成本，也按照预算支出的计划时间分配成本。它允许项目团队将进度基准计划和预算基准计划相比较，以识别进度和费用的里程碑。在第 13 章将会介绍，制定分阶段预算要与精密的项目控制技术协同进行，例如挣值管理。

表 8-8　分阶段预算实例　　　　　　　　　　（单位：美元）

活动	月预算					按活动合计
	1月	2月	3月	4月	5月	
调查	4 000					4 000
设计		5 000	3 000			8 000

（续）

活动	月预算					按活动合计
	1月	2月	3月	4月	5月	
站点清理		4 000				4 000
站点建立			7 500			7 500
构架系统				8 000	2 000	10 000
测量和布线				1 000	4 000	5 000
每月预测值	4 000	9 000	10 500	9 000	6 000	
累计	4 000	13 000	23 500	32 500	38 500	38 500

可以为这个项目绘制预算费用跟踪图，以进度为基准线，描出累计预算成本点。图 8-8 就是这些点的分布图，这也是一种根据项目生命周期确定进度计划和预算计划的方法。

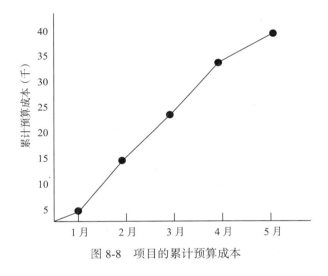

图 8-8 项目的累计预算成本

8.4 制定应急费用预算

应急费用预算说明了这样一个事实：项目成本估算仅仅只是估算，由于各种难以预测的事件经常会发生，致使初始项目预算不准确，甚至毫无意义（想象一个建筑项目为挖地基制定了固定数目的预算，却意外发现严重的地面下陷或地下水）。即便是不确定性很低，也不可能有一个项目能在所有事件已知的情况下实施。**应急费用预算**（budget contingency）就是分配额外资金以减少不确定情况带来的风险，并提高项目能在最初计划的时间内完成的概率。在确定了项目的所有成本之后，应急储备金一般会被添加到项目预算中；也就是说，项目预算并不把应急费用作为基于活动的预算的一部分。相反，应急费用是项目的所有成本计算出来之后的缓冲资金。

以下原因说明了为什么在项目成本估算中准备应急储备金是有意义的，其中的许多原因指出了潜在的不确定性，这些不确定性出现在大部分的项目成本估算中。[23]

（1）项目范围有变更的倾向。许多项目的目标是变动的，换句话说，从表面上看，项目的范围可能是清晰的、确定的。事实上，项目沿着生命周期进展时，外部事件或环境的改变经常迫使项目团队修改或更新项目目标。例如，假设一个组织准备针对商业音乐市场开发一种新的电子产品，不料在开发的中途，意想不到的事情发生了：新技术进步使得该产品过时。除了放弃这个项目，还有一个建议，就是在项目实施过程中对产品设计进行更新。这种范围改变将会导致潜在的成本调整。

（2）墨菲法则永远存在。墨菲法则认为：如果一件事情会出错，它就一定会出错。应急费用预算就是一个预见可能问题的重要方法，这些问题可能发生在项目的整个生命周期中。所以，从周全性和谨慎性上来说，制定应急费用计划是有意义的。

（3）成本估算必须预见关联成本。一般的预算是把项目活动当成彼此独立的操作。所以，在新产品开发项目中，一般是对每个工作包制定离散的预算，包括产品设计、策划、加工等。但是，这种方法未能考虑这些活动之间的"关联"本质。例如，假设设计阶段需要设计师和工程师之间的反复沟通，设计师制定一系列的设计方案，把它们送到工程部门进行试验和质量评估。一旦发现问题，这些方案又被送回设计部，以便纠正。一个新产品的诞生，需要在设计和返工这两个阶段之间反复协调，这种协调成本通常不包含在标准的项目预算中。所以，应急费用预算考虑了联系项目活动的返工循环。

（4）正常情况很少出现。项目成本估算通常预料的是"正常情况"。然而，许多项目却可能在除了正常情况的任何情况下进行。资源的有效性和自然环境的影响，都是违背正常情况假设的方式。成本估算者假定项目所需的资源是有效的，但是，项目人员可能缺少，原材料可能质量低劣，期望的资金可能无法到位，等等。当资源缺乏或数量有限时，依赖于这些资源的项目活动通常会被延误，结果导致额外的成本。同样，在有些项目中，地理和环境因素也表明创造一个"正常的"项目环境是很困难的。例如，一名项目经理被派遣到印度孟加拉邦规划一个发电站。他刚到达目的地，却意外地发现项目的拟定开始时间正逢每年的暴雨季节。他到达建筑地后的第一个项目活动，就是花3个星期的时间，在建筑工地周围修建一座5英尺的堤坝和围堰，以确保工地不受洪水的威胁。当然，这个必要建筑的成本并没有考虑在初始预算中。

项目团队习惯把应急费用作为项目成本控制的缓冲器，但是，项目干系人，尤其是委托人，则很难接受这种方式。有些委托人可能会觉得这是在掩饰项目公司不良的预算控制，还有些委托人反对这种表面上看起来很随意的应急费用。比如说建筑业，任何建筑的应急费用比例一般都是10%～15%。这样，一座成本900万美元的建筑，其预算可能是1 000万美元。增加的100万美元应急费用将根据协议由第三方暂为保管，以解决建筑期间不可预见的困难，而且，这项费用不包括在工作预算中。最后，应急储备金是应该平等地分配给所有的工作包，还是应该储备起来以便在需要的时候支持关键活动？争论的焦点在于，项目活动应急储备金应该用在哪里、应用的标准是什么。问题虽然存在，但是使用应急储备金仍然有以下几个好处。

（1）承认未来的不确定性，承认可能出现的问题对项目预算有直接的影响。有了应急费用，项目就能够减轻时间和资金变更带来的消极影响。

（2）应急储备金为项目成本增加提供了保障。应急费用有时候被称为项目第一火警，应急费用的使用是获得增加合理预算批准的重要一步。

（3）应急储备金的使用是对可能的预算透支发出早期警报信号。当这种信号出现时，组织的高层管理者需要密切关注项目和预算变更的原因，并开始制订后备计划，以防应急储备金不足以应付项目的超支状况。例如，在国防工业，经常会发生这样的情况：面对预算超支，项目团队在向政府机构请求资助以前，会首先使用自己准备的应急储备金。军事项目的经理在考虑附加资金以前，会合理地要求完整计算项目的所有费用，包括应急费用。

成本估算和预算是项目控制的重要组成部分。对任何项目来说，最明显的约束就是预算，所以，如何估算成本以及如何制定符合实际的预算，这对制订有效的项目计划都是至关重要的。进一步说，防止预算超支的最好方式就是尽可能谨慎地制定成本估算，初始估算越谨慎，制定出反映项目真实成本的合理预算的可能性就越大。成本估算给项目团队提出了挑战，要求项目团队通过对估算方法的清晰表达，对项目成本提出合理的假设和期望。预算就是着眼于项目成本，使之符合初始估算，它是系统安排项目费用的最好方法。总的来说，成本估算和预算要求每个项目经理不仅能克服技术挑战，还要能适应资金约束。

小结

1. **了解一般项目成本的各种类型**。项目预算包括两个主要步骤：成本估算和预算。大部分的项目中，几个最明显的费用如下所示。

    a. **人工成本**：为完成项目所需的人力资源所花费的开销。

    b. **材料成本**：与项目实施过程中所需的具体设备和供应品相关的成本。

    c. **分包成本**：项目预算聘请顾问或其他分包工作的开销。

    d. **器材和设备成本**：任何工厂装置和设备的成本，不是在项目工作地，就是在非工作地。

    e. **差旅成本**：项目团队成员在不同地点从事项目工作的往返费用。

2. **区分不同类型项目成本之间的不同点**。区别项目中的成本形式有多种方法。例如，一般的成本形式有以下几种。

    - **直接/间接成本**。直接成本是指那些可以直接配置到具体的项目活动中的费用。间接成本是指公司的日常开支或管理费用，例如，项目的日常开支包括健康保险、退休补贴等。一般的管理费用包括运输费、秘书或计算机支持、销售佣金等。

    - **经常性/一次性成本**。经常性成本是指持续进行的费用，如人工或材料成本。它们贯穿于项目的整个生命周期。一次性成本是与某些特殊费用或意外采购相关的一次性费用，如培训、购买厂房等。

    - **固定/变动成本**。固定成本不随使用量而改变。变动成本一般根据使用量而变化。

    - **正常/加速成本**。正常成本是指项目按照进度基准计划正常进展的成本。加速成本有时也称"赶工成本"，为了加快项目进度，在具体的项目活动中额外分配资源，加速成本就是随着资源数量的增加而增加的成本。

3. **在项目工作中应用一般形式的成本估算法，包括粗略估算法和最终估算法**。成本估算可遵循多种估算方法中的一种，项目设计工作越接近完工，估算的准确度就越高。对任务完工的初步估算，有时也称"粗略估算"，精确度只有

±30%。另一方面，随着项目接近设计完工阶段，使用更加精确的最终估算法（精确度 ±5%）更符合实际。还有一种成本估算法是使用参数技术，就是把当前项目活动与过去类似活动的成本做比较，并设置一个乘数，这个乘数要考虑通货膨胀及其他导致成本增加的因素。

4. **理解成本估算中参数成本估算法的优点和学习曲线模型的应用**。参数成本估算法要求项目经理参照过去的工作，使用一个乘数代表通货膨胀、人工和材料价格上升以及其他合理的直接成本的影响，以制定当前项目的详细估算。它允许项目经理根据以前的历史记录，将成本估算公式化，这对难以合理计算成本的复杂项目非常有用。

   进行项目任务时，个人的学习效应也是成本估算中不能忽略的元素。当项目组成员需要多次重复某项任务时，学习曲线效应才有意义。在这种情况下，由于学习效应，第 n 次重复要比第 1 次更容易、更快速。利用现有的公式，对于一些项目我们可以调整成本估算，来反映学习曲线效应在一些活动中对成本的影响。

5. **识别项目成本估算失败的各种原因**。成本估算失败的原因包括以下几个。

   a. **初始估算偏低**：一般是对项目范围缺乏了解造成的，也可能是由鼓励低估初始成本，并且不惩罚成本超支和进度拖延的组织环境造成的。

   b. **无法预料的技术困难**：许多项目都会遇到技术瓶颈和无法预见的难题。

   c. **缺乏定义**：项目定义不完善，通常会导致预算和控制不良。

   d. **规格变更**：项目如果不断地受到规格变更的困扰，就很容易出现成本超支。

   e. **外部因素**：通货膨胀、经济或政治上的干预，这些不可控因素都可以导致初始成本估算无效。

6. **在成本管理中应用自上而下和自下而上两种预算方法**。项目预算要求对单个活动进行估算，并为计划的项目费用建立工作文档。两种预算方法分别要求自上而下和自下而上的工作方式，以更好地识别成本和安排预算资金。在使用基于活动的预算方法时，项目团队首先应该识别哪些活动要消耗资源，并把成本分配给这些活动。然后他们找出每个项目活动的成本驱动因素（通常是人力资源和材料成本），再计算每种成本驱动因素的成本率。这种预算方法要求对完成项目的每个必须活动制定明确的预算线。

7. **理解在成本估算和控制中基于活动预算法和分阶段预算法的使用**。将基于活动的预算进一步扩展，就可以使用分阶段预算法，即根据项目进度基准计划配置活动成本，以反映预算支出的时间段。分阶段预算法允许项目团队按照一致的基准计划统一时间和成本，这个基准计划就是项目计划。随着项目的进展，项目成本控制要以制定的分阶段预算为基础。

8. **承认在成本估算中使用应急费用的合理性**。在有些项目中，因为多种原因，有必要准备一定数量的项目预算资金，以处理不确定或不可预见的事件，这些事件不包含在初始成本估算和预算的结果中。这笔资金就是项目应急储备金，是项目预算的组成部分，特别是建筑项目。应急费用并不需要配置到具体的项目活动中，而是作为项目紧急情况准备金，以处理可能出现的问题。

已解决的问题

1. **计算直接人工总成本** 根据下面的数据计算该项目团队的直接人工总成本。每个团队成员成本是多少？直接人工总成本是多少？

姓名	工作时间	日常开支乘数	个人时间乘数	每小时工资率（美元/小时）	直接人工总成本
约翰	40	1.80	1.12	21	
比尔	40	1.80	1.12	40	
J.P.	60	1.35	1.05	10	
索尼	25	1.80	1.12	32	
				直接人工总成本 =	

解答过程

使用以下的公式计算直接总成本

每小时工资率 × 工作时间 × 日常开支乘数 × 个人时间价格 = 直接人工总成本

使用上面表格中的数据，计算结果如下

姓名	工作时间	日常开支乘数	个人时间乘数	每小时工资率（美元/小时）	直接人工总成本（美元）
约翰	40	1.80	1.12	21	1 693.44
比尔	40	1.80	1.12	40	3 225.60
J.P.	60	1.35	1.05	10	850.50
索尼	25	1.80	1.12	32	1 612.80
				直接人工总成本 =	7 382.34

2. **利用功能点估算软件成本** 假设要求你估算一所大学开发"学生信息和管理系统"的成本，你所在公司程序员平均每人每月完成的功能点数为6，在与学校代表交谈后你了解到，他们对界面的要求是：输入（4）、输出（7）、接口（12）、查询（20）、文档（16），同时，我们对这些功能复杂度的界定如下：输入（低度）、输出（中度）、接口（高度）、查询（中度）、文件（中度）。利用这些信息和下表，计算这个项目的功能点。

功能	复杂度权重			总计
	低	中	高	
输入数量	3× ___ =	6× ___ =	9× ___ =	
输出数量	2× ___ =	6× ___ =	10× ___ =	
接口数量	1× ___ =	3× ___ =	5× ___ =	
查询数量	4× ___ =	8× ___ =	12× ___ =	
文件数量	4× ___ =	6× ___ =	8× ___ =	

解答过程

一旦我们知道每个软件功能的需求数量和复杂度权重，计算所得的功能点总数见下表，在表中，5个软件功能对应的复杂度乘以需求数量，如表所示，这个项目的功能点数量为370。

功能	复杂度权重			总计
	低	中	高	
输入数量	3×4=			12
输出数量		6×7=		42
接口数量			5×12=	60
查询数量		8×20=		160
文件数量		6×16=		96

3. **使用学习曲线理论进行预算估算** 现假设一个软件项目要求一名高级程序员完成14个相似的编码序列。已知该高程的学习率是0.90，完成第一段编码序列需要15小时。

运用学习曲线公式，计算完成这些代码的最终稳定状态值。

解答过程

回忆计算学习曲线率的公式，该公式需要计算第一个产品所需的生产时间，表示如下：

$$Y_x = aX^b$$

式中，Y_x 为生产第 x 单位产品所需的时间；a 为生产第1单位产品所需的时间；X 为单位数量；b 为学习曲线的斜率，表示为：log（十进制学习率）/log2。

$$b = \log 0.90 / \log 2$$

$$= -0.457\,6/0.301$$
$$= -0.152\,1$$

$$Y_x = 15 \times (14)^{-0.152\,1}$$
$$Y_x = 10.04\,(小时)$$

讨论题

8.1 描述在什么情况下承包商会投标一个具有较低边际利润率的合同。这种情况暗示了什么样的竞争水平?

8.2 经济全球化如何影响项目组织中成本估算和成本控制的重要地位?

8.3 为什么成本估算是项目计划的重要组成部分? 讨论它和工作分解结构以及项目进度计划的关系。

8.4 假设你即将为公司内部网开发一个软件包。请举出各种成本类型的实例(人工、材料、器材和设备、分包等),并讨论它们在项目中是如何应用的。

8.5 个人工作投入时间有时会被用来进行项目活动成本估算,请说出支持和反对的理由。

8.6 根据你的个人经验举出一个参数估算的例子,例如,使用以前类似的成本项中的成本乘数。你认为参数估算法有用吗? 请说明原因。

8.7 假设你们公司用功能点分析来估算软件项目成本,相对于有经验的老员工,如何计算新员工的月功能点数?

8.8 设想你是项目的客户,你会接受学习曲线效应产生的成本调整吗? 在什么情况下学习曲线成本应该计入项目预算?

8.9 思考项目成本估算中的普遍问题,再回忆你曾经参与过的项目。哪些问题你在项目中经常碰到? 为什么?

8.10 对项目进行成本控制时,你是偏爱自下而上还是自上而下的预算方法? 两种方法的优缺点各是什么?

8.11 项目团队为什么要制定分阶段预算? 其主要优点是什么?

8.12 项目应急费用常常因为各种原因而派上用场。请列出至少 3 个理由,说明为什么项目组织要进行应急费用预算。

练习题

8.1 使用下面的数据计算该项目团队成员的直接人工总成本
 每小时工资率: 35 美元/小时
 工作时间: 150 小时
 日常开支乘数: 55%

8.2 使用下面的数据计算该项目工程的直接人工总成本
 每小时工资率: 40 美元/小时
 工作时间估计: 120 小时
 日常开支乘数: 65%
 个人时间: 15%

8.3 根据下面的数据计算项目团队的直接人工总成本。每个团队成员的成本是多少? 直接人工总成本是多少?

姓名	工作时间	日常开支乘数	个人时间乘数	每小时工资率(美元/小时)	直接人工总成本
Sandy	60	1.35	1.12	18	
Chuck	80	1.75	1.12	31	
Bob	80	1.35	-0-	9	
Penny	40	1.75	1.12	30	
直接人工总成本 =					

8.4 假设项目的管理费用开支是每个项目成员 150 美元/周。现已知某员工要在项目中工作 200 小时，每小时工资是 10.50 美元，她的直接人工总成本是多少？

8.5 根据下面的数据计算项目团队成员的直接人工总成本。谁是团队中成本最高的成员？这个人承担了全部直接人工总成本的多少比例？

姓名	工作时间	日常开支乘数	个人时间乘数	每小时工资率（美元/小时）	直接人工总成本
Todd	150	1.45	1.15	36	
Stan	150	1.70	-0-	12	
Mary	120	1.45	-0-	21.5	
Alice	100	1.70	1.15	24	
				直接人工总成本 =	

8.6 根据下面有关工作包预算的信息，完成项目的总分期预算（所有费用的单位为千美元）。预算费用最高的是哪几个星期？

练习题 8.6 的表格

任务	预算	第1周	第2周	第3周	第4周	第5周	第6周	第7周	第8周
A	5	3	2						
B	8	1	4	3	1				
C	12		2	7	3				
D	7			3	3	1			
E	14				5	5	2	2	
F	6						1	2	3
计划	52	4	8						
累计		4	12						

8.7 根据下面的信息，完成项目的总分期预算（所有费用的单位为千美元）。项目的周计划成本和累计成本是多少？

练习题 8.7 的表格：每周的工作包成本

工作包	预算	第1周	第2周	第3周	第4周	第5周
人员编制	5	4	1			
制图	8	1	6	1		
原型	12		2	8	2	
全部设计	24			4	10	10
计划						
累计						

练习题 8.8～8.10 请参考下面的学习曲线系数（单位时间和总时间乘数）表。

8.8 米格科技公司花费 100 000 工时为南极探险生产了第 1 套石油钻孔设备。你所在的公司——自然资源公司决定从米格科技公司的生产工厂购买第 5 套（稳定状态）石油钻孔设备。假设米格科技公司的经验学习率是 80%。工资率是 35 美元/小时，假如你负责采购，你将为第 5 套设备支付多少钱？

提示，学习曲线计算公式可简化如下

$$T_N = T_1 C$$

式中，T_N 为生产第 n 单位所必需的时间；T_1 为生产第 1 单位产品所需的时间；C 为学习曲线系数。

稳定状态单位数	学习曲线系数（单位时间和总时间乘数）							
	70%		75%		80%		85%	
	单位时间	总时间	单位时间	总时间	单位时间	总时间	单位时间	总时间
5	0.437	3.195	0.513	3.459	0.596	3.738	0.686	4.031
10	0.306	4.932	0.385	5.589	0.477	6.315	0.583	7.116
15	0.248	6.274	0.325	7.319	0.418	8.511	0.530	9.861
20	0.214	7.407	0.288	8.828	0.381	10.485	0.495	12.402
25	0.191	8.404	0.263	10.191	0.355	12.309	0.470	14.801
30	0.174	9.305	0.244	11.446	0.335	14.020	0.450	17.091
35	0.160	10.133	0.229	12.618	0.318	15.643	0.434	19.294
40	0.150	10.902	0.216	13.723	0.305	17.193	0.421	21.425

8.9 练习题 8.8 计算出了自然资源公司决定购买的第 5 套设备的生产时间。那么 5 套设备的总生产时间是多少？

8.10 假设你即将为一个主要项目分配成本，你所在的公司——迪诺应用软件公司今年就会开展这个项目。有一个特别的编码任务需要大量工时，但却是一件高重复性的工作。估计第 1 次完成该代码序列需要 200 000 工时，学习率是 70%。你需要估算第 20 次（稳定状态）完成该代码的成本。工资率是 60 美元/小时，根据这些信息，你如何为这 20 次重复任务分配预算？40 次呢？

8.11 假设你是一名项目成本管理专员，负责计算项目中一件重复性活动的成本。项目需要该活动的 20 次重复。完成该活动的最终稳定时间是 2.5 小时，学习率是 75%。运用学习曲线公式，计算第 1 次完成该活动的时间

$$Y_x = aX^b$$

式中，Y_x 为稳定状态下，生产第 x 单位产品所需的时间；a 为生产第 1 单位产品所需的时间；X 为达到稳定状态时生产的产品数量；b 为学习曲线的斜率，表示为：log（十进制学习率）/log2。

8.12 你作为保险公司 IT 组的经理，要为事故报告和理赔系统升级项目估算成本。这个系统很基础，没有多少功能，但它需要基于客户和公司理赔员的投诉进行一些通用的修改。你手下的程序员可以在一个月内处理 3 个功能点，程序员的年收入是 6 万美元，所以每个月的成本为 5000 美元。项目成本基于以下要求：

功能	屏幕数量	复杂度
输入	8	低
输出	3	低
接口	8	中
查询	6	中
文件	10	低

这些功能的复杂度权重遵循标准公式：

功能	复杂度权重			总计
	低	中	高	
输入数量	1× ___ =	2× ___ =	3× ___ =	
输出数量	2× ___ =	6× ___ =	10× ___ =	
接口数量	10× ___ =	15× ___ =	20× ___ =	
查询数量	3× ___ =	6× ___ =	9× ___ =	
文件数量	1× ___ =	3× ___ =	5× ___ =	

a. 计算该项目的功能点总数。
b. 项目的预计总成本是多少？

8.13 你在为一家地方医疗中心工作，现在要求你估算一个软件项目的成本。已知以往每个程序员每月可以编写 5 个

功能点，程序员工资是 4 000 美元/月，你对这个项目成本的估计是基于以下要求的

功 能	界面数量	复杂度
输入	8	低
输出	6	低
接口	15	高
查询	5	高
文档	25	中

同时，还知道这些功能的复杂度权重有内部的标准化公式，如下

功能	复杂度权重			总计
	低	中	高	
输入数量	2× ___ =	4× ___ =	6× ___ =	
输出数量	3× ___ =	6× ___ =	12× ___ =	
接口数量	6× ___ =	12× ___ =	18× ___ =	
查询数量	4× ___ =	6× ___ =	8× ___ =	
文件数量	2× ___ =	4× ___ =	8× ___ =	

a. 计算此项目的总功能点数。
b. 计算该项目预计总成本。

案例分析 8-1

基础设施项目的隐藏成本——建设大坝的案例

近年来，包括巴西、埃塞俄比亚和巴基斯坦在内的发展中国家和发达国家都出现了建设大坝的热潮。这背后的原因很多，首先是电力需求的增长，预计在 2010～2035 年，人们对电力的需求将在全球翻一番。因此对那些拥有河流资源可以建设水坝的国家来说，水力发电便宜又可行，对环境的污染也要远远小于燃煤发电厂。其次，大坝还可以用于防洪、作物灌溉、内陆运输、城市供水以及创造工作岗位，这些都是人们喜欢建造大坝的重要原因。

与此同时，对大型水坝工程也存在许多批评意见。首先，大型水坝平均需要近 9 年才能建成。因此，指望水力发电可以减轻能源需求负担需要等待相当长的时间，在能源危机的情况下，耗费数年建设大坝并非最佳方案。同时，在大坝修建的这段时期，能源需求、人口增长模式、供水和能源价格等因素都可能会发生变化，大坝建成后所能带来的好处也难以预期。例如，尼日利亚的卡因吉大坝（见图 8-9）建成后的水力发电水平离预期的水力发电水平就少了 70%。其次，完成这些水坝项目的成本和进度计划几乎总是被大大低估。有研究表明，大型水坝项目的实际成本比计划成本平均超支 96%，也就是说，项目的实际成本是原计划的两倍。此外，这些大坝项目的交付时间平均延期 44%，即 2.3 年。

最后，在某些极端的情况下，这些大型水坝项目的绝对成本几乎可以让投资这些项目的国家破产。例如埃塞俄比亚大文艺复兴大坝在 2011 年项目启动的时候预计成本为 48 亿美元，而当项目完工的时候（预计在 2017 年完工⊖），项目的最终成本将超过 100 亿美元，是埃塞俄比亚国内生产总值的 1/4。修建大坝不仅没有促进埃塞俄比亚的经济增长，还给埃塞俄比亚带来了一个大问题：怎么从大坝融资的长期债务中脱身。这不是个例，巴西的伊泰普水坝修建于 20 世纪 70 年代，耗资近 200 亿美元，超出预计成本 240%。自大坝修建以来，它一直消耗着国家财政，虽然伊泰普水坝发的电可以支持巴西的发展，但大坝的修建成本几乎不可能被摊平。

⊖ 此书英文原版出版于 2016 年。——编者注

那么解决办法是什么呢？像挪威这样的国家，其水力发电占总能源的99%，则应该采用一种更小、更灵活的方式来利用水坝。挪威政府没有鼓励大型水坝的发展，而是鼓励在全国各地建设更小、更灵活的小型水坝来发电。目前挪威已经有约1 000个小型的水坝，它们既不会破坏河流的自然流动，也不会对环境造成影响，并且可以产生更干净的能源。

对于大多数国家来说，建设大型水坝是一个诱人且奢侈的追求。这类项目在历史上的开发记录并不好，成本高昂且逾期完工。与此同时，有些在建造水坝方面投入大量资金的国家往往会对结果感到失望：水坝未得到充分利用；国家面临几十年的财政困难和债务欠款以及未能实现预期的效益。所以说建设大型水坝，结果未必会如预期那么好。[24]

问题

1. 据历史表明，与大型水坝建设项目相关的成本往往存在严重超支。你觉得这些项目为什么还是这么受欢迎，尤其是在发展中国家？

2. 就支持大型水坝建设项目给出你的论据。就反对这些开发项目给出你的论据。

图8-9　正在建设中的尼日利亚卡因吉大坝

资料来源：AP Images.

案例分析 8-2

波士顿中心干线/隧道项目

自从"大挖掘"（Big Dig）项目在本书早先版本中被介绍后，发生了很多新的事件，我们需要回顾这个故事的原始面目，并且了解这个巨大项目的现状。1959年，波士顿开放了第一条中心要道高速公路，这在当时被人们称为工程界的奇迹和有远见的城市规划。这条高速公路被设计成穿过市中心的高架6车道样式，计划的日车流量是75 000辆。不幸的是，到20世纪80年代初，这条中心要道每日的车流量超过200 000辆，接近预期最大流量的3倍。结果是，最拥挤的地方每天有超过10小时的时间都处于封锁状态，车辆在路上排成长龙动弹不得。事故发生率也几乎是全国平均水平的4倍。这可能是美国最糟糕的中心要道，拥挤不堪且充满危险，其实际负荷已经远远超过了它的设计负荷。

中心干线/隧道（CA/T）项目的出现使这个问题迎刃而解，它就是波士顿人所熟知的"大挖掘"行动。在马萨诸塞州收费高速路管理局的监督和联邦及州政府的资助下，CA/T项目主要由两部分构成：①直接在现在的路面下，以8～10车道的地下高速道路取代原来的高架式道路，以14车道的双架桥交叉口越过查尔斯河；②将波士顿南部海港的隧道扩展延伸到洛根机场。这个项目构想发起于20世纪90年代初，一直进行（有人可能会说"头疼"）了近20年。

"大挖掘"行动中出现了很多艰巨的技

术挑战。项目高峰时期曾使用5 000名工人，其中包括一条长8英里的高速公路的建设，总共161条车道，几乎一半在地下。它耗费1 600万立方码石油，足够粉刷新英格兰的大型足球场16次，还使用了380万立方码混凝土。第二个最大的挑战是，要在既不扰乱交通秩序也不损害当前高速公路体系和运输流量的情况下进行项目。所以，当工人正在原来的中心要道下挖掘隧道的时候，高架公路上的交通流量不会有丝毫减小（见图8-10）。

图8-10 波士顿的"大挖掘"项目

该项目在几年里一直受到争议，主要的原因是它不断上升的成本和经常变更的预算。项目自1983年启动，原计划1988年完工，联邦政府唯一一次资助占了原始预算额25亿美元的60%。而实际上，自项目开始以来预算和进度就一直在向上涨。预算如下所示：

年　份	预算（10亿美元）
1983	2.56
1989	4.44
1992	6.44
1996	10.84
2000	14.08
2003	14.63

最后的成本预算高达145亿美元，最终预期完工时间是2005年年底，比原计划晚7年。成本估算和随之而来的费用预算进行得如此糟糕，以至于在2000年，该项目的一名联邦审计员认为大挖掘行动正式破产。他认为成本失控的主要原因是失败的项目管理。尤其值得一提的是，该项目管理的承建人没有执行他们的出价，却也没有因此而受到惩罚，结果导致巨大的成本超支。由于强烈的公众监督和项目本身的敏感性，管理层也停止追踪或公开承认上升的成本，唯恐政治对抗力量会使项目夭折。事实上，非党派监督团体纳税人共识也指责该项目的经济状况非常糟糕，管理层因为无法在短期内填补巨额的成本空白而拒绝了一家咨询公司价值2.6亿美元的预算合同。公众对项目拖延和成本超支的强烈抗议，迫使项目经理递交了辞呈。

波士顿人对"大挖掘"行动的矛盾感情并不足为奇。尽管这项工程在技术上是一个奇迹，它无疑能提高人们的生活水平，减少一氧化碳的排放量，提高"绿色"城市的知名度，但是，项目的财务困境迫使政府官员默默取消了主要部分的开放仪式。人们对它的指责不断，对成本估算和控制失败原因的猜测更是层出不穷。马萨诸塞州收费高速路管理局正在计划一个1.5亿美元的诉讼案，它认为大部分成本超支应该归咎于项目管理公司的疏忽和管理能力的不足。

问题逐渐浮出水面：CA/T项目的原始估算成本是真实的数据，还是经过了'加工'以迎合政治现实？也就是说，一旦公众知道真实的成本，可能就不会批准项目，官方是否因此而故意低估项目成本？如果是的话，纳税的民众将不会再被类似的项目迷惑，因为CA/T项目就是先进的技术手段、差劲的成本估算和松懈的成本控制相结合的产物。马萨诸塞州立法会议主持官员托马斯·芬纳曼（Thomas Finnerman）一针见血地指出："你们最好预先实事求是地说'嘿,要花大量的时间和大批的钞票',而不是夸夸其谈地说'噢,只需20亿美元和2年时间'。"

余波:重新考虑大挖掘项目

自大挖掘完成之后,你会期待骚动消失,抱怨解决,希望波士顿的人民逐渐意识到这个大型项目所带来的好处。可是不幸的是,事实并非如此。自它2004年年初"完工"以来,就一直摆脱不了纠缠不休的负面新闻、灾难及问责。

在2001年项目完成前,隧道系统部分区段的天花板上就出现了数以千计的漏洞。究其原因,从数据记录来看,混凝土浇筑的主要承包商——现代大陆建筑公司,在浇筑之前没有把碎片清理干净,导致了隧道墙壁以及天花板上出现了很多的瑕疵、凹洞以及许多其他缺陷。2006年5月,混凝土供应商的6位主要工作人员因为伪造数据记录被拘捕。

事实上,2006年这一年因为各种原因成为大挖掘最不走运的一年。2006年7月10日,承载四段(重量高达12吨)混凝土顶棚面板的螺栓和环氧涂层系统失效,导致一段面板坍塌,致使刚好经过该段车道的一名乘客不幸遇难。而当月对隧道内顶部进行的全面检查中又发现了另外242个螺栓也存在承压过大问题!于是在8月份隧道被封锁,以进行全面的检查与维修。同时,政府以监管不力及低下的项目控制效率为由,从管理局收回了对中心隧道/干线的控制权。

当收费高速路管理局和联邦公路管理局拒绝将关键文件公之于众时,悲剧演变成一场闹剧。拒绝公开的文件包括:

- 记录初期不规范工作的缺陷报告;
- 工程变更单和合同修改;
- 工艺和建筑材料质量的检验报告。

如果法院不强制要求所有项目文件公开,我们可能永远不知道整个项目中存在哪些错误决定和错误管理。从公众关系来讲,不管怎样,联邦和州管理局之间关于项目进展过程中的疏忽及项目善后的争吵,都不是一件光彩的事。

在2008年年初,大挖掘的承包商,包括最主要的两个承包商柏克德工程公司和柏诚公司,赔偿了4.5亿美元来解决2006年隧道坍塌诉讼案件。虽然这个案件协议并没有排除承包商将来再被起诉的可能,但它的确在解决承包商进行项目过程中造成的恶劣问题中起到了积极作用。提出诉讼的美国联邦检察官迈克尔·沙利文(Michael Sullivan)注意到承包商从大挖掘中赚取了大约1.5亿美元的利润,然而,"由于他们的监督管理失误,最终还是赔钱了"。[25]

问题

1. 思考下面的描述:"政府资助项目的目的是想作为'形象工程'(比如'大挖掘项目'),因而不应该依据成本来进行评判。"你是否同意这种说法?为什么?

2. 项目的成功以下面标准进行判断:符合预算、进度、功能(性能)及客户满意。在这些标准下,引用证据说明"大挖掘"项目是成功还是失败。

3. 从"大挖掘"项目中能学到什么?这是承包商和地方政府项目估算、项目控制上的失败吗?

网上练习

8.1 上网搜索"成本分析工具"。成本分析如何在项目中得以应用,有哪些例子?

8.2 登录网站 http://pmworldtoday.net/，搜索"case studies"。选择一个项目，从成本估算、预算以及成本加速（如果有）的角度。分析该项目是成功还是失败？为什么？

8.3 阅读 www.cityofflint.com/DCED/CDBG-2013_14/Budget Detail_sample.pdf，重新编制一份项目预算概要工作表。检查预算中的各种因素，哪些是这类建设项目成本中最重要的因素？

8.4 访问 www.stickyminds.com/articles.asp，点击 Stickyminds.com Original Article，搜索和点击 Karl Wiegers 的文章"Estimation Safety Tips"（安全估算小窍门），在文章中（以 PDF 格式链接到网站），作者提供了一些避免常见错误进行准确估算的小窍门，在这些观点里，你觉得哪些有道理？为什么？

项目管理职业认证考试样题

1. 项目管理人员正在对项目做一个初步预算，并打算把为项目团队新购买的计算机费用也加入其中，则这计算机购买应列为哪一类的成本？
   a. 可变成本。
   b. 直接成本。
   c. 间接成本。
   d. 可变直接成本。

2. 安大略湖北部一个正在进行的大型项目的项目经理意识到，项目期间她一直在施工现场是十分必要的，于是她在施工现场附近为她的项目成员找到一处居所大楼。这个大楼的成本必须纳入项目成本，并且其成本还会在使用过程中逐渐增长，如加热费用和其他公用事业费用会发生变化，这取决于天气和团队使用状况。这栋大楼是什么类型的成本呢？
   a. 可变直接成本。
   b. 间接成本。
   c. 一次性成本。
   d. 以上都不是。

3. 一个程序设计预算为 5 000 美元，实际花费为 5 450 美元。下列哪个表述是正确的？
   a. 和预算相比的负偏差为 450 美元。
   b. 花费和预算相同。
   c. 和预算相比的正偏差为 450 美元。
   d. 和预算相比，5 450 美元均为正偏差。

4. 项目计划的制订需要富有经验的高级项目经理人的意见，并且这些经理人要管理过类似的项目。结合他们的经验做出成本估算。这个过程是下列哪个过程的一部分？
   a. 基于活动的估算。
   b. 应急计划制订。
   c. 自上而下的预算。
   d. 成本估算。

5. 约翰积极汇总了项目团队每位成员对项目预算的大概估计之后，做出了预算，并把结果告诉了高级项目经理——苏珊。但是苏珊否定了这个预算，并且说："项目成员经常会虚报他们的估算，我把我想要的数据给你。"苏珊正在用什么方法进行项目成本预算？
   a. 自下而上的预算。
   b. 自上而下的预算。
   c. 参数估算。
   d. 比较估算。

答案：

1. b。计算机购买对于该项目来说是一个典型的直接成本。

2. a。这栋大楼变动的使用费用是这个项目的直接成本。
3. c。450 美元为正偏差。
4. d。向高级项目经理询问成本估算意见，是成本估算的一部分。
5. b。苏珊利用的是自上而下的预算方法，她作为高级项目经理，直接提供项目预算估计。

项目综合练习

制定成本估算和预算

根据你的项目建议书、范围说明书以及工作分解结构，制定详细的成本估算，详细计算人员成本、材料成本、日常开支以及可能出现在项目中的其他形式的成本，尤其是人员成本和工作投入时间。例如，你的成本表可以采取以下格式：

人员	级别	工资率（美元/小时）	满载工资率（美元/小时）	工作周数①	总成本（美元）
程序员	高级	35	49	20	39 200
系统分析员	初级	22	31	10	12 400

① 每周工作 40 小时。

注意：假设"满载工资"将项目组织用于每个员工的日常开支费用也考虑在内。这个数可以很大，甚至可以超过职工工资的 100%。请先确认老师允许你在项目中所使用的满载工资是多大。以上面的高级程序员为例，满载工资为 49 美元/小时，假设他的日常开支乘数是 1.4，则有：

$$49 \times 40 \times 20 \times 1.40 = 54\,880 \text{（美元）}$$

项目计划实例：ABCups 公司

姓名	所属部门	头衔	薪水（美元）	工资率（美元）	满载工资（日常开支乘数0.4）	工作时间（时/周）	历时（周）	合计（美元）
Carol Johnson	安全	安全工程师	64 600	32.30	45.22	10	15	6 783
Bob Hoskins	工程	工业工程师	35 000	17.50	24.50	20	35	17 150
Sheila Thomas	管理	项目经理	55 000	27.50	38.50	40	50	77 000
Randy Egan	管理	工厂经理	74 000	37.00	51.80	10	6	3 108
Stu Hall	工业	维修监理	32 000	16.00	22.40	15	8	2 688
Susan Berg	会计	成本会计	45 000	22.50	31.50	10	12	3 780
Marty Green	工业	车间监理	24 000	12.00	16.80	10	3	504
John Pittman	质量	质量工程师	33 000	16.50	23.10	20	25	11 550
Sally Reid	质量	初级质量工程师	27 000	13.50	18.90	20	18	6 804
Lanny Adams	销售	营销经理	70 000	35.00	49.00	10	16	7 840
Kristin Abele	采购	采购员	47 000	23.50	32.90	15	20	9 870
							总和	147 077 美元

ABCups 公司分阶段预算（单位：美元）

工作包	6月	7月	8月	9月	10月	11月	12月	1月	2月	3月	4月	5月	总和
可行性研究	2 500												2 500
卖主选择	7 678	3 934	1 960	3 934									17 506
设计			12 563	8 400	5 300								26 263

(续)

工作包	6月	7月	8月	9月	10月	11月	12月	1月	2月	3月	4月	5月	总和
策划					9 992	14 790	15 600						40 382
原型测试						3 250	12 745	7 250					23 245
销售和服务							1 467	4 467	1 908				7 842
包装							2 434	8 101	650				11 185
装配								1 676	9 234	890			11 800
清理存货										1 198	5 156		6 354
每月预测值	10 178	3 934	14 523	12 334	15 292	18 040	29 812	14 151	11 685	9 884	2 088	5 156	
每月累计值	10 178	14 112	28 635	40 969	56 261	74 301	104 113	118 264	129 949	139 833	141 921	147 077	147 077

注释

1. Flyvbjerg, B., and Stewart, A. (2012). "Olympic proportions: Cost and cost overrun at the Olympics 1960–2012. Said Business School Working Papers, Oxford: University of Oxford; Forrest, Brett. (2014, February 23). "Putin's run for gold." *Vanity Fair.* www.vanityfair.com/culture/2014/02/sochi-olympics-russia-corruption; Geere, D. (2014, February 4). "Freezing Sochi: How Russia turned a subtropical beach into a Winter Olympics wonderland." *The Verge.* www.theverge.com/2014/2/4/5377356/sochi-winter-olympics-2014-subtropical-transformation; Rathi, A. (2014, January 30). "The Sochi Olympics are going to be the costliest ever." *Quartz.* http://qz.com/172180/the-sochi-olympics-are-going-to-cost-more-than-the-last-13-olympics-combined/; "Sochi road an engineering marvel." (2014, February 15). *BostonGlobe.com.* | www.bostonglobe.com/sports/2014/02/15/sochi-road-engineering-marvel/dpRwuHty4V35VHR1O5T6SL/story.html; Taylor, A. (2014, January 17). "Why Sochi is by far the most expensive Olympics ever." *Business Insider.* www.businessinsider.com/why-sochi-is-by-far-the-most-expensive-olympics-ever-2014-1; Waldron, T., (2014, February 3). "Sochi Olympics will cost more than every other Winter Olympics combined." *ThinkProgress RSS.* http://thinkprogress.org/sports/2014/02/03/3239131/sochi-olympics-cost-winter-olympics-combined/; Yaffa, J. (2014, January 2). "The waste and corruption of Vladimir Putin's 2014 Winter Olympics." *Bloomberg Business Week.* Bloomberg. www.businessweek.com/articles/2014-01-02/the-2014-winter-olympics-in-sochi-cost-51-billion#p1; Young, J. (2014, February 3). "Money spent on Sochi games raises questions." *VOA.* www.voanews.com/content/money-spent-on-sochi-games-raising-questions/1843380.html.
2. Needy, K. S., and Petri, K. L. (1998). "Keeping the lid on project costs," in Cleland, D. I. (Ed.), *Field Guide to Project Management.* New York: Van Nostrand Reinhold, pp. 106–20.
3. Miller, G. J., and Louk, P. (1988). "Strategic manufacturing cost management," APICS 31st International Conference Proceedings, Falls Church, VA: APICS; Kerzner, H. (1988). "Pricing out the work," in Cleland, D. I., and King, W. R. (Eds.), *Project Management Handbook,* 2nd ed. New York: Van Nostrand Reinhold, pp. 394–410.
4. Meredith, J. R., and Mantel, Jr., S. J. (2003). *Project Management,* 5th ed. New York: Wiley.
5. Needy, K. S., and Petri, K. L. (1998). "Keeping the lid on project costs," in Cleland, D. I. (Ed.), *Field Guide to Project Management.* New York: Van Nostrand Reinhold, pp. 106–20.
6. Source for Table 8.2: Needy, K. S., and Petri, K. L. (1998). "Keeping the lid on project costs," in Cleland, D. I. (Ed.), *Field Guide to Project Management.* New York: Van Nostrand Reinhold, p. 110.
7. Lock, D. (2000). "Managing cost," in Turner, J. R., and Simister, S. J. (Eds.), *Gower Handbook of Project Management,* 3rd ed. Aldershot, UK: Gower, pp. 293–322.
8. Amor, J. P., and Teplitz, C. J. (1998). "An efficient approximation for project composite learning curves," *Project Management Journal,* 29(3): 28–42; Badiru, A. B. (1995). "Incorporating learning curve effects into critical resource diagramming," *Project Management Journal,* 26(2): 38–46; Camm, J. D., Evans, J. R., and Womer, N. K. (1987). "The unit learning curve approximation of total cost," *Computers in Industrial Engineering,* 12: 205–13; Fields, M. A. (1991). "Effect of the learning curve on the capital budgeting process," *Managerial Finance,* 17(2–3): 29–41; Teplitz, C. J., and Amor, J. P. (1993). "Improving CPM's accuracy using learning curves," *Project Management Journal,* 24(4): 15–19.
9. Meredith, J. R., and Mantel, Jr., S. J. (2003). *Project Management,* 5th ed. New York: Wiley.
10. Amor, J. P., and Teplitz, C. J. (1998). "An efficient approximation for project composite learning curves," *Project Management Journal,* 29(3): 28–42.
11. Crawford, J. R. (n.d.), *Learning curve, ship curve, rations, related data.* Burbank, CA: Lockheed Aircraft Corp.
12. Heiser, J., and Render, B. (2001). *Operation Management,* 6th ed. Upper Saddle River, NJ: Prentice Hall.
13. Hackbarth, G. (2005), personal communication.
14. "Extreme chaos." (2001). Standish Group International.
15. Bloch, M., Blumberg, S., and Laartz, J. (2012). "Delivering large-scale IT projects on time, on budget, and on value," *McKinsey Reports.* http://mckinsey.com/MOBT_27_Delivering_large-scale_IT_projects_on_time_budget_and_value%20(1).pdf; Flyvbjerg, B., Budzier, A. (2011). "Why your project may be riskier than you think," *Harvard Business Review,* 89(9): 23–25.
16. For a discussion of COCOMO II standards, see http://csse.usc.edu/csse/research/COCOMOII/cocomo2000.0/CII_modelman2000.0.pdf
17. McConnell, S. (2004). *Code Complete, 2nd ed.* Redmond, WA: Microsoft Press; McConnell, S. (2006). *Software Estimation: Demystifying the Black Art.* Redmond, WA: Microsoft Press.
18. Turbit, N. "Function points overview." www.projectper-

fect.com.au/downloads/Info/info_fp_overview.pdf; International Functional Points Users Group, www.ifpug.org; Dillibabu, R., and Krishnaiah, K. (2005). "Cost estimation of a software product using COCOMO II.2000 model—a case study," *International Journal of Project Management*, 23(4): 297–307; Jeffery, R., Low, G. C., and Barnes, M. (1993). "A comparison of function point counting techniques," *IEEE Transactions on Software Engineering*, 19(5): 529–32.

19. Hamburger, D. (1986). "Three perceptions of project cost—Cost is more than a four-letter word," *Project Management Journal*, 17(3): 51–58; Sigurdsen, A. (1996). "Principal errors in capital cost estimating work, part 1: Appreciate the relevance of the quantity-dependent estimating norms," *Project Management Journal*, 27(3): 27–34; Toney, F. (2001). "Accounting and financial management: Finding the project's bottom line," in J. Knutson (Ed.), *Project Management for Business Professionals*. New York: John Wiley, pp. 101–27; Shtub, A., Bard, J. F., and Globerson, S. (1994). *Project Management: Engineering, Technology, and Implementation*. Englewood Cliffs, NJ: Prentice-Hall; Smith, N. J. (Ed.). (1995). *Project Cost Estimating*. London: Thomas Telford; Sweeting, J. (1997). *Project Cost Estimating: Principles and Practices*. Rugby, UK: Institution of Chemical Engineers; Goyal, S. K. (1975). "A note of a simple CPM time-cost tradeoff algorithm," *Management Science*, 21(6): 718–22; Venkataraman, R., and Pinto, J. K. (2008). *Cost and Value Management in Projects*. New York: Wiley.

20. Flyvbjerg, B., Garbuio, M., and Lavallo, D. (2009). "Delusion and deception in large infrastructure projects: Two models for explaining and preventing executive disaster," *California Management Review*, 51(2): 170–93; "Building BRICs of growth." (2008, June 7). *The Economist*. www.economist.com/node/11488749; Lovallo, D., and Kahneman, D. (2003). "Delusions of success: How optimism undermines executives' decisions," *Harvard Business Review*, 81(7): 56–63; Flyvbjerg, B., Holm, M. S., and Buhl, S. (2002). "Underestimating costs in public works projects: Error or lie?" *Journal of the American Planning Association*, 68(3): 279–95.

21. Meredith, J. R., and Mantel, Jr., S. J. (2003). *Project Management*, 5th ed. New York: Wiley; see also Christensen, D. S., and Gordon, J. A. (1998). "Does a rubber baseline guarantee cost overruns on defense acquisition contracts?" *Project Management Journal*, 29(3): 43–51.

22. Maher, M. (1997). *Cost Accounting: Creating Value for Management*, 5th ed. Chicago: Irwin.

23. Gray, C. F., and Larson, E. W. (2003). *Project Management*, 2nd ed. Burr Ridge, IL: McGraw-Hill.

24. Flyvbjerg, B., and Ansar, A. (2014, March 19). "Ending the flood of megadams," *Wall Street Journal*, p. A15; Ansar, A., Flyvbjerg, B., Budzier, A., and Lunn, D. (2014). "Should we build more large dams? The actual costs of hydropower megaproject development." *Energy Policy*. http://dx.doi.org/10.1016/j.enpol.2013.10.069

25. "Boston's Big Dig opens to public." (2003, December 20). www.msnbc.com/id/3769829; "Big Dig billions over budget." (2000, April 1 1). www.taxpayer.net/library/weekly-wastebasket/article/big-dig-billions-over-budget; "Massachusetts to sue Big Dig companies." (2006, November 27). www.msnbc.msn.com/id/15917776; "Big Dig contractors to pay $450 million." (2008, January 23). www.msnbc.msn.com/id/22809747

第 9 章

项目进度计划：网络、历时估计和关键路径

本章目标

学习本章后，你将能够：
1. 理解并应用进度计划中的关键术语。
2. 应用活动间的逻辑关系，包括前置活动和后续活动。
3. 应用单代号法绘制活动网络图。
4. 利用基于概率的估计方法对活动历时进行估计。
5. 使用正推法和逆推法确定网络关键路径。
6. 识别活动的浮动时差及识别方法。
7. 计算使用计划评审技术（PERT）估计项目按时完工的概率。
8. 理解缩短关键路径的步骤。

本章涉及的项目管理知识体系的核心概念

1. 项目进度计划管理（PMBoK 6.1 节）
2. 活动定义（PMBoK 6.2 节）
3. 活动排序（PMBoK 6.3 节）
4. 活动资源估计（PMBoK 6.4 节）
5. 活动历时估计（PMBoK 6.5 节）
6. 进度制定（PMBoK 6.6 节）
7. 进度控制（PMBoK 6.7 节）

□ 项目导读 9-1

耗费巨资却一无所得：里海卡什干石油开采项目

20 年前，世界迫切需要新的石油来源，就像新兴经济体急于利用自然资源以改善生活水准一样。正是在这种背景下，哈萨克斯坦与石油勘探公司（包括壳牌、埃克森美孚、道

达尔、康菲石油公司和埃尼等)一起合作,启动了卡什干项目,计划开采储藏在里海海底的石油。里海的石油资源在 2000 年被勘测到,据估计其石油储量仅次于中东,该项目计划 2005 年开始提供石油,预计日产量为 150 万桶(见图 9-1)。

图 9-1 卡什干油田

资料来源:Shamil Zhumatov/Reuters/Corbis.

现在,这个项目的花费已经远远超过预算,从原来的 570 亿美元飙升现在的 1 870 亿美元。该项目的第 1 期预计花费 240 亿美元,但实际花费了 460 亿美元。除了庞大的预算超支外,该项目一直受到工程延误、管理纠纷、管道泄露及腐蚀等技术问题的困扰。基于如此糟糕的情况,现在这个项目已经被无限期地停止了,而所有各方都试图了解问题出在哪里以及如何让该项目恢复正常。

卡什干项目的问题也部分归结于西方石油公司与石油资源国政府之间的关系。根据世界银行的估计,为了能顺利开采石油,石油公司需要与控制全球剩余石油储量的 90% 的国有企业合作,然而石油资源国政府往往只会将最难开采的油田交给外国石油公司。卡什干的灾难性超支显示了在难以开采的油田中,这些"公/私"的合作对双方来说并不会取得好的结果。

但即使在最好的情况下,卡什干也是一个复杂的项目。由于冬天气温很低,无法使用常规钻机钻井,石油公司不得不建造岩石和瓦砾堆成的人造岛,并在这些人造岛上重新对离岸石油井架进行设计。此外,由于石油储藏在高压的有毒天然气下,因此必须在石油管道上建立一个除硫系统,用于清洁气体,石油公司花了近两年的时间才实现这一设施设计,但沉重的铺管机在寒冷季节常常会出故障。

项目进度延误和预算超支的原因有以下几点。

- 承包商的行政混乱,没有主要负责人。当埃克森美孚试图担任主要负责人时,壳牌公司的高管威胁要退出合伙关系。最终,每个公司都对所有重大的规划决策有否决权,但首席承包商的位置反而落在了更小的埃尼公司头上。
- 与哈萨克斯坦政府的关系已经恶化。因为项目延误,到 2008 年,政府开始征收长期拖延的处罚金,使石油公司在项目上的投资更加昂贵。行政长官保罗·斯科罗尼(Paolo Scaroni)表示,公司与政府的关系"曾经很好",但哈萨克斯坦国有石油公司 KMG 的高级官员并不赞同,他认为"这是一桩地狱中的婚姻"。

- 分配给项目的人力资源问题。作为与当地政府达成的协议的一部分，石油公司不得不雇用大量本地工人，其中一部分被授予管理职务。但一位前官员回忆说，他们雇用了数百名"从不坐在电脑前"的热心本地人。
- 管道泄露。在 2013 年，这些公司开始商业石油生产，并将经营者的角色转移给壳牌集团。9 月 11 日，公司宣布石油正在流出，大约两个星期后，部分地下气管道开始泄漏。于是抽油机停止工作，在对泄漏进行检测和修复后恢复抽油。但两周后，管道出现新的泄漏。这一次，石油公司停止了卡什干项目，工人们用了整个秋季将 55 英里管道开凿出来，并将部分样本送到英国实验室测试以寻找泄漏原因。
- 技术故障。石油公司使用过时的俄罗斯邮轮船作为石油工人的浮动工房。但是，除了这些建筑工人工房，还需要有长期工作人员的离岸住所。2005 年左右，埃尼公司的合作伙伴才意识到需要重新设计住所，所以项目建造又延迟了一年。

在一连串的错误和技术问题面前，石油公司和哈萨克斯坦官员互相推诿。壳牌首席财务官西蒙·亨利（Simon Henry）说："没有人对管理感到满意。"根据检查工人的说法，在管道的几个地方发现了裂缝，他们表示，这种金属似乎已经出现问题，可能源自焊接作业和天然气的硫化氢含量双重原因。

最后，技术挑战，意外（和未解决）的管道泄漏，来自哈萨克斯坦和石油公司的高管的指责，以及对延迟的严厉的罚款使得项目被无限期地拖延。2013 年，康菲石油公司长期合伙人将该项目的股份出售给了 KMG。"我们从银行获得了 55 亿美元的补偿，并从卡什干脱身。"康菲执行官 Al Hirshberg 说。去年秋天他补充说："离开它感觉很好。"[1]

概述

项目进度计划编制是一项复杂的任务，它涉及一系列的相关步骤。如果你玩过拼图游戏，这将有助于你进行进度计划的编制，因为这两者有相似之处。首先，需要设置好边界，然后在脑海中想象如何将这些已设计好的碎片有效地合在一起，从而拼出一幅完整的图画。当边界已经成形时，就能够增加越来越多的碎片，并逐渐构成整个图画的形状和形象。这种拼图游戏的每一步都依赖于前面已完成的工作是否正确，同样，进行进度计划的编制也是如此。为完成整个进度的安排，项目进度编制过程中必须小心遵循已设置好的步骤，正如拼图游戏一样，只有按照正确的步骤一步步向前推进，最后才能得到完整正确的图画，项目进度计划的完成也需要按照既定的步骤进行。

9.1 项目进度计划

项目进度编制技术是项目计划编制、后续监控的核心。在前面的章节中，已经对项目目标、项目审查活动、风险管理实施和项目范围（包括工作分解结构）进行了分析。项目进度安排则意味着将项目目标转化为完成项目的可行方法。通过进度安排，可以得到一个时间表，并条理分明地显示出项目活动之间的逻辑关系。项目管理的实质就是在特定时间范围内完成一组目标，所以准确制定项目进度对于项目成功是非常重要的。

本章将介绍项目进度管理中的一些技术，阐述如何将一组已识别的项目活动通过具有逻辑关系的图表示出来，从而制订项目计划，促进项目目标的实现。由于**项目进度计划**（project scheduling）与进度安排过程相关，因此它在"项目管理知识体系"中的定义是"识别项目目标，对完成项目所必需的活动进行排序，识别各个活动或任务所需要的资源类型和数量"。² **排好序的活动**（linked activity）是非常重要的，因为它阐释了进度安排的目标。项目进度安排定义了所有**活动**（activity）的逻辑关系，即从项目开始直至结束，所有的**任务**（task）必须是其他任务的前置或后续任务。

假定你是课程小组组长，老师指派你们小组提交一篇论文，并在课程结束时进行陈述。首先需要做的是将任务分解为一系列离散的单个活动（工作分解结构），从而让你的团队能够完成这个项目。完成这个项目你可能需要确认以下任务。

（1）确定主题；
（2）研究主题；
（3）撰写论文草稿；
（4）修改并编辑论文；
（5）准备陈述；
（6）完成论文；
（7）陈述准备完毕；
（8）提交论文并进行当堂陈述。

仔细定义完成项目所必需的各个步骤是第一步，也是非常关键的一步，此后的项目进度安排则需分析任务的逻辑次序关系，从而制订一个一致的项目计划。为了充分利用时间并保证项目的实施，可以将上述活动绘制成一个网络图，即正确完成这些活动最可能的顺序。首先，确定合理的顺序是非常必要的。**前置活动**（preceding activity）是指那些必须在其他活动之前进行的活动，例如，必须先确定论文的主题，才能开始对它进行研究。因此，活动1（确定主题）就是活动2（研究主题）的前置活动，同理，活动2是活动1的后续活动。

一旦确定了所有活动合理的逻辑顺序，那么就可以开始绘制**网络图**（network diagram）了，它以图表的形式显示出项目中活动的发生顺序以及它们之间的逻辑关系。图9-2显示了两种项目网络图。图9-2a是构建网络图最简单的一种方法，它仅仅是将活动按照顺序串联起来，从第一项活动开始，到最后一项活动结束。但是这种方式并不是很有效，因为它可能引起争议，比如在这种方式下需要延迟活动6（完成论文）的开始时间，直到活动5（准备陈述）完成后活动6才能开始，但实际上没有必要每项活动都涉及整个团队。

另外一种方式可能会更好地利用时间，团队中的一部分人准备陈述，同时另一部分人继续完成论文。这种方式意味着可以将那些同时发生的活动并行实施。图9-2b中的方式就显示了这种网络图。

这个简化的例子阐述了应用项目活动顺序逻辑来构建网络图的过程。网络图展示了活动的时间顺序和功能，也是项目团队制订计划和进度的一个工具。至于为什么项目网络图和进度安排如此重要，有很多原因，下面列出的就是一些主要原因。³

- 网络图能清晰地展示出所有任务和工作包的依赖关系。早期的错误将对随后的活动产生非常严重的影响。

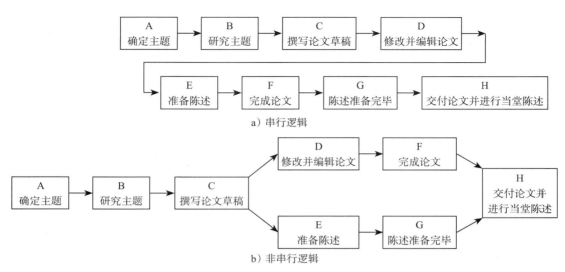

图 9-2　学期课程论文项目两种不同的网络图

- 网络图能说明活动和项目人员之间的相互关系，从而方便项目成员进行沟通。项目团队成员在接手新工作时需要根据网络图尽快了解工作环境和内容，在离开项目团队时要为后来的接替人员建立严格的评估报告。
- 网络图能帮助掌握组织资源的安排，因为它显示了时间，从而方便对各工作人员进行统一调度，投入到既定的活动中去。如果没有网络图，一个工作人员可能被同时分配到多个活动中去。
- 利用网络图可以识别关键活动，从而把它们与非关键活动区分开来。网络图显示了那些必须按时完工的活动，从而保证整个项目能够按时完成。在这个过程中，同时也会识别出那些具有一定弹性空间的活动。
- 网络图确定项目何时能够完工。
- 网络图中识别了各种活动应当开始和结束的时间，以保证整个进度的顺利推进。
- 网络图阐述了哪些活动依赖于另一些活动。为此可以了解那些需要高度协调的活动，从而确保整个项目的顺利进行。

这些仅仅是活动网络在项目进度计划编制中表现出来的优势。

9.2　关键术语

每个行业都有它独特的行话和术语。在项目进度安排中，也有一些已被广泛使用的特定术语需要定义，其中很多定义摘自项目管理协会的"项目管理知识体系"。考虑到有些概念在本章和后续章节中将反复出现，因此将它们专门列出来，其中部分术语在前面的章节中已经出现过。

范围（scope）：项目的工作内容、产出或组成部分。实施的所有活动、资源需求、最终结果的产出甚至包括质量标准，都可描述成范围。

工作分解结构（work breakdown structure，WBS）：以任务为单位的活动树，它组织、定义并用图表显示出为达到项目最终目标而需要完成的所有工作。每下降一个层次，代表着项目目标的进一步细分。

工作包（work package）：工作分解结构的最底层，它是项目中需要执行工作的一个单元。一个工作包通常有一个预期的历时和成本。还有其他类似的术语，比如任务、活动。

项目网络图（project network diagram，PND）：以图表的形式显示项目活动之间的逻辑关系。

路径（path）：根据项目网络逻辑设定的一系列活动。

事件（event）：一项活动开始或结束的时间点，通常用于AOA网络图的关联点。事件既不消耗资源，也不占用时间。

节点（node）：网络中被定义的点，它与其他点通过独立的路径连接起来。

前置活动（predecessors）：在其后面的活动启动之前必须完成的活动。

后续活动（successors）：在前面的活动没有完成之前不能开始的活动。这些活动跟在前置活动的后面。

最早开始时间（early start date，ES）：根据网络逻辑和进度限制，未完成部分的一项活动最早可能开始的时间。最早开始时间会随着项目进展和项目计划的变化而变化。

最晚开始时间（late start date，LS）：在不延迟项目完工时间的前提下，一项活动最晚可能开始的时间。

正推法（forward pass）：确定每项活动最早开始时间和最早结束时间的网络计算方法。通过沿着网络逐步向前对每个活动进行计算而得到。

逆推法（backward pass）：确定所有未完成活动的最晚开始时间和最晚结束时间的网络计算方法。通过从后往前推导得到。

汇聚活动（merge activity）：有两个或多个前置活动的活动（即多个任务流向它）。汇聚活动可以通过网络正推法查找到。

发散活动（burst activity）：有两个或多个后续活动的活动（即多个任务从它流出去）。发散活动可以通过网络逆推法查找到。

浮动时差（float）：在不推迟整个项目完工时间的前提下，一项活动从它的最早开始时间算起可以推迟的时间。浮动时差通过数学计算得到，并会随着项目进展和计划的改变而改变。一般而言，浮动时差等于最晚开始时间和最早开始时间之差。

关键路径（critical path）：项目网络图中最长的路径。关键路径可能随着某些活动提前完成或延迟完成而改变。关键路径上的活动具有最少的浮动时差，即浮动时差为0。

关键路径法（critical path method，CPM）：用来确定哪些活动组成的路径具有最少浮动时差的一种网络分析技术，通过它可以确定项目何时能完成。它涉及对每项活动的最早开始/结束时间（正推法）和最晚开始/结束时间（逆推法）进行计算。使用CPM时暗含的假设是所有需要的资源在任何时间内都是充足的。

有限资源进度计划（resource-limited schedule）：项目活动的开始时间和结束时间反映了预期的资源可用性。最后的项目进度是被资源限制的。

计划评审技术（program evaluation and review technique，PERT）：一种基于事件和可能性的网络分析系统，在项目中用于定义那些很难估计的活动的历时。PERT通常用于涉及位于不同地区多个组织的大型项目。

构建网络图最常用的两种方法是**双代号网络图法**（activity-on-arrow，AOA）和**单代号网络图法**（activity-on-node，AON）。在 AOA 中，**箭线**代表活动，节点用来连接活动，表示一项活动的结束和潜在的下一项活动的开始。而在 AON 中，节点代表活动，箭线代表这些活动之间的逻辑顺序。AOA 在过去几十年中是最流行的方法，而且在建筑业仍然被使用，但是随着基于计算机的进度计划软件的诞生和迅速发展，AON 逐渐成为主流。所以，在本章中，仅以 AON 为例介绍网络图的作图方法。第 10 章将讨论 AOA 网络模型的基本知识。

9.3 绘制网络图

网络图的绘制是一个有逻辑有顺序的过程，它需要考虑各项活动以什么样的顺序发生才能保证项目进度是最有效的。有两种基本的活动网络开发方法：PERT 和 CPM。PERT 指计划评审技术，它是在 20 世纪 50 年代，由美国海军、博思艾伦咨询公司（Booz-Allen Hamilton）及洛克希德公司联合研制北极星导弹计划时提出的。PERT 最初被用于研发这样一个活动历时很难估计的领域，并用来做可能性分析。CPM 即关键路径法，它与 PERT 同时产生，是由杜邦公司（DuPont, Inc）独立开发出来的。CPM 过去通常被用于建筑业，它与 PERT 的主要区别在于对活动历时估计的假设上，CPM 假设活动历时都是确定性的，而 PERT 则相反，也就是说 CPM 假设活动历时更容易确定，并且对于分配给活动的时间更确信。此外，CPM 能更好地将项目活动的时间和成本联系起来，因此更容易控制时间与成本，特别是能够实现时间/成本的均衡以减少**赶工**（crashing）。项目赶工的内容将在第 10 章中做具体介绍。然而，在过去的实际应用中，PERT 和 CPM 的差异越来越模糊化，因此现在通常将这些网络技术统称为 PERT/CPM。[4]

在构造网络图之前，需要首先了解绘制网络图的一些简单规则。这些规则有助于更好地理解活动网络的逻辑关系。[5]

（1）构造网络图之前，必须先确定活动的优先次序，即所有的活动必须按照逻辑连接起来，一些是前置活动，另一些是后续活动。

（2）一般而言，网络图的流向是从左至右。

（3）一项活动必须等到与它相连的所有前置活动结束后才能开始。

（4）网络上的箭线代表优先次序和逻辑流向。箭线可以交叉，但为了使网络图更清晰，应尽量避免交叉。

（5）每个活动都应有一个唯一的标识与之对应，比如用数字、字母、编码等标识。简单起见，这些标识应该按照升序排列，即每个活动的标识都应大于其前导活动的标识。

（6）网络中不允许存在回路。

（7）虽然没有做出要求，但一般用一个节点表示整个项目的开始，有时甚至也可能会有多个开始节点。项目结束的标识符也通常用一个节点表示。

了解了这些简单规则，也就弄清楚了建立网络图的基本原理。需要强调的是，AON 法在网络中用节点代表活动，箭线仅仅被用来指明从项目开始到结束过程中所有活动的顺序。

9.3.1 标记节点

应该用一系列信息来清晰地标识代表项目活动的节点。如果节点包含了如下信息就非常有用：①标识符，②描述性标签，③活动历时，④最早开始时间，⑤最早结束时间，⑥最晚开始时间，⑦最晚结束时间，⑧活动时差。图 9-3 显示的就是在一个活动矩形框里面用这些信息来标记节点。选择用来标记节点信息的位置是任意的，并没有统一的标准。例如，图 9-4 所示的节点例子就是微软项目管理软件 Project 2013 的一个标准输出文件。在这个例子中，不仅显示了活动的开始时间和结束时间，而且还显示了负责该项活动人员的名称。

最早开始时间	活动编号	最早结束时间
活动浮动时差	活动描述	
最晚开始时间	活动历时	最晚结束时间

图 9-3　活动节点的标签

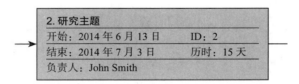

图 9-4　使用 MS Project 2013 产生的活动节点标签

资料来源：MS Project 2013, Microsoft Corporation.

活动节点的完整标签使得应用网络进行计算更加容易和方便，如确定关键路径、活动时差、项目历时等。在项目开发早期构建项目网络图时，只要节点的标签完整，就可以迅速获取所有关于活动的必要信息。

9.3.2 串行活动

串行活动（serial activities）指顺次从一个流向另一个的一系列活动。按照图 9-5 的逻辑，如果活动 A 没有完成，活动 B 就无法开始。而活动 C 则必须等 A 和 B 都完成后才能开始。串行活动网络是最简单的网络，因为它只需要连接顺序发生的活动。在很多情况下，串行活动网络是项目活动的典型代表。图 9-5 说明了前面提到的准备学期论文项目中的活动顺序，很多活动必须按照顺序连接在一起。确定主题、研究主题、撰写草稿就是必须按照顺序连接，因为在前置活动完成前后续活动不能开始。

图 9-5　顺序连接的项目活动

网络逻辑表明：

活动 A 可以立即开始；

活动 B 必须等 A 完成后才能开始；

活动 C 必须等 A 和 B 都完成后才能开始。

9.3.3 并发活动

在很多情况下，如果资源能满足多项活动同时进行，几项活动就可以同时进行。图 9-6 就展示了两条路径如何在活动网络中并发。当项目允许多项活动同时完成时，这些活动就叫并发活动，网络图中就出现了并行的活动路径。为成功地执行这些并发活动，项目必须配备充足的人员及其他资源，从而满足所有并发活动的需要。这是一个关键问题，因为如果没有充足的资源支持，网络图就不能发挥效用了。

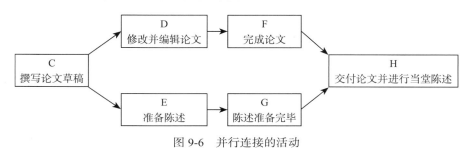

图 9-6　并行连接的活动

网络逻辑表明：

活动 D 和活动 E 必须等活动 C 完成后才能开始；

活动 F 在活动 D 结束后才能开始，并且与活动 E 独立；

活动 G 在活动 E 结束后才能开始，并且与活动 D 独立；

活动 H 需要等活动 F 和活动 G 都完成后才能开始。

9.3.4 汇聚活动

汇聚活动是指那些有两个或多个前置活动的活动。图 9-7 是网络图的一部分，显示了汇聚活动是如何用图表示出来的。汇聚活动经常是关键连接点，在整个网络中有两条或多条并行的项目路径集中在一起。图 9-7 中的汇聚活动逻辑表明，D 必须等所有前置活动即活动 A、B、C 完成后才能开始。汇聚活动的开始是所有前置活动具有最长历时活动的结

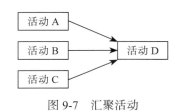

图 9-7　汇聚活动

束。例如，假设活动 A、B、C 开始于同一天，活动 A 历时 3 天，活动 B 历时 5 天，活动 C 历时 7 天，那么活动 D 的最早开始时间是第 7 天，即 3 个前置活动中最后完成的时间。

网络逻辑表明：

活动 D 必须在活动 A、B、C 全部完成后才能开始。

9.3.5 发散活动

发散活动指那些有两个或多个后续活动的活动。图 9-8 就是一个发散活动的例子，活动 B、C、D 都是活动 A 的后续活动。这三个后续活动都需要在活动 A 完成后才能开始。

与汇聚活动不同，汇聚活动的开始依赖于最长后续活动的完成，而发散活动的所有后续活动在其完成后同时开始。

网络逻辑表明：

活动 B、C、D 依赖于活动 A 的完成。

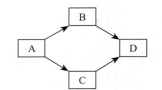

图 9-8 发散活动

▶ **例 9-1**

下面来构建一个基本的网络图。表 9-1 列出了一个简单项目中的 8 项活动，并标出了各项活动的前置活动。确定好完成项目的所有必要任务后，将这些任务连接起来，这是非常重要的。实际上就是在工作分解结构中获得任务，并加上项目时间表。

表 9-1 构建网络的信息

名称：德尔塔项目

活 动	描 述	紧前活动	活 动	描 述	紧前活动
A	签订合同	无	E	准备宣讲	B
B	问卷设计	A	F	结果分析	D
C	目标市场识别	A	G	人口统计分析	C
D	调查样本	B，C	H	向客户宣讲	E，F，G

在建立网络活动表并且确定各项活动的前置活动后，接下来便可以开始构建网络图了。第 1 项活动（A）没有前置活动，表明它是整个网络的开始点。绘制网络图时应注意从左往右进行。接下来，活动 B 和活动 C 都以活动 A 为前置活动，将它们添加到网络图中。活动 D 的前置活动是活动 B 和活动 C。图 9-9 就是根据这些信息绘制的部分网络图。按照定义可以明显看出，活动 A 是发散活动，活动 D 是汇聚活动。

图 9-9 德尔塔项目的部分网络图

继续依次向网络中添加其他活动节点，图 9-10 即为最后的活动网络图。纵观整个网络可以发现，这个网络始于一个节点（活动 A），结束于一个节点（活动 H）。该网络中的汇聚活动包括活动 D（活动 B 和 C 汇聚于该节点）和 H（活动 E、F 和 G 汇聚于该节点）。活动 A、B、C 都是发散活动。在前面已经提到过，所谓发散活动是指那些有两个或多个后续活动的活动。活动 A 的后续活动是活动 B 和活动 C，活动 B 的后续活动是活动 D 和活动 E，活动 C 也有两个后续活动 D 和活动 G。

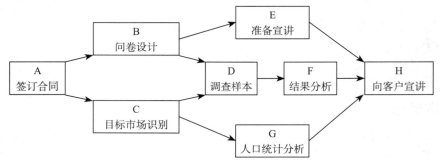

图 9-10 德尔塔项目的完整网络图

如果使用 MS Project 2013 来建立网络图，应该首先输入各项活动，如图 9-11 所示，这里并没有设置活动的历时，每项活动的历时都默认为 1 天。

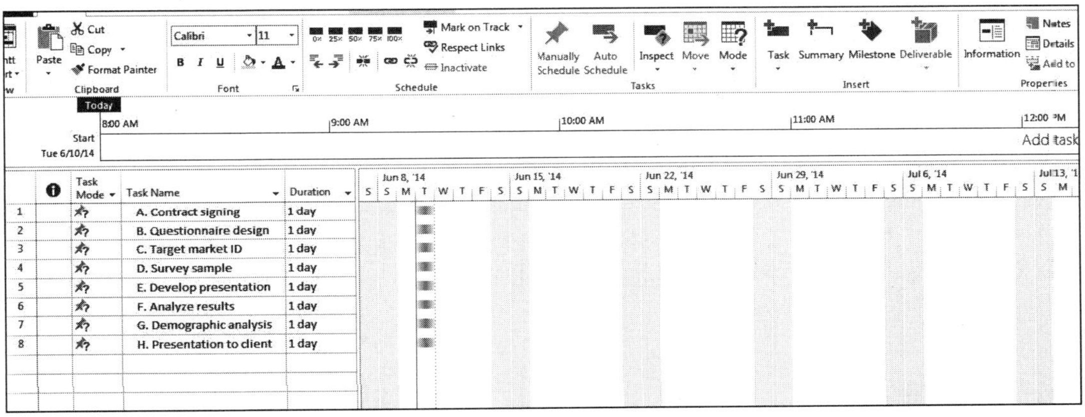

图 9-11　使用 MS Project 2013 建立活动网络图

资料来源：MS Project 2013, Microsoft Corporation.

使用 MS Project 建立网络图的下一步是识别各项活动的前置活动。如图 9-12 所示，通过指定各项活动的前置活动来构建网络图。在每项活动的名称上双击鼠标进入任务信息窗口（见图 9-12）。在这个窗口中，可以指定哪些是当前活动的前置活动。这里已经为活动 B（问卷设计）指定了前置活动（签订合同）。

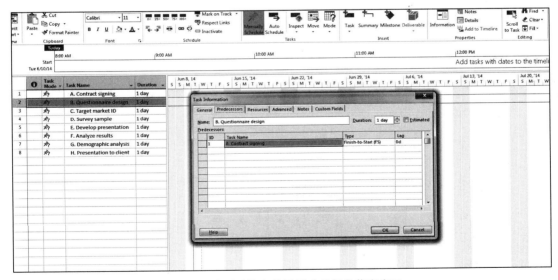

图 9-12　为活动指定前置活动的任务信息窗口

资料来源：MS Project 2013, Microsoft Corporation.

在 MS Project 中，一旦依次添加了各项活动，并指定各活动的前置活动，网络图就完成了，图 9-13 就是 MS Project 生成的网络图。注意这里每项活动的历时仍然标记为 1 天，在下一节中，将考虑各项活动的历时。

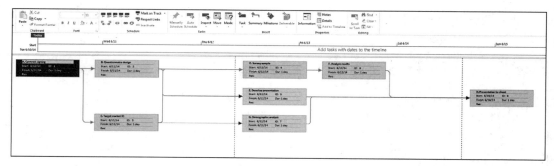

图 9-13　MS Project 2013 生成的网络图

资料来源：MS Project 2013, Microsoft Corporation.

9.4　历时估计

构建网络的下一步是估计活动**历时**（durations）。这里有三点需要注意：第一，这些估计都是以正常工作方式下的正常工作时间为基础的；第二，尽管有些诸如过去的经验、对工作的熟悉程度等因素会影响这些估计的精确性，但不管怎样，活动历时本身就带有不确定性；第三，估计出来的活动历时与实际历时相比，在短期项目中可能会相差十几个小时，在长期项目中则可能相差若干天。

下面是估计历时的一些方法。[6]

- **过去的经验**。如果组织之前有过类似的项目经验，那么就可以用历史信息作为指导。这种方法相对简单，只需要回顾过去的类似项目，以历史信息作为基准。但是利用过去的经验进行历时估计存在一定的缺陷，因为它假定过去的情况到现在仍然会发生，而实际上，项目还会受到外界事件的影响，这些事件都是在一个特定的时间段内发生的。因此，利用过去的经验必须注意避免使用过时的信息。
- **专家意见**。很多时候，项目团队成员可能会向过去的项目经理或者在相关领域的专家咨询，从而获得关于活动历时的准确信息。直观来看，这种方法是很有用的——需要解决什么信息，就向专家询问这些信息。但是，这里必须准确地界定这个问题：谁才是真正的专家？因为只有真正的专家才知道完成项目活动的最简捷的方法、最佳的形式和最快的过程。此外还有一个问题，如果由非专家人员来完成同样的任务，那么专家对活动历时的估计是否仍然有效？答案不是绝对的，因此必须谨慎使用专家的意见。
- **数学推导**。这是进行活动历时估计的另一种更客观的方法，它回避了在主观方法中的很多问题。这种方法包括基于最好情况、最可能情况和最坏情况进行的理性分析，从而得出不同历时的概率。

有两个主要的方法来进行历时估计。我们在本章 9.3 节讨论了最简单的方法，即假定活动持续时间是确定的。确定性估计意味着活动持续时间是可预测的，也就是说不考虑活动完成时间的变化。例如在制订建筑工程计划时，可以凭借经验确定地基挖掘和为 2500 平方英尺的住宅建筑浇筑混凝土需要花费 10 个小时。这是一个可预测的或确定性时间估计的例子。另一方面,对于许多项目活动,我们不仅需要根据过去的经验对其可能的持续时间进行估计,也要求我们考虑活动持续时间变化的可能性。对于第二种不确定性历时估计,可以使用数学估计方法。

为了更好地理解如何利用数学推导来进行历时估计,首先需要了解概率分布的基本知识。概率意味着一项活动的历时很难被准确估计,只能表示成事件发生的一系列可能性或者概率,概率的范围从 0(没有可能发生)到 1(肯定发生)。为了对活动的历时进行一个合理的可能性估计,需要确定 3 个值:活动最可能历时;活动悲观历时;活动乐观历时。最可能历时是假设前置活动进展正常的情况下完成活动的预计时间长度。悲观历时则是假设在项目进展最坏的情况下完成活动的预计时间长度。乐观历时假设在项目进展最好的情况下完成活动的预计时间长度。

有了这些历时估计,就可以用对称概率分布(正态分布)或者非对称概率分布(β 分布)来描述。在正态分布中,事件发生的概率最大的点,在这里指最可能历时,就是分布的均值,如图 9-14 所示。而悲观值和乐观值是在信度水平 95% 的情况下,位于分布左右末端的值,因为太极端,在正态分布中它们将被删除,最后用均值作为活动的历时估计。

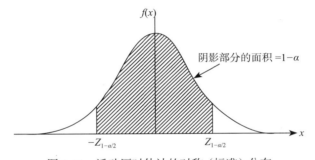

图 9-14　活动历时估计的对称(标准)分布

在现实生活中,极少出现悲观历时和乐观历时关于均值对称的情况。在项目管理中,通常认为概率分布是非对称的,这里用 **β 分布**(beta distributions)表示。概率分布的非对称性表明人们认可某些事件发生的可能性比另一些要小。一项活动的乐观历时可能在均值附近的 1 个标准差范围内,而悲观历时则可能离均值有 3 个甚至 4 个标准差。下面通过一个例子来说明:在修建一个高速公路架桥的项目中,现需要估计修筑钢梁这一任务的时间。期望完成这项任务需要 6 天,但是,有很多因素可能影响历时估计。比如,遇到特别好的天气,又没有技术延迟,则完成这项任务仅仅需要 4 天,这是乐观估计;相反,若天气非常恶劣、需要的原材料运输延迟、工人纠纷等会导致完成该项任务需要 14 天,这是悲观估计。这个例子说明了历时估计的非对称性。最可能历时是 6 天,完成该任务的历时范围是 4～14 天。乐观值和悲观值实质上是分布范围的最小值和最大值。图 9-15 所示的 β 分布中,m 表示最可能历时,a 表示乐观估计,b 表示悲观估计。

有两个假设被用来转换 m、a 和 b 的值,这样就可以估计出活动的预期历时(TE)和方差(s^2)。第一个重要假设是,活动历时的标准差 s,等于历时范围的 1/6。活动历时估计的 **方差**(variance)可用如下公式表示:

$$s^2 = [(b-a)/6]^2$$

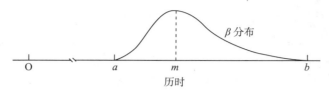

图 9-15　活动历时估计的非对称（β）分布

这个假设的逻辑是以 99% 信度区间内的概率分布为基础的，观测值应该在均值左右两边各 3 个标准差范围内。实际历时处于这 6 个标准差范围内的可能性达到了 99.7%。因为乐观历时和悲观历时并不关于均值对称，所以第 2 个假设涉及概率分布的形状。仍然是 β 分布较好地代表了不同情况下对活动预期历时（TE）估计的可能性分布。β 分布表明，TE 可通过如下公式计算：

$$TE = (a + 4m + b)/6$$

式中，TE 为活动的预期历时；a 为完成该活动的最乐观历时；m 为完成该活动的最可能历时，即分布中的最大值；b 为完成该活动的最悲观历时。

在该计算中，悲观值和乐观值的中点是众数和中位数的加权平均值，它等于计算所得的预期历时（TE）的 2/3。

如何集成这些假设并对活动历时进行精确的估计？下一个步骤就是绘制活动历时估计表，如表 9-2 所示。为简便起见，所有数字的单位都是周。

表 9-2　德尔塔项目的活动历时估计

名称：德尔塔项目
历时单位为周

活动	描述	乐观历时估计	可能历时估计	悲观历时估计
A	签订合同	3	4	11
B	问卷设计	2	5	8
C	目标市场识别	3	6	9
D	样本调查	8	12	20
E	准备宣讲	3	5	12
F	分析结果	2	4	7
G	人口统计分析	6	9	14
H	向客户宣讲	1	2	4

从表中可以看出，每项活动的历时基于对这 3 项时间的准确合理估计：正常情况下完成活动需要多长时间、如果环境非常好需要多长时间、如果环境非常差需要多长时间。如果用 a 表示活动最乐观历时估计，项目经理必须为该活动赋一个值，即完成该活动所需的时间有 99% 以上的可能性大于或等于 a。相反，为最悲观历时 b 赋值时，项目经理应该估计完成活动所需的时间有 99% 以上的可能性小于或等于 b。

估计预期活动历时（TE）的标准公式是按照 1× 乐观历时、4× 可能历时、1× 悲观历时进行加权计算。研究者和实践者发现这种比例被认为是最具启发性的，但它的基本假设会受项目特定环境的影响。有一种观点认为这种比例太乐观，并没有考虑当最坏情况发生时或者悲观估计被证实时带来的负面影响。除此，鉴于很多项目中存在固有的不确定性，在所有关于历时的可能性估计中，高水平的风险必须予以考虑。

虽然人们已经对如何改善活动历时估计的精确度做了广泛研究，但没有获得权威性的结果。诸如蒙特卡罗模拟、线性和非线性程序算法等建模技术则表明，活动历时的不确定性程度对历时估计的最优方法有显著影响。因为在活动历时估计中，不确定性非常普遍，对一项活动进行多个历时估计是合理的。这样做的目标是，在一个置信水平上达到最高的合理可能性。根据 Meredith 和 Mantel [7] 的观点，很少有项目经理愿意采用 99% 的置信水平进行可能性估计。因此，当假定的置信水平更低时（比如 90%），方差计算和历时估计也必须进行相应的调整。

尽管争论还在继续，但公式已被普遍接受。使用这种比例作为工具，利用表 9-2 中的数据，现在就可以为每项识别的活动计算预期的活动历时。表 9-3 就是通过 β 分布计算得出的每项活动的历时。

表 9-3 利用 β 分布进行项目活动历时估计

名称：德尔塔项目
历时单位：周

活动	描述	β(1:4:1)/6
A	签订合同	5
B	问卷设计	5
C	目标市场识别	6
D	样本调查	12.7
E	准备宣讲	5.8
F	分析结果	4.2
G	人口统计分析	9.3
H	向客户宣讲	2.2

绘制项目网络图、计算活动历时是进行项目进度计划编排的两个关键步骤，下一步就是结合这两部分信息识别关键路径。

9.5 确定关键路径

根据活动历时估计就可以开始确定关键路径了。关键路径的计算将活动历时和之前构建好的项目活动网络联系起来。这里有一点需要注意：首先利用活动间的先后逻辑关系构建项目网络，接着进行项目历时估计，利用每项活动的历时估计值进行结构化计算，就能确定整个项目的历时。除了可以确定完成整个项目需要多长时间，利用历时估计还可以发现活动的浮动时差（哪些活动可以延迟、哪些活动不能延迟）、活动的最晚开始时间、最早开始时间、最晚结束时间和最早结束时间。

9.5.1 计算网络

绘制标有历时估计的网络过程是非常直观易懂的。一旦活动网络和历时估计在适当的地方确定下来，就可以进行网络计算了。再来看图 9-10 中的网络图，历时估计如表 9-3 所示，并假定服从 β 分布。在这个例子中，时间估计的数据取离它最近的整数。活动信息总结如表 9-4 所示。

使用这些信息寻找关键路径的方法分为两个步骤：正推法，即从网络的第一项活动开始计算直至最后一项；逆推法，即从网络

表 9-4 项目信息

德尔塔项目

活动	描述	前置任务	估计历时
A	签订合同	无	5
B	问卷设计	A	5
C	目标市场识别	A	6
D	样本调查	B，C	13
E	准备宣讲	B	6
F	分析结果	D	4
G	人口统计分析	C	9
H	向客户宣讲	E，F，G	2

的最后一项活动开始计算直至第一项。正推法是一个逐步相加的过程，用来计算活动的最早开始时间和最早结束时间。一旦完成了正推法过程，就可以知道完成整个项目需要多长时间。逆推法是一个逐步相减的过程，用来计算活动的最晚开始时间和最晚结束时间。正推法和逆推法都完成后，就能确定每项活动的浮动时差，最后得出项目的关键路径。

如果为网络中的活动全部标上历时，那么就可以穷举网络中的各种路径。图9-16是一个有8项活动的网络图，并为每项活动标记了历时。根据图中活动间的先后次序，可以列举出从开始节点到结束节点所有可能的路径。这里，可以识别4条不同的路径，分别是：

路径1：A—B—E—H

路径2：A—B—D—F—H

路径3：A—C—D—F—H

路径4：A—C—G—H

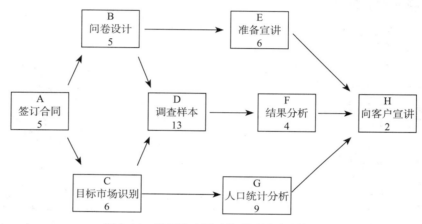

图9-16 标有活动历时的项目活动网络图

因为已知每项活动的历时，通过这种穷举路径的方法也能够识别关键路径。关键路径是指"一个项目中从始点到终点的一系列相互依赖的活动，它决定项目的最短时间长度"。[8]完成项目需要的最短时间长度由网络中的最长路径决定。通过将路径上的各活动的历时相加，就可以很容易地得到上面这4条路径的长度。因此有：

路径1：A—B—E—H = 18周

路径2：A—B—D—F—H = 29周

路径3：A—C—D—F—H = 30周

路径4：A—C—G—H = 22周

路径3连接了活动A—C—D—F—H，历时30周，是历时最长的路径，因此是该项目的关键路径。在实践中，这条路径没有浮动时差。

9.5.2 正推法

利用正推法计算出各项活动的最早开始时间和最早结束时间，从而可以向网络图中添加更多的信息。这是一个迭代的过程，每一个节点的计算都依赖于已得出的前置活动的信息。始点代表的活动 A 即签订合同，其开始时间为 0，也就是说可以立即开始。实际上，除非有特殊情况，一般都假设始节点代表的活动的开始时间为 0，即便网络中有多个始节点，即这些节点所代表的活动都没有前置活动，那么这些活动的最早开始时间都为 0。又因为在正推法中，任何一项活动的最早结束时间（EF）都等于它的最早开始时间（ES）加上它的活动历时（ES + Dur = EF）。A 的历时为 5，因此 A 的最早结束时间为 0 + 5 = 5。A 完成后，B（问卷设计）就可以马上开始。所以 B 的最早开始时间为 5，因为一项活动的最早开始时间等于其前置活动的最早结束时间，除非该活动是汇聚活动。类似地，活动 C 的开始也依赖于活动 A 的结束，因此 C 的最早开始时间也为 5。根据公式 ES + Dur = EF，可以计算得出 B 的最早结束时间为 5 + 5，即 10。C 的最早结束时间为 5 + 6 = 11。图 9-17 显示的就是在网络中正推法的部分过程。活动的 ES、EF 标在节点的上部，并且 ES 标在左上角，EF 标在右上角。

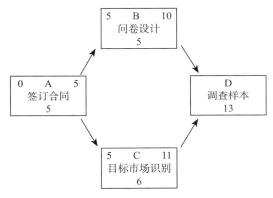

图 9-17　包括汇聚活动 D 的部分活动网络

第一个遇到的难点是活动 D，它是活动 B 和 C 的汇聚节点。活动 B 的最早结束时间（EF）为 10，但活动 C 的最早结束时间为 11，那么活动 D 的最早开始时间（ES）是多少？

为解决这个问题，首先了解一下正推法的规则是很有帮助的。应用正推法主要有 3 个规则。

（1）将网络中各项活动的 ES 与历时相加即得到活动的 EF（ES + Dur = EF）。

（2）对于不是汇聚活动的那些活动，即只有一个前置活动的活动，那么该活动的 ES 等于其前置活动的 EF。

（3）对于汇聚活动，该活动的 ES 等于其所有前置活动的 EF 中的最大值。

根据这几个规则，汇聚活动 D 应该选择活动 B 的 EF（10）或者活动 C 的 EF（11）中最大的一个作为 D 的 ES。因为活动 C 的 EF 较大，所以应选择 C 的 EF 作为 D 的 ES，即 11。针对汇聚活动的这条规则非常重要，因为 ES 被定义为一项活动能够开始的最早时间，当两个或多个前置活动有不同的 EF 时，**后续活动必须等所有的前置活动全部完成后才能开始**。所以，活动 D 不可能在第 10 周开始，因为 D 的前置活动 C 还没有完成。

继续利用正推法遍历网络，直至最后一个节点，即活动 H，这也是一个汇聚活动。活动 H 有 3 个前置活动：活动 E、F 和 G。活动 E 的 EF 是 16，活动 F 的 EF 是 28，活动 G 的 EF 是 20。因此，活动 H 的 ES 必须是最大的 EF，也就是 28。项目的最后长度就是 30

周。图 9-18 显示了整个网络的最早开始时间和最晚开始时间。

```
        ┌─────────────┐              ┌─────────────┐
        │  5  B  10   │              │ 10  E  16   │
        │   问卷设计    │─────────────▶│   准备宣讲    │
        │      5      │              │      6      │
        └─────────────┘              └─────────────┘
              ▲      ╲              ╱              ╲
              │       ▼            ╱                ▼
┌─────────────┐     ┌─────────────┐    ┌─────────────┐    ┌─────────────┐
│  0  A  5    │     │ 11  D  24   │    │ 24  F  28   │    │ 28  H  30   │
│   签订合同    │────▶│   调查样本    │───▶│   结果分析    │───▶│   向客户宣讲   │
│      5      │     │     13      │    │      4      │    │      2      │
└─────────────┘     └─────────────┘    └─────────────┘    └─────────────┘
              ╲       ▲                                   ▲
               ▼     ╱                                   ╱
        ┌─────────────┐              ┌─────────────┐
        │  5  C  11   │              │ 11  G  20   │
        │  目标市场识别  │─────────────▶│  人口统计分析  │
        │      6      │              │      9      │
        └─────────────┘              └─────────────┘
```

图 9-18 正推法活动网络

9.5.3 逆推法

前面已经得到了整个项目的历时长度，也知道了各个活动的最早开始时间和最早结束时间。下一步应用逆推法，就能识别关键路径和每项活动的浮动时差。与正推法不同，逆推法从网络的终点开始，逐步向前迭代，直至最开始的节点。逆推法的目的是确定每项活动的最晚开始时间（LS）和最晚结束时间（LF），求 LS 和 LF 是一个相减的过程。

在图 9-19 中，从网络终点活动 H（向客户宣讲）开始逆推。首先要填进该节点的是项目的最晚结束时间（LF），这个值等于项目的最早完成时间（30 周）。实际上，如果网络中有多个终点活动，即这些活动都没有后续活动，那么这些活动的最晚结束时间都是相同的，除了特殊情况，一般都等于项目的最早完成时间。此外，在逆推过程中，对任意一项活动，计算 LS 的公式都为：LF−Dur = LS。因此，活动 H 的 LS 等于 LF 与活动历时的差值，即 30−2 = 28，所以，活动 H 的 LS 是 28，LF 是 30。这些值标在节点的底部，其中 LS 标在左下角，LF 标在右下角。因为后续活动的最晚开始时间就是前置活动的最晚结束时间，所以为了得到与活动 H 相连的 3 个活动（活动 E、F 和 G）的最晚结束时间，需要利用活动 H 的最晚开始时间值，也就是说，活动 E、F 和 G 的 LF 都是活动 H 的 LS，即 28。

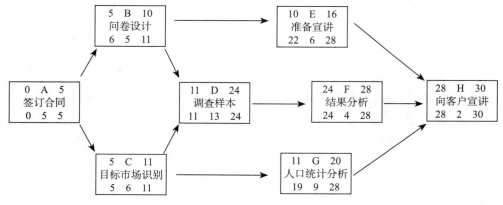

图 9-19 逆推法活动网络

从每项活动的 LF 值中减去历时，得到 LS。按照这个过程从右至左继续逆推。但是，与正推法在汇聚节点（活动 D 和 H）处遇到的问题类似，逆推法在发散节点处的计算也比较困难，这里包括活动 A、B 和 C。这 3 个活动后面有多条箭线发散出去，表明需要在多个选择中确定正确的 LF。正如前面定义的，发散活动指那些有两个或多个后续活动的活动。对于活动 B，活动 D 和 E 都是后续活动。活动 D 的 LS = 11，活动 E 的 LS = 22。那么应该如何为这些发散活动选择 LF 呢？

为了回答这个问题，需要了解逆推法的规则。

（1）将网络中各项活动的 LF 和历时相减即得到该活动的 LS（LF – Dur = LS）。

（2）对于不是发散活动的那些活动，即只有一个后续活动的活动，这些活动的 LF 等于其后续活动的 LS。

（3）对于发散活动，该活动的 LF 等于其所有后续活动的 LS 的最小值。

根据活动 D，活动 B 的 LF 应该为 11 周。活动 C 的 LF 从 11 和 19 之间选择，正确的选择是 11 周。最后，活动 B 的 LS 为 6，活动 C 的 LS 为 5，因此活动 A 的 LF 为 5，LS 为 0。在每个节点上标记好 LS 和 LF 后，逆推网络的过程就完成了。

接下来就可以确定每项活动的**浮动时差**（float 或 slack）及网络的关键路径。浮动时差是指在不影响整个项目进展的前提下，一项活动最多能延迟的时间。活动的浮动时差可以使用如下两个公式计算：LF – EF = 浮动时差，或者 LS – ES = 浮动时差。比如，根据公式可以算出活动 E 的浮动时差为 12 周。假设最坏的情况下，活动 E 出乎意料地延迟了 10 周，直到第 20 周才开始，而不是计划的第 10 周开始。这个延迟对整个项目的进度有何影响？答案是没有影响。因为活动 E 有 12 周的浮动时差，延迟 10 周并不会影响到整个项目的完工时间。但是如果延迟了 14 周结果又会怎样？E 活动的 ES 将变为 24，而不是计划的 10，加上活动历时（6 周），新的 EF 为 30。观察一下图 9-20 中所示的网络，可以看出这个延迟带来的影响。因为活动 H 是活动 E、F、G 的汇聚活动，这三者最大的 EF 就是最后活动的 ES。活动 E 新的 EF 为 30，这是 E、F、G 中最大的 EF，所以终点活动 H 的 EF = ES + Dur，即 30 + 2 = 32。过度使用浮动时差使整个项目延迟了 2 周。

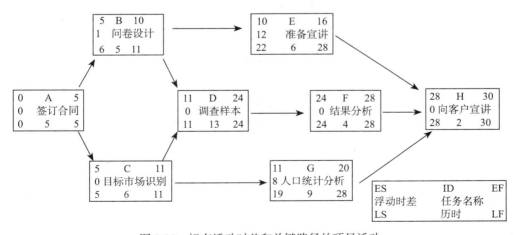

图 9-20　标有活动时差和关键路径的项目活动

注：关键路径用箭线标出。

这里需要注意的一点是，**活动时差是根据正推法和逆推法得到的结果计算得出的**。如果关于 ES、EF、LS 和 LF 的计算未完成，就不能确定哪些活动有浮动时差、哪些活动没有浮动时差。利用活动时差可以找到项目关键路径，**网络中的关键路径是那些没有时差的活动组成的路径**。在上面的例子中，将没有时差的活动连接起来就构成了关键路径：A—C—D—F—H。这个规则被违反的唯一情况是，有一个武断的不合理的值已经被用于项目中。例如，假设一个关键的最终期限在网络终点插入进来，作为最后一项活动的 LF。根据正推法的计算，无论项目需要多长时间完成，如果这个插入进来的最终期限取代完成该项目的可能最晚时间，那么将可能出现负的时差。**负时差**指已经用完了所有可行的安全的时差，而必须面临整个项目的延迟。比如，一个高层经理单方面地设定一个期限，要求上面这个德尔塔项目必须在 28 周内完成，即活动 H 的 LF 为 28，那么项目关键路径上的活动将有 −2 的时差。但一般来说，通过强行削减活动历时比一开始就积累了负的时差要更好些。

计算出了各个活动的浮动时差，还可以确定每条路径的时差，即计算非关键路径的时差。路径 A—B—E—H 共有 13 周的时差。然而，即便非关键路径有非常大的时差，当非关键路径上的某活动与关键路径发生冲突时，并不能将该路径上其他活动的时差全部"借"给该活动。比如，尽管这条路径有 13 周时差，但是在活动 B 没有变成关键路径上的活动之前，并不能消耗多于 1 周的时差。这是因为活动 B 是活动 D 的前置活动，而活动 D 在关键路径上，如果活动 B 使用的浮动时间多于 1 周，那么将导致关键活动 D 的 ES 延迟，从而整个项目的关键路径长度也将增大，即延迟了整个项目的完工时间。

9.5.4 项目完工概率

例题中对关键路径的计算，告诉我们为什么德尔塔项目的预计完成时间是 30 周，但是我们对每个活动的时间估计是基于 β 概率分布，这就说明在项目历时整体估计时，可能存在方差（且方差极大）。这些关键路径上活动的变化，可能影响项目的整体完成时间，甚至造成延期。因此，有必要考虑活动历时方差的计算和使用方法。下面复习活动历时估计方差的公式：

$$s^2 = [(b-a)/6]^2$$

式中，b 为悲观历时估计；a 为乐观历时估计。

计算单个活动的方差很简单，比如，我们回顾表 9-3 来计算活动 A（签订合同）的方差，可以看到它的乐观和悲观的历时估计（分别为 3 天和 11 天），因此方差计算如下

活动 A：$[(11-3)/6]^2 = (8/6)^2 = 64/36 = 1.78$（周）

这个信息对于项目经理来说非常重要，因为我们不仅要知道活动的可能时间，还要知道我们这些估计的准确程度，因此，对于项目活动 A 来说，尽管它最可能的完成时间是 5 周，但是在估计中有较大的方差（接近 2 周）。当然，也可以利用这个信息来计算德尔塔项目的期望方差和标准差，如表 9-5 所示。

我们也可以用表 9-5 里面的内容来计算项目总体方差，项目方差是关键活动方差的加总，可以用下面的公式表示

$$\sigma_p^2 = 项目方差 = \sum (关键路径上活动的方差)$$

表 9-5　德尔塔项目历时估计的期望和方差

活动	乐观历时估计 (a)	可能历时估计 (m)	悲观历时估计 (b)	估计时间期望	方差 $[(b-a)/6]^2$
A	3	4	11	5	$[(11-3)/6]^2 = 64/36 = 1.78$
B	2	5	8	5	$[(8-2)/6]^2 = 36/36 = 1.00$
C	3	6	9	6	$[(9-3)/6]^2 = 36/36 = 1.00$
D	8	12	20	12.7	$[(20-8)/6]^2 = 144/36 = 4.00$
E	3	5	12	5.8	$[(12-3)/6]^2 = 81/36 = 2.25$
F	2	4	7	4.2	$[(7-2)/6]^2 = 25/36 = 0.69$
G	6	9	14	9.3	$[(14-6)/6]^2 = 64/36 = 1.78$
H	1	2	4	2.2	$[(4-1)/6]^2 = 9/36 = 0.25$

因此，利用这个方法，我们可以计算德尔塔项目的总体项目方差和标准差。如前所述，这个项目的关键活动是 A—C—D—F—H，对于总体项目方差有

$$项目方差 (\sigma_p^2) = 1.78 + 1.00 + 4.00 + 0.69 + 0.25 = 7.72$$

项目标准差 (σ_p) 为：$\sqrt{项目方差} = \sqrt{7.72} = 2.78$ 周

项目方差的信息对于估计项目准时完成的概率非常有用，因为计划评审技术估计做出了两个非常有效的假设：①项目的总体完成时间符合正态分布；②活动时间的估计是互相独立的，所以，图 9-21 所示的正态分布钟形曲线可以用来表示项目完成时间。在这里，正态分布指的是，德尔塔项目有 50% 的概率完成时间不超过 30 周，有 50% 的概率完成时间超出 30 周。有了这个信息，我们就可以判断项目在特定时间内完成的概率。

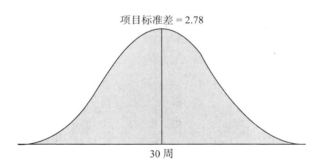

图 9-21　德尔塔项目完成时间的概率分布

例如，假设我们公司需要在 32 周内完成德尔塔项目，尽管进度计划要求完成时间为 30 周，但是考虑到我们的估计是建立在概率论上的，因此，要判断项目在 32 周内完成的概率，在图 9-22 的标准正态曲线中，我们需要确定其对应区域。利用标准正态方程来计算概率，其结果如下：

$$Z = (目标时间 - 预计完成时间)/\sigma_p$$
$$= (32 - 30)/2.78 = 0.72$$

其中，Z 为目标时间（32 周）与平均/预计完成时间（30 周）偏离的标准差数目。查询标准正态分布表（见附录 A），当 Z 的值为 0.72 时的概率为 0.764 2，因此，32 周内完成德尔塔项目的可能性是 76.42%，计算结果如图 9-22 所示，标准正态曲线的阴影部分中，到左边平均值之间的部分，代表多出的 2 周。

在例子中需谨记 32 周的期限是公司必须满足的。如果在期限内完成工作的可能性是 76.42%，我们有多大的自信来完成它？奇怪的是，项目组（和组织）可能会觉得 76% 的概率难以接受，那么自然地引出一个问题：项目组需要多少时间，才能非常自信地保证交付呢？

第一个需要回答的问题是：当组织进行决策时，最小可接受概率是多少？比如，99% 的概率与 90% 的概率是有很大差别的，假设该组织开发德尔塔项目要求 95% 的按时交付概率，那么要达到 95% 按时完工概率，另外还需要多少时间呢？

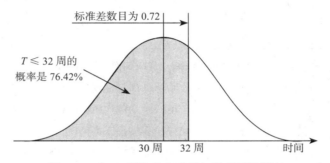

图 9-22　在 32 周之前完成德尔塔项目的概率

我们使用 Z 值的标准分布表来计算这个值（时间）。表中指出，当概率为 95% 时，Z 在 1.65 时最接近这个值，利用上面标准正态方差来计算这个目标时间，如下：

$$\begin{aligned}
目标时间 &= 预计完成时间 + (Z \times \sigma_p) \\
&= 30 + 1.65 \times 2.78 \\
&= 34.59（周）
\end{aligned}$$

如果项目组能再争取 4.59 周的时间，那么他们将非常有信心（95%）地认为德尔塔项目可按时完成。

项目完工概率估计还需要考虑一点，即我们目前只关注关键路径上的活动，因为从逻辑上来讲，关键活动决定了项目的总体长度。然而，在一些情况下，考虑非关键活动和它们对项目总体时间估计的影响，也是非常必要的，尤其是当这些活动没有浮动时差、方差较大时。以德尔塔项目为例，活动 B 只有 1 天的浮动时差，却有较大方差（1.00）。实际上，活动 B 的悲观历时估计是 8 周，所以，尽管 B 没有在关键路径上，但是仍然可能导致项目超出 30 周的期限。因此，只要项目活动的方差够大，就有必要计算每个任务的方差，而不仅仅是关键活动的，然后计算项目所有路径的可能完成时间，包括关键路径和非关键路径。

9.5.5　阶梯化活动

传统的 PERT/CPM 网络是基于这样一个假设：必须在前置活动完成之后，后续活动才能开始。但是，在有些情况下，可能一项活动只完成了部分，项目的其他活动就可以开展了，尤其是在那些历时长或者复杂的项目里。例如，开发一个订购报关系统的软件项目，该项目中的一项任务是开发 Visual Basic 源代码，将覆盖多个部门的系统子程序组合起来。一个标准的 PERT 可能绘制这样一个网络逻辑图：系统设计是编码的前置活动，编码又是调试的前置活动，如图 9-23 所示。但是，迫于时间压力，必须高效利用资源，于是期望寻找一种流线型方法，或者是制定一种更有效的顺序。

图 9-23 没有阶梯式活动顺序的 AON 网络

将活动阶梯化就是这样一种技术，通过重画网络图，从而更接近项目子任务之间的实际顺序，保证整个网络更高效。图 9-24 显示的就是该软件开发项目的阶梯化网络图。为了简便，这里将系统设计、编码、调试都分成了 3 个子任务。构建的阶梯层数是分解活动得到的可行逻辑子步骤数目的函数。如果假定软件设计和编码有 3 个重要的子步骤，就可以制定一个阶梯化的网络，让项目团队在完成设计的第 1 步后，进入第 2 步的同时，编码的第 1 步就开始了。沿着阶梯化网络的步骤，当系统设计师准备进行第 3 步的时候，程序员开始编码的第 2 步，测试员则进入测试的第 1 步。阶梯化活动的整体影响在于，使得活动连接和活动间的顺序呈流线型，从而使项目资源得以充分利用。

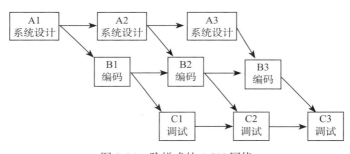

图 9-24 阶梯式的 AON 网络

9.5.6 集合活动

在整个项目网络中把几项活动合成一项活动，就是**集合活动**（hammock activities）。比如某企业需要一个外部顾问来控制库存系统升级软件开发项目中的编码活动，在网络图中可以使用一个集合活动来总括任务、历时和成本。之所以称为集合活动，是因为它悬挂在顾问需要负责的活动下面，包括了这几项活动，并标有这些活动历时的总和，即集合活动可以代替这几项具体的活动。要计算集合活动的历时，首先需要识别它包括的所有活动，然后从最后一项活动的 EF 中减去第 1 项活动的 ES。在图 9-25 中，可以看到这个集合活动的总历时是 26 天，代表了活动 D、E、F 各自历时的和，因为 D、E、F 的历时分别是 6 天、14 天和 6 天。

集合活动能够让项目团队更好地将整个项目网络分解成几个逻辑单元。尤其对于极其复杂或者是包括大量个人活动的项目而言，这个过程具有非常大的价值。当项目预算需要在很多成本中心或部门进行时，使用这种方法也很有效。按照每个成本中心负责的成本预算活动，将活动集合成集合活动，可以使项目成本计算更简便。

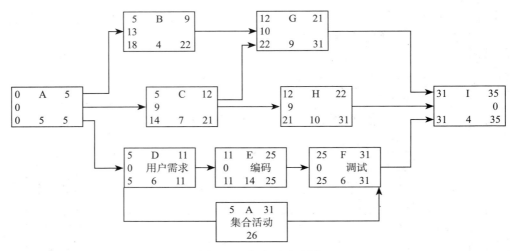

图 9-25 集合活动示例

9.5.7 缩短关键路径的方法

一般来说，在构建活动网络、得到预计的项目历时后，应该寻找方法缩短项目历时。为此，首先需要以一个开放的视角去评判这样几个问题：活动历时是如何被估计出来的？最初是如何构建网络的？指导网络构建的假设是什么？缩短关键路径可能需要许多不同的方法，但必须保证它们内部的一致性（比如，它们的联合影响并不能彼此抵消）和逻辑上的优先次序性。

表 9-6 中列出了缩短项目关键路径比较常用的方法，其中不仅包括那些针对整个项目网络的调整，而且也包括只针对单项活动的调整。这些缩短关键路径的方法有以下几种。[9]

（1）**减少关键路径上的任务**。项目中可能会出现这样的情况：关键路径上的某些任务并不是必需的，或者是可以移到具有浮动时差的非关键路径上的。这时可以通过删除或者转移的方法来减少关键路径上的活动。

表 9-6 缩短关键路径的步骤

1	减少关键路径上的任务
2	重新调整活动，使串行路径变成并行路径
3	重叠连续任务
4	缩短关键活动的历时
5	缩短早期任务
6	缩短最长的任务
7	缩短最容易的任务
8	缩短成本最少的活动

（2）**重新调整活动，使串行路径变成并行路径**。在一些情况下，项目中可能安排了过多的串行活动，而实际上很容易将一些串行活动调整为并行活动，从而可以删减关键路径上的串行活动，或者将关键路径变成并行的非关键路径，头脑风暴法可以帮助找到实现这一调整的具体方法。

（3）**重叠连续任务**。阶梯化是一种有效地将串行活动重叠的方法。与制定一系列线性的连续活动不同，阶梯化需要识别活动的子任务，即活动进行到哪一步时项目团队成员可以开始进行并行操作。

（4）**缩短关键活动的历时**。这个方法必须谨慎使用。这里隐含的问题是首先需要检查最初进行活动历时估计时的假设。β 分布的使用是否合理？活动历时估计是否被项目经理或团队夸大了？根据这些问题的答案，可能确实可以缩短关键活动的历时。然而，有时简单地进行定量历时压缩（比如，缩短 10% 的项目历时）将会导致项目落后于进度计划。

（5）**缩短早期任务**。有时项目中的早期任务可以被缩短，因为早期任务经常比晚期任务做得更精确更仔细。制订进度计划时，需要确定活动在将来某一时间点发生，而这时存在更大的不确定性。一些项目经理发现，缩短早期任务可能风险更小，因为进度中的任何延迟都会影响到下游的活动。但是，任何时候缩短项目活动，都需要考虑不良影响的可能，因为这些调整所带来的影响可能到项目后期才会体现出来。

（6）**缩短最长的任务**。有一种观点认为，缩短历时长的任务是一种相对而言的缩短。相对于短历时活动，缩短具有长历时的活动带来的进度问题较少，因为在不影响整个项目的情况下，长历时活动更容易被压缩。例如，一项活动历时 5 天，压缩 1 天即从历时估计中缩短 20%；而从一项历时 20 天的活动中压缩 1 天，实际上只压缩了 5% 的时间。

（7）**缩短最容易的任务**。这里的逻辑是，根据项目活动的学习曲线，通过学习可以缩短活动历时。从成本和预算的角度来看，学习曲线将降低项目活动成本，这在第 8 章已经介绍过。对最容易的任务进行历时估计时可能会被高估，但实际上可以在不影响项目团队能力的情况下缩短活动历时，从而在更短的时间完成任务。

（8）**缩短成本最少的活动**。在项目中加速任务的另一种方式是赶工。第 10 章将详细介绍项目活动赶工的过程。选择赶工的方法必须仔细考虑时间/成本的权衡，从而以最小的成本换取更多的时间。

■ 项目管理研究精要 9-1
软件开发延时及解决方法

在 IT 项目管理中，最常见的问题之一是软件开发项目中的进度滞后。在这个行业，时间和成本平均超出原计划的 100%。Callahan 和 Moretton（2001）的最新研究探索了如何减少这种延迟。他们分析了 44 个涉及软件开发项目的企业，研究结果表明，企业的 IT 项目管理经验水平对它们将新产品引入市场的速度有着重大影响。对于没有经验的企业，它们缩短开发时间的最重要行动就是在整个开发过程与消费群体及其销售组织进行交互沟通。他们收集到的消费者需求信息越多，那么他们开发软件产品的速度越快。除此之外，频繁测试和多样设计的交互也被认为能加快交货时间。

对那些具有较多软件开发项目经验的企业来说，缩短开发周期最重要的决定因素则是与外部供应商建立关系，尤其是在产品需求、系统设计和 β 测试阶段。在开发周期各个阶段，供应商的参与对保持快速的开发进度起着关键性的作用。[10]

这一章介绍了制订项目进度计划的基本步骤，包括确定构建项目网络的逻辑、计算活动历时估计以及将这些信息转化成关键路径图。这 3 项活动构成了项目进度计划的核心，能够帮助读者开始思考更深入的问题，如果您期望成为制订项目进度计划的专家，这将非常重要。这些话题将在后面的章节中介绍。

小结

1. **理解并应用进度计划中的关键术语。** 在项目进度计划中的关键过程包括如何构建网络图、如何进行历时估计、如何计算关键路径和活动浮动时差以及如何标记活动之间的关系。

2. **应用逻辑关系创建活动网络，包括前置活动和后续活动。** 本章讨论了构建网络逻辑的方式。利用工作分解结构得到项目任务，为了识别哪些活动是前置活动（网络中发生在前面的活动）、哪些活动是后续活动（发生在后面的活动，或者是等前置活动结束后才开始的活动），应用活动间的逻辑关系是必要的。

3. **利用 AON 绘制活动网络图。** 识别了项目活动的逻辑关系，本章阐述了构建 AON 网络图的过程。一旦这些逻辑关系被确定，就可以开始连接这些活动并构建网络图。AON 网络中用特定的节点表示活动，用箭线连接活动，并表示活动间的先后关系。

4. **利用概率估计方法对活动历时进行估计。** 通过识别项目中的活动，然后用一些方法进行活动历时的估计。在这些有助于活动历时估计的方法中，包括：①非计算方法，比如利用组织内过去类似项目的历史信息，或者采纳专家建议；②活动历时估计还有计算型或数学型分析方法；③计划评审技术（PERT）就是用概率来对活动历时进行估计的。利用 β 分布的公式，首先需要确定每项活动的乐观估计、最可能估计和悲观估计，然后利用如下公式计算：(1×乐观估计 + 4×最可能估计 + 1×悲观估计)/6。

5. **利用正推法和逆推法为项目进度构建关键路径。** 利用正推法的规则可以确定项目总历时的期望值，而最早开始时间加上活动历时，可以得到最早结束时间，然后，将最早结束时间数值赋予下一个网络节点，就成了该活动的最早开始时间。接着，利用逆推法规则，可以判断没有浮动时差的所有活动和路径，以及项目的关键路径（即没有浮动时差的项目路径）。

6. **识别活动的浮动时差以及计算时差的方法。** 在连接所有项目活动并构建出网络之后，就可以根据计划评审技术来对历时估计进行概率分析，在 PERT 过程中，需要收集每项活动历时的乐观估计、最可能估计和悲观估计。基于统计中的 β 分布，可以使用一个标准公式来确定每项活动的历时，并可以用来标记网络中的活动节点。

    使用活动估计和网络，可以识别网络中的每一条路径，并能计算得出它们的长度从而可以识别关键路径。项目关键路径被定义为，决定项目最短历时的那些连接在一起的活动构成的路径。关键路径表明完成项目需要多长时间。其他路径包括的活动中，很多具有浮动时差。利用正推法和逆推法计算出每项活动的最早开始时间（ES）、最早结束时间（EF）、最晚开始时间（LS）和最晚结束时间（LF），利用这些信息即可识别关键路径和活动浮动时差。

7. **利用 PERT 估计来计算项目按时完工的概率。** 因为 PERT 估计是基于一系列估计时间（乐观、最可能、悲观）的，因此，存在与这些值和历时估计相应的方差。确定关键路径（及非关键路径）上活动的方差，可以更加准确地预测在预计完成时间内完成的概率，同样地，利用标准正态方程和 Z 值也可以计算在不同概率水平下完成项目还需要的时间。
8. **理解缩短关键路径的方法。**通过很多不同的方法，可以缩短项目历时。项目经理缩短关键路径的方法有：①减少关键路径上的任务；②重新调整活动，使串行路径变成并行路径；③重叠连续任务；④缩短关键活动的历时；⑤缩短早期任务；⑥缩短最长的任务；⑦缩短最容易的任务；⑧缩短成本最少的活动。使用这其中任何一种的效果都将不同，这取决于与项目约束、客户期望以及项目经理所在的组织相关的很多因素。

已解决的问题

9.1 绘制活动网络

假设有如下信息：

活动	前置活动	活动	前置活动
A	—	E	C, D
B	A	F	C
C	B	G	E, F
D	B	H	D, G

绘制一个显示项目任务间顺序逻辑的活动网络，识别出其中的汇聚活动与发散活动。

解答过程

这个活动网络解答如图 9-26 所示。在这个网络中，汇聚节点为活动 E、G 和 H，发散活动为 B、C、D。

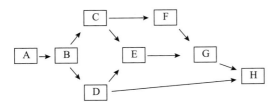

图 9-26 问题 9.1 的答案

9.2 计算活动历时和方差

假设已经得到各项活动的乐观历时估计、可能历时估计和悲观历时估计。利用 β 分布，估计每项活动的历时和方差。

历时估计

活动	最悲观估计	最可能估计	最乐观估计
A	7	5	2
B	5	3	2
C	14	8	6
D	20	10	6
E	8	3	3
F	10	5	3
G	12	6	4
H	16	6	5

解答过程

利用 β 分布计算预期活动历时（TE）：

$$TE = (a + 4m + b) / 6$$

式中，TE 为活动的估计历时；a 为完成该活动最乐观的历时；m 为完成该活动最可能的历时，即分布的众数；b 为完成该活动最悲观的历时。

活动历时方差的公式为：$s^2 = [(b-a)/6]^2$

由此，可以计算活动预期历时和方差，如下表所示。

历时估计

活动	最悲观估计	最可能估计	最乐观估计	TE(β)	方差
A	7	5	2	4.8	$[(7-2)/6]^2 = 25/36 = 0.69$
B	5	3	2	3.2	$[(5-2)/6]^2 = 9/36 = 0.25$
C	14	8	6	8.7	$[(14-6)/6]^2 = 64/36 = 1.78$
D	20	10	6	11.0	$[(20-6)/6]^2 = 196/36 = 5.44$

(续)

活动	最悲观估计	最可能估计	最乐观估计	TE (β)	方差
E	8	3	3	3.8	[(8−3)/6]² = 25/36 = 0.69
F	10	5	3	5.5	[(10−3)/6]² = 49/36 = 1.36
G	12	6	4	6.7	[(12−4)/6]² = 64/36 = 1.78
H	16	6	5	7.5	[(16−5)/6]² = 121/36 = 3.36

9.3 确定关键路径和活动时差

假设对于这组活动，已经得到了它们的预期历时和前置活动。构建一个活动网络，识别网络的关键路径和所有活动的浮动时差。

活动	前置活动	预期历时	活动	前置活动	预期历时
A	—	6	E	C	4
B	A	7	F	C	5
C	A	5	G	D, E	8
D	B	3	H	F, G	3

解答过程

按照构建网络的交互式过程，在节点上标记相关信息，而且尽可能完整。然后，根据图 9-27，首先利用正推法的方法遍历网络，从而得出项目的预期历时是 27 天。利用逆推法的方法，可以得到每项活动的浮动时差，并得到关键路径。该例中的关键路径为：A—B—D—G—H。

活动时差为：

C = 1 天

E = 1 天

F = 8 天

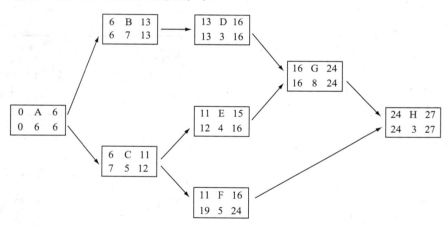

图 9-27 练习题 9.3 的答案

讨论题

9.1 定义如下术语。

    a. 路径。

    b. 活动。

    c. 最早开始时间。

    d. 最早结束时间。

    e. 最晚开始时间。

    f. 最晚结束时间。

    g. 正推法。

    h. 逆推法。

    i. 节点。

    j. AON。

    k. 浮动时差。

l. 关键路径。
m. PERT。

9.2 区别连续活动和并行活动。为什么使用并行活动是缩短项目长度的一种方法？

9.3 列举项目活动历时估计的3种方法，并说明每种方法的优点和缺点。

9.4 你认为使用 β 分布进行活动历时估计主要的优缺点是什么？

9.5 "项目的最短历时由网络中的最长路径所决定。"请解释这句话。为什么最长路径决定项目最短历时？

9.6 解释为什么只有当完成了正推和逆推后，才能得到每项活动的浮动时差。

练习题

9.1 假想一个项目，比如搬家、完成一个长期的学校任务或者是打扫你的寝室。列出完成该项目所必需的活动，然后按照逻辑顺序对这些活动进行排序。解释你进行这些识别过程的步骤，并说明你完成项目步骤的最佳顺序。

9.2 如果活动的最乐观历时估计是2天，最悲观历时估计是12天，最可能历时估计是5天，那么该活动的历时估计是多少天？请说明你的计算过程。

9.3 如果活动的最乐观历时估计是5天，最可能历时估计是8天，最悲观历时估计是14天，那么该活动的历时估计是多少天？请说明你的计算过程。

9.4 根据下表信息，为阿尔法项目创建活动网络图。

活动	前置活动	活动	前置活动
A	—	E	B
B	A	F	D
C	A	G	C
D	B, C	H	E, F, G

9.5 根据下列信息构建一个网络图。

活动	前置活动	活动	前置活动
A	—	F	C, D
B	—	G	E
C	A	H	F
D	B, C	I	G, H
E	B		

9.6 你的大学正在举办筹款晚宴，宴会上将雇用乐队表演。作为这次晚宴项目的项目经理，你为活动的现场准备工作创建了工作分解结构和持续时间估计。基于以下信息构建网络活动图：

活动	描述	前置活动	历时（天）
A	网站选择	无	4
B	购买	A	4
C	租用设备	A	2
D	布置场地	A	5
E	发电机及配线安装	C	2
F	安保	B	4
G	照明安装	E	2
H	音响系统安装	E, F	2
I	舞台搭建	D	3
J	拆除	D, H, I	4

a. 画出双代号网络图，并用顺推法和逆推法计算项目用时。
b. 找出项目的关键路径？
c. 哪个活动有浮动时差？
d. 找出所有的并发活动和汇聚活动？

9.7 下表列出的是一个项目的活动及各活动的最乐观、最可能、最悲观历时估计。假设你工作的组织是按照正态分布来计算TE的，请计算每项活动的TE（结果取最近的整数）。

活动	最乐观	最可能	最悲观	TE
A	5	5	20	

(续)

活　动	最乐观	最可能	最悲观	TE
B	3	5	9	
C	7	21	26	
D	4	4	4	
E	10	20	44	
F	3	15	15	
G	6	9	11	
H	32	44	75	
I	12	17	31	
J	2	8	10	

9.8 考虑以下项目任务及其确定的任务持续时间的乐观、可能和悲观的估计。假设你根据标准 beta 公式计算 TE（舍入到最接近的整数）：

活　动	最乐观	最可能	最悲观	TE
A	4	5	10	
B	4	6	9	
C	2	5	8	
D	5	8	10	
E	12	16	20	
F	6	10	12	
G	5	9	14	
H	14	16	22	
I	10	14	20	
J	1	2	5	

9.9 根据下列信息，绘制一个 AON 网络图。

a. 计算每项活动的 TE（结果取最近的整数）和整个项目的历时，活动的最早开始时间、最早结束时间、最晚开始时间、最晚结束时间以及每项活动的浮动时差。最后，指出项目的关键路径。

b. 现在，假定活动 E 已经超过了预期历时 10 天，那么这对项目进度会产生什么样的影响？项目历时是否改变了？是否出现了新的关键路径？给出你的结论。

活动	前置活动	最乐观估计	最可能估计	最悲观估计
A	—	12	15	25
B	A	4	6	11
C	—	12	12	30
D	B, C	8	15	20
E	A	7	12	15
F	E	9	9	42
G	D, E	13	17	19
H	F	5	10	15
I	G	11	13	20
J	G, H	2	3	6
K	J, I	8	12	22

9.10 一个广告项目经理已经为一个新广告活动制订了一个计划。此外，该项目经理还收集了每项活动的历时信息，如下表。

历时　　　　　　　　（单位：周）

活　动	最乐观估计	最可能估计	最悲观估计	前置活动
A	1	4	7	—
B	2	6	10	—
C	3	3	9	B
D	6	13	14	A
E	4	6	14	A, C
F	6	8	16	B
G	2	5	8	D, E, F

a. 计算每项活动的预期历时（就近取整）。

b. 计算活动的浮动时差。项目的总历时长度是多少？确定已为网络中的节点标记了完整的信息。

c. 识别关键路径。哪些不是关键路径？这些非关键路径有多少浮动时差？

d. 识别发散活动和汇聚活动。

e. 计算活动方差以及在 24 周完成项目的可能性有多大？

f. 假如你想要达到 99% 按时完成的概率，那么项目组需要多争取几周时间？

9.11 一个项目有如下信息：

活动	历时	前置活动
A	3	—
B	5	A
C	7	A
D	3	B, C
E	5	B
F	4	D
G	2	C
H	5	E, F, G

活动	历时	ES	EF	LS	LF	浮动时差
A	3	0	3	0	3	—
B	5	3	8	8	13	5
C	7	3	10	3	10	—
D	3	10	13	10	13	—
E	5	8	12	13	17	5
F	4	13	17	13	17	—
G	2	10	12	15	17	5
H	5	17	22	17	22	—

a. 用 AON 法构建项目网络图，并在每个节点上标记信息。
b. 识别网络中的关键路径和其他路径。

9.12 假设项目关键路径的活动是 A—B—D—F—G，利用下面信息，判断 34 周内完成项目的概率。

活动	乐观估计	最可能估计	悲观估计	预计完成时间	方差
A	1	4	8		
B	3	5	9		
C	4	6	10		
D	3	7	15		
E	5	10	16		
F	3	6	15		
G	4	7	12		

a. 计算每个活动历时的期望值。
b. 计算每项任务的方差和项目总体方差。
c. 在 34 周完成项目的概率有多大？
d. 如果要达到 99% 的完成概率，那么需要另外增加多少时间？

网上练习

9.1 登录 www.gamedev.net/page/resources/_/business/business-and-law/critical-path-analysis-and-schedulingfor-gamer1440，浏览该网站。那里有很多关于如何运作电脑游戏公司的文章。点击与项目管理和游戏设计关键路径相关的文章。为什么项目进度对开发电脑游戏如此重要？

9.2 点击 http://management.about.com/lr/project_time_management/174690/1/，查找有关项目时间管理的文章。你是如何理解"个人时间管理和高效的时间安排对于项目进度管理同样重要"？引用文章来支持你的观点。

9.3 登录网站 www.infogoal.com/pmc/pmc-art.htm，查找关于项目进度计划的档案文献和用户信息数据库。选择一篇文章，并概括出主要观点，这篇文章要表达的是什么内容？

9.4 在互联网上搜索关键词"项目进度"（project scheduling），将产生成千上万的网页链接，从这些链接中选择一些进行浏览。这些网页具有的共同主题是什么？

9.5 选择一个你感兴趣的国家，上网搜索那个国家的项目（比如搜索"芬兰的项目"）。搜索其中一些由政府主动发起的项目，从中选择一个，讨论适当的进度计划发挥的作用。分享你的发现，阐述你认为计划对项目非常关键的理由。

MS Project 练习

附录 B 给出了利用 MS Project 2013 来逐步制定项目进度的方法，利用附录 B 来完成以下练习。

练习 9.1

下表是完成某项目所必需的步骤，并已识别活动间的前后关系。利用 MS Project，为该项目绘制一个简单的网络图，显示项目活动之间的连接。

活动	前置活动
A — 调查地点	—
B — 安装下水道和排雨设施	A
C — 安装煤气管道和电线	A
D — 按照设计图纸挖掘地基	B, C
E — 浇筑地基	D

练习 9.2

假设你已经完成项目活动前置任务的识别，你希望制作一个网络图来突出活动间的关系。使用 MS Project，输入活动和它们的前置活动，为该项目生成一个完整的活动网络图。

设备改造项目

活动	描述	前置活动
A	竞争力分析	—
B	研究行业销售报告	—
C	技术能力评估	—
D	挖掘目标群体数据	A, B, C
E	进行电话调查	D

（续）

活动	描述	前置活动
F	识别相关的标准改进	E
G	与营销人员协调	F
H	制定工程标准	G
I	检查并对设计进行测试	H
J	开发测试原型	G
K	识别关键绩效等级	J
L	评估并修改产品部件	I, K
M	进行能力评估	L
N	识别选择标准	M
O	开发 RFQ	M
P	开发生产控制进度	N, O
Q	和销售人员保持联络	P
R	准备产品上市	Q

练习 9.3

假设对练习 9.1 中的活动增加历时估计，经过修改的信息如下所示。为这个项目重新制作网络图，注意观察 MS Project 是如何在节点中标记活动历时、开始和结束时间以及前置活动的。该网络图中的关键路径是什么？你是如何知道的？

活动	历时	前置活动
A — 调查地点	5 天	—
B — 安装下水道和排雨设施	9 天	A
C — 安装煤气管道和电线	4 天	A
D — 根据设计图纸挖掘地基	2 天	B, C
E — 浇筑地基	2 天	D

项目管理职业认证考试样题

1. 一个建筑承包商正在建筑一个度假村，他检查项目进度表，注意到在工程进度表中浇筑地基之后便开始底层楼面的铺设工作。在这个项目中，铺设楼层是一个什么类型的活动？
   a. 后续任务。
   b. 前置任务。
   c. 延迟任务。
   d. 赶工任务。

2. 假设你的团队正在进行一个新的项目，在这个项目中将用到先进的技术，因此对这个项目进行准确合理的历时估计是很困难的。面对这种情况，你的团队应该选用哪种历时估计方法？

a. 正态分布。
b. β 分布。
c. 确定性估计。
d. 经验。

3. 假设一个项目的网络图中有 3 个不同的路径。第 1 条路径包含：A（3 天）、B（4 天）、C（2 天）；第 2 条路径是：D（4 天）、E（5 天）、F（5 天）；第 3 条路径是：G（2 天）、H（3 天）、I（10 天）。哪一条是关键路径？
a. ABC。
b. DEF。
c. GHI。
d. ADG。

4. 下列哪个方法可以用来计算浮动时差？
a. 最早结束—最晚结束。
b. 最早结束—最早开始。
c. 最晚结束—最晚开始。
d. 最晚开始—最早开始。

5. 假设你的项目团队已经绘制完成了网络图，这种工具将会向团队展示：
a. 活动顺序。
b. 活动历时估计以及总进度安排。
c. 活动期望开始的日期。
d. 网络图不能表明以上几项。

答案：

1. a。底层铺设工作是在浇筑好地基之后开始，所以是一个后续任务。
2. b。β 估计需要考虑最好估计、最坏估计、最可能估计。
3. c。项目历时 15 天。
4. d。一种计算浮动时差的方法是最晚开始—最早结束。
5. a。网络图的主要作用是展现所有活动的先后顺序。

注释

1. Williams, S., Amiel, G., and Scheck, J. (2014, March 31). "After $50 billion and 20 years, energy giants can't get oil flowing," *Wall Street Journal*, pp. A1, A10; "Kashagan offshore oil field project, Kazakhstan," Offshore Technology. Com. www.offshore-technology.com/projects/kashagan/
2. Project Management Institute. (2013). *Project Management Body of Knowledge*, 4th ed. Newtown Square, PA: PMI.
3. There are a number of citations for the development of project networks. Among the more important are Callahan, J., and Moretton, B. (2001). "Reducing software product development time," *International Journal of Project Management*, 19: 59–70; Elmaghraby, S. E., and Kamburowski, J. (1992). "The analysis of activity networks under generalized precedence relations," *Management Science*, 38: 1245–63; Kidd, J. B. (1991). "Do today's projects need powerful network planning tools?" *International Journal of Production Research*, 29: 1969–78; Malcolm, D. G., Roseboom, J. H., Clark, C. E., and Fazar, W. (1959). "Application of a technique for research and development program evaluation," *Operations Research*, 7: 646–70; Smith-Daniels, D. E., and Smith-Daniels, V. (1984). "Constrained resource project scheduling," *Journal of Operations Management*, 4: 369–87; Badiru, A. B. (1993). "Activity-resource assignments using critical resource diagramming," *Project Management Journal*, 24(3): 15–22; Gong, D., and Hugsted, R. (1993). "Time-uncertainty analysis in project networks with a new merge event time-estimation technique," *International Journal of Project Management*, 11: 165–74.
4. The literature on PERT/CPM is voluminous. Among the citations readers may find helpful are the following: Gallagher, C. (1987). "A note on PERT assumptions." *Management Science*, 33: 1350; Gong, D., and Rowlings, J. E. (1995). "Calculation of safe float use in risk-analysis-oriented network scheduling," *International Journal of Project Management*, 13: 187–94; Hulett, D. (2000). "Project schedule risk analysis: Monte Carlo simulation or PERT?" *PMNetwork*, 14(2): 43–47; Kamburowski, J. (1997). "New validations of PERT times," *Omega: International Journal of Management Science*, 25(3): 189–96; Keefer, D. L., and Verdini, W. A. (1993). "Better estimation of PERT activity time parameters," *Management Science*, 39: 1086–91; Mummolo, G. (1994). "PERT-path network technique: A new approach to project planning," *International Journal of Project Management*, 12: 89–99; Mummolo, G. (1997). "Measuring uncertainty and criticality in network planning by PERT-path technique," *International Journal of Project Management*, 15: 377–87; Moder, J. J., and Phillips, C. R. (1970). *Project Management with CPM and PERT*. New York: Van Nostrand Reinhold; Mongalo, M. A., and Lee, J. (1990). "A comparative study of methods for probabilistic project scheduling," *Computers in Industrial Engineering*, 19: 505–9; Wiest, J. D., and Levy, F. K. (1977) *A Management Guide to PERT/CPM*, 2nd ed. Englewood Cliffs, NJ: Prentice-Hall; Sasieni, M. W. (1986). "A note on PERT times," *Management Science*, 32: 942–44; Williams, T. M. (1995). "What are PERT estimates?" *Journal of the Operational Research Society*, 46(12): 1498–1504; Chae, K. C., and Kim, S. (1990). "Estimating the mean and variance of PERT activity time using likelihood-ratio of the mode and the mid-point," *IIE Transactions*, 3: 198–203.
5. Gray, C. F., and Larson, E. W. (2003). *Project Management*,

2nd ed. Burr Ridge, IL: McGraw-Hill.
6. Hill, J., Thomas, L. C., and Allen, D. C. (2000). "Experts' estimates of task durations in software development projects," *International Journal of Project Management*, 18: 13–21; Campanis, N. A. (1997). "Delphi: Not a Greek oracle, but close," *PMNetwork*, 11(2): 33–36; DeYoung-Currey, J. (1998). "Want better estimates? Let's get to work," *PMNetwork*, 12(12): 12–15; Lederer, A. L., and Prasad, J. (1995). "Causes of inaccurate software-development cost estimates," *Journal of Systems and Software*, 31: 125–34; Libertore, M. J. (2002). "Project schedule uncertainty analysis using fuzzy logic," *Project Management Journal*, 33(4): 15–22.
7. Meredith, J. R., and Mantel, Jr., S. J. (2003). *Project Management*, 5th ed. New York: Wiley.
8. Project Management Institute. (2000). *Project Management Body of Knowledge*. Newtown Square, PA: PMI.
9. DeMarco, T. (1982). *Controlling Software Projects: Management, Measurement and Estimate*. New York: Yourdon; Horner, R. M. W., and Talhouni, B. T. (n.d.). *Effects of Accelerated Working, Delays and Disruptions on Labour Productivity*. London: Chartered Institute of Building; Emsley, M. (2000). *Planning and Resource Management—Module 3*. Manchester, UK: UMIST.
10. Callahan, J., and Moretton, B. (2001). "Reducing software product development time," *International Journal of Project Management*, 19: 59–70.

第 10 章

项目进度计划：滞后、赶工和活动网络

本章目标

学习本章后，你将能够：
1. 将滞后关系应用到项目活动中。
2. 构建并理解甘特图。
3. 了解推进项目进度的方法及其优缺点。
4. 理解进行项目活动赶工所需的权衡。
5. 利用 AOA 技术构建活动网络。
6. 理解 AON 和 AOA 的差别，识别每种技术的优缺点。

本章涉及的项目管理知识体系的核心概念

1. 项目进度计划管理（见 PMBoK 6.1 节）
2. 活动定义（见 PMBoK 6.2 节）
3. 活动排序（见 PMBoK 6.3 节）
4. 前导图法（见 PMBoK 6.3.2.1 节）
5. 超前和滞后（见 PMBoK 6.3.2.3 节）
6. 活动资源估计（见 PMBoK 6.4 节）
7. 活动历时估计（见 PMBoK 6.5 节）
8. 进度制定（见 PMBoK 6.6 节）
9. 进度压缩（见 PMBoK 6.6.2.7 节）
10. 进度控制（见 PMBoK 6.7 节）

☐ 项目导读 10-1

扩建巴拿马运河

巴拿马运河一直以来都是土木工程的奇迹，从 1914 年至今已持续运行了 100 年。每天，40艘船在大西洋和太平洋之间穿梭50英里，耗时10个小时，每艘船大约花费在200 000～400 000美元。据估计，每年有超过13 000艘船通过运河穿越大洋，是巴拿马重要的收入来源。同时，自2000年以来，这条运河急需现代化改造，原因有以下几点。

（1）新的更大的集装箱船超过了运河每天可容纳的运船数量，从而增加了货运时间，交通压力大的时候，船只甚至需要等待一周才能通过船闸。

（2）马士基这样的造船企业和亚洲企业签订合同生产一批新的更大的船只来减少成本，但因船只体型太大而不能通过现有的110英尺宽的船闸。

（3）来自苏伊士运河和美国联运系统的竞争加剧。正如上文所说，基于目前的贸易量，预计2011年，大约37%的集装箱船队无法通过巴拿马运河。事实上，马士基最近宣布因为集装箱船扩容，它将不再使用巴拿马运河，将转而使用苏伊士运河。

（4）运河太旧需要翻新和修复。运河多年来的损坏导致它需要更长的停工期来修理。

（5）从环境的角度说，运河也需要更新。船闸系统每次的开合需要将Gatun湖（即巴拿马主要的饮水资源）超过5 000加仑的淡水倾入海中。而且，运河对当地居住在运河和Gatun湖边的印第安土著社会造成了环境和生态破坏。

在一个宣布运河需要改造的讲话中，巴拿马前总统Martin Torrijos指出，运河就像石油资源一样，未开采的石油资源都是没有价值的，而如果要开采你就需要投资大量基础设备，这个运河需要扩大它的容量来吸纳更大的货运船只需求，为巴拿马人创造更多财富。

为了满足这些需求，巴拿马2007年年初开始了运河扩张项目（Canal Expansion Project，见图10-1）。投入了53亿美元（包括23亿美元的外部资金），运河扩张项目资金将用于：

- 建造两个新的船闸，大西洋和太平洋上各一个。每个将有三个仓位和节水槽。
- 为两个船闸开发新的通道。
- 拓宽加深现有的通道。
- 增大Gatun湖的最大运行水位。

图10-1　巴拿马运河扩建实景

资料来源：Rafael Ibarra/Reuters/Corbis.

该项目的一些重要特点包括：

新船闸。今天的运河有两条船道，每条道都有自己的船闸。扩建项目将通过在运河两端建造配套船闸，增加第三条船道。新的船闸将长 1 400 英尺，宽 180 英尺，深 60 英尺，可轻松容纳运行中的大型船只。一个船闸将位于太平洋一侧，现有 Miraflores Locks 的西南部。另一个将位于现有 Gatun Locks 的东边。这些新的船闸将有 3 个连续的舱室，用于将船只从海平面移动到 Gatun 湖的水平，并再次下降。

节水槽。新船闸具有节水槽，以减少船闸作业所需的水量。新旧船闸的操作都使用重力和阀门，无须泵送。旧的和新的船闸将使用 Gatun 湖的水。即使在目前两条船道的情况下，当巴拿马的水位低或旱季结束时，供水也会受到限制。增加第三个船道意味着这个供水问题必须由环保水系统来解决，预计每艘船将节省数千加仑的水。

由于项目的规模大、范围广，这对于巴拿马和被聘请的国际公司来说都是重大的挑战。该项目由一个由西班牙主导的欧洲建筑公司主导，与巴拿马运河管理局合作。实际施工工作稳步推进，但并没有顺利进行。事实上，这个项目的成本已经极大地透支了。截至 2014 年，该项目已耗去约 16 亿美元，将该项目的初期预算从 53 亿美元提高到近 70 亿美元。建筑联合会提出要求收回额外费用，认为超支是国内项目管理不善的结果，而巴拿马政府认为过高的成本是敲诈勒索。最终，运河管理局和建筑公司之间的一系列索赔和纠纷传送到美国的审判室仲裁听证会来确定负责多项超支的一方。此前，在 2014 年，由扩建项目组成的财团提出了 1.8 亿美元的索赔，成为迈阿密仲裁员手中的首批有争议的建筑费用。总共近 14 亿美元的额外索赔正在等待解决，由于停工和质量差，导致返工和严重的成本超支。在 2014 年年初，争端变得非常严重，工程暂时停工近一个月，危及近万个工作岗位。

所有这一切使该项目的发展复杂化，从而推动了其他项目的发展。例如，迈阿密扩建的港口刚刚开了一个新的 10 亿美元的隧道，这是 20 亿美元改造的一部分，其中包括一个主要的疏浚项目和摩天大楼的装载起重机，用于向巴西发送更多的汽车零件，并从中国获得更多的商品。根据马萨诸塞州港务局的统计，在波士顿，运河扩建以及疏通波士顿港口以适应较大型船舶的计划，可以在康利码头创造数千个新工作和超过 40 亿美元的新业务。巴拿马运河加勒比海入口的主要港口曼萨尼约国际航站楼执行副总裁卡洛斯·乌里奥拉拉（Carlos Urriola）指出："我们都知道，像迈阿密这样的港口一定会等待着我们修复好运河。"

预计仲裁裁决将削减各方之间的纠纷，运河扩张将于 2016 年年初准备就绪。然而，建筑公司正在调查如何加快完成，使国家可以最大限度地受益于运河扩张。但加快无疑会提高成本，所以是否会加快进度仍不确定，但它说明了巴拿马及其建筑承包商及时完成项目的重要性。改善经济、增加交通量、支持环保是巴拿马运河扩建工程不变的目标。[1]

概述

前一章介绍了项目进度计划中的难点、重要术语、网络逻辑、活动历时估计和关键路径的确定。在这一章中，将应用这些概念来探究其他进度计划技术，包括使用项目活动的滞后关系、甘特图、对项目活动赶工以及比较 AOA 和 AON 之间的区别。上一章将制定进度需要的一系列步骤形容为拼图游戏，而本章将在此基础上考虑项目进度计划中的其他重要部分，所有这些都是为了制订一个有意义的项目计划。

10.1 活动中的滞后关系

滞后（lag）指一项活动的开始和完成与另一项活动的开始和完成之间的逻辑关系。在实际应用中，滞后常常被整合到网络中，从而使网络的构建具有更大的弹性。假设项目小组人员希望加快进度，并确定一个前置任务并不需要在它的后续活动开始之前完成，比如，当前置任务启动后 2 天，其后续的任务就可以开始，即两项任务的开始之间有 2 天的滞后。滞后阐述的就是任务之间的这种关系，虽然还存在争议，但通常认为任务之间有如下 4 种逻辑关系。

（1）完成—开始；
（2）完成—完成；
（3）开始—开始；
（4）开始—完成。

10.1.1 完成—开始

完成—开始关系是最常见的任务逻辑关系。假设 3 个任务按顺次（serial）关系连接，如图 10-2 所示。直到活动 B 完成后再过 4 天，项目收到外部供应商发出的货物，活动 C 才能开始。在这个小例子中，活动 B 的完成和活动 C 的开始之间有一个滞后 4 天的完成—开始关系。

注意图 10-2 中，因为有滞后 4 天的完成—开始关系，活动 C 的最早开始时间（ES）已经被推迟了 4 天。完成—开始关系的滞后延迟通常标在连接节点的箭线上。在正推计算过程中应该加上滞后时间，在逆推计算过程中则应该减去滞后时间。完成—开始的滞后并不等同于活动时差，也不能用相同的方式处理。

图 10-2　包含滞后 4 天完成—开始关系的网络

10.1.2 完成—完成

完成—完成关系指两个连接的活动共用一个相同的结束点。图 10-3 就表明了活动 R 和活动 T 之间的这种关系。尽管活动 R 比活动 T 早开始，但是它们拥有共同的结束点。

在一些情况下，可能有两个或多个活动在相同的时间点结束。例如，假设一个承包商在修建一个办公室综合楼时，只有当所有的电线、管道、热能、空调（HVAC）全部安装完毕后，内部装修才能开始，这种情况下，就可能包括一个滞后时间来确保内部装修的所有前置活动都在同一时刻完成。图 10-4 就说明了这样一个完成—完成滞后关系，即活动 R、

S 和 T 全部完成后，活动 U 才能紧接着开始。活动 R 和 T 之间的 3 天滞后保证了这些任务在同一时间点完成。

图 10-3　包含完成—完成关系的网络

图 10-4　包含完成—完成滞后关系的网络

10.1.3　开始—开始

开始—开始关系指两项或多项活动同时开始，或者一项活动的开始和另一项更早开始的活动之间发生滞后的情况，比如一个公司可能希望当制图正在进行的时候就开始原材料的采购。但有一种观点认为，开始—开始关系在包括并行活动的网络中是多余的，因为这些并行活动被认为是通常的活动，并没有特殊的意义。如图 9-20 所示，活动 C 是网络中的发散活动，它的后续活动（活动 D 和活动 G）实质上就是开始—开始逻辑关系。图 9-20 所示的例子和开始—开始关系之间的微妙差别在于，图 9-20 中的并行活动 D 和活动 G 并不是一定要同时开始；而在开始—开始关系中，对网络进行正推和逆推时，开始—开始关系连接的活动必须同时开始，因此需要改变活动 G 的浮动时差。

通过**快速跟进**（fast-tracking），开始—开始被越来越多地应用于项目加速（本章稍后会进一步讨论）。相较于以往活动间的完成—开始关系，组织越来越倾向于采用开始—开始类的平行任务调度方法来压缩工期，例如通过不同的设置让多个活动同时进行。生活中这样的例子很多，比如说一本书的手稿校对工作不需要等整个文档完成了才开始，在作者拟稿的时候，文字编辑就可以开始整理第 1 章了。另外，更为常见的例子是在软件开发项目中，通常软件功能的整体设计还在布局中时，就可以开始基本的编程工作了。虽然我们不可能总将前置活动或者后续活动重新配置到开始—开始进度中，但只要可以这样做，就能够创建一个快节奏、紧凑的进度安排。

图 10-5 所示就是一个开始—开始网络的例子，这个网络中包括活动 R、S 和 T 滞后 3 天的逻辑关系。

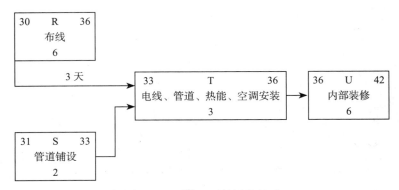

图 10-5 开始—开始网络关系

10.1.4 开始—完成

一项后续活动的完成依赖于其前置活动的开始（开始—完成），这可能是最少见的一种逻辑关系。地下污水排水系统的建设就存在这种关系，如图 10-6 所示。混凝土浇筑活动 Y 的完成就依赖于确定污水地点的开始。尽管开始—完成关系很少发生，但并不能因此而忽略它的存在。在检查网络逻辑时，必须考虑各种前置—后续关系类型，包括开始—完成关系，才能保证活动网络中的关系是最合适的。

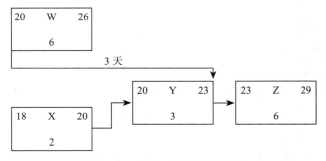

图 10-6 开始—完成网络关系

10.2 甘特图

甘特图是由哈维·甘特（Harvey Gantt）于 1917 年发明的，它是创建项目网络的另一个非常有用的工具。**甘特图**（Gantt charts）建立了一个基于时间的网络，它通过项目进度基准计划连接项目活动，同时它也可作为一个项目追踪工具，来评价计划和实际进展之间的差别。图 10-7 显示的是一个基本的甘特图。图最左边的一列代表活动，其右侧线段的左右端点分别代表活动的 ES 和 EF。ES 和 EF 与甘特图底部的日历基准一致。甘特图是绘制网络图最早的尝试之一，它按照日历时间基准排列项目活动，从而让项目团队成员在项目开发期间的任何日期都清楚项目的状态。

甘特图的优点在于：①它们非常易读易懂；②它们能联合进度基准计划识别项目网络；

③它们允许变更，也能帮助进行项目控制；④它们有助于识别资源需求以及给任务分配资源；⑤它们很容易创建。

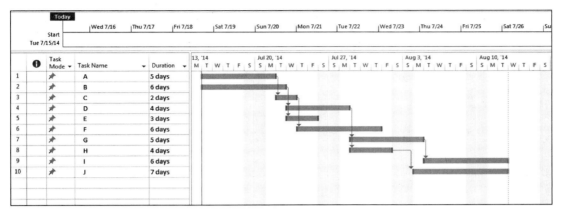

图 10-7　使用 MS project 2013 做甘特图例子

注：周末不计入在内。

资料来源：MS Project 2013, Microsoft Corporation.

（1）**容易理解**。甘特图通过连接所有的活动来构建一个前导网络。甘特图沿着水平时间线展开，这样观察者能够迅速识别当前日期，并发现什么活动应该已经完成、什么活动应该正在进行中、什么活动将要开始。因为这些活动在网络中被连接，所以也可以识别前置活动和后续活动。

（2）**进度基准计划网络**。甘特图与实际时间信息连接起来，能为项目活动提供比 ES、EF、LS、LF 和浮动时差更多的信息。因为它们与整个项目进度连接在一起显示出来，所以还能显示活动预期的开始日期和结束日期。

（3）**更新和控制**。甘特图让项目团队容易地获取项目活动信息。例如，假设一个项目活动延迟了 4 天，可以在甘特图上引入新的时间，修正项目状况，从而更新整个网络，很多企业就使用甘特图来不断更新正在进行中的活动状态。甘特图还能让经理对当前的活动状况进行评估，即使出现活动完工滞后于计划的情况，也可以制定补救措施。

（4）**识别资源需求**。按照进度基准计划来布置整个项目，使项目团队在需要资源之前就能很好地制订资源计划，从而让资源进度计划变得更容易。

（5）**容易创建**。甘特图很直观，因此它是项目团队最容易创建进度计划的工具。甘特图的关键就是要对一些重要信息有一个清晰的认识，这些信息包括：活动的长度（历时）、网络活动的先后关系、项目预期的开始日期以及诸如是否需要**加班**（overtime）等构建进度基准计划的其他必需信息。

图 10-8 是基于上一章中德尔塔项目的信息，利用 MS Project 2013（见图 9-11）构建的甘特图。在网络中从左到右排列的横道图代表了开始日期、结束日期和活动长度，这些信息同样也用来描述每项活动。甘特图按照活动开始时间的早晚顺序自上而下排列。图中的整个"流"的流向是从左上角到右下角。基准进度水平显示在甘特图的顶部。每项活动被连接起来，显示了网络中的逻辑顺序。所有的活动从它们最早开始时间（ES）开始。可以

通过改变任务间的逻辑顺序来调整网络，例如，网络可以被调整为按照最晚开始时间（late start time，LS）来构建，或者是做其他调整。

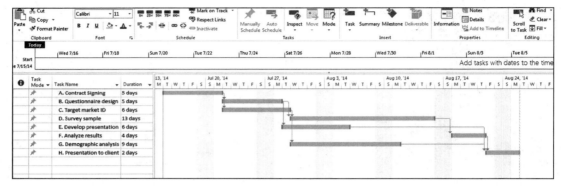

图 10-8　完成项目甘特图

资料来源：MS Project 2013, Microsoft Corporation.

当利用完整的德尔塔项目信息来绘制甘特图（见图 10-8）时，可以从网络中确定其他信息。首先，连接活动和其后续活动的箭线长度代表了活动时差。例如，活动 E 有 60 天（12 周）的时差，粗体的水平横道代表了活动的历时，连接活动 E 和后续活动 H 的箭线长度代表了 E 的时差。最后，很多软件生成的甘特图还将自动计算出关键路径，在图中识别关键活动。图 10-9 所示的甘特图中，被突出显示的就是关键路径。

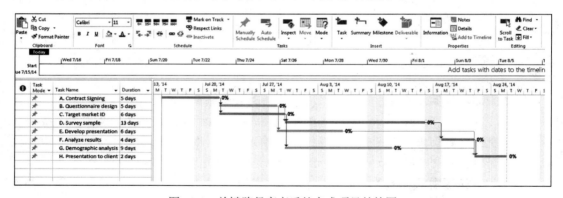

图 10-9　关键路径高亮后的完成项目甘特图

资料来源：MS Project 2013, Microsoft Corporation.

10.2.1　在甘特图中添加资源

向甘特图中添加资源非常直观，包括给各种活动分配资源。图 10-10 就是利用 MS Project 输出的一个甘特图，它将项目组人力资源分配到了各项活动中。如图 10-10 所示，在给活动分配资源时，也可能按照一定的时间比例来分配。这个特点很重要，在后面的章节中将会看到，它是对项目进行跟踪和控制的基础，尤其是在成本控制上。

图 10-10 显示了 6 个项目团队成员已经被分配到了 6 项任务中。但是，假如没有足够的资源，那么分配到任务中的资源将更少（比如说 50%），结果会导致要完成项目活动必须

增加历时。在网络进度中应用到资源管理是非常重要的，在第 12 章中将详细介绍。

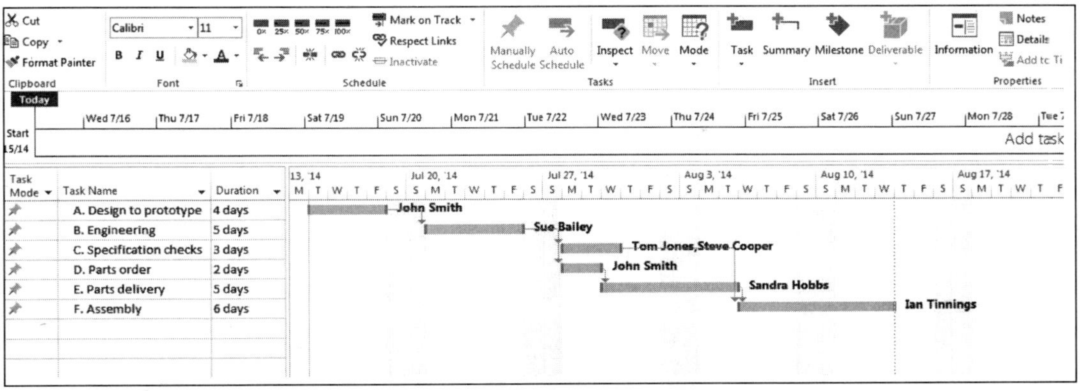

图 10-10　特定资源的甘特图

资料来源：MS Project 2013, Microsoft Corporation.

10.2.2　包含滞后的甘特图

当需要显示滞后时，甘特图能够通过建立一个形象的项目进度来进行调整。图 10-11 就是一个包含几种不同滞后关系的甘特图。在这个网络中，活动 C（检查规格）和活动 D（零部件的订购）由完成—完成关系连接，它们在同一时间结束。活动 E 是活动 D 的后续活动。最后两个活动 E 和 F，被开始—开始关系连接。与网络构建中的滞后关系类似，关键所在是为活动创建一个合理的逻辑关系。一旦网络中包括了不同类型的滞后关系，识别网络关键路径和其他相关信息的实际过程就应该非常简单了。

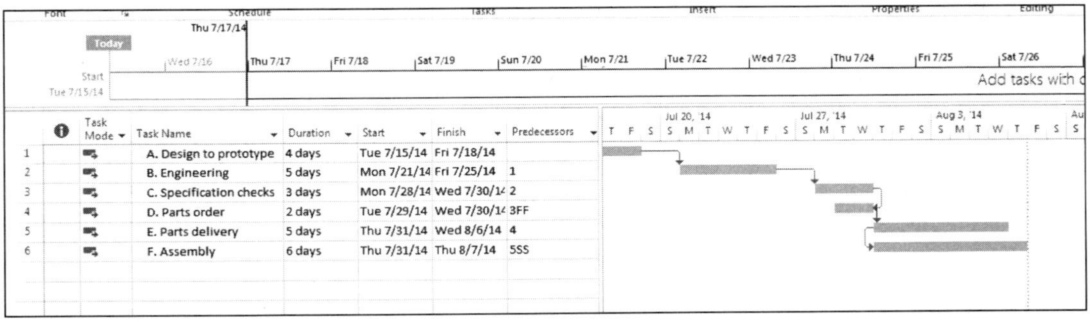

图 10-11　延迟关系甘特图

资料来源：MS Project 2013, Microsoft Corporation.

■ 实践中的项目经理 10-1

克里斯托弗·富尔茨，劳斯莱斯公司

"项目经理就像管弦乐团的指挥。指挥者不弹奏乐器，但是了解如何平衡每个乐手以完成表演。指挥者必须关注到所有的音乐家，不能仅仅在某一部分音乐家

身上投入过长时间的关注。项目经理与他相同,平衡多个利益相关者和团队成员的需求,以实现预期的结果。项目经理可能不做实际工作,但确保所有工作都按时完成,并符合项目要求。项目经理不能长时间专注于一个特定部分,否则项目的其余部分会很快失去控制。"

克里斯托弗·富尔茨(Christopher Fultz)拥有宾州州立大学项目管理硕士学位、印第安纳大学工商管理硕士学位以及普渡大学技术学院本科学位。他在印第安纳州的劳斯莱斯生活和工作,主要负责国防业务。他的第一个正式项目是引领小型引擎修改计划,以支持贝尔直升机的新引擎应用。自从首次任职以来,他领导了几个引擎开发和认证的团队,科学实施项目管理,平衡成本、进度、技术合规性和利益相关方的期望(见图10-12)。

图10-12　克里斯托弗·富尔茨,劳斯莱斯公司

资料来源:Jeffrey Pinto/ Pearson Education, Inc.

"最重要的经验教训之一是项目内部和公司周边其他项目总是存在竞争性要求。没有足够的时间、资源、金钱来完成可能需要的所有工作,所以确定真正需求是什么,然后按时满足这些需求是最重要的。"最近,富尔茨领导了RR300引擎项目,即劳斯莱斯M250发动机的衍生产品。RR300是针对罗宾逊直升机开发的,主要用于其新的R66直升机。自2008年获得认证以来,劳斯莱斯已经生产了数百台RR300发动机,以支持R66机队。"这是罗宾逊直升机的首款涡轮发动机装备,因此在项目初期,我们与他们密切合作,了解他们的需求和要求,以确保我们能够提供符合客户要求的发动机。记录和明确要求和期望是非常重要的,因为他们以前采用的都是活塞式发动机,并且基于历史经验有不同的观点和假设。讨论、理解和记录要求,然后制订计划交付给他们,促使引擎认证、集成和飞行测试程序的成功。RR300项目面临严格的时间表和具体的发动机性能要求以及产品成本挑战以及需要开发新的供应链来支持生产计划的挑战。"

从以前的项目中,富尔茨已经知道如何建立重点突出的项目团队以及维护团队内部沟通。"对于RR300,该团队有一个统一的共同愿景。我们不断跟进我们的进展情况,并强调团队意识。我们必须紧密合作,以满足所有的要求,积极的沟通是关键。"富尔茨现在领导劳斯莱斯的劳斯莱斯防务计划管理办公室(PMO),这是过去3~4年来发展起来的一个部门。在这个部门中,他负责项目和项目管理团队的EVMS(获奖价值管理系统)卓越中心、资源平衡、规则和工具以及专业技能开发。他与他在英国的对手紧密合作,确保满足全球国防业务的需求，并且在不同业务地点之间寻求一致的解决方案。

"人才是项目成功的关键。我们正在努力了解项目经理为了支持我们当前业务活动所需掌握的最重要的技能有哪些。我们将这些需求与我们当前的知识、经验和技能水平进行比较，以确定需要改进的地方。这可能包括专业认证、有针对性的课程工作、宾州州立大学项目管理硕士学位课程或短期和长期发展任务（让人们获得更多的经验）。在2013年，我们在美国的国防部开始了一个项目管理专业卓越计划。我们每年增加两个新的大学毕业生。该计划的员工将在不同的业务部门和地点进行4个为期6个月的任务，帮助他们得到广泛的业务和项目管理经历。在这两年的计划中，他们将在产品生命周期的各个阶段，在不同的业务单位和项目进行工作。在轮岗结束时，他们将进入第一个重要的项目管理岗位，并具有扎实的背景和良好的项目管理经验。"

富尔茨负责开发和维护项目群管理流程，他作为团队的一员参与项目流程的定义和实施。"这个过程的重点是平衡项目的自主投资，以支持计划增长、客户满意度和成本管理。随着项目开始和结束以及业务和客户需求的变化，这一投资组合平衡是一个持续不断的过程。"

在这个工作之外，富尔茨还是第一机器人计划的导师，这是一个高中课程，专注于让学生对科学和工程学感兴趣。该计划的关键要素之一是设计和建造机器人，以便每年完成特定的新游戏挑战。这些机器人是大型、远程控制的机器，24×36×60英寸大小，重120磅。该计划是由导师主导，学生和专业人士协作完成的。富尔茨认为，这对学生来说是一个重要的项目管理经验，对导师来说是一个极好的开发活动。"尽管真正的项目复杂程度远超过机器人，但是构建机器人的项目在压缩的6周时间内体现了产品生命周期的所有元素。其中游戏的挑战包括了确定构建的需求和如何玩这些游戏。团队必须根据他们的技能、资源、预算和时间表找到适合他们自己的方式。时间紧张，没有太多的时间用于讨价还价。团队然后转向竞争，在那里他们看到他们的机器人在行动，并可以根据'竞争对手'的作品评估他们的设计、战略和最终产品。团队从需求到概念、到成品再到用于服务的几个月中，所有的经验能够为他们的工作提供即时和有效的反馈。即使这些人还只是高中生，但对于未来的项目管理者来说也是一个很好的训练场。"

10.3 项目赶工

有时为了让项目的完工时间更早，需要加快项目进度。加快项目进度被称为**赶工**（crashing）。项目赶工与资源约束直接相关。愿意花费的资源越多，项目将推进得越快。项目赶工的原因有很多，包括以下几个。[2]

（1）最初的进度计划过于乐观。在这种情况下，不可避免地需要通过赶工来缩短一些活动的历时。

（2）市场变化导致项目需要比预期更早地完成。比如，假设某公司发现其正在进行的秘密项目同时也在被竞争对手开发。因为第一个生产出该产品的企业将占有更大的市场份额，并将获得更多的效益，所以这个公司必须竭尽全力加快项目进度，保证它最先进入市场。

（3）项目进展严重落后于进度计划。为了重新恢复到正常的进度状况，唯一的办法就是对所有正在进行中的活动赶工。

（4）合同条款为避免进度落后提供了更多的激励。公司的项目如果不能按时完工，那么它将付出比赶工成本更多的延期罚金。

10.3.1 加快项目进度的方法

加快项目进度或者赶工的方法有很多，而选择哪种方法的关键在于项目资源约束的程度。比如说，项目是否有多余的预算或者是其他可用的资源，项目经理（和组织）能否为项目提供更多的资源是决策者首要关注的问题。根据资源约束的程度不同，有些方案会具有更大的优势。加快项目进度的主要方法有以下几种。

（1）**提高现有项目资源的生产率**。提高现有项目资源的生产率是指发现更高效的方法，并利用当前可用的人力物力在相同时间内完成更多的工作。实现这个目标的方式包括：改善计划和项目组织；排除影响生产率的障碍，比如过多的官僚机构手续、物质限制等；激发项目团队成员的积极性，提高他们的工作效率。寻求提高项目资源生产率的方法必须付出努力，但是这些努力最好是在项目与项目之间的停歇期间进行，而非在项目的进行过程中。

（2）**改变活动的工作方式，一般通过改变使用的技术或者是资源的类型来实现**。加快项目进度的另一种方法是改变工作方式，通常通过改变技术和资源类型来实现。例如，很多企业已经转向使用基于计算机的项目进度编制技术，从而节省了大量的时间。改变工作方式还包括高级人力资源的委派、雇用合同工或者外包来完成项目中的特定功能。

（3）**降低质量/缩减项目范围**。在项目进度紧张或者急需完结项目的情况下，组织必须牺牲部分原始的项目规范时才会采取这两种方案。降低质量也许是一个相对简单些的决策，只需要采用一些更廉价的材料或者在项目推进的时候省掉一些不必要的检查步骤。降低质量标准这样的决策对项目很少是有利的，通常这样的决策更像是在限制或者控制未来可能带来的损失。有些情况下，这甚至都不算是解决方案。比如说建筑公司把安全（也就等同于质量）当作最首要关注的问题之一，因此在深思熟虑之后一定不会做出降低质量标准的决定。

另一方面，缩减项目范围确实是组织在社会舆论压力下较常见的选择，尤其是项目存在延迟或占据市场龙头地位的获利要远远大于缩减范围的担忧时。比如，三星（韩国）正在研发一款新型的带有3D视觉效果的产品，并且拥有最棒的音质、可进行互联网连接等技术。然而，公司在研发时发现，其竞争对手准备要在圣诞节（购物季）发布一款新电视。那么三星就可能缩减其在产品功能升级方面的投入，而将主要工作重心限定于现有模型的跟进上，提前发布这款配置产品以维持其市场占有率。

企业做出限制项目范围的决定殊为不易，但是很多情况下，尤其是当企业能够区分必备功能和附加功能（对项目目标没有致命影响）时，这个方案是可行的，对企业也不会带来很大的负面影响。通过降低项目范围的方式而最终成功完成的项目不计其数，这是因为企业会系统地逐渐缩减范围，比如说反复地审查、修改任务分解结构和项目进度表。积极主动系统地去减小项目范围，在能实现缩减效果的同时也能最小化项目最终交付时的负面影响。

（4）**快速跟进项目**。快速跟进一个项目是指调整项目进度让更多关键路径上的活动从时序关系变为平行（同时发生）关系。有时，想要快速跟进一个项目只需项目团队发挥一下创造力。以一个简单的建筑项目为例，在最终的室内设计工作和细节图纸还未完成时就可以开始浇筑混凝土地基了。也就是说，提早开始地基工作并不影响室内的家具门窗及其摆放位置的设计，却实实在在能够缩短项目工期（第9章讨论了缩短关键路径的具体方法）。快速跟进中可以采用的方法有以下3种。

①缩短最长的关键活动。标记出历时最长的关键活动，然后按百分比分别缩短活动历时。缩短最长活动的历时是影响项目总工期，且不引发危机的典型做法。

②部分活动重叠进行。前置活动还未完全结束时就开始后续活动。我们可以利用活动间的"消极滞后"来重新安排关键活动，然后使得一个活动可以与下一个重叠进行。举个例子，假设我们序列中有两个活动：程序功能编程和调试代码。很多时候，在程序员还未完成全部作业的情况下，调试员就可以开始调试工作了。我们因此可以知道，调试活动有一个消极滞后时间，我们假设是两周。这样，我们就可以让调试员在程序员完全完成编程活动前两周就开始调试工作。

③利用开始—开始滞后关系。标准的前置或者后续活动是通过完成—开始关系来定义的，这也就意味着后续活动必须等到它的前置活动全部完成后才开始。开始—开始关系中假设了两个活动可以同时开始，比如说，我们不必等到城市的建筑许可审批下来就可以先让当地的承包商去为新建筑清场或者联系其他城市公寓申请道路和下水道的使用权。也许并不是每个活动集合都能将完成—开始关系重新整合成开始—开始关系，但通常在项目进程中我们总能找到空隙来实施这项快速跟进技术。

（5）**加班**。加快项目进度很常见的一个方法就是通过安排加班，延长项目成员的工作时间。从某种程度上来说，这个方法是很有吸引力的。如果我们的员工每周工作40个小时，那么通过每周增加10小时的加班时间，我们就可以将生产力提高20%。如果是受薪员工，我们还可以制定加班的相关规定，这样就可以省下聘请小时工的额外支出了。因此，从表面来看加班是很值得推荐的方法。

然而，我们也需要考虑加班的一些弊端。首要考虑的就是成本，若是聘请小时工，加班工资率极高，结果就会因为要节省时间（部分被认为是"以金钱换时间"交易）而增加更多的项目预算。加班的另一个问题就是可能会影响项目成员的生产力。肯·库珀（Ken Cooper）在他的著作中为那些试图通过加班来加快项目进度的项目经理提了几条建议。为测试持续的加班时间对项目成员的影响，他将员工分了两类：工程师和生产线员工（测试结果见图10-13）。当我们把真实的生产率和返工处罚（没有正确地一次性完成工作）考虑进来时，加班的结果是很不乐观的。不管是工程师还是生产线员工，每周加班4个小时，却只达到不足2小时的效果（实际生产力）。加班时间越长，效率越低。事实上，当每周加班时间达到12个

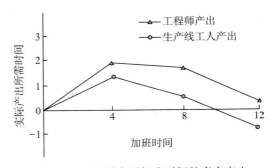

图10-13 不同水平加班时间的真实产出

小时之后，工程部门的净输出几乎可以忽略不计了，而生产部门已经是负值。这个研究结果告诉我们，为加快项目进度一味地去加班不仅会让员工更加疲惫、增加项目预算，在生产力上也没有实质上的增加，反而适得其反。

（6）增加项目资源的数量。 活动历时是由参与任务的人数决定的，因此，可以通过增加人员数量达到缩短任务时间的效果。举个例子，假设我们安排一名程序员完成一项特定的编程工作，设定历时40个小时。现在我们决定增加两名程序员加入以缩短任务时间，那么完成这个任务的预期历时又是多久呢？少于40个小时是肯定的，而具体缩短到多少小时是不确定的，因为结果可能不是一个简单的线性函数结果（比如：40/3=13.33小时）。其他的变量也会影响完成时间，比如说沟通延迟或者是3名程序员之间存在协调问题。但是通常来说，增加人员在缩短程序历时上的效果是很显著的。

同加班一样，我们也需要认真考虑增加项目成员的影响，尤其是当部分活动已经启动的时候，比如说，增加成员我们需要考虑"经验学习曲线"的影响。假设程序员已经开始了他的编码工作，项目总监此时决定增加两名成员去辅助他，那么按照IBM前高管弗雷德·布鲁克斯（Fred Brooks）的说法，这个行为可能会适得其反。在其著作《布鲁克斯定律》（*Brooks' Law*）中，布鲁克斯指出，向正在进行的活动中投入更多的人力只会带来更大的延迟。他认为，为了使增加的人员赶上任务进度而花费的额外时间和培训，会抵消增加人员的积极影响。他提出在任务还未开始的时候增加人员会收到更好的效果，能够真正缩短任务历时。尽管有研究表明布鲁克斯定律在很多情况下是有效的，但是如果能缩短计划，就能够节省出足够的时间和资源来进行新增人员的培训，或者是让新增人员尽早参与到项目中来，都可以减少布鲁克斯定律的负面影响。[3]

尽管以上的讨论都表明我们在项目中增加人员是需要慎重考虑的问题，但是它仍然是缩短活动历时的常用方法之一。只要能在成本和进度之间找到平衡，这种方法通常是有效的。

为了确定需要赶工的活动，首先必须确定项目中每项活动的实际成本，包括项目的固定成本和变动成本，这些概念在第8章介绍项目预算时已经详细说明了。下面假设有一种合理的方法可用于估计项目活动的总成本，包括它们在正常开发时间和赶工时间下的不同成本。图10-14阐释了活动成本和历时之间的关系。值得注意的是，活动的正常历时长度反映了为完成这项活动的适当资源成本。如果需要对一些活动进行赶工，那么与这些活动相关的成本将急剧增长。图中的赶工点代表对活动进行最大限度的赶工，即在赶工点没有继续缩短活动历时的可能了。图中的斜线是连接正常点和赶工点而成的直线，从某种意义上来说，对项目活动进行赶工只能进行到一定程度，可能并不能达到完全赶工点，其赶工程度与斜线的斜率有关。

为项目活动分析赶工选择的目标在于，找到时间和成本均衡的最优点。可以为项目赶工选择计算各种时间—成本均衡的组合情况，从而确定每项活动的斜率，计算公式如下

$$斜率 = \frac{赶工成本 - 正常成本}{正常时间 - 赶工时间}$$

▶ **例 10-1　计算赶工成本**

为了计算项目活动的赶工成本，假设活动X的正常历时是5周，预算成本为12 000美

元。对该活动赶工后，历时为3周，预计成本为32 000美元。使用上面的公式，可以计算得到活动X的成本斜率：

$$\frac{32\ 000 - 12\ 000}{5 - 3} 或 \frac{20\ 000}{2} = 10\ 000（美元/周）$$

在这个例子中，经过计算，活动X每缩短1周的成本为10 000美元。这个代价合理吗？要回答这个问题，需要考虑如下问题。

a. 加快其他项目活动的成本是多少？ 活动X每缩短1周的成本是10 000美元，这可能是最少的赶工成本。比如，缩短其他一项活动1周的成本是25 000美元。

b. 加快这项活动的效益和损失各是多少？ 例如，该项目的赶工费用是否比延期罚金更少？另一种不同的情况是，该项目第1个进入市场能否带来巨大的潜在收益？

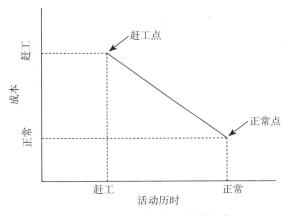

图10-14 赶工的时间/成本权衡

▶ **例10-2 对项目进行赶工**

假设一个项目只有8个活动，如表10-1所示。表中还给出了每项活动在正常情况下的历时和成本，以及赶工时的历时和成本。现在需要确定哪些活动是进行赶工的最优选择。假设所列的成本已经包括了固定成本和变动成本。

表10-1 项目活动的历时和成本（正常情况和赶工情况）

活动	前置活动	正常情况		赶工情况	
		历时（天）	成本（美元）	历时（天）	成本（美元）
A	—	5	1 000	3	1 500
B	A	7	700	6	1 000
C	A	3	2 500	2	4 000
D	A	5	1 500	5	1 500
E	C, D	9	3 750	6	9 000
F	B	4	1 600	3	2 500
G	D	6	2 400	4	3 000
H	E, F, G	8	9 000	5	15 000
总成本 =			22 450		37 500

利用上面的公式，为每项活动计算赶工的单位成本（该例中，单位为天）。得出的赶工单位成本如表 10-2 所示。

表 10-2 每项活动赶工的单位成本

活动	赶工成本（美元/天）	是否位于关键路径	活动	赶工成本（美元/天）	是否位于关键路径
A	250	是	E	1 750	是
B	300	否	F	900	否
C	1 500	否	G	300	否
D	—	是	H	2 000	是

计算表明，赶工成本最低的活动首先是 A（250 美元/天），其次是活动 B 和 G（300 美元/天）。从另一方面看，通过对活动 H、E 和 C（分别是 2 000 美元/天、1 750 美元/天、1 500 美元/天）赶工，将给项目增加更大的成本。注意在这个例子中，活动 D 不能被缩短，所以没有赶工成本。

现在将这些赶工成本转移到能够显示每项活动逻辑关系的网络中。通过分析，可以在缩短项目历时和增加总成本之间找到均衡。图 10-15 所示的项目网络是一个简化了的 AON 网络图，只标有活动代号和历时。假设利用正常情况下的活动历时，项目的初始成本是 22 450 美元。这个网络表明关键路径是 A—D—E—H，历时 27 天。我们设定正常工期情况下的项目初始预算是 22 450 美元。对 A 活动赶工（成本最低 250 美元）使它的历时缩短 1 天，项目预算将从 22 450 美元增加到 22 700 美元。最大限度地缩短 A 的历时，将项目历时压缩至 25 天，项目成本将增加到 22 950 美元。活动 B 和 G 是进行赶工的两个目标，它们的赶工成本都是每天 300 美元。但是，活动 B 和 G 都不在关键路径上，因此缩短它们的历时对整个项目没有太大意义。活动 D 不能被压缩，接下来要考虑的只有 E 和 H 了，E 的赶工成本是 1 750 美元/天，H 的成本比 E 稍高，为 2 000 美元。所以，对活动 E 赶工，使它的历时减少 1 天，整个项目的预算将从 22 950 美元增加到 24 700 美元。对项目赶工后各种可能历时的总成本如表 10-3 所示。

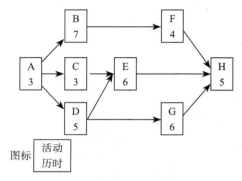

图 10-15 最大限度赶工后的项目活动网络

表 10-3 不同历时下的项目成本

历时（天）	总成本（美元）	历时（天）	总成本（美元）	历时（天）	总成本（美元）
27	22 450	24	24 700	21	30 200
26	22 700	23	26 450	20	32 200
25	22 950	22	28 200	19	34 200

最大限度进行赶工后的项目网络如图 10-15 所示。值得注意的是，虽然对所有可能的活动都进行了赶工，但关键路径并没有变化。图 10-16 列出了项目在不同历时下的成本。若是对所有活动都赶工，项目的总预算增加了。但是，图 10-16 表明，对活动 A、E 和 H 赶工后，对其他任何活动进行赶工对整个项目的历时都没有影响。这个项目的历时不可能

压缩到 19 天以下，除了 A、E 和 H，对其他活动赶工只会增加成本，而不会减少时间。因此，这个项目最优的赶工策略是只对活动 A、E 和 H 赶工，总成本将从 11 750 美元增加到 34 200 美元。

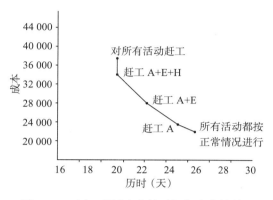

图 10-16　赶工项目中节约时间与成本的关系

对项目进行赶工决策应该谨慎考虑它能带来的收益和损失。减少活动历时和增加项目成本从来都伴随着艰难的抉择，随着活动进程的加速，总有巨大的成本支出。当然，如果赶工技术被高效运用，那么将大大缩短整个项目的历时。

10.3.2　项目赶工：给预算带来的影响

从上面的介绍已经可以看出，赶工是通过增加资源和付出更多的额外成本来缩短活动历时的手段。在做出赶工决策和它给预算带来的影响间有一个显著的关系，正如图 10-16 所示，总是要在赶工的成本和加快项目进度所节省的时间之间进行权衡。

为了强调这个问题，考虑如表 10-4 所示的赶工信息。假设活动 A、C、D 和 H 在关键路径上，最先考虑赶工的就是关键路径上的活动。右面是对这几个活动和它们赶工成本的简单比较。

活动	赶工成本（美元/天）
A	2 000
C	1 500
D	3 000
H	3 000

表 10-4　项目活动、历时和直接成本

活动	正常情况		赶工情况		赶工成本
	成本（美元）	历时（天）	额外成本（美元）	历时（天）	（美元/天）
A	2 000	10	2 000	7	667
B	1 500	5	3 000	3	1 500
C	3 000	12	1 500	9	500
D	5 000	20	3 000	15	600
E	2 500	8	2 500	6	1 250
F	3 000	14	2 500	10	625
G	6 000	12	5 000	10	2 500
H	9 000	15	3 000	12	1 000

从表 10-4 可以看出，对活动 C 赶工是最经济的，可以通过多付出 1 500 美元的成本来

节省 3 天时间。赶工的另一些候选活动（A、D 和 H）也可以根据节省的时间与增加的成本来逐一评价（假设其他的路径都不大于 48 天）。花费 2 000 美元额外成本，压缩活动 A 可为项目节省 3 天，但 A 的总成本增加到 4 000 美元。对活动 D 和 H 进行赶工，意味着每项活动多花费 3 000 美元，但将分别节省 5 天和 3 天时间。

赶工还会影响到间接成本。由表 10-5 可以看出，项目团队面临的选择是：他们需要不断调整赶工带来的管理成本的变化，以便和其他项目成本协调起来。假设要求项目的管理成本必须控制在一定范围内，比如说 200 美元/天。假设因为项目没有在 50 天内完成，根据延迟时间的长短设定了相应的罚金。尽管我们提前了送货日期，但项目历时仍然超过了 4 天，最初的 57 天进度安排显然会让我们面临受罚的危险。现在，我们发现经过 3 次反复压缩后，项目历时将从最初的 57 天减少至 48 天（首先压缩活动 C，然后 A，最后 H）。这样，该项目总成本增加了 6 500 美元，总历时缩短了 9 天。

表 10-5 超过历时的项目成本

项目历时（天）	直接成本（美元）	清算罚金损失（美元）	管理成本（美元）	总成本（美元）
57	32 000	5 000	11 400	48 400
54	33 500	3 000	10 800	47 300
51	35 500	1 000	10 200	46 700
48	38 500	0	9 600	48 100

根据每项后续的赶工活动的成本，并将它们与项目总成本相连接，可以完善表 10-5。直观来看，因为对活动进行赶工追加了额外的成本，所以直接成本将持续增加。从另一方面来讲，管理成本和罚金损失成本将减少。事实上，到了第 48 天，罚金损失就不再是成本结构中的影响因素了。因此，难点变成怎样确定这样一个点：在该点之后，即使继续对项目进行赶工，却不再影响其成本。

图 10-17 描述了项目团队在进行时间—成本均衡时的选择，这里包括了延期罚金这样的干涉因素。图中向下倾斜的那条直线代表直接成本，反映了成本将随着时间的压缩而迅速增长（时间—成本的均衡影响）。但是，如果项目历时超过 50 天就必须清算罚金损失，那么项目团队就面临着两种选择：一是支付额外的费用对项目进行赶工，保证它在 50 天内完成；二是为项目在 50 天后完成而支付惩罚金。这是对两种成本（赶工成本和延期罚金成本）进行均衡的过程。

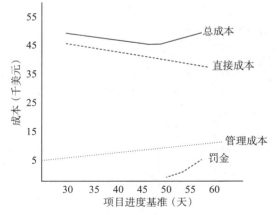

图 10-17 基于生命周期的项目成本

资料来源：A. Shtub, J.F. Bard, and S. Globerson (1994). *Project Management: Processes, Methodologies, and Economics*, Second Edition. Copyright © 2005. Adapted by permission of Pearson Education, Inc., Upper Saddle River, NJ.

10.4 双代号网络图

至此，本书使用的都是**单代号网络**

图（activity-on-node，AON）来代表活动网络图。AON 流行的原因之一是因为它是所有项目管理进度计划软件中使用的标准，并对过去的很多标准进行了简化。然而，**双代号网络图**（activity-on-arrow，AOA）是不同于 AON 的一种方法。尽管 AOA 不再像以前那么流行，但在某种程度上，它仍然被应用于很多项目管理中。AOA 的一些规定是独一无二的，无法转化或集成到 AON 中。

10.4.1 它们有哪些不同

AON 和 AOA 都被用于绘制项目活动网络，区别仅仅在于它们在网络中的绘图方式不同，一旦网络图完成，这些差异就表现出来。AOA 网络也使用箭线和节点来构建活动网络。但是，在 AOA 中，箭线代表活动，并在箭线上标明活动的历时估计；节点用来代表**事件**（event）的标识，通常代表一项活动的完成。

如图 10-18 左边所示的节点，AOA 节点与 AON 节点类似，节点中要包含的信息并没有标准的规范，但它必须为用户传达足够的、清晰的信息。图 10-18 提供了与每项活动相关的箭线和节点上的主要信息。

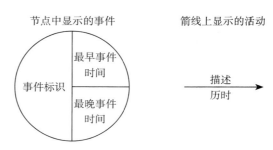

图 10-18　AOA 网络图中的符号

箭线（arrow）包括一个简短的活动描述和对该活动的历时估计。

节点（node）包括一个事件标识，比如数字、字母、代码，还包括最早事件时间和最晚事件时间。这些值与活动的最早开始时间和最早结束时间一致。

▶ **例 10-3　绘制 AOA 网络图**

虽然 AOA 与 AON 有一些重要的区别，但绘制一个 AOA 网络图的流程与 AON 法类似。为了弄清这些差别，先回到上一章用到的一个德尔塔项目网络。表 10-6 给出了构建 AOA 网络需要的相关信息。

表 10-6　项目信息

活动	德尔塔项目		历时估计
	描述	前置活动	
A	签订合同	无	5
B	问卷设计	A	5
C	目标市场识别	A	6
D	调查样本	B，C	13
E	准备宣讲	B	6
F	结果分析	D	4
G	人口统计分析	C	9
H	向客户宣讲	E，F，G	2

采用与第 9 章介绍的 AON 同样的方式构建 AOA 网络。首先，从活动 A 开始，它的后续活动是 B 和 C。因为在 AOA 中活动标在箭线上，所以通常在第 1 项活动的前面加上一个初始节点表示"开始"。图 10-19 所示即为项目网络图添加信息的过程。注意活动 B 和 C

直接紧跟在活动 A 后面。按照 AOA 制图规则，这里需要画两条箭线，分别表示活动 B 和 C，并且同时从节点 2 出发。

当活动 D 进入网络时，遇到了构建 AOA 网络中的第 1 个难题。活动 B 和 C 都是活动 D 的前置活动。在 AON 网络中要表达这种关系非常容易，只需要画两条箭线，分别连接节点 B 和 D、节点 C 和 D（见图 9-10）。但是，在 AOA 网络中并不能使用相同的方法。为何不能？因为在 AOA 网络中，每条箭线

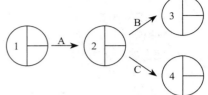

图 10-19　AOA 采样网络图

并不是用来连接节点，而是用来代表一个单独的活动，而显然一条箭线无法代表两个活动。那么在 AOA 中该如何表示这种前导关系呢？图 10-20 给出了两种方式，但都是不正确的。第 1 种（见图 10-20a）使用了两条箭线来代表活动 D，这两条箭线分别通过节点 3、4 与节点 5 连接，从而让活动 B 和 C 与活动 D 连接。这是错误的，因为在 AOA 中一个活动只允许用一条箭线来表示。另一种不同的表示方式如图 10-20b 所示，用两条箭线代表活动 B 和 C，但它们共同始于节点 2，结束于节点 3。这种方法也是错误的，因为它违背了这样一个规则：两条或多条箭线不能同时拥有共同的开始点和结束点。而且，在两个事件之间平行使用多个箭线很容易混淆活动之间的关系。因此，为了解决这个问题，必须使用虚活动。

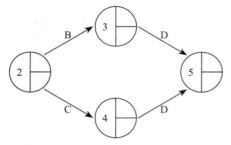

图 10-20a　某活动有两个或多个后续活动的表示方式（错误）

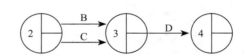

图 10-20b　某活动有两个或多个后续活动的另一种表示方式（错误）

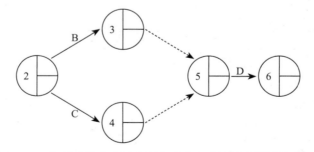

图 10-20c　使用虚活动表示有两个或多个后续活动的活动（正确）

虚活动

虚活动（dummy activities）被用在 AOA 网络中，用来表示活动和它们的事件节点之间的前导关系，它们并不占用任何时间和资源。当一项活动没有完成时另一项活动就不能开始，而这些活动在网络中又不能在同一路径上表示时，就需要使用虚活动。虚活动通常用

虚线来表示，它们可能并不需要任何标识。

如图 10-20c 所示，通过使用虚活动，采用合适的方法将活动 B 和 C 与它们的后续活动 D 相连。在这个例子中，虚活动仅仅用来表明活动 B 和 C 都必须完成之后，活动 D 才能开始。在 AOA 网络中的一个规则是，要尽可能少用虚活动。因为过度使用虚活动会导致网络图难以理解，尤其是在常规情况下，并不需要使用大量的虚活动就能够表示出活动间的逻辑关系。

图 10-21 就证明了这一点，该图中对德尔塔项目的部分 AOA 网络图做了轻微调整，删除了图 10-20c 中指向节点 5 的两条虚活动，仅仅使用一个虚活动使它从节点 3 指向节点 4，就可以明确地表示出逻辑关系。

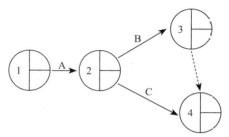

图 10-21　德尔塔项目的部分 AOA 网络图

现在已经了解了虚活动的使用方法，接下来就可以为德尔塔项目构建完整的 AOA 网络图了。活动 E 是 B 的后续活动，因此代表 E 的箭线始于节点 3 指向节点 6。类似地，活动 F 紧跟着活动 D，也指向节点 6。活动 G 是活动 C 的后续活动，也指向节点 6。最后，因为活动 E、F 和 G 都是活动 H 的前置活动，因此代表 H 的箭线始于节点 6，指向节点 7。于是完成了整个基本 AOA 网络，如图 10-22 所示。

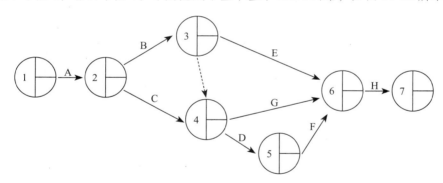

图 10-22　德尔塔项目完整的 AOA 网络图

AOA 网络中的正推法和逆推法

在正推和逆推过程中，需要收集信息确定最早开始时间和最晚开始时间，这里与 AON 网络稍微有些不同，在正推时需要把每项活动的最早开始时间（ES）标在活动的起始节点里面。计算最早开始时间和最早结束时间仍然遵循这个规则：如果存在汇聚活动，即某项活动有多个前置活动，那么选择前置活动中最大的 EF 为汇聚活动的 ES。另一个需要注意的地方是，虚活动不需要任何计算。

图 10-23 所示即为德尔塔项目正推后的结果。每个节点左半边里面的数字是节点编号，右上角的数字是以它为起始点的活动的 ES。对于不是汇聚点的节点，其右上角的数字也是以它为结束点的活动的 EF，而如果某节点是汇聚点，那么它右上角的数字则是指向它的活动中 EF 的最大值。与 AON 网络一样，在 AOA 网络中正推也是从左至右向遍历，第 1 项活动的 ES 为 0，每活动的 ES 加上历时估计即为 EF，前置活动的 EF 即为后续活动的

ES，直至遍历所有活动。唯一需要注意的是，当遇到像节点 4 和 6 这样的汇聚节点时，求 ES 值需要特别注意。节点 4 是活动 C 和虚活动的汇聚节点，这里虚活动用虚线表示。因为虚活动本身没有任何值，以节点 4 为始点的 ES 应该选择前面最长的路径，这里有两条路径：A — C 历时 11 周；A — B 历时 10 周。因此，节点 4 上面的 ES 应该是 11。节点 6 是另一个汇聚点，应用同样的选择方法得出节点 6 上的 ES 为 28。最后，用 28 加上活动 H 的历时，即为整个网络的历时长度 30 周，这和上一章用 AON 网络计算的结果是相同的（见图 9-18）。

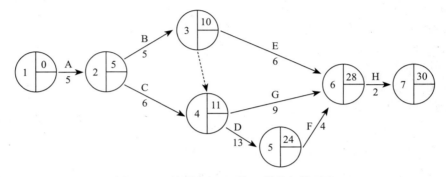

图 10-23　使用 AOA 网络正推德尔塔项目

在 AOA 中逆推的过程也与上一章介绍的 AON 网络一样。逆推法从网络的结束点开始，这里结束点是节点 7，使用 30 周历时作为开始逆推的起始时间点，对于网络中的每项活动仍然利用公式（LF− 历时 = LS）来计算 LS。每个节点的 LS 标记在节点的右下角，在 ES 的下面。当遇到发散事件时，比如节点 4，必须从以它为起始点的活动中选择最小的 LS 作为节点 4 的 LS，这里活动 D 和 G 都始于节点 4，活动 G 的 LS=28−9=19，活动 D 的 LS=24−13=11，因此节点 4 的 LS=11。节点 2 也是发散节点，计算的方法与之类似。最后得到如图 10-24 所示的计算结果，与正推不同的是，逆推需要从右向左进行推导。

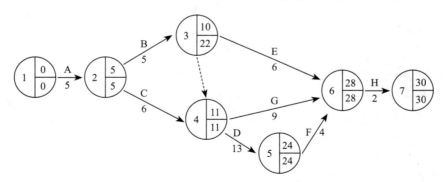

图 10-24　使用 AOA 网络逆推德尔塔项目

利用正推法遍历后，首先确定了整个项目的预期历时是 30 周。利用逆推，可以得到每项活动的时差，从而得到关键路径，这是与 AON 类似的过程。不同之处在于，AOA 网络推导过程中得到的 ES 和 LS 标记在事件节点中，因此必须检查每一条活动路径才能确定其时差。例如，活动 E 的 ES 是 10 周，它的历时是 6 周，因此活动 E 的 EF 是 16 周，与节点

6 的 ES 值 28 相比较，有 12 周的差距，这就是活动 E 的时差。类似地，活动 G 的 ES 是 11 周，历时 9 周，它的 EF 值 20 比节点 6 的 ES 提前了 8 周，这表明活动 G 的时差是 8 周。同样的逻辑可以被应用到网络中的每一项活动，计算出所有活动的时差后，就可以得到关键路径了。

10.4.2　AOA 与 AON 的比较

AOA 和 AON 网络图都是为了达到同样的目标：为项目网络创建一个顺序逻辑，连接好网络后，确定项目历时、活动时差和关键路径。一个常见的问题是：究竟哪一种方法更有效，也就是说，AON 和 AOA 两种方法各自的优势和缺陷是什么？因此，要选择其中的一种更有效的方法来构建网络图，首先了解它们的优缺点是非常重要的。[4]

1. AON 的优势和缺陷

AON 的优势在于，它是计算机软件包里面使用的构造网络图的主流方法，比如 MS Project，因此它变得越来越流行。随着计算机的普及，越来越多的企业需要使用项目进度计划软件，于是它们就越来越多地使用 AON 法来构造网络图。AON 的另一个好处是，它用节点表示活动，箭线仅仅用来连接活动，这种方法使网络更容易标识，也让 AON 网络非常易于阅读和理解，即使是一个刚刚接触 AON 网络图的项目经理也能很快理解。但 AON 也存在一定的缺陷，当多个活动汇聚或者发散时，就需要大量的箭线与节点相连，从而导致 AON 网络难于阅读，但这一般只发生在包括大量路径的复杂项目中。

2. AOA 的优势和缺陷

AOA 最大的优势是它在某些特殊行业被接受，比如建筑业，AON 网络就并没有被广泛使用；而且，对于大型复杂项目，AOA 网络图更容易使用；最后还有一点，因为项目有很多重要的里程碑，比如供应商货物的交付，AOA 的事件节点很容易用于标识这些里程碑。但是，毫无疑问，AOA 的规则导致了 AOA 网络图很难使用，尤其是虚活动的使用。虚活动的学习有一定难度，因此一个不太了解网络图的项目经理要理解并学会使用虚活动需要更多的培训。最后，AOA 网络在包含重要信息的箭线和节点上的信息过于分散，并不像 AON 网络把一项活动的所有数据都集中在一个节点上，AOA 网络在箭线和节点上都标识了网络信息。

构建网络图时，最终选择 AON 还是 AOA 主要取决于个人偏好以及来自工作环境的外部影响。例如，一个组织已经决定采取 AON，因为常用的项目进度制定软件都采用 AON 法，这时组织内的成员就不得不选择 AON 网络图法。不管是使用 AOA 还是 AON，最重要的是，必须掌握构建网络图的基本理论以及两种网络构造方法的规则。

10.5　使用网络的争议

计划评审技术（Program Evaluation and Review Technique）/ **关键路径法**（PERT/CPM）被广泛认可并经常用来制订项目进度计划。但是，网络仅仅是事件的抽象表示，在网络图中时间被简化为数字。它们可能是根据现实事件而得出的一定的比例关系，也可能不是。

但不管是哪种情况，网络这种抽象方法可能会有一定的误导作用。事实上，需要注意的是，在项目活动网络的构建中仍然存在很多争议。[5]

（1）**网络可能变得过于庞杂而失去意义**。很多大型项目非常复杂，例如为计算机开发新的操作系统、修建一个体育馆、研制一种新的药品，这些项目通常包括了几千个活动。一些项目历时若干年，对活动历时的估计只能进行大致的猜测。因此，当遇到大型的或者历时很长的项目时，很有必要寻找一种简化活动网络计算的方法。对大型项目而言，第1条原则是设法简化活动逻辑，使它变成最明显最有意义的关系；并不需要在网络中显示所有可能的路径和每一个活动的顺序，而是采用一种叫作"变形网络"（meta-network）的方式，只显示关键的子路径。这些子路径可能被项目经理或负责完成路径的管理人员进一步分解下去，但是整个项目网络是经过简化的，只包括最概要的项目活动。

对历时长的项目而言，另一种改善方法是制定一个可变的时间比例。例如，按照计划应该发生在前9个月的活动，可能根据完成活动需要的天数来缩小时间比例，然后再进行排列。预计发生在第1年和第2年的活动可能按周或月的比例排列在网络中，发生在第2年以后的活动可能按月来排列。

（2）**网络构建中的错误推理有时也会导致逻辑关系过于简单或者不正确**。当组织尝试将活动网络分为多个层次来管理项目时，这种情况经常发生。组织中不同层次之间的信息通常并不容易被理解，也不易于在各层之间传递，因为组织的不同层次并不是共用一个项目进度。因此，当简化项目网络时，必须采取必要的步骤以确保没有因为简化网络或在缺乏整合的过程下建立多网络而导致原始信息的丢失。

复杂的进度经常需要联合使用"自上而下，自下而上"的方法来控制项目活动。自上而下进行控制意味着项目进度是多层次的。最顶层是最基本的概要信息，只简单地列出了工作包或者是大量活动的总括。高层领导倾向于获得顶层概要信息，顶层网络对活动进行了集合，并简化了进度。这样更容易被上层领导理解，但最顶层的概要网络并不能带给他们足够的基本信息来了解项目的实际开发任务，因为概要网络并没有涉及单个的活动。另一方面，项目经理及相关负责人员需要更多的"自下而上"的信息，从而让他们对自己所负责的部分项目网络能够进行手把手的控制。项目人员需要特定的、较低层次的活动网络信息来优化并控制进度。

图10-25所示即为一个多层进度系统的简化例子。高层领导将从顶层网络中获取概要信息；中层管理人员（比如部门经理）将获取与其部门或者职能相关的活动细节信息；而在最底层网络中，项目团队和项目经理将使用全面细化的项目进度。

（3）**有时网络被错误地使用**。事实上，网络并不是对所有的进度计划都有用，比如企业将来可能会设法调整项目网络进度来适应它们组织内部的其他工作，而有些网络活动对进度的影响不大。假设一个制造型企业的生产进度出现问题时，如果企业领导错误地认为PERT除了可以有效地进行项目进度计划，还可以同样有效地应用于生产运作中，那么他们就将PERT应用在了不合适的情况下。事实上，项目网络进度计划方法是项目管理中的一种重要技术，但它并不是解决所有进度问题的万能钥匙。

（4）**网络用来控制承包商的行为时存在一定风险**。一些项目涉及承包商的管理，当签订最初合同的企业需要多个承包商共同完成项目时，一个常见的错误是让承包商独立开发活动进度计划,而没有考虑他们需要与其他承包商的进度计划一致。如果一个企业同时使用多个承包商完成项目,有两个重要的原则可以用来指导网络的使用。首先,所有承包商一定要参与企业的整个网络的制定,包括每个子网络的进度。通过这种方式,承包商制定进度决策时就不是基于假设,而是基于对其他承包商计划的清晰认识。第 2 个原则是,所有服务于汇聚网络的承包商使用共同的网络技术、时间比例等。这是非常重要的,因为这样可以保证网络将是一个共同的易于理解的文档,当所有承包商都同样关注制定网络的规则的时候,第 2 条原则尤其重要。

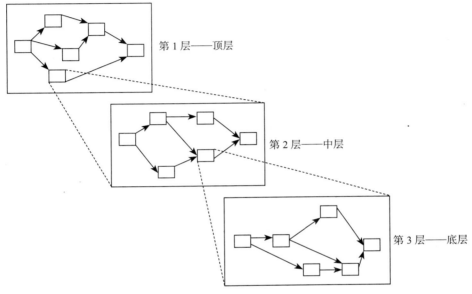

图 10-25 项目进度的多层体系

(5)在构建网络中使用 PERT 估计会有潜在的强烈乐观倾向。研究表明,使用 PERT 方法进行活动历时估计,绝大多数情况下都会导致估计过于乐观。PERT 分析是基于时间估计的概率,如果估计不合理,就会导致估计不精确甚至误导项目进度的制定。进行历时估计、开发 PERT 网络的逻辑必须合理,才能保证 PERT 进度是有意义的。

结论

活动网络的开发是项目管理进度计划的核心。它需要对活动历时进行合理的估计,并对活动顺序的逻辑进行准确识别,从而使用这些信息来制订一个有效的项目进度计划。只有通过对项目进度计划中的步骤进行仔细分析后,才能将项目概念转化成实际工作任务。进度计划决定了项目管理中这样几个重要问题的答案:需要达到什么目标?什么时候完成?如何实现?对于最后项目的成功,所选择的进度计划技术并不是太重要,重要的是项目团队仔细地、有条理地、诚实地实施计划。进度计划像一张地图,标识了要成功完成项目必须经过的路径。值得注意的是,用什么工具绘制这张地图、用什么方式跟进地图将决定项目能否成功运行。

小结

1. **应用项目活动中的滞后关系**。开发网络逻辑的例子包括确定活动之间的逻辑关系,也就是说,进行活动是否根据前置活动完成之后后续活动才能开始这样一种共同的规则,还是有其他特定的关系?在这些不同的关系中涉及滞后关系,它们分别是:完成—开始、完成—完成、开始—开始、开始—完成。

2. **构建并理解甘特图**。与使用 PERT 图不同的另一种构造项目网络的方法是甘特图。相对于 PERT 图,甘特图具有一项重要的优势:它基于实际的日历时间来安排项目活动的进度。因此,从甘特图中,不仅可以看出活动以何种顺序发生,还可以看到它们计划的开始时间和结束时间。近年来,尤其是在大多数软件项目的进度计划制订中,人们已经开始将甘特图与 PERT 图结合使用。

3. **了解加快项目进度的方法及其各自的优缺点**。加快项目进度的方法很多,包括扩充项目团队、快速跟进、降低质量、缩减项目范围以及加班,但并非每种方法都适用于所有的情况,比如降低质量有时就不奏效。有些方法理论上能够提高生产力,但实际上效果不大,比如有研究表明,由于员工的疲劳损耗和返工成本,持续加班对项目进度有害而无益。总之,方法的选择还是取决于组织具体的资源约束情况。

4. **理解进行项目活动赶工所需的均衡**。由于外部环境的变化或来自高管和消费者的压力,使得项目必须加快进度,这时就需要赶工。赶工将活动与它们各自的成本直接联系起来,以确定赶工的平均日成本。是否赶工的决策直接取决于赶工的成本,项目经理需要通过权衡时间和成本做出明智的决定。

5. **使用 AOA 技术开发活动网络**。近年来,虽然 AON 网络图已经变得更为流行,但由于 AOA 网络图作为一项可选择的技术已经被应用了很多年,因此,AOA 网络图在某些行业的项目中仍然被广泛使用,尤其是在建筑行业中。本章对 AOA 网络和它们的特有属性,包括创建和使用虚活动进行了详细介绍,同时也对构建一个 AOA 网络必需的步骤及对 AOA 相对于 AON 的优势和劣势给予了阐述。

6. **理解 AON 和 AOA 的差别,识别每种技术的优缺点**。本章总结了在项目进度计划编制中开发和使用网络图中的一些争议,还列举了构建网络图中的一些缺陷和需要注意的地方,包括:①网络可能变得过于庞杂以至于无法识别,从而导致网络图变得没有意义;②错误的推理会导致过于简单或者不正确的逻辑关系;③它们可能被用于那些并不合适的活动;④当利用网络来控制外包商的行为时,存在一定的风险。

已解决的问题

10.1 对项目活动赶工

假设为了加快进度,你正在考虑是否该对项目活动进行赶工。你已经计算出了每项活动在正常情况下和赶工情况下的成本,如下表:

活动	正常		赶工	
	历时（天）	成本（美元）	历时（天）	成本（美元）
A	6	2 400	4	3 600
B	7	3 500	5	5 000
C	5	3 000	4	3 800
D	3	2 700	2	4 500
E	4	800	3	1 500
F	5	1 200	3	2 100
G	8	2 400	5	4 200
H	3	4 500	2	7 000
总成本	=	20 500		31 700

a. 哪些活动最可能成为赶工的对象（即哪些活动进行赶工的成本最小）？

b. 回到图10-24，使用该活动网络图中的关键路径，把A—C—D—F—H当作活动网络图的关键路径，其他路径耗时均比A—C—D—F—H短，对赶工的备选活动进行排序。这些活动网络将如何改变决策规则？

解答过程

赶工后每缩短单位时间成本的计算公式如下，即赶工成本和正常成本之差与正常时间和赶工时间之差的比值

$$斜率 = \frac{赶工成本 - 正常成本}{正常时间 - 赶工时间}$$

使用这个公式可以得到下表，表中显示了每项活动每缩短一天的成本。

活动	赶工成本（美元）	活动	赶工成本（美元）
A	600	E	700
B	750	F	450
C	800	G	600
D	1 800	H	2 500

a. 对于赶工活动的排序，最值得赶工的活动依次为：①活动F；②活动A、G；③活动E。

b. 首先被选为赶工的活动应该是那些在关键路径上的活动。例如，关键路径是A—C—D—F—H，我们最先进行赶工的应该是活动F，紧接着是活动A。因为活动D和活动E均不在关键路径上，对它们进行赶工只能增加成本而不能缩短整个项目的历时。

10.2 项目赶工的成本

下面是一个项目的信息，包括活动、活动的正常历时和成本、赶工后的历时和成本。

活动	正常		赶工	
	历时（天）	成本（美元）	历时（天）	成本（美元）
A	3	1 500	2	2 000
B	5	3 500	4	5 000
C	4	6 800	3	7 500
D	5	2 500	3	6 000
E	7	4 200	6	5 400
F	4	2 000	3	2 700

a. 每项活动进行赶工时每缩短一天的成本是多少？

b. 假设所有活动都在关键路径上，哪些活动应该先被赶工？

解答过程

a. 赶工成本的计算公式是

$$斜率 = \frac{赶工成本 - 正常成本}{正常时间 - 赶工时间}$$

每项活动每缩短一天的成本是：

活动 A=500 美元

活动 B=1 500 美元

活动 C=700 美元

活动 D=1 750 美元

活动 E=1 200 美元

活动 F=700 美元

b. 假设活动A、C和E都在关键路径上，进行赶工的顺序应该按照成本从最小到最大排列。在这个例子中，赶工的第一个选择是活动A（500美元），其次是活动C（700美元），最后被考虑赶工的是活动E（1 200美元）。在赶工中能节省的总时间是3天，因为赶工需要增加的总成本是2 400美元。

讨论题

10.1 请举例说明在一个项目中，活动之间存在如下滞后关系。
   a. 完成—开始。
   b. 完成—完成。
   c. 开始—开始。
   d. 开始—完成。

10.2 甘特图的优势在于它把项目进度基准计划考虑进来。请解释这句话。

10.3 相对于 PERT，甘特图的优势是什么？在什么条件下 PERT 可能更有优势？

10.4 布鲁克斯定律和持续加班的影响如何引导我们去寻找新的加快项目进度的方法？这些"加速"的做法实质上会带来严重延迟，这样的说法是否是危言耸听？

10.5 在什么环境下可能需要赶工？

10.6 对一个项目进行赶工，一般集中在那些关键路径上的活动，而不是具有时差的活动。为什么？

10.7 相对于 AON，使用 AOA 有哪些优势？在什么条件下使用 AON 会更利于网络图的开发？

10.8 解释虚活动的概念。为什么在 AOA 中需要使用虚活动？为什么在 AON 中不需要使用虚活动？

10.9 讨论使用项目网络存在的问题和风险。什么情况下使用网络有益？什么情况下使用网络存在风险？

练习题

10.1 根据以下信息画出活动网络图，确定项目的关键路径，并画出相应的甘特图。计算项目的预期持续时间是多少？

活动	预期历时（天）	前置活动	活动	预期历时（天）	前置活动
A	5	—	F	6	D, E
B	6	A	G	12	F
C	2	A	H	4	G
D	4	A	I	6	F
E	6	B, C	J	7	H, I

10.2 画出以下活动的甘特图。识别通过网络的所有路径。哪一条是关键路径？参考：可用 Microsoft Project 解决此问题。点击"追踪甘特图"（Tracking Gantt）视图如何演示关键路径？

活动	预期历时（天）	前置活动	活动	预期历时（天）	前置活动
A	2	—	C	4	A
B	3	A	D	4	B, C

（续）

活动	预期历时（天）	前置活动	活动	预期历时（天）	前置活动
E	5	B	G	4	C, E, F
F	6	D			

10.3 将练习题 10.2 中的甘特图的前置关系变化后并回答以下问题。参考：可用 Microsoft Project 解决此问题。

   a. 假设活动 B 和 C 为完成—完成。这是否会改变项目的预期完成日期？

   b. 对于活动 F，向其与前置活动 D 增加 3 天的滞后时间。通过向 F 添加 3 天滞后时间，项目的新预期持续时间分别是多少？

   c. 假设你现在在活动 F 和 G 之间开始—开始。这个关系如何改变项目的预期完成日期？

10.4 下面是一个项目的信息，请使用

用 AOA 法构建该项目的网络图，并在图中的每个节点和箭线上标出合适的信息，识别为完成该网络所需的虚活动。

活动	历时	前置活动	活动	历时	前置活动
A	3	—	E	5	B
B	5	A	F	4	D
C	7	A	G	2	C
D	3	B, C	H	5	E, F, G

活动	历时	ES	EF	LS	LF	时差
A	3	0	3	0	3	—
B	5	3	8	5	10	2
C	7	3	10	3	10	—
D	3	10	13	10	13	—
E	5	8	13	12	17	4
F	4	13	17	13	17	—
G	2	10	12	15	17	5
H	5	17	22	17	22	—

10.5 你正在考虑是否应该对你的项目进行赶工。询问过生产经理后，你经过分析，已经确定赶工前和赶工后各项活动的历时和成本，如下表：

	正常情况		赶工情况	
活动	历时（天）	成本（美元）	历时（天）	成本（美元）
A	4	1 000	3	2 000
B	5	2 500	3	5 000
C	3	750	2	1 200
D	7	3 500	5	5 000
E	2	500	1	2 000
F	5	2 000	4	3 000
G	9	4 500	7	6 300

a. 计算各项活动每缩短一天所需的成本。

b. 哪些活动是最值得进行赶工的？为什么？

10.6 假设你试图决定是否需要赶工。你知道正常的项目期限和直接成本是 60 天和 125 000 美元。由于交货时间非常短，客户已经以 5 000 美元/天的违规赔偿金形式对合同进行了严厉的处罚，项目已经滞后了 50 天。在与成本会计师合作之后，你已经在不同的完成时间内生成了以下项目成本表：

项目历时（天）	直接成本（美元）	间接成本（美元）	罚款（美元）	总成本（美元）
60	125 000	15 500	50 000	
57	140 000	13 000	35 000	
54	175 000	10 500	20 000	
51	210 000	8 000	5 000	

a. 完成表格，并对应该赶工多少天给出你的建议？

b. 假设项目赶工的直接成本每天只增加 5 000 美元，以稳定的速度赶工（从第 60 天起为 12.5 万美元）。你建议赶工多少天？并给出计算过程。

10.7 当决定是否需要对项目活动进行赶工时，一个项目经理面临的信息如下表所示。关键路径上的活动用星号标出：

	正常情况		赶工情况	
活动	成本（美元）	历时（周）	成本（美元）	历时（周）
A	5 000	4	4 000	3
B*	10 000	5	3 000	4
C	3 500	2	3 500	1
D*	4 500	6	4 000	4
E*	1 500	3	2 500	2
F	7 500	8	5 000	7
G*	3 000	7	2 500	6
H	2 500	6	3 000	5

a. 首先识别进行赶工的活动的顺序。哪些关键活动应该先进行赶工？为什么？

b. 项目的关键路径包括哪些活动？对项目活动进行 4 次赶工后，关键路径缩短了多少（假设所有的非关键路径的历时均小于等于赶工后的关键路径）？

c. 假设该项目的管理成本按照500美元/周的固定额度发生,用图表示出项目周期内成本的减少和管理成本的增加之间的关系。

d. 假定这个项目历时超过19周,那么就必须支付延期罚金,罚金的额度是5 000美元/周。当罚金增加时,请画出总的项目成本曲线,并列表显示出每周发生的成本。

e. 如果项目不涉及罚金,那么对项目活动进行赶工还有意义吗?请解释。

案例分析 10-1

布朗克切克建筑公司的项目进度计划(A)

乔已经在布朗克切克建筑公司(Blanque Cheque Construction,BCC)的行政岗位上工作了5年。3个月前,他得知他将被调到公司项目管理小组去,乔对这次工作调配非常高兴,因为他知道从事项目管理工作是进入BCC高层领导的典型职业之路,每个人都希望通过对项目的成功管理来展示自己的能力。

乔刚刚和他的上司吉尔开了个会,吉尔让他负责一个建筑项目的管理任务。该项目包括修建一片小型商业区,商业区的所有者希望建成一条商业街。商业街建成后,消费者可以直接从一个市郊的大学校园穿过街道,方便地进入这条商业街。考虑到商业区的规模和建筑成本,修建一个包括四片等面积的店铺是非常经济的。商业区的所有者还明确指出,包括开发地基在内的项目管理都是BCC的职责。

乔坐在他的办公室里,设法制订一个合理的项目计划,包括安排一些重要的项目活动。对这个问题,他希望主要考虑概要层活动,也就是说,由于修建该商业区的步骤很复杂,他目前并不想把计划弄得特别详细。

问题

1. 绘制一个项目网络,该网络包括为完成该项目需要进行的至少20个步骤。正如案例中提到的,首先考虑概要活动层,而非细节层,但要确保能反映这些活动之间的逻辑关系。

2. 假设现在你打算计算这些活动的历时,你将如何利用下列方法?是否有一些方法比其他方法更有用?

 a. 专家建议。
 b. 过去的历史信息。
 c. 数学推导。

3. 乔正在试图决定选择一种更有效的方式来进行进度制定:AON还是AOA?在选择方法时,乔首先要考虑的是什么?

案例分析 10-2

布朗克切克建筑公司的项目进度计划(B)

乔管理这个项目已经超过12个月了,他开始关注项目究竟落后进度多少。由于一系列的意外事件,如供应商交货延迟、坏天气和其他一些无法预料的环境因素,项目活动一个接一个地延期了。尽管原始计划要求项目应该在接下来的4个月完工,但乔的上司认为 BCC 不大可能按期完工。但是，项目完工时间的延迟会带来严重的后果，包括对 BCC 的影响，也包括对乔的影响。对公司而言，项目完工时间每延迟一周，就必须多缴纳一定数量的延时惩罚金。对乔个人而言，他管理的第一个项目的延期对他以后的职业发展有着巨大的不良影响。

乔刚刚结束了与他直接上司的会议，确定了在这种严峻的形势下他有什么选择。当时对于乔而言，还有一个好消息和一个坏消息。好消息是：BCC 竞标到的一个建筑项目获得了比同行平均水平高很多的利润，因此乔的老板拨给他 30 000 美元的资金，如果需要的话，可以任意支配这笔资金。坏消息是：项目的交付时间是固定的，无法改变必须承担大笔惩罚金的状况，而这是 BCC 之前并不准备支付的。公司对乔的期望非常明确：可以用额外的资金，但不能用额外的时间。

乔与商业区的主管以及其他项目团队关键成员进行了会谈，讨论了对正在进行中的活动赶工的可能性。他计算得出，如果对后期活动进行最大限度的赶工，那么项目完工时间将非常接近合同规定的完工时间，但需要为赶工支付一大笔资金。他需要和他的团队成员一起仔细权衡，从而决定赶工是不是最好的选择。

问题

1.在对赶工进行权衡时，哪些是支持赶工的因素，哪些是阻碍赶工的因素？

2.假设你是该项目的商业区主管，你将如何建议乔？在决定是否对项目赶工之前，你应该考虑的问题是什么？你应如何评价你的选择？

MS Project 练习

练习 10.1

假设已经有了一个完整的前置活动表（见下表），现希望创建一个网络图来表示该项目的活动顺序。在 MS Project 中输入活动 A～E，以及它们的历时和前置活动。注意所有的历时都以天计算。

项目：设备的改造

活动编号	活动描述	历时（天）	前置活动
A	竞争性分析	3	—
B	回顾行业销售报告	2	—
C	技术能力评估	5	—
D	综合群体数据	2	A, B, C
E	电话调查	3	D
F	识别相关的改进标准	3	E
G	与营销人员交互协调	1	F
H	制定工程标准	5	G
I	检查并调试设计	4	H
J	开发测试原型	3	G
K	识别关键绩效水平	2	J
L	评估并修改产品部件	6	I, K

（续）

活动编号	活动描述	历时（天）	前置活动
M	能力评估	12	L
N	识别选择标准	3	M
O	开发 RFQ	4	M
P	制定生产控制进度	5	N, O
Q	与销售人员联络	1	P
R	准备产品上市	3	Q

练习 10.2

现在，利用练习 10.1 表中剩下的信息继续构造你的甘特图，为该项目创建一个完整的网络图。

练习 10.3

识别出该项目的关键路径。你如何确定关键路径？（提示：点击"跟踪甘特图"。）

假设希望将活动的滞后关系整合到网络中。考虑下表给出的滞后关系。开发一个 MS Project 甘特图来阐述这些滞后关系。

活动	历时	滞后关系
A 线路装配	6	—
B 管道装配	2	—
C HVAC	3	线路装配（完成—开始） 管道装配（完成—完成）
D 内部装修	6	HVAC（开始—开始）

项目管理职业认证考试样题

1. 假设一个IT实施项目，现在不能很好地按照进度进行。部门经理开始抱怨项目不能按照进度完成，于是项目经理开始考虑利用额外的资源对关键路径上的活动进行赶工，以保证整个项目按进度表进行。这是_____的一个典型事例。
   a. 基准重设
   b. 赶工
   c. 快速跟进项目
   d. 找出关键因素

2. 画哪种网络图的方法中需要用到虚活动？
   a. AON。
   b. 甘特图。
   c. AOA。
   d. OBS。

3. 假设你对一个活动的乐观、最可能、悲观的时间估计分别是：3天、4天、8天。利用PERT计算出该活动的历时是____。
   a. 4天。
   b. 8天。
   c. 5天。
   d. 4.5天。

4. 假设你已经完成了项目网络图，发现有两条关键路径。你和另一个项目经理讨论了这一问题。你的同事指出一个项目只应该有一条关键路径，所以你的计算是有问题的。针对他的说法，下列表述哪个正确？
   a. 虽然一个项目有多条关键路径会增加项目的风险，但是一个项目可以有多条关键路径。
   b. 你的同事是正确的，一个项目可以有多条关键路径。你应该检查你的网络图，看哪里存在错误。
   c. 关键路径是历时最短的路径，所以即使网络图中存在多条关键路径，也是不重要的。
   d. 虽然多条关键路径会减少项目的整体风险，但是项目可以有多条关键路径。

5. 下列哪个情形表示的是网络图中所表示的滞后关系？
   a. 关键路径。
   b. 网络图中的虚活动插入。
   c. 粉刷房屋完成后，等油漆干了之后才开始铺地板。
   d. 两个活动之间是最早完成关系。

答案：
1. b。利用额外资源加快项目进度就是赶工。
2. c。虚活动出现在AOA网络图中。
3. d。（3+4×4+8）/6=4.5。
4. a。在一个项目网络图中允许有多条关键路径，但是会增加项目延误的风险。一旦一条关键路径上的活动延误，就会导致整个项目的延误。
5. c。等待油漆干了之后才开始下一个活动，是一个典型的滞后关系。

项目综合练习

制订项目进度计划

之前你已经完成项目的工作分解结构,以此为基础为你的项目制订一个深入的进度计划。你需要完成这些活动:①为你识别出的项目活动进行排序,然后绘制一个网络图来表示活动之间的逻辑关系;②准备一个活动历时表格,用来显示每项活动的乐观估计历时、最可能估计历时和悲观估计历时;③为你的项目创建 PERT 图和甘特图,标示关键路径和所有的关键活动、总项目历时和具有时差的活动。

当你准备绘制活动网络图时,需要考虑:

(1)你是否已经识别了所有可能创建的平行路径?或者说是否把很多活动直接安排成了串行活动?

(2)识别出的活动先后逻辑是否正确?

(3)在网络图中是否有一些明显的里程碑?

当你准备估计活动历时的时候,你可能需要按照如下方式来估计:

活动	乐观历时估计	最可能历时估计	悲观历时估计	历时均值
A	6	9	18	10
B	3	8	13	8

最后,使用 MS Project 或者是其他相似的进度计划软件包来创建 PERT 和甘特图(见图 10-26,图 10-27,图 10-28a～图 10-28c)。

项目进度示例,ABCups 有限公司

活动	历时(天)
车间经理提出可行性需求	1
获得技术支持	5
确定是否需要增加劳动力	4
研究设备	26
确定最好的供应商	21
与供应商面谈	21
从供应商处获取报价单	21
选择设备供应商	14
商议价格和条款	7
获得购买设备的资金	3
计算 ROI	3
获得必需的签字	3
资金支持	10
确定购买订单	1
设备生产	40
市场营销	21
准备广告性印刷品	15
设计新的小册子	9
更新网站	9
为新设备布置车间	15

注:这些只是部分活动网络和进度。

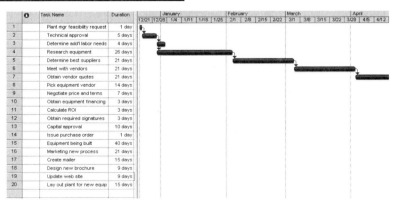

图 10-26 ABCups 有限公司项目的部分甘特图(左半部分)

资料来源:MS Project 2013, Microsoft Corporation。

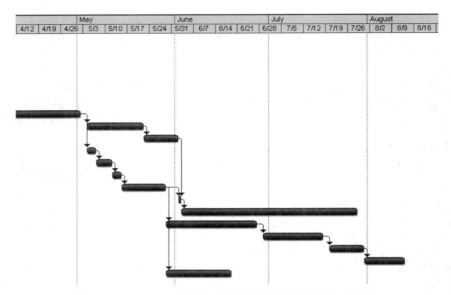

图 10-27　ABCups 有限公司项目的部分甘特图（右半部分）

资料来源：MS Project 2013, Microsoft Corporation.

图 10-28a　ABCups 有限公司项目的 PERT 图（左边）

资料来源：MS Project 2013, Microsoft Corporation.

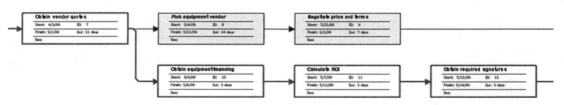

图 10-28b　ABCups 有限公司项目的 PERT 图（中间部分）

资料来源：MS Project 2013, Microsoft Corporation.

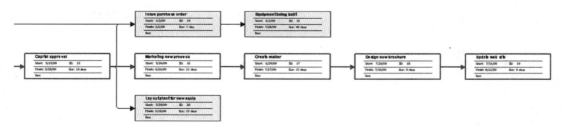

图 10-28c　ABCups 有限公司项目的 PERT 图（右边）

资料来源：MS Project 2013, Microsoft Corporation.

注释

1. Padgett, T. (2013, May 31). "Expanding the Panama Canal: The Problem Is Money, Not Mosquitoes," *NPR*. www.npr.org/blogs/parallels/2014/05/30/317360379/expanding-the-panama-canal-the-problem-is-money-not-mosquitoes; Faganson, Z., and Adams, D. (2014, July 14). "Panama Canal cost overrun claim headed to Miami arbitration court," *Reuters*. www.reuters.com/article/2014/07/14/us-usa-panamacanal-arbitration-idUSKBN0FJ1PA20140714; Johnston, K. (2014, March 16). "Panama Canal expansion to have major impact on Boston," *Boston Globe*. www.bostonglobe.com/business/2014/03/15/panama-canal-expansion-have-major-impact-boston-worldwide-shipping/lqz3i-ihcfpHWdTMS9ePDKO/story.html; U.S. Department of Transportation Maritime Administration. (2013). *Panama Canal Expansion Study*. www.marad.dot.gov/documents/Panama_Canal_Phase_I_Report_-_20Nov2013.pdf; Panama Canal Authority (2006). *Proposal for the Expansion of the Panama Canal*. www.acp.gob.pa/eng/plan/documentos/propuesta/acp-expansion-proposal.pdf.

2. Nicholas, J. M. (1990). *Managing Business & Engineering Projects*. Englewood Cliffs, NJ: Prentice-Hall; Hulett, D. (1995). "Project schedule risk assessment," *Project Management Journal,* 26(1): 23–44; Lock, D. (2000). *Project Management*, 7th ed. Aldershot: Gower; Oglesby, P., Parker, H., and Howell, G. (1989). *Productivity Improvement in Construction*. New York: McGraw-Hill.

3. Brooks, F. P., Jr. (1994). *The Mythical Man-Month: Essays on Software Engineering*, Anniversary Edition. Reading, MA: Addison-Wesley; Cooper, K. G. (1998). "Four failures in project management," in Pinto, J. K. (Ed.), *The Project Management Institute Project Management Handbook*. San Francisco, CA: Jossey-Bass, pp. 396–424; Ibbs, C. W., Lee, S. A., and Li, M. I. (1998). "Fast-tracking's impact on project change," *Project Management Journal*, 29(4): 35–42.

4. Gray, C. F., and Larson, E. W. (2003). *Project Management*. Burr Ridge, IL: McGraw-Hill.

5. Shtub, A., Bard, J. F., and Globerson, S. (1994). *Project Management: Engineering, Technology, and Implementation*. Englewood Cliffs, NJ: Prentice-Hall; Navarre, C., and Schaan, J. (1990). "Design of project management systems from top management's perspective," *Project Management Journal,* 21(2), pp. 19–27.

第 11 章

计划和排班的高级课题：敏捷和关键链

本章目标

学习本章后，你应该能够：
1. 理解敏捷项目管理得到发展的原因及其在规划某些类型项目的优势。
2. 识别敏捷流程的关键步骤及其缺点。
3. 理解软件项目的极限编程（XP）计划流程的关键特点。
4. 区别关键路径法与关键链项目进度编制技术。
5. 理解关键链如何解决项目资源冲突。
6. 项目群中应用关键链项目管理。

本章涉及的项目管理知识体系的核心概念

1. 滚动规划方法的活动排序（见 PMBoK6.2.2.2 节）
2. 活动排序（见 PMBoK6.3 节）
3. 活动资源估计（见 PMBoK6.4 节）
4. 活动历时估计（见 PMBoK6.5 节）
5. 进度编制（见 PMBoK6.6 节）
6. 进度编制（工具和技术）（见 PMBoK6.6.2 节）
7. 关键链法（见 PMBoK6.6.2.3 节）
8. 资源优化技术（见 PMBoK6.6.2.4 节）

☐ 项目导读 11-1

通过 Kickstarter 众筹平台来开发项目——交付日期意味着一切吗

创意项目及其开发者必须说服企业高管和风险投资家去投资他们的创意的日子已经一去不复返了。随着 Kickstarter 在线平台的出现，企业家可以通过众筹这种新概念去获取新的资金来源。这个想法很简单：建立一个网站，展示需要众筹的创意，然后邀请成千上万的热情支持者给你的愿景捐钱。让我们看看 Kickstarter 模式有多么成功，自 2009 年 4 月该平台推出以来，已经从成千上万的投资者那里募集了超过 10 亿美元，成功资助了约 57 000 个项目。这些项目包括新的电子产品、智能手机应用、电影项目、音乐录音、视频游戏和其他创造性的尝试。参加 Kickstarter 众筹只有两种结果：要么获得创意所需要的所有资金；如果没有达到这个目标，则一无所有。似乎 Kickstarter 模式可能是成功的"游击队"项目开发的未来，对吧？

遗憾的是，这些众筹项目并不是都那么成功，例如，尽管迄今为止已有 57000 个成功资助的项目，但是估计还有 75 000 个项目没有成功。而在"成功的案例"中，仔细盘查也会发现一些令人不安的问题。例如，研究表明，2009～2012 年通过 Kickstarter 资助的视频游戏中，只有 37% 的项目全面启动。技术和设计类的项目也出现了类似的糟糕结果：75% 的项目在启动时遇到重大延误。事实上，为众筹项目筹集资金的投资者最好更有耐心：美国有线电视新闻网财经频道（CNNMoney）对 Kickstarter 上受到资助最多的前 50 名项目进行调查，发现 84% 的项目错过了预计交付日期。

在调查这些拖延的原因时，发现了一个一致的模式。一个雄心勃勃但是缺乏经验的团队发起一个项目，他们希望吸引几百名的支持者。结果出乎意料，他们的想法成功了，募集到的资金超过他们的预期，这也打破了原有的生产计划和时间表。

例如，一款由 20 岁的帕尔默·洛基（Palmer Luckey）设计的虚拟现实头戴式显示器 Oculus Rift。他之前打算手工制作几百个头戴式显示器。然而 Kickstarter 上的支持者预定了 7 500 台。Oculus 的首席执行官布兰登·艾里布（Brendan Iribe）表示："在最初的 24 小时，每个人都很高兴，跟你拍掌庆贺。48 小时后，却不得不开始担心：如何制作 7 500 台这样的头戴式显示器。"

这种意想不到的成功带着严重的附加条件：这些开发者并没有从交付阶段来考虑项目，同样也没有想到能够吸引到如此多的投资。当计划推迟时，并不是所有的投资者都能够表示理解。Oculus Rift 本来计划是在 2012 年 11 月推出产品——也就是它在 Kickstarter 上发起的众筹活动结束后的两个月，但是因为技术和生产问题推迟了交付，出货日期一直在向后推迟。目前计划是 2016 年之前在商店中有其虚拟现实头戴式显示器的销售版。

"Kickstarter 应该修改他们的规定，增加限制交货日期延期的规定。如果你将原交付日期推迟 100%，你的众筹项目就是一个骗局。"支持者马丁在 Kickstarter 上属于 Oculus Rift 的页面上写道。

新项目没有在预计交付日期前完成的最常见原因包括以下几个。

（1）制造障碍。项目创意的发起者很少认真地考虑过开发和交付这些项目会面对的挑战，包括生产调度和质量管理。

（2）运输。尽管运输听起来像一个简单的过程，但是如果交付承诺遍布全球，它将很快变成一场噩梦。有太多这样的例子：公司停止所有的工作，召集包括程序员在内的所有的员工到装载码头，只是为了装运他们的产品。

（3）数量。成功的项目开发者总是对他们的产品将会引起多大的用户兴趣毫无准备，并且严重低估了他们将要生产的数目。因此他们的供应链没有计划，从而导致严重的延误。

（4）苹果公司的"曲线球"。苹果公司在重新设计了"闪电连接器"来为其产品供电时，几乎单方面摧毁了几百个新项目的生产计划。这些规模较小的企业过于依赖苹果的技术，以至于科技巨头的任何重大转变都对他们的送货计划产生了严重的影响。

（5）改变的范围。筹集比预期多的钱听起来像一个祝福，但是有些公司使用这些额外的资金作为借口，大幅度地改变原始项目的范围，选择更加昂贵或者更广泛的设计、技术或者材料。所有这些变化导致了严重的交货延误。

（6）认证。任何与苹果手机连接的新设备（如智能手机应用）都必须获得该公司的许可。有时技术的使用需要得到政府部门的允许。这些认证都需要时间并推迟项目。

（7）Kickstarter 的基础设施。Kickstarter 不要求金融投资者在承诺时提交地址；所有的联系信息都必须稍后由公司自己寻找。追踪每一位投资者很费时间，有些人抱怨说，Kickstarter 网站的功能更像一个社交网络，而不是像 eBay 或亚马逊这样的电子商务网站。

（8）海外物流。Kickstarter 的项目投资者中有很大一部分来自其他国家，使得交付过程（以及与之相关的成本）变得复杂。例如，一旦 Kickstarter 的宣传活动关闭，项目发起者就不能使用 Kickstarter 的支付系统来从他们的支持者那里收取额外的费用。这就要求项目开发人员回头寻求额外的资金来支付更高的海外运费。

尽管 Kickstarter 为初出茅庐的创业者提供了一个发展项目的机会，而不需要来自大公司的监督和财务承诺。当他们被要求在承诺的时间内完成并交付他们的项目想法时，这也将这些有创造力的人带出了他们的舒适区。对于许多项目开发者而言，这并不是一个问题；Kickstarter 已经被证明是一个很好的资金来源和支持创造性的平台。Kickstarter 从每个资助项目中抽取 5% 的资金，但它在服务条款中明确表示，它对现金转手后发生的任何事情概不负责。它不会卷入用户之间的争端。因此，对于这些项目的投资者，信息可以归结为：买家要小心！[1]

概述

对于许多基于项目的企业来说，编制进度计划的标准实施步骤依赖于 CPM/PERT。然而，当资源需求或者修改和改变的顾客需求与制订好的进度计划相联系时，就会经常出现错综复杂的情况。在第 12 章中将会看到，资源有限性经常会降低制订最优进度计划的可能性。同样，我们在前文中提到，所有项目的一个关键目标是完成项目的客户满意度。不幸的是，严格的项目计划和进度通常不允许项目团队最大化客户满意度或充分利用有限的资源。然而近年来，项目计划和进度的两个进展已经在帮助我们实施项目方面带来了重要的改进：**敏捷项目管理**（agile project management）和**关键链项目管理**（critical chain project management，CCPM）。敏捷（agile）已经变得越来越流行。这种新方法被广泛使用，特别是在软件和新产品开发行业中，作为更好的将项目开发与关键利益相关者（包括客户和最高管理层）联系起来的手段。关键链（critical chain）是伊莱·高德拉特（Eli Goldratt）博士在 20 世纪 90 年代中期提出来的。对比应用更广泛的关键路径法，CCPM 有着明显的不同和优势。朗讯科技（Lucent Technologies）、德州仪器、霍尼韦尔（Honeywell）和以色列航空公司等来自不同行业的企业也发现，CCPM 的基本前提是在整个项目操作中实施该过程。[2]

本章将详细研究敏捷项目管理和关键链项目管理的重要组成部分。支持者们认为这些不同的进度机制提高了利益相关者的满意度，加快了项目的交付，更好地利用了项目资源，更有效地分配和规划项目的实施过程。敏捷方法作为一种独特的、很有前景的方法，使用迭代循环（如"Sprint"和"Scrum"）来改进项目的计划和开发。我们还将讨论在软件开发中使用的敏捷模型的一个变体，称为极限编程（XP）。敏捷（Agile）和关键项目编程（CCPM）的一个关键特征是文化的转变以及计划和调度过程的变更。实际上，如果要正确地使用 Agile 和 CCPM 方法，就必须理解重要的技术要素和行为要素以及它们之间的相互关系。本章将着重讨论该过程的各个方面。

11.1 敏捷项目管理

近年来，随着组织认识到传统、高度结构化的规划和管理项目的方法并不是对所有类型的项目都那么有效，一个新的项目规划方法变得越来越重要。这种认识在信息技术（IT）和新产品开发领域尤为突出，在这些领域客户需求或消费者口味一直在发生变化，可能无法完全预想项目最终的产品呈现。因此，许多组织在他们的项目开发实践中重视灵活性——快速响应机会的能力，或者在中途变更的需要。**敏捷项目管理**（Agile PM）反映了项目规划中的一个新时代，它在整个开发过程中重视灵活性和不断变化的客户需求。敏捷项目管理与传统的项目管理有很多不同之处，但最典型的是，认识到"计划工作，然后按照计划工作"的旧方法并没有考虑到许多现代项目面对的现实，也就是，客户需求可能会在项目过程中逐渐完善或发生改变。在项目开始时制订的原始计划到项目真正执行时可能就不太适用了。敏捷项目管理认识到这些不断变化的客户需求的重要性，并允许增量的、迭代的计划过程——一个在项目生命周期中与客户保持联系的过程。

敏捷项目管理提供了一个替代传统的瀑布式规划过程，它使用一个线性的、顺序的生命周期模型（参见图 11-1）。在瀑布式过程中，指导项目规划和开发的假设遵循一系列合乎逻辑的步骤。例如，在我们的瀑布模型中，软件开发过程中的每一个阶段都是按照前一阶段的完成顺序依次发生的。首先要充分收集需求，然后设计、实现和测试系统。最后，完全部署和维护。在瀑布模型中，每个阶段必须在下一个阶段开始之前完全完成。在每个阶段的末尾，将进行一次评审，以确定项目是否在正确的道路上，以及是继续还是放弃该项目。在瀑布模型中，阶段不会重叠。瀑布式项目开发过程运行良好需要满足以下几个条件：

- 需求在项目一开始就得到了很好的理解和修正；
- 产品定义是稳定的，不会更改；
- 技术是成熟的；
- 拥有足够的资源，具备所需的专业知识；
- 这个项目的持续时间相对较短。

但是如果项目的开发过程中需求发生了变化，会发生什么呢？或者客户交付了一组新的"关键"功能，这些功能必须是最终产品的一部分？或者，一项新的技术创新允许我们的团队简化我们正在开发的软件，以使其更人性化？如果对于最初的假设或项目范围缺乏沟通，或者竞争对手用相同的产品在市场上和我们竞争，那该怎么办？在这些情况下，如果在项目开始时就充分阐明项目范围并确定不可更改，那么可能会引发一些严重的问题。随着越来越多的项目支持能够中途改变项目开发过程的项目管理方法，瀑布模型这种僵化的项目管理方法就不再适用了，因为用户的需求是会不断变化的，而瀑布模型也不再能够在项目开始就明确说明项目的范围。为了解决这些关键的问题，敏捷项目管理产生了。

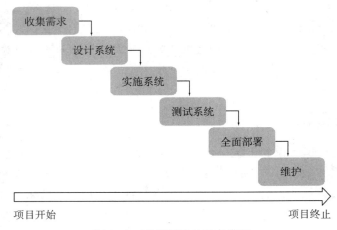

图 11-1　项目开发的瀑布模型

11.1.1　敏捷项目管理的独特之处是什么

传统的项目管理建立了一个相当严格的方法。从第 1 章中我们知道，在项目生命周期初期就需要进行概念化和规划。概念化包括为项目构建一个商业案例（我们为什么要这么做？我们希望创造什么？我们能创造利润或价值吗？）以及识别关键的项目利益相关者。规划旨在为项目创建实际的进度和规范。在这种传统的项目管理模式中，这些重要事件应该尽早提出并认真完成，一旦这些重要事件完成，项目就可以进入执行阶段了。这种传统方法的基础是假定项目成员可以识别风险（假定最小的不确定性），并完成他们以前制订的计划（假定最大稳定性）。

对于许多类型的项目（短期的、小范围的、建设、事件规划和过程改进），这些传统的项目假设并没有错。目标有限、紧凑的或将很快完成的项目，通常不会受到重大的不确定性问题的影响。这些项目的短时间框架减少了环境的干扰。同样地，建设、产品升级、事件规划以及其他具有明确目标和标准完成过程类型的项目，可以被仔细地规划，这些项目的成本能够准确地估算出来，合理地安排进度。传统的项目规划技术在某些项目上和某些情况下确实很有效。然而，环境越不可预测，包括考虑不断变化的客户喜好、颠覆性技术的挑战、复杂的开发过程以及长时间的框架，那么假定稳定和可预测开发的传统的项目规划方法将不会成功。

为了解决传统项目规划的问题，首先开发出了敏捷这样的创新技术。敏捷项目管理（通常被称为 Scrum）认识到这样的想法是错误的：一旦初始项目概念化和规划完成，项目就可以按照最初的规范简单地执行，从而确保项目的"成功"。例如，软件项目开发是一个不断发生变化的过程。而如果限制这种变化让客户在最初就预设他们所有的需求，甚至要他们等待很长的时间才能看到项目样品，那么这个项目最终很有可能得到"这不是我想要的！"的反馈。创建计划，然后在开发过程中脱离客户，可能是项目管理的传统方法，但在技术复杂或不确定性较多的项目中使用这种方法是很危险的。而项目管理正面临着这种挑战，如项目进行过程突然发生变化或项目出现各种的不确定，敏捷项目管理就是专为这种挑战设计的项目管理方法，这是一个灵活的、迭代的系统，因为它将规划功能从项目生命周期的传统预先位置放到项目开发的整个过程中。实质上，敏捷项目管理使得项目开发成为一种"滚动的波浪"的过程，在项目开发过程中不断地完成计划—执行—评估这一完整周期（见图 11-2）。在 Scrum 中，每个周期的目标都是通过平缓地将项目的子特性或元素加入项目中来为项目增值。这些开发迭代的长度被有意地缩短（1～4 周）——这个时间既长到足以使项目创建能够被客户认可的增值，又短到能够保证与客户进行持续的交流，并对他们的即时请求或需求调整做出响应。在每个开发周期之后，会有一个评审会议，评估项目特性、商讨变更、调整规范以及确定下一个周期的目标。

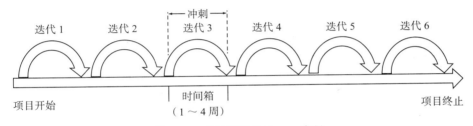

图 11-2　产品开发的 Scrum 流程

以软件开发项目为例，如果采用传统的方法，一般需要花费长达数月的时间来对整个项目进行需求构建和项目运作，而直到测试期才会发现开发的软件中存在着数百个漏洞以及不需要或不能正常运行的软件性能，这无疑会导致效率低下且成本高昂，而敏捷项目管理就避免了这种在传统方法中常见的错误，从而减少项目的复杂性和不确定性。敏捷项目管理方法是要求在某一时间只完成一个小但有用的软件子性能或软件项目子群，并进行测试和验证，以便在一段较短的时间内完成所有的软件性能。在这种情况下，软件的任何改变都不会产生巨大的时间或金钱上的成本。

Scrum 源于竹内弘高（Takeuchi）和野中郁次郎（Nonaka）[3] 的质量工作，他们为新产品开发提出了一种全面的方法。在他们的模型中，他们认为开发团队必须作为一个集成的单元来实现他们的目标。传统的顺序方法有时被称为"翻越围墙"，它描述了这样一个模型，在这个模型里每个功能组会为产品提供某部分的贡献，然后在完成相应的工作后，将成果越过"围墙"扔给下一个功能组来继续项目的开发。这种方法会降低新产品开发的速度，无法捕捉到关键的产品特性，鼓励了错误的沟通和功能上的竞争，并且在技术错误和特性误解导致项目失败和资金浪费的情况下，极大地增加了在开发周期后期修复产品的成本。

竹内弘高和野中郁次郎鼓励项目组织从橄榄球这种运动中寻求开发新产品的正确思路，而不是从接力赛中。他们认为，旧的方法是将项目开发的"接力棒"传递给下一个接力的小组，并以最小限度的相互作用向终点线移动，或者是为项目成员提供用一种协调的、跨学科的方式一起工作的机会。然而橄榄球运动强调适应、灵活性和多名球员之间的协调，所有人都致力于同一个目标，但随着项目的进行，他们会调整和修改他们的工作。整个过程由跨越多个重叠阶段的跨职能团队执行，团队"试图以一个单位的形式来前进，在单位内部来回传递球"。[4]

11.1.2 任务 VS. 故事

敏捷和传统项目规划之间的关键区别之一是关键成员所承担的角色的性质。在传统的项目规划过程中，项目开发人员的观点被认为是最重要的。开发人员从内部角度来看待这个项目，那就是，开发需要多长时间？完成项目需要多少工作包和任务？项目开发人员之所以对任务感兴趣，因为任务使得他们能够精准、高效地计划工作并做出成本预算估计。项目越详细和具体，就越容易创建这些计划和估算。

用户故事则不同，它们对于理解客户的真实需求（"客户的声音"）非常重要。作为影响产品功能开发的一种手段，它们是由或为客户撰写。客户越多地说明他们做什么，他们需要什么以及他们如何利用产品来更好地完成他们的工作，用户故事就变得越清晰，而 Scrum 团队也能更好地实现这些目标。故事之所以有价值是因为它们明确了完成产品或系统所需要的实际工作。一旦故事得到验证，它们就可以被分解为任务。关键在于认识到通过听用户故事来确定项目所提供的特定增值的需要。例如，一个忽略客户声音的项目可以管理良好，并且按时进入开发阶段以及在既定预算内完成，但是项目产品对客户没有真正的价值，因为它是在没有识别关键用户故事的情况下完成的。

证明客户声音重要性的另一个敏捷特性是强调产品特性，而不是创建详细的产品工作分解结构（WBS）。我们假设在一个敏捷的环境中，项目范围特性在项目开发过程中必然会发生变化。那么，投入大量的时间和精力来为整个产品制定一个复杂的范围说明是没有意义。因而敏捷着重于正确地获得产品特性：为客户提供功能性价值的产品的各个部分。倾听客户的故事，并以特性来定义项目的关键交付内容，从而强化了 Scrum 团队必须与客户保持紧密联系关系的关键性质。

11.1.3 敏捷项目管理的关键术语[5]

- **冲刺**（sprint）——冲刺是敏捷规划和执行周期的迭代。因此，冲刺代表了在项目的某些组件上完成的实际"工作"，并且必须在下一次 Scrum 会议之前完成。
- **Scrum**——在橄榄球运动中，"scrum"指的是在轻微的违规之后重新开始比赛。在敏捷项目管理中，Scrum 指的是项目中所有关键成员（见图 11-3）都同意的开发策略。Scrum 会议包括评估项目的当前状态，评估前一个冲刺的结果，并设定下一次迭代的目标和时间箱。
- **时间箱**（time-box）——时间箱是指任何一个特定冲刺的长度，它是在 Scrum 会议期间预先设定的。正如我们之前提到的，时间箱的长度通常是 1～4 周。
- **用户故事**（user stories）——一个简短的说明，终端用户用日常语言来描述他们所做的或者他们需要从开发的项目中得到的东西。用户故事的目的是从用户的角度来了解他们认为一个正确开发的产品应该为他们做什么。
- **敏捷专家**（Scrum Master）——敏捷专家是项目团队的负责人，负责在迭代之间推进项目、消除障碍或解决主要利益相关者之间的意见分歧。敏捷专家不一定必须是项目经理，但他一定要在执行敏捷过程的规则时发挥有效的作用，例如主持重要会议。敏捷专家只专注于敏捷项目开发过程，不参与人员管理。
- **冲刺任务清单**（print Backlog）——冲刺任务清单是为冲刺选定的一组产品订单项以及为实现冲刺目标的一份计划。冲刺任务清单是开发团队为下一个时间箱期间应该为产品增加的功能的预测以及完成该功能所需的工作。冲刺任务清单是由项目团队来决定的。

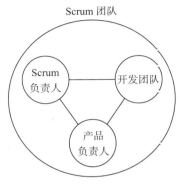

图 11-3　Scrum 团队的成员

- **冲刺燃尽图**（burndown chart）——冲刺燃尽图显示了冲刺后的剩余工作。每天更新并显示给所有 Scrum 成员看，它提供了一个快速的关于冲刺进展的参考。
- **产品负责人**（product owner）——代表利益相关者并提供"客户的声音"的人员。产品负责人可能是项目组织内部的成员，但必须以"局外人"的，即用户的视角来阐明客户需求。产品负责人创建用户故事，以明确用户对产品的特定需求。
- **开发团队**（development team）——负责在每次迭代（冲刺）结束时交付产品的组织单位。通常，开发团队是跨职能和自组织的；也就是说，他们是作为一个集体共同决定了实现目标的最佳方式。
- **产品清单**（Product Backlog）——产品清单是对完成的产品所有要求的优先次序列表，同时它也是获取产品更改需求的来源。产品清单从来都不会是"最终的"；它会随着产品和业务环境的演变而变化。它不断发生改变，以确定产品需求是合适的、有竞争力和有用的。产品清单是由产品负责人来决定的。
- **工作任务清单**（work backlog）——不断演变、优化的工作列表以及需要开发进系统的技术功能。

11.1.4　敏捷方法的步骤[6]

敏捷过程遵循了一系列步骤，采用灵活的方法来响应客户需求，并通过一个正规的过程来为敏捷规划创建一个逻辑序列。Scrum 过程需要召开一系列的会议，这些会议通过①冲刺规划，②每日站会，③开发工作，④冲刺评审，⑤冲刺回顾（见图 11-4）来管理项目开发过程。在冲刺阶段，要遵循 3 个指导方针。

（1）没有任何改变会危及或修改冲刺的目标。一旦冲刺的目标确定了，它们就不会在冲刺过程中发生改变。

（2）质量目标不会减少。在冲刺期间，团队不能修改最初约定的目标或牺牲质量标准。

（3）随着对项目了解得越多，产品负责人和开发团队可以协商项目范围并使得项目范围更为清晰。当团队在冲刺中发现技术问题或机会时，将其传递给产品负责人，以考虑是否修改项目范围。

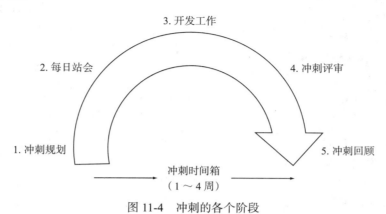

图 11-4　冲刺的各个阶段

11.1.5　冲刺规划

在冲刺规划会议期间确定要在冲刺过程中完成的工作。这个规划是由整个 Scrum 团队协作创建的。对于为期 1 个月的冲刺，制定冲刺规划时间最多为一天（8 小时）。而对于时间更短的冲刺，制定冲刺规划需要的时间也更少。敏捷专家要确保冲刺规划会议的进行并且所有的 Scrum 团队成员都了解这个会议的目的。冲刺规划会议向开发团队说明冲刺任务清单，并协调他们的工作以完成每个任务。

冲刺规划回答下列问题：
- 在即将到来的冲刺中产生的增量（时间箱）中可以交付什么？
- 如何实现增量交付的工作？

11.1.6　每日站会

每日站会是一个用时很短（15 分钟）的事件，它为开发团队提供与他们的活动同步的机会，并为下一个 24 小时的时间窗口创建一个计划。在会议期间，开发团队的成员说明他们在过去 24 小时内为达到冲刺目标所完成的工作、他们当天的工作计划，并找出任何可能阻止开发团队完成下一个冲刺目标的问题。每日站会是以获取信息为目的，旨在让团队成员都处于通信链中，并识别任何会对项目产生影响的积极或消极的趋势。每日站会还包括对冲刺燃尽图的引用，详细描述了自上次 Scrum 会议以来完成的任务清单项（"燃尽"）的最新信息。

11.1.7　开发工作

开发工作是指冲刺中完成项目实际工作的那段时间。这些实际工作是在冲刺过程中必须达到的目标，并在冲刺燃尽图上表现为正在进行或者已经完成。开发工作必须保证 Scrum 团队成员之间高度协调以确保不会浪费成员的精力或不会有成员做的工作不在冲刺任务清单上。图 11-5 显示了有以下假定的冲刺的冲刺燃尽图的一个例子。
- 冲刺持续时间——15 天
- 团队规模——5 个成员
- 小时/天——8
- 总容量——600 个小时

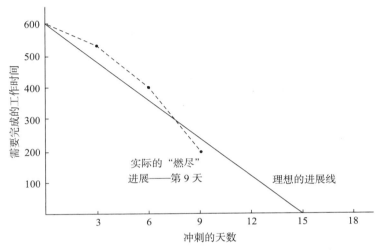

图 11-5　某个冲刺第 9 天的燃尽图示例

11.1.8　冲刺评审

冲刺评审在冲刺结束时进行，以检查完成的项目增量（冲刺任务清单），并在需要时对产品清单进行更改。在冲刺评审中，Scrum 团队和其他重要的利益相关者紧密合作，以验证在冲刺阶段所完成的工作。基于这些结果以及随后对产品清单所做的修改，Scrum 团队立刻计划下一步需要完成的工作，包括需要完成或修改的产品特性，以增加产品价值。冲刺评审是非正式会议，并不是一个工作情况报告会议，之所以对完成的冲刺任务清单进行展示只是为了鼓励团队反馈和团队之间的合作。冲刺评审会议最终的成果是一个调整过的产品清单和下一个冲刺阶段需要完成的任务清单。在冲刺评审期间，需要完成以下任务[7]。

- 产品负责人说明已经完成的产品清单项，以及还没有完成的产品清单项。
- 开发团队论述他们在冲刺期间做得好的方面、遇到的问题以及这些问题是如何解决的。
- 开发团队展示其完成的工作，并针对他们最近完成的冲刺回答相关的问题。
- 产品负责人针对目前的产品清单进行讨论。他会根据目前的项目进展预测合适的完成日期（如果需要的话）。
- 冲刺评审协调整个团队来完成接下来的任务，为后续的冲刺规划打下良好的基础。
- 评估出需要在下一个冲刺期间完成的最具价值的产品清单，这个评估是如何受到市场或产品潜在用途的影响的。
- 评估下一个预期发布产品的时间轴、预算、潜在能力和市场。

11.1.9 冲刺回顾

冲刺回顾会议是为了评估之前的冲刺是如何进行的，哪些起到了好的效果，那些没有起到作用以及冲刺过程中哪些地方还需要改进。一个有价值的冲刺回顾也应该制订出一个行动计划，用于确定和实施冲刺过程的改进。敏捷专家与 Scrum 团队一起不断改进团队间的沟通方式，并确定在下一次冲刺中需要做出的改进。这样，每个冲刺不仅仅完成了要求的项目工作（产品清单项），还会为创造出一个更加高效和高产的团队进行下一个冲刺做出贡献。

11.1.10 敏捷方法存在的问题

敏捷为项目规划人员和开发人员带来许多好处，特别是对于那些目标较为灵活的项目来说，如 IT 项目管理或新产品开发。然而，敏捷方法也存在一些需要注意的缺点，具体如下。[8]

（1）在整个开发周期中都必须保证用户的积极参与和 Scrum 团队的密切协作。这就要求各方在项目开发中投入相当多的时间，也要求用户能够全程参与所有的项目开发过程。

（2）不断变化的需求可能会导致在整个开发过程中项目范围会逐渐发生变化，因为在冲刺与下一个冲刺期间提供给用户的更改机会可能会导致用户不断地提出更改请求。

（3）由于敏捷项目管理方法的灵活性支持在项目进行中出现新的用户需求或需求发生改变，因此很难在项目开始时就预测出最终产品实际上会是什么样的。这使得项目在概念化阶段并没有一个合适的商业案例作为参考，并且也很难与客户、供应商在签订合同时协商出一个项目价格。

（4）敏捷管理方法中的敏捷需求应该被限定在一个最低值上，因为这种敏捷性会使得开发团队无法清晰了解项目的最终成果应该是什么。由于敏捷管理方法的灵活性使得用户需求可以在项目开发的整个过程中随时发生变化，因此项目开发团队成员甚至用户都无法获得更多的关于项目特性的信息，也就不知道要如何开展他们的开发工作。

（5）测试贯穿在整个生命周期中，这无疑增加了项目的成本。因为它要求测试人员在整个项目开发过程中随时待命，而传统方法仅仅只在项目后期才需要类似的技术人员。

（6）在整个项目的增量交付进度中频繁地交付项目特性（冲刺任务清单），意味着测试和批准项目特性几乎是连续的。这给产品负责人带来了负担，一旦在最新的冲刺周期中出现了新的特性集，产品负责人就要立刻投入到工作当中。

（7）如果这种方法被错误地应用于高可预测性的项目或拥有结构化开发过程的项目中，它对于敏捷的需求，如频繁的撤销或添加用户输入，可能只会带来高昂的成本而不会带来任何好处。

■ 项目管理研究精要 11-1

敏捷是否有作用

敏捷原理经过 20 多年的发展已经被许多组织引入和使用以简化项目开发，它被看作一个非常不错的项目规划和执行方法。然而，尽管事实证明敏捷确实会使得开发时间缩短，也会带来更好的、更有利于客户的结果,却没有多少实证研究能够证明敏捷项目确实比传统的项目规划方法更为有效。最近,一项针对信息技术(IT)、软件、建筑、制造、卫生保健和金融服务等领域中超过 1 000 个项目的研究发现,公司项目计划中的"敏捷程度"显著影响了项目的成功。那些在整个项目开发的生命周期(Scrum/冲刺迭代过程)中使用更高水平规划方法的项目,在会议预算和进度目标上都表现得更好,同时客户满意度也更高。[9]

11.2 极限编程

极限编程(extreme programming,XP)是一种更积极的 Scrum 形式,它是旨在提高软件质量和响应不断变化的客户需求的软件开发方法。[10] 最初由程序员肯特·贝克(Kent Beck)为克莱斯勒公司(Chrysler Corporation)开发,极限编程的核心原则十分简单,重点在于简化编程代码、经常检查、尽早和经常测试以及保证员工只在规定工作时间内工作。极限编程还采纳了敏捷方法中强调的通过用户故事来理解用户真实需求,而不是通过程序员对项目范围说明的理解。极限编程的名称源于这样一种想法,即所采用的这种方法可以使得软件工程实践的创新性元素和有益性元素趋于"极致"。

极限编程的两个具有指导性意义的特性是重构过程和结对编程过程。为了加快软件开发,对所有需求的功能测试都是在编码开始之前完成,并且在整个项目中持续地执行代码的自动测试。重构是指在软件开发过程中就持续不断地进行简化设计和改进代码,而不是直到最终要对代码进行测试和修复时才开始。极限编程的另一个有争议的特性是结对编程的理念。在极限编程中,所有的代码都是由成对的程序员之间协作编写完成的,这些成对的程序员在编码过程中在同一台机器上进行编码工作,相互支持。结对编程可以帮助程序员解决问题,并明确从用户故事中得出的用户需求。极限编程同时也需要客户与开发团队之间保持持续的沟通。实际上已经有人建议项目团队绝对不要有超过 12 名开发人员结对工作。极限编程的其他要素包括不要等到实际需要某软件性能时才开始对该性能进行编程,一个扁平的管理结构、简单明了的代码、预计客户需求会随着时间的推移或对问题更好的理解而产生变化,并且经常与客户以及程序员进行沟通。作为极限编程的创始人的肯特·贝克指出[11]:

> 极限编程的基本优点是,整个过程是可见和负责的。开发人员将对他们将要完成的工作做出具体的承诺,并以可部署软件的形式显示具体的进展。当达到一个里程碑时,他们将确切地描述他们所做的工作,以及如何或为什么与计划不同。这使得有业务导向的人员能够自信地做出自己的业务承诺,在机会出现的时候抓住机会,快速而廉价地消除死胡同。

现代企业要求在面对机遇时能够快速地做出反应、构建一个支持沟通和协作的组织内部运作环境以及与客户保持良好的关系。基于这些需求和项目管理方法的原理,敏捷项目管理(极限编程)应运而生。对于许多类型的项目,采用敏捷项目管理方法不仅能够提高项目成果的最低标准,还能够简化项目开发流程。它还能够降低由于项目成员误解用户需求或用户需求发生改变而产生的开发成本,从而为承包项目的企业节省开支,同时它还能够促进用户与企业的联系、鼓励组织内部的功能团队之间形成互帮互助的良好氛围。总而言之，敏捷项目管理方法对于帮助企业更快速、更划算地开发新产品有着巨大的贡献。

11.3 约束理论和关键链项目进度计划

实际上，上两章中使用了 PERT 和概率时间估计，它们所构建的网络进度计划有极强的资源依赖性。也就是说，这些估计的精确性和项目的进度计划对于资源的可用性非常敏感——为了按预想的进度工作，必须保证关键项目资源在时间和数量上的可用性。使用"最早开始"进度编制方法的结果之一，是让项目经理重点关注项目中的进度时差。所保留的浮动时差越多，就有更多的缓冲时间来处理项目后期中未预见到的问题或资源不足。因此，项目经理经常处于为问题做准备的防御状态，小心地监视资源可用性并保证项目具有一定的时差。当约束理论被应用到关键链项目管理中时，它代表了一种不同的方法，而这个方法可以用来管理时差，还有助于更有效地利用项目资源。

约束理论

高德拉特在其书《目标》(*The Goal*，1984) 中提出了约束理论 (TOC)，最初应用于生产领域。[12] 他提出的一个比较重要的典型观点是，业务操作中大多数问题是由极少数原因导致的，也就是说，当追踪到源头时，要处理的许多问题实际上只是由几个核心问题引起的。TOC 的主要观点是："任何系统必然有约束，否则其产出将会无限制地增长，或者一下子减少至零。"（Leach，1999）。[13] 关键是识别系统中最核心的约束。组成 TOC 理论的五大核心步骤如下（见图 11-6）。

（1）**识别系统约束**。首先，进行深入的调查，并了解所有限制系统产出的原则性约束和根本原因，但重要的是不要拘泥于对众多次要原因或"小问题"的识别。

（2）**充分利用系统约束**。识别出约束后，必须制定策略，关注约束条件可能影响到的所有活动。例如，如果一个软件公司的约束是它只有一个高级应用程序员，而公司内部同时进行的有多个项目，那么在为这些项目群编制进度计划时，首先必须安排需要该程序员参与的所有项目活动。

（3）**附属于系统约束的其他一切约束**。需要在处理核心约束之后再制定资源约束或进度编制决策。上述示例显示出，"关键资源约束"是只有一个高级应用程序员，只有将该程序员在多个项目中的任务安排好之后，才能够进行其他项目活动的进度编制。

（4）**打破系统约束**。由前三步可知系统约束限制了企业的操作。根据高德拉特的理论，第四步是通过打破约束来改进系统，或通过消除瓶颈效应寻求解决约束问题的办法。在软件编程的例子中，这就意味着雇用更多的高级应用程序员。在许多基于项目的例子中，"打破系统约束"可能就是在合适的时间获取额外的资源。

（5）**确定是否发现新的约束，然后重复这个过程**。显然，在一定时间内，移除关键的系统约束会产生绝对的优势。然而由于一直存在系统约束，移除一个约束可能会带来新的系统约束。TOC 认为，需要在下一个潜在问题变得严重之前做好准备，因此最后的这个步骤实际上仅仅是持续的改进循环周期中的一步而已。

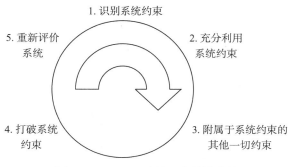

图 11-6　TOC 理论的五个关键步骤

从 TOC 理论的角度来检查项目进度时，可能会再次关注关键的系统约束，这也是引起所有其他进度编制问题的根本原因。项目的系统约束最初被认为是关键路径，要注意的是，关键路径是活动网络中完成项目的最早可能时间。如果延迟关键路径上的活动，则会引起整个项目的延迟。关键路径由一系列活动决定，这些活动的历时确定了网络中的最长路径，并由此确定项目的最早可能完成时间。高德拉特指出，所有进度编制和资源问题都是由于试图维持关键路径而产生的，因此需要识别关键的系统约束。[14]

11.4　关键链项目进度的解决办法

高德拉特提出了解决项目进度编制中偏差的方法，即以不确定的历时估计和完成时间的形式聚合或集成所有的项目风险。风险的聚合在保险业务中是众所周知的现象。[15] **中心极限理论**（central limit theorem）指出，如果许多概率分布被汇总，则汇总后的偏差等于独立分布的偏差之和。公式如下，其中有 n 个具有相同偏差 V 的独立变量：

$$V_\Sigma = n \times V$$

式中，V_Σ 是汇总的偏差。

标准差 σ 被用来代替风险，因为 $\sigma^2 = V$，可以发现：

$$\sigma_\Sigma = (n)^{1/2} \times \sigma$$

式中，σ_Σ 是标准差总计。因此：

$$\sigma_\Sigma < n \times \sigma$$

从数学上来讲，上述公式显示出聚合风险导致整体风险的降低。

聚合风险的原理同样也可以应用在**关键链**（critical chain）理论中，只是方式稍微有些不同。这里使用关键词**安全**或**项目缓冲**来表示项目经理愿意为每个活动维持的应急储备金。在聚合风险时，这种储备金明显减少，因此所有的活动历时是现实的，但是极具挑战。也就是说，所有的活动历时估计不是在 90% 按时完成的可能性基础上建立的，而是在 50% 的可能性水平上进行的估计。应急储备金从独立活动中被移出并应用在项目级上，并以项目安全裕度的形式表示出来；又因为聚合后，总的缓冲要小于独立项目活动缓冲的总和，所以项目的历时实际上被缩减了。

苹果电脑公司最近在 iPod MP3 音乐播放器的成功经历中，显示出了聚合风险的优势。苹果在 iPod 上有意识地将大部分的项目组件转包给多个供应商。公司认为设计制造整个产品是一个复杂并充满风险的方案,因此,苹果公司并没有采纳这种方案,而是与许多具有成熟技术的供应商签订合同。苹果公司做出这种合并其他来源的产品组件而非全部自制的决策,最终大大缩短了开发周期,并极大地增加了收益。[16]

这里要回答两个基本问题:项目历时究竟会减少多少?多少聚合缓冲才是充足的?高德拉特及其拥护者并不赞成减少项目总体缓冲,而仅仅是在项目水平上对缓冲进行重复利用(见图11-7)。从以下两种方法中可以确定要维持的合适缓冲量:①高德拉特建议的经验法则,即保留50%的项目总体缓冲;② Newbold(1998)提出了更加数学化的推导模型。[17]

$$缓冲 = \sigma = [((w_1-a_1)/2)^2 + ((w_2-a_2)/2)^2 + \cdots + ((w_i-a_i)/2)^2]^{1/2}$$

式中,w_i 是最坏情况下的历时;a_i 是聚合缓冲值的一部分的每个任务的平均历时。假定的标准方差是 $(w_i-a_i)/2$,例如假设项目团队认为缓冲是2倍的标准差。计算合适缓冲长度的公式如下:

$$缓冲 = 2 \times \sigma = 2 \times [((w_1-a_1)/2)^2 + ((w_2-a_2)/2)^2 + \cdots + ((w_i-a_i)/2)^2]^{1/2}$$

假设有3个连在一起的活动,每个活动都历时20天。这样,最坏情况下的历时 w_i 就是最初的20天。然后,按照保留50%的聚合缓冲,我们 a_i 的值就是每个活动10天。我们解出的缓冲长度(两个标准偏差)是

$$缓冲 = \sqrt{(20_1-10_1)^2 + (20_2-10_2)^2 + (20_3-10_3)^2}$$
$$= \sqrt{300},即 17.32 天$$

这里可以从3个不同的阶段直观地理解 CCPM 的应用。首先,所有的相关项目活动被放置在一个简化的前导图中(见图11-7中第1行),并列出了期望历时。需要注意的是,初始历时估计很可能是基于较高概率完成的估计,因此需要更实际地评估"真正"的历时并进行重新检查。第2步是压缩历时估计到50%的可能性水平上。所有独立的任务安全裕度或缓冲都被聚合,并表示为项目级的缓冲。

在第2步中,因为每项任务的缓冲仅仅是简单的聚合,并将聚合添加到项目进度的结尾,所以项目的整个长度没有改变。然而,第3行显示出重新配置的最后一步,项目缓冲被压缩为某个确定的量。通过50%压缩的经验法则,最终的项目历时比初始时明显地缩短了。被修改后的进度中包含了单个活动具有的较小时差,结果,CCPM 缩短了项目历时。

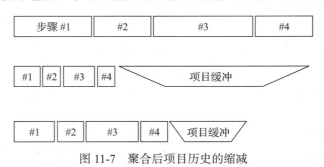

图 11-7 聚合后项目历史的缩减

资料来源:L. P. Leach. (1999). "Critical chain project management improves project performance," *Project Management Journal, 30*(2), 39-51, figure on page 44. Copyright © 1999 by Project Management Institute Publications. Copyright and all rights reserved. Material from this publication has been reproduced with the permission of PMI.

假设项目活动网络图服从表 11-1 给出的初始值，可以看出修改后的网络缩短了 22 天历时，即从原来的 40 天减少到了 18 天。因为所有的风险现在都聚合到项目水平上，所有最后的进度中共有 22 天的潜在时差，这些时差是压缩每个项目活动历时估计的结果。CCPM 中修改过的项目进度将重新应用进度压缩时所获得的潜在时差，并将其中的 11 天作为整个项目的缓冲。因此，在新的项目进度中完成该项目需要 29 天。

表 11-1 关键链活动时间的压缩

活动	初始估计的历时（天）	基于 50% 概率的历时（天）	活动	初始估计的历时（天）	基于 50% 概率的历时（天）
A	10	5	D	2	1
B	6	2	E	8	3
C	14	7	总计	40	18

将项目时差重新应用到聚合水平上有什么意义呢？首先，所有独立活动和子活动的预期日期都被消除了。CCPM 活动网络中不再使用里程碑。企业唯一的约束仍然是项目的交付时间，而不是完成个别的任务。项目团队成员被鼓励做出现实的估计并不断地修正其期望值。显然，为了有效地使用 CCPM，公司文化支持"无指责"的政策是至关重要的。要注意的是，以 50% 的可能性估计每个活动历时，实质上意味着工作人员错过估计日期和按时完成的可能性是一样的。在日常处罚延迟行为的工作文化中，工作人员将迅速重新养成保护自己的习惯——夸大历时估计、浪费安全裕度等。

在应对外部分包商时，第 2 种意义则更为明显和特殊。因为每个活动日期都被消除，里程碑也被废弃，所以对于如何有效地安排分包商的交付会有很多疑问。当分包商同意为项目交付物资时，他们一般根据里程碑（日历）规定的交付时间执行。CCPM 及其不强调每个任务目标日期的哲学，为编制必要的供应商或分包商交付时间创造了复杂的环境。作者建议解决这种状况的一种方法是与合约人共同协商关键活动所需组件的完成与交付时间。[18]

11.4.1 绘制关键链活动网络图

回忆前面使用传统 CPM/PERT 网络的章节，每个活动的时差是整个网络的一种典型产物。活动开始时间通常由资源可用性所支配。例如，虽然一个活动能够在 5 月 15 日开始，最后却被推迟了 3 天，因为只有 3 天后该活动所需的资源才是可用的。在这种情况下，时差被用作资源平衡策略。

在 CCPM 中，资源平衡不再被需要，因为在识别关键链的过程中，资源在项目内已经被平衡了。因此在编制进度计划时，倘若网络中每条非关键路径各自都有缓冲，CCPM 将尽可能晚地延迟所有非关键活动（见图 11-8）。这些非关键缓冲被视为支流缓冲，因为它们位于非关键路径并都汇入到关键路径中的位置。如图 11-8 所示，一部分关键路径和一条非关键支流路径在经过活动 C 点时被连接起来。支流缓冲历时的计算与创建整个项目缓冲的过程相似，它们都依附于关键链的末端。

为理解关键链的逻辑是如何构建的，首先要对传统进度计划编制方案做出一些重要的调整，例如：

（1）在时间上调整期望活动历时，反映出以 50% 的概率完成活动（压缩进度）；

（2）将最早开始的方式改变为最晚结束的方式；
（3）如果有必要的话，考虑资源冲突的影响。

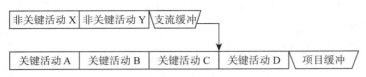

图 11-8　CCPM 应用支流缓冲

注：直流缓冲是为了预防关键活动的延迟。

图 11-9a～图 11-9c 代表了遵循这些步骤的一系列简化的例子，其中识别出 5 项活动（A、B、C、D 和 E）沿着两条路径，最后汇入到活动 E 作为项目的结束。所有的活动按照尽可能早的开始（最早开始）时间被安排，并基于估计历时的标准方法。表 11-2 列出了这些活动的期望历时。

表 11-2　活动历时

活动	历时（天）
A	10
B	50
C	20
D	10
E	30

如图 11-9a 所示，整个项目的期望历时为 90 天，基于最长的活动连接路径（路径 A—B—E）。第 2 条路径 C—D—E 的历时为 60 天，因此，这里有 30 天的时差。为了调整该网络，第 1 步是将最早开始进度计划改变为最晚开始进度计划。第 2 步，CCPM 置疑初始的活动历时估计，并以基于分布的平均点替代活动历时估计。修改后的活动网络是假设压缩 50% 的估计。因此，新的网络共历时 45 天，而不是初始 90 天的估计（见图 11-9b）。

转化为关键链进度的下一步涉及整个项目以及所有网络路径的支流缓冲。前面已经知道，这些缓冲是按照整个进度节约 50% 的比例计算的。因此，路径 C—D 的支流缓冲计算为 0.5×（10+5），即 7.5 天。项目缓冲可以从路径 A—B—E 计算得到：0.5×（5+25+15），即 22.5 天。因此，当缓冲被添加到修改后的活动网络时，显示出历时 90 天和时差 30 天的初始 PERT 图，新的关键链网络共历时 67.5 天，即节约了 22.5 天（见图 11-9c）。通过这三步，从最早开始转变为最晚开始的进度，识别了关键路径（最长活动连接的序列），然后应用了支流和项目缓冲。结果，一个修改后的项目进度虽然增加了缓冲，但也明显减少了项目的完成时间。[19]

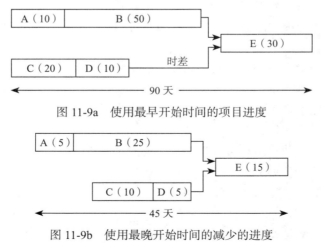

图 11-9a　使用最早开始时间的项目进度

图 11-9b　使用最晚开始时间的减少的进度

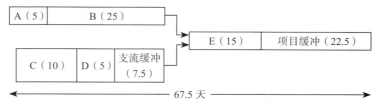

图 11-9c　添加了缓冲的关键链进度

11.4.2　关键链法和关键路径法的比较

关键路径法和关键链项目管理之间真正的不同之处在哪里呢？关键链的路径通常与活动网络中的关键路径不同，关键路径仅仅依赖于活动间的逻辑关系，也就是那些任务间的前置关系。在这个过程中，活动时差是在找出关键路径之后发现的；一旦网络被确定，关键路径就可以确定了，所有其他的路径和这些路径上的活动可能包含某种程度的时差。另一方面，关键链通常跳出任务之间的依赖关系。这种情况发生的又一原因是关键链需要在其被确定之前完成资源平衡，而不像 PERT/CPM 网络，确定网络之后再平衡。

为了说明这种不同，将图 11-10a 所示的活动网络与图 11-10b 所示的网络图进行比较，其中图 11-10b 是被修改后的解决方案。图 11-10a 是一个确认了关键路径的简化 PERT 网络，中间的路径是关键路径，当需要同样的资源（鲍勃）去完成同时进行的活动时，问题就产生了。明显地，在没有延长整个关键路径时，鲍勃不能够同时执行 3 项任务。另一种方法如图 11-10b 所示，首先对鲍勃必须执行的活动进行资源平衡。项目的进度必须考虑到资源冲突，并且为了快速推进项目应建立新的网络逻辑。

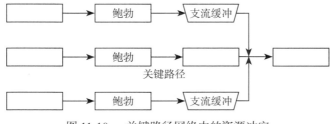

图 11-10a　关键路径网络中的资源冲突

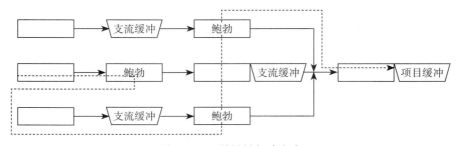

图 11-10b　关键链解决方案

鲍勃是资源约束条件（见图 11-10b），为了合理地对他进行任务分配，需要对进度进行重新调整。注意在关键链进度中（图中用虚线表示），鲍勃首先完成中间路径上的任务。其他两个路径也需要鲍勃,因此他接着被分配到底部路径上的任务,最后被分配到顶部路径上的任务。当然也要注意到各种支流缓冲在新的关键链进度中是如何被重新调整的。因为鲍勃的第 1 项任务是后续活动的前置活动,考虑其资源可用性(是否被延迟),顶部和底部进度在网络中的支流缓冲前移了,或者说移到更早的时间了。因此,由于鲍勃是网络中的关键资源,就很必要首先平衡他所负责的任务,然后重新确定网络,从而创建不同于初始关键路径的新关键链。考虑到非关键路径的安全边际,一旦关键链被确定,就会加入支流缓冲以支持关键活动。

项目导读 11-2

美国礼来制药公司与其关键链项目管理的实现

礼来制药公司是制药行业的巨头之一,但对于制药行业来说,公司的规模并不是其未来成功的有力保障。美国所有的制药企业都面临着越来越大的来自各方面的压力:①联邦政府,政府刚刚颁布了"奥巴马医保法案"(Obamacare),对药品成本控制有严格的要求;②由于关键药物已经很常见,导致专利丧失;③在竞争激烈的行业中保持领导地位的需要。礼来对此感受颇深,从 2011 年开始,礼来的几个热销药品就被剥夺了专利权,这使得礼来不得不急于迅速向市场投放新药。不幸的是,礼来处于最终试验阶段的药品很少,致使很少有药品可以迅速投入商业化阶段。

为了始终走在行业的最前列,礼来近几年开始采取一系列的战略性措施。首先,企业首创了成本削减计划,计划从运营中削减 10 多亿美元的开支。其次,礼来重组为 4 个部门以合理化企业流程,从而更好地以市场为导向、快速回应市场。最后,公司宣布在位于印第安纳州的印第安纳波利斯建立卓越发展中心,该中心将负责后期药物测试和新药物发布的收尾工作(见图 11-11)。礼来认为卓越发展中心成功的关键因素之一就是关键链项目管理(CCPM)的广泛使用。

从 2007 年起,礼来的研发部门就一直很支持 CCPM,并且允许将 CCPM 用于整个研发组织。公司对 CCPM 的支持情有可原。礼来实验室的总负责人史蒂芬·保罗(Steven Paul)这样说道:"目前已有 40 种新产品的开发过程实施了 CCPM。传统开发规划方案每一步交付的准时率都只有 60%。实施 CCPM 后,我们的项目是 100% 准时交付。"[20]

图 11-11 药物发现研究实验

从建立基于各部门信息共享的合作性内部环境,到药品的研发过程,礼来发现 CCPM 给它带来的益处是多方面的。另外,CCPM 还为公司提供了一个使公司资源效益最大化的方法,避免了研发过程中常见的瓶颈问题,从而能够将药品快速地推进到实验阶段。最后,CCPM 为礼来营造了一种精确估计、安排和控制项目进度的内部氛围。

实施 CCPM 并不是一件易事。有些负责人已经注意到,CCPM 需要员工改变其固有的思维模式，要求员工从组织者的视角来看待这些项目，而不仅仅是从部门的角度。不论如何，礼来对 CCPM 的投入终于有了成效，这将继续为企业的成功提供无与伦比的竞争优势。[21]

11.5 使用关键链法解决资源冲突

假设安排完修订过的进度（回看图 11-9c）后发现了一个资源冲突点，比如活动 B 和 D 需要相同的人员，结果造成了资源过度分配。那么应该怎样解决这个问题呢？因为所有活动的开始都被尽可能地延迟，解决该问题可按照如下几个步骤进行。

（1）活动 D 的前置任务是活动 C，因此第 1 步是分配活动 C 一个约束，这个约束会让 C 尽可能晚开始。

（2）为移除资源冲突，从项目终点开始进行逆推，以消除冲突来源。

图 11-12 是一个 MS Project 文档，它显示了为消除资源冲突而调整关键链进度的步骤。注意到初始图（见图 11-9c）强调了在制定典型的最早开始进度时产生的一个常见问题，即需要对照可能的资源过度负载来估计进度。

例如，假设甘特图（见图 11-12）中资源冲突表现为乔，他在 3 月 24 日同时被分配到活动 B 和活动 D 中。由于此人不能同时在两项活动中工作，因此必须重新调整进度来解决这个冲突。

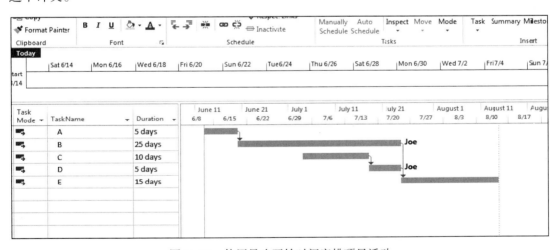

图 11-12 使用最晚开始时间安排项目活动

资料来源：MS Project 2013, Microsoft Corporation.

图 11-13 则阐释了资源冲突解决过程的下一个步骤。当维持最晚开始的形式时，活动 D 被推迟到活动 B 之后开始，因此允许乔在进行活动 D 之前首先执行活动 B。重新调整进度后，整个进度延迟了将近 1 周。

另一方面，资源冲突问题还可以根据图 11-14 重新编制进度，图中活动 C 和活动 D 在网络中向前移动。这个不同的方法向网络路径中增加了额外的时间，项目预计完成日期被移到 5 月的第 2 周。在选择最可行的方法解决资源冲突时，都希望选择对整个网络进度影响最小的方式。如图 11-13 中所示的进度可能更容易被接受，因为图中不仅解决了资源冲突，而且在重新调整后仅损失了一周的进度。

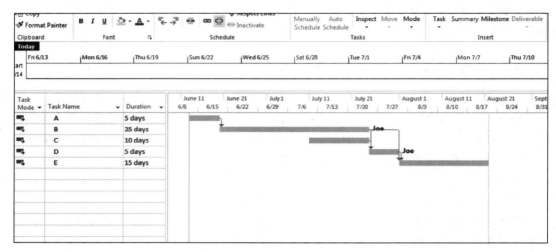

图 11-13　重新调整进度以解决资源冲突

资料来源：MS Project 2013, Microsoft Corporation.

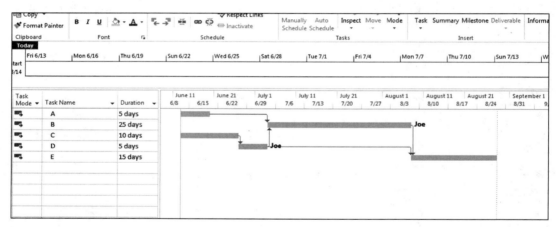

图 11-14　资源冲突问题的另一种解决方案

资料来源：MS Project 2013, Microsoft Corporation.

11.6　关键链项目群管理

关键链项目管理也被用来管理企业中的项目群。基本的约束理论被应用到企业项目群中，从而识别关键的系统约束。正如单项目例子中的情况，关键链被认为是关键约束。在企业级水平上，主要约束通常被认为是企业的资源能力。在平衡项目群的过程中，首先必须估计公司的主要资源约束，并确定其可用的范围。资源约束可能是一个人或部门，也可能是公司的运作政策，甚至是一个实体资源。在生产领域中，高德拉特使用关键词"鼓点"来表示系统约束，因为这种限制性资源变为一个鼓点，就控制了公司的剩余生产能力。[22]

为了在多项目环境下应用CCPM，首先必须确认目前的项目群，然后确认主要的资源约束或鼓点，根据TOC理论就可以充分利用这个系统约束。在项目群进度编制过程中，通常包括及时向前推动项目，因为鼓点进度决定着公司项目群中的先后顺序。如果鼓点资源是早期出现的，则要充分利用最早开始的机会向前推动项目。如果鼓点较晚出现，则需要在未来推迟项目。而且，与单项目示例中支流路径和整个项目缓冲一样，在组合进度编制中也需要使用缓冲。**能力约束缓冲**（capacity constraint buffer，CCB）指一种安全边界，这个安全边界用来区分被安排使用相同资源的不同项目。在对下一个项目排序之前应用CCB能够确保关键资源得到保护。例如，如果朱莉娅是质量评估专家，她必须在软件发布之前全程检查所有的软件测试项目，在项目转换时就需要应用CCB。最后，在组合进度编制中也可以使用**鼓点缓冲**（drum buffers）。鼓点缓冲是额外的安全裕度，在使用约束资源之前应立即将它应用到项目中，从而确保工作中不会缺乏这种约束资源。实质上，这样就能保证在项目需要时鼓点资源（约束）能将资源应用到项目中。[23]

在项目群中应用CCPM必要的常规步骤包括以下几个方面。[24]

（1）识别公司资源约束或鼓点，亦即多项目进度中的驱动力。回答这样两个问题：哪种资源约束对整个系统的性能有着最为直接的影响？供应不足且经常需要加班的资源是哪些？这些有形的证据最能够显示出公司的核心约束。

（2）通过以下几步突破资源约束。

a. 为每个项目单独制定关键链进度。

b. 决定各项目的优先级，确定鼓点或约束资源。

c. 创建多项目资源约束或鼓点。收集每个项目所需的资源，并在考虑优先级和最大化项目开发绩效的基础上解决冲突。

（3）通过以下几点遵循每个项目的进度安排。

a. 在鼓点进度的基础上安排每个项目的开始时间。

b. 指明关键链是从首次使用约束资源开始到项目结束。

c. 在约束资源计划使用之前，在各个项目进度之间添加能力约束缓冲。这个行为通过确保输入已经准备好，从而保护鼓点进度。

d. 如果创建的能力约束缓冲对鼓点进度产生不利影响，那么解决所有冲突。

e. 向每个项目添加鼓点缓冲，以确保工作中不会缺乏约束资源。在项目中使用约束资源之前，缓冲就应该立即到位。

（4）评价约束资源的能力，也就是为未来的迭代周期增加鼓点能力。

（5）返回第2步并重新迭代，每次都能够改进运作流和资源约束水平。

考虑图11-15中的示例，图中已经识别出一个鼓点资源约束，表示资源供应并不充足，不能满足完成队列中所有3个项目（A、B和C）的要求。这一点可以从图中的水平虚线中体现出来。当然，一种方法是放弃优先权最低的项目，实质上是根据鼓点资源来控制完成项目的数量；也可以考虑另一种方法，即在考虑优先级的基础上，通过使用能力约束缓冲来充分利用系统约束，从而完成所有的3个项目。图11-15显示了问题的自然状态，项目A具有最高优先级，项目B次之，项目C优先级最低。资源只能同时满足两个项目，但正如图中所示，它们并不是持续地需要资源。这样，资源约束问题又变成进度编制问题，与单项目情况类似。

在识别资源约束并为项目排序以评估鼓点资源之后，就可以用图 11-16 中类似的方式为项目重新编制进度。[25] 因为问题是资源的有限性，所以需要推迟项目 C，直至它被包括在鼓点进度中。能力约束缓冲被放在了项目 C 的开始日期前，这个缓冲确保了队列中下一个项目需要的关键资源是可用的，并且它定义了新项目的开始日期。

当增加第四、第五或第六个项目到项目群中时，仍然可以使用同样的步骤。评估鼓点资源时每个项目都是被约束的，因此编制进度时必须考虑这些约束。这样做之后，就可以使用高德拉特的约束理论，创建一个在多项目环境下的主项目进度。

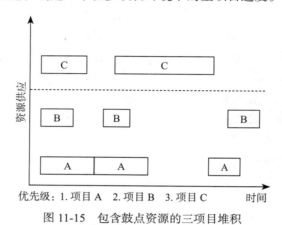

图 11-15　包含鼓点资源的三项目堆积

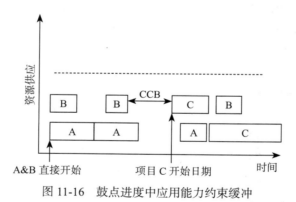

图 11-16　鼓点进度中应用能力约束缓冲

■ 项目管理研究精要 11-2

关键链进度的优势

CCPM 真的有效吗？虽然最近有很多书籍和文章都拥护这个理论，但到目前为止，几乎没有实证研究来确认或否认使用关键链法编制进度的有效性。证据基本上都是传闻，正如 CCPM 的支持者们指出的，许多采用关键链编制进度的公司明显节约了时间，而且部分项目团队成员的态度变得更加积极。

最近，Budd 和 Cooper [26] 进行了这方面的研究，他们在模拟的环境下测试了 CCPM 和传统的关键路径进度编制的有效性。利用 3 个长期项目，重复利用关键链和关键路径法进行 1 000 次以上的进度编制。他们在研究中预计了项目的完成时间，最终确定关键链进度编制下的活动历时比使用关键路径进度的活动历时要短。在他们的模拟模型中，CPM 进度下的长期项目预测需要 291～312 天完成，平均完成时间是 293 天；关键链中项目预计需要 164～181 天，平均完成时间是 170 天。事实上，在不同长度项目的多次迭代过程中，关键链进度编制减少了项目平均历时的 18%～42%。虽然研究者指出他们没有反映出多任务环境对每种进度的消极影响，但他们的发现为支持关键链项目管理成为关键路径进度编制之外的另一种不同方案提供了证据。

其他的研究也同样显示出，关键链项目管理对项目的结果能产生积极影响。关于 IT 项目管理的报告显示，成功采用关键链项目管理能够减少 25% 的项目历时，每单位时间完工的项目数量增加了 25%，按时完成的项目比例达到 90%。最后，来自不同项目环境的研究也得到了同样的结论（见表 11-3）。[27]

表 11-3　公司实施 CCPM 前后项目绩效对比

CCPM 实施	实施前	实施后
家用电器的新产品开发（美国凯曼顿电器有限公司）	34 样新产品/年 74% 的项目准时完成	第 1 年增加到 52 样新产品，第 2 年新产品数量增加到 70 以上 88% 的项目准时完成
电信网络设计和安装（爱尔兰电信公司）	能准时交付的项目少于 75%，交付平均周期为 70 天	准时交付项目增加到 98% 以上 交付平均周期减少到 30 天
直升机制造和维护（埃里克森空中起重机公司）	只有 33% 的项目能准时完成	准时完成的项目增加到 83%
石油和天然气平台的设计和制造（拉特诺科技公司）	设计工程需要 15 个月 制造过程需要 9 个月 构建和组装需要 8 个月	设计工程需要 9 个月 制造过程需要 5 个月 构建和组装需要 5 个月 生产效率提高了 22%
高科技医疗器械开发（欧洲美敦力公司）	设备项目周期平均需要 18 个月，且周期具有不确定性	周期减少到 9 个月 准时交货的项目比例提高到 90%
变压器检修及修理（哈雷爱波比公司）	2007 年 1～12 月完成了 42 个项目 准时交付的项目为 68%	2008 年 1～12 月完成了 54 个项目 准时交付的项目为 83%

11.7　对 CCPM 的批评

对关键链项目管理也存在批评意见，反对关键链的意见包括下面对该方法的指责和其自身存在的缺陷。

（1）缺乏项目里程碑导致进度编制很难协调，特别在有外部供应商的情况下。批评者认为当存在外部供应商交付关键组成部分时，在过程中缺乏项目里程碑会对进度日期的协调产生负面影响。[28]

（2）CCPM 的全新观点也遭到了一些学者的反对（Duncan，1999），他们认为在对资源平衡特别关注的前提下，CCPM 技术要么与众多类型的项目不配套，要么就是对已被深入理解的计划评审技术（PERT）的简单再概念化。[29]

（3）虽然 CCPM 确实增强了项目进度编制的规范性，但在公司项目群中应用这种技术的有效方法却并不清晰。它似乎只在项目的基础上获得收益，但在大型项目水平上的有用性并没有得到证实（Elton and Roe，1998）。[30] 由于 CCPM 强调在多项目环境下共享资源，因而难以避免多任务处理，这也削弱了 CCPM 的能力。

（4）CCPM 成功的事实大部分仍然是传闻，并且只是基于单案例的研究。CCPM 的度量标准和缺陷依然需要项目管理研究者的大量工作，但除了 Budd 和 Cooper 的建模工作外，还缺乏足够的实证研究来确认或否定其功效。

（5）最近有关 CCPM 的评论认为，它在提供了许多有价值的概念的同时，并没有提供一个完整的解决方案来满足目前项目管理进度编制中的需求。笔者也认为，企业在抛弃传统项目管理进度编制过程而接受 CCPM 作为唯一计划和进度编制活动的方法时，应慎重考虑。[31]

（6）高德拉特认为项目人员通常大幅增加活动历时估计导致"冗余"，但批评者认为这种对历时估计的评价过于消极和苛刻，高德拉特将这种"冗余"过分夸大了。

（7）最后，要成功实施 CCPM，企业文化必须进行相应的变更，而高德拉特严重低估了文化变更的困难。尤其当活动估计冗余可能有问题时，即使团队成员知道错过截止日期将受到制裁，他们也不一定会在项目经理的要求下放弃安全裕度。[32]

本章提到过一些存在明显问题的项目组织，对于他们而言，成功地实施和使用 CCPM 要求他们首先必须进行严格的检查，并变更项目组织的文化。信任进度编制的结果、避免学生综合征、项目经理控制项目安全裕度——这些都是建立健康诚信文化的方式。使进度计划编制过程从企业成员处获得支持，这对新技术的成功是至关重要的，而这些新技术能够明显地改善上市时间和顾客满意度。[33]

小结

1. **理解敏捷项目管理产生的原因以及在某些特定类型的项目中使用这种方法进行规划的优势。** 与传统的瀑布式规划模型相比，敏捷项目规划具有一些独特的优势。例如，瀑布模型事先制订了一个严格的、固定的项目计划，项目开发按照这个计划采取预先确定的步骤顺序完成。对于有固定目标和熟知流程的项目，瀑布式规划很有效。然而，对于其他许多类型的项目，敏捷也非常重要，它帮助这些项目去面对在开发周期中发生的范围和规范变化的可能性。由于敏捷是一种增量的、迭代的规划方法，它允许项目团队在一段较短（1～4 周）的时间段内计划和完成项目中的某一部分，这一个时间段被称为"冲刺"阶段。最后，敏捷意识到项目是否成功是由用户来决定的，因此它重视"客户的声音"并强调对用户重视的产品特性进行开发，而不仅仅只基于对于项目说明的理解。灵活性和为客户创造价值的责任感使得敏捷项目管理成为一个优秀的项目规划方法。

2. **认识到敏捷过程中的关键步骤及其缺点。** 在敏捷/冲刺过程中有 5 个步骤：①冲刺计划——确定冲刺需要完成的工作，并创建了一个冲刺任务清单；②每日站会——开发团队会同步他们当前的工作，并为下一个 24 小时的时间窗口创建一个计划；③开发工作——在此阶段实际完成冲刺的工作，并以冲刺燃尽图来表示已完成的工作；④冲刺评审——在冲刺结束时进行冲刺评审，检查完成的工作，并根据需要对产品清单项进行调整；⑤冲刺回顾——会议召开，以评估之前的冲刺是如何进行的，并针对下一次冲刺时需要改进的流程制定相应的纠正措施。

3. **理解为软件项目规划流程的极限编程（XP）的关键特性**。极限编程（XP）是一种软件开发技术，它将敏捷的客户响应能力提升到极致水平。极限编程的核心原则包括：强调简化编程代码，经常检查，尽早和经常测试以及保证员工只在规定工作时间内工作。极限编程中的两个不同的元素包括重构的使用，它是指在软件开发过程中就持续不断地进行简化设计和改进代码，而不是直到最终要对代码进行测试和修复时才开始。极限编程的第2个特点是使用结对编程，在这种编程方法中，成对的程序员在编码过程中在同一台机器上进行编码工作，并相互提供支持。结对编程促进了软件开发的成员协作，并有助于在开发过程中始终突出质量。

4. **区分关键路径和关键链项目进度编制技术**。为了解决项目进度编制中的系统问题，高德拉特提出了 CCPM 过程。在 CCPM 中对传统的 PERT 进度编制过程做了几点改变。首先，所有的单独活动时差，或"缓冲"变成了项目缓冲。每个团队成员都对他/她所负责的活动网络组件进行历时估计，而没有虚报，即基于 50% 的成功可能性的历时估计。所有的关键链和支流链（网络中的非关键链）上的活动以最小限度的时间范围连接起来。这时项目缓冲被集成，节约的时间（高德拉特使用了 50% 的经验规则）被添加到项目中。即使增加了 50% 的节约时间，还是明显缩短了整个项目的历时，尤其是当要求团队成员较少地考虑任务补充，而更多地考虑任务的完成时，更是如此。

CCPM 对于那些不在关键链上的任务也应用了相同的方法。所有的支流路径活动都减少了相同比例的历时，并且为所有的非关键链构建了支流缓冲。最后，CCPM 区分了它对缓冲的应用和传统的 PERT 对时差的使用。按照 PERT 的观点，项目时差是整个完成活动网络的变量。换句话说，时差是任务依赖关系的输出，而 CCPM 的缓冲用来作为进度计划编制的预先输入，基于每个活动中合理的削减和最后汇集为项目缓冲的应用。

5. **理解关键链如何解决项目资源冲突**。关键链项目管理中假设，项目的关键链需要首先识别资源冲突和任务顺序，并解决这些冲突。与网络中使用最早开始的方法不同，CCPM 方法强调使用最晚开始的时间，在支流路径与关键路径的结合点增加了支流缓冲，并在需要使用时在项目水平上使用了整个项目的缓冲。所有活动排好序，以充分利用资源，确保任务中的延迟最小并加速整个项目。

6. **在项目群中应用关键链项目管理**。CCPM 也被应用在项目群的水平上，即在多个项目中竞争有限的项目资源。项目群管理首先包括识别项目群的所有项目中最大的资源可用性，按有限的资源对这些项目区分优先次序，然后按照可用资源对其他的非关键项目活动进行排序。"鼓点资源"是限制了项目群的关键资源。为了缓冲这些序列中使用了鼓点资源的项目，CCPM 建议创建能力约束缓冲，从而更好地控制项目在排队使用关键资源时相互之间的转换。

已解决的问题

假设你有图11-17中所示的PERT图，并已经识别出了资源冲突，谢丽尔被同时安排在两项任务中工作。在本案例中，谢丽尔变成了项目中的约束资源。那么该如何重新配置项目网络中的比例来更好地管理你的关键资源？新的"关键链"是什么？

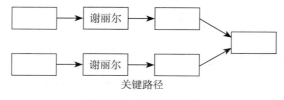

图11-17 目前的网络

结果（如图11-18所示）

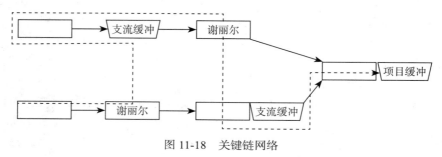

图11-18 关键链网络

讨论题

11.1 公司高层领导做出过于乐观的项目交付承诺，这对内部（团队动机因素）和外部（顾客）有什么样的实际影响？

11.2 考虑如何在组织运作中做出一个大的变动（如转换到CCPM）？为什么这样的变动要经历一系列全面的步骤？也就是说，为什么在改变一个项目进度计划编制方法时需要发生这么多相关联的变化？

11.3 为什么当项目面对不断变化的需求或项目客户持续不断的增加的新需求时，传统的项目规划方法就不再合适了？

11.4 项目开发的瀑布规划模型的优点和缺点是什么？

11.5 敏捷项目管理的优点和缺点是什么？

11.6 Scrum主管的职责与项目经理类似吗？它们有何区别？

11.7 为什么在制定开发需求时需要关注项目特性和用户故事？

11.8 使用极限编程（XP）开发项目会遇到什么困难？什么样的项目最适合使用极限编程？

11.9 项目安全裕度的集成是如何促使项目团队减少整体安全裕度，并使整体安全裕度小于单个任务安全裕度之和的？保险业中是如何处理这种现象的？

11.10 区分项目缓冲和支流缓冲。每种类型的缓冲各有什么作用？

11.11 据说CCPM的安全裕度与普通的活动时差之间一个主要的不同点，即关键链路径的安全裕度是被预先确定的，而普通的活动时差是在网络图创建之后才决定的。通过回答下面两个问题来解释这个不同点的含义：项目团队如何在 PERT 图中寻找时差？如何在关键链项目管理中使用活动缓冲？

11.12 用 CCPM 解决项目中资源冲突的步骤有哪些？怎样理解方案中的活动最晚开始这个概念？

11.13 将 CCPM 作为一种控制公司项目群的方法，它的必要步骤是什么？

11.14 鼓点资源是什么？为什么这个概念对更好地理解控制项目群中的资源需求是非常重要的？

练习题

11.1 假设按照图 11-19 这个网络图，梅根负责活动 A 和 C。使用关键链方法对网络进行资源平衡。调整网络的两种方法是什么？哪一种对于按完成时间进行进度编制的项目更有效？给出答案并解释。

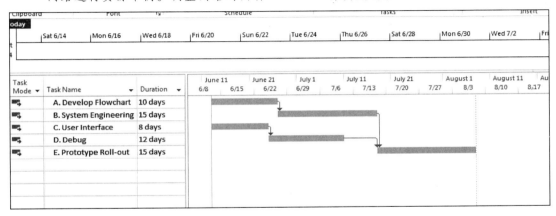

图 11-19

资料来源：MS Project 2013, Microsoft Corporation.

11.2 考虑下面的活动和历时。图 11-20 显示了原始的项目进度，它使用最早活动开始时间来安排。请使用关键链项目进度编制，重新配置网络。

什么是关键路径？在非关键路径中有多少时差目前是可用的？重新配置图 11-20 中的网络，使之成为关键链网络。该项目新的历时是多少？项目缓冲和支流缓冲是多长？

活动	历时（天）	活动	历时（天）
A	5	D	10
B	30	E	15
C	10		

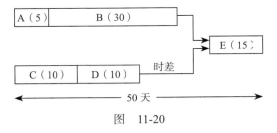

图 11-20

11.3 使用关键链法重新配置图 11-21 中的网络，要以合适的最晚开始时间为基础配置活动。初始关键路径是什么？初始项目历时是多少？在非关键路径中需要应用多少支流缓冲？项目缓冲的长度是多少？假设 50% 的可能性就是当前项目活动历时的一半。

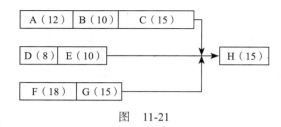

图 11-21

11.4 图 11-22 所示的网络存在资源冲突，你将如何使用关键链法调整网络以解决资源冲突？哪里应该使用支流缓冲？为什么？

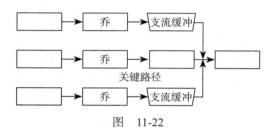

图 11-22

11.5 考虑图 11-23 中的项目群问题，你需要对公司目前的项目群进行资源管理。其中一部分资源包括卡罗尔、凯西和汤姆，当新项目完成后，他们要负责所有项目的调试。目前有 4 个项目中的活动需要完成，你将如何最为有效地安排卡罗尔、凯西和汤姆的时间？使用鼓点缓冲进度编制技术，重新配置进度以便更好地利用时间资源。你会将能力约束缓冲置于何处？为什么？

项目的优先级排序如下：

（1）项目 X；
（2）项目 Y；
（3）项目 Z；
（4）项目 Q。

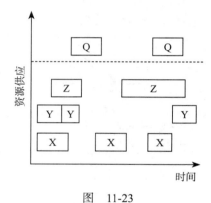

图 11-23

案例分析 11-1

这是敏捷的世界

"这不是我需要的。"西北地区医院的住院部主任质疑。

朱迪叹了口气："但这确实是你之前要我们为你开发的软件。"

"我不在乎我当时说了什么，这个系统按照你的设置是无法为我们工作的。你必须解决它。"

朱迪警告说："但任何修复措施都至少需要 4 个月的时间来完成。你为什么不使用一段时间，适应一下这个软件的性能呢？我相信你会发现它很好用。"

朱迪试图做出保证，却引出院长更为负面的回应；

"你瞧，我们需要的注册界面和你这个格式完全不同。你的格式不符合要求。最重要的是，它还没有安全检查功能。"

"但在去年 4 月我们制定系统规范时，你并没有提出这些要求。"

"当时，我也不知道我们可以提出这些要求。那之后，我们收集了一些新的信息和新的联邦法规。你必须对这个系统做出很大的修复，我才能够让我的员工使用它。"

当朱迪事后回想起这段对话时，她意识到这段对话已经在这家医院里反复出现过很多次了。作为医院IT部门的负责人，朱迪主要负责升级并将新的报告功能或信息系统功能添加到医院的系统中。似乎任何一个针对新功能的计划在最初的时候都是会获得客户的满意和高期望的。在初步的范围会议之后，IT团队的成员返回他们的部门，花费数月的时间创建出一个系统原型，以便客户可以看到这个系统是如何工作的、用户需要怎样操作并让客户意识到这个系统的价值。但不幸的是，通常情况下，事情并不会按照我们想象的那样发生。当程序员和系统开发人员完成项目并将其提交给客户时，这些医院的工作人员已经忘记了他们最开始提出的需求，他们不喜欢这个系统，或者还会提出一份新的"关键特性"列表要求开发人员立刻将这些特性加入到系统中。

后来，在午餐桌上，朱迪给IT团队的一些同事讲述了这个近期发生的展示和驳回事件。但对其他人来说，这并不令人感到惊讶。

她的副手汤姆耸了耸肩："它总是在发生。其他部门什么时候对我们为他们编写的软件满意过吗？乐观点看——至少工作很稳定！"

朱迪摇摇头："不，我们程序开发过程一定是出了什么问题。我们不能够一直这样下去了。想想看，我们的一个软件升级项目的平均所用时长是多少？5或6个月吗？"

汤姆想了一会儿："是的，好像是这样。"

"好的，"朱迪继续说道，"那在这个开发周期中，我们多久与客户进行一次交流？"

"尽可能少！你知道的，我们和他们交流得越多，他们提出的更改要求也会越多。最好是在最开始就锁定客户的需求，然后我们开始开发工作。任何其他的事情都会导致项目的延误。"

朱迪反对说："交流真的会这么耽误事情吗？如果我们不进行沟通而继续开发系统，最终客户以'这不是他们需要的'理由而拒绝使用这个系统时，不是会更加耽搁时间吗？"

汤姆想了想，然后看了看朱迪："也许这是一个两难的局面。如果我们倾听客户的要求，这些要求将会永无止境。但如果我们忽视客户的要求进而为他们创建一个系统，他们又不喜欢这个系统。我们还有其他的选择吗？"

问题

1. 为什么经典瀑布项目计划模型在这个情景下失败了？IT部门的哪些流程会导致他们开发的系统不断地被客户驳回呢？

2. 敏捷方法如何修正这些问题呢？你会建议什么样的新的开发周期？

3. 为什么"用户故事"和系统"特性"是有效的IT软件开发过程的关键组成部分？

4. 使用"Scrum""冲刺"和"开发团队"术语，为西北地区医院的虚拟软件开发过程制定一个新的开发周期。

案例分析 11-2

德国战车产品有限公司

杰克·帕默是德国战车产品公司特别项目部的负责人，当他被要求评估其部门内的项目管理实施情况时，他在新岗位上工作才3个月。德国战车产品公司是能源行业集成测试设备的领先开创者，它拥有的产品线超过45条，涉及行业有天然气和石油开采、电力以及公用事业。作为特别产品部的领导，杰克负责一个50～60个新产品开发项目的项目群。德国战车产品公司的高层管理者估计60%的公司收益来自于新产品，因此对特别项目部的运作非常关注。

作为评估的一部分，杰克注意到这样一个麻烦的事实：项目经常在较大程度上超出预算，而且相对于进度计划项目明显超时。这个问题特别麻烦，因为杰克也曾是该部门下的一个项目经理，并特别注意到项目进度并不是很有挑战性。事实上，他相信项目刚开始开发时，其进度中有很大的"扩充"，那么，为什么项目被长期延迟并超过预算呢？

尽管特别项目部对德国战车产品公司未来的成功非常重要，但该部门长期以来都在一个紧张的资源水平上操作。目前有7个系统集成工程师负责55个项目的项目群。这些工程师对于德国战车产品公司的新产品开发有着重大影响，他们的服务经常被认为是突破点。其中一个高级工程师玛丽最近告诉杰克，她负责14个项目，而这14个项目是同时进行的！

在评估中杰克反映了他所收集到的一些类似信息。显然，最简单的选择是建议高层管理者招聘更多的系统集成工程师。然而，在目前的经济条件下，他预感这样的要求可能会被拒绝。他需要处理这些问题，并应用一些方案来充分利用他所拥有的可用资源。

问题

1. 应用高德拉特的关键链思想，分析在特别项目部中引起瓶颈和延迟项目的系统约束是什么？
2. 多任务处理是如何引起德国战车产品公司中项目开发的系统延迟的？
3. 使用关键链项目群管理的概念，如何将鼓点缓冲的概念应用到这个问题中？

网上练习

1. 访问网站 http://www.youtube.com/watch?v=BRMDCRPGYBE，网站上对关键链项目管理有简要的概述。按照推荐者所说的，实施CCPM的益处和最大挑战分别是什么？
2. 访问 www.youtube.com/watch? v=XU0llRltyFM，查看有关新开发项目的Scrum技术的简要介绍。估算完成不同的用户故事所需要的时间对制定项目冲刺有哪些重要的作用？在每个产品发布周期中，他们建议设置多少个冲刺？
3. 访问网站 http://www.pqa.net/ccpm/W05001001.html，并点击这样一些链接，包括："What's New & Different about Critical Chain (CCPM)"和"Diagnose Your Project Management Problems"。CCPM能够给项目管理带来什么好处？
4. 访问网站：http://www.focusedperformance.com/articles/multi02.html。一篇名为"The Sooner You Start, the Later You Finish"的文章对进度安排的逻辑性和关键链解决方案的价值进行了讨论。你认为，作者这篇文章的核心论点是什么？
5. 登录 www.goldratt.co.uk/Successes/pm2.html，查看几个已经在项目管理中实施关键链项目管理的公司案例，从这些案例中你可以看出是哪些因素促使这些公司在它们的项目中运用CCPM？

注释

1. Pepitone, J. (2012, December 18). "Why 84% of Kickstarter's top projects shipped late," CNN Money. http://money.cnn.com/2012/12/18/technology/innovation/kickstarter-ship-delay/index.html; Cowley, S., Goldman, D., and Pepitone, J. (2012, December 19). "Nine reasons why Kickstarter projects ship late," CNN Tech. http://money.cnn.com/gallery/technology/2012/12/18/kickstarter-ship-late; Edwards, J. (2014, April 30). "Oculus Rift will finally go on sale to consumers next year," *Business Insider*. www.businessinsider.com/oculus-riftdate-for-sale-to-consumers-2014-4#ixzz30TJIURV2; Mollick, E. R. (2013). "The dynamics of crowdfunding: An exploratory study," *Journal of Business Venturing*, 29: 1–16.
2. Leach, L. P. (1999). "Critical chain project management improves project performance," *Project Management Journal*, 30(2): 39–51.
3. Takeuchi, H. and Nonaka, I. (1986, January–February). "The new new product development game," *Harvard Business Review*, 137–146.
4. Takeuchi, H., and Nonaka, I. (1986), ibid., p. 137.
5. Schwaber, K., and Sutherland, J. (2013, April 21). *The Scrum Guide*. Scrum.org.www.scrum.org/Portals/0/Documents/Scrum%20Guides/2013/Scrum-Guide.pdf;
6. Schwaber, K., and Beedle, M. (2002). *Agile Software Development with Scrum*. Upper Saddle River, NJ: Prentice Hall.
7. Schwaber, K., and Sutherland, J., (2013), as cited in note 5.
8. Waters, K. (2007, September 4). Disadvantages of Agile development. http://www.allaboutagile.com/disadvantages-of-agile-development/
9. Serrador, P., and Pinto, J. K. (2014). "Are Agile projects more successful?—A quantitative analysis of project success," submitted to *IEEE Transactions on Engineering Management*, in review.
10. Copeland, L. (2001, December 3). "Extreme programming," *Computerworld*. www.computerworld.com/s/article/66192/Extreme_Programming?taxonomyId=063; Beck, K. (1999). *Extreme Programming Explained: Embrace Change*. New York: Addison-Wesley; DeCarlo, D. (2004). *eXtreme Project Management*, San Francisco, CA: Jossey-Bass.
11. Beck, Kent, Extreme Programming Explained: Embrace Change (Upper Saddle River: Pearson Education 1999)
12. Goldratt, E. (1984). *The Goal*. Great Barrington, MA: North River Press; Goldratt, E. (1997). *Critical Chain*. Great Barrington, MA: North River Press.
13. Leach, L. P. (1999). "Critical chain project management improves project performance," *Project Management Journal*, 30(2): 39–51; Leach, L. P., and Leach, S. P. (2010). *Lean Project Leadership*. Boise, ID: Advanced Projects, Inc.
14. Goldratt, E. (1997). *Critical Chain*. Great Barrington, MA: North River Press; Elton, J., and Roe, J. (1998, March–April). "Bringing discipline to project management," *Harvard Business Review*, 76(2): 78–83.
15. Steyn, H. (2000). "An investigation into the fundamentals of critical chain project scheduling," *International Journal of Project Management*, 19: 363–69.
16. Sherman, E. (2002). "Inside the iPod design triumph," *Electronics Design Chain Magazine*, www.designchain.com/coverstory.asp?issue=summer02.
17. Newbold, R. C. (1998). *Project Management in the Fast Lane*. Boca Raton, FL: St. Lucie Press; Tukel, O. I., Rom, W. O., and Eksioglu, S. D. (2006). "An investigation of buffer sizing techniques in critical chain scheduling," *European Journal of Operational Research*, 172: 401–16.
18. Steyn, H. (2000). "An investigation into the fundamentals of critical chain project scheduling." *International Journal of Project Management*, 19: 363–69.
19. Hoel, K., and Taylor, S. G. (1999). "Quantifying buffers for project schedules," *Production and Inventory Management Journal*, 40(2): 43–47; Raz, T., and Marshall, B. (1996). "Float calculations in project networks under resource constraints," *International Journal of Project Management*, 14(4): 241–48; Patrick, F. (1999). "Critical chain scheduling and buffer management: Getting out from between Parkinson's rock and Murphy's hard place," *PMNetwork*, 13(4): 57–62; Leach, L. P. (2003). "Schedule and cost buffer sizing: How to account for the bias between project performance and your model," *Project Management Journal*, 34(2): 34–47.
20. Steven Paul, Lilly Plays Up R&D Productivity With Reorganization, September 22, 2009. Published by Elsevier Inc.,
21. Merrill, J. (2009). "Lilly play up R&D productivity with reorganization." www.biopharmatoday.com/2009/09/lilly-plays-up-rd-productivity-with-reorganization-.html.
22. Goldratt, E. (1984). *The Goal*. Great Barrington, MA: North River Press.
23. Gray, V., Felan, J., Umble, E., and Umble, M. (2000). "A comparison of drum-buffer-rope (DBR) and critical chain (CC) buffering techniques," *Proceedings of PMI Research Conference 2000*. Newtown Square, PA: Project Management Institute, pp. 257–64.
24. Leach, L. P. (2000). *Critical Chain Project Management*. Boston: Artech House.
25. Leach, L. P. (1999). "Critical chain project management improves project performance," *Project Management Journal*, 30(2): 39–51, p. 41.
26. Budd, C. S., and Cooper, M. J. (2005). "Improving on-time service delivery: The case of project as product," *Human Systems Management*, 24(1): 67–81.
27. Emam, K. E., and Koru, A. G. (2008). "A replicated survey of IT software project failures," *IEEE Software*, 25(5): 84–90; www.realization.com/customers.html
28. Zalmenson, E. (2001, January). "PMBoK and the critical chain," *PMNetwork*, 15(1): 4.
29. Duncan, W. (1999, April). "Back to basics: Charters, chains, and challenges," *PMNetwork*, 13(4): 11.
30. Elton, J., and Roe, J. (1998, March–April). "Bringing discipline to project management," *Harvard Business Review*, 76(2): 78–83.
31. Raz, T., Barnes, R., and Dvir, D. (2003). "A critical look at critical chain project management," *Project Management Journal*, 34(4): 24–32.
32. Pinto, J. K. (1999). "Some constraints on the theory of constraints: Taking a critical look at the critical chain," *PMNetwork*, 13(8): 49–51.
33. Piney, C. (2000, December). "Critical path or critical chain. Combining the best of both," *PMNetwork*, 14(12): 51–54; Steyn, H. (2002). "Project management applications of the theory of constraints beyond critical chain scheduling," *International Journal of Project Management*, 20: 75–80.

第 12 章

资 源 管 理

本章目标

学习本章后，你将能够：
1. 识别影响项目并导致编制进度计划困难的资源约束种类。
2. 理解如何在项目进度计划中应用资源负载技术识别潜在的资源过度配置情况。
3. 使用合适的启发式优先排序法，对项目活动的资源平衡制订基准进度计划。
4. 在整个项目生命周期中，按照必要的正确步骤有效地平衡资源需求。
5. 在多项目环境中使用资源管理。

本章涉及的项目管理知识体系中的核心概念

1. 估计活动资源（见 PMBoK6.4 节）
2. 计划人力资源管理（见 PMBoK 9.1 节）

□ 项目导读 12-1

香港与世界上最长的天然气管道相连

作为世界上人口最多的城市之一，香港需要源源不断的清洁能源，为 710 万居民提供电力。之前这座城市更多地依赖于混合燃料，但最近它已经能够利用绿色能源供应来满足城市的电力需求。这种能源就是天然气。自 1996 年起，香港的龙鼓滩发电厂（Black Point Power Station）从位于海南省的崖城 13-1（Yacheng 13-1）气田的储备中获取天然气。但随着这些储备逐渐消耗殆尽，在过去 10 年的尾期，管理香港资源需求的能源公司需要做出新的选择。CLP/CAPCO（中华电力公司（CLP Power）与埃克森能源公司（ExxonMobil Energy）合营的企业）开始研究替代方案——不仅要保持天然气的持续供应，还要遵守中国香港特别行政区政府在 2015 年所要求的更严格的排放标准。

2008 年，中国香港特别行政区政府和国家能源局签署了《能源合作谅解备忘录》，该备忘录确定了中国内地可以向香港提供天然气的三大新气源。其中一个来源是西气东输二线。西气东输二线是中国历史上最大的能源投资项目,绵延近9000公里。从2008年开始,它已经为中国内地的城市供电。它从新疆开始,连接土库曼斯坦的中亚—中国天然气管道,跨越15个省、自治区和直辖市。它每年可以运送300亿立方米的天然气,并已为全中国约5亿人提供能源。这条管道穿越山脉、沙漠和沼泽,跨越了60个山丘、山脉和大约190条河流。

将中国内地的管道网络连接到香港,给所有参与方都带来了许多复杂的挑战。

- **规定**:因为它跨越了中国内地和香港的边界,项目团队必须从两个司法管辖区获得许可。该项目在不同的司法管辖区必须遵守不同的做法和法定审批程序。
- **沟通**:不同的工作团队使用几种不同的语言,并且所有参与方对文档和报告都有不同的要求。这些团队主要使用英语、普通话和广东话。但是他们用英语和中文进行文档和PPT演示。项目团队还必须管理众多的利益相关方,包括两个司法管辖区的30多个部门。
- **资源管理**:在整个管道扩建项目中,要获得并安排数千名技术工人和工程师,需要大量复杂的项目计划和明确的资源调度方案,特别是在包括铺设水下管道等项目在内的关键部分。
- **环境要求**:该项目需要满足两个司法管辖区严格的环境要求。项目经理在项目执行阶段制订了一个强有力的监测和审计计划,并进行了密集的水质监测、海洋哺乳动物监测和现场检查。缓解措施还包括在海上疏浚和喷射作业期间部署淤泥幕和限制工作速度。
- **质量控制**:管道的每一部分都经过仔细检查。每个焊接接头必须通过自动超声波测试。进行了涂层和防腐蚀处理后的整个管道在被放置到海底之前经过了彻底的检查(见图12-1)。

图12-1　天然气管道里的工人

资料来源:Yan Ping/Xinhua Press/Corbis.

由于许多物理限制,铺设海底管线是一项困难的工作。该项目需要在3个主要航道——大铲水道(Dachan Fairway)、铜鼓航道(Tonggu Channel)和龙鼓水道(Urmston

Road）之间进行 20 公里的分段同行，其中龙鼓水道是世界上最繁忙的海洋通道之一，每天有包括远洋船只的 400 多艘船只通行。香港和深圳的官员进行了 3 个月的规划和讨论，批准了在龙鼓水道下面铺设管道。一经批准，管道的实际铺设只花了 3 天时间。这一行动涉及数百名工程师、管道安装工和焊工，他们在浅水和深水区从事复杂的水管铺设和起吊驳船工作。例如，连接深圳外的大铲岛与香港的龙鼓滩发电厂的这一支线，用了 1600 根碳钢管，每根近 40 英尺长，重约 13 吨。

该项目耗资 230 亿美元，由中国石油天然气集团公司运营。它将继续为香港提供新的天然气来源，同时改善香港对碳燃料的消费，并确保未来"更绿色"的能源供应。[1]

概述

正如第 1 章所指出的，项目定义的特征之一就是约束性或局限性，而项目则需要在这些约束或局限下成功实施。资源的可用性是项目所面临的最重要的约束，包括资金和人员的可用性。初始的项目估算和预算是对项目资源的配置，因而在项目管理中是非常重要的步骤。当估算与预算被较好地执行时，就能保证项目推进过程中的资源需求得到满足。

第 9 章和第 10 章介绍了项目进度计划的编制，从中可以看出网络图的绘制、活动历时的估计和综合进度计划的编制都是在没有考虑资源可用性的情况下进行的。到第 11 章讨论敏捷和关键链进度计划时，资源可用性才作为精确编制进度计划的先决条件。当然，不同组织的实际情况也存在很大差异。如果项目确实存在**资源约束**（resource constraints），那么在试图建立一个合理的项目进度计划时，就必须通过资源可用性的检验。因此，有效的项目进度计划编制是一个多步骤的过程。在构建实际的项目网络图后，下一步必须检查每个活动所需的资源。所需资源的可用性经常与项目活动历时有直接的关系。

本章提出了资源计划和管理的概念。理解资源管理如何与项目总体进度计划相适应能帮助我们更有效地制订计划并实际执行计划。本章分为两个主要部分：项目约束和资源管理。

12.1 资源约束的基础

最常用的项目约束类型通常是项目实施过程中人力资源的可用性。正如第 9 章中所提到的，尽可能多地将活动从串行路径转移到并行路径上是缩短项目历时的一个重要方法，然而这个方法的前提是假设员工能够同时参与多个活动的工作（并行工作的思想），在没有足够人员或其他关键资源的情况下，是不可能采取并行模式工作的。当项目没有足够的人力资源时，人员很可能被分配了多项任务，他们需要长时间工作，又不能获得充分的培训，于是项目团队就立即陷入被动的局面。因此，项目活动历时（经常是整个项目进度）和资源可用性之间的均衡是必须要考虑的。

在一些情况下，比如当公司试图获得可交付成果时，则需认真考虑项目中的**物质约束**（physical constraints）。环境或契约条款会产生一些真正"值得注意"的问题。例如，菲律宾政府决定在马尼拉市建设核电站，奇怪的是选定的建设地点背靠位于市郊的一个火山——纳蒂布山。电站开始建设时，环境保护论者立刻对这个方案加以谴责，因为他们认为地震活动会干扰核反应堆的运行系统并导致灾难性的后果。最后，政府不得不采取了一个妥协的方案：将电站的能量来源由核能变成煤炭，即将核电站变成火电站。当时该项目面临众多反面事例的压力，其中最广为人知的是1986年发生的"切尔诺贝利核泄漏事件"。[2] 虽然这只是一个极其特殊的例子，但持续来看，该项目本身的难度，加上实施项目的危险或艰难的物理环境，都会导致许多实际的问题。

在很多项目中，进行进度计划编制时必须考虑一种共同的资源——物资，这在实体建设项目中最为明显，如桥梁、建筑或其他的基础设施项目。显然，估计活动历时需要考虑的一个关键事项，即完成项目所必需的各种资源是否储备充足。

绝大多数项目很大程度上都受到固定预算的限制。是否有充足的运作资金决定了项目能否在允许的时间内完工，也决定了项目最终的成败。

一些项目需要使用专业或特殊的设备，才能确保项目的成功。例如，设计一本新杂志时，项目团队需要配备具有强大绘图功能软件的高端电脑，才能绘制出炫目而有魅力的图案。设备计划编制也同样重要，当设备在部门之间共享时，就应该保证在项目实施过程中该设备的可获得性，例如，在建造房屋的项目中，水泥搅拌机在地基挖掘后几天内必须准备到位。

时间与资源的稀有性

在**时间约束型项目**（time-constrained project）中，工作必须尽可能有效地在一个特定的时间或日期结束。如果必要，额外的资源将会被添加到项目中，从而确保按时到达里程碑事件。虽然项目应该在尽量不使用额外资源的条件下完成，但相较于按时完工这个最终目标，后者通常更为重要。例如，进行特殊新商业产品上市的项目，以及延迟交付将会招致高额罚金的项目通常都是时间约束型的。

在**资源约束型项目**（resource-constrained project）中，工作不能超过组织事先确定的资源使用水平。当项目需要尽快完成时，速度并不是最终目标。推动项目的主要因素是最低限度的资源利用。在这些项目中，为平衡资源的过度配置，延迟项目完工日期是可以接受的。

在**混合约束型项目**（mixed-constraint project）中主要是资源约束，但可能某些活动或工作包在很大程度上是受到时间约束的。例如，当项目某些任务必须满足严格的交付日期时，这些部分可以被认为是受时间约束的，但整体上仍受资源约束。在这种情况下，项目团队必须制订一个进度计划和资源管理计划，既要保证为某些任务的准时完工分配必要的资源，同时又要保证整个项目所使用的资源不超出预定的水平。

对于大部分的项目，都有一个主导约束作为项目决策的最终考虑因素。关注关键约束是基于资源的还是基于时间的，以此作为主要出发点制订出合理的资源负载进度计划，通过资源负载进度计划反映项目成员的共同目标，并保证目标是可以实现的。[3]

在项目活动网络图中编制最优资源计划并非易事。一方面，项目团队成员努力建立更有效的活动网络图，图中以并行的方式安排活动，以尽可能地缩短项目历时；而另一方面，他们又不可避免地面临着这样的问题：为实现这些积极乐观的进度计划，如何寻找并提供必需的资源？项目经理常常需要根据资源可用性来调整进度计划，并试图为这些问题寻找最佳解决方案。同时，还有另外两个重要的任务需要完成：①项目必要资源的识别和获取；②根据项目基准计划合理编制进度计划或排序。[4]

▶ 例 12-1　在项目约束中工作

通过这个例子你将了解到，当项目团队管理项目资源时会遇到什么样的问题。根据表12-1提供的信息，可以创建一个简单的项目活动网络。图12-2所示即为该例的部分网络图，它是用 MS Project 2013 创建的。从图中可以看出，前3个活动的历时都是5天，活动B和活动C同时开始，并且都是活动A的后续活动。从进度计划制订的观点严格来说，这个排序是毫无问题的。但遗憾的是，项目经理设置好这个网络后，发现进行活动B和C都需要一种特殊技能，而项目团队中只有一个人具有这种技能。对于这个人来说，同时完成两项任务需要大量的加班，或者调整两项任务的预期完工时间。简而言之，因为在进度计划基准中的资源配置不合理，结果迫使项目团队必须做出权衡：要么在实施活动时增加预算成本，要么调整进度计划允许使用更多的时间，才能让同一个人完成这两项工作。任何一个选择都会耗费项目必须提供的两种资源：时间和资金。

表 12-1　活动顺序表

活动	描述	历时（天）	前置任务	成员签名	活动	描述	历时（天）	前置任务	成员签名
A	发布标书	5	无	Tom	D	选择中标方	1	B, C	Sue
B	文件获取	5	A	Jeff	E	项目开发	4	D	Carol
C	成本计算	5	A	Jeff					

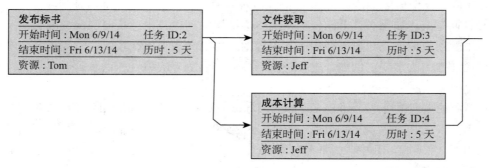

图 12-2　存在冲突的活动网络

识别项目活动中资源冲突的最好方法是：使用**资源负载图**（下一章中将全面介绍）来分析项目基准进度计划中各项活动所需的资源。项目团队通过使用资源负载图，能够为工作编制进度计划，并检查确定项目活动资源需求时的逻辑是否正确。图12-3通过简化的 MS Project 2013 资源使用状况表突出显示了表12-2中的资源冲突。

从图12-3可以看出 Jeff 这一人力资源的可用性情况。MS Project 2013 输出文件突出显示了在5天时间内，Jeff 必须每天工作16小时才能同时完成活动B和活动C。因为在创建网络图时，图12-2中的进度计划没有充分考虑到其人力资源的局限性，项目团队面临着时间过度分配的问题。虽然这个例子被简化了，但也充分说明了在项目计划编制中将资源配置与活动网络计划编制相结合的复杂性。

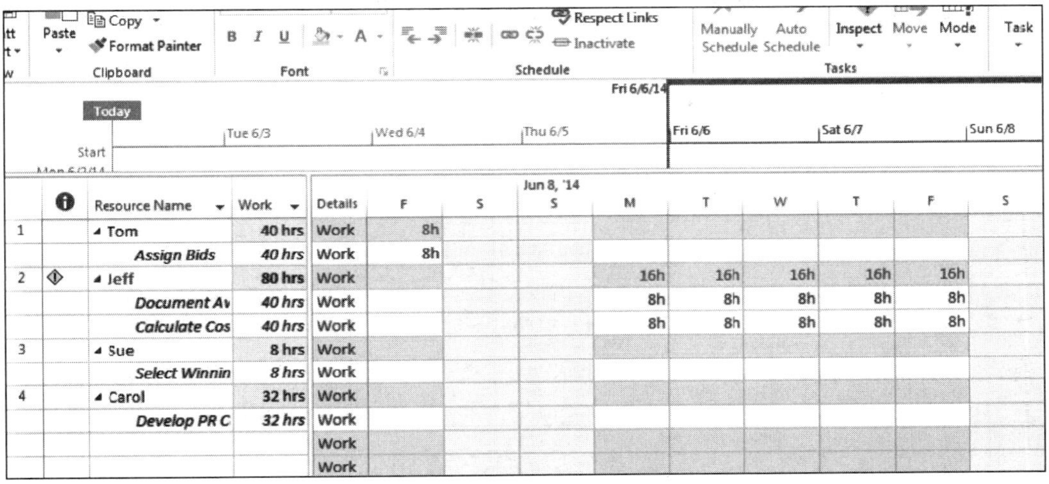

图 12-3　过度分配的资源使用状况表

资料来源：MS Project 2013, Microsoft Corporation

12.2　资源负载

资源负载（resource loading）这一概念涉及大量的特殊资源，而这些资源是项目进度计划在特定时期所必需的。[5] 项目人员可以将特定活动甚至整个项目所需的资源加载到详细的进度计划中。这一工作通常包括以下两个任务：创建整个项目的资源负载、识别每个单独任务的资源需求。实际上，资源负载就是试图将合适的资源以合适的程度或数量配置到每个项目活动中。

图 12-4 中显示了与上面实例相关的更为详细的信息，如果将这个简单的例子与原来的项目活动网络和甘特图相比较，就可以看出，这些重要的初始步骤并不完整，除非为每个活动都分配了相应的资源。在图 12-4 中，Jeff 被过度分配的问题可以通过增加资源来解决，例如指派新增的人员 Bob 负责活动 C——成本计算。

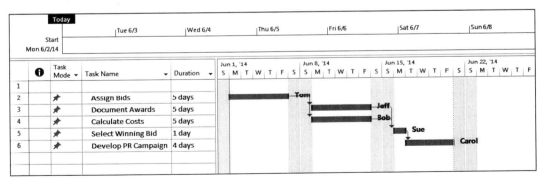

图 12-4　项目活动网络和甘特图示例

资料来源：MS Project 2013, Microsoft Corporation.

在完成工作分解结构的制定和活动网络的绘制后，建立资源负载表（有时也称资源使用日历）的实际结构就相对简单了。确认所有的人员并分配他们在每项任务中相应的责任，然后就可以更进一步了解每人每周的可用时间。可以使用 MS Project 2013 模板创建资源使用状况表来反映这些信息（见图 12-5）。

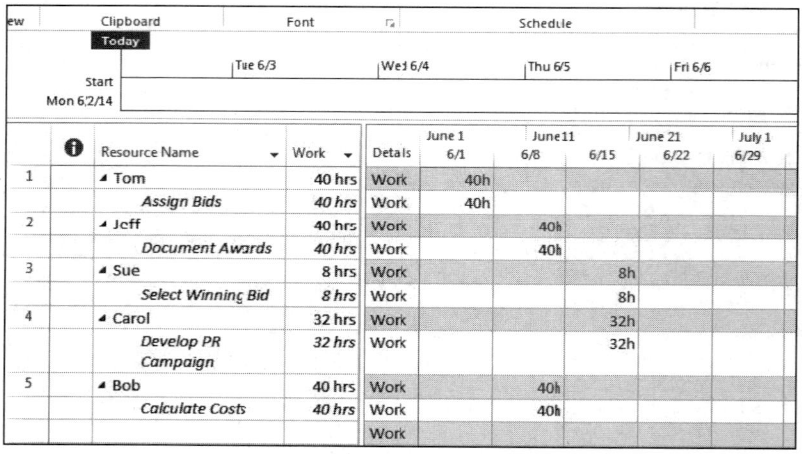

		Resource Name	Work	Details	June 1 6/1	June 11 6/8	6/15	June 21 6/22	July 1 6/29
1		◢ Tom	40 hrs	Work	40h				
		Assign Bids	*40 hrs*	Work	40h				
2		◢ Jeff	40 hrs	Work		40h			
		Document Awards	*40 hrs*	Work		40h			
3		◢ Sue	8 hrs	Work			8h		
		Select Winning Bid	*8 hrs*	Work			8h		
4		◢ Carol	32 hrs	Work			32h		
		Develop PR Campaign	*32 hrs*	Work			32h		
5		◢ Bob	40 hrs	Work		40h			
		Calculate Costs	*40 hrs*	Work		40h			
				Work					

图 12-5　资源使用状况表

资料来源：MS Project 2013, Microsoft Corporation.

图 12-5 **资源使用状况表**（resource usage table）中的信息包括项目团队成员、任务分配和进度基准中的活动历时。在该例中，可以重新分配人员处理每项任务，从而解决图 12-3 所示的过度分配问题。团队成员会以全职（40 小时 / 周）分配到项目中，并且项目活动的时间约束负载与项目活动网络相符。这实质上是在资源负载表中进行时间调整。

当项目资源被过度分配时，资源负载表会产生警示信号。例如，假设在本章前面的例子中，依然将活动 B 和活动 C 分配给 Jeff。通过观察可以看出，最初的项目进度计划中没有显示出资源被过度分配了。但是，当产生资源负载表时，就会发现这个问题（见图 12-6）。在该例中，Jeff 在当前进度计划中一周需工作 80 个小时（6 月 8 ～ 14 日）——这明显是对他的工作能力过于乐观的预期。

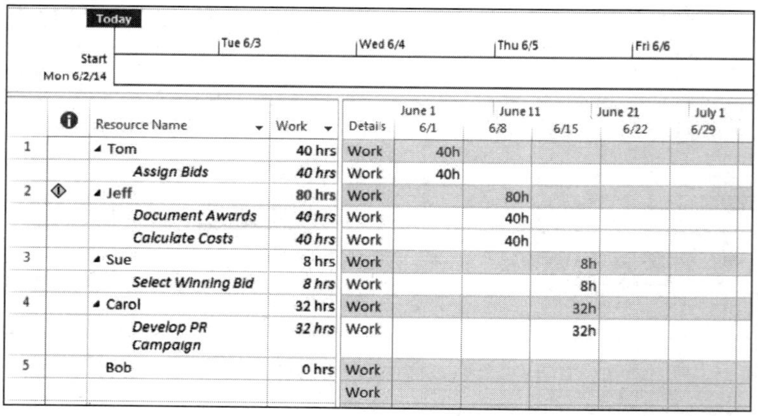

		Resource Name	Work	Details	June 1 6/1	June 11 6/8	6/15	June 21 6/22	July 1 6/29
1		◢ Tom	40 hrs	Work	40h				
		Assign Bids	*40 hrs*	Work	40h				
2	◈	◢ Jeff	80 hrs	Work		80h			
		Document Awards	*40 hrs*	Work		40h			
		Calculate Costs	*40 hrs*	Work		40h			
3		◢ Sue	8 hrs	Work			8h		
		Select Winning Bid	*8 hrs*	Work			8h		
4		◢ Carol	32 hrs	Work			32h		
		Develop PR Campaign	*32 hrs*	Work			32h		
5		Bob	0 hrs	Work					
				Work					

图 12-6　存在过度分配的资源使用状况表的示例

资料来源：MS Project 2013, Microsoft Corporation.

资源负载过程的优点极为明显，因为它能对项目团队的初始进度计划进行"事实检查"。当进度计划受到资源负载的约束时，团队就可以立即注意到人员的错误分配、团队成员的过度分配和在某些情况下必要资源的缺乏。因此，在初始项目工作分解结构和进度计划中，资源负载过程能够暴露出计划中的明显缺陷。然后项目团队和项目经理需要考虑的下一个问题是：如何更好地应对资源负载问题和其他项目约束。

12.3 资源平衡

资源平衡（resource leveling）是处理多约束综合挑战的过程。在项目生命周期中，需要实施一系列步骤进行资源平衡，从而使资源需求的影响降到最低。资源平衡有时也称为**资源平滑**（smoothing），要实现两个目标：

（1）确定资源需求并保证资源在合适的时间是可用的；
（2）编制进度计划时要求每个活动的资源利用水平尽可能平稳地变化。

资源平衡非常有用，因为它能帮助项目成员在项目的生命周期中建立活动资源需求的概图，而且利用它，人们可以进一步减小项目各个周期资源需求的波动。资源需求计划制订得越早，管理项目中各项活动的衔接也就越流畅，而无须中断工作去寻找项目后续任务所需的资源。资源平衡的关键在于如何制定最优决策，即在合适的时间将合适数量的资源分配给合适的任务。

因为资源管理是典型的多变量综合性问题（以多解决方案为特征，通常包括确切的几十、几百甚至是上千的活动变量），从数学上寻求最优解比较困难，而且在允许的时间内寻找所有方程的可行解也是不现实的。因此，对资源平衡的可选方案做出决策时，分析资源平衡问题更常用的方法是**平衡试探法**（leveling heuristics），或简单的经验规则。[6]

确定资源配置的简单试探法包括将资源应用于以下几个活动。

（1）**具有最少时差的活动**。其决策规则是选择具有最小时差的活动进行资源优先排序。有人认为这种决策规则对于制定优先排序决策最有利，它可以在整个项目中产生最小的进度计划滑动。[7]

（2）**具有最短历时的活动**。任务按历时由小到大排序，资源也根据任务的优先级排序。

（3）**具有最小活动标识编号的活动**（在工作分解结构中最早开始的活动）。试探法提出，当存在疑问时资源最好首先被应用到较早开始的任务。

（4）**具有最多后续任务的活动**。选择后面有最多后续任务的活动并进行资源优先排序。

（5）**需要最多资源的活动**。通常将资源应用到需要最多支持的活动中，然后根据额外资源的可用性来分析剩余的任务。

考虑一个简单的例子，使用试探法确定备用资源中拥有第一位"特权"的活动。假设在进度计划中，项目中的两项活动同时需要相同的资源（见图12-7）。在确定哪项活动应该取得可用资源的第一优先权时，就可以根据试探法中的第1种决策规则，首先检查任务 B 和 C 的时差。该例中，活动 C 有 3 天时差，因此在本次资源优先排序中是最佳的选择。然而，如果假设活动 B

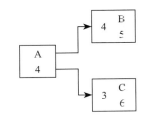

图 12-7 应用资源试探法的示例网络

和 C 都有 3 天的时差。那么，根据试探法模型，通过第 2 种决策规则可得到活动 B 有第一优先权。这是因为活动 B 在进度计划中历时 5 天，而活动 C 则历时 6 天。如果在不确定性环境下会发现，活动 B 和 C 在利用前两种试探法时是势均力敌的，当然还可以应用第 3 种试探法将资源分配到最小标识编号的任务上（在本例中为活动 B）。最终可以看出，如何进行资源优先排序意义重大，它会对随后剩余活动网络的资源平衡产生"连锁效应"。

▶ **例 12-2 深入分析资源平衡**

下面的实例对资源平衡进行了更为深入的研究，它说明了当试图在已构建好的活动网络中进行资源平衡时，项目团队所面临的问题。该例中的网络图是根据表 12-2 的信息构建的。根据第 9 章中介绍的网络计算过程，就可以得到网络中各项任务的最早开始时间、最晚开始时间、最早结束时间、最晚结束时间和总时差，表 12-3 列出了完整的数据。

表 12-2　项目的活动、历时和前置活动

活动	历时	前置活动	活动	历时	前置活动
A	5	—	G	4	D
B	4	A	H	7	E, F
C	5	A	I	5	G
D	6	A	J	3	G
E	6	B	K	5	H, I, J
F	6	C			

表 12-3　项目的完全开发任务表

活动	历时	最早开始时间	最早结束时间	最晚开始时间	最晚结束时间	时差
A	5	0	5	0	5	—
B	4	5	9	6	10	1
C	5	5	10	5	10	—
D	6	5	11	8	14	3
E	6	9	15	10	16	1
F	6	10	16	10	16	—
G	4	11	15	14	18	3
H	7	16	23	16	23	—
I	5	15	20	18	23	3
J	3	15	18	20	23	5
K	5	23	28	23	28	—

表 12-3 确定了网络的关键路径为 A—C—F—H—K。图 12-8 则显示了一个简化的项目甘特图，图中反映了表中所列的活动、历时及前置活动，该图根据图 12-9 所示的活动网络构建。图 12-10 是更为完整且更有代表性的活动网络，其中列出了最早开始时间、最晚开始时间、最早结束时间、最晚结束时间和浮动时差。在综合了图 12-8 和图 12-10 的信息后再加上一个额外的因素：完成每个项目活动所需的资源。这样就可以建立一个资源负载表了。

当然，应用到一项任务中的资源和完成该任务的期望历时有着直接关系。例如，假设一项任务需要一个人每周工作 40 小时，共花费 2 周时间（或 80 小时）来完成。一般而言，可以将可用的项目资源应用到任务中从而修改历时估计。例如，如果分配两个人员全职（40 小时）投入到任务上，新的活动历时将会是 1 周。虽然任务仍然需要 80 小时来完成，但因为分配了 2 个全职的资源，80 小时的工作实际上在项目基准进度计划中一周就可以完成了。

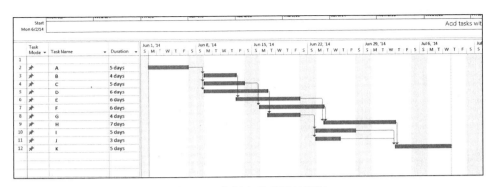

图 12-8　实例中的项目甘特图

资料来源：MS Project 2013, Microsoft Corporation.

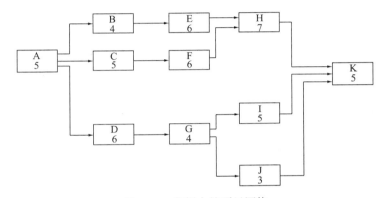

图 12-9　实例中的项目网络

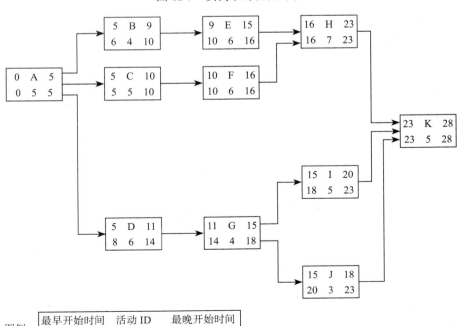

图 12-10　显示最早和最晚开始时间的项目网络

表 12-4 显示了活动、活动历时、总时差以及最重要的每周工作时数——分配到任务中的资源。考虑到由于其他的任务，项目团队成员不能为一个项目全职工作，因此分配给任务的时间小于全职工作时间。例如活动 A 需要 5 天时间，每天分配 6 个小时的资源（或 30 小时的总任务估计历时）。活动 F 需要 6 天时间，每天分配 2 个小时。在项目时间框架下完成这个项目所需的总资源是 194 个小时。在了解这些项目信息的基础上，项目网络的资源平衡需要遵循一系列步骤，这些步骤将按照一定的顺序进行。

表 12-4 网络中的活动时差和资源需求

活动	历时	总时差	每周所需资源时数	总资源需求
A	5	0	6	30
B	4	1	2	8
C	5	0	4	20
D	6	3	3	18
E	6	1	3	18
F	6	0	2	12
G	4	3	4	16
H	7	0	3	21
I	5	3	4	20
J	3	5	2	6
K	5	0	5	25
			汇总	194

12.3.1 步骤一：编制资源负载表

通过识别项目活动和完成这些活动所需的资源，并将这些信息应用到项目进度计划基准中，就可以建立资源负载表。形式最简单的资源负载表是以类似直方图的形式表现出来的，它显示了项目生命周期中每天需要资源投入项目的时间（见图 12-11）。然而，图 12-12 则是一个更为全面的资源负载表，假设项目开始于 1 月 1 日，活动遵循项目甘特图中确认的顺序。从中可以看出，根据项目基准计划的时间安排，表中列出了每项活动每天所需的资源。资源投入项目的时间（以小时为单位）在表的底部汇总，用来说明项目资源总需求的概况。同时还可以看出，资源需求在基准计划上很可能会上下波动，在第 10 天，需求的资源到达峰值，即 10 个小时（1 月 12 日）。

编制详细的资源概图的优点在于，它能够

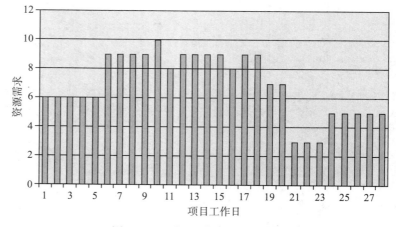

图 12-11 项目网络资源概图示例

形象有效地表示整个项目基准计划中预期资源需求。通过使用资源概图和资源负载表，还可以建立优化资源平衡的策略。

活动	1 2 3 4 5	8 9 10 11 12	1月 15 16 17 18 19	22 23 24 25 26	2月 29 30 31 1 2	5 6 7
A	6 6 6 6 6					
B		2 2 2 2				
C		4 4 4 4 4				
D		3 3 3 3 3	3			
E		3	3 3 3 3			
F			2 2 2 2 2	2		
G			4 4 4			
H				3 3 3 3	3 3 3	
I				4 4 4 4 4		
J				2 2 2		
K					5 5	5 5 5
合计	6 6 6 6 6	9 9 9 9 10	8 9 9 9 9	8 9 9 7 7	3 3 3 5 5	5 5 5

图 12-12　网络资源负载表示例

12.3.2　步骤二：确定活动的最晚完成时间

资源平衡过程的下一步是将额外的信息如总时差和最晚开始时间，应用到资源平衡表中（见表 12-3），修改后的表如图 12-13 所示。图中能够识别出有浮动时差的活动和关键活动（无时差）。活动的最晚结束时间（包括时差）用⌟的形式标出。因此，活动 B、D、E、G、I 和 J 显示了与各自时差相对应的最晚结束时间，而关键路径（A—C—F—H—K）上活动的最晚结束时间与其最早结束时间相同。

活动	1 2 3 4 5	8 9 10 11 12	1月 15 16 17 18 19	22 23 24 25 26	2月 29 30 31 1 2	5 6 7
A	6 6 6 6 6⌟					
B		2 2 2 2⌟				
C		4 4 4 4 4⌟				
D		3 3 3 3 3	3⌟			
E		3	3 3 3 3	⌟		
F			2 2 2 2 2	2⌟		
G			4 4 4	⌟		
H				3 3 3 3	3 3 3⌟	
I				4 4 4 4 4	⌟	
J				2 2 2	⌟	
K					5 5	5 5 5⌟
合计	6 6 6 6 6	9 9 9 9 10	8 9 9 9 9	8 9 9 7 7	3 3 3 5 5	5 5 5

⌟ = 最晚结束时间

图 12-13　包括活动时差的网络资源负载表示例

12.3.3 步骤三：识别资源的过度分配

在完成资源平衡表并确定所有活动的最晚结束时间之后，实际的资源平衡过程就开始了，第一步是检查项目资源概图，在这个步骤中，需要在项目基准计划中寻找资源配置已经超过其最大可用资源水平的所有的点。如图 12-13 所示，总的资源需求（最后一行的汇总）显示了在项目每天最大的需要量，如在 1 月 12 日，进度计划中需要 10 个资源单位。项目经理需要考虑的问题是，资源概图是否可以接受，或者说是否出现了问题、资源是否由于过度分配而变得不可用。例如，如果项目预算为每天 10 个资源单位，那么该资源概图是可接受的。另一方面，如果资源被限制到某个数值，而该值小于项目资源概图中出现的最大值，那么项目中过度分配的问题必须予以处理和修正。

当然，此时的最佳情况是，被分配的资源单位数小于或等于项目基准计划中资源配置的最大值。如果给定时间和资源项目约束的具体特性，就会更容易找到需要平衡的资源冲突。假设例中的项目每天可用的资源单位最多为 9，而已经确定在进度计划中 1 月 12 日项目需要 10 个单位，这就意味着资源在这一天被过度分配。发现资源过度分配后，就可以进行资源平衡过程的下一步了，即修正进度计划并消除资源冲突。

12.3.4 步骤四：平衡资源负载表

在确定项目基准计划存在资源过度分配的情况后，迭代过程就可以开始了，该过程会对资源负载表进行重新配置以消除资源冲突。在资源平衡过程中需要注意的最重要的一点是，在开始重新拟定资源进度计划并消除资源冲突时，一般会产生连锁效应。在进行这些项目资源平衡的必要步骤时，连锁效应将变得非常明显。

1. 阶段一

在图 12-13 中检查冲突点，即在 1 月 12 日，任务中共需要 10 个资源单位。任务 C、D 和 E 都被安排在这天，分别需要 4、3 和 3 个资源单位。因此，资源平衡的第一阶段需要识别相关活动，并决定哪一项活动是需要调整的候选对象。那么，哪一项活动应该被调整呢？通过前面提到的优先排序试探法，首先要检查活动，了解哪些是关键活动和哪些活动有浮动时差。从编制网络的过程中可知，活动 C 在关键路径上。因此如果可能的话，应避免重新配置这个任务，因为对其历时的任何调整将相应地影响整个项目的基准进度计划。因此，排除活动 C 后，剩下的调整对象就是活动 D 或活动 E。

2. 阶段二

第二阶段选择要重新配置的活动。虽然活动 D 和活动 E 都有浮动时差，但活动 D 有 3 天的时差，活动 E 只有 1 天的时差。根据经验规则，保持活动 E 不变，因为它有较少的浮动时差。然而，在该例中，这个选择将会导致"分割"活动 D，即活动 D 将在 1 月 8 日开始，1 月 12 日终止，1 月 15 日和 16 日再完成最后两天的工作。图 12-14 是该项目的部分甘特图，它简单地描述了这个选择的结果，这种活动的分割在某种程度上使计划编制过程更加复杂了。当然还可以进一步看出，分割并没有延长整个项目基准进度计划；因为该项任务有 3 天的浮动时差，通过分割使活动延迟 1 天，但并没有因此影响最后的交付日期。

简单起见，应避免在时间上分割活动 D，也就是可以选择调整活动 E 的进度计划。如果没有干扰基准进度计划，这个选择也是可行的（该活动也有浮动时差）。

图 12-15 显示了对初始资源负载表进行第一次调整后的结果。1 月 12 日为活动 E 分配的 3 个资源单位被划掉，并被放到了 1 月 22 日，最后该活动的 1 天时差被用完了。调整后的资源负载表显示 1 月 12 日不存在资源冲突，基准计划中这一天只需 7 个资源单位。

3. 阶段三

在做出调整从而缓解资源冲突后，需重新检查资源表的其他部分并寻找新的资源冲突点。由于调整资源表会引起连锁反应，因此这些调整会在其他地方干扰资源表，上面的例子就产生了这种反应。从调整后的表中（见图 12-15）可以看出，1 月 12 日不再存在资源冲突了；然而，将活动 E 延迟 1 天的行为已经在 1 月 22 日产生了新的冲突，计划中 1 月 22 日需要 11 个资源单位。因此，必须重新经历第二阶段的过程并消除最新的资源冲突。

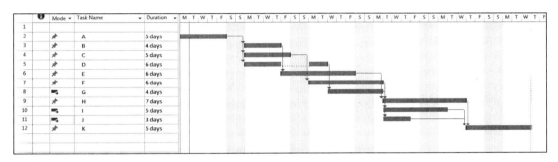

图 12-14　分割活动 D 并重新配置进度

资料来源：MS Project 2013, Microsoft Corporation.

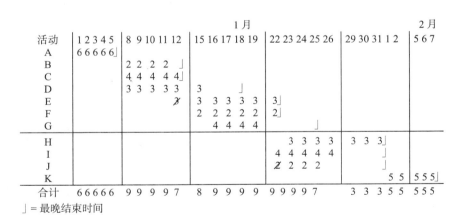

图 12-15　资源平衡网络表

调整的候选对象为项目中在 1 月 22 日进行的所有任务，包括活动 E、F、I 和 J。显然，如果可能的话，活动 E 和 F 明显首先被排除了（它们目前都位于关键路径上），因为它们没有时差。对于活动 I 和 J，选择其中之一并调整（延迟）1 天，都会将资源需求减少至低于阈值的水平，这表明只用调整两项活动中的一个。前面的试探法建议活动按照浮动时差进行优先排序，因此在该例中应保持活动 I 不变，将活动 J 延迟 1 天。如图 12-15 所示，资源平衡表底部的资源合计显示出，所有活动的资源分配都保证了每天小于或等于 9 个资源的阈值水平，从而完成了任务。该例中，可以在不延长项目的基准计划，也无须增加额外资源的前提下，进一步对项目资源进行平衡。实质上，例中的资源平衡既不与资源约束相冲突，也不与时间约束限制相冲突。

然而，如果假设项目在更严格的资源约束中进行，例如，面对每天 8 个小时的限制，而不是每天 9 个小时的限制，在资源平衡过程中会产生什么样的效果呢？项目经理现在面对的挑战是重新配置资源负载表，并且要保持与资源约束的基本原则不相冲突。表 12-5 列出了在本例中进行资源平衡决策过程的一系列步骤，通过这些步骤，我们也能够看出资源平衡过程的复杂性。需要指出的是，为了保证与资源负载限制不相冲突，可能会要求对初始进度计划做出必要的推迟。

表 12-5 资源平衡步骤

步骤	行动
1	为活动 A 分配资源，将 A 添加至资源表中
2	在活动 B、C 和 D 中选择被调整的活动时，使用试探法，先排除 C（关键活动），然后排除 B（最小时差）。为 C 和 B 分配资源，添加至资源表中。确定延迟活动 D
3	在 1 月 12 日，为活动 D 分配资源。D 有 3 天的时差，调整后延迟了 4 天，故活动 D 实质延迟了 1 天（延迟时间减去时差）
4	1 月 15 日为活动 E 和 F 分配资源（在 B 和 C 完成后）。优先为 F（关键活动）分配，然后再为 E 分配。两项活动都在 1 月 22 日结束——这样，不会影响整个关键路径的进度。总的项目时差为 0
5	由于资源约束，活动 G 在 1 月 23 日才能开始。G 有 3 天的时差，被调整后延迟了 5 天，于 1 月 26 日结束。活动 G 实质延迟 2 天
6	在活动 E 和 F 完成后，于 1 月 23 日为活动 H 分配资源。H 于 1 月 31 日完成——这样不会影响整个关键路径的进度。至此总时差 =0
7	由于资源约束，活动 I 于 1 月 29 日才开始。I 被调整后，延迟了 5 天，I 有 3 天的时差，故 I 实质延迟 2 天（新的最晚结束时间 =2 月 2 日）
8	由于资源约束，活动 J 于 2 月 1 日才开始。J 被调整后，延迟了 8 天，虽然有 5 天时差，但 J 实质被延迟了 3 天，于 2 月 5 日结束
9	活动 K 在前置活动 H、I 和 J 完成后才被分配资源。K 于 2 月 6 日开始，2 月 12 日结束。整个项目延迟 = 3 天

图 12-16 描述了按照表 12-5 的步骤对 1 月和 2 月进行综合资源平衡后的结果。如表中所示的步骤，除非所有的前置任务都已经进行资源分配，每个新活动添加到表中后，都要求进行平衡资源并检查整个项目基准进度计划，否则就不能明显地确定整个项目是否延迟了。从该例中可以看出，对所有 11 个活动中的 8 个（至活动 H）进行资源平衡后，进度计划没有显示出延迟。然而，当活动 H 被添加到资源表中后，考虑到项目的资源约束，就需要延迟活动 J 的开始时间。结果，通过综合考虑项目所面临的时间和资源约束，项目基准进度计划被延迟。迭代过程的最终效果是项目的完成被推迟了 3 天。

本章这个实例表明，考虑资源和进度的均衡是项目经理面临的更为严峻的挑战之一。在面对每天仅仅允许使用 8 个资源单位的资源预算限制时，通常的解决方案就是不断在合理进度和有限资源之间进行平衡。项目的基准进度计划显示出，对活动网络所需重要资源的可用性所做的任何改变，都将导致项目历时的延长。当然，出现这种情况的部分原因是实例中简化了项目进度计划，计划中的项目活动基本没有时差或者时差很少。结果，对项目资源基准的主要改变势必会对整个进度产生影响。

总时差	活动	1	2	3	4	5	8	9	10	11	12	15	16	17	18	19	22	23	24	25	26
0	A	⌈6	6	6	6	6															
1	B						⌈2	2	2	2	2										
0	C						⌈4	4	4	4	4										
1	D						⌈				3	3	3	3	3	3					
0	E											⌈3	3	3	3	3	3				
0	F											⌈2	2	2	2	2	2				
2	G											⌈					4	4	4	4	
	H																⌈3	3	3	3	
	I																⌈				
	J																⌈				
	K																				
	合计	6	6	6	6	6	6	6	6	6	7	8	8	8	8	8	5	7	7	7	7

总时差	活动	29	30	31	1	2	5	6	7	8	9	12	13	14	15	16	17
0	A																
	B																
	C																
	D																
	E																
	F																
	G																
0	H	3	3	3													
−2	I	4	4	4	4	4											
−3	J				2	2	2										
−3	K			⌈			5	5	5	5	5						
	合计	7	7	7	6	6	2	5	5	5	5						

⌈= 初始的活动最早开始时间

图 12-16　低资源约束下的资源负载表

总而言之，制定资源平衡的项目进度必须包括如下基本步骤。

（1）建立项目活动网络图（见图 12-10）。

（2）根据上图创建一张表，显示出活动资源需求、活动历时和总时差（见表 12-4）。

（3）创建一个资源负载表，表中显示出完成活动的资源需求、活动最早开始时间和最晚开始时间（见图 12-13）。

（4）识别资源冲突，并通过一个或多个对活动资源配置进行排序的试探法"平滑"负载表（见图 12-15）。

（5）重复步骤 4 直至消除资源冲突。使用合理的判断理解和改进表的负载特征。考虑不同的方法使进度的滑动量最小，例如，在高峰时期加班。

12.4 资源负载图

使用资源负载图是为资源管理问题创建形象视图的另一种方法。**资源负载图**（resource loading charts）中显示了每个时间点对资源的需求数量，每个活动的资源需求在项目基准进度中被表示成一个直方块（时间上的资源需求）。在安排项目所需的资源和"平滑"项目生命周期中的资源需求时，资源负载图的优势就在于它能够清晰地提供直接相关的信息。

下面是一个解释如何使用资源负载图的例子。假设资源概图显示出项目中有许多的"高峰低谷"，也就是虽然资源限制设置为每天 8 个小时单位，但在许多天中，实际使用的资源远远小于总的可用量。图 12-17 是简化的项目网络，表 12-6 将活动的相关信息进行了总结，图 12-18 则是相应的负载图。网络中为每项活动列出最早开始时间和最早结束时间，以及每项活动每天所需的资源。

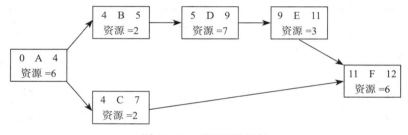

图 12-17 项目网络示例

表 12-6 活动资源分配（单位工时）

活动	资源	历时	最早开始时间	时差	最晚结束时间
A	6	4	0	0	4
B	2	1	4	0	5
C	2	3	4	4	11
D	7	4	5	0	9
E	3	2	9	0	11
F	6	1	11	0	12

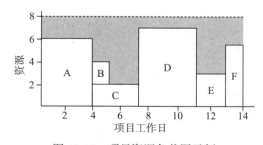

图 12-18 项目资源负载图示例

资源负载图阐释了资源计划编制中时间限制的本质，在构建资源负载图时应遵循以下 6 个主要步骤。[8]

（1）建立活动网络图（见图 12-17）。

（2）产生一张表，表中标示出各项活动、资源需求、历时、最早开始时间、时差和最晚结束时间（见表12-6）。

（3）按照时差递增的顺序排列活动（对于具有相同时差的活动，以最晚结束时间的先后为序）。

（4）画出初始资源负载图，其中活动根据最早开始时间安排，并遵循步骤3中的顺序排列活动。这个过程建立了一张负载图，其中底部为关键活动，上部为具有最大时差的活动。

（5）在不改变活动历时和独立性的前提下，重新按时差安排活动，并建立尽可能平衡的资源概图。

（6）为了在项目中对资源图进行平衡，利用自己的判断，通过移动具有较大时差的活动来阐释并改善活动的平衡（见图12-18）。

从关键路径中可以看出，项目的最早结束时间是12天。然而，当把资源约束考虑在内时，就会发现不可能在已经分配的时间内完成所有活动，因为需要在进度计划中滑动两天，即新的最早结束时间为14天。图12-18说明了造成这一变化的原因：虽然项目中允许活动每天获得8小时的资源，但实际上，由于项目网络的建立与完成每项任务所需的资源相关，因此这种方式决定了不可能以最有效的方式利用资源。事实上，从第5天到第7天，每天被利用的时间只有2个小时。

在使用资源负载图解决资源冲突时，一般会考虑活动分割的可能性。在本章前面指出，**分割**（splitting）活动指在活动开发过程中中断持续的工作流程，并在将资源重新归还给原来的任务之前，在某段时间内将资源分配给另一个活动。如果分割任务没有过多的成本，将是进行资源平衡的一种可选的有效技术。但是如果某些活动存在较大的启动或停工成本，那么分割技术就不可取了。

为形象地理解任务的分割，可以查阅图12-14所示的甘特图。从中可以看出，通过分割活动D，可以提前活动E的开始时间。活动D分割后，能够更好地利用具有限制性的资源。该例中活动D有足够的时差满足延迟，而且没有影响到整个项目进度。在许多情况下，项目团队愿意分割活动以提高进度计划的效率，从而更好地利用可用的资源。

为了更有效地利用可用资源，在试图分割活动时将会发生什么？为了找到答案，回顾一下图12-17中的活动网络和图12-18中的资源负载图，并将它们进行对比。从中可以看出完成活动C需要3天。虽然活动C不是活动D的前置活动，但由于缺乏可用的资源，在活动C完成之前活动D不能开始（第5天需要9个单位资源，但只有8个可用）。然而，假设分割活动C，那么活动C将在第4天开始，剩余部分将延迟到活动D完成之后再进行。活动C有4天的时差，因此可以移动该活动的部分工作。图12-19显示了不同的方法，从图中可以看出，活动C中有2天的工作延迟到了活动D完成之后，并与活动E同时开始执行。由于最后的活动F需要活动C和E都完成之后才能开始，所以不会因为分割活动C而延迟活动F的开始。事实上，如图12-19所示，分割活动C能够更有效地

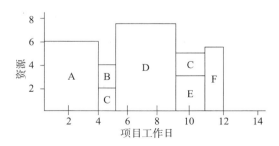

图12-19 分割任务C后被修正的资源负载图

利用可用的资源,最后项目的完成日期提前了 2 天,从 14 天变回到了初始进度计划的 12 天。这个例子证明,通过使用创造性的方法,可以更好地利用资源并获得更多的好处。该例中,由于活动 C 有 4 天的时差,分割活动 C 使得项目能够更好地利用资源,并重新回到原来的计划历时。

☐ 实践中的项目经理 12-1

凯文·奥唐奈上尉,美国海军陆战队

作为一名海军陆战队军官,凯文·奥唐奈(Kevin O'Donnell)上尉(见图 12-20)作为项目经理已经任职数年。奥唐奈坦诚地说,乍一看,他的职责似乎与项目经理的传统角色并不一致,但是,经过仔细思考之后,可以发现,虽然他的工作情况非常独特,但项目管理的原则和规范仍然适用。

奥唐奈从南卡罗来纳州军事学院获得刑事司法学士学位之后,被委任为美国海军陆战队少尉,现任华盛顿特区海洋营房的项目主管和公司执行总裁,同时他也是总统度假地戴维营的警卫军官和公司执行总裁。

图 12-20 凯文·奥唐奈上尉,美国海军陆战队

奥唐奈曾担任过第六陆战团二营的排长和执行官,并完成了两个对伊拉克费卢杰的战斗部署。用奥唐奈的话来说,作为少尉和中尉,虽然他的职责范围很广,其中包括许多指导任务和职责分配,但他更倾向于把项目管理的思维方式应用于工作中。战略眼光、干系人管理、工作范围、工作分解结构、任务、时间进度表和风险评估等概念对于所有的项目都适用,海军陆战队在他们每天的训练计划、部署和开展作战行动时都会使用它们。

当奥唐奈还是一名排指挥官时,他在伊拉克的第一次部署任务就是负责指挥 45 名海军陆战队员。这些队员被分配各项任务,包括车辆巡检、徒步巡逻、护航、入户搜查以及在敌后进行有针对性的袭击。奥唐奈指出:

> 以一个有针对性地袭击已知敌人的行动为例,这种情况可以被视一个"项目",此时要求我作为指挥官分析情报、制定指令,包含任务指派、任务说明、执行计划以及逻辑考量(类似于项目愿景、工作范围和工作分解结构)在内的五个部分。此外,我需要协调相关的同级或下属单位以及任务链上的高级成员(干系人管理)。同时,我也需要进行运营风险评估,确定任务期间可能出现的问题以及敌方的可能动向,将这些风险进行规避。最后,我发布命令给我排中的小队长,然后,变为其小队内部命令发布给其队员。

作为该任务的"项目经理",奥唐奈的职责就是确保团队成员知道要做什么、为什么要做、怎么去做以及需要达到怎样的结果。

此外,编制带有里程碑事件的进度计划也是奥唐奈工作职责的一部分,如在计划期间建立时间进度表,并确保不超出设定时间;任务开始前的战前检查和突袭演习同时进行;当行动的命令下达时,该组会离开当前路线,向目标地点移动;一旦到达目标地点,由其队长带领的各小队就开始无缝地执行袭击任务。奥唐奈指出,在执行任务期间,沟通、协调和控制是至关重要的。队员们可以从每次的行动回顾中吸取经验和教训,而更重要的是,每个人都可以从此次行动表现中学到新的东西。

奥唐奈进一步描述他的项目管理职责:

在我的第二次伊拉克作战部署任务期间,我负责规划和执行一个大规模任务。该项目包含了许多小的任务,例如上文中的袭击活动。此外,它还涉及一个以前在费卢杰从未执行过的非传统计划。我们与伊拉克军队和费卢杰警察进行合作,为他们提供必要的训练以及保障城市安全所需要的设施,最终将保障费卢杰市民安全的职责交给他们。

该项目几乎涵盖了项目管理的所有原则。除了上述的那些,这个任务还要求进行干系人管理和提高干系人的参与度,建立和领导跨文化团队,打破语言和文化障碍,进行变革管理、指挥和控制,并在一定程度上传播概念,即建立主人翁意识,获得团队和市民的支持。指挥官的战略眼光是任务成功与否的关键,我们建立、完善以及执行行动计划,同时满足关键里程碑事件的能力,也显著地影响了任务最后的成功执行。

我的下属小队长和同级单位之间的无缝合作,以及与伊拉克同行之间的互助,也是这次任务成功的关键。我们根据不断变化的环境调整计划的能力也与任务的成功息息相关。在任务执行过程中,项目干系人的需求发生了变化,任务参数进行了调整,内外部环境不断变化,人员和团队构成也在不断调整,但是在任务结束时,由于各级指挥系统的优秀领导以及对项目管理技能和基本原则的执行,使得该任务得以圆满完成。费卢杰现在是一个自镇守的伊拉克管辖地,在对伊拉克其他城市的平定和阻击叛乱的过程中,我们团队发挥了表率作用。

奥唐奈指出,虽然他的职责看起来和传统的项目管理不太一样,但事实上,精心策划行动、确定目标、明确战略、协调和调度等都是项目管理的特点,并且它们形成了奥唐奈在战时环境中指挥海军陆战队职责的重要内容。奥唐奈说:"总而言之,不管是什么行业,项目管理原理是相通的。项目经理的成功,不单要了解领导和管理之间的区别,更要了解内外部环境以及如何规划、指派任务和管理人员、管理预算和计划表,同时对目标、客户和干系人要求的达成有一个清晰的认识。"

12.5 多项目环境下的资源管理

许多项目经理最终将面临多项目环境中的资源配置问题,其中最主要的挑战是项目之间的相互依赖性：在一个项目中的任何资源配置决策都可能对其他项目产生影响。当面对多项目中的这种相互依赖性时，通常会面临以下的问题：无效地利用资源、资源瓶颈、连锁反应和多任务给人员带来的巨大压力。[9]

要解决多项目环境下资源配置的复杂问题，任何系统都需要尽可能将以下 3 个主要因素的消极影响减至最小：①进度计划滑动量；②资源利用；③等待资源的工作。[10] 每个因素都会给项目带来严峻的挑战。

12.5.1 进度滑动

在许多项目中，计划滑动要比简单的项目延迟更常见。在许多公司中，这将会导致严重的财务处罚。项目在合同规定的交付日期仍未完成，则每延迟一天，负责该项目的公司都要支付大量的罚金，这种情况并不罕见。因此，当对多项目环境中的资源配置制定决策时，需要考虑的一个重要因素是资源的优先顺序，这种优先顺序是根据资源对每个独立项目进度的影响大小来排列的。

12.5.2 资源利用

所有公司的目标是尽可能有效地利用现存的资源储备。根据现有的资源利用方式，在公司范围内增加资源既昂贵也无必要。为了体现这一点，重新考虑如图 12-21 所示的多项目环境下的资源负载图，在负载图中，高级管理人员在项目群中每周分配 8 个资源单位。为了更好地利用资源，即使使用分割技术，在某些点上仍然存在没有充分利用可用资源的情况。例如，在第 5 周只有 4 个资源单位被利用。负载图（见图 12-21）中的阴影部分显示了在当前项目中没有被使用的额外可用资源。要使资源利用效率最大，可以试图将可用的资源分配到同时正在进行中的其他项目，最终会在整体上提高使用项目资源的效率。

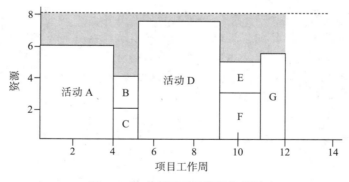

图 12-21　多项目下的资源负载图

12.5.3 在制品库存

在多项目环境中，对资源进行最优利用还需要考虑资源分配对在制品库存造成的影响。**在制品库存**（in-process inventory）是指由于资源的不可用而等待完成的工作，这些工作因为等待而被延迟。例如，一个建筑公司发现，由于仅仅只有一个检查员负责所有蓝图的最终说明，有几个项目被延迟。项目由于资源瓶颈而堆积起来，形成了公司项目中等待资源的工作。若在制品库存过多是由于缺乏可用的资源引起的，这就要求在多项目环境下公司必须制定各种均衡策略。那么是否应该暂时租用额外的资源来减少在制品库存呢？如果仅仅是暂时性的问题，暂时租用额外资源是否又会造成日后资源的无效配置呢？

事实上，项目组织必须经常从进度计划滑动量、资源配置和在制品库存3个因素口寻求合适的平衡。改进一个因素的过程可能会对一个或多个其他因素产生消极的效果，如最大化资源配置可能引起进度计划滑动或增加在制品库存量。在这些因素中寻求合理平衡的任何战略，都需要满足多个竞争性要求。

12.5.4　在多项目环境下制定资源决策

多项目环境下决定资源决策需要解决两个问题。首先，在多项目中制定决策必须要经过深思熟虑，决定哪些项目应该具有资源分配的最高优先权。项目人员要认识到必须要同时对多个项目编制进度计划，这也是至关重要的。考虑图12-20的资源负载图，一方面，可以看出图中已经为项目A至G编制了12周的进度计划。项目A在前4周占用了大部分资源，而在第4周还编制了两个项目（B和C）的进度计划。这就要求平衡它们独特的活动资源需求，并使两个项目在相同的历时内结束。图中显示了问题的本质：当有充足的资源时为了最有效地利用资源，进行多项目的资源配置需要团队成员为项目编制进度计划。然而，若资源不充足、各项目需同时竞争资源时，则要确保能够对资源进行优先排序，从而保证项目在需要时获得所需的资源。

在多项目环境中，有许多潜在的方法来解决资源配置问题，从高度简化的试探法到较为复杂的数学规划方法。然而这些技术的目的都是在需求和优先权相互竞争的条件下，对资源进行最有效的利用。

1. 按项目的时间先后进行分配

进行资源配置的最简单规则是根据项目进入队列的先后顺序进行排序，这种"先来先服务"的原则很容易使用。当需要制定资源配置决策时，它能够迅速地比较相关项目的开始日期。然而这种技术忽略了其他的重要信息，这些信息可能要求重新进行资源配置，如战略排序、紧急性或危急情况、或商业成功可能性较高的项目。单纯基于计划开始时间，这种排序方案可能导致公司不仅没有将资源分配到潜在高回报的项目中，反而将它们分配到较早或回报较低的项目中去了。

2. 为资源需求最大的项目优先分配

这种决策规则在开始时，首先决定公司项目群中哪个项目将需要最多的可用资源。这些资源需求最大的项目首先被识别出来，然后为之配置资源。为这些项目分配资源之后，公司将重新检查剩下的项目，然后选择有次高资源需求的项目并分配资源，直至分配完所有项目。之所以为资源需求大的项目优先分配，是因为可能有多个项目同时处在开发过程中，资源瓶颈可能来自这些项目所产生的未预料到的资源需求峰值。该方法最终识别出这些可能的瓶颈，并将它们作为额外资源配置的出发点。

3. 为资源利用率最大的项目优先分配

这种方法是上一种方法的变更，它以确保项目资源的利用率最大或资源空闲时间最小为目标来配置资源。例如，组织根据程序员、系统分析员和网络专家的资源情况对 3 个项目 A、B 和 C 进行排序。虽然完成项目 A 需要最多的资源，但它并不需要系统分析员参加工作。另一方面，完成项目 B 虽然并不需要同样多的全部资源，但需要 3 种人员都参与，即同时需要程序员、系统分析员和网络专家。结果，公司可能最先为项目 B 进行资源分配，并确保所有的资源得到最大限度的利用。

4. 为最晚结束时间最早的活动优先分配

此规则根据活动结束时间的先后顺序将资源优先权分配到活动和项目中，最晚结束时间（LF）最早的活动在进度计划编制中拥有第一优先权。要注意的是，最晚结束意味着活动最晚结束时，不会延长关键路径，也不会影响整个项目网络。该试探法的目标是：检查由于较早的最晚结束时间产生具有额外时差的项目活动，并优先将资源分配给时差最小的活动，也就是最晚结束时间最早的活动。

5. 利用数学规划求解

与在单个的项目中一样，在多项目环境中解决资源约束问题时，数学规划有时也可以用来作为最佳的解决方法。这种模型寻求最大化的一般目标有：[11]

（1）所有项目的总开发时间最少；

（2）所有项目的资源利用最少；

（3）所有项目的总延迟最少。

这些目标往往会受到以下约束，包括：①有限的资源；②活动和项目的优先关系；③项目或活动的预期日期；④活动分割的机会；⑤并发和非并发的活动执行需求；⑥活动所需资源的可替代性。数学规划在单一或多项目环境中解决资源约束问题时是有价值的，但是由于问题的复杂性、大数据量的变量计算以及产生有效最小选择集所必需的时间等，数学规划方法的使用很受限制。

项目的资源管理是一个经常被忽略的问题，特别是那些见习项目经理，或是那些没有投入足够时间去理解项目管理中所面临挑战的企业。编制项目计划和进度计划时经常会假设资源是无限的，好像组织总是能够找到训练有素的人员和支持项目活动必需的其他资源，而不考虑当前情况下的项目工作中有什么约束。这种行为导致进度计划不可避免地滑动并产生过多的成本，因为现实中可用的资源满足不了乐观的初始进度计划。事实上，资源管理意味着通过对比执行活动所需的资源和当时可用的资源，进而对项目活动周期做出合理和正确的估计。进一步可以看出，在资源管理中项目经理不得不面临时间和成本的均衡。由于获取及时完成任务所需资源要耗费一定的成本，而往往一些进度计划过于乐观，同时又没有考虑到预算对其可能造成的影响，因此将这些成本与进度计划进行平衡是非常必要的。

资源管理是一个相当耗费时间的迭代过程。根据可用的资源，在平衡活动网络和整个进度计划时，不可避免地需要调整网络计划，重新为活动编制进度计划，使其对整个活动网络和关键路径的消极影响最小。资源平衡或"平滑"是通过在项目中尽可能统一地使用资源,并使资源需求的波动最小化,从而达到简化资源计划编制过程的目的。因此,在考虑对项目资源进行最优的进度计划编制时,资源管理能够让项目进度计划变得更为准确。如果这个过程在项目计划的早期就能进行,那么,基于实际资源需求和历时估计而非乐观期望的项目计划将会在未来带来巨大的好处。

小结

1. **识别影响项目并造成其进度计划和计划编制困难的约束类型**。有效地管理项目资源是一项复杂而艰巨的任务。项目经理必须首先识别对进度计划编制有负面影响的约束种类,包括技术约束、资源约束和物质约束。重要的资源约束还有项目人员、物资、资金和设备。合理全面地评估项目中所需的各种资源类型及其可用性,这对保证项目进度至关重要。

2. **理解如何在项目进度计划中应用资源负载技术,并识别出潜在资源过度分配的情况**。资源负载是根据进度计划在项目活动中分配资源的过程。有效的资源负载能确保项目团队遵循进度计划,同时也可以保证进度计划中的所有活动拥有足够的资源,从而使项目在计划时间内完成。项目生命周期中的资源需求可以被概略地描述出来,并提前计划项目活动完成时所需的资源(资源的类型和数量)。其中一个有效的资源计划方法是:利用资源平衡技术在项目基准进度计划中"设计"活动,包括"设计"需求的资源约束水平。资源平衡提供了一个有用的试探方法,可以用来识别导致资源计划编制出现问题的资源约束,如时间上的"高峰低谷"。

3. **使用合适的试探性优先排序法,将资源平衡的步骤应用于基准进度计划中的项目活动**。通过使用资源"平滑"技术,可以最小化项目负载图中过多的波动。资源平滑通过重新编制活动计划并最小化波动的影响,从而实现持续地利用资源。资源平衡的第一步是:识别相关活动并决定哪些活动是可能被调整的侯选对象。下一个要解决的问题是:哪一项活动需要被调整?使用前面提过的试探性优先排序法,首先检查所有的活动,然后就可以发现其中的关键活动和有时差的活动。第二步则是选择出需要重新配置的活动。根据经验规则,有最多时差的活动会首先被选择出来重新配置。

4. **在整个项目生命周期中,遵循必要的正确步骤来有效地平滑资源需求**。资源负载图表明了资源计划编制时间有限的特征,建立资源负载图分为以下 6 个三要步骤。①创建项目活动网络。②创建一张表,表中显示出每个活动的资源需求、历时、最早开始时间、时差和最晚结束时间。③按时差递增的顺序列出活动(在相同时差时,按最晚结束时间的先后进行排序)。④绘制初始资源负载图,按每个活动的最早开始时间确定进度计划,并遵循第 3 步所示的顺序排列活动;创建的负载图中,底部为关键活动,顶部为具有最大时差的活动。⑤在活动时差范围内,并且在不改变活动历时或独立性的原则下,重新安排活动并创建尽可能平衡的概图。⑥"平滑"项目资源图,必须根据自己的判断,通过移动有额外时差的活动来改善活动平衡。

5. **在多项目环境中应用资源管理**。在多项目环境下,资源管理是一个更为复杂的行为，即当多个项目竞争有限的资源时，试图编制资源进度计划会极为复杂。在这种情况下，项目经理有许多方法可用来发现相互竞争的项目与有限资源之间的最佳平衡。在决策试探法中，制定资源配置决策是基于：①哪些项目要根据时间先后排序；②哪些项目拥有最大的资源需求；③哪些项目能让公司最好地利用资源；④哪些活动具有最早的最晚结束时间；⑤应用数学规划方法。

已解决的问题

考虑如下资源负载表，假设本月每天安排的工作量都不能超过8个小时。

a. 哪些天会产生资源冲突？

b. 怎样重新配置资源负载表并消除其中的资源冲突？

活动	1	2	3	4	5	8	9	10	11	12	15	16	17	18	19	22	23	24	25	26
A	4	4	4	4	4⌋															
B						4	4	4		⌋										
C						4	4	4	4	4⌋										
D						3	3	3	3	3	3				⌋					
E												3	3	3	3	3				⌋
F												2	2	2	2	2	2⌋			
G												4	4	4	4					⌋

解答过程

a. 根据资源负载表，6月8日、9日和10日的资源都被过度分配（11小时），此外还有6月16、17、18和19日（9小时）。

b. 平衡资源负载表的一种方法，是通过利用活动D和G的可用时差，在进度计划中将这些活动向后移动，并与活动的最晚结束时间相符合（见所示资源负载表）。

活动	1	2	3	4	5	8	9	10	11	12	15	16	17	18	19	22	23	24	25	26
A	4	4	4	4	4⌋															
B						4	4	4		⌋										
C						4	4	4	4	4⌋										
D						~~3~~	~~3~~	~~3~~	3	3	3	3	3	3	⌋					
E												3	3	3	3	3				⌋
F												2	2	2	2	2	2⌋			
G																4	4	4	4	4⌋
汇总	4	4	4	4	4	8	8	8	7	7	8	8	8	8	5	6	4	4	4	

讨论题

12.1 考虑在河上建桥的项目，该项目面临的资源约束有哪些？

12.2 在许多项目中，需要管理的关键资源是项目团队成员。解释项目成员为什么经常是项目的关键资源？表现在哪些方面？

12.3 资源负载潜在的含义是什么？在项目中它又发挥什么作用？为什么它在有效地管理项目计划时是关键的因素？

12.4 曾经有这样的观点：没有平衡资源的项目进度计划是无用的。你同意这种观点吗？为什么？如果不同意请说明原因。

12.5 讨论项目中时间/成本均衡的本质。项目管理实践中这个概念意味着什么？

12.6 在对项目进行资源平衡时，有许多的试探法能够帮助对活动排序并获取资源。解释下面的每种试探法并举例。
   a. 具有最小时差的活动。
   b. 具有最短历时的活动。
   c. 标识编码最小的活动。
   d. 后续任务最多的活动。
   e. 需要最多资源的活动。

12.7 多任务对项目的资源平衡能力产生负面影响。当团队成员在多个附加的约束中时，必须注意不应过于乐观地分配他们的时间。事实上，曾有人说："要记住，40个小时和一周的工作并不一样。"对这个观点进行评价。为什么多任务使准确地进行项目资源平衡变得困难？

12.8 为什么资源管理在多项目环境中更为重要？哪些经验规则能帮助项目经理在几个并发项目中更好地控制所需的资源？

练习题

12.1 考虑一个具有以下条件的项目甘特图（见图12-22）。Susan是你唯一的程序员，她负责活动3和活动4，这些活动都是重叠的。在资源均衡的项目中，Susan每天最多工作8小时，新的甘特图会是什么样子？新项目的完成日期是什么？

12.2 参照图12-22，如果7月1日分解活动3去完成活动4，然后当完成活动3后影响修改后的项目完成日期会怎样？展示你的工作。你是否会建议拆分活动3，还是让Susan先完成它，然后执行活动4？哪个策略可以让项目更快地完成？为什么？

12.3 参考图12-23中的甘特图。Bob和George是木匠，他们被安排去建造一座新的办公大楼。就在项目开始之前，George在一次事故中受伤，无法从事这份工作，因此Bob不得不处理他自己的活动以及George的活动。Bob资源均衡的甘特图下现在负责活动3、4、6和7。项目的新预计完成日期是什么？

12.4 参考图12-23，假设你有机会雇用两个新的木匠来完成George的任务（将其缩短50%）。项目的新预计完成日期是多少？雇用两名木匠而不是只雇一个人是否值得？展示你的工作。

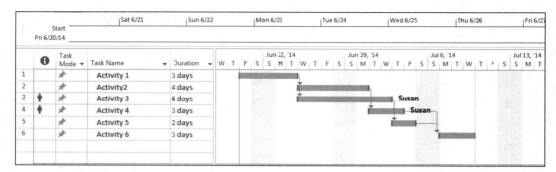

图 12-22　练习题 12.1

资料来源：MS Project 2013, Microsoft Corporation.

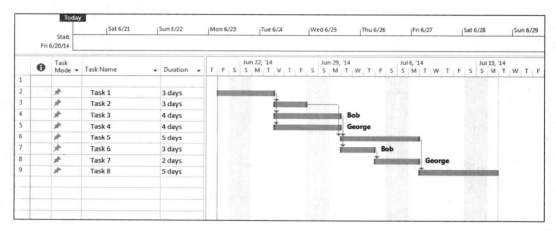

图 12-23　练习题 12.3

资料来源：MS Project 2013, Microsoft Corporation.

对于练习题 12.5～12.9，考虑具有以下信息的项目：

活动	历时	前置活动
A	3	—
B	5	A
C	7	A
D	3	B, C

活动	历时	前置活动
E	5	B
F	4	D
G	2	C
H	5	E, F, G

活动	历时	最早开始时间	最早结束时间	最晚开始时间	最晚结束时间	时差
A	3	0	3	0	3	—
B	5	3	8	5	10	2
C	7	3	10	3	10	—
D	3	10	13	10	13	—
E	5	8	13	12	17	4
F	4	13	17	13	17	—
G	2	10	12	15	17	5
H	5	17	22	17	22	—

活动	历时	总时差	每周所需资源时数	总资源需求
A	3 周	—	6	18
B	5 周	2	4	20
C	7 周	—	4	28
D	3 周	—	6	18
E	5 周	4	2	10
F	4 周	—	4	16
G	2 周	5	3	6
H	5 周	—	6	30
总计				146

12.5　使用 AON 法构建项目活动网络。

12.6　识别关键路径和网络中的其他路径。

12.7　创建项目的资源负载表，识别活动最早开始时间和最晚开始时间。

12.8 假设项目中每周最多有 8 个小时的可用资源,识别哪几周存在资源过度分配。

12.9 资源平衡负载图。识别要被重新安排的活动,然后在表中对这些活动进行重新配置。

12.10 根据下面展示的部分资源负载图,假定每天限制最大使用资源为 8 个小时,考虑如下问题:

a. 项目资源过度分配的日期?
b. 怎样重新配置资源负载表来修正过度负载?
c. 现在,假设每天使用的最大资源限制减少到 6 个小时。怎样重新配置资源表来进行协调?项目新的结束日期是哪一天?

项目日历

6 月

活动	1	2	3	4	5	8	9	10	11	12	15	16	17	18	19	22	23	24	25	26
A	6	6	6	6	6]															
B						2	2	2	2	]										
C						4	4	4	4	4]										
D						3	3	3	3	3	]									
E											4	4	4	4	4]					
F											2	2	2	2	2	2				]
G																	4	4	4	]
汇总	6	6	6	6	6	9	9	9	9	7	6	6	6	6	6	2	4	4	4	

案例分析 12-1

多任务处理导致的问题

美国东部的一个金融服务公司发现,公司内部重要的战略型大项目,总是远远落后进度计划并超过预算。在项目的开始和进行过程中,预算就已经开始超支、进度基准计划也开始落后,延迟变得非常严重,以致公司需要从项目管理顾问公司聘请专家以获得帮助。顾问公司在调查公司的运转情况后确信,造成特定项目和公司项目管理实践中出现的问题的主要原因是未能准确预测资源需求。用其中一个顾问的话来描述就是:"并没有足够的全职(人力)资源来分配给项目。"

最大的问题是目前太多的项目团队成员同时在两个或多个项目中工作,这是明显的多任务处理情况。不幸的是,项目的领导在没有考虑资源可用性的情况下,就制订了要求过高的进度计划。由于过多的外界责任,没有人愿意直接承担项目中的工作,人们修改了配置,所有人在工作中都落后于进度计划。正如一位顾问所说:"项目中出现了问题,但没有人能解决它们(在时间上)。"这些遗留下来的小问题最终变成了大问题。进度持续延迟,同时员工士气降到最低点。

根据识别出的问题,顾问所做的第一步是:让高层领导重新检查项目团队的工作分配情况。首先,将核心团队成员从其他工作中解脱出来,让他们能全职投入到项目中。然后,项目其他支持成员也从多任务处理中解放出来,并以全职或基本全职的形式参与到项目中。公司还根据顾问提出的其他建议做出了相应的变更,最后的结果是项目进度和活动历时估计与实际的资源需求和可用性相一致。简而言之，因为最后实现了资源平衡，特别是为项目团队确定了准确反映资源管理和进度计划编制关系的全职工作分配后，项目回归到正常轨道。[12]

问题

1. 多任务处理是怎样影响项目团队成员资源可用性的？
2. "现代组织结构中不可能消除一般员工的多任务处理情况。"你是否同意这种观点？为什么？
3. 因为多任务处理的问题，项目经理必须记住活动历时和项目日历的区别，换句话说，项目任务中40个小时的工作并不代表基准计划中的一周。请评价这个观点。为什么多任务会增加项目基准计划中的活动历时？

网上练习

12.1 访问 www.fastcompany/manazin/87/project-management.html，作者对多任务的压力提供了哪些建议？作者同时提出了执行多项目的需要，其关于学习执行多项目的主要观点是什么？

12.2 在互联网上寻找有以下约束类型的例子。

a. 时间约束。
b. 资源约束。
c. 混合约束。

对每个例子，描述你所识别出的约束类型。有没有关于项目是如何实现最小化或解决这些约束的证据？

12.3 访问与波士顿隧道工程相关的网站，它以"大挖掘"（Big Dig）出名。描述项目中必须要解决的问题。在项目面对严重的延迟和成本超支时，资源管理扮演了什么样的角色？

MS Project 练习

练习 12.1

下面的表格显示了一个活动网络的相关信息，通过使用 MS Project 输入信息，建立甘特图。假设每项资源被全职分配至项目活动中。

活动	历时	前置任务	资源分配
A. 用户调查	4	无	盖尔·威尔金斯
B. 编码	12	A	汤姆·霍奇
C. 调试	5	B	威尔逊·皮特
D. 接口设计	6	A, C	休·赖安
E. 开发培训	5	D	里德·泰勒

练习 12.2

根据练习 12.1 的信息，建立资源使用表，并识别总时数和每个项目团队成员每日的工作量。

练习 12.3

参考练习 12.1 的活动网络表格，假设我们对原表进行了一些修改，得到了新的活动逻辑关系和为这些活动所分配的资源。通过使用 MS Project 输入信息，建立甘特图。假设每项资源被全职分配至项目活动中（8小时/天或40小时/周）。

活动	历时	前置任务	资源分配
A. 用户调查	4	无	盖尔·威尔金斯
B. 编码	12	A	汤姆·霍奇
C. 调试	5	A	汤姆·霍奇
D. 接口设计	6	B, C	休·赖安
E. 开发培训	5	D	里德·泰勒

a. 根据资源使用状况视图，项目团队成员被过度分配时有警示信号吗？

b. 点击任务使用状况视图，并确定资源分配进度计划中有冲突的工作日。

练习 12.4

根据练习 12.3 提供的信息，如何对该网络进行资源平衡以消除冲突？阐述你是如何对网络进行资源平衡的。从进度计划的角度来看，项目的新历时是多少？

项目管理职业认证考试样题

1. 某项目经理识别出完成整个项目需要完成的 20 项任务，这些任务能够被分配给项目小组的 4 名成员，这个将人员分配给各个任务的过程被称为：
   a. 资源平衡。
   b. 资源负载。
   c. 寻找关键路径。
   d. 建立工作分解结构。
2. 资源平衡的正确定义是：
   a. 显示随着时间推移项目所使用资源的图表。
   b. 将资源分配给活动的过程。
   c. 根据资源约束，将资源在项目中的利用水平保持在一个稳定的水平。
   d. 同时反映资源可获得性的项目进度计划。
3. 项目资源约束可能涉及以下哪些例子？
   a. 培训不足的员工。
   b. 缺少建筑材料。
   c. 项目地点的环境或物理约束。
   d. 以上例子都可以被认为是项目资源约束。
4. 当采用资源平衡试探法时，下面哪个是正确的决策规则？
   a. 具有最小时差的活动应该最先分配资源。
   b. 具有最长历时的活动应优先获得额外的资源。
   c. 具有最少后续任务的活动具有资源优先权。
   d. 工作分解结构标识号最大的活动应优先分配资源。
5. 资源负载图的优势之一是：
   a. 寻找可用的项目时差的方法。
   b. 用图表将所需资源随时间的变化表示出来。
   c. 帮助解决在多项目环境下的资源冲突。
   d. 以上都是资源负载图的优势。

答案：
1. b。将人员分配到项目活动的过程通常被称为资源负载。
2. c。资源平衡的过程涉及资源平滑以及使得可获得资源随项目进度平稳地变化。
3. d。项目资源可以指人力、物理约束或物料约束，因此以上所有选项都可以代表项目资源约束。
4. a。资源平衡试探法的一个重要规则就是具有最少时差的活动优先分配资源。
5. b。资源负载图是用图表将所需资源随时间的变化表示出来，它能够帮助人们直观地发现资源的过度分配，或者是无效的资源配置。

项目综合练习

管理你的项目资源

现在你被分配了一项重要的任务。在你为项目创建一个网络计划和进度计划之后，对计划的资源平衡是至关重要的，这就要求你为项目建立资源负载图。在此过程中，你需要注意到创建计划时的预算和为项目团队选择的人员。资源平衡步骤必须要与项目进度相一致（尽可能地），同时在使用资源时还要满足项目资源的约束。

促使任务有效进行的关键点在于能够最大限度地使用项目资源，同时要求对初始的项目进度产生最小的影响。因此，在将非关键任务向后推迟时，要求最大限度地使用人员，同时又不延迟项目的交付日期，则需要对资源平衡步骤进行数次迭代。为简单起见，可以假设你的项目资源要求100%的工作时间。换句话说，就是保证项目的每种资源能够每周工作40个小时。

创建资源平衡表时，确保在水平轴上包括进度基准计划。你的初始基准计划是什么？项目资源平衡如何影响初始的基准计划？项目新的结束日期会延迟吗？如果延迟的话又会延迟多少？

注释

1. Cullen, J. (2013, June 16). "Second West-East Gas Pipeline set to start Hong Kong supplies this summer," *South China Morning Post*. www.scmp.com/lifestyle/technology/article/1261619/second-west-east-gas-pipeline-set-start-hong-kong-supplies; Project Management Institute. (2014, April). "Hong Kong Natural Gas Pipeline." www.pmi.org/Business-Solutions/~/media/PDF/Case%20Study/HK_Pipeline_casestudy_v3.ashx Project Management Institute, Hong Kong Natural Gas Pipeline. Project Management Institute, Inc. (2014) Copyright and all rights reserved. Material from this publication has been reproduced with the permission of PMI.
2. Dumaine, B. (1986, September 1). "The $2.2 billion nuclear fiasco," *Fortune*, 114: 14–22.
3. Raz, T., and Marshall, B. (1996). "Effect of resource constraints on float calculation in project networks," *International Journal of Project Management*, 14(4): 241–48.
4. Levene, H. (1994, April). "Resource leveling and roulette: Games of chance—Part 1," *PMNetwork*, 7; Levene, H. (1994, July). "Resource leveling and roulette: Games of chance—Part 2," *PMNetwork*, 7; Gordon, J., and Tulip, A. (1997). "Resource scheduling," *International Journal of Project Management*, 15: 359–70; MacLeod, K., and Petersen, P. (1996). "Estimating the tradeoff between resource allocation and probability of on-time completion in project management," *Project Management Journal*, 27(1): 26–33.
5. Meredith, J. R., and Mantel, Jr., S. J. (2003). *Project Management: A Managerial Approach*, 5th ed. New York: Wiley and Sons.
6. Fendley, L. G. (1968, October). "Towards the development of a complete multiproject scheduling system," *Journal of Industrial Engineering*, 19, 505–15; McCray, G. E., Purvis, R. L., and McCray, C. G. (2002). "Project management under uncertainty: The impact of heuristics and biases," *Project Management Journal*, 33(1): 49–57; Morse, L. C., McIntosh, J. O., and Whitehouse, G. E. (1996). "Using combinations of heuristics to schedule activities of constrained multiple resource projects," *Project Management Journal*, 27(1): 34–40; Woodworth, B. M., and Willie, C. J. (1975). "A heuristic algorithm for resource leveling in multiproject, multiresource scheduling," *Decision Sciences*, 6: 525–40; Boctor, F. F. (1990). "Some efficient multi-heuristic procedures for resource-constrained project scheduling," *European Journal of Operations Research*, 49: 3–13.
7. Fendley, L. G. (1968), as cited in note 6.
8. Field, M., and Keller, L. (1998). *Project Management*. London: The Open University; Woodworth, B. M., and Shanahan, S. (1988). "Identifying the critical sequence in a resource-constrained project," *International Journal of Project Management*, 6(2): 89–96; Talbot, B. F., and Patterson, J. H. (1979). "Optimal models for scheduling under resource constraints," *Project Management Quarterly*, 10(4), 26–33.
9. Gray, C. F., and Larson, E. W. (2003). *Project Management*, 2nd ed. Burr Ridge, IL: McGraw-Hill.
10. Meredith, J. R., and Mantel, Jr., S. J. (2003), as cited in note 5.
11. Meredith, J. R., and Mantel, Jr., S. J. (2003), as cited in note 5.
12. Weaver, P. (2002). "Vanquishing PM nightmares," *PMNetwork*, 16(1): 40–44.

第13章

项目评估和控制

本章目标

学习本章后,你将能够:

1. 理解控制循环的本质和一般项目控制模型的4个关键步骤。
2. 识别常见的项目评估和控制方法的优缺点。
3. 理解挣值管理如何支持项目跟踪和评估。
4. 在项目群分析中使用挣值管理。
5. 理解项目评估和控制中的行为概念和其他人为因素。
6. 通过附录13A的学习:了解挣得进度法在计算项目进度偏差、进度绩效指数和完工估计方面的优点。

本章涉及的项目管理知识体系的核心概念

1. 进度控制(见PMBoK6.7节)
2. 成本控制(见PMBoK7.4节)
3. 挣值系统(见PMBoK7.4.2.1节)
4. 预测(见PMBoK7.4.2.2节)
5. 业绩审查(见PMBoK7.4.2.4节)

□ 项目导读 13-1

纽约的 CityTime 项目

"事实上,这个城市因为CityTime向科学应用国际公司(SAIC)支付的6亿美元已经直接或间接地被欺诈玷污了。"CityTime的自动化工资单和计时项目使纽约市陷入困境,在向该项目的几个承包商和项目监督员发出的指控中,曼哈顿律师普瑞特·巴拉拉(Preet Bharara)将巨大的成本超支完全归咎于腐败的项目经理以及他们令人震惊的狂妄掠夺行为。

1998年,当前市长鲁道夫·朱利亚尼(Rudolph Giuliani)宣布为纽约市员工创建

CityTime 项目时，他正在寻求把 30 多万城市雇员使用的过时纸质时间卡和工资系统变得自动化。多年来，这种记录系统已经跟不上庞大的雇员基数，浪费和伪造时间表会造成每年数百万的花费。CityTime 旨在通过使用最新的电子整合信息系统来实现自动化，从而解决以上问题。当纽约市（见图 13-1）授权该项目时，科学应用国际公司（SAIC）以 5 年 6 300 万美元的价格中标。SAIC 作为主承包商的工作包括监督新计算机系统的开发以及为将所有的保存记录与工资核算流程转移到新系统中的工作提供支持。在一切都尘埃落定的时候，纽约市已经在这个安装了 10 年的系统上花费了超过 7.2 亿美元。更糟糕的是，大部分钱似乎都被一串所谓的"顾问"和分包商抽取了，他们都通过这个项目赚翻了。

图 13-1　纽约市

资料来源：Janniswerner/Fotolia.

事情为何会变得如此糟糕？联邦检察官表示，这个项目几乎全部的费用都被包括数百家承包商、系统性超额负债和一个国际洗钱集团在内的史诗诈骗所染指。

该项目涉及许多利益相关者，所有人都有不同的动机，并且都承认其他人正在使用该项目推进自己的议程。例如，早在 2003 年，代表城市职工的工会就对这个新系统和参与该项目的众多顾问和官员不断上涨的薪水提出不满，但什么都没有发生。这是因为 CityTime 有着强大的支持者，包括新任市长迈克尔·布隆伯格（Michael Bloomberg）、他的预算总监马克·佩吉（Mark Page）和薪资管理局（OPA）主任乔尔·邦迪（Joel Bondy）。这些官员认为该项目是控制加班费和养老金费用的一种方式，并将工会投诉视为城市雇员被剥夺其掌控系统能力的可预测性愤怒。

该项目的官方监督由三人组成，其中包括马克·佩吉、审计代表比尔·汤普森（Bill Thompson）以及被开除前一直领导薪资管理局的乔尔·邦迪。巴拉拉律师说，尽管有这种监督，私人承包商和顾问仍能够操纵他们的合同条款，并将原来的估计费用提高了 11 倍。他们最成功的妙举莫过于将项目条款从固定价格合同转为有抽成的固定价格合同。这意味着在未来，该城市将会对所有的成本超支负责，而这一超支很快就变成了庞然大物。

在这段时间内，涉嫌欺诈和大范围盗窃的指控正在愈演愈烈。例如，马克·马泽

（Mark Mazer）在2004年被聘用，主要负责简化和拯救已经落后于原计划的该项目。他被指控除去他440万美元的CityTime项目薪水外，还收取了超过2 500万美元的回扣。颇具讽刺意味的是，马泽是由该市聘请的外部承包商，目的是密切关注正在执行工作的其他外部承包商，这是一个典型的监守自盗案例。同时，CityTime的主要承包商科技应用国际公司（SAIC）从该市收到了超过6亿美元的回报。SAIC的项目负责人杰拉德·德诺（Gerard Denault）被指控收取900万美元的回扣。SAIC的系统工程师卡尔·贝尔（Carl Bell）收取了500多万美元，并已认罪。

大部分贿赂流经一家由SAIC雇用的分包商Technodyne，该公司由一对美籍印度裔夫妇瑞迪（Reddy）和帕德玛·艾伦（Padma Allen）领导。根据政府的说法，SAIC向Technodyne支付了4.5亿美元，而艾伦夫妇则对德诺、贝尔（Bell）和马克·马泽支付了一系列非法现金报酬。调查人员说，作为回报，这些人一起填补了CityTime的工资，并延长了该项目。艾伦夫妇向在印度控股的公司至少转移了5000万美元，其中一部分被运回到在美国由德诺和贝尔控制的空壳公司。马泽通过由多家空壳公司构成的大型网络获得回报，然后将从城市偷走的数百万美元汇至海外的银行账户。调查人员发现，数十万美元被藏匿在遍布纽约的保管箱中，而这些还只是非法收入的一部分。

事情终于在2010年（项目已经超过了10年时间）暴露了，当CityTime的一名顾问被解雇时，他向纽约的调查部门揭发内幕。调查部门开始独立调查，然后通知了联邦当局。联邦起诉书于2010年返回，案件最终在2013年展开审理。

在离任之前，市长迈克尔·布隆伯格要求SAIC将用于丑闻缠身的CityTime薪资技术项目的超过6亿美元退还给市政府。2012年，SAIC与纽约市政府达成协议，退还5亿美元，以避免联邦起诉。正如联邦检察官在起诉中指出的那样，"CityTime项目的腐败，在持续时间、规模和范围上都是巨大的。据称，CityTime作为前所未见的欺诈行为的传播媒介，似乎已经随着时间扩散开了。"

具有讽刺意味的是，一个用来确保城市雇员在他们的时间卡片内没有作弊行为的计算机系统，被开发出来后却导致纽约市经历了一场前所未见的最大的作弊和盗窃案。项目的管理和监督根本不存在，因为市政府采取了"外部承包商可以做得更好"的态度，如果官员们的"做得更好"意味着"更有能力盗窃"，那么他们或许对了。截至2014年，在涉嫌欺诈和腐败行动被捕的11人中，已有8人被定罪，而艾伦夫妇带着至少3 500万美元已经逃回了印度，其中有一人在审讯开始前死亡。最近，曼哈顿的一名联邦法官给包括马克·马泽在内的3人下达了判决，以他们在丑闻项目承担的角色判处20年监禁，他还以缺乏"足够的有效监督"为由严厉批评了纽约市的承包步骤。

概述

管理一个项目面临的最重要的挑战之一是必须保持对项目实施过程的准确监控。项目通常是由它们的约束条件（比如，预算和进度计划限制）所定义的，所以尽可能仔细地对项目实施控制是非常重要的。随着项目经历各个不同的生命周期阶段，项目的监控是保证项目团队随时了解项目进度状况的主要机制。不要采用"没有消息就是好消息"的方式对项目进行监督和控制，需要明白的一点是，对项目实施过程中的状况进行仔细和彻底的评估绝对是有好处的。

为了保证项目监控尽可能地处于最佳状态，需要将注意力集中在监控过程的两个重要方面。首先，需要明确项目状况发出的信号，同时了解在项目生命周期中，对其绩效进行评估的最佳时机。换句话说，需要全面回答这样两个问题：什么样的项目信息才值得考虑？考虑这些信息的最佳时机是什么时候？其目标是对项目进行系统的项目控制，这种控制必须是全面的、精确的和实时的。比如，当组织要进行一项数百万美元的投资时，首先必须要了解项目的状况，尽快获得所需的信息，并尽可能地及时更新这些信息。

13.1 控制循环：一个通用模型

组织控制的通用模型包括4个组成部分，以持续循环的方式运作。这4个部分如下。

（1）**设立目标**。在确定项目范围前就要进行目标的设定，包括制订项目基准计划。项目基准计划是以准确的工作分解结构（WBS）过程为依据的。WBS确定了项目所有可交付的成果和工作包以及负责每项任务的人员，并形成一个从最高层到基本任务层、子任务层的层级分明的图表。在网络图中，项目基准计划的确立表现为每项任务都被安排下去并且分配了资源和时间。

（2）**衡量进展**。高效的控制系统需要准确的衡量机制。项目经理们必须拥有适当的机制，使他们能够对进行中的各种项目活动的状况进行实时衡量，他们还需要一套衡量系统，能够尽可能快地提供信息，还要对衡量的对象进行清晰定义。许多机制能够对项目的一个或多个方面进行衡量，但最大的问题在于得到的信息是否真正有用。

（3）**比较实际绩效与计划绩效**。当了解了最初的基准计划和准确衡量进展的方法后，下一步是对两类信息进行比较。缺口分析可用作衡量项目状况的基础。缺口分析代表了一种衡量过程，首先确立目标，然后衡量实际完成目标的程度。计划绩效与实际绩效的差距越小越好。如果发现二者存在明显的差异，该分析方法就会发出明确的警告信号。

（4）**采取行动**。一旦发现与项目计划存在巨大偏差时，就有必要采取某种形式的纠正措施去减少或消除偏差。采取纠正措施的过程一般是直接的。纠正措施可能较小，也可能会涉及重要的补救措施，纠正措施甚至可能包含撤销一个没有执行的项目。采取了纠正措施后，监控系统再次开始循环。

如图13-2所示，**控制循环**（control cycle）是一个不断循环的过程。在制订计划后，就开始衡量进展，将实际阶段与基准计划相比较。对任何一个重大的计划偏差都应该给予及时的回应，如重新制订计划、重新评估进程等。项目监控是一个从项目开始到结束的持续的循环过程，它包括目标设立、衡量、修正、改进和重新衡量。

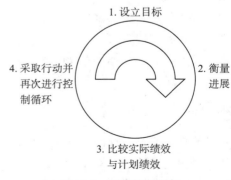

图13-2 项目控制循环

13.2 监控项目绩效

就像在项目预算和资源管理章节中介绍的一样，一旦确立了**项目基准**（project baseline）预算，表示项目进展状况最重要的方法之一是依据最初的预算计划对其进行评估。对于项目监控来说，个人任务预算和累计的项目预算是相关的。项目累计预算可能会因为超过预期历时而失效。

13.2.1 项目 S 曲线：一种基本工具

项目 S 曲线是评估**项目控制**（project control）技术的基础，首先来看一个简单的例子。假设一个项目（项目 Sierra）被分解成 4 个工作包（设计、制造、安装和测试），预算为 80 000 美元，预计完成时间是 45 周。表 13-1 给出了按照工作包和时间对项目累计预算所做的分解。正如我们在第 8 章中讨论的，这种类型的预算被称为**分阶段**预算。

表 13-1　项目 Sierra 预算成本　　　　　　　　　　　（单位：千美元）

	历时（周）									
	5	10	15	20	25	30	35	40	45	合计
设计	6	2								
制造		4	8	8	8					
安装				4	20	6				
测试						2	6	4	2	
合计	6	6	8	12	28	8	6	4	2	
累计	6	12	20	32	60	68	74	78	80	80

为了确定项目的绩效和状况，直接使用时间/成本分析通常是第一选择。在这里，项目状况通过累计的成本和劳动时间函数来进行评估，函数坐标轴上的时间既有预算时间也有实际历时时间。项目由时间（x 轴或横向的轴表示）对应花费的资金（y 轴或垂直的轴表示）来共同评估。标准的**项目 S 曲线**（project S-curve）表示这样一种典型的关系：在项目实施的主要阶段，起初预算支出低，然后很快攀升。当曲线再次趋于稳定时，项目就接近完成（见图 13-3）。该图依据项目进度计划，对表 13-1 所示的项目 Sierra 的累计预算计划进行了描绘。S 曲线图形表示了项目预算基准计划与实际预算支出的对比。

使用 S 曲线监控项目的状况是一个简单的追踪问题。根据给定时间（周、月或季度），可以即时简单地对累计项目预算支出进行汇总，并将其与预期的支出做比较。任何实际支出与计划预算支出的偏离都会揭示出相应的问题。

S 曲线分析最大的优点就是简单。因为项目基准计划是提前制订的，唯一可变的数据是实际的预算支出。同时，S 曲线提供了实时的追踪信息，这样，预算支出就能得到持续更新并在图上

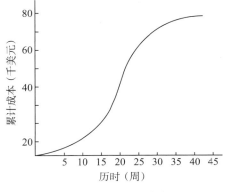

图 13-3　项目 S 曲线

表示出来。项目信息也能够即时获得并得到持续更新，所以 S 曲线能够帮助及时清晰地对项目可获取状况进行评估。

项目 Sierra 的例子（项目预算见表 13-1）也可被用来说明怎样使用 S 曲线分析。假如项目实施到 21 周，最初的项目预算支出是 50 000 美元，但实际项目支出总额仅有 40 000 美元。这样，就存在 10 000 美元的预算盈余，或者说项目累计预算成本与累计实际成本之间存在负向偏差。图 13-4 显示了对预算支出和累计实际成本的跟踪结果，并指明了 21 周所示的负向偏差。通过这个例子，可以了解到 S 曲线分析作为一种很好的可视化方法，对连接项目进度过程的成本（预算的和实际的）是非常有价值的。

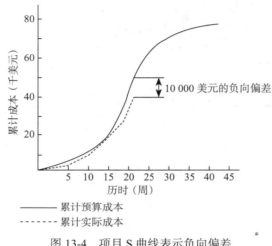

图 13-4　项目 S 曲线表示负向偏差

13.2.2　S 曲线的缺陷

当项目团队考虑使用 S 曲线时，他们应该同时考虑到 S 曲线的缺陷及优势。S 曲线可以指出正向或负向的偏差（实际预算支出高于或低于计划预算支出），但它不能对产生偏差的原因做出合理的解释。以图 13-4 的 S 曲线为例，图中所示的实际预算支出表明项目团队没有及时花掉计划预算资金（这是负向偏差）。但造成这一偏差的原因是什么？是项目团队进度滞后（因为他们没有及时花掉足够的预算），还是存在其他问题？

假设组织使用 S 曲线跟踪项目成本，并使用其显示的信息对实施项目的状况进行评估，同时假设项目计划在 12 个月内完成，有 150 000 美元的预算。在第 6 个月进行中期检查时，发现 S 曲线显示出明显的预算盈余：在项目上所花费的成本远少于最初预算成本。这是个好消息还是坏消息？

表面上这可能是一个绩效不好的表现，因为花费比计划预算少是项目进度滞后的表现。然而从另一方面看，这种情况也可能是积极的，比如，假设在管理项目的过程中，使用了具有成本效益的方法进行某些工作，或者采用了可以大幅度减少花费的新技术。在这种情况下，时间/成本指标不但可能被误用，而且可能会得出不正确的结论；同样，正向偏差也不总是表示项目进展顺利。事实上，团队可能因为超支而产生严重的问题，但超支可能被解释成项目进展顺利，实际上它仅仅表示团队没有有效利用资金。关键问题在于：简单地根据项目在时间/预算支出上的绩效来评估项目状况，很可能就会导致对项目绩效不正确的假设。

另一个使用 S 曲线来更新项目进展的缺点在于，它们提供了"反应型"数据，即我们绘制了钱已经花销之后的支出结果。S 曲线是一种视觉上很吸引人的追踪工具，但并不能让项目团队预测或采取主动措施，因为信息是在已成事实后获得。同样，S 曲线并不能让团队预测项目支出或其他的完工绩效指标。我们知道迄今为止我们花了多少钱，但我们只有最初的预算来建议我们应该花多少钱，将来我们可能花多少钱。一旦在预算中开始出现重大差异，我们最终可能的项目成本将会非常难以确定。

13.2.3　里程碑分析

监控项目进程的另一个方法是里程碑分析。里程碑是一个特定的重要事件或项目阶段，代表项目工作中一个重要阶段的完成。一项可交付成果的完成（多个项目任务的联合）、项目关键路径上的一项重要活动甚至一个日期都可能是里程碑。事实上，里程碑就是在项目生命周期内，能够在前进过程中观察到的一些路标。使用里程碑进行项目控制有如下一些优点。

（1）**里程碑标志着重要项目步骤的完成**。项目里程碑是项目当前进展状况的重要标识。里程碑使项目团队有了共同话题，有助于团队成员讨论项目的当前状况。

（2）**里程碑可以激发项目团队的积极性**。在时间持续几年的大型项目中，当团队成员对项目整体进展状况、他们所完成的工作、应该怎样继续以及项目可能还需要多长时间完成等情况产生困惑时，激情可能会减弱。团队成员通过关注里程碑，能更好地理解项目的成功以及项目当前的进展状况，他们还能根据在项目中的工作识别出更多的任务。

（3）**里程碑提供了重新评估客户需求和任何潜在变更请求的时机**。很多项目经常碰到同一个问题，那就是客户经常不断地反复更改他们的需求。如果利用项目回顾作为一个正式的"停止点"，项目团队和客户都会比较清楚地知道什么时候他们将进行项目中期回顾以及怎样来处理这些变化的需求。当客户意识到这些正式的项目回顾点（里程碑）时，他们就能给项目团队更为合理和成熟的反馈（还有变化的具体要求）。

（4）**里程碑有助于协调卖主和供应商的时间安排**。对关键项目资源交付进行的时间安排来说，确定交付日期并保证不会延误项目活动是项目面临的一个重大挑战。从资源的角度看，团队要求在资源被需要前得到相应的供应，但由于空间限制、库存成本以及在某些情况下资源可能变质损坏等问题，项目团队又不希望资源的供应太过提前。因此，为了平衡延迟带来的损失和提早持有资源所产生的成本，成熟的里程碑系统提供了一种时间安排和协调机制，利用它可以确定需要供应的关键日期。

（5）**里程碑能确定关键的项目评估时机**。对许多复杂的项目来说，一系列中期项目评估是必需的，比如，美国政府开发的许多项目都要求进行定期评估，以此作为承接项目的公司获得部分资金的前提条件。里程碑为项目评估提供了合适的时机。有时候，决定什么时候进行项目评估仅仅依靠时间的推移（如"7月1日了，该进行评估了"）。但对于其他项目来说，评估时机的确定要依据项目一系列关键步骤的完成情况来确定。

（6）**当需要其他成员参与时，里程碑向项目团队成员发出信号**。许多时候，项目需要非项目团队人员的参与，比如，可能需要一个质量保证专家进行系统测试、质量检查并对已完成的工作进行即时评估。质量监督部需要了解什么时候将人员分配到项目中去，否则项目团队就会发现等到了某个里程碑时，没有人来帮助他们。因为质量保证专家不是项目团队的成员，为了使项目进度修改的程度最小，需要调整外部人员的参与。

（7）里程碑能够在工作分解结构中对各种可交付成果进行说明，使项目团队对项目有一个整体的认识。然后就能将精力和特定的资源用于可交付成果，而不是按照一般的方式进行资源分配。例如，在软件开发项目中，如果最初设定的里程碑已经延误了，那么为了使整个项目按期完成，就必须减少项目后期的开发时间，因此项目经理就需要在后续活动中安排更多的程序员。

图 13-5 给出了一个包含里程碑的简单甘特图，图中用小菱形表示里程碑。这样，就能很容易在完成的工作包后将它们标出，或使用其他一些标准对其进行标识。

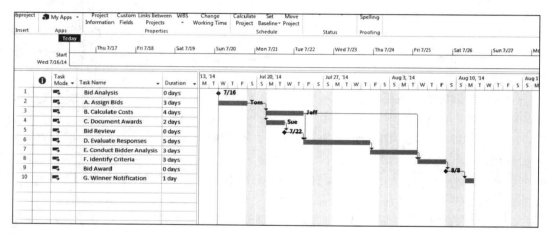

图 13-5　包含里程碑的甘特图

资料来源：MS Project 2013, Microsoft Corporation.

13.2.4　里程碑的缺陷

不管哪种形式的里程碑，都很可能是所有项目控制方法中最简单、使用最广泛的方法。里程碑的优点在于它清晰易懂，对于所有项目团队成员来说，一般很容易将里程碑作为项目绩效的指标；但里程碑的问题在于它是一个反应式控制系统，即项目团队必须首先参加项目活动，然后再根据预定目标对它们进行评估。如果发现工作没有达到预期的目标，那么面临的问题是必须纠正已经发生的活动。假设一个项目团队错过一个里程碑，一旦到了里程碑事件也没有收到任何进度报告，那么这个不利的消息就会公开，项目经理可能也无法及时制定补救措施。这样，问题就变得复杂起来，而获取不利消息的延迟以及补救措施本身的延迟，又将进一步拖延整个项目的进度。

13.2.5　跟踪甘特图

跟踪甘特图是甘特图的一种形式。在特定的时间点及时对项目绩效进行评估时，跟踪甘特图就非常有用。通过将任务完成状况与进度基准计划联系起来，**跟踪甘特图**（tracking Gantt chart）使项目团队能够持续更新项目进度状况。跟踪甘特图不是对成本和预算支出进行监控，而是指明了项目中每一项任务在特定的日期应该完成的状况。例如，图13-6所示的蓝天项目包括5个活动，当前项目进展状况在图上用竖直的状态条表示，如图中"7月24日，星期四"所示。到目前为止，活动A（Licensing Agreement，许可证的批准）已经全部完成，同时它的两项后续活动，B（Spec. Design，规格的设计）和C（Site Identification，地点的确定）在确定的追踪日期也完成了相应的部分。也就是说，活动B完成了工作的57%，活动C完成了80%；而在当前追踪日期，活动D和活动E还没有开始。

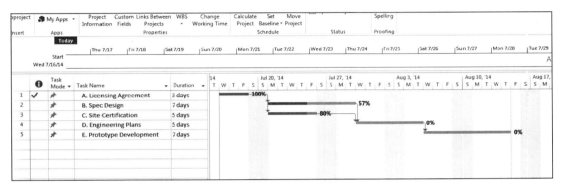

图13-6　利用跟踪甘特图评估蓝天项目的状况

资料来源：MS Project 2013, Microsoft Corporation.

利用跟踪甘特图也可以测量进度基准计划的正向和负向偏差。仍然以蓝天项目为例，假设截止到基准日期，活动B大约完成了57%。然而，活动C没有及时跟上进度，到7月24日只完成了20%。将活动完成情况与项目基准计划做比较，在跟踪甘特图上绘制出正向或负向的偏差。图13-7显示出项目进行的当前日期以及活动C在进度上的延迟。

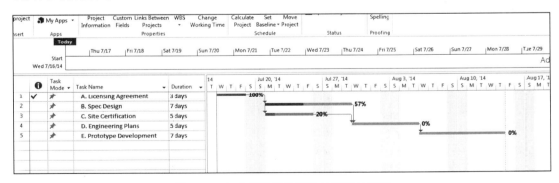

图13-7　包含项目活动偏差的跟踪甘特图

资料来源：MS Project 2013, Microsoft Corporation.

13.2.6　跟踪甘特图的优缺点

跟踪甘特图最大的优点是它们易于理解。图表形式的反馈报告也容易理解和解释。这种类型的控制图表能够很快得到更新，提供对项目的实时控制。然而，甘特图存在一些固有的缺点，限制了它们的整体效用。首先，虽然甘特图能够显示出哪些任务提前进度完成、哪些与进度保持一致、哪些落后于进度，却没有指明产生任务延迟的根本原因。仅仅从显示的日期上不可能了解进度延迟的原因。其次，跟踪控制图表不允许对项目状况做进一步的计划，尤其在产生了明显的基准进度计划正向或负向偏差时，要准确地估计项目的完成时间是很困难的。一系列活动提前完成是好消息吗？它们表示项目可能在预期时间内提前完成吗？因此，正是由于跟踪甘特图存在的这些缺陷，所以它应该与其他控制技术一起使用，为项目团队提供更全面的信息。

13.3 挣值管理

项目监控使用得越来越多的一种方法叫作**挣值管理**（earned value management，EVM）。EVM 起源于 20 世纪 60 年代，当时，美国政府合同机构开始质疑合约人在各个项目周期内准确跟踪成本的能力，于是在 1967 年后，国防部强制实行他们所提出的 35 项成本/进度控制系统标准，也就是说，未来任何一项来自美国政府的项目都必须满足这 35 项标准，按照这些标准，成本增长的风险就被政府控制。[2] 在 EVM 出现以来的 4 年多里，澳大利亚、加拿大和瑞士等国的政府机构，以及大量不同行业的基于项目的公司已经在多种不同的背景下使用了该技术。

不同于先前的项目跟踪方法，EVM 认为在对项目当前状况进行分析时，有必要综合考虑时间、成本和项目绩效的影响。换言之，任何一个监控系统，如果仅仅比较实际和预算成本数据，那么它就忽略了这样一个事实，即客户花钱是为了完成一些工作，例如创建一个项目。因此，EVM 再次提出并强调了在进行项目状况更新时，分析时间因素的重要性。时间是重要的，因为它是确定在某个里程碑时刻应该完成多少工作的基础。在项目进展的任一时刻，需要计算出进度以及预算效率因子（效率表示用掉的预算与创造的价值之比），然后使用这些值对完成项目还需要的成本和时间做进一步的预算。

在项目控制过程中，挣值与其他项目跟踪机制比较，有着明显的优势。如果衡量项目绩效的关键指标是第 1 章所讨论的那些成功标准（进度、预算和绩效），那么大多数项目评估方法就容易忽略一些标准。比如，项目 S 曲线分析直接将预算支出和项目进度联系起来（见图 13-8）。这种方法明显的缺点是它忽略了项目绩效。

项目控制图表，如跟踪甘特图将项目绩效与进度联系起来，但可能就会忽略项目支出（见图 13-9）。跟踪方法的本质是强调随着时间发展的项目绩效。若产生的预算没有按照当初计划执行，该指标就不能将时间、绩效和成本很好地联系起来。

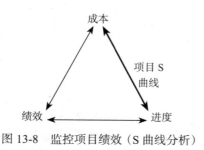

图 13-8　监控项目绩效（S 曲线分析）

图 13-9　监控项目绩效（控制图表）

挣值（earned value，EV）直接将衡量项目成功的 3 个主要指标（成本、进度和绩效）联系起来。这种方法非常有价值，因为它考虑到定期更新阶段性预算，并以此来确定进度和时间变量，就像定期对项目绩效进行评估一样（见图 13-10）。

图 13-10　监控项目绩效（挣值）

13.3.1　挣值管理中的术语

下面是在计算挣值时所使用的一些关键概念，可以利用它们的值制订进一步的项目绩效计划。其中许多定义来自项目管理协会的第 5 版项目管理知识体系（PMBoK）。

PV　计划值（planned value）。分配至计划工作的授权预算。在任一给定时间点，计划值表示在该时间点应该完成的物理工作，也可以被认为是对整个项目周期内预算资源进度的成本估算（累计基准）。旧术语中，PV 用于表示计划工作预算成本（budgeted cost of work scheduled，BCWS）。

EV　挣值（earned value）。以该工作授权预算的形式表现的已完成工作的测量，是实际完成工作的预算成本，或"价值"。旧术语中，EV 用于表示已完成工作预算成本（budgeted cost of work performed，BCWP）。

AC　已完成工作实际成本（actual cost of work performed，ACWP）。在特定时间段内，已完成工作所实现的成本，是由 EV 测得的完成项目各个不同工作包所引发的成本总和。

SV　计划方差。衡量进度绩效，为挣值与计划价值之差或 EV−PV。这是项目在给定时间点，与交付日期相比，提前或滞后的度量。

SPI　进度绩效指数（schedule performance index）。在某一时间点，项目绩效达到进度预期的比率，表现为挣值与计划完成工作的比值（EV/PV）。可用于估计项目完成的预计时间。

CPI　成本绩效指数（cost performance index）。在给定时间点，项目绩效达到成本预期的比率，表现为挣值与实际成本的比值（EV/AC）。可用于估算完成项目的预计成本。

BAC　完工预算成本（budgeted cost at completion）。项目最初的成本估算。

EAC　完工估算。完成项目所有工作的预计总成本。这是在该时间点基于项目绩效的预计（预测）总成本，表现为实际成本（AC）和完成所有剩余工作的估算之和。

13.3.2　制订项目基准计划

建立一个准确的控制过程，第一步是制订项目基准计划。无论采用哪一种控制过程，基准计划信息都是非常关键的，基准计划是进行挣值管理的基础。计算挣值需要的第一手信息是计划值，也就是项目基准计划。计划值应当包含所有相关的项目成本，包括人员成本、设备和材料成本以及项目管理费（有时候也被称为投入水平）。管理费用（投入水平）由多种固定成本组成，这些固定成本必须包含在项目预算中，包括管理或技术支持、计算机工作和其他专业人员的雇用（比如法律咨询或市场咨询）。制订项目基准计划的步骤比较简单，只需要两类数据：工作分解结构和阶段性项目预算。

（1）工作分解结构确定了项目所需完成的单个工作包和任务。同样地，工作分解结构允许项目团队首先确定需要执行的单个任务，使他们了解到任务的层次结构并将任务分解成各个工作包，确定人员需求（人力资源），这样是为了使任务的需求与执行任务的人员的能力相匹配。

（2）工作分解结构的下一步骤是阶段性项目预算，它使项目团队能够确定任务正确的先后次序；更为重要的是，它能够在项目中确定一些时间点，即哪些时候预算资金可能正被用于完成某些任务。例如，项目团队确定了一项项目活动，需要20 000美元的预算完成任务，此外，完成任务估计需要2个月时间，在第1个月中大部分工作已经完成。这项活动的阶段性预算如下表所示。

活动	1月	2月	…	12月	合计
数据项	14 000美元	6 000美元		-0-	20 000美元

一旦获得工作分解结构并进行了阶段性预算分析，就可以制订项目基准计划。其结果将是挣值的一个重要组成部分，因为它是评估当前项目生存能力的标准。项目基准计划也解决了项目应该怎样进展的问题。当然，项目实际上是怎样进行的，可能又是另外一回事。

13.3.3 为什么使用挣值

这里以项目Sierra为例，如表13-1所示的信息和图13-3所示的项目S曲线，假设现在是项目进行的第30周，需要对项目状况进行评估。同时假设计划项目成本和实际支出之间没有偏差，也就是说，项目花费的预算符合正确的时间要求。尽管如此，通过检查，可能会发现安装仅仅完成了一半，测试工作还没有开始。这个例子显示出S曲线存在的问题，但体现了EVM的优势。只有将绩效、预算和时间都考虑进来进行评估，项目状况评估才更加准确。

对项目Sierra的数据进行修改，如表13-2所示。注意到第30周时，与设计和制造有关的工作都已经全部完成，但安装工作仅完成了50%，测试工作还没有开始。这些百分比从项目团队或关键个人对当前工作包完成状况的评估中得到。目前的问题在于：到目前为止，已完成项目工作的挣值是多少？到第30周，项目在预算、进度和绩效方面的状况怎样？

计算这些工作包的挣值是一个相对简单的过程。如表13-3所示，可以直接在前一个表上进行修改，只需确定这30周挣值的相关信息。每个工作包的计划成本乘以已完成工作的百分比就是该工作包的挣值，整个项目的挣值计算也是如此。在这个例子中，在30周时，挣值是51 000美元。

表13-2　项目Sierra任务完成百分比　　　　　　（单位：千美元）

	历时（周）								完成百分比（%）
	5	10	15	20	25	30	35	40	45	
设计	6	2								100
制造		4	8	8	8					100
安装				4	20	6				50
测试						2	6	4	2	0
合计	6	6	8	12	28	8	6	4	2	
累计	6	12	20	32	60	68	74	78	80	

表 13-3　计算挣值

	计划值（千美元）	完成百分比（%）	挣值（千美元）
设计	8	100	8
制造	28	100	28
安装	30	50	15
测试	14	0	0
累计挣值			51

然后使用项目预算基准比较计划预算成本和实际挣值，如图 13-11 所示。在图中，对应预算基准线标示出了相应的挣值，这样就对项目状况有一个更加真实的了解。将此图与图 13-4 进行比较，在图 13-4 中计算出了负向偏差，但没有对产生问题的原因做出解释，也没有明确地指出该值是否有意义。再次回到 30 周结束的时候，最初的预算计划是应该用掉 68 000 美元。实际上，现有的花费比预算少了 17 000 美元。换句话说，不仅在项目资金花费上存在负向偏差，而且在项目价值的创造（绩效）方面也存在偏差。不同于标准的 S 曲线评估，EVM 偏差是有意义的，因为它不仅仅依据预算支出，同时也考虑到了挣值。在项目预算支出方面的 10 000 美元负向偏差可能是也可能不是关注的原因，但是，项目上 17 000 美元的挣值偏差就表示严重的结果偏差。

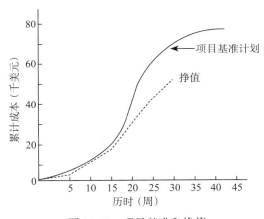

图 13-11　项目基准和挣值

13.3.4　挣值管理的步骤

进行挣值管理包括以下 5 个步骤。

（1）清楚地定义项目将要执行的每项活动或任务，包括所需的资源以及一份详细的预算。如前所述，工作分解结构使得项目团队能够定义所有项目任务。更能为每一个任务分配相应的项目资源，包括设备和材料、成本以及人员。最后，伴随着任务的分解和资源的分配，就可以为每项任务制定预算数据或成本估算。

（2）制订活动和资源使用进度计划。这将确定在整个项目日历中整体预算分配给每项任务的百分比。在项目计划开发周期内，确定每月（或其他合适的时间期间）每项活动的预算。项目预算一旦制定就应与项目进度联系起来。确定分配多少预算资金给项目任务是非常重要的。而在项目开发周期内，弄清什么时候使用这些资源也同样重要。

（3）建立一个阶段性预算以显示整个项目生命周期内的支出。总的（累计的）预算是项目的基准，也被称为**计划值**（planned value，PV）。按实值计算，PV仅仅意味着能够在项目的任一阶段确定累计的计划预算支出。PV作为一个累计值，是将前面每一个时间期内的计划预算成本相加。

（4）执行每项任务的实际成本总和等于已完成工作实际成本（AC）。同时也可以计算已完成工作的预算成本。这两个值是计算挣值（EV）的必要条件，也是控制过程的初始步骤。

（5）计算项目成本偏差和进度偏差。一旦收集到3个数据（PV、EV和AC），就可以计算偏差了。回忆本章之前段落发现，**进度偏差**（schedule variance）由公式 SV=EV-PV 计算得出，即当时的挣值减去计划工作预算成本。预算或成本偏差的计算公式为：CV=EV-AC，即挣值减去已完成工作实际成本。

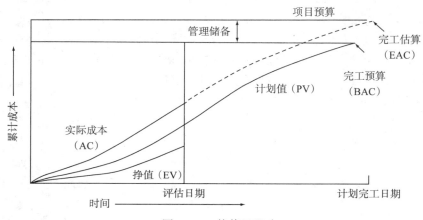

图 13-12　挣值里程碑

图 13-12 所示的简单模型表示了挣值的主要要素（PV、EV、AC、BAC 和 EAC）。起初的基准数据，包括所有项目任务的进度和预算，由项目估算的计划值（PV）线和完工预算（BAC）估计构成。请注意，PV 遵循标准 S 曲线轮廓。在此评估时（实际计算时间）的实际成本为 AC 线，到目前为止该线保持在计划值曲线之上。挣值曲线低于 PV 基准线，表明该项目当前所获得的价值低于预期。虚线表示要完工项目绩效的预测（EAC）。请注意，该线高于项目的计划值曲线，表明基于当前的绩效，项目完工时很可能会超出预算并超过预定的完工日期。我们将在下一节中了解如何计算这些 EVM 和完工预测。

13.3.5　评估项目的挣值

表 13-4 表示对水星项目进行挣值分析的最先几个组成部分。[3] 该项目计划历时 7 个月，预算成本为 118 000 美元。项目开始于 1 月份，我们需要计算截至 6 月底的项目挣值。为了简单起见，假设项目总共只有 7 个工作包。如果知道每个工作包总的预算和工作定于什么时候开始，就能构造出一张类似于表 13-4 的预算表。值得注意的是，每个工作包在某些时期内有固定的预算成本（比如，人员配置预算成本是 15 000 美元并在 1 月份和 2 月份完成，而计划制订在 3 月份开始，预计在 3 月份花费 4 000 美元，在 4 月份花费 6 000 元）。

如果在表上标出直到项目完成为止每个月的费用（1～6月），通过收集项目团队和会计部门的信息以及每个月花费的实际总量，就可以确定总的预算成本。这些数据被添加在表的最后 4 行。比如，到 3 月份，项目计划预算到此时的活动需花费 21 000 美元，实际的累计成本是 27 000 美元。此时就会出现这一问题：这是个好消息还是坏消息？从表面上看，可能会认为这是个坏消息，因为项目超出了预算。然而，回想 S 曲线方法存在的主要问题，它仅仅考虑到了与计划成本相对应的实际成本。而这个简单的例子没有提供足够的信息，我们也就不能对项目状态做出任何真实的判断。

表 13-4　水星项目 6 000 美元的挣值表（截至 6 月底）　　　　（单位：千美元）

活动	1月	2月	3月	4月	5月	6月	7月	计划值	完成百分比（%）	挣值
人员配置	8	7						15	100	15
计划制订			4	6				10	80	8
原型开发			2	8				10	60	6
全面设计				3	8	10		21	33	7
构造					2	30		32	25	8
转移							10	10	0	0
竣工检查						15	5	20	0	0
					∑ =			118		44
月计划值	8	7	6	17	10	55	15			
累计	8	15	21	38	48	103	118			
月实际值	8	11	8	11	10	30	0			
累计	8	19	27	38	48	78				

确定挣值的关键信息位于表中最右边的 3 列。根据在预算的时间内完成任务的数量，从而确定项目当前的状况，这是值得项目团队关注的事。因此，最后 3 列表示每个任务的计划支出、完成的百分比和挣值。此处，挣值是计划预算与任务完成的百分比相乘的结果。例如，计划制订工作包，从表中可以看出其两个月总的计划预算成本为 10 000 美元，在规定时间内，任务完成了 80%，产生了 8 000 美元的挣值。如果将计划值和挣值所在的列分别汇总，就可以得到项目的计划预算成本（118 000 美元）和截止到 6 月底所达到的挣值（44 000 美元）。

通过使用 EVM，项目团队能够掌握足够的信息来对项目状况做出合理的判断。首先需要计算计划值（PV）。这个值就是 6 月末的累计成本（103 000 美元），也可计算出项目到此为止的挣值总额为 44 000 美元。进度偏差可表示为**进度绩效指数**（schedule performance index，SPI）和估算完工时间。SPI 是挣值（EV）和计划值（PV）的比值。表 13-5 表示了这类计算。有了 SPI，就可以估算完成项目所需的时间。如图，SPI 值表示到目前为止，项目仅仅完成了 43%，将 SPI 值的倒数与起初的项目进度相乘就可得到完成项目的预算时间（1/0.43 × 7=16.3 月）。不幸的是到了 6 月，项目不能如期完成，还需要 10 个月才能完工，这说明该项目落后进度 9 个月。

成本的情况如何呢？虽然进度延迟超过 9 个月，是否也能在"项目最后计划成本的多少"方

表 13-5　水星项目挣值管理中的进度偏差

进度偏差	
计划值（PV）	103
挣值（EV）	44
进度绩效指数	EV/PV=44/103=0.43
完工估算时间	（1/0.43 × 7）=16.3 月

面做出类似的计算呢？根据 EVM，答案是肯定的。就像我们能确定进度偏差一样，我们也能计算成本偏差，该计算需要两个重要数据——累计已完成工作实际成本（AC）和挣值（EV）。挣值已经被计算出来（44 000 美元），返回到表 13-4 确定 AC。6 月末累计实际成本为 78 000 美元。也就是 AC，具体计算如表 13-6 所示。

表 13-6　水星项目挣值管理中的成本偏差

成本偏差	
累计已完成工作实际成本（AC）	78
挣值（EV）	44
成本绩效指数	EV/AC=44/78=0.56
累计完工估算成本	（1/0.56×118 000）=210 714 美元

与进度偏差的计算方法类似，将 EV 与 AC 相除得到成本偏差，44 000/78 000=0.56，也就是项目的成本绩效指数。将 CPI 的倒数与最初的项目预算（118 000 美元）相乘得到项目的完工估算成本。这样可以看出这个项目不但进度落后，而且最终成本将会超过 210 000 美元，是严重的成本超支。

最后，将这些偏差用图形表示出来，显示出挣值（EV）、计划值（PV）和实际成本（AC）之间的差异（见图 13-13）。这个例子的结果说明了简单的 S 曲线分析有时候可能会令人误解。比如，在这个例子中的 6 月末，AC（78 000 美元）和 PV（103 000 美元）之间存在 25 000 美元的差异。虽然分析显示在这一点成本少于预算，但到 6 月末的挣值只有 44 000 美元，说明项目的实际进展情况非常糟糕。事实上，在项目中，因为挣值的滞后所导致的进度和成本偏差更加严重。这个例子清楚地显示出挣值在更加准确地判断实际项目状况方面的优势，它是这 3 个组成部分的函数：时间、预算和完成的工作量。

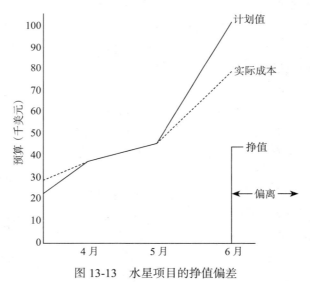

图 13-13　水星项目的挣值偏差

挣值可用于衡量项目绩效的趋势。趋势的重要性源于我们不仅仅希望对项目的状况进行简单的一次性评估，还希望能够确定 CPI 和 SPI 是趋势向上、向下还是保持不变。因此，例如，我们可以按如下方式计算 CPI 和 SPI 的累计值：

累计 CPI = 累计 EV/ 累计 AC，或者

$$CPI^C = EV^C/AC^C$$

同样，累计 SPI = 累计 EV/ 累计 PV，或者

$$SPI^C = EV^C/PV^C$$

让我们看看在一个实际的例子中如何推算出这些值。如表 13-7 所示，假设我们收集了 4 个月的项目成本数据。

表 13-7　计算趋势分析的累计 CPI

	EV（美元）	EV^C（美元）	AC（美元）	AC^C（美元）	CPI	CPI^C
7 月	27 500	27 500	20 000	20 000	1.38	1.38
8 月	58 000	85 500	62 000	82 000	0.94	1.04
9 月	74 500	160 000	69 000	151 000	1.08	1.06
10 月	40 000	200 000	35 500	186 500	1.13	1.07

我们的计算结果表明，7 月份以后，CPI 在 8 月份大幅下降，而在最后两个月中 CPI 得到提升。此外，累计 CPI（CPI^C）持续高于临界值 1.0，近几个月呈现稳定的正向趋势。

现在，使用相同的数据，我们计算本例的累计 SPI（SPI^C）表。假设我们的数据如表 13-8 所示。从 SPI^C 的计算可以看出，该项目的进度绩效一直在稳步提升，而在这 4 个月的时间段内，从 0.92 提高到接近 1.0。对于更新主要 EVM 报告的整体项目绩效而言，累计的 SPI 和 CPI 值非常重要，而非依赖不同时间点的一系列离散的项目"快照"。

表 13-8　计算趋势分析的累计 SPI

	EV（美元）	EV^C（美元）	PV（美元）	PV^C（美元）	SPI	SPI^C
7 月	27 500	27 500	30 000	30 000	0.92	0.92
8 月	58 000	85 500	60 500	90 500	0.96	0.94
9 月	74 500	160 000	75 000	165 500	0.99	0.97
10 月	40 000	200 000	37 500	203 000	1.07	0.99

同样也可使用 MS Project 2013 来进行挣值管理。假设希望跟踪 Atlas 项目，如图 13-14 所示。如图，到了 8 月 14 日，项目开始出现延迟的迹象。本来到这个时候，项目应该完成 6 个工作包中的 4 个，然而由 Stewart 负责的测试工作包才开始进行。从监控的角度看，现在需要解答的问题是：挣值管理怎样显示出项目中潜在的延迟？

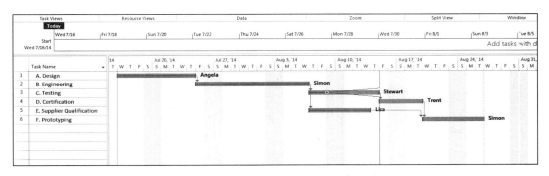

图 13-14　8 月 14 日 Atlas 项目的示例甘特图

资料来源：MS Project 2013, Microsoft Corporation.

假设除了定期更新基准预算，还对每个工作包相关的成本进行了跟踪，结果发现，如图 13-15 所示，Atlas 项目的设计、制造和供应商认证这 3 个工作包已经花费了其全部的预算，而测试工作包仅仅使用了其预算中的 288 美元。这些数据就是相关活动的实际成本（AC）。这样，我们就有了足够的最新信息来确定 Atlas 项目截至 8 月 14 日的挣值。

Task Name	Fixed Cost	Fixed Cost Accrual	Total Cost	Baseline	Variance	Actual	Remaining
1 A. Design	$0.00	Prorated	$1,400.00	$1,400.00	$0.00	$1,400.00	$0.00
2 B. Engineering	$0.00	Prorated	$2,160.00	$2,160.00	$0.00	$2,160.00	$0.00
3 C. Testing	$0.00	Prorated	$864.00	$864.00	$0.00	$288.00	$576.00
4 D. Certification	$0.00	Prorated	$516.00	$516.00	$0.00	$0.00	$516.00
5 E. Supplier Qualificat	$0.00	Prorated	$1,040.00	$1,040.00	$0.00	$1,040.00	$0.00
6 F. Prototyping	$0.00	Prorated	$1,200.00	$1,200.00	$0.00	$0.00	$1,200.00

图 13-15　8 月 14 日 Atlas 项目成本报告示例

资料来源：MS Project 2013, Microsoft Corporation.

图 13-16 是用 MS Project 2013 产生的 Atlas 项目的一个挣值报告示例。除了提供 3 个关键指标：PV、EV 和 AC[⊖]外，报告同时产生了进度偏差和成本偏差。进度偏差（SV）是挣值与计划值的差值，成本偏差（CV）是挣值与实际成本的差值。**完工估算成本**（estimate at completion，EAC）表示根据到目前为止各项任务的绩效，对完成项目所需要的总成本进行的估算。对于 Atlas 项目，根据当前按照计划计算的进度偏差和成本偏差，项目是既超支又滞后。事实上，到 8 月 14 日的完工估算表明，完成项目还需花费 7180 美元。

Task Name	Planned Value - PV (BCWS)	Earned Value - EV (BCWP)	AC (ACWP)	SV	CV	EAC	BAC
1 A. Design	$1,400.00	$1,400.00	$1,400.00	$0.00	$0.00	$1,400.00	$1,400.00
2 B. Engineering	$2,160.00	$2,160.00	$2,160.00	$0.00	$0.00	$2,160.00	$2,160.00
3 C. Testing	$864.00	$288.00	$288.00	($576.00)	$0.00	$864.01	$864.00
4 D. Certification	$0.00	$0.00	$0.00	$0.00	$0.00	$516.00	$516.00
5 E. Supplier Qualification	$1,040.00	$1,040.00	$1,040.00	$0.00	$0.00	$1,040.00	$1,040.00
6 F. Prototyping	$0.00	$0.00	$0.00	$0.00	$0.00	$1,200.00	$1,200.00

图 13-16　8 月 14 日 Atlas 项目的挣值报告

资料来源：MS Project 2013, Microsoft Corporation.

⊖　MS Project 2013 使用 BCWS（计划工作预算成本）表示计划值（PV），BCWP（已完成工作预算成本）表示挣值（EV），ACWP（已完成工作实际成本）表示实际成本（AC）。如图 13-16 所示，MS Project 2013 使用旧的连同较新的术语，目前已经被 PMBoK 更新。

13.4 使用挣值管理一组项目

挣值管理不仅可以应用于单个项目，也可应用于一组项目的管理中。管理过程包括企业所有项目的挣值测量方法。这样就可以了解企业所有项目的绩效。表 13-9 给出了项目群挣值管理控制表的例子，它列出了正向成本、负向成本、进度偏差以及基于这些评估得出的每个项目的估算完工成本。[4]

在项目群挣值管理表中还包括其他一些有用信息，如预算和进度总的正向偏差，还有相关进度和成本偏差在整个项目群中所占的百分比。在上面的例子中，公司在项目中的进度偏差和成本偏差的百分比分别是 7.34% 和 6.84%，为行业平均水平。在项目群项目跟踪和控制中使用挣值管理使高层管理者能更了解公司有效运作项目的能力，并可以对正在进行的项目进行比较。该方法在最开始就将正向和负向偏差进行了分离。所有这些信息对多个项目的高层管理是很有用的。

表 13-9 项目群挣值　　　　　　　　　　（单位：千美元）

项目	PV	EV	时间偏差	偏差	AC	成本偏差	偏差	计划值	完工估算成本
A	91	73	−18	18	83	−10	10	254	289
B	130	135	5	0	125	10	0	302	280
C	65	60	−5	5	75	−15	15	127	159
D	25	23	−2	2	27	−4	4	48	56
E	84	82	−2	2	81	1	0	180	178
	395	373			391				962
	合计进度偏差 27				合计成本偏差 29				
	相关进度偏差 27/395=6.84%				相关成本偏差 29/395=7.34%				

□ 项目导读 13-2

挣值在诺斯罗普–格鲁曼公司中的应用

国防公司中经常流行这样一句话："是时候解雇掉工程师照常进行生产了。"它的意思是指工程师的数量在持续增加，但他们好像永远也没有完成一个项目。有些企业就是依靠有效实施项目的能力求得生存，而这些持续的"人员补充"与这种企业的存亡有着重大的、千丝万缕的联系。国防类型的公司则要面临更为复杂的问题。这些公司在进行项目运作时，必须要通过政府严格的成本和质量控制测试。为了重新控制项目开发过程，美国诺斯罗普–格鲁曼（Northrop Grumman）国防公司多年前就应用了挣值管理。

处于世界领先地位的斯罗普–格鲁曼国防公司（见图 13-17）已形成了一种惯例，把挣值管理作为一个关键组成部分以便进行更好的项目跟踪和控制。公司长期承担巨大的防御系统项目，每年项目运作费用达数十亿美元。因为任何时候都有大量的项目，再加之巨额的资金注入，诺斯罗普–格鲁曼公司迫切需要开发和维护最复杂的项目控制系统。

诺斯罗普–格鲁曼公司选择挣值管理（EVM）作为主要项目控制工具的原因有以下几个。

（1）在整个项目历时中，EVM 给项目工作范围制订了一个全面的基准计划。

（2）系统根据客观标准，综合运用各种工具，衡量绩效和成果。
（3）EVM 分析和预测重大偏离（基于计划）的影响。
（4）向上级管理层提供了管理决策信息。
（5）当一些活动偏离基准计划时，EVM 制订出纠正行动计划。
（6）所有计划参与方意见一致且对所有变更负责。

图 13-17　诺斯罗普–格鲁曼的 B-2 轰炸机

资料来源：Mark Meyer/The Life Images Collection/Getty Images.

利用挣值管理，诺斯罗普–格鲁曼公司制定了 4 个级别来控制项目，所有的项目都被归入下面的某一类，要求 EVM 为每个项目创建个性化的方案。

第一级是最严格的，因为它要求确定系统大部分的特征。当合同规定提供大量的详细信息时，一般用第一级。

第二级与第一级相似，但它要求避免管理上的失误，因为这个级别的项目具有风险，而且要达到预期的利润也比较困难。

第三级主要应用于大型的项目，这些项目已是成熟的，并可以平稳地运作。

第四级把挣值的优点应用于低管理成本的项目中。

诺斯罗普–格鲁曼公司在项目的每个阶段都使用 EVM，在合同提案阶段制定原始度量标准，一旦项目成功并正在开发中，就会以完整的工作分解结构（WBS）的形式对其进行更新，每周还会定期更新项目活动状况。随着时间的推移，该公司发现每月的审查情况相差甚远，并且在有必要时无法进行实时的纠正。

挣值系统的流动

挣值从诺斯罗普–格鲁曼项目的早期开始。事实上，从提案阶段开始，EVM 系统就存在"流动"，当合同被授予时，进入基准开发阶段，然后随着项目的发展并取得圆满成功，EVM 成为日常维护和数据生成阶段的一部分。

提案阶段。这个阶段确定程序的细节。要确定的关键因素之一是如果提案成功并获得合同，则需应用于计划的 EVM 的形式。不同的客户可能需要不同的挣值指标或评估窗口才能成为提案的一部分。

合同签署。当诺斯罗普–格鲁曼被选为成功的承包商时，定义了项目的所有关键要素和要求，包括 WBS、范围、交付计划、目标预算与将用作状态测量基础的挣值计划以及整个项目生命周期的更新。

基准阶段。一旦承包商和客户之间就初步范围和可交付成果达成一致，就会制定详细的规划、项目进度和正式的工作授权。确定了关键工作包和可交付成果，并分配了预算以创建分阶段项目预算，基准由此完成。

维护阶段。一旦项目基准建立并由关键方正式签署，项目进入监控阶段，EVM 的关键优势完全实现。衡量绩效，更新进度，并确定和报告所有重大变化。实际工作绩效的负责人收到详细的 EVM 报告，系统是透明的，对状态更新感兴趣的政府代表可以依照合同要求收到成本绩效（CPI）和进度绩效（SPI）的实时数据。在整个项目生命周期中，EVM 持续推进项目，并形成项目结构、关键规划特征的开发及项目控制方式。

EVM 在诺斯罗普－格鲁曼公司的应用有其必要性，这四个级别的方法帮助公司定制每个新项目的系统，这样做是为了正确地实施项目，以便达到利益最大，实现成本控制和公司盈利。[5]

13.5 有效使用挣值管理的注意事项

挣值管理还有其他一些指标，可以帮助了解正在进行中的项目的"真实"状况，有效利用 EVM 的关键是要提供准确实时的项目信息，特别是工作包完成的百分比。这些信息在任何时候都是及时确定挣值的关键，通过建立一个可靠的报告系统，挣值的计算就能达到项目团队和经理想要的准确性。

如表 13-4 所示，完成百分比值的范围从 100%、80%、60%、33%、25% 到 0。实际上，组织经常采用更简单的法则来确定完成百分比。例如，下面的一些法则是确定完成百分比的普遍方法。

（1）**0/100 法则**。这是最简单也是最没有效果的原则。该法则规定，如果某项项目活动没有完成，那么它的完成百分比为 0，完成了则为 100%。这种法则在工作包历时很短的情况下应用最好，例如，1～2 天。在工作包历时长的情况下，它几乎不能提供实时的信息，所以没有用。对工作包来说，要求供应商供货或依靠外部干系人执行要求的步骤也是有意义的。例如，当供应商交付所需物品时，就可以认为一个工作包"完成"了。

（2）**50/50 法则**。在这种法则下，一项活动开始以后，认为工作已经完成了 50%，直到整个工作完成以后，才认为完成了 100%。与上面提到的 0/100 法则一样，它经常用于工作包历时非常短的情况。

（3）**完成百分比法则**。在完成百分比法则下，无论是基于四分法（25%、50%、75%、100%）、三分法（33%、67%、100%）还是其他方法，项目经理和团队成员已对一系列工作完成里程碑达成一致。这样，项目中每个进行的工作包的状况定期得到更新。新完成工作的百分比可能变化，也可能不变化。项目挣值管理根据这些新的信息进行更新。如上所述，使用这个方法的关键在于客观地评价进行中活动的状况，它不是依据所花时间或预算，而是活动完成的实际百分比。

关于完成百分比法则，一个重要的问题主要体现在对计算任务百分比细节的争论上。挣值管理的批评者认为，除非有一个合理的完成梯度，并能被所有参与方接受和使用，否则通过挣值分析极有可能产生容易误解的信息。关于挣值管理，主要的批评集中在它过细的计算上，这种计算非常危险而且不容易被解释。例如，一个项目用10%递增的方法计算完成百分比（比如，10%、20%、30%、…）。一个实际的问题是，在大多数项目中，基本上很难描绘出如30%和40%的区别，所以，过多的细化更有可能产生误导而不是使项目真实状况清晰可见。

但是，当项目团队对项目有了一定程度的了解时，知道怎样描述进展过程，知道在哪里容易准确测量项目任务中已完成工作的总量，这样的担心也就没有必要了。例如，在一个简单的建筑项目中，如果提前了解项目中各个步骤并严格遵守，那么就可以进行高程度的细化。同样，在一个软件开发的项目中，项目任务包括写代码，高级程序员一般对完成任务需要的总代码行数有一个大致的了解。比如总的代码约为5 000行，当程序员完成500行时，把完成的量定为10%是合适的。

表13-10 基于不同细分水平的挣值计算　　　　　　　　　　　　（单位：千美元）

活动	计划值	栏1（初始水平）		栏2（0、50%、100%）		栏3（0、25%、50%、75%、100%）	
		完成百分比（%）	挣值	完成百分比（%）	挣值	完成百分比（%）	挣值
人员配置	15	100	15	100	15	100	15
计划制订	10	80	8	100	10	75	7.5
原型开发	10	60	6	50	5	50	5
全面设计	21	33	7	50	10.5	25	5.25
构造	32	25	8	50	16	25	8
转移	10	0	0	0	0	0	0
竣工检查	20	0	0	0	0	0	0
合计 EV=			44		56.5		40.75
SPI 和完工时间	44/103=0.43（1/0.43×7）=16.28个月			56.5/103=0.55（1/0.55×7）=12.73个月		40.75/103=0.40（1/0.40×7）=17.5个月	
CPI 和完工成本	44/78=0.56 210 714			56.5/78=0.72 163 889		40.75/78=0.52 226 923	

建立一个合理的项目实施标准非常重要。如果缺乏一套清晰的指导方针去确定中止点及合适的细分水平，那么可能会导致对同一项目信息得出不同的结论。回顾表13-4中挣值管理的问题。这次采用两种不同的决策法则，并用相关的细分水平计算项目中活动的完成百分比和挣值。在第1个例子中，如表13-10所示，第1栏给出了根据表13-4中的完成百分比计算得出的初始计算值。第2栏的数据是采用简单决策原则计算得出（3个增量，0、50%和100%完成）。第3栏采用了更细的水平（0、25%、50%、75%、100%完成）。需要说明的一点是，第1栏的初始完成百分比进行了四舍五入，以便与另外两列达成一致。

下面可以看到两种不同细分水平的结果，仅用0、50%、100%水平进行计算就产生了明显不同的结果，无论是在计划未来项目进度偏差还是成本偏差上。原计划约需要16.3个月完成的新项目周期缩短到了12.73个月，或者说比原计划缩短了5.73个月。同样，最初的项目挣值预算从 210 714 美元减少到了 163 899 美元。仅仅是因为采用了完成活动不同的细分方法就节约了 46 825 美元。同理，第 3 栏列出了有着更多梯度的细分水平下的数据（0、25%、50%、75%、100%），原始数据经过了四舍五入处理以便与替代值相近。通过计算 SPI 和 CPI，对项目进行进一步的计划，发现比原来的更糟。新的项目进度预计需要 17.5 个月，项目预算成本增加了 226 923 美元，比第 1 个计划多出 16 209 美元。更值得注意的是，最高预算和最低预算相差竟达 63 000 美元，这都是因为采用三点细分水平完成法（第 2 栏）和五点细分水平完成法（第 3 栏）的结果。那么，是不是一种方法比另一种方法更正确呢？做出此类判断缺乏决策法则或逻辑。事实上，不可能认为一种细分水平就比另一种细分水平更能真实地反映项目活动的完成状况。

  挣值管理在项目跟踪和控制方面并不是一种完美无缺的方法，特别是遇到需要随时准确计算出工作包完成百分比的问题时。然而，在使项目经理及其团队了解项目进行中途的真实状况方面，挣值管理的确起到了重要的推动作用，也就是说，在项目进展和实施过程的中间，挣值管理有着重要意义。[6] 项目的进展过程中，这种实时的信息是非常有价值的，它可以帮助项目团队获得当前的信息并制定实际的纠正措施来解决系统中的问题。对项目状况了解得越多、了解得越快，项目团队就越能采取更有效的措施使有问题的项目迅速步入正轨。

  近年来，项目监控方面的发展已经对广泛使用的标准 EVM 工艺进行了一些修改和提高。例如，有评价指出挣值使用成本数据（预算）评估的不仅有成本绩效，而且还有计划绩效。也就是说，有理由认为，在任何给定的时间点，挣值可以完美实现有关项目获得价值的成本绩效监测。我们已经看到如何用这些信息来预测完工时的项目成本。然而，使用成本数据来衡量进度绩效的想法存在着哲学上的分歧，也就是说，使用相同的成本信息作为预测进度绩效的手段，已被证明是可能会出现倾斜的数据，随着项目的展开，从而导致虚假的积极或消极的状态评估。使用**挣得进度**（earned schedule，ES）作为标准 EVM 分析的补充是一个推荐的解决方案。[7] ES 将在本章附录中展开详细阐述。对 EVM 的另一个批评在于其对一些更复杂或涉及不确定技术的项目，如研发或激进的新产品开发项目，可能缺乏有用性。对于这些复杂产品系统（CoPS）项目，作者认为项目绩效的标准指标可能无效，转而提出了一种 EVM 的变体，被称为**挣得准备管理**（earned readiness management, ERM），其核心是项目的成熟度和总体系统开发。虽然仍处于早期阶段，但 ERM 为挣值的最佳特征与这些项目所需的更广泛视角的结合带来了希望。[8]

13.6 项目评估和控制的人为因素

  要想得到精确并有意义的 EVM 结果，还需关注另外一个问题，那就是需要认识到在项目所有活动计划中人为的因素。也就是说，在大多数组织中，项目团队成员有一种强烈的动机，如果他们每次报告的结果都比预期的要好，这样老板会比较高兴，但有时候他们也会准确地报告项目状况。更糟的是，很多时候内在或外在的压力可能就来自项目经理自身，他们需要承受高层领导施加的压力，因为高层领导关注的是稳定的结果。所以，有关细分水平的争论并不仅仅是指要使细分梯度数量与技术绩效保持一致的问题，它常常也涉及人们行为中的问题，过度的细分水平不仅不适合项目团队参与的项目活动，也可能会被项目团队误用。

控制方法的共同特征是，它们依赖项目结果中可以度量的数据，也就是说，任何时刻的项目活动结果都要在完成后收集并报告。因此，在信息收集完成后，就可以确定进度或成本偏差。

然而，一些项目管理书籍的作者指出，在项目实施的过程中，对人员管理的重要性有一个清晰的了解是相当必要的。换言之，依靠各种评估和控制技术收集的数据表示了项目中重要的可测量的结果，然而，全面的项目控制也需要项目组织采用一个好的流程评估体系，从而决定怎样控制进度。

任何一个项目实施流程评估的关键组成部分包括员工评估、员工技能、管理、团队合作、沟通、激励和领导等。[9] 简言之，许多评估和控制技术（如 EVM）在回答"是什么"问题上做得很好（如项目状况是什么？什么是影响成本效率的因素？目前延迟的工作是什么？），但他们没有回答"为什么"的问题（活动为什么延迟？为什么项目团队在一个不理想的水平上运作？）。在项目管理中，对人员管理过程中"为什么"的问题的探索一直存在并且还将继续下去。

在人为因素对项目成功的影响方面，过去的研究证实，更广泛的"管理"比内在的项目管理更值得关注。例如，早前 Baker 和他的同事们[10]的研究表明，多种因素直接预示着项目的成功，例如：

- 项目合作及干系人之间的关系；
- 足够的项目结构和控制；
- 项目的唯一性、重要性和公开性；
- 成功标准的显著性和一致性；
- 缺乏预算压力；
- 避免开始的过度乐观和概念上的困难。

Baker 及同事们的研究结果证实，实施项目时，清楚了解所要面对的管理挑战是很重要的。结合项目生命周期，他们对一些成功或失败的项目进行了研究，结果同样证实了他们的这一发现。[11]

这些发现引起了人们的好奇，因为它们再一次强调了项目管理中管理和人的行为对项目成功的重要影响。如表 13-11 所示，无论研究的项目是成功还是失败，他们关注的重要因素都有相似之处。比如领导方式、高层领导的支持、团队和个人激励以及客户支持，这些因素与项目成功息息相关，同时也再一次说明了一个问题：了解项目管理过程对项目成功有着重要的决定性作用。

表 13-11　项目的关键驱动因素和阻碍因素

阶段	成功项目因素	失败项目因素
项目形成	个人抱负 高级管理层的支持 团队动力 明确的目标 技术优势	团队缺乏动力 领导力不足 技术限制 资金问题

（续）

阶段	成功项目因素	失败项目因素
项目发展	团队动力 个人动力 高级管理层的支持 专门的技术	团队缺乏动力 目标不一致 领导问题 缺乏高级管理层的支持 技术问题
主体阶段	团队动力 个人动力 客户支持 高级管理层的支持	团队缺乏动力 缺乏高级管理层的支持 程序不完善
项目收尾	个人动力 团队动力 高级管理层的支持 财力支持	不完善的控制 缺乏财力支持 不明确的目标 领导问题

然而，另一个经常出现的问题是，广泛地使用非技术信息的手段来控制项目并评估项目的进展状况，会存在测量方面的问题。虽然财务和进度数据容易获得并相对容易解释，但它在测量人的行为过程如激励水平、领导方式、高层支持等方面就比较困难了。总之，尽管很多项目管理理论家对在评估进行中项目的状况时包含人为因素的观点是表示赞同的，但有一点没有取得一致，就是怎样更好地进行评估、解释结果，并用说明性的方式使用这些结论来改进项目进程。

Pinto 和 Slevin [12] 的著作说明了项目管理过程中行为评估的缺点。他们建立了一个包含 10 个因素的项目管理量表（project implementation profile，PIP），他们发现的这些因素是评估项目团队绩效应该首要考虑的因素，它们对项目的成功具有关键作用。PIP 的另一个优势在于项目团队能够对进行中项目的绩效做一个正式的评估，以便在项目中期纠正并改进管理过程中存在的一些问题。这 10 个关键的成功因素代表了项目状况的一个重要信息来源。加上成本和进度偏差所提供的评估和控制信息，项目团队就能够全面了解项目整个进展过程的状况。

13.6.1 项目成功的关键因素

Pinto 和 Slevin 在项目管理量表（PIP）中定义的 10 个关键因素为：①项目使命，②高级管理层的支持，③项目计划和进度，④客户咨询，⑤人员，⑥技术任务，⑦客户接受度，⑧监测与反馈，⑨沟通，⑩问题解决。这些因素在后文中会有更详细的讨论。

第 1 个因素，**项目使命**与潜在的项目目标相关。明确的项目使命与潜在的项目目标相关。明确定义目标和项目产生的最终利益一样，都预示着项目能否成功。很多时候，项目管理的开始阶段包含一个可行性决策，即目标是否明确？是否能达到？项目使命涉及这样一种情况，在这种情况下项目目标是明确的，并且容易为项目团队成员和组织其他部门所理解。项目经理必须注意对目标进行分类，并且使这些目标与公司的整体目标在大体上保持一致。

高级管理层的支持是第 2 个因素，长期以来，它都被认为是导致项目最终成功还是失败的重要因素。项目经理及其团队不仅依靠高级管理层获得授权、指导和支持，而且他们要实施高级管理层为公司制订的计划。[13] 此外，如果项目仅在公司内部开展，那么管理层对项目的支持力度就会有很大的不同。高级管理层对项目的支持包括很多方面，如分配足够的资源（包括财力、人力、时间等），以及在遇到危机时给予项目经理信心。

第 3 个因素，**项目计划和进度**涉及在项目实施过程中制订各个阶段详细计划的重要性。项目团队要时刻记住的一点是，实际活动要与"计划"保持一致，而且各项目进度要能够相互区分。计划包括范围定义、创建工作分解结构以及分配资源和活动。这是在制定项目实施策略中最初的也是最常用的一步。进度计划是指在整个项目中设定每个重要活动的时间框架和里程碑。项目计划和进度比较关注具体时间进度、里程碑、人力和设备需求的分配等。这样，就必须有一个令人满意的测量系统，从而能参照预算资金和时间进度，对实际的绩效做出评价。

第 4 个因素是**客户咨询**，"客户"是指最终使用项目产品的人，这些人既可能是组织外的人，也可能是组织内的部门。在尝试实施一个项目时，客户咨询变得越来越重要。事实上，客户在项目实施过程中的参与程度与他们对项目支持的力度有着直接的联系。[14] 所以，识别项目的客户并准确了解他们的需求是相当重要的。

第 5 个是**人员因素**，包括招聘、选择和培训项目团队成员。项目实施过程中一个重要但又经常被忽略的方面是参与人员的能力问题。在大多数情况下，项目团队的人员并没有完全按照成功项目的标准进行选择。人员因素问题主要关注的是，建立一个有能力、能承担责任的团队。

第 6 个因素是**技术任务**，指的是不仅要为项目团队找到足够数量的人员，而且要保证他们拥有足够的技能完成各自的项目工作。使用懂技术的人管理项目也是很重要的。另外，必须有足够的技术支持系统的运作。如果没有所需的技术和技能，项目很快就会产生大量的失误和技术错误。

第 7 个因素是**客户接受度**，这是项目实施过程中的最后一个环节，这时整个项目的有效性已经得到确认。除了项目实施早期阶段的客户咨询，它对确定客户是否接受项目也具有相当的重要性。很多项目经理错误地认为，只要他们处理好实施过程中的其他环节，客户（包括组织外部和内部）都将会接受最终的结果。实际上，客户接受度必须与项目生命周期中其他环节一样受到重视和管理。

第 8 个因素是**监控和反馈**。监控和反馈是指通过项目控制过程，核心人员在项目实施的每个阶段得到反馈，了解与原来计划相比，项目的进展情况。足够空间的监控和反馈机制使项目经理有能力预测问题，采取纠正措施，而且保证不会忽略掉任何不足之处。项目经理必须强调持续监控的重要性，项目进展的细微调整和技术如跟踪控制表和挣值管理都是非常好的监控机制，在项目实施中是必不可少的。

第 9 个因素是**沟通**。正如我们在干系人管理中所讨论的，沟通不仅仅存在项目团队内部，也存在于干系人管理中，团队、组织其他部门和客户之间的沟通也是相当重要的。沟通不仅仅是指反馈机制，也包括与客户、组织其他部门就项目能力、项目目标、政策和程序的变化、状况报告等方面所做的交流。因此，沟通渠道在创建成功实施项目的环境氛围方面起着非常重要的作用。

解决问题是模型中的第 10 个因素，也就是最后一个因素。问题几乎存在于每个项目进展过程中，成功的项目不是回避问题，而是一旦问题发生，要找出正确的方法解决问题。不管起初多么仔细地为项目实施做计划，也不可能预知未来会出现的所有问题和麻烦。总之，在项目实施过程中，项目经理必须在实施计划的过程中建立识别问题和问题发生时解决问题的机制，这一点是相当重要的。这种机制不仅在问题发生时能及时响应，而且能预测项目在未来实施的过程中可能出现的问题。

13.6.2 结论

本章介绍了许多用于项目跟踪和项目控制的方法。虽然这些方法中的大多数都有许多优点，但项目管理专业人士也应该注意到这些方法的问题和缺点。制定一个有用的项目控制过程的关键之处在于识别不同方法的优缺点，并最终建立一个适合组织、项目承担者和项目干系人的方法。也就是说，项目控制过程应该按照项目和组织的实际情况来进行。这样，在某些情况下，一个简单的控制系统就能提供足够的管理所需的信息。有时候，一些组织或项目需要采用高度复杂的控制系统，这可能是因为他们运作过程的独特性，也可能是对项目的需求所致（如政府约束和命令）。[15]

项目评估和控制是一个全面且复杂的概念，需要了解不同的评估技术，识别它们应用的环境以及能够提供的信息类别。然而，这些评估技术实际上不如项目规划过程；因为，一个好的控制系统并不能弥补初始计划带来的不足或不确定性。如果没有有效的基准、好的项目成本估算以及充足的资源保证，项目控制也无从谈起。然而，如果前面的计划有效地执行了，项目评估和控制就会很好地与计划相结合，从而为项目团队指明成功的方向和项目实施过程中的里程碑。

小结

1. **了解控制循环的本质和通用项目控制模型的四个关键步骤。** 准确评估进行中的项目的状况对项目团队和项目所属的公司来说是一个真正的挑战。控制过程包含四个重复循环的步骤（设立目标、衡量进展、比较实际绩效与计划绩效、纠正重大偏差），该模型为理解项目控制的持续性提供了很好的理论框架。

2. **认识一般项目评估和控制方法的优缺点。** 目前存在许多项目评估和控制方法，有的很简单，有的非常复杂。最基础的评估过程是项目 S 曲线，它试图使项目预算基准与计划预算支出相一致。项目累计预算类似字母 S，该方法建立了一种进度/预算关系，在早期项目监控方法中，它常常作为项目计划进展的一种指示器。但是，S 曲线分析存在的很多问题导致它无法成为一种准确的评估和控制技术。其他的评估方法包括里程碑分析和跟踪甘特图。这些方法将项目进展与进度基准计划联系起来，而不是项目预算。相对于 S 曲线，里程碑和跟踪图有一些优点，但它们也存在共同的缺陷：这些方法不能准确地评估进行中活动的状况，也就是项目"真实的"状况。尤其是，因为这些监控和控制方法没有将进度和预算基准联系起来，因此它们也就不能为项目状况提供合理的评估。

3. **了解挣值管理怎样帮助项目追踪和评估。** 挣值管理（EVM）是一个强大的工具。起源于联邦政府的一项命令，直接将项目进展与进度和预算基准联系起来。通过对项目活动状况的实时报告，挣值管理有效地提供了前面几种方法所缺少的部分。挣值管理已经开始在一般的基于项目的公司中广泛使用，并且他们也逐渐认识到挣值管理的优点。

4. **使用挣值对一组项目进行分析。** 利用挣值管理单个项目的基本原则也可运用于一组项目的管理。每个项目按照时间和成本的基本绩效指数进行评估，公司的一组项目则可以把所有的计算合在一起进行评估。这种项目群模型可以清楚显示整个项目管理的绩效，从而了解哪个项目优于公司的基准计划，而哪些项目落后了。

5. **了解评估和控制中行为的概念和其他人为因素。** 跟踪和控制当前项目进展状况的最后一个方法体现在对多种方法的选择使用上，主要是评估和管理项目中的人为问题，而不是过多地关注技术方面的问题。换言之，挣值管理和前面讨论的其他跟踪和控制机制主要关注的是绩效的数据测量方面（预算、进度和功能性）。而另外一些方法则强调项目管理中的管理和行为问题，他们认为，除非把这些数据驱动的模型与那些对项目中人的交互（领导方式、高级管理层的支持、沟通等）进行评估的模型相结合，否则不可能产生大量关于项目当前状况的信息，因为人的行为在项目活动成功或失败中起着关键的作用。要创建一个完善项目控制和跟踪体系，有必要将完全数据驱动的模型和基于管理的方法结合起来。

6. **了解挣得进度法在确定项目进度偏差、进度绩效指数和完工估计方面的优点。** 挣得进度是用于确定项目进度状态的备选方法，它通过识别标准挣值采用的预算数据来计算项目成本和时间的预估值。其主张"进度是不同的"，挣得进度可以识别 EVM 方法较易发生的进度估计误差，并提供了一些纠正程序来调整这些计算。

已解决的问题

挣值的实例

项目管理协会是全球最大的项目管理专业机构，它给出了对一个项目进行简单挣值评估的范例，如下面的步骤所示。其中与挣值相关的计算显示出这些步骤是怎样结合的，从而让读者对挣值有一个全面的了解。

挣值是一项管理技术，它把资源计划与进度、技术成本、进度要求联系起来。所有工作都进行了计划、预算和进度安排，阶段性计划值的增加构成了成本和预算测量基准。挣值系统有两个主要的目标：鼓励承包商使用有效的内部成本和预算管理控制系统；使客户能够依据系统产生的实时数据确定合同状况。

基准： 表 13-12 显示了将要完成的 6 个工作单位的基准计划，对应时期的成本是 100 美元。

表 13-12　工作单位的基准计划

	A	B	C	D	E	F	合计
计划值	10	15	10	25	20	20	100

进度偏差：随着工作的进行，它是在最初计划上"挣"得的价值，单位不变，如美元或其他的单位。计划值和挣值分别测量计划工作成本和已完成工作成本。与计划相比，表 13-13 显示出工作单位 D 还没有完成，工作单位 F 还没有开始，也就是说计划工作的 35% 没有完成，所以进度偏差结果显示这段时期内 35% 的计划工作没有完成。

表 13-13　工作单位的进度偏差

	A	B	C	D	E	F	合计
计划值	10	15	10	25	20	20	100
挣值	10	15	10		10	20	—	65
进度偏差	0	0	0	−15	0	−20	−35 或 −35%

成本偏差：挣值连同完成工作引发的实际成本（来源于承包商的会计系统）为计划和实际成本提供了一种客观的测量。两者之间任一差额被称为成本偏差。负的偏差表示完成工作所用成本低于计划成本。表 13-14 显示了成本偏差的计算。完成工作的计划成本是 65 美元，实际花费 91 美元。成本偏差为 40%。

支出比较：典型的支出比较方法，实际支出对应计划支出，没有将已完成的工作联系起来。表 13-15 显示了计划与实际支出的简单比较，它与已完成工作没有建立联系，所以不是一个有用的比较。事实上合计支出比计划支出少 9 美元是没有意义的，因为没有与已完成工作做比较。

表 13-14　工作单位的成本偏差

	A	B	C	D	E	F	合计
挣值	10	15	10	10	20	—	65
实际成本	9	22	8	30	22	—	91
成本偏差	1	−7	2	−20	−2	0	−26 或 −40%

表 13-15　工作单位的支出比较

	A	B	C	D	E	F	合计
计划支出	10	15	10	25	20	20	100
实际支出	9	22	8	30	22	—	91
偏差	1	−7	2	−5	−2	20	9 或 9%

挣值数据的使用：项目管理中挣值方法的好处在于其有规律的计划操作，以及指标的可获取性，从而显示出真实的计划偏差，进而采取必要的纠正措施。[16]

讨论题

13.1　为什么说通用的 4 阶段控制循环有助于理解怎样对项目进行监控？

13.2　为什么 S 曲线仅仅是最早的跟踪技术之一？你认为将预算和进度联系起来对观察项目绩效有意义吗？

13.3　S 曲线的主要缺陷有哪些？

13.4　使用里程碑分析作为一种监控技术有哪些优缺点？

13.5　据称挣值管理（EVM）源于联邦政府经常与项目组织签订"成本加成"合同。成本加成合同允许合约方重新获得全部的项目开发成本以及合同的累计收益。为什么政府要求合约公司使用 EVM 来帮助其确保项目不超支？

13.6　使用 EVM 作为项目控制机制的主要优点是什么？你认为它的缺点是什么？

13.7　考虑在项目执行过程中人员因素上的研究发现，行为问题研究中的哪些因素同时可以作为确定项目状态的关键要素？

13.8　10 种项目成功的关键因素已经在各种不同背景和类型的项目中运用过。回想一个你曾经参与的项目，这些因素对你项目的成功是否具有重要影响？为什么？

13.9 解释如下术语：PV、EV 和 AC。为什么这些指标是重要的？它们之间有什么样的联系？

13.10 进度绩效指数和预算绩效指数分别表示什么？项目经理怎样利用这些信息估算项目的未来绩效？

13.11 假设进度绩效指数小于 1。对项目来说，这是个好消息还是坏消息？为什么？

练习题

13.1 利用下面的信息，绘制一条 S 曲线，表示项目的期望累计预算支出。

（单位：千美元）

	历时（天）							
	10	20	30	40	50	60	70	80
活动成本	4	8	12	20	10	8	6	2
累计成本	4	12	24	44	54	62	68	70

13.2 假设练习题 13.1 中的数据做了如下的修改：

（单位：千美元）

	历时（天）							
	10	20	30	40	50	60	70	80
活动成本	4	8	10	14	20	24	28	8
累计成本	4	12	22	36	56	80	108	116

绘制 S 曲线，新的 S 曲线图形表示什么？你怎样解释产生差异的原因，曲线不呈 S 形？

13.3 假设有下面的一些信息：

示例项目的预算成本

（单位：千美元）

	历时（周）								
	5	10	15	20	25	30	35	40	45 合计
设计	6	2	1						
制造		5	10	12	6				
安装				7	15	30	8		
测试					1	5	8	5	2
合计									
月预算									
累计预算									

a. 计算项目每月的预算和累计预算。

b. 绘制一条项目 S 曲线，确定项目预算基准与进度的关系。

13.4 利用下面的信息，使用 MS Project 建立跟踪甘特图。

活动	历时（天）	前置活动
A	5	—
B	4	A
C	3	A
D	6	B, C
E	4	B
F	2	D, E

使用跟踪选项显示出项目在第 14 日的状况，假设到那时所有的任务都已按时完成，打印输出文件。

13.5 利用练习题 13.4 中的信息，显示出项目在第 14 日的状况，但假设活动 D 还没有开始，新的跟踪甘特图是什么样的？打印输出文件。

13.6 利用下表给出的信息计算出每个工作包的项目进度偏差。

工作包的进度偏差（单位：千美元）

	A	B	C	D	E	F	合计
计划值	20	15	10	25	20	20	110
挣值	25	10	10	20	25	15	
进度偏差							

13.7 利用下表的数据，计算到 6 月底的累计计划和实际预算支出并填入表格，并将最右列的挣值数据补充完整。假设项目计划历时 12 个月，预算成本为 250 000 美元。

活动	1月	2月	3月	4月	5月	6月	计划值	完成百分比（%）	挣值
人员配置	8	7					15	100	___
计划制订		4	6				10	100	___
原型开发			2	8			10	70	___
全面设计				3	8	10	21	67	___
构造					2	30	32	25	___
转移						10	10	0	___
月计划值	___	___	___	___	___	___			
累计	___	___	___	___	___	___			
月实际值	10	15	6	14	9	40			___
累计									

13.8 使用练习题 13.7 的数据，计算下面的值。

进度偏差	
计划值（PV）	_____
挣值（EV）	_____
进度绩效指数	_____
完工估算时间	_____
成本偏差	
已完成工作实际成本（AC）	_____
挣值（EV）	_____
成本绩效指数	_____
完工估算成本	_____

13.9 你正在为一个历时 15 个月、预算成本为 350 000 美元的项目计算完工估算时间。假设有下面的信息，请计算出进度绩效指数和完工估算时间（单位：千美元）。

进度偏差	
计划值（PV）	65
挣值（EV）	58
进度绩效指数	_____
完工估算时间	_____

13.10 假设练习题 13.9 中 PV 是 75，EV 是 80。使用项目新的数据，重新计算进度绩效指数（SPI）和完工估算时间。

13.11 你根据 3 个月的项目绩效收集了以下数据。请完成表格。计算累计 CPI（CPI^c）。这 3 个月后，这个项目的表现如何？趋势是正向还是负向？

（单位：美元）

	EV	EV^c	AC	AC^c	CPI	CPI^c
1月	30 000		35 000			
2月	95 000		100 000			
3月	125 500		138 000			

13.12 你已经从你的项目中收集了 5 个月时间的 EV、AC 和 PV 数据。请完成表格。计算 SPI^c 和 CPI^c。请按月累计比较项目的成本和进度绩效。你如何评估项目的绩效？（所有值均以千美元为单位）

练习题 13.12 的表格

	EV	EV^c	AC	AC^c	PV	PV^c	SPI	SPI^c	CPI	CPI^c
4月	8		10		7					
5月	17		18		16					
6月	25		27		23					
7月	15		18		15					
8月	7		9		8					

13.13 假设你已经收集到如下项目的有关数据。预算成本是 75 000 美元，预期项目持续 4 个月。在两个月后，计算出下面的项目有关信息：

PV=45 000 美元
EV=38 500 美元
AC=37 000 美元

计算进度绩效指数（SPI）和成本绩效指数（CPI），估算完成项目需要的时间和成本。你怎样评估这些结果，它们是好消息还是坏消息？

13.14 （选做——基于附录 13A 挣得进度的讨论）假设你有一个项目，其项目完工预算为 25 万美元，项目周期为 10 个月。在对项目进行了 6 个月的跟踪后，你收集了下表的数据。
（1）完善表格，挣值中的 SPI 与挣得进度中的 SPI 有什么区别？
（2）计算挣值和挣得进度中的时间偏差，其数据有什么区别？

	1月	2月	3月	4月	5月	6月
PV（美元）	25 000	40 000	70 000	110 000	150 000	180 000
EV（美元）	20 000	32 000	60 000	95 000	123 000	151 000
SV（美元）	−5 000					
SPI（美元）	0.80					
ES（月）	0.80					
SV (t)	−0.20					
SPI (t)	0.80					

案例分析 13-1

Kimble 大学的 IT 部门

作为提高 Kimble 大学 IT 能力计划的一部分，学校在 5 年前启动了一项计划：大幅扩大 IT 部门的规模，同时将精力集中在数据管理和改进管理职能上，目的是改进全校范围内的 IT 系统。为此，Kimble 大学雇用了一位新的副校长丹·格雷（Dan Gray）来管理信息系统，并在发现问题和启动项目上赋予了他很大的权力，同时他也能够决定新项目的发展。这些权力使得他能够了解大学各个部门的需求，并确定哪些需求是最紧迫的，从而建立一个项目优先次序档案。在丹到达 Kimble 大学两年的时间内，他将 IT 部门 46 名人员分成 4 个类别：①技术支持员，②初级程序员，③高级程序员，④项目团队主管。团队主管仅仅只有 4 名，大部分人员都是初级协助人员或初级程序员。

在过去 3 年内，丹所在的部门的业绩是混杂的。在对许多新项目进行管理时，跟踪报告的交付很不可靠，例如，超过一半的新项目超出预算，并且滞后于进度计划，有时候甚至是所有项目都存在这种情况。更为严重的是，校长认为丹对他自己部门的项目状况都没有一个清楚的认识。在董事会的例会上，丹例行公事地描述了绩效的乐观前景，但不能回答项目交付这样的简单问题，只是含糊不清地表示："一切都进展顺利。"在校长看来，丹虽然一直要求额外的资金来增加新设备、雇用新员工，但他的部门跟踪报告没有给出正当的理由。

作为一个独立的顾问，你被要求评估丹的部门绩效，特别是他们管理和监控项目文件的方式。你最初的评估已经证实了校长最初的预感：不清楚 IT 部门项目的现状。每个人都在努力工作，但是没有一个人能够清楚地回答项目目前进展如何。当你向一些项目主管询问项目进展时，一般都会得到"一切都好"的回复。他们其实不是逃避问题，而是不知道每天项目是如何开展的。如果你问他们怎样确定项目状态，那么他们的回答非常一致，那就是除非得到坏消息，否则项目的进展一切正常。不过，就算他们想要花费更多的时间用于监控进行中的项目，他们也无法确定哪些信息类型是他们应该收集的、能够帮助他们更好地对项目进行跟踪和控制。

问题

1. 作为顾问，针对这样的现状你提出的解决方法是什么？丹的管理方式在多大程度上导致了那些问题的发生？

2. 为了评估项目状况，你会建议项目主管们收集哪些类型的信息？

3. 你怎样将"硬数据"与"管理或行为"信息结合起来，从而对 Kimble 大学 IT 部门当前项目的进展状况有一个全面的认识？

案例分析 13-2

超导超级对撞机计划

在 20 世纪 80 年代，超导超级对撞机的最初设计理念是作为一种应用于高能物理研究领域的加速粒子设备，从一开始，超导超级对撞机在政治和技术上就是一个棘手的问题。超导超级对撞机计划的技术挑战是令人畏惧的，其目的就是使小于原子大小的粒子以接近光的速度相互撞击，而这需要 40 兆电子伏的能量。以量子力学为基础，这项计划的目的在于解答一些宇宙形成的基本问题。超导超级对撞机被设计为有史以来最大的粒子加速器，比费米实验室的加速器大得多。这就需要 10 000 块磁铁来达到这种速度的能量级。每块磁铁呈圆柱形（直径 1 英尺，长 57 英尺），如果加速器要达到必要的能量级以使得质子碰撞，每块磁铁就需要达到一定的旋转速度。仅建造这些磁铁的估算成本就达到 15 亿美元。

对于整个工程来说，技术困难仅仅是一部分。超导超级对撞机的建造将是一项由一系列独一无二的部分组成的庞大工程。科学家认为，加速器应该是跑道形状的，并被埋在地底下，因为这样更有利于使用。整个超导超级对撞机的四周需要 54 英旦的隧道，并且深达 165～200 英尺。最初估算完成这个项目需要花费 50 亿美元，并且估计需要 8 年时间来完成建设及技术部分。

1988 年里根总统主持的项目启动会议一结束，超导超级对撞机计划就正式启动了。最初，公众（包括议会）不明白这项计划的目的，因为像高能物理领域的"粒子加速"这样模糊的目标对于大众来讲不是一个能轻易接受的概念。最初的运作联盟 URA 由 80 个公立和私立的美国研究中心和大学组成，但是，美国能源部希望欧洲和亚洲科学家也加入其中，从而通过其他国家来分摊一部分成本。虽然一开始这些国家都同意参与到计划中，但随后在对项目的参与程度以及资金支付期限的态度上却显得十分暧昧。

另一个难题是为超导超级对撞机计划的实施找到一个合适的场所。该计划在高峰时需要 4 500 名工作人员，此外，一旦开始全面运作，整个超导超级对撞机计划需要2 500名长期雇员，每年需要2.7亿美元的运作预算。很显然，从自身利益出发，几乎每一个州都希望超导超级对撞机计划能将工作场所设定在他们所建议的地点。国家研究理事会（National Research Council）指定一个专门的选址委员会对来自43个州的提案进行评估，然而该过程可以说是一场政治梦魇。在依据一系列绩效和能力指标做出判断后，委员会将选址范围缩小到8个州。最后，1988年年末，超导超级对撞机计划与得克萨斯州的瓦克萨阿特奇签订了合约，工作地点位于达拉斯南方一块16 000英亩的土地上。得克萨斯州得到这份合约的决定也就意味着会激怒许多其他的州，这些州纷纷向国会代表表示抗议。

超导超级对撞机计划几乎从一开始就面临的最大问题是不断增加的联邦预算赤字，这促使越来越多的政治家置疑将资金一次性分配下去的决定，因为那时国会正在寻找方法削减超过300亿美元的预算。这种担忧最后成为一个长期的问题，超导超级对撞机计划在1989年只分配到1亿美元，不到最初3.48亿美元资金需求的1/3。预算斗争成为超导超级对撞机计划生命周期内的一个持续抑制因素。

20世纪90年代早期，在瓦克萨阿特奇的工作进展缓慢。同时，欧洲方面也没有及时给予项目财政支持。许多政府私下都认为项目将不能完成，随着项目成本的持续增加，他们的担忧逐渐得到了证实。到1993年，最初的50亿美元的预算已经增加到了110亿美元。同时，项目却只完成了不到20%。当国会开始调查支出并确定会计程序存在不足时，进度被再次延迟。显然，项目预算和时间进度的控制已成为大家关注的焦点。

挽救超导超级对撞机计划的最后一步中，能源部长黑兹尔·奥莱利（Hazel O'Leary）解雇了作为这个建设项目主承包商的URA，重新选择一个值得信赖的承包商代替URA，其两个主要的候选者是马丁·玛丽埃塔（Martin Marietta）公司和柏克德公司，尽管如此，所做的一切都太少、太晚了。成本继续增加，而项目进度却像蜗牛一样缓慢，最终在1994年，用于超导超级对撞机计划的资金被全部撤走，项目宣告终止。而截至此时，花费在该项目上无法回收的成本估计有10亿～20亿美元。

没有人置疑政府建造此项设备的能力。虽然是前沿尖端的技术，但已被其他研究实验室所运用，因此技术上不会存在问题。关键问题在于，超导超级对撞机计划的支持方和反对方趋向于分裂成两大阵营，一方是对纯粹研究的支持；另一方则认为，将数十亿美元投入到对社会没有及时可见利益项目的研究中，是一种奢侈行为，尤其是在联邦预算削减和决策困难的时期。由于运作联盟URA监督项目的活动，超导超级对撞机计划的地位被进一步削弱。而当国会监督小组开始质问关于支出和飞涨的预算要求的问题时，运作联盟URA的行为又进一步升级，简直可称之为傲慢自大。该项目仅仅能给人们成本不可控以及检查不力的印象，而不是清晰明确的进展情况，显然这不是为几十亿美元买单的美国纳税人所期望得到的答案。[17]

问题

1. 假设你是联邦政府1990年为这个计划聘用的顾问，那个时候，这个计划似乎依然可行。那么在项目的开始阶段，你将采取怎样的步骤来扭转超导超级对撞机计划日后可能面临的局面？

2. 项目进展过程中出现了哪些预示失败的迹象？这些迹象可以预见并提前加以应对吗？在你看来，是否觉得这个计划根本无法实现？选择一个立场并加以论述。

3. 在互联网上搜索"超导超级对撞机计划"。大多数消息对这个计划持何种观点？如果是负面的观点，那么最应该从这个计划中吸取的3个教训是什么？

案例分析 13-3

波音787"梦幻客机"停飞事件

在波音公司对外公开其高新技术飞机——波音787"梦幻客机"时，一切看起来都非常完美。为了开发这一高能效的飞机，波音公司采用了更轻的复合材料以减轻机身重量，并最终减少了20%的能耗，波音公司还将开发工作通过全球供应商网络进行外包，并率先采用了新的组装技术。这一切似乎都显示了波音公司在商业航空领域和新型飞机设计上颇具前瞻性的眼光。

航空公司们似乎也很青睐这一新机型，当波音公司发布并开始预售波音787飞机时，847架的订单使它迅速成为史上最畅销的飞机。波音787机型的售价从1.61亿美元到2.05亿美元不等，从长期收益的角度看，这款"梦幻客机"可以为公司创造超过10亿美元的利润。波音787"梦幻客机"是航空史上首架超远程中型客机，可以容纳330名乘客（见图13-18）。业内的很多分析师都认为"梦幻客机"的引进将为波音公司带来前所未有的光明未来。

但随后一切都变得出乎意料得艰难。当首次交付日期再次推迟到2012年（超出计划交付期4年）时，波音787研发过程中的技术故障和供应链问题也逐渐显现出来。这些问题不仅威胁到波音公司一贯的好名声，更严重的是人们开始怀疑"梦幻客机"的可靠性，公司的股票开始受创。除了成本超支和进度延期，波音787飞机还被爆出存在严重的结构和电力故障，这让等待交付的航空公司担忧不已。这些事件让波音公司一直处于舆论的风口浪尖。波音公司也一直在寻找解决的办法，试图挽回波音的名声，并使这款备受瞩目的飞机重新获得大众的认可。

纵观"梦幻客机"从研发到商业化的过程中，具备里程碑意义的大事件大致如下。

- 2003年，波音公司官方发布了其新型7E7飞机的设计方案。
- 2004年，第一个订单是全日空航空公司向波音公司订购的55架飞机，于2008年年底交付。
- 2005年，7E7飞机正式更名为787"梦幻客机"。
- 2007年7月，在华盛顿埃弗里特的装配车间里，波音公司举行了"梦幻客机"的下线仪式。
- 2007年10月，波音公司首次宣布项目进度延期6个月，原因是供应商交

图13-18 波音787"梦幻客机"

资料来源：Peter Carey/Alamy.

货延迟，而且组装飞机上复合材料的紧固件也出现了问题。一周后，该项目的总负责人迈克·贝尔（Mike Bair）被撤职。

- 2008年11月，由于全球供应商多次出现协调问题，紧固件不断出故障，加之机械师罢工事件的影响，波音公司第5次宣布项目延迟。波音787的首飞推迟到2009年的第2季度。
- 2009年6月，由于飞机的侧体区域需要加固，波音公司宣布推迟首飞时间。首次试飞就这样一直拖到了2009年年底，此时，在前3架波音787飞机上波音公司已经花费了25亿美元。
- 2009年12月7日，波音787首次试飞成功。
- 2010年7月，波音公司宣布由于进度延误的原因，将首次交付推迟到2011年。波音公司将此次的延误归咎于劳斯莱斯工厂的测试车床不过关，造成了引擎爆裂。劳斯莱斯公司否认了这一点，声称波音公司的引擎才是进度延迟的主要原因。
- 2010年8月，印度航空公司就其27架飞机订单的交付时间被一推再推，要求波音公司支付10亿美元的赔偿金。
- 2010年11月9日，"梦幻客机"2号在新泽西的德州拉雷多附近测试飞行的过程中起火。火势迅速被熄灭了，据说起火原因是电力系统故障。飞机立马降落接受全方位的测试。这些技术硬伤让人们不得不担心，这批飞机的交付时间可能要推迟到2012年。
- 2011年1月19日，波音公司再次宣布推迟波音787的交付计划。这次（官方的第7次）推迟在"梦幻客机"2号的电力火灾事件发生2个多月之后

才宣布。作为该喷气式飞机的首位顾客，全日空航空公司收到通知，称其订购的55架飞机最早可以在2011年第3季度成功交付。但大家预计要到2012年年初，全日空航空公司才可能收到波音787，此时已经比最初的计划交付时间晚了3年半。

毫无疑问，"梦幻客机"是目前最先进的飞机。波音787是首款在框架和外表层大量采用复合材料而非铝的商用飞机。事实上，每架787都使用了近35吨的碳纤维强化塑料。碳纤维复合材料比铝、钢这类传统飞机材料拥有更高的强度重量比，而且能够减少机身重量。机身、机翼、机尾、门以及飞机内部都使用了这种复合材料，而铝材料则用于机翼和机尾前沿。机身由一体式复合机筒组装而成，而不是像目前的飞机采用铝板和5 000个紧固件组装成。因其更轻的重量和新一代喷气式引擎的选用，"梦幻客机"的运营成本更低，对航空公司来说，这无疑极具吸引力。此外，波音公司就其飞机制造部件建立了一条全球供应链，供应链所列名单上均为国际的专业公司。瑞典、日本、韩国、法国、英国、意大利以及印度都有公司与波音签订重大合同，为其提供飞机零部件。这些零部件通过海运送到美国的两家装配工厂（其中一家位于华盛顿，另一家计划建于南卡罗来纳）进行最后的组装，并在测试后交付客户。简而言之，无论从它的物理结构，还是从其复杂的供应链来说，波音787都是一个非常复杂的产品。

实际上，波音787项目是如此之复杂，以致在开发"梦幻客机"的过程中，波音公司需要同时兼顾大量的工作。评论家指出不管项目经理的技艺多么纯熟，在用复合材料建造新一代飞机的同时，还要创建全新的供应链、进行质量控制，并调试大量

意想不到的问题，这是任何组织都无法完成的。供应商们要尽力满足波音公司严苛的技术标准，以机头部分的早期测试为例，一旦通不过测试，产品就会被拒绝。"梦幻客机"使波音公司承担了巨大的风险，因此，为了能够在投标中压低成本，波音公司采取了高度外包的方式，"梦幻客机"部件80%由外部供应商制造，而当前飞机的这一比例只有51%。这也是波音公司第一次外包飞机的重要部分（机翼和机身），这使得波音不得不严重依赖来自三大洲43个"顶级"供应商组成的冗长供应链。

波音公司首席执行官吉姆·麦克纳尼（Jim McNerney）承认，波音787建造计划中"布局过大"，进行了大量的外包。麦克纳尼补充道："尽管大规模颠覆性的创新极其不易，但是我们看到了比以往更多的前沿创新。所以在未来的项目中，我们调整了方式。但是进度安排的变动却不太乐观。尽管开发这项颠覆性产品充满挑战，但对于波音787的设计，我们仍然满怀信心。"

3年以后——梦幻客机状态更新

2011年9月25日，波音公司的787客机正式为日本短途航空公司（Air Nippon of Japan）提供商业化服务。截至2014年，已有1031架梦幻客机订单，其中有162架已交付并在全球范围内投入使用。自问世以来，梦幻客机的21家承运商已经累计飞行了50万小时。然而，梦幻客机的可靠性问题一直困扰着波音公司。尽管大家对复合材料的裂缝和结构缺陷的关注已经减弱，但自从2011年年底首次亮相以来，787出现了一系列故障，其中包括2013年两架飞机电池熔断后的3个月全球停飞。印度航空公司自2007年以来，报表显示一直未能盈利，而低成本的挪威航空公司利用复合材料的客机及其节省燃料属性的承诺制订了自己的发展计划。不过，两家航空公司都对目前的梦幻客机的质量和可靠性状况表示不满。印度航空公司订购了27架飞机，最近在2014年2月被迫将一架787飞机转移到吉隆坡，以便在从墨尔本飞往新德里的飞机发生软件故障后可以及时处理。许多承运商发现梦幻客机不像波音公司在销售时所说的那样节省燃料，他们正在向波音公司寻求赔偿。2014年1月，梦幻客机最大运营商之一的日本航空公司在飞行前维护期间发现了一架空置飞机电池冒烟。

波音公司市场副总裁兰迪·廷塞斯（Randy Tinseth）表示，随着公司与航空公司运营人员的密切合作以及其他变动，客机的可靠性水平正在攀升。廷塞斯先生说："随着时间的推移，我们所有的客户都在见证可靠性的改善。"但他拒绝预测787会不会像777那样业绩记录可靠性超过99%。

"我们正向着一条积极的轨道前进，"他说，"但是我们很难预测何时可以到达那儿。"[18]

问题

1. 在评估"787梦幻客机"的发展过程中，这个项目的哪些独特因素使准确地监控难以进行？

2. 对以下声明发表评论："为了控制787的发展，波音公司应该监控其供应商的绩效。"你是否同意波音公司的项目管理应该已经完全扩展到供应商？为什么？

3. 在你看完案件时，你认为哪些关键问题导致了大部分项目交付和质量问题？

网上练习

13.1 访问www.brighthubpm.com/monitoring-projects/51982-understanding-the-s-curve-theory-for-project-management-monitoring/，阅读关于项目S曲

线的多种使用的文章。该文章对不同的 S 曲线使用和分析方法有什么建议？

13.2 访问 www.nu-solutions.com/downloads/earned_value_lite.pdf，阅读文章"Earned Value Lite: Earned Value for the Masses"。通过阅读，总结出 EVM 的 10 个关键步骤，以及他们认为挣值为项目控制和评估提供的帮助。

13.3 访问网站 http://www.acq.osd.mil/evm/，研究网站每个链接所包含的内容。在目前组织对挣值的接受和使用方面，这个站点给了我们哪些信息？

13.4 访问 www.erpgenie.com/general/project.htm，阅读"Six Steps to Successful Sponsorship"。思考其定义的 IT 项目管理成功的关键因素。这些因素是如何与 Pinto 和 Slevin 的 10 因素模型对应的？你如何解释它们之间的差别？

13.5 访问 www.massdot.state.ma.us/highway/TheBigDig.aspx，浏览该网页，查看关于波士顿隧道工程的内容。用本章介绍的 Pinto 和 Slevin 的 10 因素模型评估该项目的工作绩效。你认为该项目表现如何？请用具体实例和论据来支持你的观点。

MS Project 练习

练习 13.1

使用下面的数据，输入各项任务并使用 MS Project 创建跟踪甘特图。为每项活动分配负责的人员，一旦完成网络图，使用完成百分比工具对其进行更新。MS Project 输出文件是什么样的？

活动	历时	前置活动	资源	完成百分比（%）
A. 研究产品	6	—	汤姆·艾伦	100
B. 访问顾客	4	A	莉斯·瓦特斯	75
C. 设计问卷	5	A	瑞奇·沃特金斯	50
D. 收集数据	4	B, C	格雷·西蒙斯	0

练习 13.2

现在，假设每个人的人员成本如下所示：

资源	成本（美元/小时）
汤姆·艾伦	50
莉斯·瓦特斯	55
瑞奇·沃特金斯	18
格雷·西蒙斯	12.5

创建该项目最新更新的资源使用状态表。到目前为止，每项任务的费用情况如何？

练习 13.3

使用 MS Project 创建项目最近状况汇总报告。

练习 13.4

利用下面网络优先次序表所示的数据，在 MS Project 输入各项任务。然后在整个项目历时中，选择一个靠近整个项目历时中间点的时间点，更新所有的任务显示当前的状态。你可以假设在项目进行一半时所有的任务都已完成。跟踪甘特图是什么样的？

项目——设备的重造

活动	历时	前置活动
A. 进行竞争分析	3	—
B. 回顾区域销售报告	2	—
C. 技术能力评估	5	—
D. 挖掘目标群体数据	2	A, B, C
E. 进行电话调查	3	D
F. 识别相关的规范改进	3	E
G. 与市场人员互动	1	F

活动	历时	前置活动
H. 制定工程标准	5	G
I. 对设计进行检查并测试	4	H
J. 开发测试原型	3	G
K. 评估关键绩效等级	2	J
L. 评估并修改产品部件	6	I, K
M. 进行能力评估	12	L
N. 识别选择标准	3	M
O. 开发建议需求书	4	M
P. 开发生产控制进度	5	N, O
Q. 和销售人员保持联系	1	P
R. 准备产品上市	3	Q

练习 13.5

利用下面的信息在 MS Project 中构建甘特图。项目的预期历时（关键路径）是多少？假设该项目在进度上完成了一半（第 16 天完成），但是活动完成百分比如下所示。构建项目的跟踪甘特图（确保显示每个人物的完成百分比）。它会是什么样的？

活动	历时（天）	前置活动	完成百分比（16 天）(%)
A	6	无	100
B	2	A	100
C	4	A	100
D	7	C	14
E	10	D	0
F	6	B, C	33
G	5	E, F	0

练习 13.6

利用练习题 13.14 的数据，加上每项活动的资源分配，并输入如下所示的每小时工资。构建项目的挣值图表。哪项活动的偏差为负？项目的完工估算（EAC）是多少？（**提示：**在创建 EVM 表之前，记住点击"设定基准"（Set baseline）按钮。通过点击"视图"（View）选项卡，然后选择"表格"（Tables），最后选定"其他表格"（Other Tables），你可以找到 EVM 表。）

资源名	每小时工资（美元）	资源名	每小时工资（美元）
Josh	12.00	Susan	18.50
Mary	13.50	Aaron	17.00
Evan	10.00	Katie	32.00
Adrian	22.00		

项目管理职业认证考试样题

1. 假设一个项目的计划值为 100 000 美元，而挣值是 60 000 美元。那么该项目的进度绩效指数（SPI）是：
   a. 1.52。
   b. 60。
   c. 根据所提供的信息无法计算出 SPI。
   d. 1.66。

2. 活动 A 预算 500 美元，已完成，实际成本为 500 美元。活动 B 预算 1 000 美元，完成了 50%，而到目前为止实际成本已达到 700 美元。活动 C 预算 100 美元，完成了 75%，而到目前为止实际成本为 90 美元。那么该项目的总挣值是多少？
   a. 1 600 美元。
   b. 1 075 美元。
   c. 1 290 美元。
   d. −1 075 美元。

3. 运用样题 2 中的信息计算该项目的成本绩效指数（CPI）。
   a. 1.20。
   b. −1.20。
   c. 0.83。
   d. −0.83。

4. 根据样题 2 及样题 3 的相关信息，以下哪一项是项目完成还需要的花费？
a. 预算余额。
b. 项目完工尚需估算。
c. 成本差额。
d. 成本绩效指数（CPI）。

5. 活动 A 预算 100 美元，已完成，实际成本为 150 美元。活动 B 预算 500 美元，完成了 75%，到目前为止实际成本为 400 美元。活动 C 预算 500 美元，完成了 25%，目前实际成本为 200 美元。完成该项目的估计成本是多少？
a. 1 100 美元。
b. 750 美元。
c. 880 美元。
d. 1 375 美元。

答案：
1. b。SPI 计算公式为：挣值（EV）/计划值（PV）。
2. b。目前的挣值为 1 075 美元。
3. c。CPI 的计算公式为：实际成本（AC）/挣值（EV），因此答案为 1 075/1 290，即 0.83。
4. b。项目完工尚需的估算。
5. d。完成该项目的估计成本计算式为：（1/0.80）×1 100，即 1 375 美元。

附录 13A

挣得进度[⊖]

挣值管理（EVM）的研究和实践都表明，这个方法对项目追踪和预测来说都是可靠的，并能为项目团队提供精确的项目现状和预期完工状况。但是，近年来一些评论家指出，EVM 也有重大缺陷。这些缺陷中最严重的一个就是，所有的项目信息都源于项目预算，包括进度绩效指标（schedule performance index，SPI）及进度偏差。第二个缺陷在于，随着项目的开展，它变得越来越不准确（不可靠）；到了项目后期，由 EVM 所获得的信息要么极其乐观，要么极其悲观；最后，对于逾期项目来说，EVM 是一种不精确的衡量标准，换言之，对于已经逾期的项目，我们如何确定当前状况？

我们依次来分析 EVM 的缺陷。首先，我们知道 EVM 由项目预算得到，而不是进度绩效。但是直观上来看，项目的进度绩效最好以单位时间来显示。例如，我们知道进度偏差（PV）是挣值（EV）减去计划值（PV），进度绩效指标 SPI=EV/PV。所以，我们不是用时间，而是用金钱来估计项目进度绩效。图 13-19 展示了 EVM 是如何测量的，从中可以很直观地看出。其中纵轴代表的是预算资金（以美元为单位），进度偏差也是用项目预算表示。因此，项目进度的 EVM 由 EV 和 PV 来衡量。

第 2 个缺陷是，项目越接近完工，EVM 提供的信息就越不准确，也更无效。这种以计划历时来预测最终历时的基于成本的比值可以用一个简单的例子来描述，假设一个预算 1 000 美元的项目已经完成了大部分的计划工作，其中 EV=990 美元，PV=1 000 美元，计划历时（PD）=12 周，那么 SPI=0.99，进而可以得到最终历时：预计完成时间=1/0.99×12=12.12 周。从这个例子可以看到，当 EV 接近 PV（最终接近 BAC）时，预计项目历时减少了（因为

⊖ 此附录中部分内容由 Bill Mowery（MPM，PMP）准备。

EV 的上限是 BAC）。不管这个计算在第 10 周还是第 15 周进行，这种基于成本的比例所得结果相同，这也表明，在建项目在过去都有一个预计完成时间。这就说明，越接近项目完工，EVM 的准确性越差。早期的指标比较精确，而到了项目生命周期的最后阶段，项目进度的度量（基于单位货币）可能会得到令人振奋的完工数据。在项目最后阶段，成本偏差和进度偏差的偏差可能会变大。

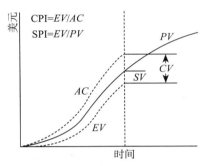

图 13-19　挣值的衡量标准

资料来源：Lipke, W. H. (2003, Spring). "Schedule is different," *The Measureable News*, pp. 10-15. Project Management Institute, Schedule is different, "The Measureable News" pp. 10-15. Project Management Institute, Inc (2003). Copyright and all rights reserved. Material from this publication has been reproduced with the permission of PMI.

EVM 的评论家已指出这种怪异现象：当项目接近预计完成时间时，它的计划值就会趋近于计划成本，即 PV=BAC（完工预算）。然而，在项目后期，计划值常常已经达到总体预算（比如 PV=BAC），而 EV 仍然在趋近于这个值。一旦项目在计划完成时间达成 PV=BAC，此时就不能使用 EV 进行测量了，实际上，一些测量错误直到项目延误才显现出来。

目前，研究者采纳的解决办法，是引入挣得进度（earned schedule，ES）项目管理的概念。为了准确地预测项目进度，必须考虑单位时间的测量标准，而不是基于成本的 EVM 法。挣得进度使用一个相当简单的公式来达到这个目的，即将当前（真实时间）的项目 EV 与已挣得的绩效度量基准（计划值曲线）值比较，由此得出基于时间度量的进度绩效。两个时间的差别代表了基于真实时间的进度偏差，在挣得进度方法中用符号 SV_t 表示，导出的 ES 测量如图 13-20 所示。从图中可以看到，进度绩效指标可以从先前的 SPI（$）=EV/PV 变为 SPI（t）=ES/AT，在第 2 个等式中，挣得进度计算得到的 SPI 等于挣值除以真实时间（AT）。同样地，挣得进度偏差等于挣得进度减去真实时间（ES−AT）。

在计算挣得进度时，我们用项目当前挣值（EV）来判断何时 PV 的成本增量产生，ES 的值等于该增量开始后的累计时间，再加上另外一部分值。例如，假设要计算从 1 月 1 日到 6 月底的挣得进度（见图 13-20），在计算中采用月度增量，到 6 月底时，AT=6，同时，从图中可以看到，到 6 月底，项目进度有所减缓，已完成 4 月全部进度和 5 月部分进度。可以用如下公式计算项目挣得进度值

$$ES = C + (EV-PV_c)/(PV_{c+1}-PV_c)$$

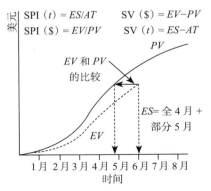

图 13-20　挣得进度示例（到 6 月底）

式中，C 为项目进度基准上的时间增量，且 $EV \geqslant PV$。在上面这个例子中，使

用月度时间增量，等式可以变为

$ES = 4 + [EV(\$)-PV(4月)]/[PV(5月)-PV(4月)]$

下面来看一个已经完成的挣得进度计算的例子，假设我们已经收集到了过去6个月的项目数据，利用标准EVM（挣值管理）法，得到表13-16。

表13-16 挣得进度表

	1月	2月	3月	4月	5月	6月	7月
PV（美元）	105	200	515	845	1 175	1 475	1 805
EV（美元）	95	180	470	770	1 065	1 315	
SV（美元）	−10	−20	−45	−75	−110	−160	
SPI（美元）	0.91	0.90	0.91	0.91	0.90	0.89	
月统计量	1	2	3	4	5	6	7
ES（月）							
SV(t)							
SPI(t)							

计算1月 ES 有：

$EV(1月) = 95$

$PV(1月) = 105$

利用这些信息来计算 ES、SV 和 SPI，有

$ES = 0 + (95-0)/(105-0) = 0.90$

$SV(t) = ES - AT = 0.90 - 1.0 = -0.10$

$SPI(t) = ES/C = 0.90/1 = 0.90$

依此类推，完成6月底的 ES 表（见表13-17），表中内容与图13-20比较吻合。

表13-17 完成的挣值/挣得进度表

	1月	2月	3月	4月	5月	6月	7月
PV（美元）	105	200	515	845	1 175	1 475	1 805
EV（美元）	95	180	470	770	1 065	1 315	
SV（美元）	−10	−20	−45	−75	−110	−160	
SPI（美元）	0.91	0.90	0.91	0.91	0.90	0.89	
月统计量	1	2	3	4	5	6	7
ES（月）	0.90	1.79	2.86	3.77	4.66	5.47	
SV(t)	−0.10	−0.21	−0.14	−0.23	−0.33	−0.53	
SPI(t)	0.90	0.90	0.95	0.94	0.93	0.91	

结合表13-17和图13-20，通过PV和实际ES的比较，我们可以得出，到6月底项目严重延误，只完成了不到5月份一半的进度。而且，进度偏差和SPI值在过去4个月在逐渐变差，表明延误也在增加，然而在使用预算资金的标准挣值表中，这种现象不明显。研究指出，基于资金的SPI和基于时间的SPI，在项目接近完成时的表现完全不同。如前所述，实际数据也证实了关于EVM的一个核心关注点，即随着项目进入后期，EVM变得愈加不准确。

挣得进度相较于EVM的精确性，可以在我们预测进度偏差和可能延迟的过程中得到进一步的说明，我们用一个例子来比较两种方法的结果，假如项目计划工期（PD）是18个月，总预算（BAC）是231 280美元。在第16个月末，花费234 080美元（AC）达成EV 207 470美元，首先来计算项目绩效偏差或成本偏差（CV），因为CV = EV−AC，有

$CV = 207470 - 234080 = -26610$(美元)

根据以上信息,有进度偏差 $SV = EV - PV$,有

$SV = 207470 - 220490 = -13020$(美元)

上面的计算数字说明,项目已经预算超支、进度延误,但是在整个项目周期中,超支和延误的程度又如何确定呢?下面计算进度绩效指标(SPI)和成本绩效指标(CPI),相应的结果如下

$CPI = EV/AC = 207470/234080 = 0.89$

$SPI = EV/PC = 207470/220490 = 0.94$

从本章前面关于这些值的解释可以知道,花在项目上的每1美元只产生了89美分的价值,每8小时中只有7.5小时的工作是有效的。这些数值对项目有什么长期的影响呢?一种确定这种影响的方法是最终进度工期估计——预计完成时间(EAC_t),可以通过下式计算:

$$EAC_t = \frac{\dfrac{BAC}{SPI}}{\dfrac{BAC}{PD}}$$

式中,BAC 为完工预算(231 280 美元);PD 为计划历时(18个月);SPI 为进度绩效指标(0.94)。

$$\frac{\dfrac{231280}{0.94}}{\dfrac{231280}{18}} = 19.15(月)$$

同样地,可以得到完工的预算估计。将 231 280 美元的 BAC 除以 CPI(0.89)得到完工成本 259 870 美元。

为了分析挣值和挣得进度计算如何出现偏差的,现运用上例的信息(见表 13-18),**利用时间尺度(而非预算数据)**的 ES 计算公式判断项目进度情况。

表 13-18 示例的绩效指标(以千美元计)

	12 月	1 月	2 月	3 月
月份	13	14	15	16
计划值	184.47	198.72	211.49	220.49
挣值	173.51	186.71	198.74	207.47
累积实际成本	196.76	211.25	224.80	234.08

在第16个月的月末,计算 ES 的公式为

$ES = C + (EV - PV_c)/(PV_{c+1} - PV_c)$

式中,C 为进度基准线之后的月份个数,且 $EV \geq PV$(或14个月);EV 为 207 470 美元;PV_{14} 为 198 720 美元;PV_{15} 为 211 490 美元。

$ES = 14 + (207470 - 198720)/(211490 - 198720) = 14.69$(月)

运用进度偏差公式 $SV_t = ES - AT$(实际时间),可以发现,项目比计划进度延后 1.31 个月($SV_t = 16 - 14.69$),带入挣得进度的进度绩效指标(SPI_t)公式,有

$SPI_t = ES/AT = 14.69/16 = 0.92$

最后,得出最终历时估计。利用完成时间独立估计($IEAC_t$),可以预测历时(工期),结果如下

$EIAC_t = PD/SPI_t$

上式中,PD(计划历时)为18个月;$IEAC_t = 18/0.92 = 19.51$ 个月。

将所得结果录入表13-19中,当我们用 EVM 和挣得进度来比较偏差、绩效指标和预计完工时间时,我们可以发现一些重要的区别。首先,最明显的区别是,挣得进度依据时间而不是资金来估计历时工期,因此,我们获取信息会更加简单。然而当挣得进度用于 SPI 以确定项目总体历时工期时,这种区别就非常有趣。在这个

案例中，挣得进度值表明，最终项目历时是19.51个月，比 EVM 进行的这种计算多1.5个月。

表 13-19　示例项目 EVM 法和挣得进度度量的比较

度量方法	挣值	挣得进度
进度偏差（SV）	−13 020 美元	−1.31 月
进度绩效指标（SPI）	0.94	0.92
历时预测（IEAC）	19.15 月	19.61 月

挣得进度是一个相当新颖的概念，在项目管理协会中也已引起较大争议，在数据方面，支持挣得进度的研究要么是来自实地研究的小案例，要么是计算机模型。不过，挣得进度的基本参数确实经过认真思考。研究指出，在项目接近完结时，EVM 会越来越不可靠，因此，对于认识到什么时候出现这种状况是非常重要的。另一方面，已经证实，在项目进行过程中，ES 法的准确性会逐渐增加。ES 的另一个优点是计算简单直接，而且 EVM 计算所获取的信息可以直接应用于 ES，因此，ES 至少可以在项目监督过程中核实 EVM 的准确性，尤其是在项目超过基准线或者趋于完结的时候。[19]

注释

1. Collins, D. (2011, July 5). "CityTime crime is Mayor Bloomberg's shame," *Huffington Post*. www.huffingtonpost.com/daniel-collins/citytime-crime-is-mayor-b_b_890202.html?view=screen; Gross, S. (2011, June 29). "NYC wants $600M from tech giant in scandal," *Huffington Post*. www.huffingtonpost.com/huff-wires/20110629/us-citytime-scandal/; Charette, R. (2011, June 21). "New York City's $720 million CityTime project a vehicle for unprecedented fraud says US prosecutor," *IEEE Spectrum*. http://spectrum.ieee.org/riskfactor/computing/it/new-york-citys-720-million-citytime-project-a-vehicle-for-unprecedented-fraud-says-us-prosecutor; Weiser, B. (2014, April 28). "Three contractors sentenced to 20 years in CityTime corruption case," *New York Times*. www.nytimes.com/2014/04/29/nyregion/three-men-sentenced-to-20-years-in-citytime-scheme.html?_r=0; Hennelly, B. (2011, June 29). CityTime payroll scandal a cautionary tale," *WNYC*. www.wnyc.org/story/143601-citytime-cautionary-tale/ Press Release by United States Attorney, Southern District of New York, "Manhattan U.S. Attorney Announces Charges Against Four New Defendants in an Unprecedented Scheme to Defraud New York City in Connection with CityTime Project," June 20, 2011. Project Management Institute, A Guide to the Project Management Body of Knowledge (PMBOK® Guide)—Fifth Edition. Project Management Institute, Inc (2013). Copyright and all rights reserved. Material from this publication has been reproduced with the permission of PMI
2. Departments of the Air Force, the Army, the Navy, and the Defense Logistics Agency. (1987). *Cost/Schedule Control Systems Criteria: Joint Implementation Guide.* Washington, DC: U.S. Department of Defense; Fleming, Q., and Koppelman, J. (1994). "The essence of evolution of earned value," *Cost Engineering*, 36(11): 21–27; Fleming, Q., and Koppelman, J. (1996). *Earned Value Project Management*. Upper Darby, PA: Project Management Institute; Fleming, Q., and Koppelman, J. (1998, July). "Earned value project management: A powerful tool for software projects," *Crosstalk: The Journal of Defense Software Engineering*, pp. 19–23; Hatfield, M. A. (1996). "The case for earned value," *PMNetwork*, 10(12): 25–27; Robinson, P. B. (1997). "The performance measurement baseline—A statistical view," *Project Management Journal*, 28(2): 47–52; Singletary, N. (1996). "What's the value of earned value?" *PMNetwork*, 10(12): 28–30.
3. Brandon, Jr., D. M. (1998). "Implementing earned value easily and effectively," *Project Management Journal*, 29(2): 11–18.
4. Brandon, Jr., D. M. (1998). ibid.
5. Petro, T., and Milani, K. (2000). "Northrop Grumman's four-tier approach to earning value," *Management Accounting Quarterly*, 1(4): 40–48.
6. Christensen, D. S., McKinney, J., and Antonini, R. (1995). "A review of estimate at completion research," *Journal of Cost Analysis*, pp. 41–62; Christensen, D. S. (1998). "The costs and benefits of the earned valued management process," *Acquisition Review Quarterly*, 5, pp. 373–86; Marshall, R. A., Ruiz, P., and Bredillet, C. N. (2008). "Earned value management insights using inferential statistics," *International Journal of Managing Projects in Business*, 1: 288–94.
7. Lipke, W. J. (2003, Spring). "Schedule is different," *The Measurable News*, pp. 10–15.
8. Magnaye, R. B., Sauser, B. J., and Ramirez-Marquez, J. E. (2010). "Systems development planning using readiness levels in a cost of development minimization model," *Systems Engineering*, 13: 311–323; Magnaye, R., Sauser, B., Patanakul, P., Noqicki, D., and Randall, W. (2014). "Earned readiness management for scheduling, monitoring and evaluating the "Development of complex product systems," *International Journal of Project Management*. http://dx.doi.org/10.1016/j.ijproman.2014.01.009
9. Morris, P. W. G. (1988). "Managing project interfaces—Key points for project success," in Cleland, D. I., and King, W. R. (Eds.), *Project Management Handbook*, 2nd ed. New York: Van Nostrand Reinhold, pp. 16–55.
10. Baker, B. N., Murphy, D. C., and Fisher, D. (1988). "Factors affecting project success," in Cleland, D. I., and King, W. R. (Eds.), *Project Management Handbook*, 2nd ed. New York: Van Nostrand Reinhold, pp. 902–19.
11. Morris, P. W. G. (1988), as cited in note 9.
12. Slevin, D. P., and Pinto, J. K. (1987). "Balancing strategy

and tactics in project implementation," *Sloan Management Review*, 29(1): 33–41; Pinto, J. K. (1998). "Critical success factors," in Pinto, J. K. (Ed.), *Project Management Handbook*. San Francisco, CA: Jossey-Bass, pp. 379–95; Slevin, D. P., and Pinto, J. K. (1986). "The project implementation profile: New tool for project managers," *Project Management Journal*, 17(3): 57–70; Belout, A., and Gauvreau, C. (2004). "Factors affecting project success: The impact of human resource management," *International Journal of Project Management*, 22: 1–11; Belout, A. (1998). "Effect of human resource management on project effectiveness and success: Toward a new conceptual framework," *International Journal of Project Management*, 16: 21–26.

13. Beck, D. R. (1983). "Implementing top management plans through project management," in Cleland, D. I., and King, W. R. (Eds.), *Project Management Handbook*. New York: Van Nostrand Reinhold, pp. 166–84.

14. Manley, J. H. (1975). "Implementation attitudes: A model and a measurement methodology," in Schultz, R. L., and Slevin, D. P. (Eds.), *Implementing Operations Research/Management Science*. New York: Elsevier, pp. 183–202.

15. Lock, D. (2000). "Managing cost," in Turner, J. R., and Simister, S. J. (Eds.), *Gower Handbook of Project Management*, 3rd ed. Aldershot, UK: Gower, pp. 293–321.

16. www.acq.osd.mil/pm/evbasics.htm

17. http://psncentral.com/research/SSC.htm; "Superconducting Supercollider project hangs on edge." (1993, September 27). *Boston Globe*, p. 1; "Texas lands the SSC." (1988, November 18). *Science*, 242: 1004; "University consortium faulted for management, accounting." (1993, July 9). *Science*, 261: 157–58.

18. Blass, G. (2008). "Boeing's 787 Dreamliner has a composite problem." www.zimbio.com/Boeing+787+Dreamliner/articles/18/Boeing+787+Dreamliner+composite+problem; Cohan, P. (2010). "Yet another problem for Boeing's 787 Dreamliner." www.dailyfinance.com/story/company-news/yet-another-problem-for-boeings-787-dreamliner/19734254/; Done, K. (2007, October 10). "Boeing 787 Dreamliner hit by delays," *Financial Times*. www.ft.com/cms/s/0/d42602de-774c-11dc-9de8-0000779fd2ac.html#axzz17R08yXyV; "The 787 encounters turbulence." (2006, June 19). www.businessweek.com/magazine/content/06_25/b3989049.htm; Johnsson, J. (2010, December 4). "787 Dreamliner proving bedeviling for Boeing," *Chicago Tribune*. http://articles.chicagotribune.com/2010-12-04/business/ct-biz-1205-787-delay-20101204_1_dreamliner-teal-group-richard-aboulafia; Lemer, J. (2010, November 12). "Boeing 787 risks further delays," *Financial Times*. www.ft.com/cms/s/0/941df738-ee8a-11df-9db0-00144feab49a.html#axzz17QyTnbm0; Norris, G. (2010, November 15). "787 schedule hinges on fire investigation," *Aviation Week*. www.aviationweek.com/aw/generic/story.jsp?id=news/avd/2010/11/15/09.xml&channel=comm; Norris, G. (2010, November 26). "787 design and software changes follow fire," *Aviation Week*. www.aviationweek.com/aw/generic/story.jsp?id=news/awx/2010/11/24/awx_11_24_2010_p0-272395.xml&channel=comm; Sanders, P., and Cameron, D. (2011, January 19). "Boeing again delays 787 delivery," *Wall Street Journal*, p. B3; Pasztor, A. (2014, July 13). "Boeing Says Dreamliner's Reliability Still Falls Short," *Wall Street Journal*. http://online.wsj.com/articles/boeing-says-reliability-of-787-dreamliner-is-still-falling-short-1405259732; Kotoky, A. (2014, February 11). "Boeing says Air India Unhappy with 787 Dreamliner's Performance," *Bloomberg*. http://www.bloomberg.com/news/2014-02-11/boeing-says-air-india-unhappy-with-787-dreamliner-s-reliability.html "The Courage To Innovate" Wings Club of New York (2010, November). Jim McNerney Chairman, President and Chief Executive Officer, The Boeing Company, Boeing Company, 2010.

19. Lipke, W. H. (2003, Spring). "Schedule is different," *The Measureable News*, pp. 10–15; Lipke, W. H. (2009). *Earned Schedule*. Lulu Publishing; Book, S. A. (2006, Spring). "Earned schedule and its possible unreliability as an indicator," *The Measureable News*, pp. 24–30; Lipke, W. H. (2006, Fall). "Applying earned schedule to critical path analysis and more," *The Measureable News*, pp. 26–30; Book, Stephen A. (2003, Fall). "Issues associated with basing decisions on schedule variance in an earned-value management system," *National Estimator*, Society of Cost Estimating and Analysis, pp. 11–15; www.earnedschedule.com; Vanhouckel, M., and Vandevoorde, S. (2007). "A simulation and evaluation of earned value metrics to forecast the project duration," *Journal of the Operational Research Society*, 58(10): 1361–74.

第 14 章

项目收尾和终止

本章目标

学习本章后,你将能够:
1. 区分项目终止的 4 种主要形式。
2. 识别项目正式收尾的 7 个关键步骤。
3. 理解项目提前终止的关键原因。
4. 了解项目最终报告的任务和组成部分。

本章涉及的项目管理知识体系的核心概念

1. 项目收尾(见 PMBoK 4.6 节)
2. 采购终止(见 PMBoK 12.4 节)

☐ 项目导读 14-1

杜克能源取消莱维县的核电厂

自 1979 年三哩岛核泄漏事故以来,美国没有再建新的核能发电厂。但随着科技进步和安全措施的改善,以及污染环境的化石燃料发电厂普及率的下降,核能倡导者一直在游说业界。在佛罗里达州,还有一些其他因素推动核能发电厂的建设,比如从 2006 年开始如法律允许公用事业公司可预支费用来支付工厂建设成本。预支政策有效地排除了成本风险,使核电成为更有吸引力的选择。

发展能源与杜克能源合并后,成为全美最大的电力公司,并着手实施一个新的核电站项目,以满足佛罗里达州能源需求的增长。2008 年,该公司在奥兰多西北约 90 英里的莱维县的一个地点建设两个 1 100 兆瓦的核设备(见图 14-1)。当时,该项目的成本约为 140 亿美元。由于奥兰多西部墨西哥湾沿岸的水晶河核电厂面临严重问题,该项目遇到了极大的阻碍。水晶河核电厂建于 1977 年,在能源污染后已经被关闭。为了节省 1 500 万美元,发展能源试图在 2009 年启动新项目,即替换核设施的旧蒸汽机。这种做法导致了维修工作的失败，使工厂无法安全生产。该工厂的新业主杜克能源认为，直接关闭该设施比冒着34亿美元的风险解决问题更节约成本。

根据新的国家规定，杜克能源可以向用户收取尚未开始建设的工厂的费用。该公司授权承包商开始征地、设计以及购买一些设备，如发电机。然而，由于核管理委员会的许可证延误，以及来自国家立法部门对该项目可行性的再次质疑，这个项目经历了一系列的拖延。这两家工厂原计划于2016年完工，但去年，公司宣布，空置的工厂将不会在2024年之前开始生产，并将花费近250亿美元，这个费用是预算的两倍。杜克能源意识到目前状态下的项目根本不可行，宣布取消该项目，并已经与其主要承包商开始讨论关于终止合同的细节。

虽然不能从取消的项目中全身而退，但杜克能源将节约大量成本。事实上，作为与国家公共律师事务所的协议的一部分，该公司避免了尴尬的公开听证会。根据佛罗里达公共服务委员会（PSC）的数据，杜克能源自2009年起在佛罗里达州征收了8.625亿美元用于该项目。根据规定，杜克能源可以从莱维郡收回2亿美元。此外，该协议使得杜克能源可以从2017年起在佛罗里达州的用户那里收取另外3.5亿美元的费用，从而保证杜克能源在2018年之前的最低利润率为9.5%。对于杜克能源的用户来说，该项目总花费高达32亿美元。PSC将决定用户如何以及何时偿还该账单。总而言之，杜克能源将从佛罗里达纳税人那里收取近13亿美元，但并不建造核电站！

杜克能源决定取消项目，同时仍然得到了利润，这使得佛罗里达立法机关怀疑他们本来是否真的有意建设这个工厂。正如州议员迈克·法萨诺（Mike Fasano）所说："发展能源公开表示，它们决定放弃这个核能项目，我为他们感到羞耻。"

这会对美国的核电站建设计划产生什么样的影响呢？一再给民众以乐观的希望，但现实却令人失望。在过去10年中，全国提出了二十多个核反应堆建设计划，但只有两个主要项目正在建设中：一个在格鲁吉亚，另一个在南卡罗来纳。杜克能源已暂停在北卡罗来纳州的新反应堆的计划，并推迟在南卡罗来纳州的核电厂计划。

原核管理专员彼得·布拉德福德（Peter Bradford）认为，核复兴只是一时兴起，并不具有可行性。[1]

图14-1 正在建设的核电站

资料来源：George Hammerstein/Corbis.

概述

与其他正在进行的组织活动或过程相比，项目的最大特征之一是其有限的生命。因此在计划项目的同时也要对它的终止进行计划。第1章讲述的项目生命周期就说明了这一点，第4阶段，也就是最后一阶段就定义为项目的终止。**项目终止**（project termination）是项目发起人验收项目、完成各种项目记录、最后修订和归档反映项目最终状态的文档，并保留必要项目文档的过程。

本章将要探索项目终止的过程和有效终止项目的步骤。例如，项目可能由于多种原因而终止。最好的情况是项目成功地完成，并且所有正在进行的收尾工作都反映了项目的圆满结束。然后，项目团队采取必要的措施对项目进行有效地总结。另外，项目过早结束的原因也是多方面的。比如项目有可能被立即取消，就像前面提到的ARC项目或者海军朱姆沃尔特级驱逐舰（见案例分析14-3）一样，也有可能一直拖延，最终不了了之。可能是在完工时发现业界有显著的突破，结果造成技术上的过时；可能是由于缺乏高级管理层的支持、组织变更或战略调整等原因而宣告失败；它还可能是由于灾难性的失误而被迫终止。

总之，最好的情况是圆满完成任务的核心部分，然而现实中，众多的项目未能达成目标就提前终止了。有两种情况，一种叫作**自然终止**（natural termination），在这种情况下，项目已达成目标，实现逻辑上的终止；另一种情况叫作**非自然终止**（unnatural termination），一般是由于政治、经济、客户或技术条件改变等原因而未能实现项目目标。[2] 在本章中，我们会详细说明这两种终止类型以及项目终止过程中有效结束项目的步骤。

14.1　项目终止的类别

项目收尾代表项目已经成功完成，并且需要一套系统的收尾方法论，尽管如此，项目因为多种原因而终止的情况还是比较常见。项目终止的类型主要有4种。[3]

（1）**绝对式终止**。这个过程发生在项目得出成功或者不成功结论的时候。不管成功与否，在终止的过程中项目的最终预算都要接受审核，项目团队开始转向新的任务，项目使用的主要资产要根据公司政策或合同条款进行疏散或转交。

（2）**附加式终止**。这种方法结束项目的方式就是使项目正式成为总公司的一部分。例如，假设苹果电脑出色地完成了一个硬件设计项目，公司并没有解散项目团队，而是将其作为项目组织之外的一个独立运作团队。实质上，这个项目被"提升"到公司正式的、分层级的地位。它的确终止了，但是它的成功却令该项目团队成为公司结构新的组成部分。

（3）**集成式终止**。集成是处理成功项目的一种普遍方法，但它相当复杂。随着项目的结束，项目资源包括项目团队在内，被重新整合到组织的现有机构中。在矩阵型和项目型组织中，完成项目任务的人员回到各自的职能部门，或者等待新的项目任务。在这个过程中，流失关键组织成员的现象并不少见。他们可能十分喜欢项目团队的氛围和成就，对组织的重新整合毫无兴趣，因而会离开公司，寻找新的项目挑战。例如，一名项目经理领导了一个项目，这个项目是为美国缅因州波特兰市开发和引进一套地理信息系统（GIS），项目完工后，他并没有接受系统管理员的职位，而是马上离开。因为他认为管理项目比维持项目更富有挑战性。

（4）**自灭式终止**。自灭式终止的发生有许多原因。可能是政治因素要求项目正式地"载入史册"，即使组织无意于此，或者并没有料到项目的成功。项目可能有一个强大的赞助者，该赞助者需要为其青睐的项目筹措资金，也有可能是由于预算削减，组织不得不将多个项目记录存档，等待经济状况改善时再恢复。Meredith 和 Mantel [4] 认为自灭式终止并不是一种直接的终止行为，而是逐渐削减预算直至项目无法实施，是一种故意的忽略行为。

实践中的项目经理 14-1

迈克·布朗，劳斯莱斯公司

在 40 年的项目管理职业生涯中，迈克·布朗（Mike Brown，见图 14-2）可以大胆地宣称，几乎所有涉及项目运行的事情他都看过并做过。他拥有工业化学和工程建设项目管理学位，参与过全球许多重大的建设项目。他的简历着实令人赞叹不已，包括：①运行医药研发项目；②制订炼油厂和石化工厂计划；③领导完成电力及基础设施建设项目；④管理各种航空开发计划。他所接手的最大项目是 5 亿美元的印度液化天然气罐区项目和 5 亿美元的印度电厂建设项目。迈克在很多国家和地区都工作过，包括斯里兰卡、印度、非洲和太平洋地区。

图 14-2　劳斯莱斯公司的迈克·布朗

然而，他目前感觉在劳斯莱斯的工作才是他施展才华的最好机会。正如他自己说的那样：

> 我的头衔是"项目管理中心主任"，也就是劳斯莱斯卓越项目管理中心的主任。该中心在项目管理委员会（高级管理团队，拥有劳斯莱斯公司项目管理权）的支持下致力于推动改善整个公司的项目和项目群管理。
>
> 在个人层次上，我训练、指导，举办研讨会，并在整个公司为个人或实习群体做报告。我在 8 年前开发了曼彻斯特大学和宾夕法尼亚州立大学的硕士课程，现在有约 125 个英国硕士毕业生和约 50 个北美毕业生。现在的人际网已经可以支持我完成身边的改进工作，并逐渐成为变革的强大驱动力。
>
> 除了我在公司内部的职责与角色，在外界，我是劳斯莱斯公司项目管理的代表。这一角色的工作包括作为公司代表在各论坛上发言，以及主持由英国标准委员会主办的项目管理标准会议。

当被问及是什么让他如此致力于项目管理职业时，迈克思考了一会儿说：

> 在我年轻的时候，和一个优秀的团队同时进行 3 种对话是很大的一个挑战——解决问题、争论以及与工作相关的一般闲聊，所有的对话都指向同一个目标。当我成熟以后，我逐渐明白，你需要先解决问题再"开始"项目，这要通过在需求管理、干系人管理、价值管理、稳固的商业情况发展等方面的战略思维和行动来实现。此外，世界上很少有你可以感知、感觉或体验到你劳动成果的"职业"，而项目管理就是这样一种职业。

当被问及职业生涯中最令人难忘的经历时，迈克回答道：

> 每一个项目都是独一无二的，因此在许多方面，每个项目都有它独特的体验。然而，最令我难忘的，要属印度复合肥料发展的建设项目。为调度重件，我们使

用了所有的起重机，从标准起重机到我最喜欢的大象都使用过！有人（可能是工地安全主任）甚至描绘了大象所能承担的安全工作负荷数量！

我想我享受这份工作的原因之一是它对于任何商务人士来说都意味着巨大的发展。作为一个项目经理，却同时担负着CEO所有的职责：你需要管理自己的人员、制定预算、与客户沟通、处理各种技术问题，每天都需要做出重要的决策，处理自己的经营运作。真的，除了公司的CEO，一个项目经理在公司内拥有最高的自治权和责任。但是它也需要某种魔力使它运作起来，你没有很多正式的权力，所以你要懂得如何去影响、带领你的团队，并获得他人的尊重，而所有这些都取决于你的个人能动性和你为自己所设定的榜样。

14.2 自然终止：收尾过程

当项目接近自然终止阶段时，项目团队有必要采取一系列的收尾活动。[5] 这些活动既有顺序发生的，也有并发的。例如，有些活动像完成工作、交付产品、验收产品，它们是连续发生的，从上一个活动到下一个活动。这些活动完成的同时，其他活动并发进行，像完成项目文档、将记录存档、解散项目团队。所以，项目收尾过程仍然比较复杂，需要多个活动在限定的时间内完成。下面将按照顺序讲解这些活动和步骤。

14.2.1 完成工作

项目即将结束时，仍然有许多工作等待最后的完善或"修饰"，如软件包的最终调试。同时，项目人员有失去工作重心的自然倾向，他们开始思考新的项目任务或即将发生的团队解散。项目经理的任务就是保证团队成员集中精力完成最后的活动，尤其是在项目的主要部分完成之后。完成最后工作要求使用检查表作为控制策略。[6] 例如，建筑完工后，承包商会带领业主将建筑从头到尾看一遍，以便在项目完工之前确定剩余工作清单。

对项目经理而言，完成最后的工作就像一个技术或管理问题，是一项富有刺激性的挑战。检查表及其他简单的控制策略是最后工作的重要组成部分，它提醒项目团队，尽管大部分工作已经完成，但项目仍然尚未完工。使用剩余工作清单也表明，即使是最成功的项目，也有必要在客户验收之前采取修改和调整措施。[7]

14.2.2 交付项目

将项目交付给目标用户既是一个直接的过程，也是一个高度复杂的过程，它取决于合同条款、委托人（组织内部或外部的）、环境条件及其他间接因素。它本身就是一个正式的项目所有权移交的过程，涉及所有的交付条款和条件。项目交付的过程要求编制计划，并采取具体的步骤和措施。它不仅要实现项目所有权的转移，还要求为用户建立培训计划、转让和共享技术方案和特色、使所有的设计和制造的详细说明清晰有效等。由于所有权转移过程相当复杂，所以项目交付需要周密的计划。

在大型项目中，交付项目是一种常见的风险管理过程，特别是对那些初次拒绝接受项目的国外客户来说，他们多在项目承包商证明了项目的生存能力之后才肯接受项目。在英国，这个过程通常被称为**私人主动融资**（private finance initiatives，PFIs），用于保护合同购买方避免支出额外的费用。[8] 例如，假设某公司刚以 15 亿美元的成本在博茨瓦纳修建了一所铁矿石熔炼厂。对博茨瓦纳来说，这种投资极具风险，它会首先要求熔炼厂试运行一段时间，以证明技术上的合格性。这种理念（**建造—经营—转让**）就是 BOT（build，operate and transfer），它适用于大型项目，能够在短期内减轻项目的最终所有者的风险。BOT 的优化就是 BOOT，即**建造—拥有—经营—转让**（build，own，operate and transfer）。在 BOOT 合同下，项目承包商最先在特许期内拥有项目的所有权，直到将经营过程中的所有问题全部解决，从而可以减轻委托方的财务风险。采取 BOOT 合同的劣势在于，项目承包商由于在特许期内拥有项目的所有权，所以不得不承担较大的财务风险。因此，这种融资方式虽然保护了项目委托方，但是，倘若项目失败，承包商就会陷入危险的境地。

14.2.3 验收项目

对项目关键成功因素的一项研究表明，客户验收是项目成功与否的重要决定因素。[9] 客户验收代表这样一个认知过程：简单地把项目移交给客户，不足以证明客户对它的满意程度，也不能证明它的用途和客户从中获得的收益。但是，根据经验来看，获得客户的验收认可是相当棘手和复杂的。客户对自身的能力和掌握的技术不是十分有把握。例如，在交付 IT 项目的过程中，客户在初次面对最终产品时，通常要经历一个迷惑和模糊的阶段。有些客户会故意毫无理由地拒绝接受项目，因为他们害怕一旦接受项目，就会失去要求修改和纠正明显错误的权利。因此客户是否能快速接受该项目，要取决于项目团队在项目实施过程中与客户的沟通程度，如果出现客户拒绝接受项目的情况，那么最终产品或许不是客户所实际期望的产品。

因为获得客户的验收认可是一个复杂的过程，所以，项目团队有必要提前编制计划，既方便最终产品的交付，也减少了项目所有权转移的程序。这个过程说明，在编制项目实施计划的时候，也要制订项目的交付和使用计划。项目团队应该对自己提出一些尖锐的问题，比如，"客户对项目提出了什么目标，何时完成？""如何消除客户对项目的商业和技术价值的顾虑？"

14.2.4 评估收益

项目是为了解决问题、抓住市场机遇，或者是实现某个目标或目标集，因此项目完工的收益应该很容易判断，事实上，实施项目的真正目的是为总公司获得收益。收益评估这一思想表明，无论是对外部客户还是对项目组织内部，项目团队都要对项目创造的价值进行评估。

当然，收益有多种形式，而且都与项目有关。例如，在建筑项目中，收益可能由于公众对项目的拥护而发生，可以是从审美的角度，也可以是从使用的角度。对一个软件项目而言，收益有可能是提高运营效率，如果项目是针对商业市场的话，还有可能是提高利润和扩大市场份额。收益评估的要点是项目组织应该认识到项目完工的积极成果。

当然，在实际情况下，准确评估项目收益可能相当困难，尤其是评估短期收益。例如，在一个安装和修改企业资源计划（ERP）软件包的项目中，只有当软件包能够在计划、采购、库存和生产资料的使用上节约资金时，收益才会发生。ERP 系统的真正收益在几年时间内可能都不明显，直到软件包中所有的程序缺陷都消除，这些收益才能开始凸显。还有一种情况，一个运营良好而成本低廉的项目，由于没有预见到竞争对手的技术飞跃，导致项目在市场上没有立足之地。这样，无论项目运营得多么完善，其结果都是失败的。例如，考虑到日产（Nissan）推出纯电动力汽车，而美国的汽车制造商也开始逐渐向高能效的混合动力汽车转型，那么对于丰田（Toyota）来讲，2011～2012 年继续启动六种新混合动力汽车的开发并不是最合理的策略。工业观察者认为，当前混合动力汽车只是一种"过渡产品"，在丰田研发新产品的过程中，可能会被更新、更高效的技术（如下一代的汽油/酒精动力机器等）取代。

开始评估项目收益的关键一点是，首先开发一个有效实用的测量系统，以确定项目的目标、时间框架、项目运行过程中的职责和评估[10]的价值额度。

14.2.5　评审实施过程

在评估项目（和项目组）的表现时，必须遵循一些基本原则。项目后审查应尽可能客观，而且在许多组织中，项目审查是通过外部人员——即组织中不属于项目组的成员来进行的。在某些层面上，这样做是有道理的，最好是从无利害关系的第三方那里得到评价，而不是让团队成员冒着不合理化或掩盖不良做法的风险进行自我评估。项目后评估有以下 4 个原则：客观性，内部一致性，可复制性和公平性[11]。

（1）**客观性**。这个原则是指从一个客观的角度对项目进行公正、无偏差地审查。尽管使用客观第三方的理念在理论上是好的，但是使用外部人员审查项目时包括以下几点问题。

a. 外部项目审查员不熟悉项目组在实施项目时的情况。评估人员可能不了解项目的技术挑战、从最高管理层或客户那里收到的具体指示或在项目工作中遇到的问题。这里的"外部观点"不允许评论者有自我理解，这样可能会使他们的审查结果不公正。

b. 项目团队可能会怀疑由何人选择外部审查员以及他们可能接收的指令。可能发生的最糟糕的事情是项目组成员认为审查人员在审查项目时有自己的工作日程。如果外部审查员持有某种特定的思想或政治观点，则可能会影响其评价的公正性。例如，通常被称为奥巴马医疗的"可负担的医疗保健法案"已经是几年来的政治避雷针。如果由共和党众议员担任审查员，则可能认为项目审查观点是有偏见的。

c. 外部评估人员可能会感到必须要发现问题。人性表明，个人被指定为项目审查人员时，他们自然会挖掘出问题，将小问题提升到比实际更大的问题。正如一位项目管理学家所说的那样：评估者应该注意问题，但是应该"防止像每天有配额票的交警那样行事"。[12]

d. 外部评审人不能胜任。评审人员可能在技术上或其他方面没有能力做出准确的评估。

（2）**内部一致性**。在进行审查时，必须建立并遵循合理的程序。审查中所有的相关步骤必须事先确定，并且该流程在组织所有项目中都是一致的，以确保一些审核人员不会临时制定规则。标准化是内部一致评估的关键。

（3）**可复制性**。无论何人进行评估，标准化的评估过程应该得出类似的结果。可复制性意味着该过程可以从流程中移除，因为收集的信息不取决于进行审查的个人。

（4）**公平性**。项目组的成员必须认识到审查工作是公正的，没有特定议程，旨在强调成功和失败。如果他们觉得受到了不公正的批评，就会影响他们对未来项目的执行意愿，反而会打击项目组成员的积极性或是自我保护的行为（比如找问题的替罪羊，而不是去纠正）。

项目收尾最重要的工作之一就是深入分析"经验教训"，这个分析以项目评审为基础——项目进展过程中的成功与不足、无法预见的困难以及对未来项目的建议。甚至那些吸取了经验教训的公司，在这一阶段仍然会有很多错误发生，包括以下几种。

- **没有正确识别系统错误**。一般人倾向于把失败和错误归咎于外因，而不是内因。例如，"客户更改规范书"这种理由就比坦白地承认"没有尽力了解客户的需求"来得容易。与这种错误紧密相关的就是把错误看成偶然的或一次性的事件。许多项目管理人员偏向于简单的解决方式，认为错误是由无法预见的原因造成的，并且仅此一次，不可能在未来再次出现，他们并没有去调查错误是否是由项目管理系统的潜在问题导致的。

- **误用或误解基于事件的经验教训**。当项目团队或项目评审人员错误地认知问题起源的时候，误解就发生了。有时候还会出现这样的情况，从一个已终止项目中得出的正确教训，要么被忽视，要么就被歪曲，以迎合大众的观点。例如，一个电脑制造商自信地认为他们的技术优于竞争对手，因而无论是在公司内部，还是在与潜在顾客交流的会议中，他们都固执地对任何反对意见视若无睹。当项目在市场上宣告失败时，公司员工大多还认为是市场无力支持新产品，而没有去考虑几个月前就提出的意见。

- **没有吸取以前项目的经验教训**。毫无疑问，组织的项目是不连续的、一次性的任务，但是，项目之间仍然有重叠的部分，特别是在一个公司内部，这使得吸取的教训非常有用。这些教训是组织学习颇有价值的形式，项目管理初学者可以学习这些教训，借鉴其他管理人员提供的有关过去项目的信息。成功的教训学习高度依赖于高层管理者对关键历史信息归档过程的强制执行。从某种程度上来说，所有的项目都是独一无二的。但是，独一无二不能作为不学习教训的借口。例如，美国军队就把过去项目的教训做成电子文档并保存下来。所有的项目管理人员都要求根据他们开展项目的类型，对以前的记录进行学习，以提前对可能出现的问题制定详细的应对措施。

要从经验教训学习会议中获得最大的收益，项目团队应该遵循下面3条重要的指导方针。

（1）**为会议的参与方制定明确的行为规则**。所有人必须了解，有效的沟通是从教训学习会议中获得持续收益的关键。整个气氛应该是促进交流的，而不是抑制交流。

（2）**尽可能客观地描述发生的事情**。一般人习惯对项目的突发事件冠以"混乱"的头衔，尤其是在这些事情使他们无力招架的时候。经验教训学习会议的目的就是尽可能从不同的角度，客观地概括一系列的事件，以重新整理事件发生的顺序、问题的触发源以及无法沟通和误解之处等。

（3）**把重点放在问题上，而不是过失上**。把重点放在要解决的问题上，经验教训学习会议才能起到作用。如果会议被高层管理者用来寻找失败项目的替罪羊，就会失去价值；如果项目人员发现会议是思考关键事件，以更好地指导实践的机会，那么，任何对过失的掩盖都会消失，所有人都将致力于解决问题。

14.2.6 归档

项目的终结需要大量的书面工作，包括评论、记录、结束资源账目，如果有必要，还需跟踪合同协议和已履行的条款。归档阶段的要素包括以下几个。

（1）**文档**。所有相关的项目记录都应该归档，并保存于中心储存库中，以方便他人查阅。这些记录包括所有的进度和计划文档、监督和控制文件、材料和资源的使用记录、顾客的订单变更请求、规范变更批准书等。

（2）**合同**。所有合同文件必须记录和归档。包括合同条款和条件、依法追索权、惩罚或奖励条款，以及其他相关的法律记录。

（3）**成本**。必须谨慎结清所有的核算账目，包括成本核算记录、材料或资源清单、主要采购单、折扣单以及其他的预算科目。同时，和项目相关的所有账户必须结清，项目账户中未使用的资金和预算也要返还到总公司的预算中。

（4）**人员**。项目团队成员的成本和费用必须明确核算，包括他们在公司的投入和已核定的日常费用。而且，项目的任何非薪职人员，像承包人和顾问，必须根据协议在项目结束后解散，与他们相关的账目也应该清楚核算并终止。

附录 14A 中的图 14-5 表示的是一个详细的项目签收文档的例子。在这个文档中，最重要的是一系列的项目评审，包括以下几个。

- **总体项目规划和项目管理确认**：评估项目的总体规划、计划、资源、成本和风险。
- **商业确认**：确定推进项目的"商业案例"依然有效。
- **市场和销售确认**：基于定价策略、销售预测、顾客反馈。
- **产品质量确认**：核实所有的设计评审和相关的变更请求。
- **制造确认**：制造质量、生产能力和生产过程确认。
- **物流供应链确认**：保证项目的供应链、配送和供应质量达到可接受的标准。
- **售后服务确认**：分析产品移交阶段的配送、客户期望和项目支持问题。
- **健康、安全和环境确认**：保证所有的健康、安全和环境影响已得到核实和记录。

14.2.7 解散项目团队

最初组建项目团队是为了共同的任务——支持项目，所以项目的终结就意味着项目团队关系的结束。解散项目团队可以是一个非常不正式的过程（如举行一个解散派对），也可以是一个高度结构化的过程（如对所有成员进行详细的工作评估和绩效考核）。解散方式在很大程度上取决于项目的规模、管理人员的权力、组织对项目的承诺等因素。

正如第 2 章所述，在有些项目中，由于团队成员对自己在公司的未来地位不确定，因此解散团队的过程常常伴随着一定的压力。在大多数情况下，团队成员是被调回原职能部门，等待新的项目任务。研究表明，当项目团队成员从项目中得到了积极的"社会心理结果"时，他们就会在以后的工作中更愿意合作，对以后的项目持有更乐观的态度，会以更大的热情投入到项目中。[13] 所以，解散项目团队绝不能草草了事。对于刚刚完工的项目，虽然团队成员不会对刚刚完工的项目产生影响，但是，如果他们的绩效得到赞同，他们就会对以后的项目具有更高的积极性。

14.2.8　哪些因素阻碍了有效的项目收尾

制定一个从已完工的项目中捕获知识的体系，这种做法非常重要，实际早已有所应用。研究表明，许多组织的项目收尾活动开展得不是十分有效，真正的项目收尾应该系统地收集并保存从过去项目中得到的教训，以利于以后的学习。[14] 为什么在很多企业，项目收尾过于随便或者没有成效？其原因有以下几点。

- **项目签收阻碍了其他的收尾活动。** 一旦项目被客户验收，项目团队就会出现松懈的倾向。这个最终的"验收盖章"如果出现得太早，就会对其他活动产生消极的影响。团队成员会认为最后的活动是可有可无的，因而拖延或忽视这些活动。
- **紧急情况迫使项目团队在收尾阶段走捷径。** 当一个企业同时运作多个项目时，管理资源通常十分紧张，就会出现这样的情况，如为了新项目的启动而延误已完工项目的收尾活动。也就是说，这些企业通常由于工作过于繁多，而难以充分完成项目。
- **收尾活动的优先级较低，而且容易被忽视。** 有时候，企业会把最后的收尾活动分配给非项目团队成员，例如那些缺乏项目实战经验的初级管理者或会计。这样一来，因为缺乏对项目的目标、问题和解决方案的充分理解，他们的分析通常会比较粗略。
- **经验教训分析被视为简单的记录过程。** 许多组织只要求将经验教训列入文档，最后却很快将其遗忘。他们一般认为这种分析并不是为了广泛地传播经验教训，所以，他们不会严肃对待，不会主动查阅过去的记录，工作表现也不够积极。
- **由于项目是独一无二的，人们可能认为项目之间的重叠面很小。** 这种想法忽略了一个事实，即项目虽然是独一无二的，它们之间依然可能存在共同点。例如，如果项目拥有同样的客户，采用相似的技术，签约同一个承包商或顾问，或者在扩展期内雇用类似的人员，这样的共同点其实还有很多。项目确实是独一无二的，但这并不意味着项目管理环境也是独一无二的，更何况知识是可以转移的。

项目的自然收尾过程可以为项目组织带来很多好处。首先，它允许管理人员建立一个经验教训分析知识库，这个知识库对有效地开展以后的项目非常有用。其次，它提供一个收尾结构，把草率的收尾过程变成井然有序的收尾过程。再次，如果处理得当，项目收尾就会成为团队成员的重要信息来源和动力。通过经验教训分析，项目人员能够判断项目进展的好坏、预测将来的问题。最后，如果解散方式恰当，团队成员心理上的满足将成为以后项目的强大动力。所以，系统地收尾才能使项目收尾过程卓有成效。

14.3　项目的提前终止

在什么情况下项目组织会合理地做出**项目提前终止**（early termination）的决策呢？事实上，影响这种决策的因素有很多，Meredith 总结了 6 类动态项目因素，他认为项目人员应该定期监控这些因素，以观察它们是否发生了变化。[15] 如果答案是肯定的，那么接下来的问题就是确定这些因素的变化程度，以决定项目是继续还是终止。动态项目因素及与各因素相关的问题如表 14-1 所示。

静态项目因素则与项目本身的特征相关，也与项目经历的显著变更相关，它是项目提前终止的重要信息来源。而与任务本身或项目团队的结构相关的因素也是重要的信息来源，它解答了项目终止的原因。其他因素包括：项目发起人状况改变、经济条件或影响项目运转的组织环境改变、用户提出改变请求。比如说，由于外部环境的改变、客户对项目的最初要求可能作废。例如，当苹果公司收购 Beats Audio 时，取消了本公司的几个音频硬件和音乐流媒体项目，因为 Beats Audio 为他们提供了所需要的技术。

表 14-1 待审查的项目因素

1. 评审静态因素	f. 高级管理层对项目的投入不足
a. 以前的经验	g. 项目支持者流失
b. 企业形象	4. 经济因素
c. 政策影响	a. 项目的投资回报、市场份额和利润较低
d. 高昂的沉没成本	b. 高昂的完工成本
e. 断断续续的奖励	c. 资金缺乏
f. 残值和终止成本	d. 项目回报姗姗来迟
g. 完工收益	e. 错过项目成本的里程碑
2. 项目团队因素	f. 项目预算被缩减
a. 达到一定技术高度的困难	5. 环境因素
b. 解决技术/制造问题的困难	a. 存在更好的选择
c. 延长完工时间	b. 竞争加剧
d. 错过项目时间或绩效里程碑	c. 很难达成项目结果
e. 团队创新能力不足	d. 政府约束
f. 团队成员或项目经理的热情丧失	6. 用户因素
3. 发起人因素	a. 市场需求消失
a. 项目目标和组织目标不统一	b. 市场要素改变
b. 同其他项目的关联程度低	c. 市场接受能力减弱
c. 对公司的影响力不够	d. 备选终端用户的数量下降
d. 对公司的重要性不高	e. 成功商业化的可能性很小
e. 缺少机会	f. 项目成功扩展或继续的概率很低

    目前很多人正在对取消项目的决策做深入研究，试图找到组织不再继续项目的关键决策规则。研究人员调查了 36 家终止了研发项目的公司，发现难以达到技术或商业成功是终止这些项目的首要原因。[16] 其他的原因还包括：获得投资回报的可能性很低，市场潜力不足，缺乏继续维持项目的费用，技术问题难以克服。在类似的情形下，还有一些关键因素对是否取消项目的决策造成影响，其中重要的几点是：①项目管理的效果，②高级管理层的支持，③员工的投入，④项目领导者的拥护。[17]

    在做出决策之前，项目提前终止的警告信号有可能出现，对此研究人员也进行了调查。[18] 他们在 4 年时间内调查了 82 个项目，最终发现，在项目生命周期的最初 6 个月里，如果出现以下情况，团队成员就认为项目有终止的迹象，这些情况包括：难以达成商业目标，没有赋予团队成员充分的决策权，项目定位于相对固定的市场，被研发高层管理者赋予较低的优先次序，等等。尽管这些项目可能开展得十分有效，也得到高级管理层的有力支持，但是，这些因素足以使团队成员对项目的失败或提前终止确信不疑。

14.3.1 制定提前终止决策

    项目管理者在考虑是否终止项目时，通常都是模棱两可的。团队成员在这方面存在严重的分歧，有的认为项目能够获得成功，有的认为项目不再可行。项目终止的首要任务往往是将这些不同的观点分类,以找出对项目最正确、最客观的看法。值得一提的是,项目的可行性并不是一个纯粹的内部问题。换句话说,一个项目进展状况良好,并不意味着它必须继续得到支持。因为外部因素的影响可能致使项目在完工之前就已经毫无意义。[19] 例如项目技术过时,或者市场因素迫使项目目标尚待讨论,在这些情况下,项目最好立刻终止。反之,一个有市场前景的项目则可能由于超时或超支而遭到组织的扼杀。项目中途终止还有一个最普遍的原因,就是项目不符合公司的产品组合战略。例如,组织的产品供应战略改变,致使几个正在运行的项目不再可行,因为它们未能满足产品的开发需求。所以,项目终止可能是外部原因(运作环境改变),也可能是内部原因(成本管理不善或者不符合公司的战略)。

在决定是否终止项目时有一些重要的决策规则,其中包括如下几条。[20]

(1)当成本超过收入时。管理层应该把清除投资回报的障碍作为选择和启动项目的首要标准。对期望的成本和收益定期进行分析,就有可能暴露项目在财务上不可行的事实。这可能是因为完工时成本比预期的高,也可能是因为市场机遇比企业最初期望的要低。如果一个进行中的项目的净现值暴露了它的财务问题,最好的决策就是终止项目。

(2)当项目与企业的战略不一致时。企业经常对产品组合战略进行评估,以确定它们供应的产品是否互补,或者组合是否平衡。当公司采取新的战略时,产品组合经常会发生明显变化,需要淘汰不满足新目标的产品线。例如,EveryBlock 是 2009 年微软全国广播公司(MSNBC)收购的"超本地化"新闻和数据服务,希望利用该社区新闻模式作为其全国性在线新闻节目的一种补充。最终,由于 24 小时新闻行业的经济状况,以及与美国全国广播公司(NBC)的产品组合中缺乏感知契合度,它无法使社区新闻模式发挥作用。微软决定于 2013 年关闭 EveryBlock。[21]

(3)当项目完工期限不明确时。连续错过关键里程碑的日期,或完工日期不明确,这些信号都表明项目遇到了麻烦。第一次错过里程碑,人们也许还可以忍受,但如果项目完工日期长时间不确定,就会导致项目组织对延误原因展开调查,是由于项目管理能力薄弱,还是初始目标不切实际,抑或是技术的开发跟不上速度?里根总统在他的第一任总统期间就曾发起"星球大战计划"(SDI)。30 年后的今天,开发防御导弹系统的技术问题依然存在。许多专家不得不承认,部署这个系统的日期依然是个未知数。

(4)当技术演变超过了项目的范围时。在许多行业,例如 IT 业,技术更新换代非常迅速。所以,IT 人员经常遭遇项目完工、技术却发生变迁的情况。他们一般都担心向客户交付项目时,由于技术变化太快,以至于项目不再具有实用价值。对任何 IT 项目来说,最基本的任务就是在项目范围和不断变化的技术规格之间找到一个平衡点。显然,项目的范围必须界定,否则项目永远无法完工。另外,过早地界定项目范围则可能导致项目在投放市场之前就已经过时。

项目导读 14-2

"疯狂喂养"的后果:迪拜和取消的建筑项目

在过去的 20 年里,阿拉伯联合酋长国的迪拜其建筑活动水平非常高。迪拜有着持续发展的驱动力、受过良好教育的国际化劳动力以及支持性的税收法律，长期以来一直是一个有吸引力的商业和休闲中心。为了给阿联酋带来外国投资，过去 20 年里，迪拜在摩天大楼、主题公园、购物中心和住宅项目投资了数千亿美元，并鼓励私人投资者也这么做。在 2009 年的大衰退和银行业偿付能力下降之后，扩张的热潮突然停止。用于资助未来风险投资的贷款被取消，随之而来的是全球范围内的写字楼供应过剩以及一些更具创意的住宅项目的暂停。2010 年至 2011 年期间，迪拜取消了 217 个项目，其中包括计划中的老虎伍兹品牌（Tiger Woods-branded）高尔夫球场和 1000 米高的摩天大楼。

这一突然衰退的后果使迪拜的房地产价格下降了 50% 以上，迫使开发商推迟或取消项目展示。在某些情况下，开发商干脆隐瞒客户，关闭并离开迪拜。许多个人和公司购买了房产，在大额贷款上签字，但是最终不仅拿不回他们的钱，也得不到他们所购买的房产。由于项目组合被取消，开发商自然不愿在房地产泡沫破灭后仍旧进行投资，迪拜政府被迫提供了一些创造性的激励措施，以重振他们的建筑市场。他们创立的举措之一是成立一个委员会，负责清算数十个已取消的项目，并利用这些资金来偿还在经济衰退中遭受重创的投资者。该委员会的作用是调查各种投资者的财务状况，确定是否有非法的支付或财产转让，以及对受到欺骗的投资者进行赔偿。迪拜急于恢复其作为投资避风港的好名声，同时鼓励新一轮的建设发展。

取消建筑项目是一种常见现象，尤其是在严重衰退的银行危机期间。个人投资者和公司都冒着巨大的风险在迪拜进行投资，结果却眼睁睁地看着他们的钱消失或财产价值暴跌。与石油资源丰富的邻国阿布扎比不同，迪拜没有通过开发自然资源来弥补损失的手段，而必须通过银行和商业发展来支持再投资。一个创造性的选择是发行伊斯兰债券（"sukuk"）来为下一轮的发展提供资金。迪拜在为许多此类企业提供贷款方面的举措，已经为恢复迪拜的稳定和鼓励新一轮投资做出了漫长的努力。迪拜面对许多开发项目被取消时的反应表明，假如领导人有远见卓识，即使一个项目失败了，其他项目也可能会成功。[22]

14.3.2 终止项目

假设在分析了项目的困境和可行性之后，项目经理最终决定终止项目。终止项目的过程非常复杂。特别是在项目提前终止的前后，有一系列的问题尚待解决。终止决策可分为两类：感性决策和理性决策。[23] 在每个类别下还有相关的因素需要考虑。图 14-3 是一个修正的工作分解结构，它涵盖了项目终止的关键决策因素。

终止决策会引起项目经理和团队的反应，也给他们带来新的任务（见表 14-2）。另外，项目干系人也会产生严重的情绪反应。在项目组织内部，团队成员丧失动力、凝聚力降低、害怕将来没有工作、工作投入减弱、注意力分散等，这些都是正常的现象。项目的目标客户也开始同项目脱离关系，也就是远离项目团队和项目。

除了感性反应，终止项目的决策也会带来许多管理或理性的问题。例如，在组织内部，终止项目要求对所有的可交付成果进行详细审核、结束工作包、处理未使用的设备或材料等。对于客户，则需要终止所有与可交付成果和供应商相关的协议、合同，有必要的话，还需要封存设备。项目终止的关键是制定一个系统的过程，既要制定决策的步骤，还要编制合理的计划，以便能在决策后有效地停止项目。

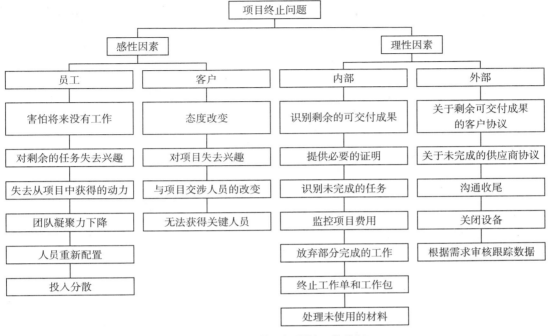

图 14-3 项目终止问题的工作分解

表 14-2 终止项目的相关问题

项目团队的感性问题
（1）害怕将来没有工作：项目一旦停止，团队成员就会担心失去工作
（2）对剩余的任务失去兴趣：认为项目终止后不再需要做任何工作
（3）失去从项目中获得的动力：丧失认真努力工作使项目获得成功的动力
（4）团队凝聚力降低：项目解散就意味着团队的解散
（5）人员重新配置：团队成员开始从更好的项目中谋取职位
（6）投入分散：随着项目的停止，其他的工作享有更高的优先权
客户的感性问题
（1）态度改变：既然项目取消，客户的态度可能变得非常不友好
（2）对项目失去兴趣：项目团队失去兴趣的同时，客户也对项目失去了兴趣
（3）与项目交涉人员的改变：客户将派遣没有经验的新人来处理项目，因为关键人员已调配给新的任务
（4）无法获得关键人员：客户方具备技能的人力资源不再对终止的项目付出努力
理性问题——内部
（1）识别剩余的可交付成果：项目团队必须区分完成的和未完成的任务
（2）提供必要的证明：提供符合环境或规则标准的项目收尾证明
（3）识别未完成的任务：项目团队必须识别未完成的供应品配送、未实现的里程碑等
（4）监控项目费用：项目收尾时，部门员工都了解项目的账目。项目团队应该迅速终止这些账目，以防止其他部门的费用隐藏于本项目中
（5）放弃部分完成的任务：如果最后的任务不再支持项目，项目团队就应该放弃这些工作
（6）终止工作单和工作包：一旦确定了正在进行的任务，就应该正式授权取消工作单和工作包
（7）处理未使用的材料：项目中积累了很多未使用的供应品和材料。项目团队应该制定一个处理或转移这些材料的方法

(续)

> **理性问题——外部**
> （1）关于剩余可交付成果的客户协议：项目取消时，项目组织和客户应该达成一致协议，确定剩余的可交付成果及其交付时间
> （2）关于未完成的供应商协议：应该同供应商取得联系，取消原料供应合同
> （3）沟通收尾：项目团队必须向所有干系人通知项目的终止，包括所有活动的停止日期
> （4）关闭设备：如果有必要，项目团队应该编制设备关闭计划
> （5）根据需求审核跟踪数据：不同的客户和干系人对项目后续审核中保留的记录有不同的需求。项目团队应该确定每个干系人需要的记录，以终止项目

■ 项目管理研究精要 14-1

IT 行业的项目终止

在 2010 年年中，废弃物管理公司（Waste Management）和 SAP 公司的一场官司正式结案，案件起始于废弃物管理公司安装实施 SAP 公司 ERP 软件的失败。因为废弃物管理公司是收购重组的大型集团，因此，遗留的系统遍布公司，并且大都过时。在 2005 年，该公司希望彻底检查其订单到现金的流程式账目，包括整合、定价及客户调整，SAP 公司就是在这种情况下介入的。SAP 公司允诺只需要改变少许，其开箱即用的 ERP 系统就足以满足废弃物管理公司的要求，事实却并非如此。废弃物管理公司称，他们蒙受了巨大的损失，包括花在项目（被废弃物管理公司称为彻底的失败）中的 1 亿多美元，以及假若软件成功将获得的 3.5 亿多美元。

废弃物管理公司的部分讼词是，他们需要一揽子的 ERP 系统，在不进行大量定制开发的情况下满足其商业需要，但是，SAP 用一个假系统来欺骗废弃物管理公司管理者相信软件满足要求。尽管 SAP 公司不承认该指控，废弃物管理公司确实为该系统一次性支付了费用。

有效运行和完成项目过程中的困难与挑战在 IT 行业很常见，针对 IT 项目管理的研究调查也证明了这点。丹尼斯 – 斯坦迪什集团（Standish Group of Dennis）对 IT 项目进行了彻底的研究，结果发现：

- 18% 的 IT 应用开发的项目，在完成前被取消；
- 另外 43% 的项目面临严重的成本/进度超支或范围变化；
- 美国的公司和政府机构每年因 IT 项目失败，承担的成本预计有 1 450 亿美元。

在全球范围内，估计取消的项目价值高达 3 万亿美元，占全球 GDP 的 4.7%，超过了整个德国的经济产出。[24]

那么，哪些是项目面临取消的征兆呢？下面给出 10 条失败预兆：
（1）项目经理未领悟客户的需求；
（2）范围定义不清楚；
（3）项目变动，管理不佳；
（4）选择的技术改变；
（5）商业需求变化；

（6）期限不现实；
（7）用户的抵制；
（8）丧失赞助；
（9）项目缺少有相应技能的员工；
（10）忽略了实践和教训。

为了避开这种不可避免的失败，关键是要认识到预兆的警示，包括无力达成基本目标、未解决问题的堆积、与项目关键股东关系的破裂及成本上升。这些危险信号都是项目终止的预兆。[25]

14.3.3 索赔和争议

在许多项目中，终止决策会造成同客户的法律争议。最常见的是客户或供应商对项目提前终止的索赔问题。本书不打算详述法律问题，但是，读者不能忽视项目终止所带来的一系列合同争议和解决方案。索赔和**争议**（dispute）问题在制定项目终止决策时就应该予以考虑。例如，一家公司由于未能送达产品而缴纳大量罚款，这时公司才发现，比起继续项目，马上终止的费用要少得多。

项目终止阶段一般有两种索赔方式。

（1）特惠索赔。在这种索赔方式下，客户没有赔偿协议，但遭遇无法预料的事件（如提前终止）时，项目组织因要承担道德或商业责任而支付赔偿金。例如，假设客户提出一条新产品线，产品线要采用合同中声明的技术。如果组织取消了这个项目，客户就可以借助于特惠索赔的方式，因为他们的产品线采用的新技术在合同中声明过。

（2）依据项目合同的默认索赔方式。当合同中有项目失败的默认赔偿条款时，客户就可以获得合法赔偿，以收回成本或弥补损失。例如，承包商由于未能准时交付项目而受到经济惩罚，这个过程就是违约赔偿。如果项目不符合客户要求或提前终止，客户就可以引用违约赔偿条款，以弥补项目投资的损失。

除了利益干系人的索赔问题，组织也许还要面对诸如合同条款、采购的材料或供应品以及与客户或供应商的长期协议之类的法律争议。

项目组织也可以采取措施避免提前终止的索赔问题，具体方式如下。[26]

- 在签订合同和编制计划之前就考虑可能的赔偿，而不要等到它们发生才考虑。
- 确保项目干系人了解并接受可能存在的风险领域，以避免无事实根据的索赔。
- 从订立合同开始，坚持及时而明确地记录项目进展。如果项目在后续过程中发生致命错误，一个符合事实的日志有助于解决问题。
- 对于与最初的项目合同的调整（如客户要求改变或其他分歧）均记录在案。
- 确保项目和客户之间的沟通记录已保存并归档。

当争议出现时，要借助法律手段来解决，一般是通过仲裁的方式。

仲裁（arbitration）是一种为争议双方解决纠纷和维护司法公正的法律体系。仲裁作为无偏见的第三方，可以提出公正的争议解决方案。对项目而言，如果多方对合同条款或条件不满意，需要法庭指定的第三方来解决争议，仲裁就是最合法的方式。由于争议各方都承认仲裁机构的地位，所以，仲裁已成为解决未完成合同的索赔和争议问题的固定方式。当然，争议方也可以不使用非约束性仲裁，在这种情况下，法官可以提供解决争议的建议或途径，但不强迫执行。尽管仲裁比通过标准诉讼来寻求索赔更快速，但是在实际中，仲裁是有风险的：法官或仲裁人可能站在争议的另一方，并裁定项目组织要付出昂贵的代价。在非约束性仲裁中，仲裁人就会被当成"顾问"。当事人可以选择接受仲裁结果，相反如果不接受，他们就不得不重复整个过程，包括行政听证、法庭审判或者约束仲裁。任何一种情况都会延长争议期。[27]

并非所有的项目索赔都没有事实根据，很多时候，项目组织在决定终止项目时，就已经考虑到了未来会发生的诉讼及索赔。在这个时候，项目组织应该仔细权衡。如果项目即将失败，并且终止是唯一最实际的选择，那么，公司应该把赔偿问题也作为决策因素之一，并在项目终止后着手解决这个问题。

14.4 准备项目终期报告

项目终期报告是项目完工的管理记录，它包括了项目的所有功能和技术组成部分，以及其他重要的项目记录。项目终期报告对组织非常有价值，项目团队和关键组织成员可以在它的辅助下，系统地识别利害关系和确定经验教训，并在组织内部传递。值得一提的是，项目终期报告不仅是一个简单的项目历史记录，它也是一个对项目实施过程中的优势和劣势进行评估的文件。同样，它也对项目生命周期中的对错进行公正的判断。项目终期报告中包括对项目组织的多种因素的评估，如下所示。[28]

（1）**项目绩效**。项目绩效就是根据项目计划对项目成绩做出的公正评价。按照进度和预算基准计划，项目的进展如何？项目是否达到了事先设定的技术标准？项目是否满足了干系人，尤其是客户的需求？是否有确实的数据来支持对项目的评价？项目终期报告是一个对项目绩效提出公正合理评价的文件，如果项目绩效不合格，最终报告还会分析它的原因并提出纠正建议，以防止今后发生同样的错误。

（2）**管理绩效**。项目的管理绩效是指组织内部标准的管理实践过程，以及项目实施过程中的优势和劣势。例如，在某个组织中，所有项目变更请求要经过5个管理层审核才能生效，导致从客户发起变更请求到请求批准之间的延误。经过分析，组织提出了一个简便易行的变更请求处理程序，以便在以后的项目中，能够对客户的变更请求做出快速的反应。

（3）**组织结构**。最终报告应该对组织的运作结构予以评价，以判断它是有利于还是阻碍了项目团队和团队成员的努力。例如，如果要对市场机遇做出快速反应，职能式结构可能是一个障碍，同样，职能部门之间的沟通也是一个问题。一个项目的失败通常不会促使企业改变组织结构，但是，如果项目反复失败，并且矛头直指组织结构，那么，企业最终会做出或大或小的改变，使组织结构更能满足项目运行的要求。

（4）**团队绩效**。最终报告也能够反映项目团队的效率，不仅包括他们在项目中的实际表现，还包括团队组建和人员配置政策、培训或指导以及所有团队成员的绩效评估。简而言之，团队绩效评估应该涉及项目的人员配置效力（"我们是否为项目找到了最合适的人选？"）、团队组建和培训活动（"如何确定对团队成员的培训是否充分、是否需要培训？有没有相应的培训计划?")以及项目后评估政策("项目经理是否有评估团队成员绩效的能力?他的评估对下属部门的评估是否有影响?")。

(5)项目管理技术。在项目中期报告中,采用估算活动历时和成本的方法编制进度计划的技术,这些对组织都非常有用。例如,通过对项目管理技术的审核,发现组织经常低估活动的必要完成时间,或低估了它的成本。这些信息对今后的项目估算大有帮助。而且,组织应该对其他的项目管理技术进行评审(例如软件进度计划编制、规则、程序等),以便为今后项目的实施提出改进建议。

(6)对组织和客户的好处。项目都有一个目标,或者是一系列不连续的目标,这些目标作为项目实施的结果,能够为项目发起组织和客户带来好处。最终报告应该分析项目达成目标和带来预期收益的程度。此外,在有些情况下,预期收益不会立刻出现,而是随着时间逐渐出现。例如,一家公司如果希望它建造的一座大楼能够带来高额利润,则可能要等上几个月甚至几年的时间,直到卖出所有的楼盘。所以,项目团队总是试图在收益评估和时间之间找到一个平衡点。

注意,编写项目终期报告的目的是为今后项目的成功奠定基础。尽管最终报告是用来评论当前项目的好坏,但是,它也是一个为将来做准备的文件,能够提高组织的效率,促进今后项目的成功,使项目活动更有成效,丰富项目人员的知识。

学习型组织就非常善于运用过去的经验教训。正如一名高级项目经理所言:"一名经理人有 10 年的经验,而另一名只有 1 年的经验,这就是不同!"项目经理从最终报告等文件中学习的经验教训越多,他成为一名知识丰富的专业人士的可能性就越大,因为他能避免在以后的工作中犯同样的错误——而 10 个具有 1 年经验的项目经理却可能无法避免这样的错误!

结论

"项目终止的过程是一个项目"[29]——这句话表明,在收尾过程中项目团队是否系统地、有计划地投入,决定了项目是否能以最少的工作和时间实现有效的收尾。在自然终止的项目中,一方面,项目团队应该提前思考终止步骤,并井然有序地实施终止。另一方面,由于不可避免因素而提前终止的项目中,收尾过程通常是短暂的、临时的,也就是说,以一种非系统的方式完成。

本章重点讲述了项目自然终止和非自然终止过程。在这个阶段,项目团队面临的最大挑战是以最大的精力和动力"触碰终点线"。项目即将结束时,团队成员开始寻找新的项目挑战,这是正常现象。然而,作为项目经理,首先要认识到团队成员丧失热情是正常现象,然后,提前编制项目收尾计划,以尽可能有效的方式完成收尾。把项目终止看成一个项目,这其实是提醒项目团队成员,终止项目的目的不是抱怨,而是以积极的态度结束项目。

小结

1. **区分项目终止的 4 种主要形式。**项目收尾有 4 种方式:①绝对式终止,②附加式终止,③集成式终止,④自灭式终止。绝对式终止是指项目的所有活动顺利完成，无须任何扩展，它通常是项目成功或提前完工的结果。附加式终止表明项目成为组织独立的、进行中的一部分。集成式终止是将项目活动纳入组织并配置给现有职能部门的过程。自灭式终止就是逐渐削减预算，直到项目进度停止，而不是实际取消项目。

2. **识别项目正式收尾的7个关键步骤。** 这7个步骤是：
   - 完成工作；
   - 交付项目；
   - 验收项目；
   - 评估收益；
   - 评审实施过程；
   - 归档；
   - 解散项目团队。

3. **理解项目提前终止的关键原因。** 项目提前终止有几个重要原因，其中许多会发生显著变化：①静态项目因素，②项目团队因素，③发起人因素，④经济因素，⑤环境因素，⑥用户因素。研究发现，项目中有许多未解决问题的早期警告信号，这些信号暗示了项目的致命错误或不可纠正的问题。本章也提出了一些决策规则，这些规则可以帮助项目团队做出是否取消项目的决策。特别是当以下情况发生时，项目团队会选择终止项目。
   - 成本超过商业收入。
   - 项目不再符合组织的战略标准。
   - 完工日期持续不确定。
   - 技术演变超过了项目的范围。

4. **了解项目最终报告的任务和组成部分。** 项目终期报告有几个组成部分，包括评估项目绩效、管理绩效、组织结构、团队绩效、项目管理技术与项目对组织和客户的好处。要有效地编写项目报告，首先应该公正而坦诚地看待项目的进展，评估它的优势和劣势。然后，编写报告时，应该把描述性分析和对今后的建议结合起来。编写报告的最终目的是为成功开展以后的项目奠定基础。尽管它经常被用来判断当前项目的对错，但它同时也是一个为将来做准备的文件，可用来提高组织的运作效率，促进今后项目的成功，使项目活动更有成效，并丰富项目人员的知识。

讨论题

14.1 为什么终止项目的决策既是一个理性问题，也是一个感性问题？

14.2 评估项目终止的不同方式，根据你的学习或工作经验，你在实际中见过这些方式吗？

14.3 为什么很多项目由于缺乏资金而终止？讨论自灭式终止中项目本身、上级以及政策的影响作用。

14.4 参考第2章。为什么承诺的升级也可以成为项目终止决策的因素？

14.5 参考案例分析14-3海军朱姆沃尔特驱逐舰的案例。你认为，在研发上进行了巨额投资之后决定终止该项目对海军来说到底是正确还是错误的决定。举例说明你的观点。

14.6 在项目收尾管理的7要素中，你认为哪一个最重要？为什么？

14.7 有效的项目后评审的4个原则是什么？

14.8 为什么客观的项目评估可能很难实现？

14.9 为什么经验教训计划经常不能捕捉到对今后项目有价值的信息？

14.10 评论下面这句话："在决定是否终止

14.11 参考本章项目管理研究精要中的内容。依你看，为什么 IT 项目成功完成非常困难？请说出项目取消比率高达 40% 的原因。

14.12 假设你是一名项目团队成员，你的项目错过了完工日期，没有达到预期的技术效果，并且也成为团队和顾客之间的问题源。你刚得到通知，项目即将取消。从哪些方面来说这是一个好消息？从哪些方面来说它又是一个坏消息？

案例分析 14-1

被终止的哈德逊河隧道工程

当新泽西北部的哈德逊河隧道工程项目（ARC）在 2009 年开始动工时，很多人都认为它会有光明的前景。在哈德逊河下面挖掘通勤铁路隧道的想法不算新颖，难度也不大，却是一个很关键的需求。这个项目在 1995 年第 1 次被提出，之后的每届新泽西州长都公开支持隧道建设，且支持的理由也非常充分：目前连接纽约和新泽西的只有一条超过百年历史的双轨铁路隧道，同时，该隧道的两条铁路都已经达到运输能力的极限。这一通往曼哈顿市中心滨州车站的通勤铁路系统每天要承担超过 50 万客流量，早已是拥堵不堪。因而对于新泽西的居民来说，这个项目至关重要，因为他们到纽约的通勤人数在过去 20 年中增加至原来的 4 倍，从每年 1 000 万乘次增加到 4 600 万乘次。在高峰时期，新泽西州高速运输管理局的 23 辆列车中，要运行 20 辆。建设 ARC 项目，能够使新泽西通勤运输车辆的数目从 45 辆增至 90 辆，即使在早晨上下班高峰期，也能轻松到达曼哈顿。

针对如此迫切的需求，ARC 项目包括如下内容：

- 在哈德逊河和新泽西断崖下建设两条新轨道；
- 建设一个位于 34 街下方与滨州站相连的六轨客运站——纽约宾夕法尼亚扩建站（NYPSE，见图 14-4）；
- 在斯考克斯客运站附近建设一个交通环，以便新泽西北部两条交通线能连通纽约市；
- 在新泽西卡尔尼地区建设一个日间铁路存车场。

支持者认为该项目具有环保优势，指出 ARC 项目每天能够减少 3 万人驾车，减少 2.2 万辆私家车运行，最终减少 60 万英里机动车车程。项目预期每年可减少温室气体排放接近 6.6 万吨。

ARC 预期 8 年完工，将在 2017 年投入运营，项目成本比较大，据联邦交通管理局（FTA）的年度报告称，成本预计为 87 亿美元。为了分摊项目成本，资金来源的

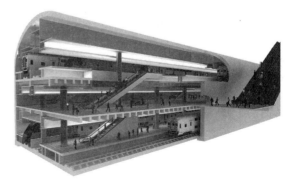

图 14-4　ARC 项目之滨州站地下站台效果图
资料来源：Star-Ledger.

初始分配如下：
- 联邦政府：45 亿美元；
- 纽约和新泽西港务局：30 亿美元；
- 新泽西高速公路收费管理局：12.5 亿美元。

资金计划的一个最重要的特征是，它使得联邦政府不用对任何超支的成本负责，意味着政府只支付承诺数目的开支，任何成本的超支或者项目的延期都将由新泽西州负责。

项目的各项合同在 2009 年 6 月的竞标后开始签订，第 1 份隧道合同在 2010 年 5 月确定。在 3 个多月的时间里，新泽西官员就项目的可行性展开了激烈的讨论。在政府预算超支以及居高不下的房产税和商业税的前提下，克里斯·克里斯蒂（Chris Christie）被推选出来管理该项目，对于所谓的"预算飞涨"，克里斯蒂声称这些关于 ARC 项目成本超支的谣言让他很烦恼，更糟的是，项目完工计划都显示，最终成本将远超初始的 87 亿美元的估算。

在 2010 年 9 月初，克里斯蒂下令在其下属更加透彻地研究了成本计划之前暂停签订新的合同。美国交通部长瑞·拉胡德（Ray LaHood）是这个项目的支持者，但是他也公开承认，联邦估算该项目成本将超支 10 亿～40 亿美元，克里蒂斯甚至怀疑这一预测依然低于实际的超支数额。尤其在目前经济不佳的情况下，这将给州新增一笔债务，目前州政府已经在竭尽全力削减失控的开支。克里斯蒂的支持者指出近期完工的波士顿大挖掘项目就是一个相似的例子，该项目初始成本估算 25 亿美元，最终完工成本超过 140 亿美元。

2010 年 10 月 7 日，克里斯蒂首先终止了这个合同，表示州政府承担不起超支的成本。在接下来的一段时间里，他同意暂停他的终止命令，与联邦运输官员和其他项目股东一起寻找解决资金难题的办法。在两周内，对所有可选方案进行分析后，政府正式做出终止决定。克里斯蒂说，鉴于经济衰退的影响和成本继续超支的可能性，州政府难以承担隧道渐增的费用。超过 5 亿美元已经投入到建筑、设计和土地征用上，一位官员表示，预算 87 亿美元的项目可能会攀升到 140 亿美元。克里斯蒂在特伦顿记者招待会上表示，"最明智的做法是终止这个项目""我不能让纳税人陷入无休止的困境中"。[30]

问题

1. 你如何回应这样的论点，除非你真的这么做，否则你就不可能判断一个像这样的项目是如何成功的？

2. 关于克里斯蒂做出停止 ARC 的决定，假如你站在他的立场，是支持还是反对？说出你做出这样决定的论据。

3. 在你看来，像 ARC 这样的大型基础设施项目，在获得批准之前，应该如何清楚明确它的需求、成本等？如果标准过于严格，对于未来这类型项目的开发有什么影响？之前有过类似的标准吗？

案例分析 14-2

永不结束的项目

星期二早上，本郁闷地走进经理办公室。没有说任何客套话，手中握着一份项目人员调配函，他直接向爱丽丝问道："到底为什么把我调到摄政项目中？"爱丽丝预料到他有这样的反应，她顿了一下，开始思考下一步该怎么办？

摄政项目曾经被办公室职员戏称为"不灭的神话"。作为20个月之前就开始的内部审计任务，这个项目似乎没有任何建树，没有受到公司的严肃对待，也没有对提高工作质量提出任何建议。事实上，正如本和公司其他员工所想的一样，这个项目完全是浪费时间。但是，本现在却被分配到这个项目中！

本继续说道："爱丽丝，你知道的，这种任务简直是在浪费我的才能。摄政项目不会有任何成果，事实上我想知道，那些对成本如此敏感的高层领导怎么能容忍这样的项目继续下去。我是说，这个项目永远不会结束！"

爱丽丝笑道："本，答案其实很简单。你有花时间看一下项目最初3个月的工作情况吗？"本摇摇头，爱丽丝继续说："摄政项目早期的工作和范围说明书都是经哈里·夏皮罗审核的，他是最早的项目经理。"

本大惊，问道："哈里？你是说副总裁哈里·夏皮罗？"

"是的。哈里一年前被提升为副总裁。在那之前，他的责任就是启动摄政项目。想想吧——你认为哈里会放弃他的计划吗？不管摄政项目有没有用途，它都会持续得比我们任何人所想的长久。"

本低声说："好，那么我正式加入哈里宠爱的项目！请问我该做什么？"

爱丽丝同情地看着他，说："如果这样的话，我的建议是，你对项目要有好的意图，要尽最大的努力。我已经看过预算，上级已经减少了对项目的支持。也就是说，他们肯定意识到项目进展不乐观，他们只不过不想公开取消项目而已。"

"记住，"爱丽丝继续说，"项目很可能不会终止，因为哈里很投入，但这也意味着他对项目了如指掌。好好表现，说不定你会引起他的注意。到那时候，你的下一次调配可就好多了。"爱丽丝又笑道，"哎呀，至少不会更糟糕！"

问题

1. 在摄政项目中，公司采用了哪种终止方法？
2. 当项目打上了终止的标记时，团队成员在积极性上会出现什么样的反应？
3. 为什么你认为哈里·夏皮罗对项目有掌控权？

案例分析 14-3

海军终止旗舰战舰的开发

2008年的盛夏，美国海军宣布了取消建造DDG-1000朱姆沃尔特驱逐舰的决定。此前，已经有两艘在缅因州和密西西比州的造船厂完成。这个决定的做出起初被认为是制造成本过高，然而事实上，其根本原因却是从一开始就存在不足的范围管理。

朱姆沃尔特驱逐舰有着特殊的职责。它们需要在近海操作（即沿岸环境），使用它们的155毫米火炮和巡航导弹对敌方目标进行轰炸。该驱逐舰排量达14 500吨，船身长600英尺，因为采用了全套先进的自动化系统，该舰工作人员仅有142人。朱姆沃尔特的其他特性还包括高级"双频"雷达系统，该系统可以精确定位并提供火力支援，同时可完成威胁识别及跟踪等任务。它们在浅海及沿海航道的跟踪潜航声呐系统也非常先进。尽管如此，朱姆沃尔特最显著的特点是在它的设计中所采用的"隐形"技术，该技术使得它很难被敌方雷达跟踪。这种技术使用了复合材料、"雷达吸收"材料，并采用独特的浪船体设计。朱姆沃尔特自20世纪90年代就投入设计开发，目标是将其打造成海军舰队最新最引人瞩目的武器。

不幸的是，该舰从一开始就被一些根本性缺陷所困扰。首先是它的成本从原本预计的每艘约25亿美元，激增至每艘约50亿美元。相比之下，美军现有最先进的阿利伯克级驱逐舰的费用是每艘13亿美元。由于巨额的成本超支，海军原本计划建造32艘朱姆沃尔特驱逐舰，不得不缩减到12艘，而后又缩减到7艘。最后，经过又一轮国会审议，决定在缅因州巴斯钢铁厂建造最后一艘朱姆沃尔特驱逐舰，在3艘驱逐舰全部造完之后，该计划将宣告结束。第一艘这种类型的舰船于2014年4月在巴斯铁船厂被命名，预计将于9月交付给海军。

除了高成本，更值得关注的是朱姆沃尔特驱逐舰的其他设计和概念缺陷，这也是海军至今一直回避的问题。例如，该驱逐舰没有配备有效的反舰导弹系统，也就是说，朱姆沃尔特无法防御弹道反舰导弹。朱姆沃尔特的任务是近战支援和舰炮支援，因此，其本身不能有效地防御反舰导弹是一个重大缺陷。评论家们认为海军其实一直都清楚朱姆沃尔特不能运用有效的反舰导弹防御，海军辩解说该舰可以自行装载导弹，但同时也承认它不能为这些导弹指引目标。这就引出了一个问题：如果该舰面对即将来临的威胁需要非隐身的舰只来保护，那么首先建一个隐形船又有什么意义呢？

进一步考察海军当初对朱姆沃尔特的设想，又会发现另一个问题。如果建造该舰的主要目的是要建立近海轰炸平台，那么为什么要用驱逐舰呢？使用舰载飞机攻击目标不是更容易些吗？使用全球定位系统巡航导弹不更好吗？海军作战副参谋长、

海军中将巴里·麦卡洛不得不接受这一批评："随着精确制导弹药和目标定位的加速发展，战术飞机已经存在火力过剩的情况了。"换句话说，为什么要在敌人海岸线冒着暴露毫无防御能力的驱逐舰的风险去消灭目标，而不使用风险小得多的空军力量呢？

总之，尽管最初声明朱姆沃尔特是支援海军的一个重要的新型武器平台，然而评论家以及海军自己的分析员证实了DDG-1000级驱逐舰是基于不确定需求下高风险技术投资的典型代表。该舰造价高昂，不具备防御能力，此外也不能很好地履行其预期的设计职责。朱姆沃尔特驱逐舰项目最终的取消是正确的决定，尽管决策迟缓了一步，也因此消耗了美国纳税人约130亿美元的研发和预算经费，建造了两艘在近期可能很难立即见效的驱逐舰。

遗憾的是，海军是否真正吸取了朱姆沃尔特驱逐舰项目开发的教训，这是值得商榷的，因为它的最新一代的濒海战斗舰（LCS），目前正受到同样的审查和批评，这是对朱姆沃尔特长期争论的特征。例如，随着初始成本超支的修正，濒海战斗舰估计每艘船花费4亿美元，这比DDG-1000节省了大量资金。然而，批评人士指责说，与朱姆沃尔特驱逐舰一样，海军继续在船上塞满了太多的前沿和未经证实的技术，而没有明确的被设计要承担的任务。批评者认为，甚至连海军自己的评估也承认，将这些飞行器置于危险的位置会招致严重的问题，其中一份报告的结论是："在敌对的战斗环境中，濒海战斗舰是无法生存的……"最后，继续对船体进行舰体和武器的修改，即使是在这类舰船生产中的第一个环节，也引起了对项目稳定性的关注。后一艘船的任务是否能够表现的像今天为它们设计的角色一样？尽管海军设想建造

52 艘飞船，目前的计划是将产量限制在 32 个，高级国会议员要求不超过 24 个。在预算问题上，由于设计过于复杂，任务也不确定，濒海战斗舰似乎取代了朱姆沃尔特，作为海军需要学习的教训。³¹

问题

1. 美国国防部长期赞助的这个项目，其有用性饱含争议，如果你是评审该项目的专家组成员，为了获批你会坚持什么评价标准？换句话说，为了支持这个项目，什么是必不可少的？

2. 你认为，为什么这个国防项目会长期超出预算或没有达到关键的绩效标准？（思考本书的其他案例，包括第 5 章讨论的远征战车。）

3. 你认同下面这句话吗："奇怪的不是朱姆沃尔特被终止了，而是为何这么长时间才终止。"为什么？

4. 用谷歌搜索"对濒海战斗舰的批评"，并指出了批评者列出的一些问题。鉴于这些问题，为什么你认为海军已经推进了濒海战斗舰的发展？

网上练习

1. 上网搜索有关波士顿隧道的"大挖掘"行动、深海隧道的"水下隧道"、伦敦的千年殿宇的新闻。尽管成本管理不良，这些项目还是在继续，你认为原因是什么？怎样取消一个知名度很高的项目？

2. 访问 http://project-dvr.tumblr.com/post/7190974154/why-bad-projects-are-so-hard-to-kill，阅读这篇关于终止运行不良项目的文章。博客作者提供了哪些重要的建议和忠告？关于他的建议的评价又是怎样的？企业政治对于那些设想拙劣的项目的继续运作起到了怎样的作用？你最认同其中的哪个观点？为什么？

3. 登录网站 http://cs.unc.edu/~welch/class/comp145/media/docs/Boehm_Term_NE_Fail.pdf，阅读 Barry Boehm 的文章"Prcject Termination Does't Equal Project Failure"。概括他的主要论点。他提出的项目失败的 10 条首要原因是什么？

4. 访问 www.pmhut.com/wp-content/uploads/2008/03/project-closeout-document.pdf，评价收尾表格的内容。你认为还需要给该表格加入哪些额外信息才能使之成为更全面的项目收尾文件？

5. 打开一个搜索引擎（Google, Yahoo!, Ask 等），输入"项目失败"（project failure）或"项目灾难"（project disaster）。选择一个项目实例并进行分析，它终止了吗？如果没有终止，你认为是什么原因使它继续的？

项目管理职业认证考试样题

1. 一个项目何时结束？
   a. 当一个项目被取消的时候。
   b. 当一个项目的经费用完的时候。
   c. 当一个项目顺利完成的时候。
   d. 以上都是正确答案。

2. 你刚刚完成了你的项目，需要进行项目收尾时公司要求的最后程序。以下哪一项不是项目收尾时的活动？
   a. 吸取教训。
   b. 项目归档。
   c. 释放资源。
   d. 供应商验证。

3. 你的项目即将完成。在你的要求下，你的项目团队成员一起将关键项目文件归类，包括：合同及财务记录、更改订单、范围及配置管理材料、供应商交货记录。这一过程涉及以下哪一项的创建？
   a. 档案。
   b. 经验教训。
   c. 合同和法律文件。
   d. 范围文件。

4. IT项目的执行阶段刚刚结束。该项目的目标是更新公司运输部门的订单输入系统。以下哪项是完成项目过程的下一步？
   a. 让运输部门接受该项目。
   b. 完成工作。
   c. 结束合约。
   d. 释放资源。

5. 某团队刚刚完成了项目工作。从各方面来看，该项目从一开始就是一个非常艰难的项目，结果也证明了这一点。支出超过了预算20%，并且大大超出了你的日程安排。面对众多的挑战，团队的士气也逐渐减弱。在项目收尾的时候，你决定召开一次非正式会议，讨论存在的问题及原因，以防这样的问题重蹈覆辙。这一过程被称作：
   a. 结束项目。
   b. 采购审计。
   c. 吸取经验教训。
   d. 提前终止项目。

答案：
1. d。所有选项都是项目结束的原因。
2. d。供应商验证过程必须在项目早期完成，以确保能及时满足供应商需求并保证优良的品质。
3. a。相关项目文件的收集被称为存档。
4. b。项目最后阶段通常包括最终完成所有任务。
5. c。经验教训会议的目的在于批判性地评价项目运行中的优势与不足，在未来的项目中继续发挥优势，同时弥补不足。

附录14A

项目签署文件的样本页

主持人：会议的主持人要么是项目经理本人，要么是项目经理指定的其他人		
部门	参会人员	备注/签名
工程部		
生产部		
产品及技术开发部		
质量与安全部		
财务部		
市场部		
其他参会人员		
采购部		
法律部		

图14-5　项目签收文档实例

评审决策

主持人在相应的空格内签字并填写开支限额

批准等级	
a）进行下一阶段	
b）着手下一阶段的行动	
c）停止，直到指定的行为已完成	
d）没有进一步的工作	
财务限额	
为下一阶段核准支出限额	$

其他注意事项 \ 评论 \ 概要

活动提出

　　该活动表用于记录获得批准或评审所要求的行动。项目小组要在指定日期前负责完成所有活动。指定负责人将负责在规定日期当日或之前对项目进行审查。除非所有的活动都已完成并验收，否则在进展中的项目时刻都存在着风险。

活动编号	活动描述	完成日期	负责人	验收 / 签字

项目管理确认	是	否	备注 / 参考
所需的审查			
关于项目审查的所有活动都完成了吗？			
签收审查执行了吗？			参考意见：
关于签收审查的所有活动都完成了吗？			
经验教训			
项目中的经验教训都记录并存档了吗（标明存储位置以及谁可以查看这些记录）？			
后续项目的行动已计划好了吗？			
项目规格书			
自上次审查以来，是否对项目的规格书进行了整理和汇报？			
项目计划			
项目计划更新并发布了吗？			参考意见：
自上次审查以来，是否已达到所有计划的关键客户里程碑？			
自上次审查以来，是否已达到内部的关键计划里程碑？			

图 14-5（续）

项目资源			
是否所有计划的资源都按进度用于项目中？			
是否进行了计划与实际资源利用情况的比较，同时相关部门也进行了数据更新？			
项目成本			
项目是否达到了成本目标？			
项目风险评估			
是否对风险评估进行了更新？			
项目概况			
该小组是否已完成了对整个项目的审查？			参考意见：
是否能确认客户已收到了约定的交付物，包括文档和实物模型等？			
项目收尾报告是否已准备好？			
是否需要着手准备后续项目的开展？			
所有项目账户是否已结清？			
商业确认	是	否	备注/参考
商业情况			
目前产品的成本是否在可接受的水平？			参考意见：
关于产品生命周期的假设以及它们对产品成本的影响是否依然有效？			
计划的客户目标是否已经实现？			
本项目的商业绩效是否和财务标准相符？			参考意见：
商业模式是否进行了更新？			
其他财务指标（包括内部收益率和净现值）是否仍然在可接受的水平？			
本项目的商业模式是否适用于后续的项目？			
市场和销售确认	是	否	备注/参考
价格政策			
对初始设备和结余的价格政策是否仍然有效？			
销售预测——确认			
所有的销售进度，包括客户支持小组进度，是否都达成了共识？			
客户反馈			
是否已收到客户对项目情况的反馈？			
是否在客户反馈的基础上制订了有利于发展的行动计划？			

产品质量确认	是	否	备注/参考
设计			
自上次审查提出建议后，是否更改了设计？			
是否执行了所有设计变更要求？			
所有的工程设计审查活动是否已完成			参考意见：

图 14-5 （续）

项目执行情况的认证是否进行了更新并获得批准？		参考意见：
是否已对设计过程进行了审查，并对所有的经验教训给予了关注？		
是否总结了经验教训并将其保存到数据库中？		

图 14-5 （续）

注释

1. Penn, I. (2013, May 14). "Duke Energy to cancel proposed Levy County nuclear plant," *Tampa Bay Times*. www.tampabay.com/news/business/energy/duke-energy-to-cancel-proposed-levy-county-nuclear-plant-fasano-says/2134287; Henderson, B. (2013, August 1). "Duke Energy cancels contract for Levy County nuclear power plants," *Orlando Sentinel*. http://articles.orlandosentinel.com/2013-08-01/business/os-duke-energy-cancels-levy-county-nuclear-plant-i-20130801_1_levy-county-nuclear-plants-orlando-area; Judy, S. (2013, August 2). "Duke Energy cancels $24.7B Florida nuke plant project," *ENR Southeast*. http://southeast.construction.com/southeast_construction_news/2013/0802-duke-energy-cancels-247b-florida-nuke-plant-project.asp
2. Spirer, H. F., and Hamburger, D. (1983). "Phasing out the project," in Cleland, D. I., and King, W. R. (Eds.), *Project Management Handbook*. New York: Van Nostrand Reinhold, pp. 231–50.
3. Meredith, J. R., and Mantel, Jr., S. J. (2003). *Project Management*, 5th ed. New York: Wiley.
4. Meredith, J. R., and Mantel, Jr., S. J. (2011). *Project Management*, 8th ed. New York: Wiley.
5. Cooke-Davies, T. (2001). "Project closeout management: More than simply saying good-bye and moving on," in Knutson, J. (Ed.), *Project Management for Business Professionals*. New York: Wiley, pp. 200–14.
6. Cooke-Davies, T. (2001), ibid.
7. Turner, J. R. (1993). *Handbook of Project-Based Work*. London: McGraw-Hill.
8. Ive, G. (2004). "Private finance initiatives and the management of projects," in Morris, P. W. G., and Pinto, J. K. (Eds.), *The Wiley Guide to Managing Projects*. New York: Wiley.
9. Pinto, J. K., and Slevin, D. P. (1987). "Critical factors in successful project implementation," *IEEE Transactions on Engineering Management*, EM-34: 22–27.
10. Cooke–Davies, T. (2001), ibid.
11. Frame, J. D. (2004). "Lessons learned: Project evaluation," in Morris, P. W. G., and Pinto, J. K. (Eds.), *The Wiley Guide to Managing Projects*. Hoboken, NJ: John Wiley and Sons, pp. 1197–1213.
12. Frame, J. D. (2004), ibid., p. 1202.
13. Pinto, M. B., Pinto, J. K., and Prescott, J. E. (1993). "Antecedents and consequences of project team cross-functional cooperation," *Management Science*, 39: 1281–97.
14. Cooke-Davies, T. (2001), as cited in note 5; Dinsmore, P. C. (1998). "You get what you pay for," *PMNetwork*, 12(2): 21–22.
15. Meredith, J. R. (1988). "Project monitoring and early termination," *Project Management Journal*, 19(5): 31–38.
16. Dean, B. V. (1968). *Evaluating, Selecting and Controlling R&D Projects*. New York: American Management Association.
17. Balachandra, R. (1989). *Early Warning Signals for R&D Projects*. Boston: Lexington Books; Balachandra, R., and Raelin, J. A. (1980). "How to decide when to abandon a project," *Research Management*, 23(4): 24–29; Balachandra, R., and Raelin, J. A. (1984). "When to kill that R&D project," *Research Management*, 27: 30–33; Balachandra, R., and Raelin, J. A. (1985). "R&D project termination in high-tech industries," *IEEE Transactions on Engineering Management*, EM-32: 16–23.
18. Green, S. G., Welsh, M. A., and Dehler, G. E. (1993). "Red flags at dawn or predicting project termination at start-up," *Research Technology Management*, 36(3): 10–12.
19. Meredith, J. R. (1988), as cited in note 15; Cleland, D. I., and Ireland, L. R. (2002). *Project Management: Strategic Design and Implementation*, 4th ed. New York: McGraw-Hill; Staw, B. M., and Ross, J. (1987, March–April). "Knowing when to pull the plug," *Harvard Business Review*, 65: 68–74; Shafer, S. M., and Mantel, Jr., S. J. (1989). "A decision support system for the project termination decision," *Project Management Journal*, 20(2): 23–28; Tadasina, S. K. (1986). "Support system for the termination decision in R&D management," *Project Management Journal*, 17(5): 97–104; Cooper, R. G., and Kleinschmidt, E. J. (1990). "New product success: A comparison of 'kills' versus successes and failures," *Research and Development Management*, 20(1): 47–63; Royer, I. (2003). "Why bad projects are so hard to kill," *Harvard Business Review*, 81(2): 48–56; Spiller, P. T., and Teubal, M. (1977). "Analysis of R&D failure," *Research Policy*, 6: 254–75; Charvat, J. P. (2002). "How to identify a failing project," articles.techrepublic.com.com/5100-10878_11-1061879.html; Mersino, A. (2001). "Three warning signs that your project is doomed," articles.techrepublic.com.com/5100-10878_111046522.html?tag=rbxccnbtr1; Mersino, A. (2001). "Four more warning signs that your project is doomed," articles.techrepublic.com.com/5100-10878_11-1046005. html?tag=rbxccnbtr1
20. Frame, J. D. (1998). "Closing out the project," in Pinto, J. K. (Ed.), *The Project Management Institute Project Management Handbook*. San Francisco, CA: Jossey-Bass, pp. 237–46; Kumar, V., Sersaud, A. N. S., and Kumar, U. (1996). "To terminate or not an ongoing R&D project: A managerial dilemma," *IEEE Transactions on Engineering Management*, 43(3): 273–84; Pritchard, C. L. (1998). "Project termination: The good, the bad, the ugly," in Cleland, D. I. (Ed.), *Field Guide to Project Management*. New York: Van Nostrand Reinhold, pp. 377–93.
21. Bishop, T. (2013, February 7). "EveryBlock closes: NBC cites lack of strategic fit," *Geek Wire*. www.geekwire.com/2013/everyblock-closes-nbc-news-strategic-fit/
22. Menon, P. (2013, July 30). "Dubai sets up panel to pay investors in scrapped projects," *Reuters*. www.reuters.com/article/2013/07/30/dubai-property-cashback-idUSL6N0G02IE20130730; Menon, P. (2012, November 27). "Government tries to revive its construction boom but can it

find the cash?" *Reuters.* www.dailyfinance.com/2012/11/27/dubai-construction-boom-money-islamic-bonds/.
23. Spirer, H. F., and Hamburger, D. (1983), as cited in note 2.
24. Krigsman, M. (2012, April 10). "Worldwide cost of IT failure (revisited): $3 trillion," *ZDNet.* www.zdnet.com/blog/projectfailures/worldwide-cost-of-it-failure-revisited-3-trillion/15424; Mayhew, P. (2010). "Annual cost of project failure," *Papercut PM.* http://edge.papercutpm.com/annual-cost-of-project-failure/; Standish Group. (2013). Chaos Report 2013. Cambridge, MA. www.versionone.com/assets/img/files/CHAOSManifesto2013.pdf
25. Field, T. (1997, October 15). "When bad things happen to good projects," *CIO Magazine*; Dignan, L. (2008). "Promises, promises: A look at Waste Management's case against SAP," www.zdnet.com/blog/btl/promises-promises-a-look-at-waste-managements-case-against-sap/833; Kanaracus, C. (2010, May 3). "SAP, Waste Management settle lawsuit," www.computerworld.com/s/article/9176259/SAP_Waste_Management_settle_lawsuit.
26. Marsh, P. (2000). "Managing variation, claims, and disputes," in Turner, J. R., and Simister, S. J. (Eds.), *Gower Handbook of Project Management*, 3rd ed. Aldershot, UK: Gower.
27. Bennett, S. C. (2006). "Non-binding arbitration: An introduction," *Dispute Resolution Journal*, 61(2), 22–27.
28. Frame, J. D. (1998), as cited in note 20.
29. Spirer, H. F., and Hamburger, D. (1983), as cited in note 2.
30. Malanga, S. (2010, October 16–17). "Christie is right about the Hudson River big dig," *Wall Street Journal*, p. A15; Schuerman, M. (2010). "New Jersey Governor Chris Christie kills Hudson River train tunnel for second time," www.wnyc.org/articles/wnyc-news/2010/oct/26/new-jersey-governor-chris-christie-kills-hudson-river-train-tunnel-second-time/; "N.J. Gov. Christie kills Hudson River tunnel project, citing taxpayers woes." (2010, October 7). www.nj.com/news/index.ssf/2010/10/gov_christie_kills_hudson_rive.html; http://en.wikipedia.org/wiki/Access_to_the_Region%27s_Core; www.arctunnel.com/pdf/news/Tunnel%20Info%20Kit_Dec2009_single%20page%20layout.pdf; http://blog.nj.com/njv_editorial_page/2009/06/arc_transhudson_rail_tunnel_co.html; Smart, M. (2009). "Digging deep," *PMNetwork*, 23(10): 40–45.
31. "Navy scraps plans to build more than two stealth destroyers," www.foxnews.com/0,3566,389222,00.html; Cavas, C. P. (2008, July 22). "DDG 1000 program will end at two ships," *Defense News.* www.defensenews.com/story.php?i=3639737; Axe, D., and Shachtman, N. (2008, August 4). "Stealth destroyer largely defenseless, admiral says," Wired Blog Room, blog.wired.com/defense/2008/08/navys-stealth-d.html; "The A-12 and the arsenal ship." (2008, August 3). Information Dissemination. informationdissemination.blogspot.com/2008/08/a-12-and-arsenal-ship.html; Sharp, D. (2008, July 23). "Cost big factor in decision to sack DDG-1000." www.boston.com/news/local/maine/articles/2008/07/23/navy_scraps_new_destroyer_to_build_older_models/; Shalal, A. (2014, April 9). "McCain blasts Navy's LCS ship plan; urges cut to 24 vessels," *Reuters.* www.reuters.com/article/2014/04/10/us-navy-ships-mccain-idUSBREA3900T20140410; Patch, J. (2011). "The wrong ship at the wrong time," *Proceedings Magazine*, 137: 1,295. www.usni.org/magazines/proceedings/2011-01/wrong-ship-wrong-time#footnotes

附录 A

累积标准正态分布

z	.00	.01	.02	.03	.04	.05	.06	.07	.08	.09
0.0	.5000	.5040	.5080	.5120	.5160	.5199	.5239	.5279	.5319	.5359
0.1	.5398	.5438	.5478	.5517	.5557	.5596	.5636	.5675	.5714	.5753
0.2	.5793	.5832	.5871	.5910	.5948	.5987	.6026	.6064	.6103	.6141
0.3	.6179	.6217	.6255	.6293	.6331	.6368	.6406	.6443	.6480	.6517
0.4	.6554	.6591	.6628	.6664	.6700	.6736	.6772	.6808	.6844	.6879
0.5	.6915	.6950	.6985	.7919	.7054	.7088	.7123	.7157	.7190	.7224
0.6	.7257	.7291	.7324	.7357	.7389	.7422	.7454	.7486	.7518	.7549
0.7	.7580	.7612	.7642	.7673	.7704	.7734	.7764	.7794	.7823	.7852
0.8	.7881	.7910	.7939	.7967	.7995	.8023	.8051	.8078	.8106	.8133
0.9	.8159	.8186	.8212	.8238	.8264	.8289	.8315	.8340	.8365	.8389
1.0	.8413	.8438	.8461	.8485	.8508	.8531	.8554	.8577	.8599	.8621
1.1	.8643	.8665	.8686	.8708	.8729	.8749	.8770	.8790	.8810	.8830
1.2	.8849	.8869	.8888	.8907	.8925	.9844	.8962	.8980	.8997	.9015
1.3	.9032	.9086	.9066	.9082	.9099	.9115	.9131	.9147	.9162	.9177
1.4	.9192	.9207	.9222	.9236	.9251	.9265	.9279	.9292	.9306	.9319
1.5	.9332	.9345	.9357	.9370	.9382	.9394	.9406	.9418	.9429	.9441
1.6	.9452	.9463	.9474	.9484	.9495	.9505	.9515	.9525	9535	.9545
1.7	.9554	.9564	.9573	.9582	.9591	.9599	.9608	.9616	.9625	.9633
1.8	.9641	.9649	.9656	.9664	.9671	.9678	.9686	.9693	.9699	.9706
1.9	.9713	.9719	.9726	.9732	.9738	.9744	.9750	.9756	.9761	.9767
2.0	.9772	.9778	.9783	.9788	.9793	.9798	.9803	.9808	.9812	.9817
2.1	.9821	.9826	.9830	.9834	.9838	.9842	.9846	.9850	.9854	.9857
2.2	.9861	.9864	.9868	.9871	.9875	.9878	.9881	.9884	.9887	.9890
2.3	.9893	.9896	.9898	.9901	.9904	.9906	.9909	.9911	.9913	.9916
2.4	.9918	.9920	.9922	.9925	.9927	.9929	.9931	.9932	.9934	.9936
2.5	.9938	.9940	.9941	.9943	.9945	.9946	.9948	.9948	.9951	.9952
2.6	.9953	.9955	.9956	.9957	.9959	.9960	.9961	.9962	.9963	.9964
2.7	.9965	.9966	.9967	.9968	.9969	.9970	.9971	.9972	.9973	.9974

（续）

Z	.00	.01	.02	.03	.04	.05	.06	.07	.08	.09
2.8	.9974	.9975	.9976	.9977	.9977	.9978	.9979	.9979	.9980	.9981
2.9	.9984	.9982	.9982	.9983	.9984	.9984	.9985	.9985	.9986	.9986
3.0	.99865	.99869	.99874	.99878	.99882	.99886	.99889	.99893	.99897	.99900
3.1	.99903	.99906	.99910	.99913	.99916	.99918	.99921	.99924	.99926	.99929
3.2	.99931	.99934	.99936	.99938	.99940	.99942	.99944	.99946	.99948	.99950
3.3	.99952	.99953	.99955	.99957	.99958	.99960	.99961	.99962	.99964	.99965
3.4	99966	.99968	.99969	.99970	.99971	.99972	.99973	.99974	.99975	.99976
3.5	.99977	.99978	.99978	.99979	.99980	.99981	.99981	.99982	.99983	.99983
3.6	.99984	.99985	.99985	.99986	.99986	.99987	.99987	.99988	.99988	.99989
3.7	.99989	.99990	.99990	.99990	.99991	.99991	.99992	.99992	.99992	.99992
3.8	.99993	.99993	.99993	.99994	.99994	.99994	.99994	.99995	.99995	.99995
3.9	.99995	.9995	.99996	.99996	.99996	.99996	.99996	.99996	.99997	.99997

注：累积标准正态分布的领域为 $-\infty \sim Z$。

附录 B

MS Project 2013 指南

练习 A：构建网络：场地准备项目

表 A-1　场地准备项目

任务	标题	前置活动	工期
A	合同审批	—	5
B	现场勘测	A	5
C	申请许可	A	4
D	等级划分	B，C	5
E	污水管道	B	7
F	基础铺设	D	3
G	政府批准	C，F	6
H	最终铺设	E，G	8

运用以上信息，完成以下任务：

（1）使用 MS Project 2013 构建网络。
（2）确定关键路径，并说明该项目需要花费多长时间？
（3）分配与平衡资源。
（4）假设 Rose 负责活动 B 和 C。是否存在资源冲突的情况？我们如何得知？
（5）用甘特图与网络图表示同一项目。

1. 使用 MS Project 2013 构建网络

要创建一个 MS Project 2013 文件，第一步是在 MS Project 的主页屏幕上输入项目信息。在"任务名"（Task Name）栏和"工期"（Duration）栏下分别列出不同的任务名以及它们的预期工期。图 A-1 展示了一个未完成的网络，该网络中包括任务名以及各自的二期。注意并非所有"工期"都是完整的。而且此时所有活动均显示为立即开始（甘特图在图 A-1 的最右端）。也就是说，活动优先顺序并未确定。

第 2 步是为每一项活动分配前置关系。双击任务 B——现场勘测（Site Survey）。在窗口中将会出现一个新的对话框，如图 A-2 所示。

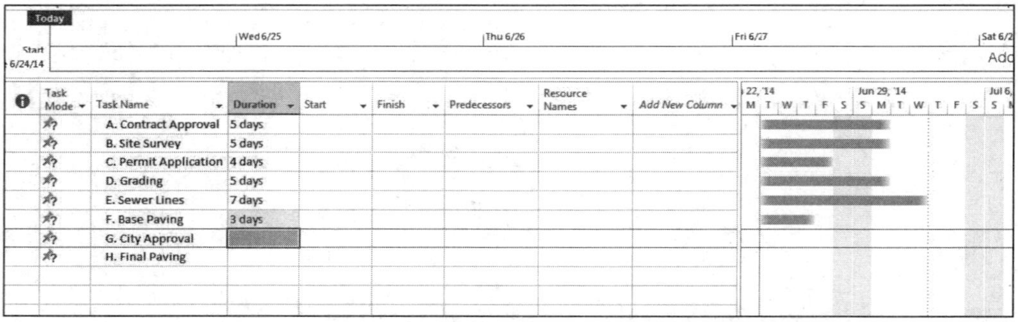

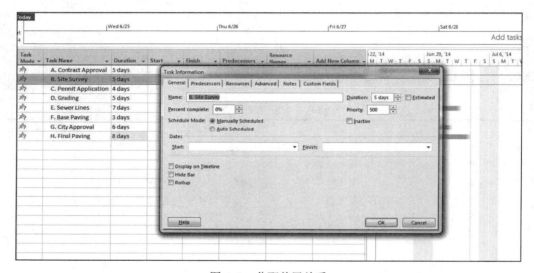

图 A-1　输入项目信息

资料来源：MS Project 2013, Microsoft Corporation.

图 A-2　分配前置关系

资料来源：MS Project 2013, Microsoft Corporation.

注意对话框中的其中一个选项卡为"前置活动"（Predecessors）。点击该选项卡并打开另一个对话框。点击"任务名"下的首行，将会出现所有的活动。点击"合同审批"（Contract Approval），如图 A-3 所示。

最后，退出对话框并观察甘特图的变化：从活动 A 到活动 B 增加了一个前置箭头（见图 A-4）。基于之前创建的图表日期，"开始"（Start）和"结束"（Finish）日期也已经自动创建。

为完成图表，双击每个活动并在对话窗口中设定它们的前置活动（基于表 A-1）。当所有工作完成后，甘特图将会如图 A-5 所示。

2. 确定关键路径，并说明该项目需要花费多长时间

怎样确定哪些是关键任务？换言之，项目的关键路径是什么？为了找到这些信息，单击界面顶部的"格式"（Format）选项卡，然后在下面的"关键任务"（Critical Tasks）选项上打钩。电脑显示器上所有关键活动立即以红色高亮显示（见图 A-6）。关键路径为 A—B—D—F—G—H，总工期为 32 天（除去周末，日历显示为从 6 月 24 日到 8 月 6 日）。

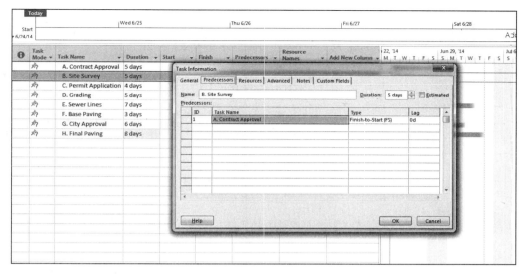

图 A-3　选择前置活动

资料来源：MS Project 2013, Microsoft Corporation.

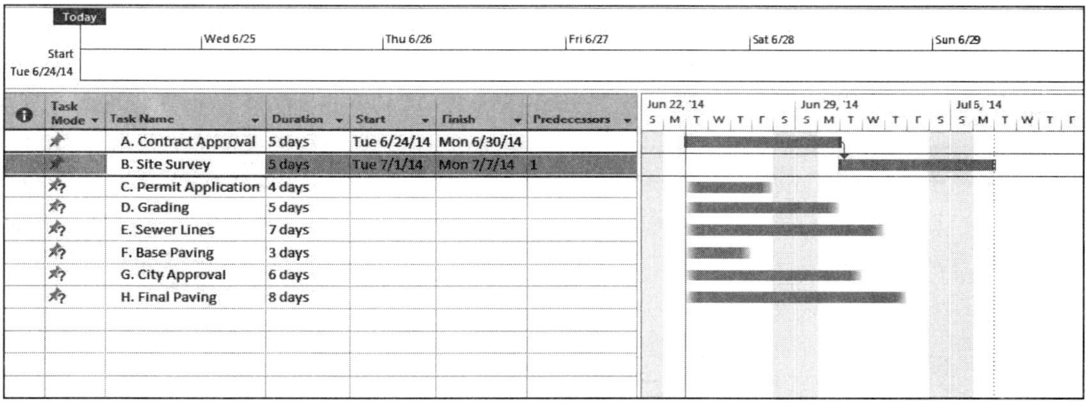

图 A-4　添加前置箭头

资料来源：MS Project 2013, Microsoft Corporation.

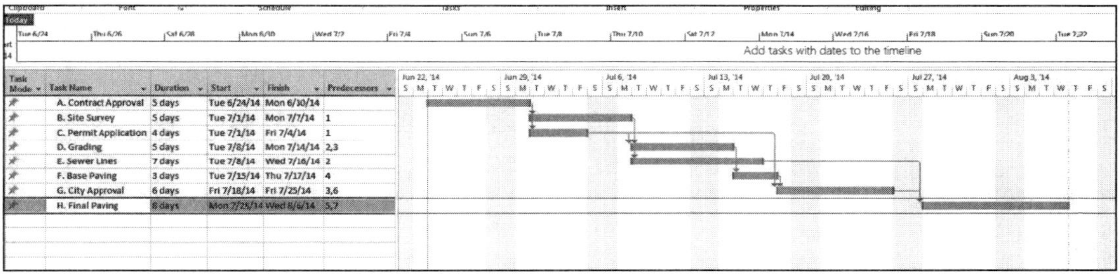

图 A-5　前置箭头完成

资料来源：MS Project 2013, Microsoft Corporation.

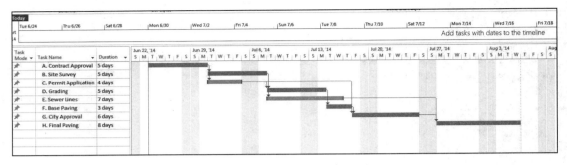

图 A-6　确定关键路径和项目工期

注：在前置活动栏，所有的活动均被分配了一个与其左侧行数相一致的数字。因此，"合同审批"被分配的数字为 2。

资料来源：MS Project 2013, Microsoft Corporation.

3. 分配与平衡资源

根据表 A-2 中的信息，我们随后可以将资源加入项目当中：

表 A-2　资源

活动	资源负责人	活动	资源负责人
A	Todd	E	Josh
B	Rose	F	Todd
C	Rose	G	Mary
D	Mike	H	Todd

点击"资源"（Resource）选项卡，然后点击"分配资源"（Assign Resources）。随即会出现一个新窗口，输入项目所有的资源名称。一旦名为"Todd"的资源分配给活动 A，界面会如图 A-7 所示。

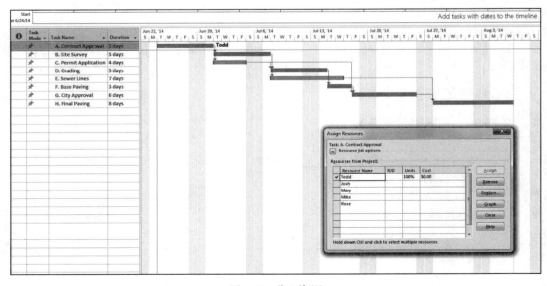

图 A-7　分配资源

资料来源：MS Project 2013, Microsoft Corporation.

根据"分配资源"图框中所标识的人员,继续将资源分配至项目活动。资源分配完成后的界面会如图 A-8 所示。

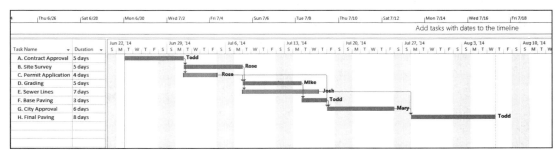

图 A-8　资源分配完成

资料来源:MS Project 2013, Microsoft Corporation.

4. 假设 Rose 负责活动 B 和 C。是否存在资源冲突的情况?我们如何得知?

将 Rose 分配给活动 B 和 C 会导致资源冲突吗?为了验证这一信息,请看图 A-9 所示的甘特图,注意左侧信息列中的人物图标。这是资源冲突的警告标示。通过甘特图,你可以发现将 Rose 同时分配给活动 B 和 C 会出现问题,因为这两项活动计划在同一时间开始。你该如何解决这个冲突?

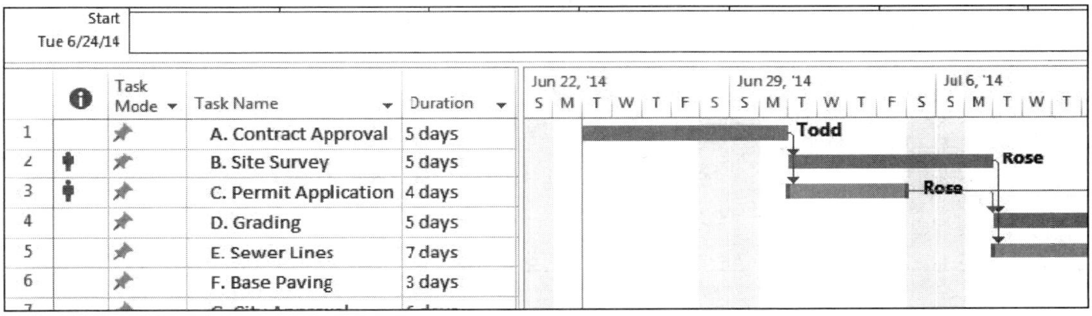

图 A-9　资源冲突警告

资料来源:MS Project 2013, Microsoft Corporation.

解决方法之一是点击"资源"选项卡,加亮冲突的两项活动(B 和 C)。然后,点击"平衡资源"(Level Resource)选项,出现对话框,你可以在其中加亮冲突资源的名称(Rose)。图 A-10 展示了 Rose 名称被加亮的界面。点击对话框中的"立即平衡"(Level Now)选项。

请注意,为了平衡资源,项目进度计划已被修改(见图 A-11 的甘特图)。如图 A-11 所示,新的活动排序将活动 C 和活动 D 变成了顺序关系。重要的问题是,"平衡资源会改变项目工期吗?"如果我们转到"任务"(Task)选项卡并单击"自动安排"(Auto Schedule),它会显示将 Rose 分配给任务 B 和 C 会导致活动 D、F、G 和 H 的排期冲突。对这些冲突的活动依次使用"自动安排"功能(见图 A-12),会生成一个新的项目进度表,同时项目完工日期也延长了 6 天(至 8 月 12 日)。

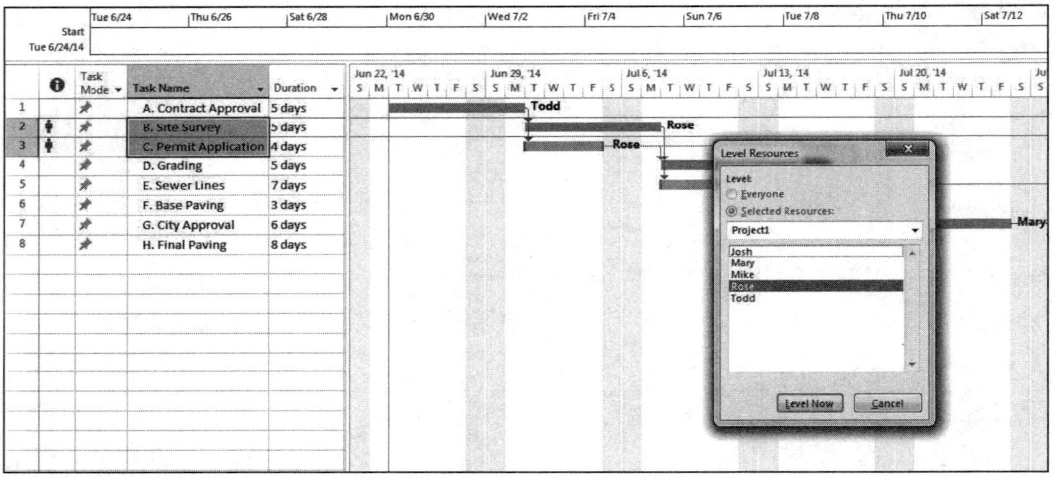

图 A-10 平衡资源

资料来源：MS Project 2013, Microsoft Corporation.

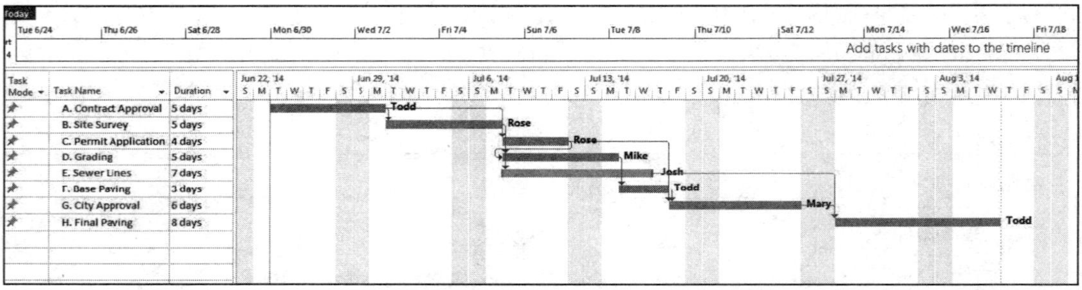

图 A-11 平衡资源后被修改的项目进度计划

资料来源：MS Project 2013, Microsoft Corporation.

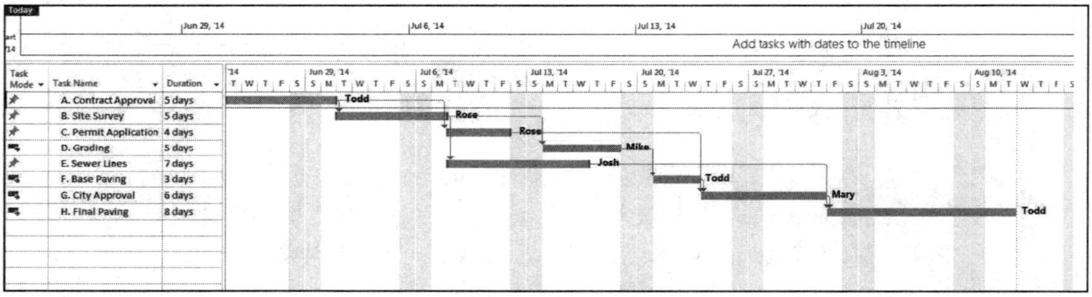

图 A-12 平衡资源后的新项目关键路径

资料来源：MS Project 2013, Microsoft Corporation.

5. 用甘特图与网络图表示同一项目

最后，除甘特图外，项目进度还可以用网络图表示。要执行此操作，需点击最左端的"任务"（Task）选项卡，选中"甘特图视图"（Gantt Chart View）。再从下拉菜单中选中"网络图"(Network Diagram), 界面如图 A-13 所示。

图 A-13　网络图

资料来源：MS Project 2013, Microsoft Corporation.

练习 B：为一个正在进行的项目添加细节和更新网络

有必要在项目中期对项目进度进行调整，以反映近期的信息，并相应地更新进度，维持最新的 MS 项目计划，可以生成最新的成本、挣值或状态更新信息，其他任何报告都有助于跟踪进行中的项目。

回顾练习 A 中的"场地准备"项目，我们创建了一个工期 32 天的资源平衡计划，为简单起见，Mary 替换 Rose 进行活动 C（申请许可），并忽略了第一个练习中的资源冲突问题（见图 B-1）。这种重新任命没有改变网络逻辑或项目的预期持续时间，它仅仅消除了前一练习中潜在的资源冲突。

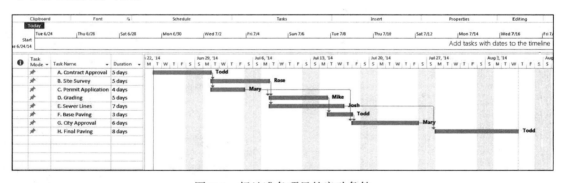

图 B-1　场地准备项目的启动条件

资料来源：MS Project 2013, Microsoft Corporation.

还有很多的细节信息可以添加到这个项目计划中，包括：每个活动的细节（滞后的关系、优先级、活动时间等）、材料和设备的分配成本、每种分配资源的单位小时的成本。在"资源"选项卡上，选择"详细信息"（Details）以查看当前项目的资源列表，包括标准和加班的空间和其他相关信息。资源分配的单位小时成本如表 B-1 所示。

表 B-1　单位小时成本

资源	单位小时成本（美元 / 小时）
Todd	22
Rose	30
Mike	14
Josh	18
Mary	10

将这些值填入图 B-2 所示的资源表中。

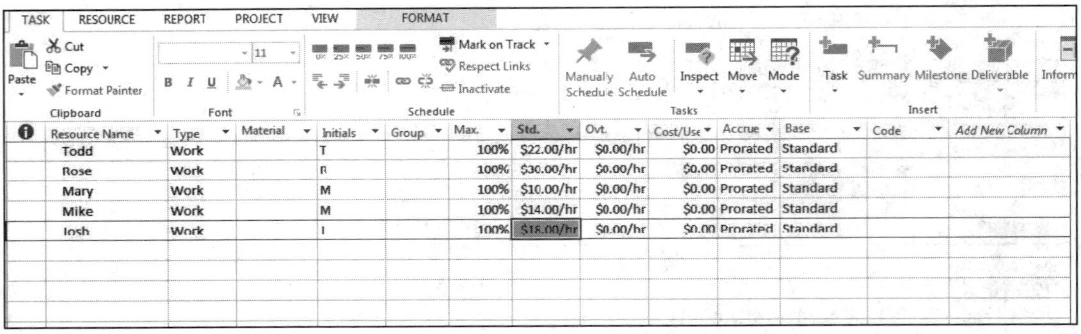

图 B-2 资源表

资料来源：MS Project 2013, Microsoft Corporation.

下一步就是更新项目的实际履行情况。假设我们决定将项目进度更新到 7 月 16 日，最简单的方法就是点击 Project 选项卡的"Update Project"选项，这将打开一个对话框要求填入希望更新的项目日期，一旦将日期设置到 7 月 16 日，你会发现有一些事件发生（见图 B-3）。首先，程序会假定到期时间在该点前的任务都成功完成，在最左侧列中，核查的标志显示前 5 个完成的活动（A～E）；此外，进度条在完成的活动中间出现，而活动 F（基础铺设）的进度条只出现一部分，是因为这个任务完成了 67%。

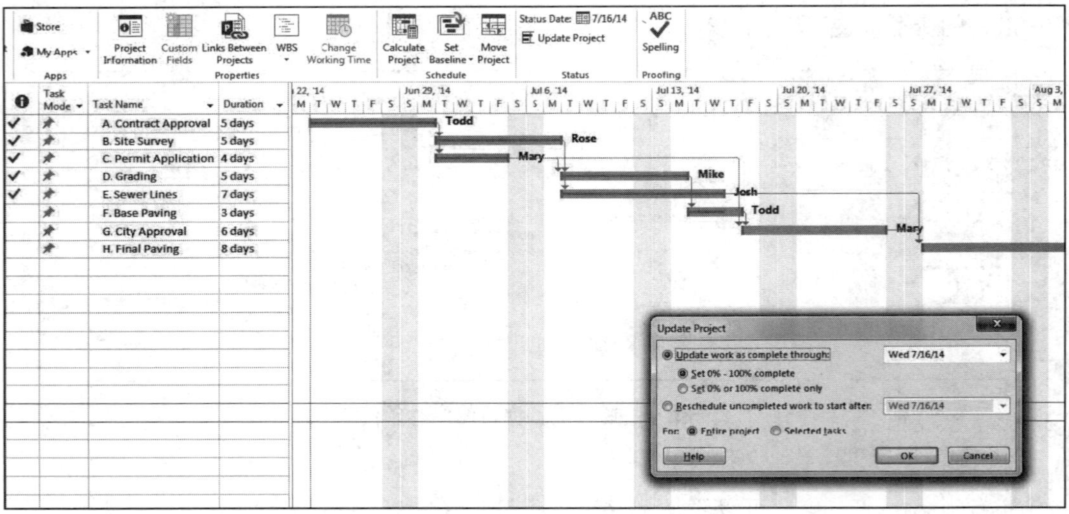

图 B-3 将项目更新至 7 月 16 日

资料来源：MS Project 2013, Microsoft Corporation.

我们也可以"逐个任务"更新项目，通过点击任务选项卡，然后高亮显示每个任务。我们可以选择"Mark on Track"逐个标记，或者我们可以手动点击选择左侧的"Mark on Track"，将项目每个活动的完成率设置为 0、25%、50%、75%、100%。最后，我们可以在甘特图上点击活动本身，点击鼠标左键，拖动进度条向右移动，以显示任务完成的数量。这样做，可以确定进度中任务完成的特定日期。

另外，我们可以生成项目现状的其他有用信息。例如，假设我们想知道到目前为止，资源的利用和项目成本（切记，在该例中所有的项目成本都为资源成本，不包括额外的材料成本和机器成本），我们都可以通过点击项目选项卡和"Reports"选项获得这些信息。在打开的窗口中，点击"仪表板"（Dashboards）调出高度可视化的报表，比如"项目概述"（Project Overview）或"进度"（Burndown）。图 B-4 显示了到 7 月 16 日项目的概要。

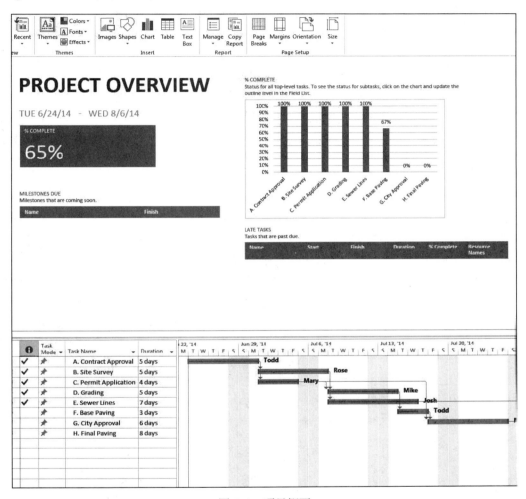

图 B-4　项目概要

资料来源：MS Project 2013, Microsoft Corporation.

项目概要表显示了几乎所有重要的项目信息，包括计划项目历时、计划中完成和正在进行的工时数（小时）等。

回顾 7 月 16 日的项目情况，并附上不同的参量。比如说，假设截至 7 月 16 日，实际的项目任务完成情况如表 B-2 所示。

我们通过以下步骤更新我们的项目进度。首先，在"任务"选项卡里点击"详细信息"。这样就可以显示出所有的活动、每个活动被指派的任务量以及规定日期内的完

表 B-2　任务完成度

活动	完成度
A	100
B	100
C	75
D	40
E	40
F	0
G	0
H	0

成情况。然后，在"视图"（View）选项卡里点击"工作组规划器"（Team Planner），查看的项目更新状态。你也可以在"视图"选项卡里点击"表格"（Table），再选择"工作"（Work）。这样就可以使用表 B-2 显示的数据来一次一个任务地更新所有的项目信息了。重新配置的任务表如图 B-5 所示。

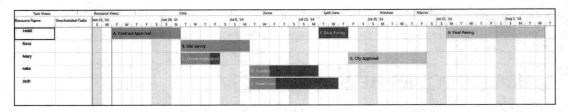

图 B-5　7 月 16 日重新配置的任务表

资料来源：MS Project 2013, Microsoft Corporation.

任务表对应了一个新的甘特图（见图 B-6）。我们可以注意到，由于具体列举了已完成的活动，因此已经完成的活动 A 和 B 就很一目了然。至于其他正在进行中的活动，任务条都显示的是部分完成。

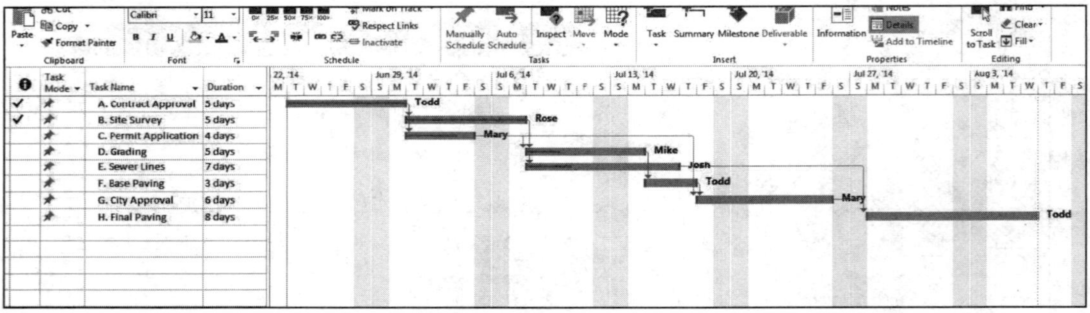

图 B-6　重新配置的甘特图

资料来源：MS Project 2013, Microsoft Corporation.

最后一个练习：利用已更新的活动进度信息来获知直至 7 月 16 日该项目的挣值。想为一个挣值表创造有用信息需要以下几个步骤。首先设置项目基线。这个可以通过点击"Project"标签，然后在"Schedule"组里点击"Set Baseline"来实现。如此就建立了项目的整体基线。随后，在"报表"（Report）选项卡中单击"成本"（Costs），再选择"成本超支"（Cost Overruns）的选项。这将显示每个任务的成本分解情况，包括成本差异（见图 B-7）。同样地，项目的挣值报告（Earned Value）也可以在"报表"选项卡中的"成本"（Costs）栏内找到。只要点击"挣值报告"（Earned Value），就会显示如图 B-8 所示的挣值图。图 B-8 还包括了完工估算（EAC）、挣值（EV，或者 BCWP）和实际成本（ACWP）。同其他图表一样，这个信息可以通过添加更多的实际任务绩效情况来实时更新，并贯穿整个项目的生命周期。

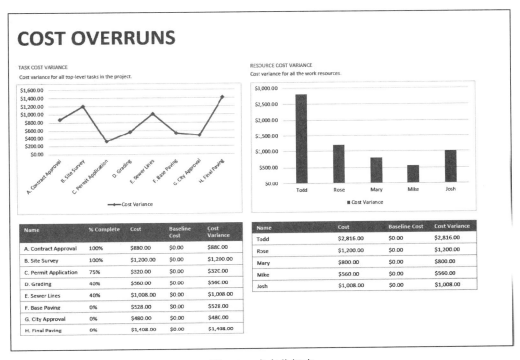

图 B-7　成本分解表

资料来源：MS Project 2013, Microsoft Corporation.

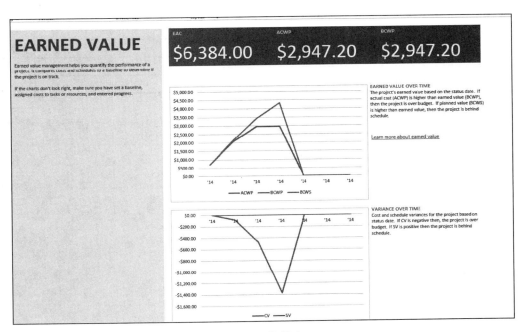

图 B-8　挣值表

资料来源：MS Project 2013, Microsoft Corporation.

附录 C

项目计划框架

项目执行计划

注意：本计划涵盖了项目获批所需的最少的资料，附加资料可以包括在计划后面的附录中。请在本文档所有留白处对应的位置填写 N/A，并在文档末尾给出不包含这些信息的理由。

执行计划修订记录

版本号 #	实施人	修订日期	批准人	批准日期	原因

目录

1. 项目概况
    1.1 目的、范围和目标以及商业案例
        1.1.1 范围
        1.1.2 工作说明（SOW）
        1.1.3 商业案例
    1.2 项目可交付成果
    1.3 项目组织结构
    1.4 工作分解结构（WBS）
        1.4.1 任务描述文档
        1.4.2 组织分解结构（OBS）
    1.5 责任分配矩阵（RAM）
    1.6 工作授权
    1.7 项目章程

2. 风险评估

    2.1 风险识别

    2.2 概率与结果评估（定性）

    2.3 概率与结果评估（定量）

    2.4 缓解策略

3. 项目进度计划

    3.1 活动历时估算

    3.2 甘特图

    3.3 活动网络图

4. 项目预算

    4.1 项目资源

    4.2 其他成本

    4.3 成本估算

    4.4 分阶段预算

5. 沟通管理

6. 跟踪与状态更新

    6.1 跟踪方法

    6.2 通知记录

    6.3 控制系统

7. 项目收尾

    7.1 关闭成本账户

    7.2 经验教训

1. 项目概况——本节提供项目背景的简要描述，包括动机、方向与目标、评估成功标准、主要的项目可交付成果以及已识别约束。项目范围制定见第 5 章。

  1.1 目的、范围和目标以及商业案例

  此处描述本项目的目的。关键的项目可交付成果是指交付给顾客、其他干系人、供应商或其他参与者的主要成品。

    1.1.1 范围

  概括描述项目范围，包括问题说明、要求收集的详细步骤（向何人咨询？何时？）、信息收集（从调研中发现的关键特征）、项目约束、替选方案分析以及商业案例文档。

    1.1.2 工作说明（SOW）

  此处列出项目的详细工作说明，包括：

  （1）关键里程碑

  （2）资源需求

  （3）风险与关注

  （4）接受标准

    1.1.3 商业案例

  此处插入项目的商业案例。你可以在第 5 章找到关于商业案例的解释。简明地识别被满足的业务需求、本项目的可行性、可能影响本项目的内外部因素描述、本项目与替选方案的成本收益对比分析以及投资回报的时间估算。请确定业务需求满意度的判断标准。

  1.2 项目可交付成果——列出可交付给顾客的主要成品或项目特征，附上顾客签署的同意文件，以证明他们赞成这些可交付成果。

  1.3 项目组织结构——指出所有的项目团队成员、他们的具体角色以及项目组织结构的层级。在合适的地方标明项目经理与职能部门经理之间的共同责任。制定项目团队的汇报结构，同时附上赞助者与/或管理层团队签署的同意文件。项目组织结构类型的例子见第 3 章。

  1.4 工作分解结构（WBS）——插入本项目的工作分解结构，其中包括所有的关键可交付成果以及工作包。附上项目干系人签署的关于 WBS 的同意文件。

  1.4.1 列出项目的任务描述文档

    在适当的情况下，完成项目任务描述记录表。详情参见第 5 章的图 5-5。

  1.4.2 如果需要，请列出组织分解结构（OBS）。确认组织内合作部门之间的所有成本账户。详情参见第 5 章的图 5-8。

  1.5 责任分配矩阵（RAM）——列出本项目的 RAM，通过 WBS 的任务代号识别所有的团队成员，其中包括他们各自承担责任的任务、通知、供给或完成审批。详情参见第 5 章的图 5-10。

  1.6 工作授权——列出合同或含有合同条款与条件的具体说明、所有惩罚条款与会触发惩罚执行的具体事件以及所有的通知信息，其中包括合同条款变更所需通知的组织成员。

  1.7 项目章程——此处包含项目章程，列出项目的正式批函与用于项目执行的组织资源使用授权。详情参见第 5 章的附录。

2. 风险评估——本节需要提供项目风险评估的证据，其中包括风险识别、分析（风险概率与结果的评估）以及缓解策略。风险管理的方法请见第 7 章。

  2.1 风险识别——请确认本项目所有相关的风险变量，其中包括风险变量的简要描述以及各变量对本项目的可能影响方式。

  2.2 概率与结果评估（定性）——请在空白处插入定性风险评估矩阵，并证明你是如何得出该评估的，其中包括来自参与了该风险评估运算的关键项目干系人签署的同意文件。

定性风险评估矩阵样例

	低结果	高结果
低概率	低优先	中等优先
高概率	中等优先	高优先

  2.3 概率与结果评估（定量）——请插入概率与结果的定量评估，明确地指出失败概率与失败结果的判断标准。请在此处插入分析详情。

  2.4 缓解策略——为每一个可能威胁到项目的高风险因素制定相应的缓解策略。简要描述应对风险的各个策略：接受风险、最小化风险、分担风险或转移风险，并说明实现这些策略所需采取的具体行动。

3. 项目进度计划——本节包括对所有的项目活动历时进行估算、绘制活动网络、确定项目关键路径并且估计整个项目历时。一个能够获得批准的项目进度计划应该包括活动网络和甘特图，这些就可以用来制订项目的执行计划。第 9 章和第 11 章对制订项目进度计划的方法有详细的描述。

  3.1 活动历时估算——将所有活动历时估算以表格的形式呈现出来，标识出每一个活动历时估算是随机计算出来的（如通过计划评审技术概率估计）还是明确决定的。这份表格还需要支持这些估算值的关键组织成员的签署同意，包括项目倡议者的签署。

  3.2 甘特图——使用 MS Project 输出系统创建项目甘特图。这一份甘特图可以用来明确识别项目的关键路径、估算项目完成时间和进行资源分配。在图中列出所有活动的先后关系以及滞后需求。显示里程碑和其他重要的项目中期活动，包括预先计划的供应商交货时间（再合适的地方标识）。

  3.3 活动网络图——通过 MS Project 输出来创建单代号（AON）项目网络图。

4. 项目预算——本节包括活动成本估算和项目预算。所有直接和非直接的成本以及计算所有项目资源的总成本的方法都应该包含在本节中。第 8 章和第 12 章给出了成本估算、总资源费用计算、阶段性预算编制和资源分配的方法。

  4.1 项目资源——识别项目所需的所有资源，包括员工状态（全职、兼职、是否是豁免员工等）。为所有项目资源创建总成本表格。

  4.2 其他成本——识别其他重要成本，包括材料成本、设备成本、经常性开支、赶工成本等。

  4.3 成本估算——遵循粗略估算法、比较估算法和可行性估算法。收集各种需要的信息来决定使用哪种成本估算法。确定进行成本估算的项目成员。最终给出一个由项目倡议者签署过的最终决定性的成本预算。

  4.4 分阶段预算——根据项目历时增量（如周、月、季度等）来提供经过成本估算的分阶段预算。

5. 沟通管理——本节确定项目干系人的关键沟通渠道、沟通频率、沟通的信息类型和项目状态跟踪计划。并在合适的地方标明为促进项目成员协作使用的电子媒体（如，Google Docs, Yammer, Facebook 等）。此外，为成员分布在各地的项目团队确定定期沟通的方法。详细可见第 6 章关于团队沟通方法的讨论。下表给出了一个沟通管理协议的案例。

沟通目的	计划频率	使用的沟通媒体或沟通机制	发起者	参与者
状态更新	每周	会议或电话会议	项目经理	所有项目团队成员
异常/分歧报告	按需要	会议或电话会议	项目经理或技术负责人	相关的团队成员和客户
项目评审	每月或每个里程碑	会议或电话会议	项目经理	所有的项目团队成员、项目倡议人
配置变化	改变申请被批准后	相关人员开会讨论；邮件通知全体项目团队	项目经理、项目倡议人或技术负责人	项目团队成员和客户
协调供应商	有调整交付顺序的需求时	电话沟通	供应链负责人	项目经理和供应链负责人
紧急或重要事件发生	按需要	面对面沟通	任何一个项目团队成员	全体项目团队成员

6. 跟踪与状态更新——本节介绍了项目团队定期更新项目状态的方法和跟踪项目流程的方法，以及到哪个项目状态时应该通知哪个组织干系人。跟踪和状态更新方法可见第 13 章。

6.1 跟踪方法——介绍跟踪项目状态（S 曲线、挣值、里程碑等）的方法。确定进行项目状态评估的频率（例如每月评估一次、有需要时就进行评估、完成大型项目里程碑时进行评估）。在评估项目挣值时，你需要提供更新的成本绩效指数和进度绩效指数，如下表所示。

日期	成本绩效指数	趋势	进度绩效指数	趋势
第 1 个月				
第 2 个月				
第 3 个月				

6.2 通知记录——保存有关于项目状态更新的沟通信息的记录。包括项目状态更新文件交给了谁，是哪些关键项目干系人签署了这份更新文件。

6.3 控制系统——指出用于监控项目的不同类型的项目控制系统，包括配置控制、设计控制、质量控制、文档控制和趋势监控。为你所使用每一类项目控制系统创建相应的控制文档，该文档应该包含有一系列负责所有控制系统和状态更新的组织干系人。

7. 项目收尾——项目收尾需要提供所有必要的项目收尾文档并获得相应的干系人签署。已完成任务和即将完成的任务需要分别标注以及配置管理变更、所有的签署文件、保修单、结束通知、供应商合同和供应商费用都必须详细记录并正式存档。包括客户的签收和对项目的满意情况也都需要进行记录和存档。详细的项目收尾步骤可见第 14 章。

7.1 关闭成本账户——清理和关闭所有的成本账户并建立其他财务收尾文档。

7.2 经验教训——召开经验教训评审会议，讨论本次项目进展过程的突发事件和其他困难、风险缓解战略的制定和成功以及对未来项目的建议，并由关键与会成员创建经验教训文档。在这个经验教训文档中为未来项目制订一个新的行动计划。

术 语 表

1. 范围和例外

本术语表包括以下术语:
- 专用于或基本专用于项目管理的术语(例如,范围说明、工作包、工作分解结构、关键路径法)。
- 非专用于项目管理,但与一般日常用法不同或含义更为狭窄的术语(例如,最早开始时间、进度活动)。

本术语表一般不包括:
- 专业应用领域术语(例如,作为法律文件的项目建议书——房地产发展领域的专业术语)。
- 在项目管理中与日常用法无法进行实质性区别的术语。
- 含义可以通过其组合成分的合成含义明确的复合术语。
- 含义可以通过源术语含义明确的派生术语(例如,本术语表包括例外计划报告,但不包括编制例外计划报告)。

鉴于以上范围和例外,本术语表包括:
- 大量与项目范围管理和项目时间管理相关的术语,因为在这两个知识领域使用的很多术语专用于或基本专用于项目管理。
- 许多在项目质量管理中使用的术语,因为这些术语比日常用法更狭义。
- 少量与项目人力资源管理、项目风险管理和项目沟通管理有关的术语,因为应用于这些领域的大多数术语与日常用法没有显著差别。
- 少量与项目成本管理和项目采购管理有关的术语,因为在这两个领域使用的术语多数含义狭窄,专用于特定应用领域。

2. 缩写

AC	实际成本
ACWP	已完成工作实际成本
BAC	完工预算
BCWP	已完成工作预算成本
BCWS	计划工作预算成本
CCB	变更控制委员会
COQ	质量成本
CPAF	成本加奖励费用
CPF	成本加费用(合同)
CPFF	成本加固定费用(合同)
CPI	成本绩效指数
CPIF	成本加奖励(合同)
CPM	关键路径法
CV	成本偏差
EAC	完工估算
EF	最早结束时间
EMV	期望货币值
ES	最早开始时间
ETC	完工尚需估算
EV	挣值
EVM	挣值管理
FF	自由时差或完成—完成(逻辑关系)
FFP	完全固定总价(合同)
FMEA	失败模式和影响分析
FPIF	固定价加奖励(合同)
FS	完成—开始(逻辑关系)
IFB	投标邀请书

LF	最晚结束时间	
LOE	投入水平	
LS	最晚开始时间	
OBS	组织分解结构	
PDM	前导图法	
PMBoK®	项目管理知识体系	
PMIS	项目管理信息系统	
PMP®	项目管理专业人员	
PV	计划值	
QA	质量保证	
QC	质量控制	
RACI	负责、批准、咨询和通知	
RAM	责任分配矩阵	
RBS	资源分解结构或风险分解结构	
RFI	信息邀请书	
RFP	邀请提交建议书	
RFQ	邀请报价	
SF	计划完工时间或开始—完成（逻辑关系）	
SOW	工作说明	
SPI	进度绩效指数	
SS	计划开始时间或开始—开始（逻辑关系）	
SV	进度偏差	
SWOT	优势、劣势、机会和威胁	
T&M	工料	
TQM	全面质量管理	
WBS	工作分解结构	

3. 定义

这里定义的许多词汇在字典中具有更广的、在有些情况下不同的含义。本定义采用以下约定：

- 在某些情况下，一个单独的术语由多个词语组成（如风险应对计划）。
- 未对同义词进行定义，读者可直接查看其首选词（如，见首选词）。
- 非同义词的相关词汇在其定义后面注有相互参考（如，参考相关词）。

A

acceptance criteria 接受标准 在接受项目可交付成果前必须要满足的标准，包括执行需求和基本条件。

acquire project team [process] 获取项目团队 获取完成项目所需要的人力资源。

activity 活动 在项目过程中要完成的工作的组成要素。参考 schedule activity 计划活动。

activity attributes [output/input] 活动属性 包括在活动列表上的每个计划活动的相关属性，它包括活动代码、前置活动、后续活动、逻辑关系、超前和滞后、所需资源、规定时间、约束和假定。

activity code 活动代号 用来区别工作性质的一个或多个数字或者文本值，有时也用来在报告中对可以进行过滤和排序的计划活动进行分类。

activity duration 活动历时 一项活动从开始到结束所需要的工作时间。见 actual duration 实际历时、original duration 初始历时以及 remaining duration 剩余历时。

activity identifier 活动标识符 分配给每个进度活动的简短数字或文本标识，以将该项目活动与其他活动区分开来。一般在项目进度表中都是唯一的。

activity list [output/input] 活动列表 将活动的各项内容，如活动描述、活动识别符以及详细的活动工作范围描述全部列出的表单，用来帮助项目团队了解需要完成的工作。

actual cost，AC 实际成本 在规定的时间内完成活动或工作分解结构组成部分所产生的实际总成本。实际成本有时指劳动时间，有时指直接成本，有时也指包括了间接成本的总成本。有时被称为完成工作实际成本（ACWP），见 earned value management 挣值管理和 earned value technique 挣值管理技术。

actual cost of work performed，ACWP 已完成工作实际成本 见 actual cost（AC）。

actual duration 实际历时 如果活动还在进行中，实际历时是指活动实际开始到项目进度的数据日期所经历的时间，如果活动已经完成，则是指实际开始到完成所需的时间。

administer procurements [process] 采购管理 管理采购关系、监督合同的履行情况以及根据需要进行变更和修正的过程。

analogous estimating [technique] 类比估计法 一种估算技术，它采用以前相似活动的参数为基础来估算现有的活动和将来的活动。它经常在缺少项目细节信息的情况（如项目早期）下用来对参数进行估计，在这些活动具有本质上而非表面的相似性的时候，类比估计法具有很好的可信度，项目团队成员需要专家评价来进行这样的估算。

application area 应用领域 有着共同组成要素的一类项目。应用领域通常用产品特征（如，相同的技术或生产方式）、客户类型特征（如，内部的或外部的、政府的或商业的）或行业特征（如，公用事业、汽车、航空、信息技术）来进行定义。应用领域可以互相交叠。

approved change request [output/input] 批准的变更请求 通过了集成控制管理过程并得到批准的变更请求。参考 requested change 变更请求。

assumptions [output/input] 假定 为了进行计划而在缺乏论证和实证的情况下认为某些情况是真实确定的。对影响项目计划的所有方面进行假设，也是渐进明细的一部分。作为计划过程的一部分，项目团队要经常识别、记录并且验证这些假定，假定通常伴有风险。

assumptions analysis [technique] 假定分析 一种对假定准确性的测定，同时识别由不确定性、矛盾或者是假定的不完全带来的项目风险。

authority 权利 指可以应用项目资源、支出资金、进行决策和给予批准的权利。

B

backward pass 逆推法 按照网络逻辑关系从项目完成时间，反向计算网络中所有未完成活动的最晚开始时间和最晚结束时间的计算方法。项目完成时间可以是正推法计算所得到的完成时间或由客户或代理指定的完成时间。参考 schedule network analysis 进度网络分析。

baseline 基准 得到批准的（项目、工作包或活动的）原始计划节点。通常与修饰词一起使用（例如，成本基准计划、进度基准计划、绩效衡量基准计划）。参考 performance measurement baseline 绩效衡量基准计划。

bottom-up estimating [technique] 自下而上的估计 对工作组成部分进行估计的方法。每项工作被分解为更详细的环节，估计就从这些环节需要满足的要求开始，然后将每个环节的估计集成，就是对该工作的估计。自下而上估计法的精确度由识别的底层工作的大小和复杂性决定。一般来说，工作范围越小，估计的精确度越高。

brainstorming [technique] 头脑风暴法 一种常用的创新技术，它借助于一组团队成员或相关领域的专家来识别风险。一般情况下，为了记录下每一参加者的思想从而进行以后的分析，需要组织头脑风暴会议，它是风险识别过程的一个工具。

budget 预算 得到核准的对整个项目或者是工作分解结构中的组成部分以及活动的估算。参考 estimate 估算。

budget at completion，BAC 完工预算 项目完成时的全部计划成本的估算。

budget cost of work performed，BCWP 已完成工作预算成本 见 earned value (EV) 挣值。

budget cost of work scheduled，BCWS 计划工作预算成本 见 plan value 计划值。

buffer 缓冲 见 reserve 储备金。

buyer 买方 产品或服务的需求者。

C

calendar unit　日历单位　在项目进度计划编制时采用的最小时间单位。日历单位通常是小时、天或周，也可以是班次或分钟，主要在项目管理软件中使用。

change control　变更控制　对项目基准计划变更的识别、记录、核准、抵制以及控制。

Change Control Board，CCB　变更控制委员会　由项目干系人正式设立的组织，负责批准或拒绝对项目基准计划的变更（请求）。

change control system [tool]　变更控制系统　一套定义如何对项目可交付成果以及文档材料进行控制、变更和核准的正式流程。在某些应用领域中，变更控制系统就是配置管理系统的一个子系统。

change request　变更请求　扩大或减小项目范围，改变政策、流程、计划或步骤，变更成本或预算以及进行进度修订的要求。这种要求可能是直接或间接的，来自外部的或内部的，由正式文件规定或者只是口头的，但是只有正式文档化了的变更请求才能被予以考虑同时也只有被核准了的变更请求才能得以实施。

charter　章程　见 project charter 项目章程。

claim　权利要求　买卖双方对彼此的要求或权利声明。如法定合同中的赔偿条款等。

close procurements [process]　结束采购　完成每个项目采购的过程。

close project or phase [process]　结束项目或阶段　对项目所有过程组中的活动最后进行确认以正式结束项目或阶段的过程。

closing processes [process group]　结束过程　正式终止项目所有活动，并转交最终产品或取消一个项目的执行过程。

code of accounts [tool]　账目编码　用于唯一确定项目工作分解结构每一个单元的编码系统。参考 chart of account 会计科目表。

collect requirements [process]　收集需求　定义和记录项目干系人的需求，以达到项目目标。

co-location [technique]　协同定位　组织的定位战略，团队的成员在物理位置上彼此靠近以促进交流、改善工作关系和提高生产率。

common cause　普通原因　系统中固有的能引起变动的原因，这些原因是可预计的。在控制图中，它是作为一个随机过程变量出现的。参考 special cause 特殊原因。

communication management plan [output/input]　沟通管理计划　描述项目沟通需求和期望、如何进行沟通、沟通所需要信息的格式、进行沟通的时间和地点以及谁来负责每次沟通的文档。它是基于项目干系人需求的正式或非正式、详细或粗略的文档，是项目管理计划的组成部分或补充说明。

conduct procurements [process]　实施采购　取得卖家答复、选择卖家及授予合同的过程。

configuration management system [tool]　配置管理系统　项目管理系统的一个子系统，它是正式文档化的流程的集合，这些流程将技术、管理方针以及监管应用于以下方面：识别和文档化产品、服务、结果或组件的物理特性；记录和报告每次变更及执行状态；支持产品、结果和组件的审查以确定是否满足要求。该系统包括文档、跟踪系统、已定义的批准和控制变更的必要认可水平。在大多数应用领域中，配置管理系统包括了变更控制系统。

constraint [input]　约束　限制在给定活动或非活动过程中的状态、数量或感知。一个从内部或外部对项目进行限制的约束，将影响项目或过程的执行效率。例如，进度约束就是对项目进度的限制条件，如规定时间就能够影响活动该在什么时候结束。成本约束就是对成本预算的限制，如随着时间发展资金的可获得性。而项目的资源约束就是对资源使用的限制，如规定什么资源技能和方法是行的，以及限定在指定时期所给资源的数量。

contingency 应急费用 见 reserve 储备金。

contingency allowance 应急资金 见 reserve 储备金。

contingency reserve [output/input] 应急储备金 用于处理将来未知情况的专用计划量，它包括成本、进度或两者兼备，用来减少项目目标超出限度所带来的风险。

contract [output/input] 合同 规定卖方履行提供产品和买方履行支付义务的双方互相约束的协议。

control [technique] 控制 将实际绩效与计划进行比较，分析偏差，评审各种可能的替代方案，并在必要时采取适当纠正措施的过程。

control account，CA [tool] 控制核算点 所有范围、预算、实际成本和进度发生以及进行绩效衡量的管理控制点。控制核算被安排在工作分解结构中所选的管理点（选定层次的特定部分）进行。每个控制核算点可能包括一个或多个工作包，但是每个工作包只与一个控制核算点相关，控制核算点与组织分解结构中特定的某个组织部件相关。以前也称作成本核算点。参考 work package 工作包。

control chart [tool] 控制图 显示与控制界限相比较而获得的长期数据的图表，图表中有一个能够用来帮助侦测图中点趋势的中线。

control costs [process] 控制成本 监控项目状态以更新项目预算及管理成本基线变更的过程。

control limits 控制界限 控制图中反映数据期望变化的数据点与中线、均值和正态分布偏差程度组成的可接受区域。参考 specification limits 规格界限。

control schedule [process] 控制进度 监控项目状态以更新项目进度及管理进度基线变更的过程。

control scope [process] 控制范围 监控项目状态和产品范围，以及管理范围基线变更的过程。

controlling 控制 见 control 控制。

corrective action 纠正措施 使项目未来预计绩效与既定计划一致所做的变更。

cost management plan [output/input] 成本管理计划 关于计划、制定以及控制项目成本的文档。成本管理计划可以是正式或非正式的，可以是概括性或详细定义的，这主要取决于项目干系人的要求。成本管理计划是项目管理计划的一部分或者是其附加计划。

cost of quality，COQ [technique] 质量成本 为保证质量而产生的成本，包括质量计划、质量控制、质量保证和返工所带来的成本。

cost performance baseline 成本绩效基准 分期预算的一种。将实际支出与计划支出进行比较，以确定是否需要采取预防或纠正措施来实现项目目标。

cost performance index，CPI 成本绩效指数 衡量项目成本绩效的标准，它是挣值和实际成本的比值，CPI 大于 1 表明执行较好，小于 1 则说明成本超支。

cost-plus-fixed-fee（CPFF）contract 成本加固定费用（CPFF）合同 买方应支付卖方容许成本（按合同规定）再加上固定利润费的合同。

cost-plus-incentive-fee（CPIF）contract 成本加奖励（CPIF）合同 买方应支付卖方容许成本（按合同规定），并且卖方通过满足执行标准赢得利润的合同。

cost-reimbursable contract 成本补偿合同 一种涉及由买方对卖方实际支出的支付（补偿）加上相当于卖方利润的奖励的合同。成本通常被归为直接或间接成本。直接成本是指用于项目本身利润的成本，如专职员工的薪酬。间接成本，也叫管理成本、行政成本，是指由执行组织分配给项目用于交易的成本，如项目中间涉及的管理人员薪酬以及办公室的电费等。间接成本通常通过直接成本乘以某个百分数计算得出。

成本补偿合同一般包括奖励条款，在这些条款中规定，如果卖方满足或超过了规定的项目目标，就可以从买方处获得奖励。

cost variance，CV 成本偏差 衡量成本绩效的标准，它等于挣值减去实际成本，如果成本偏差为正值，说明执行较好，如果为负值，则说明成本超支。

crashing [technique] 赶工 在分析如何以最少成本最大限度地压缩历时的大量替代方案后，采取措施压缩项目总历时的一种项目进度压缩技术。典型的赶工方法包括减少进度活动历时和增加进度活动的分配资源。参考 schedule compression 进度压缩和 fast tracking 快速跟进。

create WBS（work breakdown structure）[process] 建立工作分解结构 将主要项目可交付成果和项目工作分解为更小更易管理组成部分的过程。

criteria 标准 评价、决策以及评估产品和服务所遵循的规范、规则。

critical activity 关键活动 处于关键路径上的任何活动，通常由关键路径法决定。尽管有些活动在词典中的含义是"关键的"，但不位于关键路径上，这样的用法在项目管理中很少见。

critical chain method [technique] 关键链法 一种进度网络分析技术，能在考虑有限资源的情况下对项目进度计划进行修改。该方法是进行进度网络分析的决定论方法和可能性方法的混合。

critical path [output/input] 关键路径 一般来说，进度活动的先后顺序决定了项目的历时，但并非总是如此。通常，在项目中有一个最长路径，但是，关键路径可能在项目进度计划中部的某个进度里程碑时就结束了，关键路径有着不迟于某个规定时间的约束。参考 critical path method 关键路径法。

critical path methodology，CPM [technique] 关键路径法 通过分析哪个工作序列（哪条路线）进度安排的灵活性（浮动时差）最少来预测项目历时的一种网络分析技术。按规定的开始时间用正推法计算各个最早时间，从规定的完成时间用逆推法计算各个最晚时间。也见 critical path 关键路径。

D

data date，DD 数据日期 截止到项目报告系统提供目前实际状态和完成情况的日期。在一些项目报告系统中，数据日期的状态信息滞后，而有的系统中状态信息会提前。数据日期也被称作 so-far date 截止时间和 time-now 目前时间。

decision tree analysis [technique] 决策树分析 决策树是一个图，它描述了正在进行的决策以及选择每个备选方案所带来的影响，用于当未来情况或行动后果不确定时。它将概率或风险与事件和未来决策之间的每条逻辑路径的成本或收益综合在一起，并使用预计货币值来帮助企业确定每个备选方案的相应价值。参考 expected monetary value analysis 期望货币值分析。

decomposition [technique] 分解 一种将项目范围和项目可交付成果划分为更小更容易管理的组成部分的计划制订工具，一直要分解到与完成项目范围和提供可交付物的项目工作被足够详细地定义，可以用来支持该工作的执行和监控为止。

defect 缺陷 项目组成部分中的缺陷或不足，如无法满足需求或规格并且需要进行修复或替换。

defect repair 缺陷修复 对项目组成部分的正式文档确认，同时附有对缺陷进行修复或完全替换该组成部分的建议。

define activities [process] 定义活动 确定要执行的具体行动，以产生项目可交付成果的过程。

define scope [process] 定义范围 开发项目和产品的详细说明的过程。

deliverable [output/input] 可交付成果 为了完成项目或其中的一部分，而必须做出的可测量的、有形的及可验证的任何成果、结果或事项。通常更狭义地用于只需项目发起人或顾客批准的对外交付成果。见 product 产品, service 服务和 result 结果。

Delphi technique [technique]　德尔菲法　用于在专家中达成一致意见的信息收集技术，专家们匿名参与该过程。专家们填写主题相关的重要信息的调查问卷，问卷的答案被收集而后被循环用于下一次专家会议，在重复了多次该过程后得出一致结论。德尔菲法能帮助减少在数据中的偏差并能保证任何人不会对后果有过大的影响。

dependency　依赖关系　见 logical relationship 逻辑关系。

determine budget [process]　确定预算　将个别活动或工作包的成本估算加总，以建立一个成本基线的过程。

develop human resource plan [process]　制订人力资源计划　识别和记录项目角色、职责和所需技能的过程；报告关系并制订人员管理计划。

develop project charter [process]　创建项目章程　建立项目章程和正式批准项目的过程。

develop project management plan [process]　制订项目管理计划　对定义、准备、集成附加计划和将其与项目管理计划相协调的各种必要措施进行文档化。

develop project scope statement (preliminary) [process]　进行项目范围说明（初步的）　建立初步能提供高层范围描述的项目范围说明的过程。

develop project team [process]　建立项目团队　促进项目团队成员了解和交流的过程，从而增强项目的执行绩效。

develop schedule [process]　制定进度表　分析活动顺序、历时、资源需求和进度约束以创建项目进度表的过程。

direct and manage project execution [process]　指导并管理项目执行　执行在项目管理计划中定义的工作以达到在项目范围说明中定义的项目要求的过程。

distribute information [process]　发布信息　按计划向项目干系人提供相关信息的过程。

duration (DU 或 DUR)　历时或工期　完成活动或其他项目单元所需要的工作时间量（不包括节假日或其他休息日），通常用工作日或工作周表示。有时错误地等同于连续时间。参照 effort 人工量。参考 original duration 初始历时, remaining duration 剩余历时和 actual duration 实际历时。

E

early finish date, EF　最早结束时间　关键路径法中，按网络逻辑关系和进度计划约束，某活动（或项目）未完成部分最早可能完成的时间点。最早结束时间可以随项目的进展和项目计划的变化而变化。

early start date, ES　最早开始时间　关键路径法中，按网络逻辑关系和进度计划约束，某活动（或项目）未完成部分最早可能开始的时间点。最早开始时间可以随项目的进展和项目计划的变化而变化。

earned value, EV　挣值　实际完成工作的百分比乘以计划成本，也被称作已完成工作预算成本（BCWP）。

earned value management, EVM　挣值管理　这种方法将范围、进度和资源进行集成管理，以此来客观地衡量项目的绩效和进度。绩效通过确定已执行工作的成本（如挣值）来衡量，并将其与工作执行的实际成本进行比较。进度是通过对挣值和计划值进行比较来衡量。

earned value technique, EVT　挣值技术　一种特定的衡量工作绩效的技术，同样也指计算的规则和方法。

effort　人工量　完成一项活动或其他项目单元所需的人工单位的数量。通常用人/小时、人/日或人/周表示。参考 duration 历时。

enterprise environmental factors [output/input]　企业环境因素　能够影响项目成功的外部

环境因素以及组织内部环境因素。这些因素部分或全部来自项目中所涉及的企业，同时也包括企业文化和结构、基础结构、现有资源、商业数据库、市场情况以及项目管理软件。

estimate [output/input] 估算 对近似量化结果的估计。通常用于项目成本、资源、人工量和历时的估计，并且一般带有修饰词（如初步估算、概念估算、可行性估算、数量级估算、确定性估算）。使用过程中总是指出估计的准确程度（如 ±x%）。

estimate activity durations [process] 活动历时估算 用估计资源完成单个活动所需的工作时间。

estimate activity resources [process] 活动资源估算 估算执行每项活动所需的材料、人员、设备或用品的类型和数量。

estimate at completion，EAC [output/input] 完工估算 规定的工作范围完成时，活动、一组活动或项目的预计总成本。在预测 EAC 通常用的技术是按照项目迄今的实际绩效调整原始的成本估算。通常表示为 EAC=AC（实际成本）+ETC（完工尚需估算）。参考 earned value technique 挣值分析技术 和 estimate to complete 完工尚需估算。

estimate costs [process] 成本估算 完成项目活动所需的货币资源估计。

estimate to complete，ETC [output/input] 完工尚需估算 完成活动、一组活动或项目预计还需要的成本。参考 earned value technique 挣值分析技术 和 estimate at complete 完工估算。

execute 执行 指导、管理、执行和完成项目工作，提供可交付成果和工作绩效信息。

executing processes [process group] 执行过程 指完成在项目管理计划中定义的工作来达到项目范围说明中定义的项目目标的过程。

expected monetary value（EMV）analysis 预计货币值（EMV）分析 一种计算当未来情况发生或不发生时平均产出的统计学工具，这种方法通常用于决策树中。但是在成本和进度风险分析中更适合用模型模拟，因为它比预计货币值分析更不容易被滥用。

expert judgment [technique] 专家判断 基于特定应用领域、知识领域、准则和行业，能够适用于活动执行的专业知识的判断。这些专业知识可以由任何受过专门教育的团体或个人提供，它包括知识、技能、经验或培训，可以通过多种途径获得：执行机构中的其他人员、顾问与干系人，如消费者、专家和技术联盟以及行业集团。

F

failure mode and analysis，FMEA 失败模式和影响分析 一种分析流程，首先对产品各组成部分可能的失败模式进行分析，确定这些模式本身或互相组合时对其可靠性的影响，对产品、系统和产品所需功能的影响，同时还要确定对产品的检查（从系统层或更低层次），从而得到失败可能发生的途径。对每次潜在的失败来说，对它的估计都来自它对整个系统的影响加上其自身的影响。另外，对计划用来减小失败发生可能性及其影响的行动的审查也同时在进行中。

fast tracking [technique] 快速跟进 一种进度压缩技术，采用这种技术，原来顺序进行或时间上稍有重叠的活动现在并行进行。参考 schedule compression 进度压缩 和 crashing 赶工。

finish date 完工时间 活动完成的时间点。通常用以下词修饰：实际、计划、估计、进度计划、最早、最晚、基准计划、目标或目前。

finish-to-finish，FF 完成—完成（FF）逻辑关系 表示后续活动只有在前置活动完成后才能完成的一种逻辑关系。见 logical relationship 逻辑关系。

finish-to-start，FS 完成—开始（FS）逻辑

关系　表示后续活动只能在前置活动完成后才能开始的一种逻辑关系。见 logical relationship 逻辑关系。

firm-fixed-price（FFP）contract　完全固定总价（FFP）合同　不考虑卖方的成本，由买方向卖方支付（按合同规定的）一定款项的合同。

fixed-price-incentive-fee（FPIF）contract　固定总价加奖励（FPIF）合同　由买方向卖方支付（按合同规定的）一定款项，如果卖方达到了规定的执行标准，还可以得到一笔额外付款的合同。

fixed-price or lump-sum contract　固定总价合同　对详细定义的产品或服务规定了固定总价的合同。固定总价合同可能同样也包括对满足或超过指定项目目标的奖励，如进度目标。订货单是最简单的固定总价合同。

float　时差　见 total float 总时差和 free float 自由时差。

flowcharting [technique]　流程图法　用图的形式描述系统中一个或多个过程的输入、过程活动以及输出的方法。

forecast　预测　通过在预测时所能获得的信息和知识对项目未来的情况和可能发生的事件进行估计。预测是通过项目执行时提供的工作绩效信息来更新和重新进行的。这些信息来自于项目过去的执行信息以及未来期望的绩效，同时还包括能影响未来项目的信息，如完工估算和完工尚需估算。

forward pass　正推法　确定网络活动中未完成部分的最早开始和最早结束时间的方法。参考 schedule network analysis 进度网络分析和 backward pass 逆推法。

free float，FF　自由时差　在没有耽搁任何后续活动的条件下，一项活动被拖延的时间。参考 total float 总时差。

functional manager　职能部门经理　职能组织中在某个组织单元中拥有管理权限的个人，也是任何提供产品或服务组织的管理者。有时也被称作直线经理。

functional organization　职能组织　人员按专业进行等级分组的组织结构。

G

Gantt chart [tool]　甘特图　一种表示计划信息的图形。在典型的横道图中，活动和其他项目要素的名称从上向下列在图的左边，时间刻度表显示在顶部，活动历时用对应坐标轴的横道条表示。

grade　等级　用于区分功能相同（如"锤子"）但质量要求不同（如不同的锤子具有不同的冲击力）的物件的分类或分级。

H

hammock activity　集合活动　见 summary activity 概要活动。

historical information　历史信息　包括项目概况、记录、函件、完成的合同以及完工的项目的文档和数据。

human resource plan　人力资源计划　描述项目角色和责任，关系和人员配置管理结构化的文件。是项目的附属计划。

I

identify risks [process]　风险识别　确定哪些风险可能影响项目并记录其特点的过程。

identify stakeholders [process]　干系人识别　识别受项目影响的所有人或组织的过程，并记录其有关利益，参与和对项目成功影响的相关信息。

imposed date　规定时间　对活动或进度里程碑规定的时间，经常表述为不能晚于何时开始或不能晚于何时结束。

influence diagram [tool]　影响图　表示因果影响、事件时间顺序以及其他变量和后果间关系的图表。

initiating processes [process group]　启动过程　批准和定义项目新阶段范围的过程　很多启动过程都是在由组织、大型项目和项目群过程控制的项目范围外完成的，但是启动过程组的输入信息都来自这些过程。

input [process input]　输入　在某个过程继续

前投入其所需要的对象，不管是来自项目外部还是内部，有时候其他过程的输出也可以作为该过程的输入。

inspection [technique]　检查　对活动、产品、结果或服务进行审查和衡量，以确保它们满足指定的要求。

invitation for bid，IFB　投标邀请书　一般说来，投标邀请书等同于邀请提交建议书，但是在某些应用领域，它有着更为特殊和狭窄的含义。

issue　问题　被争论的，或者是正处于讨论阶段还未被解决的问题或观点。

L

lag [technique]　滞后　逻辑关系中指示推迟后续任务的限定词。例如，在一个有10天延迟时间的完成—开始关系中，后续活动只能在前置活动完成10天后才能开始。参考 lead 超前。

late finish date，LF　最晚结束时间　在关键路径法中，在不改变活动间逻辑关系、不违背活动的资源限制的情况下，活动完成的最晚可能时间点。最晚结束时间在项目进度网络中通过逆推法进行确定。

late start date，LS　最晚开始时间　在关键路径法中，在不改变活动间逻辑关系、不违背活动的资源限制的情况下，活动开始的最晚可能时间点。最晚开始时间在项目进度网络中通过逆推法进行确定。

lead [technique]　超前　逻辑关系中允许提前后续活动的限定词。例如，在一个有10天提前时间的完成—开始关系中，后续活动在前置活动完成前10天就能开始。参考 lag 滞后。积极的滞后等同于消极的超前。

lessons learned [output/input]　经验教训　从项目执行过程中吸取的教训，也可以被看作包括在取得的教训知识基础中的项目记录。

lessons learned knowledge base　取得的教训知识基础　关于以前项目选择和执行后果的历史信息及取得的教训的集合。

leveling　平衡　见 resource leveling 资源平衡。

life cycle　生命周期　见 project life cycle 项目生命周期。

log　日志　用来记录和描述或者是标识活动执行过程中选择项的文档，通常与一些修饰词一起使用，如问题日志、质量控制日志、活动日志或修复日志。

logical relationship　逻辑关系　两个项目活动或一个项目活动和一个里程碑之间的依赖关系。参考前导关系。4种可能的逻辑关系为：完成—开始关系、完成—完成关系、开始—开始关系和开始—完成关系。

M

manage project team [process]　管理项目团队　了解团队成员表现、提供反馈、解决问题以及协调变动来提高项目执行效率的过程。

manage stakeholder expectations [process]　管理干系人　对沟通进行管理，以满足干系人要求，解决与其相关的问题的过程。

master schedule [tool]　主进度计划　概括性的项目进度计划，对主要的可交付成果和工作分解结构组成部分以及关键里程碑进行识别。参考 milestone schedule 里程碑进度计划。

materiel　物料　组织用于正在进行的活动中的材料的总和，如设备、仪器、工具、机器、货物、材料等物资。

matrix organization　矩阵组织　项目经理和职能部门经理共同负责，根据轻重缓急安排和指导项目人员的工作的组织结构。

methodology　方法论　遵循这一准则的人员所采用的操作、技术、流程以及规则的系统。

milestone　里程碑　项目中的关键点或关键事件。

milestone schedule [tool]　里程碑进度计划　仅仅只包含进度里程碑的概要进度计划。参考 master schedule 主进度计划。

monitor　监测　根据计划收集项目执行信息，进行绩效衡量，报告并分析项目绩效信息。

monitor and control project work [process]　监测和控制项目工作　对启动、计划、执行以及结束项目所需的过程进行监控的过程。

monitor and control risks [process]　风险监控　实施风险应对计划，跟踪确定的风险，监测剩余风险，识别新风险，评估整个项目的风险过程。

monitoring and controlling processes [process group]　监控过程　需要跟踪、审查和规范项目的进度和绩效；确定需要更改的计划；并启动相应的更改的一系列过程。

Monte Carlo analysis　蒙特卡罗分析　一种风险量化技术，它多次模拟模型的结果，提供所计算结果的统计分布。

Monte Carlo simulation　蒙特卡罗模拟　根据个别任务的成本和进度的概率分布，产生数百或数千个可能的绩效结果的过程，进而将结果用于为整个项目生成概率分布。

N

near-critical activity　次关键活动　总时差短的活动。次关键的概念也同样可以用于进度活动或进度网络路径。总时差被认为是次关键的界限，由专家判断给定并随着项目的不同而不同。

network　网络　见 project schedule network diagram 项目进度网络图。

network analysis　网络分析　见 schedule network analysis 进度网络分析。

network logic　网络逻辑　组成项目进度网络图的所有活动依赖关系的总和。

network path　网络路径　进度网络图中的相连活动的连续路线。

node　节点　网络中的定义点之一：一些或所有其他依赖关系线的交叉点。参考 arrow diagramming method 箭线图法和 precedence diagramming method 前导图法。

O

objective　目标　引导工作的事物达到的或期望达到的战略位置、要获得的结果、要生产的产品或服务。

opportunity　机会　对项目有利的项目和环境，如积极的环境和事件、对项目目标有着有利影响的风险或者是发生积极的变化的概率。与 threat 威胁意义相反。

organizational breakdown structure, OBS [tool]　组织分解结构　项目组织的层级结构描述，通过这样的分解结构，可以将工作包同特定的执行机构单元联系起来。

organizational process assets [output/input]　组织过程资产　与过程相关的，项目中涉及的能够或者能够被用来对项目结果产生影响的资产。这些过程资产包括正式和非正式的计划、政策、流程以及指南，同时它也包括企业的知识基础，如经验教训和历史信息。

output [process output]　输出　过程产生的产品、结果或服务，也可以作为下一个过程的输入。

P

parametric estimating [technique]　参数估算　一种通过对历史数据和其他变量（如建筑业中的平方英尺、软件开发中的代码行数）的统计关系来估算活动的参数，如范围、成本、预算和历时的技术。依靠输入模型中的精确的基础数据，该技术能产生更高的精确度。成本参数估计的一个例子就是将工作的计划数量与过去每单位的成本相乘，得到估计的成本。

Pareto chart [tool]　帕累托图　通过发生频率进行排序的直方图，用来显示每个因素造成了多少后果。

path convergence　路径趋同　在项目进度网络图中并行的网络路径指向了同一个节点。路径趋同的特征是一个活动有多个前置活动。

path divergence　路径发散　在项目网络图中从一个节点发出多条并行的网络路径。路径分散的特征是一个活动有多个后续活动。

percent complete 完成百分比 通过百分比来表示工作已经完成数量的估计量。

perform integrated change control [process] 整体变更控制 审查所有更改请求，批准更改以及管理可交付成果，组织流程资产、项目文档和项目管理计划的更改的过程。

performance measurement baseline 绩效衡量基准计划 一份得到批准的项目工作计划，将项目执行情况与该计划进行比较并衡量其偏差以便进行管理控制。绩效衡量基准由范围、进度以及成本变量集成，但是也包括技术和质量变量。

performance reports [output/input] 绩效报告 提供组织的、概括的工作执行信息、挣值管理参数和计算以及项目工作进度和状态分析的文档和描述。执行报告的一般形式包括横道图、S 曲线、直方图、表格以及显示目前进度状态的项目进度网络图。

performing organization 执行机构 大多数员工都直接参与了项目工作的企业。

perform qualitative analysis [process] 定性分析 通过评估和组合其发生概率和影响的可能性来确定进一步分析或行动风险的优先级。

perform quality assurance [process] 质量保证 审核质量要求和质量控制测量结果的过程，以确保满足适当的质量标准和操作定义。

perform quality control [process] 质量控制 监测和记录执行质量活动的结果以评估绩效并给出必要更改的建议。

perform quantitative analysis [process] 定量分析 通过采用数据分析确定风险对项目总体目标影响的过程。

phase 阶段 见 project phase 项目阶段。

plan communications [process] 计划沟通 确定项目利益相关者信息的需要并确定沟通方式的过程。

plan procurements [process] 采购计划 记录项目采购决定，确定方法，识别潜在卖家的过程。

plan quality [process] 计划质量 确定项目和产品的质量要求和 / 或标准的过程，并记录项目如何证明合规性。

plan risk management [process] 风险管理计划 定义如何对项目进行风险管理活动的过程。

plan risk responses [process] 风险计划预案 制定备选方案和行动以加强机会并减少对项目目标的威胁的过程。

planned value，PV 计划值 得到批准的指派给每个活动的预算。同样也是指计划工作预算成本（BCWS）。

planning package 计划组件 在控制预算点下的工作分解结构组成部分，有已知的内容但是没有详细的活动。参考 control account 控制核算点。

planning processes [process group] 计划过程 用来定义和完善项目范围、建立项目管理计划以及识别和安排在项目中需要进行的项目活动的过程。

portfolio 项目群 项目、大型项目以及其他项目群组合起来以促进有效管理从而满足战略商业目标的工作的集合。该集合中的项目或大型项目不一定互相依赖或有直接关系。

portfolio management [technique] 项目群管理 为达到特定战略商业目标而对一个或多个项目群的集中管理，包括项目的识别、排序、批准、管理和控制以及其他一些相关工作。

practice 实践 有助于需要使用一个或多个技术和工具的过程执行的特定类型的职业或管理活动。

precedence diagramming method，PDM [technique] 前导图法 一种用方框（或节点）表示进度活动的网络图编制技术。进度活动通过一个或多个逻辑关系进行连接，以表示出这些活动被执行的次序。

precedence relationship 前置关系 在前导图

方法中用来描述逻辑关系的词组。但是近来前导关系、逻辑关系以及依赖关系三个词组很多时候被用于替代该词，而不考虑所使用的作图方法。

predecessor activity 前置活动 决定后续活动何时能开始或结束的进度活动。

preventive action 预防措施 对一项能减少由项目风险带来的负面影响可能性的活动执行的文档指导。

probability and impact matrix [tool] 概率和影响矩阵 一种通过将风险的两个维度——发生概率和对目标的影响结合起来以判别风险所属程度的通用方法。

procurement documents [output/input] 采购文档 用于报价和建议活动中的文档，包括买方的报价邀请、谈判邀请、信息邀请、邀请报价、邀请提交建议书以及卖方的回馈。

procurement management plan [output/input] 采购管理计划 描述如何管理从建立采购文档到合同收尾等阶段的文档。

product 产品 生产出的、可以量化的人工制造品，可以是一个完整物品或者是某个组件。其他可以表示产品的词有物料和商品。参考 result 结果，service 服务和 deliverable 可交付成果。

product life cycle 产品生命周期 一些按次序的彼此不互相交叠的产品阶段的集合，产品阶段的名称和数字是由组织的生产和控制需要决定的。产品生命周期的最后一个阶段一般是产品的退化和衰退。通常，项目生命周期中包含了一个或多个产品生命周期。

product scope 产品范围 表征产品或服务的特性与功能。

product scope description 产品范围描述 对产品范围的文字性描述文档。

program 大型项目 一组不能进行单独管理，而需要互相联系协调管理的项目，大型项目常常包括在每个独立项目的范围外的相关工作。

program evaluation and review technique, PERT 计划评审技术 该评估技术是指当单个活动估计存在不确定性时采用乐观、悲观和最有可能的估算值的加权平均值来估算活动的历时。

program management 大型项目管理 对大型项目的集中和协调管理以实现该大型项目的目标和收益。

progressive elaboration [technique] 渐进明细 随着更多细节性的和特有的信息的增加，以及逐步能进行更为精确的估算，从而持续对计划进行改进和细化，最终从连续而彼此交叠的计划过程中产生一个更为精确和完整的计划。

project 项目 为创造独特的产品、服务或结果而进行的一次性努力。

project calendar 项目日历 关于工作日和非工作日的日程表，需要指出节假日、周末以及轮班。参考 resource calendar 资源日历。

project charter [output/input] 项目章程 由项目发起者或赞助者下达的一份文件，正式确认项目的存在，并向项目经理授予在项目活动中应用组织性资源的权力。

project communications management [knowledge area] 项目沟通管理 确保及时适当地生成、收集、分发、存储、检索和最终处置项目信息所需的过程。

project cost management [knowledge area] 项目成本管理 涉及估算、预算和控制成本，以使项目能够在批准的预算内完成的过程。

project human resource management [knowledge area] 项目人力资源管理 组织和管理项目团队的流程。

project initiation 项目启动 发起一个新项目的授权获得以及范围定义的过程。

project integration management [knowledge area] 项目整合管理 在项目管理流程组内识别、定义、组合、统一和协调各种流程和项目管理活动所需的流程和活动。

project life cycle　项目生命周期　总体上连续的各个项目阶段的全体，项目阶段的数量和名称由参加项目机构的控制需要决定。

project management　项目管理　把知识、技能、工具和技术应用于项目各项工作之中，以达到项目要求。

project management body of knowledge　项目管理知识体系　一个描述项目管理专业知识总和的全称术语。像法律、医药、会计等其他专业一样，知识库依赖于应用和发展它的从业者和专业学者，完整的项目管理知识体系包括通过实践检验，并得到广泛应用的传统做法和已经得到部分应用的创造性的先进做法。同时，它也包括公布了和未被公布的材料，该知识体系正在稳步发展。

project management information system, PMIS [tool]　项目管理信息系统　一个由用来收集、集成以及传播项目管理过程输出的工具和技术组成的信息系统。它用来支持从项目启动到收尾的整个过程，包括手工和自动两种系统。

project management knowledge area　项目管理知识领域　项目管理的专业领域，在这个领域中，通过相关的知识要求对项目管理进行了定义，并描述了相关的组件过程、实践、输入、输出、工具和技术等。

project management office, PMO　项目管理办公室　一个承担对其领域中项目集中和协调管理职责的组织实体。它的职责涵盖从提供项目管理支持功能到实际直接对项目管理负责。参考 program management office 大型项目管理办公室。

project management plan [output/input]　项目管理计划　一个定义如何进行项目执行、监控的正式文件。它可能只是概括性的，也可能是细化了的，并带有一个或多个补充管理计划以及其他计划文件。

project management process group　项目管理过程组　由项目管理知识体系指南描述的一组有着逻辑关系的项目管理过程，包括启动过程、计划过程、执行过程、控制过程和收尾过程。这 5 个过程组适用于任何项目，有着较强的内部独立性，同时独立于任何应用领域和特定的项目生命周期，必须按照同样的次序进行。项目管理过程组区别于项目阶段。

project management system [tool]　项目管理系统　项目管理中过程、工具、技术、方法、资源以及程序的集成。该系统记录在项目管理计划中，并且它的内容会随着应用领域、组织影响、项目复杂度以及现有系统的可用性不同而不同。项目管理系统可以是正式的也可以是非正式的，用来有效地指导项目经理完成项目，同时它也是一系列过程及被集成为一个功能整体的相关监督及控制功能的集合。

project management team　项目管理团队　项目团队中直接参加项目管理工作的成员，对于小型项目，项目管理团队可能包括项目队伍的全部成员。

project manager (PM)　项目经理　由执行机构指定的完成项目目标的个人。

project organization chart [output/input]　项目组织结构图　表述项目团队成员及其相互关系的图表。

project phase　项目阶段　一系列相互关联的项目活动，通常以主要可交付成果的完成作为分界。项目阶段主要是按次序完成，但是在某些项目环境中也会有相互交叠的情况。每个阶段还可以被划分成子阶段，子阶段又可以进行更细的划分，这个层级结构包含在工作分解结构中。项目阶段与项目管理过程组是有区别的。

project procurement management [knowledge area]　项目采购管理　从项目团队外部购买或获取产品、服务或结果的过程，以执行工作。

project quality management [knowledge area]　项目质量管理　确定质量政策、目标和责

任的执行组织的流程和活动，使项目成果能够满足其所做出的承诺。

project risk management [knowledge area] 项目风险管理 有关进行项目风险管理规划、识别、分析、回应和监控的流程。

project schedule [output/input] 项目进度计划 执行活动以及满足进度里程碑的计划时间。

project schedule network diagram [output/input] 项目进度网络图 展示项目活动间逻辑关系的图表，通常是从左向右来反映项目工作的顺序。

project scope 项目范围 为了交付具有特定属性和功能的产品而必须完成的工作。

project scope management [knowledge area] 项目范围管理 确保项目包括所需的所有工作以及只需完成项目所需的工作。

project scope statement [output/input] 项目范围说明 对项目范围的文字性说明，包括主要的可交付成果、项目目标、项目假设、项目约束以及工作说明书，为未来项目决策以及在各相关干系人中对项目范围达成共识提供文件基础。项目范围的定义就是需要完成的任务。

project team directory 项目成员目录 一份关于项目团队成员职责以及沟通信息的列表。

project time management [knowledge area] 项目时间管理 管理项目及时完成所需的过程。

projectized organization 项目型组织 项目经理拥有指定优先级次序、分配资源以及管理承担项目任务人员等全部权力的任何组织。

Q

quality 质量 一组内在特征对需求的满足程度。

quality management plan [output/input] 质量管理计划 质量管理计划对项目管理团队如何实施执行机构质量政策进行了描述，它是项目管理计划的一部分或者是附加计划。该计划可以是非正式或正式的，也可以是概括性或详细定义的，主要取决于项目的要求。

R

regulation 法规 由政府指定的需求。这些需求可以是由政府制定的关于服务、过程或产品性质的标准，包括用于行政的供应品。

report performance [process] 绩效报告 收集和分发绩效信息的过程，包括状态报告、进度测量和预测。

request for information, RFI 信息需求 一种买方用来邀请潜在卖方提供关于其能力以及产品或服务等信息的采购文档。

request for proposal, RFP 邀请提交建议书 一种要求产品或服务的预期卖方提供建议书的招标文件。在一些应用领域可以有狭义或特殊的含义。

request for quotation, RFQ 邀请报价 一种用来邀请提供通用或标准产品及服务的潜在卖家来报价的采购文档。有时在某些应用领域用来代替邀请提交建议书，这时它可能就有着特定的含义。

requested change [output/input] 变更请求 对提交的等待通过集成控制管理过程以得到批准的变更请求的正式文档。

requirement 要求 系统、产品、服务、结果或组成部分需要满足的情况或能力。要求包括量化和文档化的需求以及对赞助者、消费者和其他干系人的期望。

requirements traceability matrix 需求跟踪矩阵 将需求与来源联系起来的表，并在整个项目生命周期中跟踪它们。

reserve 储备金 为减轻成本和进度风险而在项目管理计划中设置的一种准备。该术语常用修饰成分（例如，管理储备金、应急储备金）进一步详细说明要减轻何种类型的风险，这些修饰成分的具体含义随应用领域不同而不同。

reserve analysis [technique] 储备金分析 确定项目管理计划中组成部分的重要特性以及

各组成部分间的相互关系，从而建立进度历时、预算、估算成本储备金或项目基金。

residual risk 残留风险 指实施风险应对措施之后剩下的风险。

resource 资源 熟练员工（团队或个人的特定方法）、设备、服务、提供品、商品、物料、预算和基金。

resource breakdown structure，RBS 资源分解结构 根据资源的类别和资源平衡进度计划中使用的资源类型建立的层级结构，用来建立有限资源进度计划，同时也可以用来识别和分析项目人力资源的分配。

resource calendar 资源日历 决定资源是被利用还是闲置的工作日和非工作的日程表，表中要对特定资源节假日和资源获得时期进行定义。参考 project calendar 项目日历。

resource histogram 资源柱状图 它是一种柱状图，用来显示在各个时期资源需要工作的时间量。为了便于比较，可获得的资源数量可能用一条直线表示，而项目实际所需的资源数量用直方柱表示。

resource leveling [technique] 资源平衡 当资源管理问题（例如资源有限或难以应付的资源水平变化）制约进度计划（开始和完成时间）时所采用的任何形式的进度网络分析。

responsibility assignment matrix，RAM [tool] 责任分配矩阵 一种表示项目组织结构和工作分解结构关系的结构形式，保证项目工作范围的每个要素都被分配到负责的个人或团队。

result 结果 项目管理过程和活动执行的输出结果，包括产出（如集成系统、修正过程、组织重组、测试、受训人员等）以及文档（如政策、计划、研究报告、流程、规格说明、报告等）。见 product 产品、service 服务和 deliverable 可交付成果。

rework 返工 为了将有缺陷的或不符合要求的项转化为符合要求或规范而采取的行动。

risk 风险 不确定性时间或状态，它的发生会对项目目标产生积极或消极的影响。

risk acceptance [technique] 风险接受 风险应对计划编制过程的这一技术表示项目团队决定不通过变更项目计划来应对风险，或不能够选择任何其他合适的风险应对措施。

risk avoidance [technique] 风险规避 风险应对计划编制过程的一种工具，通过变更项目计划来消除风险或使项目目标免遭风险的影响。通常，风险规避包括放宽时间、成本、范围或质量目标。

risk breakdown structure，RBS [tool] 风险分解结构 一个对识别的风险类型和子类型进行描述的层级结构，这些类型和子类型标明了风险的来源领域以及引发原因。一般不同的项目类型有不同的风险分解结构。

risk category 风险类别 风险的可能来源，即来自技术、项目管理、组织或外部。

risk management plan [output/input] 风险管理计划 描述项目风险管理的组成和如何执行的文档，它属于项目管理计划或者作为其附加计划。风险管理计划可以是非正式且宽泛定义的，也可以是详细定义的，这主要看项目本身的要求。风险管理计划中的信息随应用领域以及项目规模的不同而变化，同时该计划也不同于风险记录，风险记录中只包含项目风险的列表、风险分析的结果以及风险应对措施。

risk mitigation [technique] 风险缓解 一种风险应对计划工具，谋求将风险概率和风险的影响降到可接受范围内。

risk register [output/input] 风险记录 包含定量风险分析、定性风险分析以及风险应对计划编制结果的文档。风险记录将所有识别的风险进行详细描述，包括定义、分类、引发原因、发生可能性、对结果的影响、可能的应对措施、负责人以及目前的状态。风险记录也是项目管理计划中的组成部分。

risk tolerance 风险容忍度 组织或个人承受的风险的程度。

risk transference [technique] 风险传递 风险传递是指将风险的影响及应对的所有权转

移到第三方。

role 职责 某个团队成员需要完成的职能，如测试、归档、检查和编码。

rolling wave planning [technique] 滚动计划编制 一种渐进明细的计划形式，对将要完成的工作在工作分解结构的低层进行详细定义，而将在较长时间后才进行的工作在高层进行概括描述，但是随着项目的进展，在临近完成该工作的前一两个时期再对该工作进行详细定义。

root cause analysis [technique] 根本原因分析 一种用来确定引起变动、缺陷或风险的根本原因的分析方法。一个根本原因可能引起一个或多个变动、缺陷或风险。

S

schedule 进度计划 见 project schedule 项目进度计划和 schedule model 进度模型。

schedule baseline 进度基准 进度模型的一个特定版本，用来对比实际结果和原有计划，以确定是否需要采取预防或纠正措施来实现项目目标。

schedule compression [technique] 进度压缩 在不缩小项目范围的情况下减少项目的计划历时 参考 crashing 赶工和 fast tracking 快速跟进。

schedule management plan [output/input] 进度管理计划 为实施和管理项目进度计划建立相关标准和活动的文档，它包括在项目管理计划中，或者只是作为其附加计划。进度管理计划可以是正式或非正式的，也可以是概括性或详细的，主要取决于项目的需要。

schedule model [tool] 进度模型 和人工方式或项目管理软件一起来进行进度网络分析，从而生成用于管理项目执行阶段中的项目进度的模型。参考 project schedule 项目进度计划。

schedule network analysis [technique] 进度网络分析 确定进度计划中未完成部分最早最晚开始时间以及最早最晚结束时间的方法。参考 critical path method 关键路径法，critical chain method 关键链法，what-if analysis 假定推测分析以及 resource leveling 资源平衡。

schedule performance index，SPI 进度绩效指数 对项目进度效率的一个衡量标准。它是挣值（EV）和计划值（PV）的比值：SPI=EV/PV。当 SPI 的值大于 1 时表明情况较好，小于 1 则表明情况不好。参考 earned value management 挣值管理。

schedule variance，SV 进度偏差 对项目执行绩效的一个衡量标准。它是挣值（EV）和计划值（PV）之间的差值：SV=EV-PV。参考 earned value management 挣值管理。

scheduled finish date，SF 计划完工时间 活动计划完成的时间点，一般在由最早结束时间和最晚结束时间限制的范围内，可以反映有限资源的平衡。

schedule start date，SS 计划开始时间 活动计划开始的时间点，一般在由最早开始时间和最晚开始时间限制的范围内，可以反映有限资源的平衡。

scope 范围 项目所提供的产品或服务的总和。

scope baseline 范围基准计划 见 baseline 基准。

scope change 范围变更 任何项目范围的变更。范围变更几乎总是需要调整项目成本或进度。

scope creep 范围蔓延 在没有考虑时间、成本以及资源的有效性或者是未得到客户认可的情况下扩大项目的范围。

scope management plan [output/input] 范围管理计划 描述项目范围如何定义、开发和验证的文档，以及如何创建和定义工作分解结构，并为项目管理团队如何管理和控制项目范围提供指导。它包含在项目管理计划或是项目管理计划的附属计划中。

S-curve S 曲线 按照对应时间点绘出的累计的成本、工时或其他数值的图形。该名称来自曲线的形状如英文字母 S（起点和终点处平缓、中间陡峭），项目开始时缓慢，中间加快，收尾平缓的情况造成这种情况。同时它也是仿真结果的可能性分布的累积，这是一种定量风险分析工具。

secondary risk 间接风险 在实施风险应对措施过程中直接产生的风险。

seller 卖主 向组织提供产品或服务的供应商。

sensitivity analysis 敏感度分析 一种定量风险分析和模型工具，用来决定何种风险对项目的潜在影响最大。它是将其他不确定因素控制在基准值上，检查某个不确定因素对目标产生的影响的程度，其典型结果如旋风图。

sequence activities [process] 排序活动 识别和记录项目活动之间关系的过程。

simulation 仿真 使用项目模型将特定于某一具体层次的不确定性转化为它们对目标的影响，该影响是在项目整体的层次上表示的。项目仿真利用计算机模型和某一具体层次的风险估计，一般采用蒙特卡罗法进行仿真。

slack 时差 见 total float 总时差和 free float 自由时差。

special cause 特殊原因 能引起变动但不是系统固有的不可预见的间断性原因，可以是由系统中缺陷所引起的。在控制图中，处于控制界限以上，或者在控制界限中非随机变动的点就预示着特殊原因。有时也表示指定原因，与一般原因意义相反。

specification 规格 以完全、精确及可核实的方式对系统、组成部分、产品、结果或服务的需求、设计、行为或其他特征进行详细说明的文档，同时还包括对决定这些特征是否满足要求的流程的描述。例子包括：需求说明、设计规范、产品规格以及测试规范。

specification limits 规格界限 能满足顾客对产品或服务的要求，且在控制图中某点代表的数据的中线或均值附近的范围。这个范围或多或少要大于由控制界限所规定的范围，参考 control limits 控制界限。

sponsor 赞助者 为项目提供财务资源如现金或实物的团体或个人。

staffing management plan [process] 人员配置管理计划 说明人员何时及如何加入或调离项目队伍的文档。人员配置计划可以是宽泛定义非正式的，也可以是非常详细正式的，主要取决于项目的需要，该计划中的信息随应用领域和项目规模的变化而变化。

stakeholder 干系人 积极参与项目或受项目影响的个人或组织，他们的理由可能会受到项目执行结果或项目完成的正面或负面影响。他们也可能对项目及项目结果施加影响。

standard 标准 达成共识并且得到组织批准的文档，标准提供共同以及能重复使用的规则或指导以及对活动及其结构特性的规定，其目标是在给定环境中达到最优水平。

start date 开始时间 活动开始的时间点，通常与下列词汇相连：实际、计划、估算、进度计划、最早、最晚、目标、基准计划和当前。

start-to-finish，SF 开始—结束（逻辑关系） 在这种逻辑关系中，后续活动的完成取决于前置活动的开始。参考 logical relationships 逻辑关系。

start-to-start，SS 开始—开始（逻辑关系） 在这种逻辑关系中，后续活动的开始取决于前置活动的开始。参考 logical relationships 逻辑关系。

statement of work，SOW 工作说明书 对合同规定提供的产品和服务的文字描述。

strengths,weaknesses,opportunities,and threats（SWOT）analysis 优势、劣势、机会和威胁（SWOT）分析 这种信息收集的方法从项目的优势、劣势、机会和威胁4个角度对项目进行分析，从而扩大在风险管理中所考虑的风险的范围。

subnetwork 子网络 项目进度网络图中的一个组成部分，通常代表一个子项目和一个工作包。子网络常用来对潜在或提议的进度情况进行分析，比如改变优先逻辑关系或项目范围。

subphase 子阶段 一个阶段的各组成部分。

subproject 子项目 当项目被分解为多个管理部分后整个项目中的一部分。子项目经常出现在工作分解结构中，它有时可作为来自卖方的一个项目，并能按照项目的标准来进行管理，有时也指项目进度网络图中的一个子网络。

successor activity 后续活动 根据逻辑关系确定的在前置活动后执行的计划活动。

summary activity 概要活动 一组进行概括性描述的互相联系的活动，每个活动又是独立的活动。参考 subproject 子项目和 subnetwork 子网络。

T

technical performance measurement [technique] 技术绩效衡量 一种绩效衡量方法，将项目执行过程中的技术成果与计划技术目标的项目管理计划进度进行比较。它可能将产出产品的关键技术参数用作质量标准。要达到的标准是工作绩效信息的一部分。

technique 方法 被用来执行用于产出产品或提供服务的活动且已经定义好的系统流程，可能需要使用一个或多个工具。

template 模板 为收集、组织和描述信息提供一个已定义结构的文档。模板通常基于以前项目所建立的文档，它能减少用来执行工作所要投入的努力，同时增加结果的一致性。

threat 威胁 对项目来说不好的情况或环境，如消极的环境、消极的事件集合、能给项目带来负面影响的风险或者是负面变化发生的可能性。与机会相反。

three-point estimate [technique] 三点估计法 一种使用三个成本或历时估算来反应最优、最可能以及最乐观的情况。这个技术通常在潜在活动或成本组成部分不确定的时候用来提高成本或历时估算的精确度。

threshold 阈值 可能包含在产品规格中用作变量的成本、时间、质量、技术或资源值。超过最低限度就会引发某些行动，如例外计划报告。

time and material (T&M) contract 工料 (T&M) 合同 一种同时包含成本补偿合同以及固定价合同特征的合同。与成本补偿合同的相似处在于它们都没有明确的限度，因为商定的总价值并不是在奖励的时候定义的。同样，它与固定价合同也有相似的地方，比如，如果买卖双方对高级工程师一类人员的单位费率达成共识，则可以提前进行设置。

time-scaled schedule network diagram [tool] 时标网络图 用活动的定位和长度表示活动历时的项目网络图。根本上讲，它是含有网络逻辑的横道图。

to-complete-performance-index，TCPI 待完成绩效指标 为了实现特定的管理目标，如完工预算（BAC）或完工估算（EAC），在余下的工作中必须完成的成本绩效的预测计算值。它是"剩余工作"与"剩余资金"的比率。

tool 工具 如模板或软件等可见的工具，用来执行产出产品或服务的活动。

total float，TF 总时差 在不耽误项目完成时间或违背进度约束的情况下，活动自其最早开始时间起，可以推迟的时间。总时差通过关键路径法进行计算，从而决定最早结束时间和最晚结束时间的差别。参考 free float 自由时差。

trend analysis [technique] 趋势分析 基于历史信息，使用数学模型来对未来结果进行预测的分析技术。它通过使用以前进度报告期间的数据来决定与预算、成本、进度或范围变量基准间的差异，并且确定如果在没有变化发生的情况下，这些变量在未来某个时间点的差异是多大。

triggers 触发器 有时也被称为风险症状或预警信号，指示风险已经发生或即将发生。触发器可以在风险识别过程这一节中找到相应的介绍，而且也可以在风险监控过程这一部分看到。

V

validation [technique]　验证　在阶段或项目末期对一个组件或产品进行评估以确保其满足了指定要求的技术。参考 verification 核实。

value engineering，VE　价值工程　一种用来优化项目生命周期成本、节约时间、增加利润、改进质量、提高市场份额、解决问题以及更有效地使用资源的创造性方法。

variance　偏差　与已知基准计划或期望值间的差值。

variance analysis [technique]　偏差分析　将范围、成本中的总偏差以及进度偏差分解为特定组成部分的偏差，这些偏差与影响范围、成本和进度变量的因素相关。

verification [technique]　核实　一种在阶段或项目后对组件或产品进行评估的技术，用来确保它满足假设的情况。

verify scope [process]　核实范围　正式确定完成的项目可进行成果交付的过程。

virtual team　虚拟团队　一个有着共同目标，同时很少或者几乎不用面对面的方式来履行其职责的人群组成的团队，多种技术能够促进该团队成员的交流。虚拟团队也能由相隔很远的人群组成。

voice of the customer　顾客之声（软件）　一种用来提供能真实反映顾客需求的产品、服务以及结果的计划工具，该工具将顾客需求转换为对项目产品开发各阶段适当的需求。

W

work authorization　工作授权　通常被写下来的用来开始一项活动、工作包或控制核算点工作的许可和指导。它是一种将项目工作分段的方法，用来保证每项工作由指定的组织在正确的时间被正确地执行。

work authorization system [tool]　工作授权系统　整个项目管理系统的子系统。它是定义项目工作如何被批准的正式文档化流程，用来确保工作由指定的组织在正确的时间被正确地执行。它包括步骤、文档、跟踪系统以及定义好的与工作授权相关问题的可批准水平。

work breakdown structure，WBS [output/input]　工作分解结构（输入/输出）　针对可交付成果对项目要素的分组，它归纳和定义了整个项目范围。每下降一层代表对项目工作做更详细的定义。工作分解结构分解为工作包，在这个针对可交付成果的层级中同时包括了内部和外部的可交付成果。参考 work package 工作包、control account 控制核算点、contract work breakdown structure 合同工作分解结构和 project summary work breakdown structure 项目概要工作分解结构。

work breakdown structure component　工作分解结构组成部分　在工作分解结构任何一层的组成部分。

work breakdown structure dictionary [output/input]　工作分解结构字典　描述工作分解结构中每个组成部分的文档。对每个工作分解结构的组成部分来说，工作分解结构字典包括一个对工作范围说明的简短定义、定义的可交付成果、相关活动的列表以及里程碑列表。其他的信息可能包括：负责组织、开始和结束时间、所需资源、成本估计、控制号、合同信息、质量要求以及促进工作执行的技术性参考。

work package　工作包　位于工作分解结构最底层的可交付成果或项目工作组成部分。工作包包括用来完成可交付成果或项目工作组成部分的进度活动和里程碑。参考 control account 控制核算点。

work performance information [output/input]　工作绩效信息　关于项目进度活动执行状态的信息与数据，它们通常是作为指导和管理项目执行过程的一部分而被收集的。这些信息包括：可交付成果状态、变更请求的生效状态以及纠正措施。

workaround　权变措施　对不利风险事故的处理。它与应急计划的区别是在不利风险事故发生前未对其做出相应的应对措施计划。

推荐阅读

中文书名	作者	书号	定价
公司理财（原书第11版）	斯蒂芬 A. 罗斯（Stephen A. Ross）等	978-7-111-57415-6	119.00
财务管理（原书第14版）	尤金 F. 布里格姆（Eugene F. Brigham）等	978-7-111-58891-7	139.00
财务报表分析与证券估值（原书第5版）	斯蒂芬·佩因曼（Stephen Penman）等	978-7-111-55288-8	129.00
会计学：企业决策的基础（财务会计分册）（原书第17版）	简 R. 威廉姆斯（Jan R. Williams）等	978-7-111-56867-4	75.00
会计学：企业决策的基础（管理会计分册）（原书第17版）	简 R. 威廉姆斯（Jan R. Williams）等	978-7-111-57040-0	59.00
营销管理（原书第2版）	格雷格 W. 马歇尔（Greg W. Marshall）等	978-7-111-56906-0	89.00
市场营销学（原书第12版）	加里·阿姆斯特朗（Gary Armstrong），菲利普·科特勒（Philip Kotler）等	978-7-111-53640-6	79.00
运营管理（原书第12版）	威廉·史蒂文森（William J. Stevens）等	978-7-111-51636-1	69.00
运营管理（原书第14版）	理查德 B. 蔡斯（Richard B. Chase）等	978-7-111-49299-3	90.00
管理经济学（原书第12版）	S. 查尔斯·莫瑞斯（S. Charles Maurice）等	978-7-111-58696-8	89.00
战略管理：竞争与全球化（原书第12版）	迈克尔 A. 希特（Michael A. Hitt）等	978-7-111-61134-9	79.00
战略管理：概念与案例（原书第10版）	查尔斯 W. L. 希尔（Charles W. L. Hill）等	978-7-111-56580-2	79.00
组织行为学（原书第7版）	史蒂文 L. 麦克沙恩（Steven L. McShane）等	978-7-111-58271-7	65.00
组织行为学精要（原书第13版）	斯蒂芬 P. 罗宾斯（Stephen P. Robbins）等	978-7-111-55359-5	50.00
人力资源管理（原书第12版）（中国版）	约翰 M. 伊万切维奇（John M. Ivancevich）等	978-7-111-52023-8	55.00
人力资源管理（亚洲版·原书第2版）	加里·德斯勒（Gary Dessler）等	978-7-111-40189-6	65.00
数据、模型与决策（原书第14版）	戴维 R. 安德森（David R. Anderson）等	978-7-111-59356-0	109.00
数据、模型与决策：基于电子表格的建模和案例研究方法（原书第5版）	弗雷德里克 S. 希利尔（Frederick S. Hillier）等	978-7-111-49612-0	99.00
管理信息系统（原书第15版）	肯尼斯 C. 劳顿（Kenneth C. Laudon）等	978-7-111-60835-6	79.00
信息时代的管理信息系统（原书第9版）	斯蒂芬·哈格（Stephen Haag）等	978-7-111-55438-7	69.00
创业管理：成功创建新企业（原书第5版）	布鲁斯 R. 巴林格（Bruce R. Barringer）等	978-7-111-57109-4	79.00
创业学（原书第9版）	罗伯特 D. 赫里斯（Robert D. Hisrich）等	978-7-111-55405-9	59.00
领导学：在实践中提升领导力（原书第8版）	理查德·哈格斯（Richard L. Hughes）等	978-7-111-52837-1	69.00
企业伦理学（中国版）（原书第3版）	劳拉 P. 哈特曼（Laura P. Hartman）等	978-7-111-51101-4	45.00
公司治理	马克·格尔根（Marc Goergen）	978-7-111-45431-1	49.00
国际企业管理：文化、战略与行为（原书第8版）	弗雷德·卢森斯（Fred Luthans）等	978-7-111-48684-8	75.00
商务与管理沟通（原书第10版）	基蒂 O. 洛克（Kitty O. Locker）等	978-7-111-43944-8	75.00
管理学（原书第2版）	兰杰·古拉蒂（Ranjay Gulati）等	978-7-111-59524-3	79.00
管理学：原理与实践（原书第9版）	斯蒂芬 P. 罗宾斯（Stephen P. Robbins）等	978-7-111-50388-0	59.00
管理学原理（原书第10版）	理查德 L. 达夫特（Richard L. Daft）等	978-7-111-59992-0	79.00

推荐阅读

中文书名	作者	书号	定价
供应链管理（第5版）	马士华等	978-7-111-55301-4	39.00
供应链管理（第2版）	王叶峰	978-7-111-52425-0	35.00
供应链物流管理（原书第4版）	唐纳德 J. 鲍尔索克斯（Donald J. Bowersox）等	978-7-111-45565-3	59.00
供应链物流管理（英文版·原书第4版）	唐纳德 J. 鲍尔索克斯（Donald J. Bowersox）等	978-7-111-47345-9	59.00
物流学	舒辉	978-7-111-49905-3	40.00
物流管理概论	王勇	978-7-111-54639-9	35.00
现代物流管理概论	胡海清	978-7-111-58576-3	39.00
物流经济学（第2版）	舒辉	978-7-111-50312-5	35.00
采购与供应链管理（原书第9版）	肯尼斯·莱桑斯（Kenneth Lysons）等	978-7-111-59951-7	89.00
采购与供应管理（原书第13版）	米歇尔 R. 利恩德斯（Michiel R. Leenders）等	978-7-111-27379-0	65.00
物流系统规划与设计	陈德良	978-7-111-54660-3	35.00
物流系统规划与设计：理论与方法	王术峰	978-7-111-58897-9	39.00
运输管理	王术峰	978-7-111-59221-1	39.00
电子商务物流	刘常宝	978-7-111-60671-0	35.00
电子商务物流管理（第2版）	杨路明	978-7-111-44294-3	39.00
社交商务：营销、技术与管理	埃弗雷姆·特班（Efraim Turban）等	978-7-111-59548-9	89.00
电子商务安全与电子支付（第3版）	杨坚争等	978-7-111-54857-7	35.00
网上支付与电子银行（第2版）	帅青红等	978-7-111-50024-7	35.00
区块链技术与应用	朱建明	978-7-111-58429-2	49.00
企业资源计划（ERP）原理与实践（第2版）	张涛	978-7-111-50456-6	36.00
ERP原理与实训：基于金蝶K/3 WISE平台的应用	王平	978-7-111-59114-6	49.00
SAP ERP原理与实训教程	李沁芳	978-7-111-51488-6	39.00
企业资源计划（ERP）原理与沙盘模拟：基于中小企业与ITMC软件	刘常宝	978-7-111-52423-6	35.00
商业数据分析	杰弗里 D. 坎姆（Jeffrey D. Camm）等	978-7-111-56281-8	99.00
新媒体营销：网络营销新视角	戴鑫	978-7-111-58304-2	55.00
网络营销（第2版）	杨路明	978-7-111-55575-9	45.00
网络营销	乔辉	978-7-111-50453-5	35.00
网络营销：战略、实施与实践（原书第5版）	戴夫·查菲（Dave Chaffey）等	978-7-111-51732-0	80.00
生产运作管理（第5版）	陈荣秋，马士华	978-7-111-56474-4	50.00
生产与运作管理（第3版）	陈志祥	978-7-111-57407-1	39.00
运营管理（第4版）（"十二五"普通高等教育本科国家级规划教材）	马风才	978-7-111-57951-9	45.00
运营管理（原书第12版）	威廉·史蒂文森（William J. Stevens）等	978-7-111-51636-1	69.00
运营管理（英文版·原书第11版）	威廉·史蒂文森（William J. Stevens）等	978-7-111-36895-3	55.00
运营管理（原书第14版）	理查德 B. 蔡斯（Richard B. Chase）等	978-7-111-49299-3	90.00
运营管理基础（原书第5版）	马克 M. 戴维（Mark M. Davis）等	978-7-111-46650-5	59.00